责任编辑 / 张 冉
装帧设计 /

SQAN 盛果兰图书品牌机构
www.sqan.cn 010-83890655

# 名校老师
## 教你写作文

MINGXIAOLAOSHI
JIAONIXIEZUOWEN

**4** 年级

名校老师 教你写作文

名校老师 教你写作文

Mingxiaolaoshi
Jiaonixie

# 紀念西安碑林九百二十周年華誕
# 國際學術研討會

International Academic Seminar on Commerating the 920th
Anniversary of Establishment of Xi' an Beilin

# 論文集

文物出版社

封面設計：周小瑋

責任印製：陸　聯

責任編輯：李　睿

**圖書在版編目（CIP）數據**

紀念西安碑林九百二十周年華誕國際學術研討會論文
集／西安碑林博物館編．—北京：文物出版社，2008.10
ISBN 978-7-5010-2449-0

Ⅰ．紀⋯　Ⅱ．西⋯　Ⅲ．碑刻－西安市－國際學術會
議－文集　Ⅳ．K877.424－53

中國版本圖書館 CIP 數據核字（2008）第 054130 號

紀念西安碑林九百二十周年華誕
國際學術研討會論文集

西安碑林博物館　編

\*

文 物 出 版 社 出 版 發 行

（北京市東直門内北小街 2 號樓）

郵 政 編 碼：100007

http://www.wenwu.com

E-mail：web@wenwu.com

北京達利天成印刷有限公司印刷

新 華 書 店 經 銷

787×1092　　1/16　　印張：42.25

2008 年 10 月第 1 版　2008 年 10 月第 1 次印刷

ISBN 978-7-5010-2449-0　定價：198.00圓

# 紀念西安碑林九百二十周年華誕
# 國際學術研討會論文集
# 編輯委員會

# 目　錄

# 在“紀念西安碑林九百二十周年華誕”慶典儀式上的致詞

尊敬的各位領導、各位來賓，女士們、先生們：

大家好！

在這秋風送爽、丹桂飄香，充滿豐收喜悅的金秋十月，西安碑林迎來了 920 周年華誕，這是西安碑林史上的一件盛事，也是陝西文博界的一件大事，在此我僅代表陝西省文物局對前來參加紀念活動的各位來賓表示熱烈的歡迎和衷心的感謝。

被譽爲書法淵藪、經史寶庫的西安碑林走過 920 年的滄桑歷程，以其獨特且內涵豐富的藏品體系，成爲陝西傑出文化遺產的重要代表，在中國文化史上具有不可替代的重要地位，是中華民族傳統文化的一筆寶貴財富。

建國以後，特別是改革開放以來，伴隨著文物事業迅速發展的步伐，在國家文物局的正確領導下，在陝西省及西安市政府的大力支持下，經過幾代文博工作者的不懈努力，西安碑林的各項事業迎來了良好的發展機遇，作爲“西安碑林”的管理機構，西安碑林博物館能夠堅持文物工作的方針和原則，充分發揮博物館的功能，在文物保護、文物研究、宣傳教育、文化產業發展等領域成果纍纍，取得了可喜的成績。先後被中央文明辦授予“全國精神文明建設工作先進單位”，被陝西省委、省政府授予“創佳評差”先進單位，爲陝西文物資源優勢的發揮及文化遺產保護事業的發展作出了積極的貢獻。

近年來，西安碑林著眼長遠發展，積極實施項目帶動戰略，按照國家文物局批復的“西安碑林保護規劃”、“西安碑林石刻藝術保護展示廳方案”和《陝西省文物事業發展“十一五”規劃》，正在積極建設西安碑林石刻藝術保護展示廳並著手製訂西安碑林向北擴展方案，這兩個項目的實施將會極大地改善文物的保存及保護條件，提昇西安碑林陳列展示水平，提高和完善博物館的服務功能，爲西安碑林創新發展奠定良好的基礎。

緬懷過去，展望未來，希望西安碑林博物館能以 920 周年紀念活動爲契機，全面貫徹落實黨的十七大精神，牢固樹立科學發展觀，按照文物工作方針和“三貼近”的原則，進一步強化文物保護各項基礎工作，不斷提高文化遺產保護、科學研究和陳列展示水平；深入發掘西安碑林豐厚的歷史文化內涵，讓地下的東西走上來，讓書本上的東西走出來，讓歷史的東西活起來，走符合實際，具有碑林特色的發展之路；要認真落實《將博物館教育納入全省國民教育體系的實施意見》，充分發揮博物館的社會教育功能，將西安碑林打造成爲全國石刻文物收藏、研究、展示和書法教育的中心，與全省其他152座博物館一道，爲開創陝西文物工作新局面，爲進一步加快建設西部强省的戰略目標作出新的更大貢獻。

　　謝謝大家！

陝西省文物局局長：趙　榮

二〇〇七年十月二十五日

# 在"紀念西安碑林九百二十周年華誕國際學術研討會"開幕式上的致詞

尊敬的各位專家、學者，女士們、先生們：大家好！

金秋十月，惠風送爽，我們高興地迎來了西安碑林九百二十周年華誕，以及爲此而專門召開的這次國際學術研討會。在此，我謹代表陝西省文物局，向大會的開幕表示熱烈的祝賀。

"秦中自古帝王都"，因此西安最以文物遺存富甲海內而爲世人矚目。其中尤其值得自豪的是："吉金貞石，流播人寰，誠有攬之不盡者"。西安碑林就是這樣一顆最絢麗的明珠。

西安碑林是收藏我國古代碑石時間最早、數目最大的一座文化藝術殿堂。素以珍藏璀璨豐富的碑刻造像而聞名遐邇，著稱于世。她的始建可追溯到北宋元祐二年（1087），經歷了九百二十年的滄桑變遷，現已收藏漢代至近代的各種碑石、墓誌、經幢、造像等約四千余件，成爲一座集石刻收藏、研究和展示爲一體的知名博物館。

西安碑林是書法的淵藪，也是經史的寶庫，早在1961年就被國務院首批公佈爲全國重點文物保護單位，如今又是全國十八個國家級特殊旅遊參觀點以及4A級旅遊景區之一，近年來還被列入中國申請"世界文化遺產項目預備清單"，更在2005年榮獲了中央精神文明建設指導委員會授予的"全國精神文明建設工作先進單位"的殊榮。因此，西安碑林的影響無疑是國際性的。

今天欣逢盛世，又欣逢盛會，能夠與海內外相關領域的專家學者們歡聚一堂，是西安碑林的榮光，也使陝西的文物事業錦上添花。我相信，有諸位嘉賓傳承文化、嘉惠學林的信念與熱情和對西安碑林的關注與支援，西安碑林的事業必將愈來愈輝煌，陝西的文物與博物館事業也必將會有一個更加燦爛的明天。

預祝這次學術盛會取得圓滿成功。

謝謝諸位。

陝西省文物局副局長：劉雲輝

二〇〇七年十月二十四日

# 在"紀念西安碑林九百二十周年華誕國際學術研討會"上的開幕詞

女士們、先生們，尊敬的專家、學者以及在座的各位朋友們，大家上午好！

金秋十月，總是一個令人喜悅的季節，是一個可以告慰耕耘、感謝收穫的季節。尤其值得高興和富有特別意義的是今年十月，我們適逢西安碑林九百二十周年華誕，同時也完成出版了積數年之功編纂的《隋代墓誌銘彙考》和《西安碑林博物館新藏墓誌彙編》兩部著作，于是，我們意願舉辦這樣一個研討會，借此姻緣能夠與海內外專家學者們歡聚一堂，共同就碑林的文化建設和學術事業的弘揚與發展進行交流互動，特別是圍遶著"西安碑林與碑刻研究的歷史文化空間"的主題，本著"揚厲文明，表徵歷史，深化學術，促進交流"的宗旨，敬邀各位專家學者們撥冗蒞會，賜撰鴻文，暢談高見，不僅對碑林文化的推廣與學術研究的深入，將帶來良好的促進；同時對相關歷史與藝術的探索與開拓，也必將產生有益的推動。因此，首先請允許我代表西安碑林博物館，向各位的到來表示誠摯的敬意和衷心的感謝！

西安碑林業已跨越了九百二十年的滄桑歲月，期間有賴一代又一代志士仁人的精心呵護和努力營造，乃得發展成爲今天這樣一座獨具特色而令世人心儀的東方文化聖殿。從年輪上說，她無愧爲歷史最古老、積澱最深厚的博物館之一；從性質上說，她儼然是宇內首屈一指的碑刻與石刻藝術類專題博物館；從體量上說，她以近四千方碑版和近千件石刻藝術品的宏富收藏，早已成爲海內外翹楚；從品類上說，她的藏品上自秦漢、下迄民國，略無間斷，且碑版、墓誌、造像、經幢，以及各類石刻藝術品一應俱全，堪稱寶庫；從文化價值上說，她是見証與張揚五千年歷史文明一脈相承與文字書法淵源遞嬗的不朽載體；從社會意義上說，她更是代表祖國先進文化和彰顯中華民族品質的精神樂園。于是，作爲新一代碑林人，我們不能不深感事業之光榮和責任之重大，更不能不深感我們的接力與傳承，不僅關繫著碑林的保護與發展，更關繫著對傳統文化的弘揚和對民族精神的激勵。因此，我們祇有不斷創造和把握發展的契機，不斷更新我們的觀念，跟進時代的步伐，匯聚鼓舞的力量，方能達於我們所追求的"一流收藏、一流展示、一流科研"的高標。那麼，今天的盛會，就正是我們意欲努力營造和備加珍惜的良機。

　　緣此良機，我們當然要衷心感謝蒞會的各位專家學者，能夠看重西安碑林的名義，能夠在繁忙的教學與科研工作中抽暇相聚西安，相聚碑林，並傾注心智地爲西安碑林事業的進步與學術的繁榮，出謀劃策，共襄盛舉。緣此良機，我們更希望，同時也堅信，有各位的鼎力支援和精誠合作，特別是能夠榮幸的承蒙馮其庸先生、毛漢光先生等學界耆宿的關心指導，以及凝聚在座的每一位學術俊彦如日中天的光芒和砥柱中流的力量，我們的研討會必將圓滿成功，必將碩果纍纍，也必將推動西安碑林從今天邁向明天的步伐能夠走出堅實而可喜的一步，並爲我們共同的事業描繪出更加絢麗的前程！

　　“有朋自遠方來，不亦樂乎！”請允許我再次滿懷喜悅地向各位專家學者致以深深地鞠躬！並祝大家在會議期間和在西安留駐的日子里，心情愉快，身體健康，萬事勝意！

　　謝謝大家！

西安碑林博物館館長：趙力光

二〇〇七年十月二十四日

# 西安碑林研究綜述

## 趙力光 *

　　西安碑林始建於北宋元祐二年（1087），有著 920 年的悠久歷史。經過了宋元明清直至今日的不斷積累，碑刻林立，收藏宏富，名冠海內。1944 年在孔廟和碑林的基礎上建立了陝西省歷史博物館。1952 年改稱西北歷史博物館，1955 年改為陝西省博物館，1991 年新的陝西歷史博物館建立後，於 1993 年正式更名為 "西安碑林博物館"，成為一座以收藏古代碑石及石刻藝術為主的專題性博物館。除碑石收藏外，解放後陸續徵集入藏了大批的石刻藝術類文物，一是陵墓石刻（主要為東漢畫像石、石棺、石槨及陵墓上的紀念性、儀衛性石刻），二是宗教石刻（主要為佛教造像、道教造像等），三是其他石刻（主要是古代建築石刻等）。它們與碑石構成了西安碑林博物館收藏、研究的基本特點。

　　關於西安碑林及藏石的研究考證，自宋代金石學肇始至近代，就一直不絕如縷，如《金石錄》、《金石萃編》、《八瓊室金石補正》、《關中金石記》及其他金石著錄中所載西安碑林所藏碑刻，不勝繁多，犖犖大觀，多屬傳統金石學研究考證範疇。上世紀五十年代後對西安碑林的研究進入了一個新的階段，博物館機構的設置、新的碑誌及石刻藝術品不斷收藏豐富，為研究提供了良好的條件，成為碑刻研究的重鎮，成果豐富。本文就民國以來特別是解放後關於西安碑林的主要研究狀況進行綜述，分為三大部分，第一部分為西安碑林史方面的研究；第二部分為碑林藏石方面的研究；第三部分為石刻藝術方面的研究，以供學者參考。

## 一　西安碑林史的研究

　　武伯綸《西安碑林簡史》（《文物》1961 年 8 期），文章簡要追溯了西安碑林發展歷程，考查了石經移入碑林的時間和經過，回顧碑林的整修和幾次藏石情況等，是第一篇關於西安碑林史的研究專文。王翰章《碑林簡史》（《文博》1984 年 3 期），作者

---

*　趙力光，西安碑林博物館館長、研究員。

通過碑林所藏三通碑石碑文的記載，並結合文獻記載，對開成石經在唐末五代由韓建和劉鄩等人的搬遷經過、碑林初建時期陳列情況以及歷代整修情況作了較為詳盡的論述。李域錚《西安碑林》（陝西人民出版社 1986 年），作者以館藏文物為出發點，從西安碑林的建置、我國完整的石刻經書館、珍貴的古代書法藝術寶庫、豐富多彩的歷代墓誌和東漢畫像石等八個方面介紹了西安碑林的歷史及藏石情況。

路遠《西安碑林史》（西安出版社 1998 年）在前人基礎上，運用歷代整修碑刻與文獻資料相結合的研究方法，廣泛搜尋與碑林歷史相關的歷代詞碑文，以及歷代金石著作、地方史志和民國時期的碑林檔案，並結合當時所處的歷史背景，全面考察西安碑林九百多年的歷史沿革，考述了唐末至北宋碑林的形成過程，及形成後各歷史時期碑林的整修、藏石及陳列形式等，是第一部系統研究西安碑林歷史的學術專著，填補了西安碑林研究的一項空白，對研究中國文化史、中國古代碑刻和陝西地方史等均有重要意義。路遠《碑林史話》（西安出版社 2000 年）是繼《西安碑林史》之後一本關於碑林歷史的通俗讀本。

李西興《宋"建學碑"考》（《考古與文物》1987 年 6 期）文章通過對碑林現藏的有關碑林建置歷史的碑刻的研究，考證了《牒永興軍碑》即是宋"建學碑"。又《重修碑院七賢堂記》記載了當時整修碑林的情況，是關於碑林歷史的一篇重要文獻，李西興　趙力光《重修碑院七賢堂記》（《考古與文物》1993 年 5 期），文章對碑文中涉及碑林歷史的相關內容進行了詳細考證。

趙力光《西安碑林名稱沿革考略》（《碑林集刊》第一輯，西北大學出版社 1993 年）一文，考證了碑林的名稱經歷了"石經"、"碑院"、"碑亭"、"碑洞"和"碑林"的經過。

田福寶、張蒙芝《略述西安碑林藏有關"新城小碑林"的三通碑石》（《碑林集刊》第四輯，陝西人民美術出版社 1996 年），主要探討了新城小碑林創建時間、地址和小碑林的碑目。楊娟《宋哲元與新城小碑林之創設》（《碑林集刊》第四輯，陝西人民美術出版社 1996 年）論述了宋哲元創建小碑林的原因和經過。杜文《碑林出土明代琉璃建材與嘉靖年間對西安府文廟之修建》，（《碑林集刊》第四輯，陝西人民美術出版社 1996 年）主要研究了琉璃建材的年代，建材產地的探討和建材發現的意義方面。

辛德勇《西安碑林遷置時間新說》（《古代交通與地理文獻研究》中華書局 1996 年）對原有的西安碑林從唐末石經原在唐長安城務本坊的國子監遷置唐"尚書省西隅"（今西安鐘樓以西），北宋元祐二年再從此處遷置碑林現址的"二次說"提出質疑，根據金正隆二年《京兆府重修府學記》所載"京兆舊學在府城之坤維"，"坤維"是指西南及其他為依據，認為呂大忠所遷石經是在西安府的西南處，並未能確指何處。而碑現址在東南處，顯然不在一處。後至北宋崇寧二年（1103）才又遷置碑林今址。路遠也持此觀點。趙力光《西安碑林歷史述略——兼析西安碑林遷移 "二次說"》(《碑林集刊》第八輯,陝西人民美術出版社 2002 年)除對碑林歷史沿革進行了綜述外,對上述 "二次說" 提出了不同觀點。依據《長安志圖》所載唐末韓建重築了新城,新城乃內外二重之制,內城為京兆府的府衙,也稱 "府城",而唐 "尚書省西隅" 約在內城之西南處,與 "府城之坤維" 相合,又認為 1087 年至 1103 年只相差十六年,在當時的情況下,應不可能將石經等碑石連續的遷移。故認為碑林遷移 "二次說" 是正確的。

有關碑林歷史的階段性研究文章有詹望《民國時期碑林沿革史述略》(《碑林集刊》第二輯,陝西師範大學出版社 1994 年),從民國碑林史的分期、民國早期的西安碑林、民國中期的西安碑林、民國晚期的西安碑林四個方面論述了這一時期碑林的歷史。西安碑林博物館編《碑林熹平石經殘石與北魏墓誌運西安之經過》(西安碑林博物館編《陝西碑石墓誌資料彙編》,西北大學出版社 1993 年),口述者馬文彥親自經歷了石經和北魏墓誌運陝經過,是非常珍貴的一手資料。路遠《1937～1938 年整修碑林始末》(《文博》1987 年 5 期),作者詳細考察論述了碑林近代以來規模最大的一次整修經過。張伯齡《1949 年後西安碑林陳列的三次調整》(《碑林集刊》第十一輯,陝西人民美術出版社 2005 年),作者根據回憶簡述了新中國成立後西安碑林 1952 年、1973 年和 1983 年三次較大的陳列調整。

此類文章還有,羅宏才《抗戰中陝西考古會及西安碑林部分文物移藏始末》(《碑林集刊》第二輯,陝西師範大學出版社 1994 年),《抗戰中北平鴻興公司整修碑林偷工減料案始末》(《碑林集刊》第四輯,陝西人民美術出版社 1996 年);路遠《西安碑林初創時期若干問題的再探討》(《文博》1995 年 3 期),《金元時期的碑林》(《碑林集刊》第三輯,陝西人民美術出版社 1995 年),《金石學與西安碑林》(《碑林集刊》第八輯,陝西人民美術出版社 2002 年),《清代西安碑林、文廟和府縣三學整修概述》(《碑林集刊》第四輯,陝西人民美術出版社 1996 年)。

孔廟與西安碑林是不可分割的,所以在追述西安碑林歷史同時必然要提及到孔廟,這方面的相關文章有路遠《西安孔廟歷史溯源》(《碑林集刊》第十輯,陝西人民美術出版社 2004 年),此文依據史籍和有關碑刻資料對唐長安國子監中孔廟的建立、整修及其與唐長安城中孔廟的關係做了一番梳理和考證;馬志祥《西安孔廟概說》(《碑林集刊》第八輯,陝西人民美術出版社 2002 年)對西安孔廟的建築格局、歷史沿革以及孔廟、府學與碑林的關係做了論述。

西安碑林收藏著數量巨大的古代碑刻,這不僅是先哲們思想的結晶和書法家們的藝術創作,同時也凝聚著歷代刻工的辛勤勞動,正是這些能工巧匠們將祖先留下的寶貴文化財富賦予久遠的生命。路遠、張虹冰等《西安碑林藏石所見歷代刻工名錄》(《碑林集刊》第五輯,陝西人民美術出版社 1998 年)一文搜集整理西安碑林上起北魏，下迄民國藏石上的刻工名錄共 376 條，刻工 193 人，並得出刻工的家族化和地域化的特點。《西安碑林史人物志》（《碑林集刊》第七輯，陝西人民美術出版社 2001 年），作者把與西安碑林相關的人大致分為三類，一是碑林所藏歷代碑石墓誌之碑文、誌文本身所涉及的人，二是這些碑文、誌文的撰者、書者、立碑者及刻碑工匠，三是歷代收集和保護前代碑刻、整修和修茸碑林建築者，即為碑林的形成、延續和發展做出過貢獻的人物，按照傳主與碑林發生關係的年代先後順序，書寫 80 篇人物小傳。這些都可以作為西安碑林一份有價值的基礎資料。

## 二　碑林藏石研究

### 1. 碑林藏石目錄、圖錄

1914 年陝西圖書館編《圖書館所管碑林碑目表》，收 172 目，847 石。這是迄今所見最早的一份碑林藏石目錄。1935 年張知道編《西京碑林》附藏石目錄，收 494 目，1517 石。1938 年西安碑林管理委員會編《西安碑林碑石目錄（一）》、《西安碑林碑石目錄（二）》，合收 871 目，1612 石。1947 年陝西省歷史博物館編《西京碑林藏石目錄》，統計當時各展室及院內遊人可見之碑刻共 503 目。1963 年陝西省文物管理委員會、陝西省博物館編《西安碑林》附《西安碑林藏石簡目》共收 1119 目。1983 年李域錚、趙敏生編《西安碑林書法藝術》（陝西人民美術出版社 1992 年）附《西安碑林藏石細目》，收碑 596 目、墓誌 869 目、經幢 63 目、造像 85 目、線刻畫碑 85 目，總計 1698 目。此外本書還對所選的碑林名碑進行了評析。

2006 年陳忠凱等編著《西安碑林博物館藏碑刻總目提要》（線裝書局），全書分為五個部分，依次為碑石、墓誌、造像、經幢及 2005 年入藏碑石，收碑 556 目，1401 石；墓誌 1053 目，1514 石；造像 70 目，70 石；經幢 63 目，63 石；2005 年入藏碑誌 100 目，140 石。總計 1842 目，3187 石。該書是目前對我館藏石數目統計最為詳盡的一部著錄。

張伯齡編《北朝墓誌英華》（三秦出版社 1988 年）從碑林珍藏的一百八十餘方北朝墓誌中選出比較有代表性的一百三十餘方彙集成冊，圖片拍攝清晰，每方墓誌有出土時地及大小尺寸附於圖側，是研究北朝歷史及書法演變的重要資料。

王仁波《隋唐五代墓誌彙編》（陝西卷）（天津古籍出版社 1991 年），以西安碑林所藏墓誌居多，本書所拍拓片照片清晰，並介紹每方墓誌出土時地和大小尺寸，是研究隋唐五代史的重要參考資料。

趙力光編《鴛鴦七志齋藏石》（三秦出版社 1995 年）是于右任先生在民國期間搜集的漢至宋代墓誌的總稱，其中大多數是北朝墓誌，于右任以其中七對夫妻的墓誌而命名。于右任先生捐贈給碑林的墓誌、石刻數目為三百一十八種、三百八十七石。計漢及黃腸石等六種，晉墓石四種，北魏墓誌一百三十六種，唐墓誌三十五種，後梁墓誌一種，宋墓誌三種，澄清了一直以來對"鴛鴦七志"的誤解。此書"概述"部分對這批墓誌的歷史價值及書法藝術進行了較系統的評析。

高峽主編《陝西碑石墓誌資料彙編》（西北大學出版社1995年），該書分概論、書法法帖、碑石、墓誌四部分，共收錄自1923年至1992年關於以西安碑林藏石為主兼及陝西各地碑石墓誌的研究文章152篇，文章主要選自《考古》、《考古學報》、《文物》、《考古與文物》、《文博》及其他刊物，後附有研究著作10種，論文222篇的目錄，以備檢索。該書集中反映了碑林及陝西碑刻研究的主要成果，為研究者提供了便利。

田潤霖遺著、劉綿第整理注釋的《西安碑林名碑》（三秦出版社1998年）是對西安碑林部分重要藏石進行系統考證研究的一部專著。以小品文的形式對碑林所藏的《嶧山石刻》、《顏家廟碑》、《玄秘塔碑》等二十餘種名碑、名帖或考證淵源，或糾正訛誤，同時也提出了許多個人見解，不乏真知灼見。

高峽主編《西安碑林全集》（深圳海天出版社、廣東經濟出版社1999年），共198卷，外加補遺卷，這是自碑林建立以來首次編著出版的藏石全集。收錄碑林的全部碑刻、墓誌、塔銘、石刻線刻畫和有題記的造像，另附陝西境內刻立或出土的同類珍貴碑石、摩崖和經幢，全書以圖為主，並附簡介說明，具有很高的資料價值。

中國文物研究所、陝西省古籍整理辦公室編，吳鋼主編《新中國出土墓誌》（陝西卷）（文物出版社2000年），收錄了上自秦漢，下迄民國初年的墓誌916方，其中收集了472方西安碑林所藏的墓誌。

成建正、趙力光編《西安碑林博物館》（陝西人民出版社2000年），該書圖文並茂，英漢對照，由綜論、孔廟、碑刻藝術、書畫墨蹟和博物館概況等六個章節構成，全面介紹碑林博物館及館藏文物精華。

羅宏才《探尋碑林名碑》（三秦出版社2006年），作者精心集結碑林《華嶽廟碑》、《熹平石經》、《曹全碑》和《廣武將軍碑》等各代名碑九通，運用歷史學、考古學、金石學及藝術學等相關學科的綜合知識，對所選碑石進行深入細緻探討研究，具有較強的學術價值。

陝西省文物局、陝西省社會科學院編《陝西碑石精華》（三秦出版社2006年），其中收錄碑林若干藏石，此書圖文並茂，依碑石刻立時間先後排列，便於讀者考察碑石的形制發展和書法的流變情況。

趙力光主編《西安碑林名碑》（揚州廣陵書社印2006年）收錄在中國書法史上佔有重要地位的書法名碑，側重表現西安碑林的書法藝術價值。共選歷代名碑12種，墓誌10種。所選12種名碑拓本中《唐顏勤禮碑》和《迴元觀鐘樓銘》是初拓本；《集王聖教序碑》和《孔子廟堂碑》是本館一級藏品宋拓本。

　　趙力光主編《西安碑林博物館新入藏墓誌彙編》（線裝書局 2007 年），收錄了西安碑林博物館 1980 年至 2006 年間入藏的古代墓誌 381 方，時代從後秦至元代，跨時近九百年。全書按墓誌主人葬時先後排序，每篇墓誌均配有圖版和錄文，並附墓誌出土時地、大小尺寸等相關要素，方便了讀者查閱研究。其中集中收錄的二百余方山西地區出土的墓誌，為相關歷史的研究提供了新的資料。

　　王其禕、周曉薇《隋代墓誌銘匯考》（線裝書局出版 2007 年）一書綜述隋代墓誌的基本狀況，較為全面的搜集整理隋代墓誌銘，計墓誌 651 種、塔銘 56 種、高昌國磚墓表 90 種，總計 797 種。收錄了碑林所藏的全部隋代墓誌。此書圖文並錄，並有附考及人名索引，是目前國內墓誌集錄體例最完備者，填補了魏晉南北朝與唐代墓誌匯錄之間的空缺，是研究隋代歷史的重要史料。

## 2. 碑林藏石專題研究

　　西安碑林藏石眾多，以豐富的資訊吸引著學者們對它不斷進行研究，因此對館藏碑石墓誌方面的研究文章相對較多，主要是通過研讀碑文，考證誌主身份、家族世系、歷任官職、居住里坊及卒葬地等方面及相關歷史的研究，極大地補充了史書記載之闕。

　　《曹全碑》是西安碑林所藏極為珍貴的一通東漢石碑，碑文主要是歌頌曹全的功德，碑文書法藝術向來為人們所稱道。馬雍先生《東漢曹全碑中有關西域的重要史料》（《文史》第 12 輯，中華書局 1981 年）一文就《曹全碑》中記載的一段關於建寧年間發生在西域的一次重要戰役，結合《後漢書·西域傳》中相關記載，相互補正，對人名、官名和事實方面存在的差歧作了詳細考證。還有董玉芬《曹全碑的史料價值》（《碑林集刊》第五輯，陝西人民美術出版社 1998 年）也做了研究。

　　《呂他墓表》於上世紀七十年代出土在咸陽渭城密店鎮東北原畔，是研究十六國時期歷史文化非常重要的後秦碑刻資料。李朝陽《呂他墓表考述》（《文物》1997 年 10 期）首次公佈了此墓表，並進行了考述。路遠《後秦呂他墓表與呂憲墓表》（《文博》2001 年 5 期），此文從呂他墓表的時代背景、呂他墓表與呂他其人、與呂憲墓表之比較、兩人的死因以及呂他墓表的書法五個方面作了全面系統的考證。

　　《司馬芳殘碑》1952 年出土，隨即入藏西安碑林。研究文章有段紹嘉《司馬芳殘碑出土經過及初步研究》（《人文雜誌》1957 年 3 期）；楊勵三《司馬芳殘碑》（《文物》1965 年 9 期），該文認為司馬芳與《宣帝本紀》和《魏志·司馬朗傳》中的司馬防為同一人，並考證其任京兆尹司隸校尉的時間可能在建安十八年前。路遠《司馬芳碑刻立年代考辨》（《文博》1998 年 2 期），釋錄殘存碑文，依據碑文和史籍，對司馬氏家族世系和碑文中"甯遠將軍樂陵侯"其人加以考證。在該碑刻立時間上肯定了楊勵三的"北魏說"，糾正了流行的"東晉說"，並把此碑刻立時間進一步定在北魏神麚三年（430）長安歸屬北魏之後，興光元年（454）司馬准去世之前。

馬長壽《碑銘所見前秦至隋初的關中部族》（廣西師範大學出版社 2006 年），該書從題名的姓氏、官爵、里居和親屬關係，闡明了關中古部族的名類淵源、地域分佈、姓氏變遷、婚姻關係、階級分化、部族融合及其他關於北朝官制和地理沿革等問題。在考據時引用碑林博物館的《鄧太尉祠碑》、《廣武將軍碑》、《大代宕昌公暉福寺碑》及一些造像。該書資料翔實，論述嚴謹，為利用碑銘研究相關歷史的典範之作。

西安碑林收藏著一批北朝時期的重要碑誌，其中北魏時期墓誌約 180 余方，這些碑誌既是補闕史實、訂證訛誤的文獻資料，又是我國書法藝術的珍貴寶藏。《宕昌公暉福寺碑》是北魏時期重要的碑石，具有較高的史料和書法價值。詹望《北魏宕昌公暉福寺碑概說》（《碑林集刊》第一輯，西北大學出版社 1993 年）。高峽《西安碑林·北朝墓誌鑒評》（《碑林集刊》第一輯，西北大學出版社 1993 年）介紹了碑林所藏的 129 方北魏和東魏時期墓誌的大小尺寸、出土情況及書法藝術價值。羅坤學《淺談北魏穆亮墓誌》（《碑林集刊》第一輯，西北大學出版社 1993 年），把碑文和《魏書》結合，介紹了穆亮生平，著重對墓誌的書法藝術價值進行了論述。楊鴻修《北魏元楨墓誌》（《書譜》1986 年 3 期）簡要介紹了元楨其人其事及此碑的書法藝術價值。

建國以來陝西華陰和潼關出土了一批北魏華陰楊氏宗族墓誌，其中《楊舒墓誌》就藏在西安碑林。杜葆仁、夏振英《華陰潼關出土的北魏楊氏墓誌考證》（《考古與文物》1984 年 5 期）和崔漢林、夏振英《華陰北魏楊舒墓發掘簡報》（《文博》1985 年 2 期）對墓誌的出土情況及楊氏墓所出文物進行介紹，並結合《魏書》對有關史事進行了考釋。李文才《華陰出土北魏楊氏墓誌考釋》（《陝西歷史博物館刊》第 14 輯，三秦出版社 2007 年）一文對華陰楊氏的郡望及楊舒的死因等重新加以考證。董理《從楊舒墓誌看魏宣武帝時期的南北戰爭——讀〈魏故鎮遠將軍華州刺史楊舒墓誌銘〉》（《陝西歷史博物館刊》第 14 輯，三秦出版社 2007 年），文章史誌結合，互考互補楊舒在魏宣武帝時期的三次重大戰爭裴叔業降魏、義陽之儀和梁城之戰中所任官職及所做的貢獻。

2001 年西安碑林入藏一方北周《茹洪墓誌》，劉蓮芳、王京陽《北周成忠縣開國公茹洪墓誌考釋》（《考古與文物》2002 年增刊）一文考證了誌主茹洪所任歷官情況及其郡望，結合史料對其死因進行推測，並判斷誌主茹洪可能就是史書中所載的茹寬。

隋代時間較短，留下的碑版較少，墓誌較多。《孟顯達碑》主要講述了北魏孟顯達的生平。碑立于隋開皇二十年，唐晚期被加工成別人的石槨埋入地下，1910 年在陝西長安縣出土。此碑的碑文保存較好。張岩、王建榮《隋孟顯達碑初探》（《碑林集刊》第一輯，西北大學出版社 1993 年）一文就魏人之碑隋立、被做成石槨之事以及此碑拓本的流傳等問題做了較為詳細的考證。陳忠凱《隋馬穉墓誌側告地冊》（《文博》1989

年 4 期）主要對馬穉墓誌石右側邊刊刻的二十字告地册做了研究，證實了隋代承襲了秦漢時期告地册的喪俗，為我們提供了研究隋代告地册的實物資料。田中華《隋馬穉墓誌銘釋讀》（《碑林集刊》第三輯，陝西人民美術出版社 1995 年）通過釋讀誌文，詳細考述了馬穉其人其事及墓誌銘將儒、佛、道三家結合在一起的特點，為我們探討隋代宗教提供了線索。岳紹輝《隋田行達墓誌》（《碑林集刊》第六輯，陝西人民美術出版社 2000 年）通過對誌主家族世系及所任職官的考釋，考察了府兵制的發展脈絡。樊波、李舉綱《隋趙芬殘碑及其拓本淺說》（《收藏》2005 年 2 期）就立碑時間認為王昶《金石萃編》"當在開皇五年以後之數年，約略十年左右也"可信，並根據該碑的國圖拓本及碑林拓本互校碑文殘缺部分。隋代《解方保墓誌》於 2000 年入藏西安碑林博物館，這方墓誌書法秀逸清勁，堪稱隋代墓誌中的精品。張安興《讀隋〈解方保墓誌〉》（《書法叢刊》2007 年 5 期）對解方保的姓氏、職官與卒葬地及書法藝術價值等做了解析。周曉薇《兩方新出隋代墓誌銘解讀》（《碑林集刊》第九輯，陝西人民美術出版社 2003 年），其中隋《解方保墓誌》結合誌文"齊竊山左，躬廁後旗"是指北齊與西魏、北周的戰事，誌主參與了此次戰事。又據"劍蜀不賓，親承麾下"知誌主亦參與了北周末年征伐王謙叛亂之事。另一方《劉紹墓誌》記載了劉紹的官職，為研究北周至隋代職官的演變提供了資料。

唐《楊孝恭碑》1983 年西安西郊三民村出土，此碑無著錄及拓本流傳，出土時碑面字跡清晰，較為完整。賀忠輝《楊孝恭碑考略》（《碑林集刊》第一輯，西北大學出版社 1993 年）對楊孝恭其人其事、碑文內容、及書法價值作了論述。《李夷簡家廟碑》1974 年出土於西安南郊，碑文主要記述了李氏家族的家譜。董玉芬《唐李夷簡家廟碑考析》（《碑林集刊》第一輯，西北大學出版社 1993 年）對碑文撰者裴度、書者蕭祐及李夷簡生平世系作了考證補充。

唐《御史台精舍碑》對研究唐代監察制度、監察機構及立法思想，尤其是宗教與中國古代法律制度的關係有重要價值。胡留元、馮卓慧《唐御史台精舍碑初探》（《人文雜誌》1983 年 2 期）對精舍碑的成碑年代、精舍碑與台獄設置、精舍碑與《唐律疏儀·職制律》及與八議制度等方面較為全面的考察了此碑價值。

梁子、趙文軍《唐〈玄秘塔碑〉三議》（《碑林集刊》第十輯，陝西人民美術出版社 2004 年）一文就玄秘塔碑撰文勒石的時代背景、碑主及其所在寺院、撰文裴休的行狀等內容，結合立碑前後宮廷鬥爭和佛教發展的史事進行宏觀勾勒。

張伯齡《唐大智禪師碑考釋》（《碑林集刊》第四輯，陝西人民美術出版社 1996 年），張岩《慧堅禪師碑考述》（《碑林集刊》第四輯，陝西人民美術出版社 1996 年），樊波《唐道德寺碑考述》（《碑林集刊》第五輯，陝西人民美術出版社 1998 年），樊波、李林娜《唐法琬禪師墓誌、墓碑及有關問題》（《碑林集刊》第三輯，陝西人民美術出版社 1995 年），倪麗曄《道因法師碑及其書法淺說》（《碑林集刊》第三輯，陝西人民美術出版社 1995 年），上述這些文章對佛教碑刻進行了考證研究。

（日）礪波護在《隋唐佛教文化》一書第六章《玄秘塔碑考》一文對《玄秘塔碑》進行了考述，並重點對此碑後所刻的《敕內莊宅使牒》進行了研究，認為它是唐代官方文書，是武宗毀佛後補刻的（韓昇等譯《隋唐佛教文化》，上海古籍出版社 2004 年）。

《迴元觀鐘樓銘》1986 年發現于西安化工設計公司基建工地。此碑是柳公權 59 歲時楷書，是研究柳體書法的重要資料。此碑銘未見著錄，馬驥《西安新出柳書"唐迴元觀鐘樓銘碑"》（《文博》1987 年 5 期）詳細介紹了碑銘的出土情況、形制紋飾並考述了迴元觀歷史沿革等。雒長安、張占文《新出柳公權書〈大唐迴元觀鐘樓銘〉碑》（《書譜》1988 年 1 期）則主要對碑文的一些殘損文字進行了校勘。相關文章還有翁闓運《紀唐迴元觀鐘樓銘——兼論柳公權及其書法》（《碑林集刊》第三輯，陝西人民美術出版社 1995 年）。

宋《折克行神道碑》和《折繼閔神道碑》兩通神道碑均出土于陝北府谷縣楊家溝折氏墳園。戴應新《宋〈折克行神道碑〉考釋》（《文博》1987 年 2 期）和《北宋〈折繼閔神道碑〉疏證》（《中國考古學會第一次年會論文集》1979 年，文物出版社 1980 年）介紹了兩通碑石的出土和保存情況，通過考證碑文中的歷史人物和史事，詳細論述了折氏家族的譜系、興衰始末以及事蹟功業，從而為研究宋史，宋與遼、西夏、金的關係以及陝北地方史等提供珍貴的史料。張岩《德應侯碑探微》（《碑林集刊》第二輯，陝西師範大學出版社 1994 年），認為此碑是研究耀州窰的珍貴資料。關於宋代碑刻的研究論文還有陳財經《宋釋夢英篆書的兩通石碑》（《碑林集刊》第一輯，西北大學出版社 1993 年）；李納《宋大觀聖作之碑評析》（《碑林集刊》第四輯，陝西人民美術出版社 1996 年）。

對碑林舊藏的一些重要碑刻方面的研究，碑林博物館路遠研究員做了較多的研究。路遠《李斯與嶧山刻石》（西安碑林博物館編《陝西碑石墓誌資料彙編》，西北大學出版社 1995 年）認為西安碑林藏的"長安本"《嶧山刻石》雖"已失秦篆精神"，但畢竟字形尚存，是今天研究中國古文字史、書法史不可多得的珍貴資料，且彌補史籍之缺，保存了《史記》未收錄的《嶧山刻石》文辭。

路遠《西安碑林藏石研究三題》（《碑林集刊》第十一輯，陝西人民美術出版社 2005 年），作者對碑林所藏的張旭《草書千字文》、懷素書跡、顏真卿及《爭座位帖》書法刻帖作了重新審視和考證，論證了碑林現藏的張旭《草書千字文》斷石即是《類編長安志》所著錄的"乾元二年帖"，其可靠性應無問題，將碑林藏懷素諸帖與文獻記載對照，論證于子俊所刻懷素千字文的可靠性；又爬梳文獻中有關"長安氏"的資料，論證碑林中《爭座位帖》的刻制年代。

　　路遠《唐尚書省郎官題名石柱之初刻與改刻》（《唐研究》第十二卷，北京大學出版社 2006 年），作者從石刻文物本身出發，利用金石著作中相關記文刻石之碑目為線索，進行考證推理，糾正以往在石柱之初刻、改刻以及形制等問題上的不正確的認識。

　　路遠《李陽冰〈三墳記碑〉、〈抽先塋記碑〉為唐刻原石考》（《碑林集刊》第十二輯，陝西人民美術出版社 2006 年）作者從碑側題字所刻位置、圖案、裝飾及碑之形制的考察，得出兩碑為唐刻原石，而非歷來著錄所言宋代重刻。

　　路遠《皇甫誕碑刊立時間及流遷經過》（《陝西歷史博物館館刊》第 13 輯，三秦出版社 2006 年），通過認真辨析文獻記載，把此碑的刻立時間由貞觀年間縮小到貞觀十年至十五年範圍之內，且考證了碑原來的具體位置在孔廟的櫺星門內，直到新中國成立後才移入碑林展室。

　　路遠《馬璘與馬璘殘碑》（《收藏》2006 年 11 期），通過顏真卿書寫的這件不甚被人重視的殘碑，考述了馬璘其人其事以及馬璘殘碑的殘斷緣由和入藏西安碑林的經過。

　　路遠《有關清代選官制度的重要資料——讀〈保舉題名碑〉》（《碑林集刊》第九輯，陝西人民美術出版社 2003 年），作者從碑文本身出發，結合有關史料，對該碑的刻立年代、歷史背景、該題名錄何以出現于碑林等問題逐一加以考析，對碑文內容各種資訊如保舉人之籍貫、出身、任職去向及保舉人官職等加以分析，旨在為中國古代選官制度的研究提供一份有價值的資料，所涉及的大量地方府縣官員亦可補地方史志之缺誤。

　　碑林的碑石眾多，藏品內容豐富多彩，包羅萬象，今按誌主身份、碑誌內容及研究方法等分述之。有關皇室成員方面的研究文章有王其禕、周曉薇《唐代公主墓誌輯略》（《碑林集刊》第三輯，陝西人民美術出版社 1995 年），該文按輩次行序介紹了十五方唐代公主墓誌，利用近年來新出公主墓誌資料，補充史書記載之闕。其中藏在碑林的有宜都公主墓誌、唐安公主墓誌、朗甯公主墓誌和郯國公主墓誌。趙力光《唐故慶王李沂墓誌綜考》（《唐研究》第十二卷，北京大學出版社 2006 年），考證李沂應為宣宗第五子，並逐一對墓誌的撰者翰林學士李覿、書者董景仁、撰蓋者董咸、刻工邵建初和墓誌的書法價值作了綜合考述，指出翰林學士以文辭為主，中晚唐時奉詔撰寫碑銘已成常例。趙力光《襄城縣主李令暉墓誌》（《碑林集刊》第九輯，陝西人民美術出版社 2003 年），文章根據誌文增補了《兩唐書》對李令暉及其父許王李素節的一些失載內容。李慧《工部尚書杜公長女墓誌銘》（《碑林集刊》第十一輯，陝西人民美術出版社 2005 年），因杜公長女的母親岐陽公主是憲宗的長女，嫁給杜佑的孫子杜悰，故誌文對瞭解杜氏一門的世系及官職等有一定的參考價值。李舉綱《西安碑林藏彭王李僅墓誌發微》（《中國文物報》2006 年 3 月 22 日），以彭王李僅墓誌為依託重新審視歷史，對朱泚反叛事件中一些相關的歷史事件進行了補正。景亞鵬《西安碑林藏唐

〈宇文氏墓誌〉考釋》（《考古與文物》2007 年 6 期），文章對誌文中的"内宅"、"滋水鄉"、"唐永王"等進行了考證，得出誌主永王第二男新婦宇文氏的身份為唐玄宗李隆基的孫媳、唐肅宗李亨的侄媳、唐永王李璘的兒媳，並對撰文者吳通微、書者李倩進行考證。吳通微所撰還有碑林所藏《楚金禪師碑》等。

　　唐朝是一個非常開放的王朝，與外國及少數民族有著密切的交往，碑林收藏著一些非漢族身份的唐代墓誌。相關文章有馬詠鐘、張安興《唐似先義逸墓誌考釋》（《碑林集刊》第三輯，陝西人民美術出版社 1995 年），為研究唐王朝與高句麗的關係提供了重要資料。李建超《唐兩京及畿内的高麗、百濟人》（李健超：《漢唐兩京及絲綢之路歷史地理論集》，三秦出版社 2007 年），從《通志》和《古今姓氏辨正》出發，認為似先義逸應是高麗人。李域錚《西安西郊俾失十囊墓清理簡報》（《文博》1985 年 6 期）指出俾失十囊為突厥族，《舊唐書·玄宗本紀》"天寶初，回紇強盛，盡佔據突厥故地"。而俾失十囊即是在回紇佔領西突厥故地之前，"開元初"臣服于唐，時間基本一致，史誌互證。師小群《西安出土回紇瓌、李忠義墓誌》（《文博》1990 年 1 期），回紇瓌是陰山人，卒於乾元三年三月，正是安史之亂中。文章簡要考證了誌文。陳忠凱《讀三方唐突厥人墓誌》（《碑林集刊》第三輯，陝西人民美術出版社 1995 年）文章結合文獻記載對館藏《阿史那勿施墓誌》和《阿史那哲墓誌》誌文進行簡要考證。張安興《西安碑林新徵集唐頡利可汗之子墓誌》（《中國文物報》2006 年 9 月 17 日），阿史那婆羅門墓誌出土于西安東郊灞橋區灞河以東細柳原一帶，與史書記載頡利可汗的葬地方位極為一致，所以這方墓誌的出土就為尋找頡利可汗的準確葬地提供了新的線索，文章對頡利可汗家族世系及其葬地進行了探討。該墓誌為研究東突厥史頡利可汗統治時期與唐王朝之間的往來關係提供了重要的文字資料。另外阿史那婆羅門正史闕載，據史書記載頡利可汗有一子叫"疊羅之"，另一子叫"欲穀設"，誌主婆羅門是二子之一，還是可汗的第三子文章也提出了置疑。景亞鵬《研讀碑林藏吐谷渾墓誌二例》（《陝西歷史博物館館刊》第十四輯，三秦出版社 2007 年）對碑林所藏北魏《吐谷渾璣墓誌》和《吐谷渾氏墓誌》進行了研究。作者結合誌文和史料，考述了誌主祖父及父母情況，北魏孝文帝改革及吐谷渾族的宗教信仰等情況，對研究吐谷渾族具有參考價值。賀梓城《唐王朝與邊疆民族和鄰國的友好關係——唐墓誌銘劄記之一》（《文博》1984 年創刊號），作者參考文獻，重點利用陝西歷年來出土的唐墓誌銘，如利用一批阿史那氏墓誌銘論述了突厥族分裂、滅亡和降唐的過程，通過《契苾李中郎墓誌銘》證明了天寶初年回紇族與唐朝友好往來頻繁，以及與臨近的高麗、"昭武九姓"及波斯之間的關係等等，反映唐初國內外民族的活動情況，闡述了一個多民族國家形成的過程。《蘇諒妻馬氏墓誌》是研究唐代祆教的重要資料，同時也是當時中西交通史的重要見證。陝西省文物管理委員會《西安發現晚唐祆教徒的漢、婆羅缽文合璧墓誌——唐蘇諒妻馬氏墓誌》（《考古》1964 年 9 期），文章對誌文中漢文部分涉及的官職和馬氏生卒年月作了考證。

　　碑林珍藏的國寶級文物《大秦景教流行中國碑》自明代天啟年間出土三百多年以來就受到格外關注，被認為是"我國景教第一文獻"（方豪《唐代景教考略》，載於《中國史學》1936 年）。相關方面的研究文章數量很多。林悟殊《唐代景教再研究》（中國社會科學出版社 2003 年）是目前對唐代景教研究最為系統的一部力作。該書的傳播篇第一章節"西安景教碑研究述評"中對西安景教碑研究做了很好的述評，作者窮盡材料，廣泛搜集分散在國內外有關景教碑的文章，全面總結了三百多年來圍繞該碑研究的兩大基本主旨：一是根據碑的外型，從文物角度重點辨別該碑的真偽、性質，出土時間及地點等；二是根據碑文，從語言學特別是宗教史學的角度，解讀該碑的內涵，結合文獻，揭開唐代基督教在華流播的歷史真面目。述評以二十世紀為分界線，總結此前國人多從傳統金石學角度研究，認識較為膚淺。西方學者則比較注重碑的真實性及碑文研究。二十世紀以來除了繼續從以碑證史角度發掘碑的內涵外，重點趨向於討論該碑的出土時間、地點和該碑的性質。述評對中外學者長達三百年的研究做了客觀的評述，肯定了前人對該碑在碑文釋讀及真實性方面取得的成果，也指出了由於方法和認識的局限性等因素產生的至今不能完全解決的具體出土時間、地點等問題的遺憾。楊曉春《二十年來中國大陸景教研究綜述（1982～2002）》（《中國史研究動態》2004 年 6 期）一文著重對近二十年來大陸學者研究景教的成果進行了綜述，本文不再贅述。

　　樊波《西安碑林收藏的幾方三階教碑刻》（《碑林集刊》第八輯，陝西人民美術出版社 2002 年），詳細考證了《化度寺僧海禪師方墳記》、《梁師亮墓誌》、《淨域寺法藏禪師塔銘》和《三階大德禪師碑》，是研究唐代三階教的重要文獻。景亞鵬《西安碑林藏石與長安開元寺》（《碑林集刊》第八輯，陝西人民美術出版社 2002 年），主要是利用宋代《重修開元寺行廊功德碑》、元代《大開元寺興致碑》和清代的《開元寺八景圖記》碑對長安開元寺作了相關考證。

　　塔銘是比較特殊的一類墓誌，近幾年尤其受到學界關注，相關文章有樊波、李舉綱《唐尼真如塔銘考略》（《碑林集刊》第二輯，陝西師範大學出版社 1994 年），該文通過考證塔銘，認為此塔銘對研究高昌麴氏王系及唐西州歷史有所幫助。樊波《甘露寺尼真如塔銘》（《碑林集刊》第二輯，陝西師範大學出版社 1994 年），利用塔銘補充了史書中對二人諡號記載之缺漏，並對研究麴氏高昌王系及唐西川歷史都頗有幫助。李舉綱《西安碑林藏唐咸通五年窣堵波塔銘及造像》（《碑林集刊》第十輯，陝西人民美術出版社 2004 年）一文對塔銘的定名和具體置放方式等問題作了深入研究。李舉綱《西安碑林藏唐代塔銘述略》（《碑林集刊》第十輯，陝西人民美術出版社 2004 年）一文重點介紹了西安碑林收藏的八種唐代塔銘，對塔銘內容進行了認真詳細的考證，其中包括首次披露的《武康塔銘》等。文中對塔銘這種石刻形式的置放方式、塔銘與塔之間的關係等也進行了初步的探討，為這一領域的研究提供了較為系統的資料。王世平、朱捷元《西安東郊新發現的唐法津墓誌及塔銘》（《考古與文物》叢刊，《陝西省考古學年會論文集》），墓誌於 1980 年出土在西安西郊卞家村，詳述了姚常一學佛傳佛的經歷，同時還涉及唐玄宗、肅宗和代宗三朝皇帝的多條詔文，甚為珍貴。文章將墓誌和塔銘互證，考證法津父祖所任宦曆，確定隋代有中散大夫一職；分析了法津能夠飛黃騰達是因其父所任官職之便在關鍵時刻提供了馬匹。並就塔銘中"奏免常住兩稅，至今不易，又還官收地廿二頃，恩命立豐碑在寺普潤莊也"涉及唐代寺院經濟的重要問題做了討論。樊波、李舉綱《西安碑林收藏的一方珍貴唐代塔銘》（《文物報》2005 年 2 月 2 日）介紹館藏的《大龍興寺崇福法師塔銘》基本情況，認為該塔銘可能是崇福法師石葬塔的一部分，從而為研究隋唐時期的塔葬制度提供了資料。

對道士及道教研究一直為部分學者所密切關注，但因資料的匱乏而進展緩慢，所以碑林所藏的幾方唐代道士墓誌就愈發顯得珍貴，為推動唐代道教研究提供了極為重要的資料。馬詠鐘《西安碑林新藏碑誌考》（《碑林集刊》第一輯，西北大學出版社 1993 年）一文公佈了 1984 年西安韋曲出土的《唐玉晨觀三景法師韓自明墓誌》，為探討唐代道教增添了重要資料。李舉綱《西安碑林新入藏〈唐韓煉師玄堂銘〉考釋》（《唐研究》第十二卷，北京大學出版社 2006 年）一文作者對 2004 年新入藏的《韓煉師墓誌》進行了較為全面的考證，尤其對誌主韓孝恭的身份通過大量地文獻資料對比，確認其可能是藩鎮置養的私白，這一結論對唐史研究具有重要的參考價值。王原因、李舉綱《五通觀馮仙師墓誌銘疏證》（《乾陵文化研究》第二輯），文章通過對誌文的釋讀，主要探討了道觀經濟以及道教埋葬的制度。張岩《唐九華觀尚簡道師銘略考》（《碑林集刊》第十輯，陝西人民美術出版社 2004 年）則為我們研究唐代女冠生活及道觀經濟收入提供了極具價值的文獻資料。

宦官是作為社會的邊緣群體，在政治、經濟和文化中起著特殊作用，宦官研究一直為學術界所關注，研究文章主要集中在唐代宦官的家族世系、婚姻家庭以及宗教信仰等方面。西安碑林即藏有多方唐代、明代宦官墓誌，相關的研究也做了不少。李域錚《西安東郊出土唐許遂忠墓誌》（《考古與文物》1985 年 6 期），誌主許遂忠兩《唐書》無傳，文章考述其所任內侍省官職，認為是宦官集團中一位上層人物。誌文撰者王源中《新唐書》有傳，曾與誌主共事，故為之撰寫墓誌。西安碑林還藏有唐代著名宦官《梁守謙功德銘》。梁守謙在《兩唐書》及《資治通鑒》上均有記載。景亞鸝《略談唐代的宦官及宦官制度——從〈梁守謙功德銘〉及其〈墓誌銘〉說起》（《碑林集刊》第六輯，陝西人民美術出版社 2000 年），結合梁守謙《墓誌銘》，以此為依託，論述了唐代宦官職權、身世養子及唐代在對待宦官禮遇方面的諸多問題。2001 年出土於西安東郊紡織城東的《梁匡仁碑》是又一通可資研究晚唐宦官制度及人物的頗具史料價值的碑版，此碑未見著錄。王其禕、郝利民《西安出土唐代宦官梁匡仁碑考證》（《碑林集刊》第八輯，陝西人民美術出版社 2002 年），考證了碑文所涉及到梁匡仁的家族世系、職官。《張居翰墓誌》是後唐時期一方重要的宦官墓誌，誌主張居翰新舊《五代史》有傳，但記載簡略，此墓誌保存完好，誌文記載甚為詳細，可補史書之不足。馬志祥《西安西郊出土的後唐張居翰墓誌》（《碑林集刊》第三輯，陝西人民美術出版社 1995 年）對張居翰的世系及文中有關的人物事件等都進行了考證。王其禕《西安灞橋出土唐周孟瑤墓誌》（《碑林集刊》第五輯，陝西人民美術出版社 1998 年）考述了誌主周孟瑤及其父輩所任內侍省官職及誌文涉及的里坊、卒葬地等問題。

　　有關唐代宦官墓誌的文章還有賀華《讀楊玄略墓誌》（《碑林集刊》第四輯，陝西人民美術出版社 1996 年），黃小芸《唐董文萼墓誌考》（《碑林集刊》第七輯，陝西人民美術出版社 2001 年），賀華《唐楊志廉墓誌考證》（《碑林集刊》第六輯，陝西人民美術出版社 2000 年），張伯齡《馮君衡暨妻麥氏墓誌考述》（《碑林集刊》第三輯，陝西人民美術出版社 1995 年），陳忠凱、董玉芬《唐王公素墓誌之考釋》（《碑林集刊》第九輯，陝西人民美術出版社 2003），任平《也讀唐楊志廉墓誌》（《碑林集刊》第十輯，陝西人民美術出版社 2004），黃小芸《關於"甘露之變"的一點史料——讀唐〈梁元瀚墓誌〉》（《碑林集刊》第八輯，陝西人民美術出版社 2002），以上文章都簡要考述了各誌主家族世系及其個人情況。

　　此外，還有學者利用墓誌資料對唐代宦官進行綜合研究，如杜文玉《唐代長安的宦官住宅與墳塋分佈》（《中國歷史地理論叢》1997 年 4 期），該文利用碑林所藏大量的宦官墓誌對唐長安的八十三位宦官的住宅來源、分佈特點及墳塋分佈情況作了較為詳細的考證。杜文玉《唐代宦官的籍貫分佈》（《中國歷史地理論叢》1998 年第 1 期》）一文詳細地統計了唐代宦官的籍貫情況，論述了宦官籍貫的分佈規律。作者認為唐代宦官北方籍的人多於南方籍，並分析了形成這種分佈狀態的原因，指出所謂閩嶺宦官區藪的傳統說法並不符合歷史事實。

　　明代是中國古代宦官專權的高峰階段，杜文《略述明代宦官與西安府佛寺修造》（《碑林集刊》第十輯，陝西人民美術出版社 2004 年）集中整理館藏的十二方明代陝西秦王府宦官墓誌，發現他們多在佛寺鄰近選址構築家族式墓地，並參與了明代西安府多座佛寺的修造，最後分析了陝西地方官官的結社行為是為了促進內部團結。

　　利用館藏墓誌進行家族研究方面的文章有王慶衛《隋代華陰楊氏考述——以墓誌銘為中心》（《碑林集刊》第十一輯，陝西人民美術出版社 2005 年）和《隋代弘農楊氏續考》（《碑林集刊》第十二輯，陝西人民美術出版社 2006 年），作者整理搜集北朝至隋代華陰楊氏墓誌五十方，系統探討了隋代華陰楊氏的源流、世系，並對楊氏幾百年顯要的社會地位作了分析。又利用新資料對華陰楊氏越公房的人物進行了個案疏證，為以後進一步深入考察弘農楊氏的發展道路奠定了基礎。岳紹輝《西安碑林藏五方唐代嚳氏墓誌綜考》（《碑林集刊》第八輯，陝西人民美術出版社 2002 年），集中考證了《嚳思泰墓誌》、《嚳思哲墓誌》、《嚳思玄墓誌》、《嚳紹業墓誌》和《嚳如珪墓誌》五方嚳氏家族系脈活動。張伯齡《明楊宏暨妻張氏合葬誌銘研究》（《碑林集刊》第一輯，西北大學出版社 1993 年），提到了碑林珍藏的《楊立墓主》、《楊余慶墓誌》、《楊宏及妻張氏墓誌》等七方出土于西安南郊沙坡的明代楊氏家族墓誌，著重介紹了楊宏的有關事蹟。張蒙芝撰寫的《明嵇氏六誌合考》（《碑林集刊》第十一輯，陝西人民美術出版社 2005 年）對碑林所藏的六方明代嵇氏家族墓誌的世系、族譜、家族發展以及明代鹽政、道教等相關問題進行了考證研究。

運用碑林藏石研究歷史地理方面的論文有武伯綸《唐長安郊區的研究》（武伯綸：《古城集》三秦出版社 1987 年），文章利用碑林藏誌及文獻的研究考證，統計長安縣共三十鄉，萬年縣共四十一鄉。武伯綸《唐萬年、長安縣鄉里考》（《考古學報》1963 年第 3 期），尚民傑《唐長安、萬年縣鄉村續考》，作者在佔有大量墓誌資料的基礎上對長安萬年兩縣的鄉村作了補充性考察，並簡要分析了有些村名相同的情況。杜文玉《唐長安縣、萬年縣鄉里考》（《中國歷史地理論叢》增刊，陝西師範大學中國歷史地理研究所出版 1999 年）也主要利用碑誌資料的記載，增補部分鄉名和相關里名，並對一些鄉里方位進行考證。王原茵《隋唐墓誌的出土時地與葬地》（《碑林集刊》第六輯，陝西人民美術出版社 2000 年），文章以西安碑林所藏墓誌為主，集錄了墓誌中的鄉里名、村名，並對主要的州、郡、縣、鄉、里、村、原的古今地名做了考證。

唐兩京里坊的研究也一直學界關注的熱點。這方面的研究有楊希義、陳忠凱《唐代墓誌中所載的長安坊里》（《文博》1988 年 5 期），作者在讀唐代碑誌過程中摘抄出百餘條有關長安里坊住宅的記載，增補了清代徐松《唐兩京城坊考》等文獻的缺載，援引的《豆盧建墓誌》、《張去逸墓誌》、《韋頊墓誌》、《王公素墓誌》等都屬於西安碑林藏石。李健超《增訂唐兩京城坊考》（三秦出版社 2006 年），在佔有大量新舊資料的基礎上對唐兩京進行了詳細補訂。其中引用西安碑林的《迴元觀鐘樓銘》、《唐嚴愈夫婦墓誌》、《夫人太原郡君王氏墓誌》、《楊惠墓誌》、《唐李訓夫人王氏墓誌》等碑誌是增補兩京的重要資料。陳忠凱《唐長安城坊里宅第的有序分佈》（《碑林集刊》第七輯，陝西人民美術出版社 2001 年），作者通過分析大量墓誌資料等得出唐長安城宮城及皇城周圍坊里多為皇親國戚聚集的宅第，雲集在宮城周圍的是內侍省官員宅第，外郭城之西隅與圍外之地少有宅第，其中援引西安碑林所藏諸如《李思摩墓誌》、《俱慈順墓誌》、《董文蕚墓誌》等多方墓誌資料。

　　唐代詩歌空前繁榮，長安城內詩人、文人雲集，但有關唐代詩人、文人的墓誌發現都較少。有幸的是 2000 年西安碑林入藏了一方唐《獨孤申叔墓誌》，誌主獨孤申叔是中晚唐文學青年，韓柳古文運動的追隨者，誌文是柳宗元親自撰寫的。獨孤申叔英年早逝，安葬時其生前好友李直方、柳宗元、韓愈、呂溫、劉禹錫等為其弔祭送葬。該墓誌對研究唐代古文運動的史事與人物有著十分重要的參考價值。王其禕、周曉薇《西安碑林新入藏柳宗元撰獨孤申叔墓誌箋證》（《書法叢刊》2007 年 5 期），由於新出墓誌與《柳宗元集》所載誌文有異同，故文章把南宋蜀刻本《新刊增廣百家詳補注唐柳先生文集》和誌文作了詳細的比勘和箋證。

　　2007 年西安碑林徵集收藏了唐代著名詩人韋應物、妻元蘋墓誌、兒子韋慶復及妻裴棣墓誌，十分珍貴，是碑林近年的最重要的收藏之一。馬驥《新發現的唐韋應物夫婦及子韋慶復夫婦墓誌簡考》（《文匯報》2007 年 11 月 14 日 8 版）首次公佈了這四方墓誌的全文，並對韋應物家族世系、身世、歷官、卒年進行了考證研究。陳尚君在《文匯報》同版上撰文《韋應物一家墓誌的學術價值》從三方面確認了其重要的學術價值，除了對研究韋應物家族及詩文有重要的意義，還對研究唐代士族文化傳承、道德禮儀、家族遷徙等方面提供了豐富的資訊。

　　西安碑林還收藏有兩方唐代宮廷畫家墓誌。金維諾《晚唐畫家程修己墓誌》（《文物》1963 年 4 期），牛志平《程修己墓誌考釋》（《文博》1986 年 1 期），李舉綱、段志淩《西安碑林收藏的兩方唐代宮廷畫家墓誌》（《唐代歷史文化研究》，三秦出版社 2005 年），介紹了《王定墓誌》及《程修己墓誌》。上述文章對畫家的世系生平、師承情況及藝術造詣等做了詳細考證和梳理概括。

　　唐代御書手墓誌鮮見，2001 年西安紡織城出土了一方《朱元昊墓誌》，對於我們瞭解和研究御書手的成長經歷以及選任制度提供了重要的實物資料。馬驥《唐御書書手朱元昊墓誌考略——兼議唐代的隸書》（《碑林集刊》第九輯，陝西人民美術出版社 2003 年）一文對西安首次發現的唐代御書手朱元昊、撰者于休烈、書者張芬其人其事進行了考證，並對唐代御書手制度進行了簡要的論述。

　　唐代墓誌是西安碑林收藏體系中的大類，近年來碑林陸續入藏了大批唐墓誌，極大的豐富了館藏，這些墓誌資料對研究唐代家族地望、職官、地理等具有珍貴的史料價值。新資料的公佈包括：陳安利、馬驥《西安新出唐誌考釋》（《文博》1987 年 5 期）；張岩《張去奢、張去逸墓誌考釋》（《碑林集刊》第五輯，陝西人民美術出版社 1998 年）；李雪芳《新出唐王求古墓誌》（《碑林集刊》第六輯，陝西人民美術出版社 2000 年）；張岩《華縣新出唐鄭玄墓誌考》（《碑林集刊》第八輯，陝西人民美術出版社 2002 年）；劉蓮芳《唐太史丞袁神墓誌考釋》（《碑林集刊》第八輯，陝西人民美術出版社 2002 年）；李雪芳《新出土唐馮朝光墓誌考釋》（《考古與文物》2002 年增刊）；

李陽《唐蕭懷舉墓誌簡考》（《碑林集刊》第九輯，陝西人民美術出版社 2003 年）；王原茵、羅甯莉《唐韋洵墓誌考》（《碑林集刊》第九輯，陝西人民美術出版社 2003 年）；潘萍《長安區出土唐楊惠墓誌銘述略》（《碑林集刊》第九輯，陝西人民美術出版社 2003 年）；張安興《唐郭通墓誌考釋》（《碑林集刊》第九輯，陝西人民美術出版社 2003 年）；黃曉芸《西安新出唐郭文喜墓誌》（《碑林集刊》第九輯，陝西人民美術出版社 2003 年）；劉蓮芳《唐李訓夫人王氏墓誌考釋》（《碑林集刊》第九輯，陝西人民美術出版社 2003 年）；唐瑋《新出唐張美人墓誌考釋》（《碑林集刊》第十輯，陝西人民美術出版社 2004 年）；李雪芳《唐嚴愈夫婦墓誌合考》（《碑林集刊》第十輯，陝西人民美術出版社 2004 年）；黃曉芸《新出唐韋識墓誌考釋》（《碑林集刊》第十輯，陝西人民美術出版社 2004 年）等。

西安碑林還收藏著一批題材廣泛的石刻線畫，對研究我國古代歷史、科學文化、宗教等方面有重要價值。相關文章有姚春喜《華藏莊嚴世界海圖概說》（《碑林集刊》第四輯，陝西人民美術出版社 1996 年），陳述了此碑在研究佛教華嚴經和華嚴宗方面的寶貴史料價值。黃曉芸《五嶽真形圖碑》（《碑林集刊》第四輯，陝西人民美術出版社 1996 年），從碑文出發重點介紹了東嶽泰山，北嶽恒山，中嶽嵩山，南嶽衡山和西嶽華山五座名山的歷史及相關史事。秦建明《神秘的五嶽真形圖》（《碑林集刊》第八輯，陝西人民美術出版社 2002 年），考證此圖實際上是一方石刻地形圖，揭開了道教字元的秘密。楊巨中《淺說關中八景的初稱及流傳起始時限》（《碑林集刊》第八輯，陝西人民美術出版社 2002 年），認為關中八景的初稱應和西安在歷史上作為政治中心相聯繫，應稱為長安八景，它的流傳應始于唐代。潘萍《九九消寒圖碑與民俗中的九九消寒》（《碑林集刊》第七輯，陝西人民美術出版社 2001 年），介紹了九九消寒的形式和內容。樊波、李舉綱《西安碑林收藏的王維畫竹刻石》（《文史知識》2005 年 1 期）綜合考證了此石刻線畫的模刻和題跋情況。周偉洲《明黃河圖說碑試解》（《文物》1975 年 3 期）文章結合碑文介紹了明代黃河的五次入運河情況及對負責治理黃河的總理劉天和治河思想做了評介。

### 3. 書法藝術及碑帖善本

西安碑林名碑林立，被譽為"書法藝術的殿堂"。在西安碑林中，可以看到中國書法藝術的沿革和發展歷程，可以欣賞到歷代書法大師們高超的書法造詣。對書法藝術的研究主要可分作三個方面，一是對書法家的評介，即從書法作品出發，分析總結作者的書法特色、藝術思想、書法歷程；二是對碑石書法的鑒評；三是書法史和書法理論的研究。有關碑刻書法方面的研究、評析文章見於各種專著、刊物，數量眾多，不勝枚舉，本文限於篇幅，暫不一一收錄。現著重將碑帖、善本的研究論文略述如下。

張彥生《懷仁集王書〈聖教序〉拓本概述》（《文物》1963 年 3 期）一文，記錄下了作者幾十年來所見的不同時代的"集王聖教序"拓本。文中不但歸納總結出從北宋到明清各時期拓本的時代特徵、新舊字的損泐變化，還特別強調了翻刻本的特點。"集王聖教序碑"是西安碑林收藏的唐代名碑之一，歷來捶拓頗多，而此文對於各類碑帖版本的鑒賞及書法藝術的研究均具有很高的參考價值。

章歸《〈集王羲之書聖教序〉宋拓整幅的發現兼談此碑的一些問題》（《文物》1979 年 1 期），該文介紹了 1973 年在西安碑林"石台孝經"碑縫中發現整幅南宋"集王聖教序"拓本的經過和拓本的重要價值。對明代董其昌提出的"聖教序"為懷仁和尚本人所書的觀點進行辯駁，又將碑帖上的字跡與今傳王帖進行比較，歸納出"集王聖教序"碑中集字的來源：一是直接從王帖中集結而來；二是由相近字修改加工或多字拼湊而成。最後作者還從碑帖中剖析出懷仁誤用的字和使用的別字。

劉最長、朱捷元的《西安碑林發現女真文書、南宋拓全幅集王〈聖教序〉及版畫》（《文物》1979 年 5 期），該文介紹了 1973 年整修"石台孝經"時在碑縫中發現之文物：女真文書、《聖教序》拓本、版畫和宋金時期錢幣，並作了初步研究。1. 根據女真文書的譯文內容和《金史》記載，推測這些文書很可能是失傳已久的金初完顏希尹造的《女真字書》，再由發現地點的考據，進一步推測文書可能為金代金兆府路女真學校的學童學習《女真字書》時的習作抄稿。2. 將新出《聖教序》拓本與現存北宋拓本比較，根據文字的損泐情況和伴出物的時代，判斷此拓本的時代為南宋。3. 推測《東方朔盜桃》版畫是一幅具有年畫性質、流行於民間的版畫，從題款"吳道子筆"判斷當是出於民間畫師之手，畫面具有"平水系"（平陽）的作風。

李雪芳《西安碑林藏兩種宋拓本述要》（《碑林集刊》第四輯，陝西人民美術出版社 1996 年），該文介紹了收藏於碑林的《孔子廟堂碑》宋拓本與《懷仁集王羲之書聖教序》北宋拓本的基本資訊，並據題跋分析拓本的流傳經歷。

（日）伊藤滋撰，賈梅譯：《集王聖教序及其宋拓本比較》（《碑林集刊》第六輯，陝西人民美術出版社 2000 年），該文從各類宋拓《集王聖教序》影印本中，挑選出 14 種進行介紹和比較，其中包括西安碑林所藏的宋拓本，認為它是宋拓本中的上佳者。

裴建平的《西安碑林藏集王聖教碑宋拓本概述》（《書法叢刊》2007 年 5 期），重點考訂西安碑林所藏剪條裝《集王聖教序》拓本的年代。作者將其與現存各種宋拓本《聖教序》作了仔細的對比分析，認為碑林收藏的拓本略優於《墨皇本》等北宋晚期拓本，但稍遜於中國歷史博物館藏剪條裝《集王聖教序》、故宮博物院藏朱氏舊藏《集王聖教序》等為代表的北宋早期拓本，但仍是北宋拓本中的上乘之作。

陳根遠《唐世南＜孔子廟堂碑＞及其拓本》（《書法叢刊》2007 年 5 期）一文中，對西安碑林博物館藏《孔子廟堂碑》早期善拓的流傳與拓本年代作了考證。作者認為此拓應為明嘉靖斷後初拓本，跋印最早可信年代為清乾隆五年。

由趙力光編釋的《淳化閣帖》（三秦出版社 1992 年）一書，收編了由清初陝西書法家費甲鑄根據蕭王府本摹刻的西安本《淳化閣帖》拓本。書中僅將法帖後邊一些內容及書法價值不大的跋文刪去，因而基本保持了西安本《淳化閣帖》原貌，並將釋文附於每卷之後，很便於讀者欣賞和理解。

趙力光的《西安碑林本〈淳化閣帖〉》（《上海文博》2003 年 3 期）一文，對現存于西安碑林，由費甲鑄依據蘭州蕭王府本翻刻的西安碑林本《淳化閣帖》作了較詳細的介紹。文章根據帖後跋文考證了蕭王府本的來歷，認為除第九卷可能為當時補配之外，其餘各卷均依據宋原刻原拓或宋本摹刻而來；同時考證了費甲鑄摹刻蕭王府本《淳化閣帖》的具體情況。

## 三　石刻藝術的研究

西安碑林收藏的古代石刻藝術品絕大部分來源於陝西境內，種類齊全，時代序列也較為完整。李域錚先生所編著的《陝西古代石刻藝術》（三秦出版社 1995 年），圖文並茂地展示了陝西古代石刻藝術的精華，碑林的藏品在其中佔有很大比例，分為石刻藝術和碑石、墓誌及書法藝術三大類，並介紹了作品的時代、尺寸、收藏地點等好評析，具有較高的參考價值。趙力光所作《陝西古代石刻藝術綜論》（《碑林集刊》第六輯，陝西人民美術出版社 2000 年），以西安碑林博物館所藏古代石刻為依託，進而擴展到對整個陝西境內出土的古代石刻作出概括與總結。文章按題材和功用將陝西古代石刻分為陵墓石刻、宗教石刻、其他石刻三大類，分別介紹並論述它們各自的造型藝術特徵、時代特點。該文有利於我們全面瞭解陝西古代石刻藝術的概況。

西安碑林所藏石刻主要有陵墓石刻（其中畫像石佔有很大比重）、宗教石刻兩大類，以往的研究工作大部分也是分專題進行，本文將分畫像石、宗教石刻和陵墓石刻三小節分別介紹。

### 1. 畫像石

陝北東漢畫像石的發現最早可追溯到上個世紀 20 年代，但較大規模的發現與研究工作則起步於二十世紀的 50 年代到 60 年代。西安碑林博物館所藏的一百余塊畫像石正是這一階段在陝北米脂、綏德等縣徵集和清理發掘所得，這些藏品是陝北畫像石的重要組成部分，而對它們的研究往往是在陝西畫像石研究這一大課題下進行。

西安碑林藏畫像石資料，第一次較翔實地公佈見於 1959 年陝西省博物館、陝西省文管會編著的《陝北東漢畫像石刻選集》（文物出版社 1959 年）。《選集》中共收錄了陝北畫像石 157 塊，均為 1953 年、1956 年陝西省博物館和陝西省文管會在綏德、米脂、榆陽區調查、徵集和清理發掘所獲，這其中有很大一部分現存于西安碑林。《選集》的出版，使陝北東漢畫像石受到了學術界更廣泛的關注。

1995 年，李林、康蘭英、趙力光編著的《陝北漢代畫像石》（陝西人民出版社1995 年）出版。此書中收錄了 1987 年以前出土的 640 塊陝北畫像石，碑林博物館收藏的大部分重要畫像石也收於其中。這是一本更加全面系統的陝北畫像石圖錄，其中大部分畫像石為以前未曾著錄者，它的出版愈加豐富了陝北畫像石的資料庫。

此外，王建中《漢代畫像石通論》（紫禁城出版社 2001 年），信立祥《漢代畫像石綜合研究》（文物出版社 2000 年）中有關陝北畫像石的部分，對陝西東漢畫像石作了概括性的介紹，並總結了它們的區域特徵。

隨著上世紀 50、60 年代陝北畫像石的大規模發現，對畫像石的研究也緊隨其後拉開了帷幕。何正璜先生在為《陝北東漢畫像石刻選集》所作的《陝北東漢畫像石概述》一文中，首次對陝北東漢畫像石作了系統而又全面的探討。她指出陝北畫像石的分佈區域以綏德出土最多，其他在米脂、榆林也有發現，為東漢上郡地區的遺物。時代或許有比永元十二年（101）更早的，也許有屬於東漢晚期的作品。同時她還對陝北畫像石產生的歷史背景和自然條件作了分析，並且著重分析了陝北畫像石的佈局結構、藝術風格和雕刻技法，對題材內容也作了分類論述和考證。

到了上世紀 70 年代以後，陝北畫像石的發現與研究進入了科學發掘與資料整理的階段。不過在這一時段入藏碑林的陝北畫像石數量卻明顯減少，最主要的一批藏品來自於 1971 年陝西省博物館與陝西省文管會在米脂官莊發掘清理的 4 座漢墓，其中包括著名的牛文明墓畫像石，該墓門框上所刻"永初元年（107）九月十六日牛文明千萬歲室長利子孫"的銘文，是科學發掘陝北東漢畫像石墓後第一次見到的紀年刻銘，從而為確立陝北東漢畫像石的流行年代，同時也對確定西安碑林所藏陝北畫像石的準確年代提供了重要的資訊。其發掘報告《米脂縣東漢畫像石墓發掘簡報》（陝西省博物館與陝西省文管會，《文物》1972 年 3 期），較為詳細、全面地公佈了這一批重要的資料。

在陝北畫像石的年代問題上，信立祥先生所作《漢畫像石的分區與分期研究》（載于俞偉超主編《考古類型學的理論與實踐》，文物出版社 1989 年）一文也提出了自己的觀點。作者主要是以畫像石雕刻技法的發展演變作為參考尺規進行相對年代的推斷。他認為陝北畫像石從東漢早期開始出現，一直延續到順帝永和五年（140）。

此外，陝北畫像石的源流也是倍受關注的一個課題。最早注意到這個問題的是李浴先生，他在 1984 年著述的《中國美術史綱·上》（遼寧美術出版社 1984 年）一書中，提出陝北畫像石可能來源於山東。

陳根遠《陝北東漢畫像石初探》（《紀念山東大學考古專業創建 20 周年文集》，山東大學出版社 1992 年），進一步對畫像石的時代及淵源問題進行了探討。作者在系統考察陝北歷史沿革及中原政權與少數民族在此地的勢力消長後，提出從永元元年（89）

到永初二年（108）為陝北東漢畫像石的繁榮期；永建四年（129）到永和五年（140）為陝北畫像石的余續期，其他時間畫像石存在的可能性很小。作者還運用考古類型學，將 20 餘座陝北畫像石墓分為二型四式，分析畫像石墓的相對年代。作者注意到陝北畫像石只使用了減地平面陽刻一種雕刻技法，而沒其他畫像石中心區域初興階段所使用的陰線刻，由此對陝北畫像石的原生性提出質疑，並以山東工匠外流和漢代人口流動為論據，論述了陝北畫像石的"山東來源說"。

其後，陳根遠又發表了《再談陝北東漢畫像石的來源問題》（《碑林集刊》第十一輯，陝西人民美術出版社 2005 年）一文，文章直接從陝北和山東出土的幾塊畫像石銘文上尋找聯繫，論證了當時的確有山東工匠前往陝北修建山東地區所流行的畫像石墓這一史實。這為作者在 1992 年提出的陝北畫像石"山東來源說"提供了更為直接和令人信服的論據。

對畫像石研究的第三個重要方向，是對畫像石具體內容的考釋分析，以及通過畫像內容瞭解漢代陝北地區的社會面貌、人們的精神生活等。比如陳孟東先生在《陝北東漢畫像石題材綜述》（《文博》1987 年 4 期）一文中，將畫像石的內容題材分作八大類，並系統地考釋各種題材。

盧桂蘭的《秦漢時期對陝北的開發》（《文博》1984 年 3 期）一文，運用大量畫像石上直觀的圖像資料，嘗試復原陝北秦漢時期的社會情況。

近年來，對於陝北畫像石內容的研究更為細緻和深入，往往是針對某一類題材進行專題分析。如以下幾篇論文即是其中的代表。康蘭英作《畫像石所反映的上郡狩獵活動》（《文博》1986 年 3 期），通過考察陝北畫像石上的三類狩獵場面：騎射、車騎狩獵、人獸搏鬥，分析東漢時上郡一帶狩獵活動的性質：既是貴族的奢侈娛樂活動，也是"修習戰備"、"為生業"的活動。

孫周勇的《陝北漢代畫像石神話題材》（《考古與文物》1999 年 5 期）一文，針對陝北漢代畫像石中廣泛存在的神話類題材進行了分類與考釋，並分析其所處的社會背景和存在的歷史原因，試圖進一步探討漢代處於民族戰爭頻繁的陝北地區社會發展狀況及人們的思想意識形態。

李淞《從"永元模式"到"永和模式"——陝北漢代畫像石中的西王母圖像分期研究》（《考古與文物》2000 年 5 期），將陝北漢代畫像石當作一個連續發展的有機整體來看待，作者以紀年畫像石為尺規，以西王母圖像的演變為主要線索，試圖建構西王母圖像的類型與年代框架。最終作者按時期排列出了七種西王母的樣式，並將其歸納為兩種占主導地位的模式：永元模式與永和模式。這個圖像框架的切分與構建，有助於我們確立那些大多數的無紀年畫像石的相對坐標，並進而作出歷史文化的闡釋和整體的把握。

王煒林的《陝北漢畫像石中的樹狀圖小議》（《考古與文物》2003年5期）一文，運用了考古類型學的方法對畫像石中的樹狀圖進行分析，進而又根據畫像中樹狀圖像與西王母圖像配置關係，結合文獻和時代背景推斷陝北漢畫像石中樹狀圖題材的性質為當時人們想像中的升天之路——昆侖山。

趙力光《綏德賀家溝新出漢畫像石——兼考人面鳥身為青鳥》（《考古與文物》2005年第5期）一文，著重對畫像石門楣上的一組人面鳥身像進行考釋。作者根據文獻的記載，並結合畫像石所表現的題材、內容及特定的情節加以分析判斷，認為畫像石中常伴隨著西王母圖像一起出現的人面鳥身像，應為司職為西王母取食的青鳥，它也是漢代所流行的西王母神話系統的構成要素之一。

鄭紅莉的《陝北東漢畫像石所見職官考述》（《碑林集刊》第十一輯，陝西人民美術出版社2005年），是從一個新的視角來關注陝北畫像石的內容。文章收集並考釋了陝北畫像石刻銘中出現的各種官職，如遼東太守、西河太守、護烏桓校尉、縣令、丞尉等，這其中不少內容彌補了史書記載的空白。作者還發現二十座題記墓中有七座墓主均為陝北人員前往外地為官者，這一現象不但反映出漢代流行的歸葬習俗，更為探討陝北畫像石的來源問題提供了重要資訊。

盧桂蘭《漢畫像石對後世之影響芻議》（《碑林集刊》第二輯，陝西師範大學出版社1994年），論述了漢畫像石對後世喪葬用品的影響和啟示。作者認為，魏晉以後的畫像石棺、石槨都是對漢畫像石的繼承與發展；而漢畫像石中出現的記錄死者姓名、官職等內容的石刻銘文是墓誌出現的淵源之一。文章還通過有類似特徵的喪葬用品的聯繫比較，說明了當時人們審美觀念、雕刻技藝、喪葬習俗的承接與發展。

漢代畫像石是雕刻藝術與繪畫藝術的完美結合，是中國美術史上濃墨重彩的一筆，因此也有不少研究者從藝術的角度去鑒賞和評價它們。如何正璜《上郡漢畫及其在藝術上的評價》（《何正璜文集》，陝西人民出版社2006年）一文，著重分析了陝西東漢畫像石所具有的藝術特徵：極強的裝飾性和濃厚的民間生活氣息。

我們不難看出，僅在短短半個多世紀的發展中，對陝北畫像石的研究已由資料的收集整理工作向分析研究工作轉化；由對畫像石的宏觀考察向更細緻深入的方向發展。西安碑林所藏畫像石的研究工作也隨著這一大的發展趨勢一步步前進著。夢石的《陝北東漢畫像石發現研究之回顧與前瞻》（《碑林集刊》第一輯，西北大學出版社1993年），康蘭英的《陝北東漢畫像石綜述》（中國漢畫學會、北京大學漢畫研究所《中國漢畫研究》第二卷，廣西師範大學出版社2006年），都是對多年來陝北畫像石著錄和研究的總結。

### 2. 宗教石刻

西安碑林博物館收藏了一批南北朝至隋唐時期的單體造像和造像碑，時代跨度大，數量眾多，包括有佛教造像、道教造像及佛道合刻造像等。這些造像所反映的宗教關係、民族關係、藝術源流、佛道教的興起與傳播發展等問題，都是十分引人入勝的課題。近年來，西安碑林石刻造像受到越來越多的關注，研究方向主要可歸納為五個方面，一是介紹性文章或新材料的公佈；二是造型特徵、藝術風格的分析；三是造像內容的考釋、解讀，進而展開宗教性質的討論；四是造像年代的判斷；五是石刻造像的保護等。當然，很多文章都是幾個問題穿插進行。

李淞的《陝西古代佛教美術》（陝西人民教育出版社 2000 年）一書，是對陝西境內從北朝時期至明代佛教美術的概括性介紹。內容包涵了陝西境內主要的佛教石窟和具有代表性的紀年單體造像、造像碑，這其中也包括了很多西安碑林博物館的藏品。該書的文字說明深入淺出，既有對石窟、造像基本資訊的介紹，也有作者的簡單考釋，使讀者對陝西境內佛教美術的發展脈絡有了初步的瞭解，同時也讓我們以時間為序對碑林的代表性佛教造像作了一次流覽。

屬資料發佈性的文章如陳財經、楊之昉《西安碑林新藏一組石刻造像概說》（《碑林集刊》第十輯，陝西人民美術出版社 2004 年），文章介紹了 2003 年 10 月 27 日我館在西安六村堡鄉後所寨村徵集的七件石刻造像的基本資訊，並考證它們為西魏北周佛像，屬道德寺遺存。

趙力光、裴建平《西安市東郊出土北周佛立像》（《文物》2005 年 9 期），該文公佈了 2004 年 5 月西安市灞橋區灣子村出土，後收藏于西安碑林的五尊大型佛立像及 4 件蓮花座的詳細資料。文章還對這批造像的年代、藝術風格及時代、造像內容、地域特徵等作了分析判斷，推斷出這一批造像時代下限為北周大象二年（580），它們已經初步形成了佛教造像的長安樣式。

李雪芳《西安碑林藏三尊北魏造像探析》（《碑林集刊》第九輯，陝西人民美術出版社 2003 年），介紹了藏于碑林的三尊北魏時期很典型又具有特殊性的佛、道及佛道合刻造像，並簡要分析評價了造像內容與藝術風格。

李舉綱、樊波《西安碑林所藏唐〈王仁靜造像〉三種》（《文博》2006 年 1 期）一文，集中介紹了西安碑林收藏的由唐代王仁靜發願雕造的三尊佛像，並作了初步研究。作者發現這三尊造像均為初唐時期所造，但與同時期長安及其周圍地區出現的新的粉本和造像樣式，即佛教造像的“長安模式”不盡相同，屬初唐時期民間的小型造像。在目前所見的造像資料中，像這樣由同一人發願刊刻的多個造像十分鮮見，故這批資料顯得尤為珍貴。

關於西安碑林所藏造像造型特徵、藝術風格的分析，代表性的論文有裴建平發表的《碑林藏北朝佛造像所見兩種藝術風格及其源流試析》（《碑林集刊》第二輯，陝西師範大學出版社 1994 年）。作者將碑林收藏的北朝佛像的藝術風格歸納為兩種，一種是較明顯地體現了域外藝術風格的表現形式，主要表現為犍陀羅、馬圖拉式或笈多藝術風格的造型，另一種為漢族傳統藝術風格的表現形式。進而論述了兩種藝術風格的源流，作者認為長安藝術中的犍陀羅藝術形式是通過印度——北方絲路——黃河流域的"北傳"路線進入長安；而與其相左的藝術因素（馬圖拉、笈多式藝術）則是通過印度——長江流域的"南傳"系統，經四川傳入長安。第二大類反映民族藝術的形式，應是較多受到南朝造像的影響，同時也源於關中地區濃厚的漢代傳統和文化藝術氛圍及關中的早期道教。

裴建平的《從關中出土的北魏佛造像看長安模式佛造像的形成》（《碑林集刊》第十二輯，陝西人民美術出版社 2006 年）一文，同意"長安模式"的佛教造像是從北朝開始形成的觀點，並對"長安模式"形成的原因、特點提出了幾點補充。

胡文和的《陝西北魏道（佛）教造像碑石類型和形象造型探究》（《考古與文物》2007 年 4 期），作者根據對耀縣藥王山、臨潼、西安碑林博物館現存碑石所作的多次考察研究，以及盡可能收集到的海內資料的分析，將陝西北魏的道（佛）教造像碑、石分為四大類型：一、耀縣模式，二、涇陽模式，三、鄜縣模式，四、西安樓觀台模式。並以碑、石題刻中明確注明製作地點或出土地點者作為"標型"，分析歸納各類型在雕刻技法、構圖模式、碑石額裝飾等方面的特徵，由此來鑑別其他題刻不全或無題刻的道（佛）造像碑、石屬於何時何地的產物。根據分析比較，作者將現藏于西安碑林的兩方造像碑"熙平二年邑子六十人道教造像碑"和"四面道佛教造像碑"歸入"涇陽模式"，並由此推測出後者應是出自陝西涇陽或與之相鄰地區的作品。

對石刻造像的正確解讀、準確判斷宗教性質是展開造像研究的基礎，更是造像研究的重點與難點。2002 年，施安昌發表了《北魏茹小策合邑一百人造像碑考》（《故宮博物院院刊》4 期）一文。他根據收藏於故宮的北魏正光三年（522）《茹小策造像碑》碑陽和左側拓本，初步判斷其題記和紋飾均涉及到火祆教。隨後，施先生親自前往西安碑林察看原碑，又作《茹小策合邑一百人造像碑的宗教性質》（《碑林集刊》第九輯，陝西人民美術出版社 2003 年）一文，進一步論述此碑的宗教性質。作者在此文中分別對"茹碑"題記、紋飾和雕像中的祆教因素作了分析，認為茹小策造像碑的題記、題名記載了祆民合邑設龕供奉火䘵的內容；龕內所刻雕像應為祆教火神、老子及佛像；而紋飾則包括禮拜火壇、聖火祆神圖和豪摩圖等題材。因此，這尊造像碑是以敬祆為主，兼通道、佛的造像碑，它是三種宗教碰撞的產物。

次年，裴建平發表《再論北魏茹氏合邑一百人造像碑的宗教性質——兼與施安昌先生商榷》（《碑林集刊》第十輯，陝西人民美術出版社 2004 年），對茹碑的宗教性質提出了不同的意見。文章從碑陽圖案藻飾與主龕像、碑陰龕形與龕內造像性質以及發願文三個方面進行分析，認為茹氏合邑一百人造像碑並不存在祆教因素的圖案和祆教神祇，而是一通佛道合刻造像碑，反映了北朝時期關中地區佛道二教既相互鬥爭又相容並存的複雜情況。

裴建平、李雪芳合作的《碑林藏佛道合刻造像及道教造像》（《碑林集刊》第三輯，陝西人民美術出版社 1995 年），也是一篇涉及造像宗教性質的論文。文章介紹了碑林所收藏的 9 尊佛道合刻造像及道教造像。進而分析道教造像在關中興起、發展的社會背景、歷史原因，並從這批造像出發，結合文獻簡要分析關中地區道教的發展歷史和佛道兩教之關係。這些時代背景的考察對於我們分析判斷造像的宗教性質是非常有幫助的。

裴建平的《造像考辨兩則》（《碑林集刊》第六輯，陝西人民美術出版社 2000 年），分別對 1953 年西安東關出土的"高仲密一千五百人造像座"和 1959 年西安東郊唐安國寺出土的一尊唐代佛像作了考辨。通過對"高仲密造像座"發願文的考釋，發現其上記錄的高仲密降西魏的時間彌補了史書之缺，而將觀音作為單尊來供養也為北朝時期觀世音崇拜的盛行提供了有力的證據。第二節中，作者將安國寺遺址出土一尊佛座雕刻六匹翼馬的佛座考證為佛教密宗五方佛中的寶生佛，糾正了過去一直將其定名為"馬鳴菩薩"的觀點。

常青的《皇興造像考》（《文博》1989 年 4 期），對藏于碑林的"皇興造像"的年代、風格和題材各方面均作了較詳細的考釋。作者從題記中殘留的文字推斷該造像的年代為"大代皇興五年歲次辛亥"；分析造像的風格保留了一些北魏太武帝毀佛前的特點，而且在很大程度上受到雲岡的影響；最後考據佛經中的相關內容，提出造像背光後面的故事畫表現的應該是彌勒下生成佛的故事，它與造像正面的彌勒佛相互暉映，反映了當時彌勒下生信仰及其經典在民間的流行。

榮新江的《〈釋迦降伏外道像〉中的祆神密斯拉和祖爾萬》（榮新江《中古中國與外來文明》，三聯書店 2001 年），該文是榮先生對收藏于西安碑林的《釋迦降伏外道像》的解讀。文章通過對造像造型特徵的對比分析和對圖像內涵的考釋，否定了該造像應為釋迦牟尼"指日月瑞像"的觀點，認為此尊造像是利用了"指日月瑞像"的基本形制，把日月替換成了兩個祆教神祇，使原本表現釋迦牟尼在打敗魔軍後獲得超自然力時的情景，變換成釋迦降伏外道祆神的圖像，這正與造像上所刻之"釋迦牟尼佛降伏外道時"的銘文相附。這尊造像的時代也可定為唐代前期或中期。

金申的《西安安國寺遺址出土的密教石像考》（金申《佛教美術叢考》，科學出版社 2004 年），在該文中作者參考佛經中相關記載和已有研究成果，對 1959 年在唐長安城安國寺遺址中出土的十一尊石雕佛像作了重新核考定名，並由此從理論上推斷出當年安國寺中供奉的密宗佛像組合。作者還從這批造像的雕刻風格推斷其年代應在盛唐末、中唐之初，即 8 世紀中葉至 9 世紀前期，最後介紹了安國寺的沿革和密教活動情況。

　　樊波、李舉綱的《唐〈道德寺碑〉碑陰造像及線刻畫初步研究》（《陝西歷史博物館館刊》第 11 輯，三秦出版社 2004 年），重點考察了《道德寺碑》碑陰的造像與線刻畫。文章評述了碑陰造像的造型特徵、藝術風格，認為該造像具有初唐時期的造型特點，是屬於“長安模式”的造像。因主尊自銘為“阿彌陀”，還說明當時道德寺教團可能存在包含淨土思想的阿彌陀崇拜。再通過分析比丘尼線刻畫，並參考碑文記載推測這些線刻比丘尼形象表現的均為歷史上真實存在的人物，其中的 20 位弟子是在開皇十年（590），追隨善惠禪師、玄懿法師從齊境入京的比丘尼，而後以善惠、玄懿為首組成了道德寺尼僧教團。

　　對無紀年造像的斷代及斷代方法的研究，也是造像研究中討論較多的一個問題。例如李淞的《關中北朝造像碑研讀劄記》（《碑林集刊》第三輯，陝西人民美術出版社1995 年），此文可分作相互獨立而又有所聯繫的四小節，前兩節涉及到對碑林造像的研究。第一節為方法論的提出，作者希望建立一個年代式的供養人序列作為斷代的參考尺規。他從北朝及隋初關中地區造像碑上挑選出較典型的供養人形象，根據他們形態與服飾風格的不同劃分作四個階段，及各時段的特點。由此作者排列出了一個有絕對年代的圖式，這樣便可通過供養人形象（並參照其他因素）為無紀年造像斷代。文章的第二節是這一圖像序列在斷代方面的實際運用。作者根據供養人形象特徵並結合題名的考釋，推斷出西安碑林所藏北朝荔非明達造像碑的時代應在北周保定末至建德三年之前的九年裏（即 565 左右 ~ 573）。這個結論的觀點，使造像年代更為精確。

　　此外，裴建平所作《西安碑林藏北魏佛龕像考釋》（《碑林集刊》第七輯，陝西人民美術出版社 2001 年）一文，主要內容也是對碑林博物館收藏的一尊無紀年造像進行年代推斷。作者從造像的造型特徵、內容題材和藝術風格等各方面的分析入手，參照其他典型的石窟造像或有紀年單體造像，判斷出這尊佛龕像的造型與雲岡一期、敦煌北涼石窟、炳靈寺石窟造像相似，年代也應該大致相當。

　　裴建平《西安碑林博物館藏“□平二年”造像考釋》（《碑林集刊》（第八輯，陝西人民美術出版社 2002 年），文章對碑林收藏的“□平二年”釋迦造像從整體風格到造像細節都作了仔細的觀察分析，判斷出這尊造像藝術風格、雕刻手法、內容題材等諸方面都存在北魏早期的作法。再結合造像銘文中殘留的紀年文字推斷造像年代為北魏和平二年（461），否定了過去斷為北魏永平二年的結論。

　　石刻造像保護這一課題，就全國範圍來看已有不同程度的展開，並越來越多得到重視。但專門就西安碑林石刻造像的保護所作之研究卻相對薄弱，不過近年來，也有越來越多的文保工作者關注到這一問題。如牟燁的《對兩尊北魏造像的化學保護》（《碑林集刊》第七輯，陝西人民美術出版社 2001 年），作者針對碑林博物館石刻藝術室陳列的兩尊北魏造像"彌勒造像"和"雙龕造像",提出了兩個適之有效的保護方案:"紙漿糊敷法"和使用甲基丙烯酸乙酯、甲酯的共聚物進行加固處理。有針對性的對單體石刻造像個案提出保護措施,更能對症下藥,有效地減少對石刻造像的損害。此類文章還有王展、牟煒、馬濤、趙林娟的《西安碑林博物館館藏石質文物腐蝕損失調查後的幾點認識》(《文博》2006年5期),牟煒《西安碑林藏東漢畫像石的保護》,張雲《對西安碑林石質文物科學保護問題的思考》(《碑林集刊》第十一輯,陝西人民美術出版社2005年)。

### 3. 陵墓石刻

陵墓石刻一般可分為地上和地下兩類。地上石刻包括陵墓神道兩側放置的大型動物石雕、人物石雕、石闕等;地下石刻則以墓室內的實用性兼裝飾性石刻如石刻墓門、石刻棺槨、墓誌銘等為主。碑林博物館收藏的"昭陵六駿"、石犀等,以及隋唐石棺槨都是陵墓石刻中的典型代表。這些藏品有的為科學發掘所獲,詳細的發掘報告為瞭解和研究這些石刻葬具提供了最可靠的原始資訊。

碑林收藏的具有代表性的隋代石棺有1957年在西安西郊出土的隋皇室貴族李靜訓墓石棺;1965年陝西三原縣出土的隋大司徒李和墓石棺等。前者的報告《西安西郊隋李靜訓墓發掘簡報》,最早刊發於《考古》1959年第9期,為唐金裕所作;而後文物出版社1980年出版的《唐長安城郊隋唐墓》(中國社會科學院考古研究所編著)一書中收錄了更為詳細的發掘報告《隋代李靜訓墓》。後者李和墓的報告發表於《文物》1966年第1期,題為《陝西省三原縣雙盛村隋李和墓清理簡報》。

唐代石刻葬具的代表為陝西三原縣李壽墓中出土的一套完整的墓門、龜形墓誌和石槨。其報告《唐李壽墓發掘簡報》,由陝西省博物館、文管會完成,刊發於《文物》1974年第9期。

對這批石刻葬具的研究,有從藝術的角度展開討論的,如張伯齡的《淺論唐李壽墓室石刻藝術》(《碑林集刊》第二輯,陝西師範大學出版社1994年)。該文詳細描述了李壽墓石墓門、石槨、墓誌的線刻畫內容,並簡單論述了中國石刻線畫的發展歷史和中國龜崇拜的歷史。李慧所作《簡述西安附近出土的隋唐槨、棺線刻畫》(《碑林集刊》第九輯,陝西人民美術出版社2003年),將西安出土的較典型的隋唐石棺、石槨集於一文,詳細描述它們的裝飾內容,並對其藝術特點和成就作出了簡要的評價。

孫機的《唐李壽墓石槨線刻〈侍女圖〉、〈樂舞圖〉散記》(孫機《中國聖火》,遼寧教育出版社1996年)一文,則更加深入地探討了李壽石槨兩幅線刻畫所反映的歷史和文化內涵。作者對《侍女圖》、《樂舞圖》中每個人物的形象或所持器物一一作了詳細的考釋。發現《侍女圖》中所刻的器物多數為得風氣之先的時尚之物,且很多是受到西方影響而製作的奇貨,它們反映出墓主人生活的極盡奢華。對《樂舞圖》的研究結果表明，圖中表現的伎樂並非單純的龜茲樂，而是具有龜茲樂與清樂兩種成分的西涼樂。畫面上雖有坐、立兩種姿勢的樂伎，但並不是晚出的宮廷宴饗所用的二部伎樂。這幅《樂舞圖》展示的為雅、俗、胡樂的融合。孫機的這篇文章對於音樂史、器物史和初唐貴族生活面貌等多個課題的研究都具有很高的價值。

陳財經的《隋李和石棺線刻圖反映的祆教文化特徵》（《碑林集刊》第八輯，陝西人民美術出版社 2002 年）一文，論述了李和石棺上人首鳥身像和幾個獸頭人身像為具有祆教性質的神祇的觀點。同時，考證墓主人李和的身份可能是一位氏族首領，因在民族的不斷融合和影響中，氏人受到了西域地區祆教文化的影響，所以出現了這些外來信仰與民族文化相融合的藝術形象。

對碑林收藏的地上陵墓石刻的研究主要集中在"昭陵六駿"課題上。"昭陵六駿"是中國美術史著名的石雕作品，歷來都倍受世人關注。然而除了"六駿"本身所具有的歷史和藝術價值外，也帶給了我們一些疑惑，比如馬的名稱及排列順序、其中二駿被盜事實等，這都成為了近年來六駿研究的重點之一。

陳安利的《唐十八陵》（中國青年出版社 2001 年）中，專用一節《飽經風霜話"六駿"》較全面地介紹了六駿石刻的基本資訊，並重點考釋了六駿名號，方法是利用典籍從字面上解釋各駿名稱，這也是大家普遍認同的一種理解途徑。

葛承雍的《唐昭陵六駿與突厥葬俗研究》（葛承雍《唐韻胡音與外來文明》，中華書局 2006 年；原載于《中華文史論叢》第 60 輯）中提出了另外一種解釋。該文對昭陵六駿的產地來源、名號含義、陪葬習俗都進行了較深入的探討。作者認為昭陵六駿均來自於突厥或突厥汗國控制下的西域諸國。六駿名號並非中原本土之名，其漢文含義應從外來語言探尋。他發現六駿名號的讀音與突厥語的某些詞語的發音相對應，由此將各駿名稱轉譯為突厥語以解釋它們的含義。這一方法獨闢蹊徑，為六駿名號的解讀尋找到一個新的切入點。文章最後還論證了以六駿形象作為陵前石刻陪葬，以及借駿馬來謳歌帝王英雄的思想主題，也與突厥葬禮習俗、信仰習俗、宗教習俗有密切關係。

關於"六駿"中"青騅"和"什伐赤"的定名一直存在著爭議，以至於在"六駿"的幾十種出版物中，竟出現了兩種截然不同的說法，因此，對"青騅"、"什伐赤"名字的考證迫在眉睫。《碑林集刊》第八輯（陝西人民美術出版社 2002 年）上刊發的兩篇論文恰好代表了兩種不同的觀點。馬成功的《昭陵六駿中"青騅"與"什伐赤"的定名》一文將六駿實物與宋代游師雄刻立的《昭陵六駿碑》線刻畫進行細部的對比分析。指出《六駿碑》中"青騅"與"什伐赤"兩駿文圖有自相矛盾的地方，應以文字為准。又通過 1909 年日本學者足立喜六在昭陵玄武門內祭壇東西兩廡拍攝的六駿照片，確定了"青騅"和"什伐赤"的定名及六駿的排列順序。即西側（右方）：

第一颯露紫，第二拳毛騧，第三白蹄烏；東側（左方）：第四特勤驃、第五青騅，第六什伐赤。他認為碑林博物館石刻藝術室中"六駿"陳列順序是正確的。陳誦雎的《昭陵六駿名實考》提出了相反的意見。他根據唐太宗《六馬圖贊》和游師雄《昭陵六駿》碑，分析歸納了"青騅"與"什伐赤"各自的形態特徵，並與實物對照後，認為碑林中二駿的陳列順序恰與實際情況相反，而產生這種誤會的原因是因為"六駿"被放置於昭陵後曾經發生移位造成的。

"昭陵六駿"中颯露紫、拳毛騧流失海外的過程也是大家關注的重點。郗琳的《關於昭陵六駿被盜真象的幾個問題》（《碑林集刊》第三輯，陝西人民美術出版社 1995 年）一文，將郭琦先生主編的《陝西五千年》、李新民著《古都西安漫記》以及武伯倫《古城集》中，有關昭陵被盜的內容進行對比分析，確定了幾個過去存在異議的問題：1. 颯露紫、拳毛騧的賣主應為盧芹齋；2. 盧芹齋的業主為黃訶舫；3. 二駿並非直接由禮泉縣昭陵出境，而是在 1912 年 3 月至 1914 年 9 月之間由張雲山運至西安，而後出境；4. 其餘四駿的破損並非全部在盜運過程中造成，有的在此之前已經斷裂。

就職於美國費城賓夕法尼亞大學考古與人類學博物館的周秀琴女士從 1995 年起既對這一問題進行了專題研究。她參考了大量存於賓大博物館的檔案資料，其中包括古董商盧芹齋與賓大博物館館長的通信來追查歷史事實，收集的資料和部分研究成果已發表在香港出版的《Orientations》（《東方》）雜誌 2001 年 2 月刊上。後來，應碑林博物館之邀，又將自己所收集的關於昭陵兩駿流失的全部資料重新整理，撰寫完成了《昭陵兩駿流失始末》（《碑林集刊》第八輯，陝西人民美術出版社 2002 年）一文。文章通過當時賓大博物館高登館長與盧芹齋的書信，詳細論述了賓大集資 15 萬美元，花費三年時間收購昭陵兩駿的全過程。證明了賓大博物館是通過古董商盧芹齋直接從紐約獲得了兩駿。而兩駿離開昭陵、西安，從北京運往美國的事件則與賓大無關。本文的撰寫使我們從第一手資料中瞭解到了昭陵兩駿流失海外的經過，它將有助於我們保持著客觀謹慎的態度和全面辯證的觀點來看待和處理歷史上遺留下來的問題。

除以上兩個熱點問題外，對"昭陵六駿"相關文獻的考證和研究也在逐步展開。如李舉綱：《〈昭陵六駿碑〉研究》（《碑林集刊》第八輯，陝西人民美術出版社 2002 年），從"游師雄題記"、"六駿線刻畫及馬贊"兩方面進行探討，提出了自己對於碑文的一些理解。

隨後，李舉綱又作《有關"昭陵六駿"的三則唐人文獻》，（《碑林集刊》第十二輯，陝西人民美術出版社 2006 年）一文，對三則唐文獻《許洛仁碑》、封演《封氏聞見記》、姚汝能《安祿山事蹟》中有關"昭陵六駿"的記載進行了簡要分析。發現唐人筆下的六駿記載有些可信度較高，有些則有存疑之處或記述有誤。史籍關於"昭陵六駿"的記載，是昭陵研究的重要依據，而對這些相關文獻的考證和分析為以後的研究工作奠定了基礎。

　　近年來，隨著昭陵地上遺址清理工作的展開，又有一批六駿的新資料被發現。李浪濤的《昭陵六駿考古新發現》（《碑林集刊》第九輯，陝西人民美術出版社 2003 年）一文，將這批材料公佈於眾。包括白蹄烏底座（完好），拳毛騧底座（殘），六駿殘塊五塊，經現場比對，為六駿的腿部及馬鞍的殘塊，為"昭陵六駿"一千多年來所遭受的人為損壞及風雨侵蝕提供了物證。

# 《大秦景教宣元至本經》全經的現世及其他

馮其庸[*]

## 引　言

　　2006 年 7 月初，洛陽豫深文博城出現了一件唐元和九年（814）十二月的《大秦景教宣元至本經》經幢，據了解，這是前不久在洛陽李樓鄉城角村東北出土的。經幢底部已殘損，但大部完好，殘存經幢最高部分81 公分。最短部分59 公分，八稜，周圍112 公分。殘存部分字迹清晰，字口生辣，未經捶拓，存經文 19 行，《經幢記》21 行，左上端有大和三年遷舉題記二行。經文前有“祝曰”二行。計存經文 431 字，《經幢記》348 字，題記 16 字，祝詞 14 字，共計存字 809 字。[①]

　　按天津大藏書家李盛鐸原藏有《志玄安樂經》和《大秦景教宣元本經》二件，傳爲敦煌藏經洞出土的寫本，爲景教的珍稀經典，至爲珍貴。1919 年 7 月，王國維曾經説：“李氏諸書，誠爲千載秘籍，聞之神往！……景教經二種不識但説教理，抑兼有事實，此誠世界寶籍，不能以書籍論矣。”這里所説的景教經二種，就是指李盛鐸所藏的《志玄安樂經》和《宣元本經》。1935 年 8 月，陳垣在給胡適的信里，也説：“李氏藏有世界僅存之景教《宣元本經》。”[②]可見兩位學界巨擘，對李氏所藏景教經典是何等重視。今洛陽經幢再現《大秦景教宣元至本經》，即使把它看作是藏經洞遺珍的再現也不爲過。上世紀四十年代，日本小島靖氏得到《大秦景教大聖通真歸法贊》和《大秦景教宣元至本經》兩件寫本，傳爲李氏舊藏。前者於 1945 年 9 月從天津撤退時丟失，後者（《宣元至本經》）則帶到了日本。由於敦煌出土文書中關於景教的文獻極爲稀少，更由於小島所得的這兩件文書的來歷不明，所以學界對被稱爲“小島文書”的《大秦景教大聖通真歸法贊》和《宣元至本經》的真實性頗致懷疑。也就是説傳到日本去而被稱爲“小島文書”的《宣元至本經》（《通真歸法贊》一件已失，故不及）是否真是

* 馮其庸，中國人民大學國學院教授。
① 圖版見趙君平著《河洛墓刻拾零》第 522 頁，北京圖書館出版社 2007 年 7 月版。
② 以上兩處均轉引自榮新江《鳴沙集》。

李盛鐸原藏的《宣元本經》，抑或是贋品？對此榮新江教授和林悟殊教授合著的《所謂李氏舊藏敦煌景教文獻二種辨偽》一文有精到的分析。[①] 2000 年 6 月，在北京舉行敦煌藏經洞發現一百周年國際學術研討會上，日本學者落合俊典博士披露了在 1938 年到 1940 年間，日本企業家西尾新平在羽田氏的幫助下，購得了李盛鐸舊藏 432 件敦煌經卷，林悟殊教授認爲，"《宣元本經》當是其中之一"[②]。這無疑是說，李盛鐸舊藏敦煌出土《大秦景教宣元本經》原件是在西尾新平處。若果真如此（尚未驗証），那末，小島靖氏所藏的《大秦景教宣元至本經》自然是另一件寫經，何況經題也不同，甚或是件贋品了。我從榮新江教授的《鳴沙集》和林悟殊教授的《唐代景教再研究》兩書所附的照片來看，完全像是不同的兩件寫品，首先李盛鐸舊藏本連題共 26 行，《大秦景教宣元本經》題目在右邊第一行，"大秦景教"四字下有"木齋真賞"一印，右下端有三個印章："李盛鐸印"（白文），"李滂"（白文小印），"兩晉係六朝隋唐五代妙墨之軒"（朱文），題目上端也有一章，照片上只存下半部，當爲"敦煌石室秘籍"。[③] 而小島所藏題目爲《大秦景教宣元至本經》，比李盛鐸舊藏本題目上多一"至"字。此題目在左邊第三行，前兩行是題記"開元五年十月廿六日法徒張駒傳寫於沙州大秦寺"。題記是自右至左順讀。全文連題二十八行，加題記共三十行。右下端無印章。《宣元本經》最末一行是"虧，不盈、不濁、不清、保住真空，常存不易"。《宣元至本經》照片不清晰，但末句是"外真雖涉而無事也"，其右邊起首更漫漶不清，不易辨認。但僅憑以上諸端的直觀來看，這兩件文書，根本不是一回事。也有研究者認爲此兩件實爲一件寫經的兩截，這一解釋，也有疑問。對比兩者的照片，小島文書的字體和李氏藏本完全不同，兩者每行文字的字數不一樣，小島文書仿佛經體例，一般是 17 字，李氏藏卷則爲 18 或 19 字，可以肯定不是一件，前人因爲沒有辦法看到兩者的原件，所以致誤。本文主旨在於介紹洛陽新出土的《大秦景教宣元至本經》經幢所刻經文，以補李盛鐸藏本的殘缺，關於小島文書本與李盛鐸舊藏本之間的差異。當於下文作進一步的辨析。

## 李藏《宣元本經》與洛陽經幢
## 《宣元至本經》的合校

以下我即將洛陽新出土的《大秦景教宣元至本經》經幢上的經文及題記，全錄於

---

① 見榮新江《鳴沙集》，臺灣新文豐出版公司 1999 年版。林悟殊《唐代景教再研究》，中國社科出版社 2003 年版。

② 見林悟殊《唐代景教再研究》。

③ 參見榮新江《鳴沙集》。

下，並以李盛鐸舊藏《大秦景教宣元本經》對校，凡字下有黑綫者，爲敦煌寫本的文字，餘則都是經幢上的刻文。李盛鐸本我只能依仗榮新江、林悟殊兩教授刊佈的照片和林悟殊教授的釋文，先此敬表謝忱。

## 洛陽新出土《大秦景教宣元至本經》經幢所刻經文
## 與李藏《宣元本經》合校及經幢題記録文

祝曰

清净阿羅訶　　清净大威力　　清净（下殘）

大秦景教宣元至本經

　　時景通法王，在大秦國那薩羅城，和明宮寶法雲座，將與二見，了決真源。」應樂咸通，七方雲集。有諸明净士，一切神天等妙法王，無量覺衆，及三百六十五種異見中民。① 如是族類，無邊無極，自嗟空昧（昧字殘半字）久失真源，罄集明宮，普心至仰。時景通法王，端嚴進念，上觀空皇，親承印旨（經幢缺此句），告諸衆曰：善來法衆，至至無來。今可（李本作"柯"）通常，啓生滅死，各圓（李本作"圖"）」其分，静諦我衆。如了無元，礙當隨散。即宣玄化，匠帝真常旨：（經幢此處空三字）無元，無言（經幢"言"字泐大半），無道，無緣，妙有，非有，湛寂常（李本無"常"字）然。吾聞（李本作曰，按即因字）太阿羅訶，（經幢"訶"字殘半）」開無開異，生無心浣，藏化自然渾元。發無發，無性，無動，靈虛空置（李本作"買"），因緣機軸。自然著爲象本，因緣配爲感乘。剖判叅羅，三生七位，浣」諸名數，無力任持；各使相成，教了返元真體。夫爲匠無作，以爲應旨，順成不待而變，合無成有，破有成無，諸所造化，靡不依（依泐半字）」由，故號玄化匠帝無覺空皇。隱現生靈，感之善應：異哉靈嗣，虔仰造化，迷本匠王，未曉阿羅訶，功無所銜，施無所仁，包浩（李本作"潔"）察（察字泐半）」微，育衆如一。觀諸浣有若之一塵，況是一塵亦非塵。忝（李本無"忝"字）見非見，悉見見故，無界非聽，悉聽聽故；無界無力，盡持力故。無界無（經幢本缺"無"字）嚮，無」像無法，所觀無界無邊，獨唯自在；善治無方，鎮位無際；妙制周臨，物象咸揩（李本作"楷"）。唯靈惑（李本作"或"）異，積昧亡途。是故，以善（李本作"若"）教之，以平治之，」以慈救之。夫知改者，罪無不捨。是謂匠帝能成衆化，不自化成，是化終遷。唯匠帝不虧，不盈、不濁、不清、保任（李本作"住"）真空，常存不易。」（李藏敦煌寫本至此止，合校亦至此止。以下全爲洛陽出土經幢上石刻經文，經幢下端殘損文字已無可補，餘文

---

① 李盛鐸藏寫本"民"字避諱作"㠯"，經幢本民字未避諱。

亦難句讀，故即以原文實錄）彌施訶應大慶原靈故慧圓悟之空有不空無于空不滯」
（下殘）盧訶那體究竟真凝常樂生命是知匠帝為無境逐不㔾」（下殘）數曉人大晤了
皆成益□民滯識是見將違蓋靈本渾」（下殘）且容焉了已終亡焉聽為主故通靈伏識
不遂識遷㔾」（下殘）下備八境聞生三常滅死八境之度長省深悔警慎」（下殘）景通
法王說至既已普觀衆晤于其會中詮以慧」（下殘）諸界但有人受持讀誦信解勤行當
知其人德超」（下殘）如海溢坳平日昇暗滅各證太寂曉自在常喜滌」（下殘）

以上為兩經合校後的全文，亦為《宣元本經》或《宣元至本經》迄今最完整的經
文。

## 大秦景教宣元至本經幢記

夫至聖應現，利洽無方，我無元真主匠帝」（下殘）海而畜衆類，日月輝照，
五星運行，即（下空轉行）散有終亡者，通靈伏識，了會無遺，咸超」（下殘）
海窅窅冥冥，道不名，子不語，世莫得而也，善」（下殘）無始未來之境，則我
匠帝阿羅訶也」（下殘）有能諷持者，皆獲景福，況書寫于幢銘」（下殘）承家嗣
嫡，恨未展孝誠，奄違庭訓，高堂之」（下殘）森沉感因，卑情蓬心，建茲幢記，
鐫經刻石，用」（下殘）尉　亡妣安國安氏太夫人神道及　亡師伯和」（下殘）願
景日長懸，朗朗暗府，真姓不迷即景性也。夫求（下殘）幽魂見在，支屬亦願無
諸郭難。命等松筠，長幼（下殘）次叙，立塋買兆之由，所管即洛陽縣感德鄉柏
仁（下殘）之始，即元和九年十二月八日於崔行本處，買保人（下殘）戚，歲時
奠酹，天地志同，買南山之石，磨礱（礱）塋澈，刻勒書經（殘半字）于陵，文
翼自慚猥拙，抽毫述文，將來君子，無見哂焉。時」（下殘）敕東都右羽林軍押衙
陪戎校尉守左威衛汝州梁川府」（下殘），中外親族題字如後。　弟景僧清素，從
兄少誠，舅安少連」（下殘），義叔上都左龍武軍散將兼押衙寧遠將軍守左武衛大
將軍置同正員（殘半字，下殘）」。大秦寺，　寺主法和玄應俗姓米　威儀大德玄
慶俗姓米　九階大德志通俗姓康」撿校塋及莊家人昌兒。故題記之。

以上是"經幢記"的全文。
另在經幢的第八稜（即最後一稜）的上端有題記兩行，文曰"其大和三年二月十
六日壬寅遷舉大事"。與此題記並列的右邊三稜，中間一稜頂端刻十字及蔓草紋飾，左
邊一稜刻天神面向十字，手持蓮花，右邊一稜刻天神面向十字，手捧寶珠。經幢開頭
的四稜，前三稜頂端也是中間一稜刻十字，左右蔓草紋飾，十字下似為蓮花，左右兩
稜各有天神面向十字，雙手作前伸舉掌狀。經幢上所刻天神，已與佛教的飛天差不多

少，天神手捧蓮花等，也可見受佛教的影響。

## 《宣元本經》與《宣元至本經》兩者的關係<br>及洛陽經幢的年代

上面我已經把敦煌寫本《大秦景教宣元本經》與洛陽經幢上石刻的《大秦景教宣元至本經》作了合校，寫本的文字是參看榮新江教授和林悟殊教授書中的照片和林悟殊教授的釋文，經幢的文字是據友人碑刻研究專家趙君平先生提供的精拓本。寫本與石刻本雖然題目上有一字之差，石刻本多一"至"字，但正如林、榮二教授所說的"有無'至'字，意思雷同，多一字更易理解。"① 林悟殊教授也說："兩者應是同一部經典抑或是二部，學者多認爲應是同一。"② 我將兩本合校的結果，完全證實了這點，實際上敦煌寫本與經幢本題目上雖有一字之差，經文却是完全一致：一是寫本與經幢本共有的文字完全一致，祇有個別漏字和異寫。二是經幢本殘損的文字，用寫本填接，可以密合無間。這兩點，讀者只要看上面合校的文字，便可一清二楚，無須重復舉例。三是寫本有頭無尾，經幢本首尾俱全，前已說明寫本文字與經幢本完全一致，而寫本殘缺後經幢本一直銜接到底，除經幢下端殘損少有缺文外（部分缺文已爲寫本補齊），其經文末尾"景通法王說至既已普觀衆暗，於其會中，詮以慧（下殘）""諸界但有人受持讀誦，信解勤行，當知其人德超"等文字，都是經文結尾的必有文字，所以敦煌寫本《大秦景教宣元本經》與洛陽經幢石刻《大秦景教宣元至本經》實際上是同一經文。原來殘缺的敦煌寫本，得到洛陽經幢石刻經文的校補，使這部千餘年來人間未見全經的景教經典，基本上得見全貌。尚存少量殘損，也許日後更有奇遇，亦未可知。

經幢刻成的年代，據《經幢記》是元和九年（814）十二月八日。大和三年（829）二月十六日是遷葬的時間，經幢是初葬時刻成的，所以遷葬的題記刻在第八稜末尾的上端，說明前面早已刻滿經文。至於敦煌寫本避民字諱作"𠊮"，而經幢本不避民字諱，那是因爲元和九年離太宗貞觀元年已有187年，所以在民間這種避諱也就淡化了。

以上是我對敦煌寫本《大秦景教宣元本經》和新出土的洛陽經幢石刻《大秦景教宣元至本經》的初步看法。至於《經幢記》所涉及的許多人名，是一個重要綫索，還未來得及進行檢索考察，只好俟之來日。

---

① 見榮新江《鳴沙集》第70頁。
② 見林悟殊《唐代景教再研究》第180頁。

## "小島文書"《大秦景教宣元至本經》的再檢討

前面已經説過，敦煌寫本《大秦景教宣元本經》與洛陽出土的經幢本《大秦景教宣元至本經》的合校，我們已獲得了《大秦景教宣元至本經》的真經全文（稍有殘損）。被稱爲"小島文書"的《大秦景教宣元至本經》如果是真經的重復，那末，它的經文自應與上述合校的經文相同，在敦煌寫本中，這種重復鈔寫的經文甚多，並不稀奇。但"小島文書"的《大秦景教宣元至本經》的經文却與上述真經大相逕庭。請看"小島文書"《宣元至本經》的經文：①

　　□□□□□□□□不滅除，若受□□魔鬼道，無仇閩□□□王，法王善用謙柔，故能攝化萬物，普救群生，降伏魔鬼。妙道能包容萬物之奥道者，虚通之妙理，群生之正性。奥，深密也，亦丙（百）靈之府也。妙道生成萬物，囊括百靈，大無不包，故爲萬物靈府也。善，人之寶，信道善人，達見真性，得善根本，復無極，能寶而貴之；不信善之徒，所不〔可〕保，保，守持也；流俗之人，耽滯物境，性情浮競，豈能守持丙（百）靈，遥叩妙明。夫美言可以市人，尊行可以加人，不信善之徒，心行澆薄，言多佞美，好爲飾辭，猶如市井，更相覓利，又不能柔弱麾謙，後身先物，方自尊高，〔亂〕行加陵於人；不信善之徒，言行如是，真于道也，不亦遠乎！神威無等，不棄愚鄙，恒布大慈，如大聖法王。人之不善，奚棄之有。奚何也言。聖道冥通，光威盡察，救物弘普，縱使群生不善，何有可棄心，明慧慈悲，復被接濟無遺也。夫信道可以驅除一切魔鬼，長生富貴，永免大江漂迷。所以貴此道者，何耶？只爲不經一日，求之則得。此言悟者目擊道，有迷〔者〕於黑（累）劫不復也。假使原始以來，生死罪譴，一得還源（原），可以頓免。有此神力，不可思議，故爲天下人間所尊也。無舉聖以勖行人，明動不乖寂（舛），是依信之方，妙契以源，不失真照妙理，真宗不乖寂（舛），雖沙（涉）事有，而即有體定，内真雖照而無心，外真雖涉而無事也。
　　大秦景教宣元至本經一卷。
　　開元五年十月廿六日，法徒張駒傳寫於沙州大秦寺。

這段經文，共 400 餘字，除經題外，無一句與敦煌寫本、洛陽經幢本相同。顯然

---

① 此處所録經文，是轉引翁紹軍先生著《漢語景教文典詮釋》一書的釋文，謹此致謝。三聯書店1996 年版。

與上述敦煌本和經幢本不是一回事，名同而實異。再從經文內容來看，林悟殊、榮新江教授説："內容全與景教無關，純係模擬，甚至赤裸裸地抄襲道家經典。"① 日本羽田亨説該經"酷似《老子道德經》，有些句子直接抄自該經第六十二章②"。按《老子》六十二章説："道者萬物之奧，善人之寶，不善人之所保。"小島文書《宣元至本經》説："善，人之寶，信道善人，達見真性，……不信善之徒，所不保。"連語句都差不多。又小島文書《宣元至本經》説："奧，深密也，亦丙（百）靈之府也。妙道生成萬物，囊括百靈，大氣不包，故爲萬物靈府也。"這段話，實際上也是《老子》第一章"玄之又玄，衆妙之門"兩句話的演繹。再從小島文書《宣元至本經》經文的語言風格來看，敦煌寫本和洛陽經幢本的語言風格顯然與小島文書本的語言風格大不相同，前者語言奧桀難讀，後者通暢順達。據林悟殊教授的考證，認爲敦煌寫本《宣元本經》即《宣元至本經》，其撰作者爲景教徒叙利亞人景净，也即是《大秦景教流行中國碑》碑文的作者，③ 以一個叙利亞人用中國語言寫經文，自然會語言生奧難讀，而小島文書本語言流暢，與敦煌寫本和洛陽經幢本不可同日而語，小島文書本自然不是外國人用中國語言的撰述。特別是林、榮二教授還注意到"'小島文書'的作者，實際上對唐代景教教義不甚了然④"。這是鞭辟入裏的見解。

　　以上我只是略舉其三個主要方面，還有不少具體而關鍵性的問題，如小島文書的題記等問題，榮、林兩教授都有精到的分析，本文不必重復。所以合以上諸端來看，"小島文書"實是一件僞經。

2007 年 9 月 14 日於京東且住草堂

---

①　見榮新江《鳴沙集》第 92 頁。
②　見榮新江《鳴沙集》所引，第 101 頁。
③　見林悟殊《唐代景教再研究》第 183 頁。
④　見榮新江《鳴沙集》第 91 頁。

經文拓片

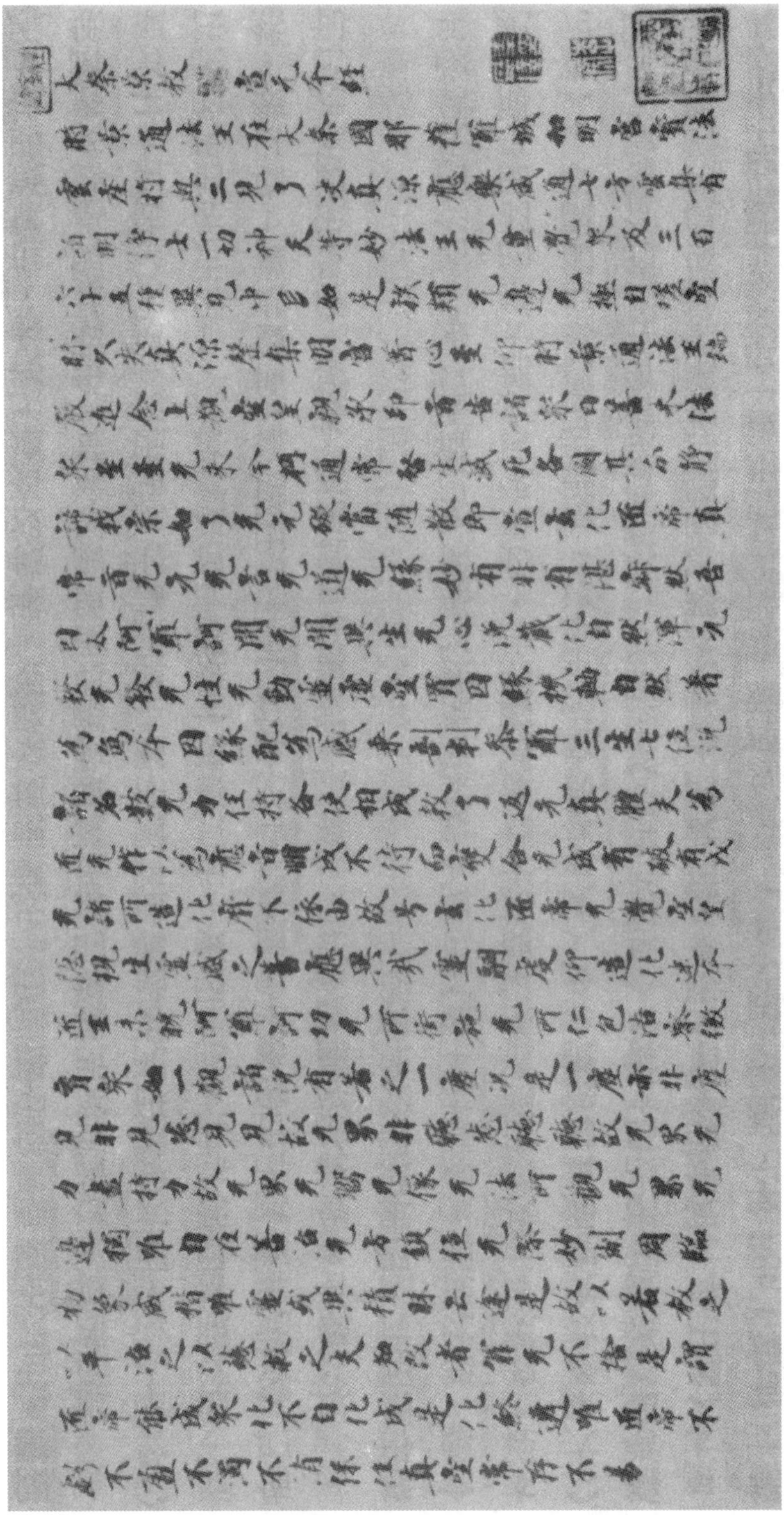

李盛鐸舊藏《宣元本經》

小島靖氏藏《大秦宣元至本經》

# 碑誌與隋唐長安研究

榮 新 江 *

我一直抱有這樣的看法：敦煌因爲發現了一個藏經洞，出土了幾萬件敦煌文獻，於是產生了一門"敦煌學"。但是，比起敦煌更加重要的隋唐都城長安，却没有一門叫響的"長安學"，雖然傳世典籍中的隋唐歷史文獻有相當多的就是在長安寫成的，或者是與長安有關的，但是這些資料並不是從長安的角度，或者説不是爲了長安而寫的，而是從隋唐的官僚制度、整個隋唐的史事、個人的文章等角度集合在一起，人們在使用它們的時候，没有强烈的這是長安文獻的意識。由此引起的後果，就是我們對於長安的重視不够，我們對於長安的研究不足。然而，不弄清楚長安的歷史，對於我們理解整個隋唐帝國，那都是有缺陷的。

我曾發表《關於隋唐長安研究的幾點思考》一文，提出我所關心的幾個"長安學"研究的方向①。碑誌資料，爲這些思考提供了研究素材。以下主要根據若干年來我在北京大學歷史系主持的"隋唐長安讀書班"的一些成果，來談談我們讀書過程中隨時所用的碑志材料對長安研究的貢獻所在。

## 碑林所存長安碑刻資料的價值

什麼是真正的長安文獻？當然典籍中有許多寫在長安的文章和詔敕，還有一些地理、典章類的書籍，其實都是長安文獻。但是，毫無疑義的長安文獻，就要屬本文所主要論説的長安傳存的碑刻和長安周邊出土的墓誌了。由於碑林的建立，使得隋唐長安的大量碑刻得以保存，這是在中國古代帝都中少見的奇迹，從 1087 年開始，長安就有意識地保存本地的碑刻材料了。因爲有了碑林，所以此後九百二十年中發現的有關隋唐長安乃至其他時代的重要碑刻、墓誌，都得以完好地保存下來，這些碑刻，多是當年長安城中重要的政治、文化遺迹，其上記録着重要的歷史事件、人物、典章制度、

---

\* 榮新江，北京大學歷史系教授。
① 《唐研究》第 9 卷，北京大學出版社，2003 年，1~8 頁。

文化建設等等，如果沒有這些碑刻的保存，很難想象我們今天所知道的隋唐長安是什麼樣子的。

陳忠凱、王其禕、李舉綱、岳紹輝編著的《西安碑林博物館藏碑刻總目提要》，已經把碑林現藏的碑志材料做了整理編目，並提示這些碑誌原本的所在①我們可以據以把其中的碑誌放回到原來隋唐長安城的空間里，再結合碑誌所處的原本場景，相關的碑志可以幫助我們了解長安某些局部甚至更大的歷史內涵。

有些碑誌原石已經不存在了，但有拓本流傳下來，也可以讓我們了解到碑誌的內容和其規模。這裏舉一個例子，就是虞世南的《孔子廟堂碑》，它原本立在長安城務本坊的國子監中，這裏是當時全國最高的學府，也是全國各地以及周邊一些國家的年輕知識分子集中的地方，是長安城最有活力的地點之一。但是，我們在宋敏求《長安志》卷七務本坊下面，只讀到如下簡短的記錄："半以西，國子監，監中有孔子廟，貞觀四年（630）立。領國子、太學、四門、律、書、算六學。"這條文字應當是來自韋述在開元十年（722）所撰《兩京新記》，很有可能就是《兩京新記》的原文。

據《貞觀政要》卷七《崇儒學》記載：

> 貞觀二年，詔停周公為先聖，始立孔子廟堂於國學，稽式舊典，以仲尼為先聖，顏子為先師，兩邊俎豆干戚之容，始備於茲矣。是歲大收天下儒士，賜帛給傳，令詣京師，擢以不次，布在廊廟者甚衆。學生通一大經已上，咸得署吏。國學增築學舍四百餘間，國子、太學、四門、廣文亦增置生員，其書、算各置博士、學生，以備衆藝。太宗又數幸國學，令祭酒、司業、博士講論，畢，各賜以束帛。四方儒生負書而至者，蓋以千數。俄而吐蕃及高昌、高麗、新羅等諸夷酋長，亦遣子弟請入于學。於是國學之內，鼓篋升講筵者，幾至萬人，儒學之興，古昔未有也。②

對於國子監中孔子廟堂的建立，虞世南在《孔子廟堂碑》里也有相關的記錄，碑文曰：

> 武德九年十二月二十九日，有詔立隨故紹聖侯孔嗣哲子德倫為褒聖侯，乃命經營，惟新舊址。萬雉斯建，百堵皆興，揆日佔星，式規大壯。鳳甍騫其特起，龍桷儼以臨空。霞入綺寮，日暉丹檻。窅窅崇邃，悠悠虛白。模形寫狀，妙絕人

---

① 綫裝書局，2006 年 5 月。
② 《貞觀政要集校》卷七《崇儒學》第二七，中華書局，2003 年，376 頁。

功。象設已陳，肅焉如在。①

可見，孔子廟堂的建造是從武德九年十二月開始經營，貞觀二年開始建造，據《長安志》（《兩京新記》），其最後建成的時間是貞觀四年②。《孔子廟堂碑》用文學的語言描述了這個建造過程以及建築物的精美，所謂"模形寫狀，妙絕人功"，作爲國家太學的主體建築，當然出自唐朝初年最好的工匠之手。《大唐郊祀録》卷一〇"文宣王廟"條對孔子廟堂的建築群也有記載："其廟屋四柱七間，前面兩階，堂高三尺五寸。宮垣周之。南面一屋三間，外有十戟焉。東面一屋一門。其太學講論之堂在廟垣之西。"可知國子監孔廟的主殿是由四柱子支撐，面闊七間，高三尺五寸，前面有兩層臺階。此外還有一些輔助建築，這項工程恐怕不是一兩年能够完成的，所以説從武德九年開始籌劃，貞觀二年開始建造，到四年完成，是可以説得過去的。《孔子廟堂碑》是爲了孔子廟堂建成而撰寫刻勒上石的，碑文題"太子中舍人、行著作郎、臣虞世南奉敕撰並書"，而虞世南是貞觀四年十一月由著作郎遷秘書少監，所以碑文寫於四年十一月之前③，與《長安志》的記載相符。前面説過，《長安志》的記載可能就是韋述《兩京新記》的原文，韋述或許看見過原本的拓本，上面可能就有"貞觀四年"的字樣。

《唐會要》卷三五《學校》條記載：

貞觀五年以後，太宗數幸國學、太學，遂增築學舍一千二百間。國學、太學、四門，亦增生員，其書、算等，各置博士，凡三千二百六十員。其屯營飛騎，亦給博士，授以經業。已而高麗、百濟、新羅、高昌、吐蕃諸酋長，亦遣子弟請入國學。於是國學之内，八千餘人，國學之盛，近古未有。④

《唐會要》的記載來自唐朝的官府檔案，其中與上引《貞觀政要》不同之處，當以《唐會要》爲準。兩相對比，其中學舍從貞觀二年的四百餘間，到貞觀五年以後不久的

---

① 《全唐文》卷一三八，中華書局，1983 年，1405 頁。
② 關於國子監孔廟的建成年代，學界有不同的看法，參見高明士《唐代東亞教育圈的形成——東亞世界形成史的一側面》，臺北中華叢書編審委員會，1984 年，191 頁；辛德勇《隋唐兩京叢考》，三秦出版社，1991 年，76 頁。詳細的討論，參看荒金治的碩士論文《唐初的書法與政治》，北京大學歷史系，2005 年 6 月。
③ 參見内藤干吉《虞世南について》，《書道全集》7《中國》7《隋·唐》1，平凡社，1955 年，16～20 頁；外山軍治解説《孔子廟堂碑》見於《書道藝術》第三卷《唐太宗　虞世南　歐陽詢　褚遂良》，中央公論社，1975 年，191 頁。
④ 《唐會要》卷三五《學校》，上海古籍出版社，1991 年，739 頁。

一千二百間，可以看出太宗朝國子監發展的迅速。學生人數八千多，加上教員，可以說幾近萬人，規模相當宏闊。

建立孔子廟堂，立《孔子廟堂碑》，讓當時最著名的書法家來書寫碑文，這是新登基的唐太宗力興文治的舉措之一。碑文云：

握文履度，復見儀形。鳳跱龍蹲，猶臨咫尺。哯爾微笑，若聽武城之弦；怡然動色，似聞簫韶之響。襜襜盛服，既睹仲由；侃侃禮容，仍觀衛賜。不疾而速，神其何遠？①

在這樣一個氛圍內，虞世南的文章和書法，使聳立在孔子廟堂的這座碑石，一定產生巨大的影響力。首先是國子監的教員和學生，然後是京城的文人學士，最後是從各地來的官人、學者，一定都不會放過觀瞻，甚至捶拓碑文的機會。據說"車馬填集碑下，氈拓無虛日"②。這塊碑石因爲捶拓過甚，很快就有些模糊不清了，到武則天長安三年（703）四月八日，由當時的相王李旦主持，對不清楚的文字做了補刻，但這次補刻的更重要的政治背景，是把碑額改題爲"大周孔子廟堂碑"，并且由"司徒、并州牧、太子左千牛率兼檢校安北大都護"的相王旦親自書寫③，表明這座標志着國家教育象徵物的政治歸屬的改變。武周政權雖然很快就完結了，但可能由於這座《孔子廟堂碑》的書法異常珍貴，也由於接下來掌握政權較長時間的玄宗是相王（睿宗）的兒子，所以相王所題的碑額一直沒有改動，直到晚唐的大中五年（851）十一月，國子祭酒馮審奏："《孔子廟堂碑》是太宗皇帝建立，睿宗皇帝書額，備稱唐德，具贊鴻猷，染翰顯然，貞石斯在。泊武后權政，國號僭竊，於篆額中間，謬加'大周'兩字。今豈可尚存僞號，以紊清朝，疑誤將來，流傳僭謬。其'大周'兩字，伏望天恩，許令琢去，謹錄奏聞。"這一奏請得到宣宗皇帝的旨準，把"大周"兩字琢掉④。現在我們在碑林中見到的《孔子廟堂碑》是北宋建隆、乾德年間（960～968）模刻的（圖1）⑤，其碑額上已沒有"大周"字樣，應當是晚唐以來的樣子。

《孔子廟堂碑》是唐長安城中獨一無二的碑刻，它既是國家教育的象徵，又標志了

---

① 《全唐文》卷一三八，1405 頁。
② 孫承澤《庚子銷夏記》卷六，《中國歷代書畫藝術論著叢編》第 15 冊，中國大百科全書出版社，1997 年。
③ 《孔子廟堂碑》相王題名見迭經元代周伯琦、李宗瀚等收藏，現藏日本三井氏聽冰閣的唐拓本，見《孔子廟堂碑》，二玄社，1988 年，2～3 頁。
④ 《唐會要》卷六六《東都國子監》，1375 頁。
⑤ 西安碑林博物館編《西安碑林博物館》，陝西人民出版社，2000 年，35 頁。

國家政治生活的變動，當然它更是一座書法名碑，是唐初大書法家虞世南的杰作。如果我們把《孔子廟堂碑》放在原本的場景下，回溯到原來的歷史時空當中，作爲長安城的一所"名勝"，它是我們認識長安歷史的珍貴的歷史記憶。

## 新出碑誌長安資料的價值

這裏更加强調的是，新中國成立以來考古工作的成就，使我們今天擁有了比此前多了不知多少倍的碑誌材料，這些地地道道的長安文獻，打破了原本祇有靠千唐誌齋系統的墓誌來找尋長安居民的做法，我們得以根據西安周邊出土的墓誌，增補大量長安城内居民的確切居住地點，而這里面有着洛陽墓誌往往記載不到的皇親、國戚、勛貴、高道、大德等等，只要我們翻看一下最近出版的李健超先生《增訂唐兩京城坊考》修訂版①，就會發現根據墓誌我們今天的認識進步了多少！這些坊里人物及其宅第的記載，藉助新出墓誌得以顯現，大大超過了徐松《城坊考》的記録，也比李健超先生舊版《增訂》（1996 年）增加了大量的内容，爲我們研究長安社會歷史奠定了基礎。

我們在解讀隋唐長安歷史的時候，總希望對於長安城不同區域的居住人群加以分類研究，這種研究如果只靠傳統的史料所記載的坊里人物，是完全做不到的。但近年來大量出土並及時出版的墓誌和碑刻，爲我們的研究提供了一些可能性。

在我們的"隋唐長安讀書班"上，已經就一些問題做過會讀，並取得了一些成果。比如孫英剛研究王府與政治的關係，關注到中宗、睿宗時期的政治集團的住宅分佈和政治鬥爭的關係，特別是相王（睿宗）集團的住宅分佈和政治的關係問題②；蒙曼研究了"唐元功臣集團"的宅第以及後來的龍武軍將領的住宅的集中分佈與相互通婚問題③；畢波對長安粟特胡人居地的分佈、來源、身份構成等問題做了仔細的研究④；陳昊從墓誌材料考察了長安的醫療空間⑤。這些都可以作爲利用碑誌研究長安不同社會集團的居住社區的很好研究案例。

這裏我們再舉一個例子來説明碑誌在這個問題上的價值。

---

① 三秦出版社，2006 年。

② 孫英剛《隋唐王府與政治》，北京大學歷史系碩士論文，2003 年 6 月。又參見孫英剛《隋唐長安的王府與王宅》，《唐研究》第 9 卷，2003 年，185～214 頁。

③ 蒙曼《開天政局中的唐元功臣集團》，《文史》2001 年第 4 輯，95～118 頁。又見以她在北京大學歷史系完成的博士論文爲基礎所寫的專著《唐代前期北衙禁軍制度研究》，中央民族大學出版社，2005 年。

④ 畢波《中古中國的粟特胡人——以長安爲中心》，北京大學歷史系博士論文，2006 年。

⑤ 陳昊《隋唐長安的醫療和社會空間》，2007 年"隋唐長安讀書班"報告，待刊稿。

《長安志》卷七安仁坊記載："東南隅，贈尚書左僕射劉延景宅。坊西南，汝州刺史王昕宅。注：延景即寧王憲之外祖，昕即薛王業之舅，皆是親王外家。甲第並列，京城美之。"

《長安志》這裏只是說劉延景和王昕都是親王的外家，兩家人的豪宅並列而立，爲京城人所羨慕。其實，這兩戶人家爲什麼並列居住在一起，是很值得注意的問題。

據《舊唐書》卷五一《后妃傳》記："睿宗肅明順聖皇后劉氏，刑部尚書德威之孫也，父延景，陝州刺史。景雲元年（710），追贈尚書右僕射，沛國公。儀鳳中（676～679），睿宗居藩，納后爲孺人，尋立爲妃。生寧王憲，壽昌、代國二公主。文明元年（684），睿宗即位，册爲皇后，及降爲皇嗣後，從降爲妃。長壽中（692～694），與昭成皇后同被譴，爲則天所殺。景雲元年，追諡肅明皇后，招魂葬於東都城南，陵曰惠陵。睿宗崩遷，祔橋陵。"可知劉延景是讓皇帝寧王李憲的生母、後來睿宗的肅明皇后劉氏的父親，即所謂外祖。《金石録》卷五第八百九十一條即《唐左僕射劉延景碑》，徐彥伯撰，張庭珪八分書，景雲二年（711）二月。

又按延景父劉德威，《舊唐書》卷七七有傳，父子將。德威先娶鄭氏，生審禮；鄭氏卒，續娶平壽縣主，生延景。《劉德威傳》附《劉審禮傳》稱：審禮"撫繼母男延景，友愛甚篤，所得禄俸，皆送母處，以資延景之費；而審禮妻子處飢寒，晏然未嘗介意。再從同居，家無異爨，合門二百餘口，人無間言。"可知劉審禮與劉德威是同父異母兄弟。

孫英剛已經注意到，《舊唐書·劉審禮傳》記審禮參加平定徐敬業叛亂後，"竟以裴炎近親，不得叙功，遷位梓州長史。"只是說劉審禮爲裴炎近親，但語焉不詳。然而據《大唐監察御史裴炎故妻劉氏墓誌銘》記："夫人諱□□，……曾祖軨，齊諫議大夫、高平太守。祖子將，齊和州刺史。……父德敏，見任潭州都督、望都縣開國公。……夫人，公之第三女也。……唐顯慶五年（660）正月廿六日，卒於興道坊之第。"[1] 裴炎妻劉氏曾祖軨、祖子將、父德敏，而《舊唐書·劉德威傳》記其父名子將，可見劉德威與劉德敏爲兄弟，所以劉審禮與裴炎之妻劉氏當爲同胞兄妹或姐弟。又，劉德威子劉延景；而劉延景女爲相王妃。所以裴炎在妻族的親戚關係上，與相王有很密切的聯繫，因此纔不得叙用[2]。

此外，《鴻臚少卿陽濟故夫人彭城縣君劉氏墓誌銘並序》云："漢高貴胄，楚元良裔。赫弈蟬聯，爲世大族。曾祖延景，皇銀青光禄大夫、陝州刺史、贈開府左僕射、

---

[1] 陝西省古籍整理辦公室編《全唐文補遺》第 3 輯，三秦出版社，1996 年，18 頁。按，劉氏墓誌 1989 年 8 月於西安市雁塔區裴家孔村徵集，見《文博》1992 年第 5 期。

[2] 孫英剛《隋唐王府與政治》。

沛國公。祖瑗，金紫光禄大夫、國子祭酒。老姑，肅明皇后。……父爲輔，皇朝朝散大夫、岐州司馬。……夫人岐州第二女也。君子好述，作嬪陽氏。建中二年（781）十月二十一日，寢疾終於安仁里私第，春秋四十。以其年十一月三十日，歸葬河洛舊塋。"① 陽濟夫人劉氏的祖父劉瑗，就是肅明皇后的兄弟，這條材料説明，劉延景在安仁坊的宅第，大概一直由其後人繼承下來，直到建中二年時，還爲劉家所有，陽濟夫人劉氏於此寢疾而終，大概是正好在娘家的緣故。

下面我們再看王昕的關係網。據《舊唐書》卷九五《睿宗諸子傳·讓皇帝憲傳》：讓皇帝憲是睿宗長子。"憲於勝業東南角賜宅，申王撝、岐王範於安興坊東南賜宅，薛王業於勝業西北角賜宅，邸第相望，環於宮側。"又，同書《睿宗諸子傳·惠宣太子業傳》記：薛王業是睿宗第五子。"初，業母早終，從母賢妃親鞠養之。"

1976 年，陝西蒲城縣文化館搶救性發掘了陪葬於睿宗橋陵的賢妃墓。2003 年，該館孫懷彦、李百福發表了當時所得《大唐睿宗大聖真皇帝賢妃王氏墓誌》，爲我們了解王昕作爲薛王業之舅的關係提供了非常詳細的記載，墓誌云："賢妃諱芳媚，太原祁人也。……國子司業、鄭州刺史諱思泰之孫，司封郎中、潤州刺史、贈益州大都督薛國公諱美暢之中女也。……初，妃伯姊以才淑選爲安國相王德妃，生薛王。光宅三載（686）中，賢妃復有詔徵入。……開元廿二年（734），薛王薨，詔贈惠宣太子，賢妃晝夜號哭，感動人神。……初，惠宣之生也，數歲而德妃薨，睿宗憐之，以賢妃慈愛，又其姨也，乃命母養，於是勤身苦體，盡心鞠育。惠宣亦至性過人，敬愛如子。"② 賢妃以天寶四載（745）八月八日薨，陪葬橋陵。由此可見，睿宗爲相王時，王美暢兩女先後入爲王妃，其長女封德妃，生薛王業之後幾年即卒，於是賢妃王芳媚以姨的身份，作爲繼母來養育薛王，薛王也把賢妃當作自己的母親看待。昕即爲薛王業之舅，則與德妃、賢妃同輩。據《大周故潤州刺史王美暢夫人故長孫氏墓誌》，王美暢卒於聖曆元年（698），長孫氏卒於大足元年（701），誌文中只提到"子昕等"③，推測王昕爲長子，之所以沒有提及德、賢二妃，估計和當時相王被武后幽閉的處境有關。王昕的父母沒有等到睿宗即位就先後去世，所以受惠的成爲王昕，也就是德妃、賢妃的哥哥，而實際上起作用的，應當是賢妃王芳媚。從王氏與睿宗的婚姻關係來看，王昕也應當是睿宗一系的人物。

又，《資治通鑒》卷二一一玄宗開元二年（714）正月條記載："薛王業之舅王仙童，侵暴百姓，御史彈奏；業爲之請，敕紫微、黄門覆按。姚崇、盧懷慎等奏：'仙童

① 陝西省古籍整理辦公室編《全唐文補遺》第 4 輯，三秦出版社，1997 年，64 頁。
② 孫懷彦、李百福《唐橋陵陪葬墓睿宗賢妃王芳媚墓誌考略》，《考古與文物》2003 年第 3 期，61～62、68 頁；樊英民《王芳媚墓誌録文勘誤》，《考古與文物》2003 年第 5 期，57、62 頁。
③ 周紹良編《唐代墓誌匯編》，上海古籍出版社，1992 年，長安 054，1029～1030 頁。

罪狀明白，御史所言無所枉，不可縱捨。'上從之。由是貴戚束手。"這個王仙童也是薛王業的舅舅，賢妃王芳媚的兄弟。

我們把圍遶相王（睿宗）的上述劉氏、王氏的關係表述如下（加橫綫於劉德敏與劉德威間、劉瑗與蕭明皇后間、王氏與王芳媚王昕王仙童間）：

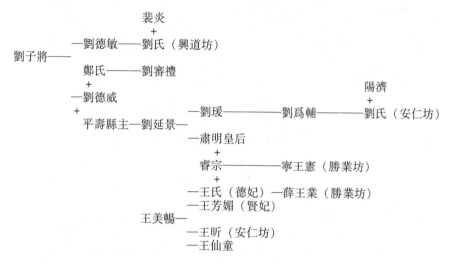

由此可見，劉延景與王昕作爲睿宗一系的外家，在開元十年（722）韋述撰寫《兩京新記》時正是最紅火的時候，所以"甲第並列，京城美之"。《長安志》稱劉延景爲"贈尚書左僕射"，因爲其卒於景雲元年（710）；而稱王昕爲"汝州刺史"，則應當仍然在世。其注文提到寧王憲和薛王業，他們在開元十年時都還在世。因此，從《長安志》保留的稱謂情況看，這段記載從正文到注文，也都應當是韋述開元十年所撰《兩京新記》的文字。

新出墓誌填補了傳統史料的一些空白點，讓我們了解到追隨相王（睿宗）的政治人物之間的關係，而他們的住宅——安仁坊和興道坊，中間只隔一坊，位於宮城南面、朱雀門大街東側的重要地理位置上，他們的宅第與寧王、薛王所居住的勝業坊，距離也不太遠，容易形成一個聯繫緊密的政治集團。

總之，正像敦煌寫本圖錄在最近二十年纔陸續出版一樣，大量西安地區出土的碑誌資料正在源源不斷地發掘、整理、校錄、考釋出來，爲今後"長安學"的研究，奉獻豐富多彩的資料。我們在閱讀理解已刊碑誌的同時，也在翹首盼望更多的有關隋唐長安的碑誌材料盡早發現。

（此文係在 2007 年 10 月 24 日紀念西安碑林九百二十周年華誕國際學術研討會的發言基礎上改訂而成，2008 年 3 月 3 日）

孔子廟堂碑

# 墓誌所見唐代寡居婦女的生活世界

張 國 剛 *

## 前言

　　婦女因喪偶而守寡，因離婚而改嫁，或者結束寡居而再嫁，都是日常生活中的平常事件，它在歷史時期是否會有所變化？假如有所變化，那麼究竟有什麼樣的變化？這些是研究家庭史、婦女史和兩性關係史的重要課題。一個時期以來，許多論著都認爲，唐代婦女貞節觀念淡薄，離婚與再嫁不當回事，此點迥异於後世；[①]但最近也有論者通過對墓誌資料的研究，指出唐代婦女其實多數傾向守節，再婚只是少數被迫的行爲，似乎與後世並無差異。[②]這樣一來，唐代婦女的貞節觀究竟如何？這個一向似乎成爲定論的問題，便產生了分歧意見。

　　從方法與取徑而言，研究歷史上的婚嫁狀況，比之於調查現實中的同類問題，難度要大得多。現實生活中，可以通過調查統計得出結論，而中古歷史文獻中則鮮有統計資料。我們説當時的婦女究竟傾向於守貞節，還是傾向於再婚嫁，就很難做出統計學的説明。假如我們求助於列舉事例，那麼，即使不勝枚舉，也無法得出準確的令人信服的判斷。

　　從材料所顯示的情況看，反差是如此之大：一方面是公主改嫁不乏其人，另一方面婦女守寡十幾年乃至數十年者也大有人在。那麼究竟應該如何來評估這件事情？究竟什麼纔是唐代寡居婦女生活的歷史真相？這便是本文要討論的主要問題。本文的具體節目如下：

　　1. 墓誌所記唐代婦女守寡現象及其分析

　　2. 爲什麼會有如此多的婦女守寡：老夫少妻的婚姻模式

---

\*　張國剛，清華大學歷史系教授。

①　牛志平《從離婚與再嫁看唐代婦女的貞節觀》，《陝西師大學報》1985 年第 4 期；高世瑜《唐代婦女》，三秦出版社 1988 年。

②　蘇士梅《唐人婦女觀的幾個問題——以墓誌爲中心》，《洛陽師範學院學報》2006 年第 4 期；岳純之《唐代民事法律制度論稿》，人民出版社 2006 年 10 月，第 139～145 頁。

3. 寡居婦女的家庭生活

4. 寡居婦女與家族的關係

5. 寡居婦女的精神世界

6. 寡婦再嫁的歷史分析

7. 後論：一個長時段的歷史分析

## 一　墓誌所記婦女守寡現象的分析

最近一個時期以來，唐代墓誌整理出版給一般讀者打開了一扇新的史料之門，儘管這類史料並非完全新材料，但是，它們的集中整理出版和方便使用確實爲唐史研究提供了新的助力。與一般論著認爲唐代婦女貞節觀念澹薄不同，唐代墓誌中提供了大量寡居婦女堅守貞節的材料。在此我們依據這些材料，首先描述一下唐代婦女堅持守寡的情況，以作爲進行分析的基礎。

唐代墓誌所見婦女守寡的記載，大體可以分爲如下幾種情況，即結婚不久就守寡，結婚 10 餘年（約 30 歲）兒女尚幼而守寡，四、五十歲開始的中年守寡以及守寡長達 40～50 年等多種情形。

結婚不久就守寡。唐朝女子婚齡，一般在 15～19 歲，超過統計資料的六成。[①] 結婚不久就守寡，意味着守寡年齡一般不超過 20 歲。如裴溥（706～742）在丈夫王泠然（692～724）去世時，年僅 18 歲（丈夫比她大 14 歲）。她守寡 18 年，有"息女曰仙官，女於安定皇甫浚；次女曰仙葩"。如果這位二女兒是丈夫的遺腹子，則最晚應該在開元十三年（725）出生，此時已經 18 歲。[②] 滎陽鄭氏（800～854）於"既笄之年"——大概 15 歲，嫁給范陽盧子謨，結婚"未期年"而丈夫去世。四個月後，生下遺腹女。鄭氏"哀伉儷之年，誓心守節，撫育稚女，虔奉先姑，夙興夜寐，以成婦道"。死時 55 歲，是守寡整整 40 年。[③] 唐代女子結婚年齡的第二個集中年齡段是 13～14、20～22 歲，范陽盧氏（787～853）就是 22 那年嫁給清河崔樅的。寶曆元年（825年）崔樅被任命爲雍丘縣尉，未及赴任而亡，"夫人銜未亡之戚，携挈幼稚，卜居於鄭之別邑，攻苦食淡，以成家業，勸童僕以藝植，訓子弟以詩禮，劬勞儉克，僅三十載"。盧氏生育了五男二女，大兒子冠歲而亡，次子早殀。大女兒嫁給滎陽鄭裔貞，

---

① 參見張國剛、蔣愛花《唐代男女婚嫁年齡考略》，第 68 頁，載《中國史研究》2004 年第 2 期。

② 周紹良主編《唐代墓誌匯編》，上海古籍出版社 1992 年版，天寶 002《唐故右衛尉兵曹參軍王府君墓誌銘序》，第 1532 頁。

③ 《唐代墓誌匯編》大中 100《唐故盧氏夫人墓誌銘》，第 2328 頁。

"不幸短折；裔貞願敦舊好，故復以其季妻焉。"也就是説把第二個女兒也嫁給了鄭家做繼室。①

　　韋素與夫人齊氏（802~860）的婚姻頗爲特殊。韋齊二家本來是姑表親。齊氏在家爲長女，自幼喪母，其姑母也就是後來的婆母"憐而重之，視遇猶女"。常撫摸着齊氏的頭説："笄無他從，必爲我季婦。"臨終前又重申前言。於是當齊氏的父親從刑部郎中出爲饒州刺史，"召孤甥而遵遺旨焉"。七年之後，韋素參加進士考試，不得第，當年冬天竟然去世。兩個兒子也"皆齒未小學，相繼而夭"。其弟齊孝曾爲姐姐寫的墓誌中説："先君憫夫人少孀，薦痛韋甥遄逝，夫人懼增其悲，歛哀纏於内，每侍左右，未嘗慘於色。"齊氏於是"嫠居將四十年，而端嚴自飾，爲宗族之規範焉。"② 從種種情況看，韋素與齊氏的婚姻乃是那種夫妻結婚後長期居住在妻家的婚姻形式，即敦煌書儀斯坦因1725號文書所謂"近代之人，多不親迎入室，即是遂就夫家成禮，累積寒暑，不向夫家"的形式。③ 丈夫死後，齊氏一直寡居於本家。

　　結婚十來年（30歲左右）守寡。這個年齡的婦女，兒女幼稚就開始了含辛茹苦的寡婦生活。滎陽鄭秀實19歲嫁給趙郡李某爲夫人，30歲那年，丈夫去世，他們已經生下4男4女。也就是説11年内共生了8個孩子。鄭氏守寡43年，於73歲逝世。④ 翟夫人（792~849）大中三年（849）去世時58歲，丈夫死於長慶元年（821）。其時，留下兩個兒子，她也祇有30歲，"鞠育孤稚"，守寡28年。⑤

　　吳王府騎曹參軍張信（616~678）享年63歲，其妻子王氏（?~710）很可能比他年輕許多，故在丈夫死後守寡32年後纔去世。⑥

　　還有一位王氏（776~842），"以初笄之歲"，嫁給薊州刺史靜塞軍使陸峴（767~814）。陸峴"名重位高"，王氏比丈夫小約10歲，是繼室。"夫人自以府君捐背，四十餘年，以灰心蓬首之容，棄紈綺花鈿之飾，斷機訓子，剪髮奉賓"⑦。按王氏在丈夫死後實際生活了不足30年，如果不是墓誌録文有誤，就應該理解爲王氏結婚共40余年，守寡28載，是不足30歲就守寡了。

① 《唐代墓誌匯編》大中080《唐故汴州雍丘縣尉清河崔府君夫人范陽盧氏合祔墓誌銘兼序》，第2310頁。
② 《唐代墓誌匯編》大中164《唐故京兆韋府君夫人高陽齊氏墓誌銘並序》，第2379頁。
③ 參見周一良《敦煌寫本書儀所見的唐代婚喪禮俗》第290頁；所著《唐五代書儀研究》，中國社會科學出版社1995版；前引陳弱水《試探唐代婦女與本家的關係》第194~204頁。
④ 《唐代墓誌匯編》大中124《唐故滎陽鄭夫人墓誌》，第2348頁。
⑤ 《唐代墓誌匯編》大中039《唐故朝請郎行太子舍人汝南郡翟府君故夫人（下泐）》，第2278頁。
⑥ 《唐代墓誌匯編》景雲009《大唐故吳王府騎曹參軍張君墓誌銘並序》，第1123頁。
⑦ 《唐代墓誌匯編》大中141《王氏夫人墓記》，第2361頁。

有 40～50 歲開始守寡的。這個年齡的婦女一般孩子已經長大成人，再嫁的機率不高。樂令姿（591～660）16 歲嫁給昭武校尉任德爲妻，52 歲開始守寡，18 年間"保父孤遺，庶弘慈母"①；東宮郎將王力士妻（581～660）守寡 27 年"志求無上，尊貝葉之微言，遂南山之壽"②；陳恭，字令徽（590～672），59 歲時丈夫去世，她"蓬首媚閨，鉛華不御，柏舟自勖，之死靡他，廿余年"③；楊氏（600～675）守寡 30 年，所生兩子，"並先夭殁"，祇有孫子一人，年方四歲，她"蓬首爲容，竟銜憂而没齒"④；處士王儉之妻劉氏（603～673）守寡 36 年"晝哭彌切，夜績方嚴，媚節不虧，孤貞自潔"⑤；隋平州録事參軍張育妻趙氏（562～648）14 歲結婚，40 年後丈夫亡故，趙氏又過了 33 年的寡居生活⑥；戴氏"位居媚婦，孤育稚子，卅余年"⑦；張綱之妻梁氏（566～645）"固守空閨……一志不移，無心於再醮"，45 歲開始守寡，寡居 31 年而卒⑧。

有的寡婦守寡長達四五十年。前面的事例中已經不乏長期守寡者，再舉數例。如處士陳泰的妻子房氏 26 歲"守志媚帷，亟移灰管，暑遷寒襲，四十餘年，撫幼携孤"⑨；侯氏（596～672）丈夫度支郎中彭府君去世後"上奉尊堂，下提孤幼，絶甘攻苦將卅年"⑩；贈博州刺史鄭進思之妻權氏（635～723）守寡長達 48 年，以 89 歲高齡去世⑪；隋邛州司户明雅妻孟氏（554～645）守寡 44 年，享年 92 歲⑫；處士成願壽的妻子李氏（570～659），20 歲結婚，50 歲守寡，守寡 40 年，去世時 90 歲⑬；韋敏的第三位夫人李氏（774～839）守寡 45 年，她去世時祇有 66 歲，之所以守寡長，是因爲守寡時祇有 20 出頭年紀⑭；韓州助教向徹妻韓氏（620～700）26 歲丈夫去世，寡居 55 年後，於 81 歲高齡而終；⑮王氏（655～724）30 歲時"不幸良人早背，獨守偏孤，

① 《唐代墓誌匯編》顯慶 142《唐故昭武校尉任君墓誌銘並序》，第 319 頁。
② 《唐代墓誌匯編》顯慶 138《大唐古王郎將君墓誌銘並序》，第 317 頁。
③ 《唐代墓誌匯編》咸亨 064《大唐處士淳於府君之夫人陳氏墓誌銘並序》，第 555 頁。
④ 《唐代墓誌匯編》上元 026《□□□□□□□□□君墓誌銘並序》，第 611 頁。
⑤ 《唐代墓誌匯編》咸亨 093《唐故處士王君墓誌並序》，第 577 頁。
⑥ 《唐代墓誌匯編》貞觀 145《隋故平州録事參軍張君墓誌》，第 99 頁。
⑦ 《唐代墓誌匯編》久視 002《大周故薛府君墓誌銘並序》，第 967 頁。
⑧ 《唐代墓誌匯編》貞觀 112，缺誌名，第 79 頁。
⑨ 《唐代墓誌匯編》神龍 043《大唐故處士陳君墓誌並序》，第 1071 頁。
⑩ 《唐代墓誌匯編》咸亨 081《大唐度支郎中彭君夫人安定鄉君侯氏墓誌銘並序》，第 569 頁。
⑪ 《唐代墓誌匯編》開元 361《大唐故贈博州刺史鄭府君墓誌銘並序》，第 1405～1406 頁。
⑫ 《唐代墓誌匯編》貞觀 108《大唐隋故邛州司户參軍明君墓誌》，第 76 頁。
⑬ 《唐代墓誌匯編》顯慶 094《隋故處士成君墓誌並序》，第 287 頁。
⑭ 《唐代墓誌匯編》會昌 041《唐故河中府永樂縣丞韋府君妻隴西李夫人墓誌銘並叙》，第 2241 頁。
⑮ 《唐代墓誌匯編》長安 017《唐故韓州助教向君墓誌銘並序》，第 555 頁。

鞠稚子之單居，念低徊而不忍。情非再醮，意樂三從，如愚管窺，請令守志"，守寡40年①。

漁陽縣太君李氏（707～788）的丈夫左武衛翊府左郎將趙府君"早徇王事，遺孤尚孩，太君指柏舟以誓節……其□子也，克昇於朝；其理家也，無恃於歲"，李氏終年82歲，可以想到，從"遺孤尚孩"到82歲高齡，守寡至少40多年②。段氏（578～650）17歲"適於高平竺氏"，"携□孤幼，倍歷艱危，經今四十餘載矣！"③

守寡時間最長的恐怕莫過於楊康之妻劉氏了。隋王屋縣令楊康（516～585）的妻子劉氏（546～665），出生於西魏大統十二年，歷北周隋唐，卒於唐高宗麟德二年，活了120歲，40歲守寡，竟然寡居了整整80年。④

根據引據的墓誌記載儘管不多，但是據統計，《唐代墓誌匯編》、《續編》的三千餘墓誌中，再婚和改嫁的婦女不過區區10例，而明確記載堅守貞節者則達264例。⑤因此，我們可以得出結論說，唐代守寡婦女相當得多，這個歷史事實不容忽視。從墓誌措辭之嚴峻看，籠統地說唐代婦女貞節觀念澹薄，恐怕未必妥當。

### 三　爲什麼有這麼多婦女喪偶：老夫少妻的婚姻模式

從上節引據的婦女守寡資料中，我們發現那些長期守寡的婦女不外兩種情況，或者高壽，中年守寡，寡居生活仍長達40到50年；或者守寡時很年輕，即使五六十歲去世，也有數十年的寡居生涯。而少年守寡尤其是唐代寡居婦女中的突出現象。除了前引事例之外，我們再舉若干例子。

天寶五載去世的來香兒（703～746）恐怕是最年輕的守寡者了。來氏嫁入元家恐怕祇有十歲出頭的年紀，與丈夫元某生有一子元曷。來氏"年12而所天早逝"，寡居32年，其間經歷了父母與公婆的喪亡，"逮親殁，泣血三年，爰喪舅姑，孝心無易，每至伏臘，哀慟加人"，晚年篤信佛教，"以久縛齋戒，因致柴毀，是長癘階，浸以成

---

① 《唐代墓誌匯編》開元198《大唐故右金吾衛翊衛宋府君夫人墓誌並序》，第1295頁。
② 《唐代墓誌匯編》貞元020《大唐故左武衛翊府作佐郎將趙府君夫人漁陽縣太君漁陽李氏墓誌並序》，第1851頁。
③ 《唐代墓誌匯編》永徽005《隋燕王府録事段夫人墓誌並序》，第134頁。
④ 《唐代墓誌匯編》麟德039《大唐故隋王屋縣令楊君墓誌銘並序》，第422頁。
⑤ 毛陽光《唐代婦女的貞節觀》，載《文博》2000年第4期，第36頁；此數據亦爲蘇士梅《唐代婦女觀的幾個問題——以墓誌爲中心》（載《洛陽師範學院學報》2006年第4期，第104頁）、岳純之《唐代民事法律制度論稿》（人民出版社2006年版，第139頁）所引據。

疾”，44 歲就去世了①。我們可以推想，來香兒的丈夫一定是一個年齡很大的男人。潞府參軍崔府君的夫人王氏 14 歲守寡，80 而亡，寡居 66 年，先後隨弟弟王宗、王亮一起生活②。任氏（622～661）年及初笄，十四五歲嫁於董氏，没過幾年，19 歲便成爲寡婦，21 年後去世③。上文提到的韋敏的第三位夫人李氏，21 歲成爲寡婦，“四十五年稱未亡人”，撫養先夫人所生子女，“計生活於郊屋，荆扉瓦牖，食糖羹藋”④。既然是第三任夫人，則韋敏娶李氏時必然是垂垂老矣。裴氏（667～725）終年 59 歲，寡居三十余年，守寡時也是二十多歲，所謂“浮榮不幸，移天早殁……夭夭華歲，煢煢誓居，卅餘年，志不我忒”⑤。洪州武寧縣令于府君妻李氏（780～843）在丈夫去世時“年齡尚少”，她“鞠稚子，撫孤女，心懷苦節”，一子志衡任雲夢縣令，一女嫁於宿州長使李孟皋⑥。魏氏 12 歲結婚，22 歲守寡，34 歲父死，43 歲母亡，71 歲去世，寡居 49 年，“仰蒼昊而罔極，嗟人生如夢幻”，本人歸信佛教，一個女兒出家，“法名道峻”⑦。處士陳泰的妻子房氏（635～706）26 歲守寡，“守志媚帷，亟移灰管，暑遷寒襲，四十餘年，撫幼携孤”⑧，守寡達 46 年之久。

爲什麽有如此多的年輕寡婦？仔細分析各件事例，我們發現並非這些婦女的丈夫都是年輕而殀亡，恰恰相反，大多是壽終正寢。年輕婦女守寡的一個重要原因乃是因爲丈夫比妻子年齡普遍大很多，形成了老夫少妻的婚姻模式。有的丈夫比妻子年長十幾歲、二十幾歲，甚至三四十歲。這種情況從前面列舉的材料中已經可見一斑，下面再舉若干事例。

唐初貞觀年間的南和縣令張彦（583～623）41 歲去世，妻子郭氏（593～667）比其小 10 歲，生有三子君諒、君楷、君表，守寡 44 年⑨。縣丞王卿（559～607）比妻子張氏（576～656）大 17 歲，王卿去世時張氏 32 歲，寡居 49 年⑩。昭武校尉秦義（585～632）年長於妻子張氏（598～662）13 歲，48 歲去世，張氏“獎協孤遺，言行克符，高構斯洽”30 年⑪。孫氏（603～684）比丈夫師州録事參軍王岐（590～644）小 17

① 《唐代墓誌匯編》天寶 108《大唐元府君故夫人來氏墓誌銘並序》，第 1607 頁。
② 《唐代墓誌匯編》元和 127《唐故潞府參軍博陵崔公夫人琅耶王氏墓誌銘並序》，第 2039 頁。
③ 《唐代墓誌匯編》龍朔 001《大唐故董府君任夫人墓誌並序》，第 337 頁。
④ 《唐代墓誌匯編》會昌 041《唐故河中府永樂縣丞韋府君妻隴西李夫人墓誌銘並叙》，第 2241 頁。
⑤ 《唐代墓誌匯編》開元 227《唐故尚舍直長薛府君夫人裴氏墓誌銘並序》，第 1313 頁。
⑥ 《唐代墓誌匯編》會昌 023《唐故洪州武寧縣令於君妻隴西李夫人墓誌銘並序》，第 2227 頁。
⑦ 《唐代墓誌匯編》貞元 106《唐故秦州上邽縣令豆盧府君夫人墓誌》，第 1914 頁。
⑧ 《唐代墓誌匯編》神龍 043《大唐故處士陳君墓誌並序》，第 1071 頁。
⑨ 《唐代墓誌匯編》乾封 056《大唐故難和縣令張君墓誌銘》，第 482 頁。
⑩ 《唐代墓誌匯編》顯慶 026《大唐故王府君故任夫人墓誌銘並序》，第 245 頁。
⑪ 《唐代墓誌匯編》龍朔 053《唐故昭武校尉秦君墓誌銘並序》，第 371 頁。

歲，丈夫 55 歲去世後，她寡居 40 年①。陳察（576～620）任文州刺史，妻柳氏（594～678）小丈夫 18 歲，陳察 44 歲去世後，她守寡長達 58 年②。

曾任高昌政權左衛大將軍的張雄（584～633）50 歲去世時，妻子鞠氏（607～688）纔 27 歲，生了兩個兒子，"膏澤不御，五十餘年"，守寡 55 年③。上護軍龐德威（599～666）比妻子王氏（612～687）長 23 歲，丈夫 68 歲去世，王氏守寡 20 年④。同樣的情況還有忻州司户陳平（604～672），也是比妻子年長 23 歲，本人 69 歲去世後妻子守寡 17 年⑤。和智全（601～662）比妻子傅氏（623～709）年長 22 歲，他信奉道教，"依於秦九崚山，餌雲英玉醴爲事……居卅八年，遂果終焉之志"，而傅氏守寡 47 年⑥。六胡州大首領安菩（601～664）年長妻子何氏（622～704）21 歲，安菩 64 歲去世，何氏守寡 40 年，有子三人金藏、胡子、金剛。何氏守寡時已經 43 歲，三個孩子中至少兩個當已成人⑦。這是一個歸化的西域胡人家庭，其守寡的原因顯然不能完全從貞節觀念來解釋。

還有夫妻年齡相差三四十歲的例子，如一個叫齊朗（594～671）的丈夫娶妻子王氏（633～695），丈夫比妻子大 40 歲，雖然以 78 歲高齡去世，妻子王氏只活了 63 歲，卻仍然守寡 24 年，"斷織申規，撫訓孤遺"⑧。某李氏（628～672）小丈夫申屠寶（594～664）35 歲，丈夫 71 歲去世，她纔 37 歲⑨。上文提到的 120 歲高齡的劉氏，比丈夫小 30 歲，寡居達 80 年。

丈夫之所以比妻子年長許多，是因爲這些妻子大多爲繼室。左金吾衛中郎將張懷十一女張氏（698～741）嫁於左監門衛大將軍白知禮（674～734）爲繼室，丈夫比其大 24 歲，丈夫 61 歲去世後，她"正味清禪，攝心止觀"，守寡 7 年而亡⑩。寶曆 014 號墓誌郭柳（738～796）第一位夫人周氏於 784 年去世，後夫人趙氏（757～825）比丈夫小 19 歲，40 歲守寡，沒有兒子，死後由弟弟和女兒送葬⑪。玄宗時期秘書省著作

---

① 《唐代墓誌匯編》文明 008《大唐故王府君墓誌銘》，第 718 頁。
② 《唐代墓誌匯編》長壽 018《唐故使持節文州諸軍事文州刺史陳使君墓誌銘並序》，第 845 頁。
③ 《唐代墓誌匯編》永昌 008《唐故僞高昌左衛大將軍張君夫人永安泰郡君鞠氏墓誌銘並序》，第 785～786 頁。
④ 《唐代墓誌匯編》垂拱 044《大唐故上護軍龐府君墓誌銘並序》，第 759 頁。
⑤ 《唐代墓誌匯編》載初 002《唐故忻州司户參軍事陳君墓誌銘並序》，第 788 頁。
⑥ 《唐代墓誌匯編》景龍 022《大唐故朱陽縣開國男代郡和府君墓誌銘並序》，第 1095 頁。
⑦ 《唐代墓誌匯編》景龍 033《唐故陸胡州大安君墓誌》，第 1105 頁。
⑧ 《唐代墓誌匯編》證聖 007《唐故齊君墓誌銘》，第 788 頁。
⑨ 《唐代墓誌匯編》天授 043《大周故處士申屠君墓誌之銘》，第 824 頁。
⑩ 《唐代墓誌匯編》開元 529《唐故左監門衛大將軍太原白公墓誌銘並序》，第 1520 頁。
⑪ 《唐代墓誌匯編》寶曆 014《唐故郭府君二夫人墓誌銘並序》，第 2090 頁。

郎崔衆甫（698～762）先娶夫人盧氏（？～734），後娶繼室李金（727～794）。崔衆甫比李金年長 29 歲，公元 762 年，崔衆甫"終於洪州豐城縣之秘館"①，時年 65 歲，而李金年方 36 歲，寡居 32 年後去世②。

夫妻年齡相差較大的另外一個原因是，仕宦之男士往往結婚比較晚，晚婚而娶年輕婦女，造成夫妻年齡懸殊。唐朝士人結婚，有門當戶對的要求，也有財産上的要求，還有其他方面的考慮。對於許多下級士人來説，如果没有父祖的隱蔽，其仕宦生涯並不輕鬆。他們奔競於仕途，得到一官半職已經是 40 開外，這個時候結婚生子，自然是比較晚的了。其實，這些士人在結婚之前普遍有没有名分的女子侍側，大多還留下了子女。

以宰相白敏中（792～861）爲例。白敏中本人前娶博陵崔氏，生女三人，二人早亡，一女嫁主客員外郎皇甫煒，亦殁。後娶韋氏，時敏中已居相位。韋氏"勤雍和理凡十八年"，則再婚在 62 歲時，大約是大中七年（853）左右。白敏中共生育了 12 個兒女，9 男 3 女，其中兩任夫人各生了 3 個女兒，長男徵復等是結婚之前的無名分的如夫人所生的。③又據鄭熏爲其咸通二年（861）去世的姐夫楊漢公寫的墓誌記載，楊漢公 29 歲中進士，在娶前夫人鄭氏之前，已經有"長子思願，鄭夫人鞠之同於己子"。④

再如，孫子澤（819～872）大中十年（856）娶李氏（839～871），時妻子 19 歲，他本人三十八九歲，已經有非婚生的一對兒女，又與後婚的李氏生一男二女。⑤

又如，唐思禮（820～870）"娶王氏、俞氏，皆早亡。無嗣。有男子二人：曰理謹、道兒；女子三人：曰遂娘、閬師、杭娘；長而未冠，幼而未髫"。⑥這里説"無嗣"却有非婚生的二男三女，究竟是什麽意思呢？這些孩子是唐某結婚前所生，還是婚後所生呢？是與誰生的呢？幸好我們發現了唐思禮自己給亡妻王氏（840～862）和

---

① 《唐代墓誌匯編》大曆 059《有唐朝散大夫行秘書省著作郎嗣安平縣開國男崔公墓誌銘並序》，第 1799 頁。

② 《唐代墓誌匯編》貞元 062《唐朝散大夫行秘書省著作佐郎襲安平縣男□□崔公夫人隴西縣君李氏墓誌銘並序》，第 1881～1882 頁。

③ 周紹良、趙超主編《唐代墓誌匯編續集》，上海古籍出版社 2001 年出版；咸通 005《唐故開府儀同三司守太傅致仕上柱國太原郡開國公食邑二千戶增太尉白公墓誌銘並序》，第 1034 頁。

④ 《唐代墓誌匯編續集》咸通 008《唐故銀青光禄大夫檢校户部尚書使持節鄆州諸軍事守鄆州刺史充天平軍節度使鄆曹濮等州觀察處置等使御史大夫上柱國弘農郡開國公食邑二千戶弘農楊公墓誌銘並序》，第 1036～1039 頁。

⑤ 《唐代墓誌匯編續集》咸通 089《唐故御史中丞汀州刺史孫公墓誌並序》，第 1102～1103 頁。

⑥ 《唐代墓誌匯編續集》咸通 078《唐故銀青光禄大夫檢校太子賓客前杭州長史兼監察御史上柱國唐公墓誌銘》，第 1094 頁。

俞氏（841～870）所寫的墓誌。根據《亡妻太原王夫人墓誌》①，王氏年方17歲嫁給年長自己20歲的唐思禮。結婚多年沒有生育，王氏覺得："嗣事甚嚴，宜有冢子，於是祈拜佛前，志求嫡續。精懇既至，果遂至願，以咸通三年十一月十六日初夜娩一男孩。夫人喜色盈溢，及二更，不育。夫人方在蓐中，而傷惜之情，不覺涕下。三更，夫人無疾，冥然而終。"王氏在23歲那年是生產了的，結果卻在生下孩子後當夜母子皆亡。其實，當時唐思禮有"一男曰醜漢，今七歲；一女曰遂娘，始三歲。夫人憐育二子，過於已出。"唐思禮與王氏是公元856年結婚的。此墓誌寫於公元863年。也就是說，這個醜漢正是唐思禮結婚一年後出生的，即是在唐思禮結婚之前或之時已經懷孕了的。那麼這個女人是誰呢？該墓誌也有消息："又有女奴，每許侍余之櫛，以己之珍玩之物，俾自選以寵與之。"這位侍櫛的女奴顯然就是這兩個孩子的母親。再看《亡妻北海俞氏夫人墓誌銘》②，志文沒有寫與俞氏再婚的時間，此時唐思禮已經有兩個兒子三個女兒，他們都是非婚生子女可以肯定。其母親是否仍是那個女奴，還是另有其它女婢，不得而知。唐思禮在第二任夫人死後不久也去世了，其墓誌所說的"無嗣"，乃是指兩位正室妻子沒有留下子嗣，而這些非婚生的孩子仍然可以是唐家的血胤則是沒有疑問的。

類似的例子還很多，例如江某（786～812）是左金吾兵曹江泳之子。"君少而俊拔，材力過人，結交豪右，使氣任俠。"父親希望他讀書修文。"由是斂迹讀書，非有命使，未嘗出門"。可能是長期苦讀而缺乏鍛煉，結果在二十七歲的時候去世。江某並沒有結婚，但是，已經有6歲的男孩和2歲的女兒。可見也是未婚生的孩子。其母親當爲奴婢或侍妾之類。江某的父親與祖父皆在，則這個家庭已經是四世同堂，雖然沒有正娶的孫媳婦。③

再舉一個例子。永興縣尉周著（767～834），"早歲窮二經，舉孝廉。貞元十六年（800）擢上第，元和（806～820）中，釋褐補晉州霍邑尉。秩滿，次調鄂州永興尉。……嗚呼！天不祐善，使名立三紀，宦才二任，而終。"周著儘管年輕時就窮二經，仍然34歲纔及第獲得做官資格，元和釋褐得官之時，當在40～55歲之間。姑取中數，也在47歲左右。估計他此時纔娶妻生子。所以他的妻子可能比較年少。而在他68歲去世時，兩個兒子"長纔幼學，次乃稚齒"；兩個女兒"皆孺弱之年，未及成人"。即使大孩子爲15歲，則其4個兒女都是他53歲以後生的，最小的可能是他60多歲生的。難怪有墓誌作者感嘆說：奔競於仕途，以覓得一官半職，"嘗謂厚禄廣壽，以顯姻

---

① 《唐代墓誌匯編續集》咸通011《亡妻太原王夫人墓誌》，第1041～1042頁。
② 《唐代墓誌匯編續集》咸通071《亡妻北海俞氏夫人墓誌銘》，第1088頁。
③ 《唐代墓誌匯編續集》元和039《唐故濟陽江君墓誌銘並叙》，第828頁。

族"，却"奈何孀少妻、孤幼子而終焉？"①

總之，老夫少妻的婚姻模式是墓誌資料中出現大量寡婦的重要原因之一。而老夫少妻模式的出現又是因爲奔競宦途之士，往往在婚姻之前已經有别的女人侍奉巾櫛，甚至生育子女，這在唐人來説，並無需諱言。

## 四　寡居婦女的家庭生活

婦女成爲寡婦那一天起，面對的第一件難事是要料理丈夫的後事。一般的喪事料理姑且不論，唐代有一比較特殊的情況，江淮、荆襄之地，多有寄莊寄住之人，他們或者在當地做官後留下，或因爲在南方有墾闢之田而寄居，從墓誌顯示的資料看，寄居於各地的士人之家，大都以北歸葬於中土祖宅爲首要之選，即使暫時没有條件北歸，依舊寄寓他鄉，未亡人也把實現丈夫魂歸故里的遺願作爲人生首務。

王修本抱疾多年，臨終就要求夫人韋氏"鬻其第，將我歸於洛師，啓遷我祖父伯仲女兄女弟凡七穴"。② 常熟縣令張泚（690～744）"瞑目他鄉"，嗣子張鍔、張釗等，皆年幼，夫人繼室博陵崔氏，"舉先代奉寧神於平陰之南原，成遺志也。啓舅姑之雙殯，收絶嗣之兩喪，楊氏幽魂，合祔於公，從周禮也……今夫人量力而行，度功以處，事就而家不破，人亡而道益彰。"③ 蘇氏（766～844）的丈夫常州武進縣尉王某，元和初年早亡，"夫人煢獨，三紀於兹"，寡居36年，"以義方勗令男，勤儉立家道"。夫家"三代六親漂水鄉，未及遷神"，王府君去世後，"室空子幼，家寄江干，旅泊之魂，永甘淪寄"，蘇氏"痛心疾首，泣丐友於，誓堅神明，果副衷懇。大和辛亥，翩翩六旐，素輀而來，便以其年，咸葬邙麓"。蘇氏生有一子，不幸早亡，以至"奠無息嗣，哭唯諸侄"。④

安葬丈夫之外，寡居婦女的家庭生活主要圍遶着撫育孩子而展開。

許多年輕的妻子在丈夫去世後，子女尚年幼。她們餘生的重要任務就是撫養子女長大成人，"訓育男女，若全師父"⑤，"勉己成家，樹立餘業"⑥。當然，孩子同時也是她們孤寂的寡居生活的一種寄託。

崔氏（666～716）孀居時"年方三十"，二子"孩孺"，她撫育幼子，"皆自褓育，

① 《唐代墓誌匯編》大和077《唐故鄂州永興縣尉汝南周君墓誌銘並序》，第2152頁。
② 《唐代墓誌匯編》大中143《唐故太原王府君夫人韋氏墓誌銘並序》，第2363頁。
③ 《唐代墓誌匯編》天寶084《大唐故吴郡常熟令上柱國張公墓誌銘並序》，第1591頁。
④ 《唐代墓誌匯編》會昌033《唐故常州武進縣尉王府君夫人武功蘇氏墓誌銘並序》，第2234頁。
⑤ 《唐代墓誌匯編》開元349《大唐故鄭州刺史源公故夫人鄭氏志銘》，第1397頁。
⑥ 《唐代墓誌匯編》元和076《唐故河南府司録盧公夫人崔氏志銘》，第2001頁。

比逮成人，猶勤訓導，兼父之敬，盡師之範"，到她 51 歲去世時，"二子令譽，見稱於時"①。監察御史李某去世時，妻子崔氏（692～751）纔 29 歲，一個女兒尚在襁褓，三個兒子也都還是嬰孩，且有遺腹女一人，崔氏守寡 21 年"銜酸茹泣，義深節苦"，她"不厭糟糠，不辭浣濯"，想必生活很艱苦②。梁氏（590～666）的丈夫張某去世時，"女尚未笄，男纔志學，家懸半菽，門罕尺童"，梁氏"躬親顧育，誘以義方"，待孩子長大成人後"有聲宗邑"③。

源氏（639～715）是一個模範媳婦："進退威儀之節，凶吉禮法之事，衣服勾倨之製，飲食酸碱之品，曲盡其則，類皆至妙，諸姬介婦，是儀是式，遂圖史所載，亦莫加焉"。在喪夫之後，她撫育孤幼，直至"五子立身，一代佳士"④。姚氏（722～788）15 歲結婚，57 歲時丈夫金堤府左果毅都尉張暈（716～778）"暴卒於金堤府之任"，有子有女各三人，她"恩情轉甚，鞠育如初，教子以義方，誡女以貞順，無改三年之道，俾尊嚴父之規，免墜家風，匪虧名教"，在她臨終時還挂念出家的二女兒，"久披緇服，竟無房院住持"；三兒子"初長成人，未有職事依附"⑤。

鄭秀實（784～856）19 歲嫁給寶鼎縣令李某，守寡 43 年間，"訓導諸孤，訖有成立"，長子李處仁任原武縣丞，次子李鬱任涪州録事參軍，三子崇前任獲嘉縣尉，四子敬思任楚州文學，四個女兒分别嫁入高門，做到了"男有官，女有歸"⑥。雍丘縣尉崔樅妻子盧氏寡居 30 年，"携契幼稚，卜居於鄭之别邑，攻苦食淡，以成家業，勸僮僕以藝植，訓子弟以詩禮，劬勞儉克"，盧氏生有五子，長子次子早亡，三子同靖、同佑、同映成人，承歡於膝下，兩個女兒先後嫁給鄭裔貞爲妻⑦。

另外一位盧氏（791～859）是懷州録事參軍崔某的繼室，生一子三女，丈夫去世後不久，五歲的兒子又殀折，三個女兒都年幼，崔某有别子崔肇，可能是前夫人所生，盧氏"慈撫而親教之"，盧氏年老後"每晨午昏夕，肇在側，婦在於堂廉，孫弄於左

---

① 《唐代墓誌匯編》開元 050《唐故太府丞兼通事舍人左遷潤州司士參軍源府君夫人清河崔氏墓誌銘並序》，第 1188 頁。

② 《唐代墓誌匯編》天寶 197《大唐故監察御史趙郡李府君夫人博陵崔氏墓誌銘並序》，第 1668～1669 頁。

③ 《唐代墓誌匯編》乾封 016《唐故處士張府君夫人梁氏墓誌銘》，第 452 頁。

④ 《唐代墓誌匯編》開元 030《大唐故源夫人墓誌銘》，第 1173 頁。

⑤ 《唐代墓誌匯編》貞元 018《唐故遊擊將軍行蜀州金堤府左果毅都尉張府君夫人吳興姚氏墓誌銘並序》，第 1849 頁。

⑥ 《唐代墓誌匯編》大中 124《唐故滎陽鄭夫人墓誌》，第 2348 頁。

⑦ 《唐代墓誌匯編》大中 080《唐故汴州雍丘縣尉清河崔府君夫人范陽盧氏合祔墓誌銘兼序》，第 2310 頁。

右，怡怡焉有家肥之樂"①。李氏（780～843）年輕守寡"鞠稚子，撫孤女"，子于志衡任雲夢縣令，女兒嫁宿州長使李孟皋，丈夫有别出女二人，李氏"以保育之道，慈旨之恩，甚於己子"，此二女也都年輕守寡，李氏"多養膝下"②。

有些寡居的婦女不僅要撫養自己的子女，還要撫育孫輩。鄭氏（786～850）25 歲結婚，37 歲守寡，兒子又去世，她"悲不勝情"，三個孫子均年幼未立，靠鄭氏"勤於撫訓"，而至成人，鄭氏死後就由孫子崔慶之、崔鐵師迎奉主喪③。李氏（702～781）寡居，"蓬首終年"，一子無嗣而亡，外孫檢校虞部員外郎徐濯"爰自襁褓，遭罹憫凶，特蒙撫字，爰自成□"，特爲外祖母李氏撰寫志文④。

撫養年幼的子女成人是艱辛的，而中途遭遇子女喪亡之痛則更使寡居生活雪上加霜。張氏（775～841）墓誌記載她丈夫早逝，"三子五女，長始孺而少未孩也。……中無爲支，外無爲儒，牽携勤艱，經營窮寒，育之教之，殆十五年，"歷盡艱辛，終於"女得好仇，男得賢交，有禄爲養，有立爲榮……"可是此後五女四亡，剩一女出家爲尼⑤。泗州倉曹參軍劉某之妻張氏，18 歲結婚，38 歲丈夫去世，兒女四人，"相次凋落"，唯餘一子劉航，一孫劉有，且因爲女兒的亡喪而生病，"發一身而半身不收"，似乎是中風之症，終因醫治無效而亡，失去親人的打擊使她信奉了佛教，相信"人之死生，豈殊蟬蜕"⑥。張柬之的母親丘氏（613～691）49 歲守寡後，"勞斷織之訓，深噬指之慈，刻心提目，孜孜不倦"地撫育諸子，咸亨四年（673），二子張景之、三子張慶之、五子張敬之分別於 12 月、10 月、7 月去世，一年之間，連喪三子⑦，其所受到的精神打擊可以想見。

中國古代就有孟母三遷以教育子女的故事，後來又有岳飛的母親教育孩子精忠報國的美談。歷史上寡母含辛茹苦撫育子女成人的叙述，構成了一個具有悠久傳統的歷史叙事模式，它們所塑造的寡母教育兒子識大體、成大事的正面形象，也成爲家教中

---

① 《唐代墓誌彙編》咸通 015 《唐故懷州録事參軍清河崔府君後夫人范陽盧氏墓誌銘並序》，第 2389頁。

② 《唐代墓誌彙編》會昌 023 《唐故洪州武寧縣令于君妻隴西李夫人墓誌銘並序》，第 2227 頁。

③ 《唐代墓誌彙編》大中 068 《唐故榮陽縣君鄭夫人墓誌銘》，第 2301 頁。

④ 《唐代墓誌彙編》建中 007 《大唐故明威將軍高府君夫人頓丘李氏墓誌》，第 1825 頁。

⑤ 《唐代墓誌彙編》會昌 003 《唐故太原府參軍贈尚書工部員外郎苗府君夫人河内縣太君玄堂誌銘並序》，第 2211 頁。

⑥ 《唐代墓誌彙編》大中 136 《唐故泗州司倉參軍彭城劉府君夫人吳郡張氏墓誌銘並序》，第 2357頁。

⑦ 《唐代墓誌彙編》天授 040 《大唐故處士張君之銘》、041 《唐孝廉張君墓誌之銘》、042 《唐將仕郎張君墓之誌》，第 822～824 頁。

經久不衰的内容。隋代鄭善果家就有這樣一個例子：①

> 母崔氏甚賢明，曉正道。嘗於閣中聽善果決斷，聞剖析合理，悦；若處事不
> 允，則不與之言。善果伏床前，終日不敢食。母曰："吾非怒汝，愧汝家耶。汝先
> 君清恪，以身徇國，吾亦望汝及此。汝自童子承襲茅土，今至方伯，豈汝自能致
> 之耶，安可不思此事。吾寡婦也，有慈無威，使汝不知教訓，以負清忠之業。吾
> 死之日，亦何面目見汝先君乎？"善果由是勵己清廉，所莅咸有政績。煬帝以其儉
> 素，考爲天下第一，賞物千段，黄金百兩。入朝，拜左庶子，數進忠言，多所匡
> 諫。遷工部尚書，正身奉法，甚著勞績。

鄭母崔氏這一番話，表明她是爲了亡夫來教育孩子的。太原樊冰，九歲喪父，"夫人示
以家法"。② 所謂用家法教導子女，也是寡婦代表丈夫來行使教導權力的意思。唐代寡
婦對於子女的這種教養權表明，所謂"夫死從子"之類儒家教義，並没有實質的生活
内容。相反，"孝"的内涵包含了對寡母的絶對遵從，比所謂"夫死從子"更具有實質
意義。

　撫育子女之外，侍奉公婆，安排生計，主持家務，也是許多寡婦面臨的重擔。李
誕（660～688）曾任濠、鄂二州别駕，英年早逝，只活了29歲，兒子李睿"呱然始
孩"，妻子王氏（665～724）年僅24歲，承擔起一家的生活，她"親率童僕，躬養幼
孤，衣無錦綺，業唯蠶織，亦既岐嶷，教子義方。"寡居36年去世，兒子可能已經不
在人世了，祇有幼孫李曇"童縗不杖"，由女兒送葬至京師③。前文提到的盧氏（787
～853）22歲嫁給崔樅，公元825年崔樅被任命爲雍丘縣尉，未及赴任而亡，盧氏"銜
未亡之感，携契幼稚，卜居於鄭之别邑，攻苦食淡，以成家業，勸僮僕以藝植，訓子
弟以詩禮，劬勞儉克，僅三十載。"④ 王氏幼孤，爲叔父所撫養，未能及時出嫁，後嫁
於劉思友，結婚三十多年後丈夫去世，王氏"重治産而寶誨一子及婦與諸孫，愈肥其

---

① 《大唐新語》卷三《清廉第六》，《唐五代筆記小説大觀》，上海古籍出版社2000年版，第239
　頁。
② 《唐代墓誌匯編續集》貞元029《大唐贈兵部侍郎樊公墓誌銘》，第753頁。
③ 《唐代墓誌匯編》開元206《大唐故敷城公濠鄂二州别駕贈徐州刺史李公墓誌銘並序》，第1300
　頁。
④ 《唐代墓誌匯編》大中080《唐故汴州雍丘縣尉清河崔府君夫人范陽盧氏合祔墓誌銘兼序》，第
　2309頁。

家，以燬乎族"。直至"子既仕，孫滿眼，坐享禄利，方萃歡榮"，不久便患病而亡①。

博陵安平崔氏家族中崔衆甫之妻李金（727～794），更是一個典型的例子。李金是隴西成紀人，萊州司馬李紹宗之女，嫁於崔衆甫（698～762）爲繼室，此時，其公婆崔渾、盧梵兒已經分别於705年和735年去世，崔衆甫襲爵安平郡公，李金即爲這一大家庭的宗婦。丈夫病故，李金"竭所有以奉喪"，之後家境窘乏，"依於季叔太傅"，即從父弟崔祐甫，"娣似同居，甥侄皆在。夫人親之以德，未嘗忿競。……家之百役，命先服勞，恕而行之，故人歸厚"。大曆十三年（778），李金及崔祐甫遷丈夫的祖父母崔暟、王媛，母親盧梵兒，叔父母崔沔、王方大，丈夫崔衆甫，弟弟崔夷甫、弟媳李喬儇，葬於邙山平樂原。河北藩鎮動亂時期，李金曾經"避地濟源"，營護侄兒之喪，歸葬邙山舊塋。貞元八年（792）夏，李金患氣疾咳嗽，而"及歲時享祀，必親和甘旨，品籩豆，至於藝植而自命之"。② 這種事情也發生在普通百姓之家。例如，大和七年（833），浙江東道向朝廷報告了一件事情：越州蕭山縣百姓李渭在父母去世後，與兩位兄長同居，後來兩兄也去世了，李渭"奉寡嫂孤侄二十余年，衣食無偏。莊田租税渭自主辦，資財管鑰，寡嫂掌之。孤侄婦孫共三十三人。"③ 這裏雖然是表彰家庭的和睦，但是，也透露出寡嫂負責家庭財務和家政的消息。

求助於娘家人，寡居婦女回本家與父母兄弟同居以度過餘生也是寡婦的一個選擇。④ 兹就寡居婦女與本家關係的幾種情況列舉若干事例。同是博陵安平崔氏家族的崔嚴愛（717～759），即上文所提到的崔衆甫的從父妹，16歲與冠氏縣尉盧招（702～754）結婚，生有三女。丈夫去世後不久，安史之亂爆發，崔嚴愛"奉家避亂於江表"，其父母早已亡故，於是隨弟弟崔祐甫共同生活，祐甫當時爲吉州司馬，幾年後，崔嚴愛"終於吉州官舍"，且因爲"時難未平"，暫時葬於吉州縣内，大曆四年（769），崔祐甫將其遷葬於河南縣平樂鄉杜郭村之北原。⑤ 崔祐甫、崔嚴愛的祖父崔暅（一作暟，632～705）也有類似的情況。在其兄長沛王府公曹崔曒與姐夫主客郎杜續相繼去世後，

① 《唐代墓誌匯編》乾符030《唐故文林郎試左武衛兵曹參軍彭城劉府君夫人太原王氏墓誌銘並序》，第2493頁。

② 《唐代墓誌匯編》貞元062《唐朝散大夫行著作佐郎襲安平縣男□□崔公夫人隴西縣君李氏墓誌銘並序》，第1881頁。

③ 《册府元龜》卷一四〇《帝王部·旌表四》，臺灣中華書局股份有限公司、宗青圖書出版有限公司1996年版，第1695頁。

④ 參見陳弱水《試探唐代婦女與本家的關係》，見《中央研究院歷史語言研究所集刊》第68本第1分册，第215頁。

⑤ 《唐代墓誌匯編》大曆015《唐魏州冠氏縣尉盧公夫人崔氏墓記》，第1769頁。

"奉嫂及姊，盡禄無匱"，負擔起寡嫂及寡姊的生活，"群甥呱呱，開口待哺"。①

張氏（655～724）守寡 36 年，她是否回本家生活不得而知，有"母弟一人，先已夭殁，厥子以考親祖，舉家合葬"，張氏親自主持祭祀，"躬臨宅兆，親奉蒸嘗"。② 王修本妻子韋氏自幼失去父母，由季父撫養長大，丈夫去世後，本來是應該歸於"父之族"的，因爲"父之族無家可歸"，所以"歸於季父母弟之黨"。③ 齊孝明（802～860），自幼喪母，姑母"憐而重之，視遇猶女"，常撫摸着她的頭説："笄無他從，必爲我季婦"，臨終又重申前言，齊氏的父親"招孤甥而遵遺旨焉"，七年後，丈夫進士落第，當年的冬天就去世了，父親"憫夫人少孀"，此後齊氏一直與父親生活在一起，"每侍左右，未嘗慘於色"。可能他們夫妻結婚後就長期居住在妻子家中，齊氏寡居後也仍然住在本家，在近四十年的嫠居生活中，她"教主女弟皆得成家"。在父親喪亡後，撫養三個妹妹得以成家，顯然是一家之主了。④ 李氏二十多歲纔"歸於杜氏"，夫亡後，"絶三從"，父親、丈夫都去世了，可能没有兒子，只好"撫育孤女而依乎少弟"。⑤ 王氏 14 歲就守寡，80 歲去世，寡居 66 年間，"先後從於弟宗、弟亮"。⑥ 除了墓誌中明確表明寡居婦女回本家與父母或兄弟共居的情況，還有一些墓誌顯示寡婦依靠兄弟的贍養來過活。這也是婦女寡居生活的一種方式，兹不具述。⑦

上層婦女守寡，有家業維持生計，深居簡出被視爲寡婦的美德。前面提到的隋大理寺卿鄭善果之母二十歲守寡，"性又節儉，非祭祀賓客之事，酒肉不妄陳其前，静室端居，未嘗輒出門閣。内外姻戚有吉凶事，但厚加贈遺，皆不詣其門。非自手作及莊園賜禄所得，雖親族禮遺，悉不許入門。"⑧ 韓覬之妻十八歲開始守寡，"自孀居以後，唯時或歸寧；至於親族之家，絶不往來"⑨。至於窮困的士族之家孀居的姑、嫂，由於依然不屑於去從事一般的勞動事務⑩，在生活上受到父兄輩的關照，於是受到社會輿論

① 《唐代墓誌匯編》大曆 062 《有唐朝散大夫守汝州長史上柱國安平縣開國男贈衛尉少卿崔公墓誌》，第 1802 頁。

② 《唐代墓誌匯編》開元 208 《大唐故□夫人墓誌銘》，第 1301 頁。

③ 《唐代墓誌匯編》大中 143 《唐故太原王府君韋氏墓誌銘並序》，第 2363 頁。

④ 《唐代墓誌匯編》大中 164 《唐故京兆韋府君夫人高陽齊氏墓誌銘並序》，第 2379 頁。

⑤ 《唐代墓誌匯編》大曆 040 《□□□□□□主簿杜府君之夫人隴西李氏墓誌銘並序》，第 1786 頁。

⑥ 《唐代墓誌匯編》元和 127 《唐故潞府參軍博陵崔公夫人琅耶王氏墓誌銘並序》，第 2039 頁。

⑦ 參見李潤强《唐代依養外親家族形態考察》，收入張國剛主編《家庭史研究的新視野》，三聯書店 2004 年版。

⑧ 《隋書》卷八十《列女傳》，中華書局 1973 年版，第 1805 頁。

⑨ 《隋書》卷八十《列女傳》，第 1806 頁。

⑩ 《玄怪録》卷一《張老》一節中，韋氏新婦與丈夫張老一起種菜，被韋氏本家人看不起，可以爲旁證，事見《唐五代筆記小説大觀》第 348 頁

的廣泛肯定！如"裴尚書武，奉寡嫂，撫甥侄，爲中表所稱。尚書卒後，工部夫人崔氏，語其仁，輒流涕。工部名佶，有清德，武之長兄也。"① 又如，河南新野庾倬，貞元初，爲河南府兵曹。"有寡姊在家。時洛中物價翔貴，難致口腹，庾常於公堂輟己饌以餉其姊。始言所愛小男，以餉之。同官初甚鄙笑，後知之，咸嘉嘆。"② 墓誌文獻中有非常豐富的奉孀姊寡姑的事迹。這些反映出唐代出嫁婦女在孀居後往往得到娘家救助的事實。

　　綜合以上論述，在老夫少妻模式下，年輕女子在丈夫死後，守着一份或多或少的資產，撫育子女，仍然可以維持生計。雖然墓誌中狀極孤兒寡母生活之艱辛，但是，畢竟不同於貧困農民家庭。在士族或者衰落士族家庭，堅守貞節的物質基礎依然是存在的。

## 五　寡居婦女與家族的關係

　　考察寡婦的物質生活狀況，還要結合與本家（娘家）的關係來分析。唐代出嫁婦女守寡後，或回本家寄養，或留在丈夫家里撫育子女。關於婦女回本家的情況論者已經多有介紹③，此處不贅述。下面祇就寡婦留在夫家與家族的關係及其生活狀況略加論述。

　　唐代均田制規定，寡妻妾也可以受田 30 畝，承户者且再加 20 畝，我們在敦煌文書中也確實發現寡婦受田的記載。當然，均田制的意義在於：第一，將現有私人土地按照均田制的方案來劃分；第二，在可能的情況下，政府將無主荒地重新分配給没有土地的官僚或者農家。由此看來，寡妻妾可以分配土地，無非是說，在寡婦當家或者在孤兒寡母的家庭里，也有權佔有自己的耕地而已，均田數額可以看作國家對於寡婦之家土地佔有狀況所作估計的一個參考數據。

　　寡婦當家之户，在西域出土文書中並不少見，即使是營田之户，也有寡婦持家者。以下列舉若干文書材料並稍加分析，以見其時農村里寡婦家庭的生活情態。

　　敦煌地區某婦女阿龍，在丈夫去世後與兒子索義成過活。索義成因犯過被官府罰往瓜州。因此家中 32 畝土地無法耕種。但是，土地需要繳納各種雜稅的。於是，阿龍將 10 畝地出賣。剩下 22 畝地交給義成之兄索懷義佃種。所謂佃種，實

---

① 《因話録》卷二《商部上》，《唐五代筆記小説大觀》第 842 頁。
② 《因話録》卷三《商部下》，《唐五代筆記小説大觀》第 848 頁。
③ 陳弱水《試論唐代婦女與本家的關係》，《中央研究院歷史語言研究所集刊》第 68 本第 1 分册，1997 年；李潤强《唐代依養外親家庭形態考察》。

際上並不得地租，只是由佃種者繳納官府的各種雜税："所着官司諸雜烽子、官柴草等小大税役，並總兄懷義應料。一任施功佃種。若收得麥粟，任自兄收顆粒，亦不論説。"① 但是，中間插了一個叔父索進君。這個索進君從小就"落賊，已經年載"。他從敵軍中偷得馬兩匹。官府納其中一匹，獎勵給他糧食布匹之外，"又請得義成口分地貳拾貳畝，進君作户主名佃種。" 爲什麽進君要請射到這塊地呢，因爲當他"從賊中投來，［本］分居父業，總被兄弟支分已盡，便射阿龍地水將去"。由於當時懷義"着防馬群不在"，所以也就這麽辦了。後來懷義考慮到反正不是自家的土地就没有作聲，而寡婦阿龍因爲兒子犯格發配到瓜州，也不敢作聲。過了一兩秋，進君又回到了南山部落，於是侄兒索佛奴遂種植此地。到立案之時，"今經一十餘年，更無別人論説"。此時義成已經在瓜州死亡，孫子幸通和寡母現在來論説這件事，也許與孫子幸通長大成人，有能力自己耕種土地有關。這條材料説明了一個寡婦和孫兒與叔侄之間的土地糾葛。從中可以看出寡婦持家，家無男丁的艱辛，這些本家兄弟子侄無視寡婦孤孫的困境，也缺乏救助之情。八世紀前期有一個梁氏寡婦，有一塊葡萄園，"爲男先鎮安西，家無手力，去春租於彼城人卜安賣佃。"② 同樣是類似的情況。

兄弟分家以後，在財産上原本應該是互相分得很清楚的。如果以强凌弱，即使得逞，也被認爲在法律上是不合法的，會引起訴訟和官司。敦煌文書伯 2504 號文書《年代未詳（十世紀）龍樂鄉百姓曹富盈牒》③ 記載了這樣一件事：

曹富盈從小失去父親，與寡母相依爲命。家庭財産衹有八歲種馬一匹，前日委託身爲都押牙的叔父賣掉。該馬被判定值絹兩匹。其中一匹斷爲價值麥粟 27 石，這里面的 12 石（疑爲 20 石）折成布兩匹，又欠 7 石。另外一匹絹斷爲牛一頭。交割完價錢之後，都押牙叔父領去。昨日曹富盈與寡母去索取賣馬的價錢，却被他罵了一頓。口出粗言，甚至要揮拳相對！

狀告所發的内容是：寡母是他親房嬸嬸，怎麽能無視尊卑長幼，辱罵貧窮？"不是浪索馬價，實乃有其辜欠"。我們雖然是親戚，但是，平日得不到半點好處。

按：以絹論價格，但是實際支付的時候則是麥粟、布匹和牲畜。其中麥粟似乎也

---

① 池田温《中國古代籍帳研究》，東京大學出版會，1979 年，第 652～654 頁。關於本文書的討論，另見池田温《開運二年十二月河西節度都押衙王文通牒——十一世紀敦煌土地之争一例》，《鈴木俊先生古稀記念東洋史論叢》，山川出版社，1975 年（昭和五十年），第 1～18 頁。

② 池田温《中國古代籍帳研究》，第 376 頁。

③ 唐耕耦、陸宏基主編《敦煌社會經濟文獻真迹釋録》（第二册），全國圖書館文獻縮微復製中心1990 年版，第 313 頁。

是作爲價值手段來計算的。比如一匹絹當 27 石麥粟，而其中的 12 石（疑爲 20 石）麥粟又用布兩匹來支付，尚欠 7 石麥粟未給，但是所有這些馬價似乎被叔父獨吞。叔父都押牙的辯詞不太清楚，也許他強調這匹馬是他與亡兄共同的財産，也未可知。即使不是，曹富盈讓當官的叔父去賣馬，或許是希望可以獲得一個好價錢。文書還透露給我們，分家後當官的叔父，對於貧民寡嫂（嬸嬸疑爲兄長的妻子）和侄兒（曹富盈）的生活不予接濟，在當時的社會倫理中是被作負面評價的。

不能獲得宗族接濟和支持的下層婦女在丈夫去世後，如果不改嫁，其謀生的道路自是特別艱辛的。我們在文獻中，看到比較多的寡婦生存方式，是從事服務行業，比如寡婦開飯店："唐汴州西有板橋店，店娃三娘子者，不知何從來，寡居，年三十餘，無男女，亦無親屬。有舍數間，以鬻餐爲業，然而家甚富貴，多有驢畜。往來公私車乘，有不逮者，輒賤其估以濟之，人皆謂之有道，故遠近行旅多歸之。"① 故事更記三娘子耕作之事：

> 取一副耒耜，並一木牛，一木偶人……二物便行走，小人則牽牛駕耒耜，遂耕床前一席地，來去數出又於厢中取出一裹蕎麥子，授於小人種之。須臾生，花發實熟。令小人收割持踐，可得七八升。又安置小磨子，輾成麵訖。却收木人子於厢中。即取麵作燒餅數枚。有頃雞鳴，諸客欲發，三娘子先起點燈。置新作燒餅於食牀上。與客點心。

這個故事的内容雖純屬虛構，却爲我們真實地描述了一個寡婦開旅館飯店謀生的實況。如果是有幾畝地的寡婦，還要雇傭勞動力（"客"）和耕牛種麥。寡婦開旅店的事又見於《集仙録》："梁母者，盱眙人也，寡居無子，舍逆旅於平原亭。客來投憩，咸若還家。客還錢多少，未嘗有言。客住經月，亦無所厭。自家衣食之外，所得施諸貧寒。"但繫事在宋元徽年間。②

假如窮困又没有子嗣的話，寡婦的生活可以凄慘言之。《太平廣記》記載，"馮媪者，廬江里中嗇夫之婦，窮寡無子，爲鄉民賤棄。元和四年，淮楚大歉，媪逐食於舒，途經牧犢墅，暝值風雨，止於桑下。忽見路隅一室，燈燭熒熒。媪因詣求宿。"③ 這等於是過流浪生活。這些寡居婦女之所以形單影隻，顯然與貞節觀念完全無關，只是其喪偶後缺乏再婚的機會而已。這也是我們考察寡婦生活時要加以區别的。

---

① 《太平廣記》卷二百八十六《板橋三娘子》，中華書局 1961 年版，第 2279～2280 頁。
② 《太平廣記》卷五十九《梁母》，第 367 頁。
③ 《太平廣記》卷三百四十三《廬江馮媪》，第 2718～2719 頁。

## 六　寡婦的精神世界

物質因素之外，守寡婦女的精神生活也不可不察。但不同年齡的婦女，其進入寡居生活的心態，是很不一樣的，很難一概而論，儘管墓誌中都極狀寡婦的哀感之容。有一點是可以肯定的，那就是守寡的婦女要從此"屏絕人事"，素面朝天，不御鉛華，清心寡欲，苟度餘生。

王氏（724～786）喪偶之後，形影相弔，"髮罷香油，面絕鉛粉，經佛在心，多哭爲疾。"① 郜氏守寡四十余年，"不御鉛華，歸依佛法"。② 杜氏（742～829）不幸丈夫早亡，祇有一個女兒，數十年間"粉黛花鈿，見如瓦礫，唯親經佛，導潤志性"。③ 梁無量（698～754）丈夫先殁，"穗帷不間乎彰施，粉匣已沾乎塵網……心歸大乘，悟其真性。"④ 王氏"居公之喪，棄膏捐粉，敬依佛道，齋戒爲心。"⑤ 密恭縣丞楊善師之妻丁氏（609～689）53 歲"早喪所天"，"不食魚肉，斥絕珍玩者卅餘年。"⑥ 王氏（776～842）自丈夫薊州刺史陸府君去世，四十余年，"以灰心蓬首之容，棄紈綺花鈿之飾，斷機訓子，剪髮奉賓。"⑦ 處士淳於才的妻子陳恭（590～672）守寡 24 年，"蓬首孀閨，鉛華不御，柏舟自勖，之死靡他"。⑧ 張柔範（658～726）13 歲嫁給曾任杭州司户參軍的趙越寶，丈夫死後，她蓬首誓心，"葷則不御，錦繡無施，四禪恒以在心，六念未嘗離口"。⑨ 總之，丈夫亡故後，寡婦又稱未亡人，亡夫就是喪天，寡婦不應該活得很快活、很滋潤，蓬頭垢面、哀毀骨立，纔能表明自己的忠貞。不管這些女性在實際的生活中是否能真正做到清心寡欲，不御鉛華，但社會的期待就是如此。

前面已經舉了許多婦女多年守寡堅貞不渝的例子，有那麼多婦女數十年堅守空房，"丹石生平，孰能渝變；松竹志氣，終自堅貞"。⑩ 從墓誌的行文中，可以看出社會輿論基本上對此採取肯定和鼓勵的態度。"苦節"、"貞節"、"清貞"、"皎潔"、

① 《唐代墓誌彙編》貞元 007《唐故汝州縣丞司馬府君墓誌銘並序》，第 1842 頁。
② 《唐代墓誌彙編》久視 004《大周故承奉郎吳府君墓誌之銘並序》，第 968 頁。
③ 《唐代墓誌彙編》大和 023《唐鄭府君故夫人京兆杜氏墓誌銘並序》，第 2113 頁。
④ 《唐代墓誌彙編》天寶 262《唐故安定郡夫人梁氏墓誌銘並序》，第 1714 頁。
⑤ 《唐代墓誌彙編》貞元 023《大唐故桑府君夫人太原王氏墓誌之銘》，第 1853 頁。
⑥ 《唐代墓誌彙編》天授 011《唐故疊州密恭縣丞楊公及夫人丁氏墓誌文並序》，第 800 頁。
⑦ 《唐代墓誌彙編》大中 141《王氏夫人墓記》，第 2361。
⑧ 《唐代墓誌彙編》咸亨 064《大唐處士淳於府君之夫人陳氏墓誌銘並序》，第 555 頁。
⑨ 《唐代墓誌彙編》開元 276《大唐故杭州司士參軍趙府君故夫人張氏墓誌銘並序》，第 1347 頁。
⑩ 《唐代墓誌彙編》久視 004《大周故承奉郎吳府君墓誌之銘並序》，第 968 頁。

“貞心”、“霜雪”、“秋霜” 等等這些詞的頻繁使用，也體現了社會輿論對於寡居婦女的要求：清心寡欲，堅貞不渝，“目不覘於非禮，耳不受於諛言。”① 如南和縣令趙府君之妻梁氏（602～666）“慟濡孀袂，誓切河舟，敬墜羽於中霄，緘苦心於晚歲。撫兹孺慕，洪士則於慈範；恤彼鳌閨，慕嬪風於柔訓”。② 馮氏（727～792）“孀居苦節，備禮從家，婉順執心，三隨婦道”。③ 劉氏（564～641）14 歲結婚，不久便成了寡婦，“守節孀居，强逾數紀……親戚訝乎清貞，鄉黨嗟乎皎潔。”④ 侯氏（596～672）37 歲開始守寡，將近 40 年，“慼貌嚬容，踐霜雪而彌悴；貞心固節，歷歲寒而不渝。”⑤ 左金吾衛司戈梁令珣中年早逝，妻子員氏“爰青松而引操，横秋霜以比心。蓬首纏哀，柏舟興誓。”⑥

喪偶之後，寡婦在“貞心固節” 的同時，還要履行作爲母親的職責，撫養遺孤，做到所謂“婦典母範”，這也是社會對她們的要求。撫育子女前面已經列舉了很多事例，以下再舉幾個例子。朱武姜（941～704）16 歲嫁給右金吾胄曹參軍沈府君，丈夫去世後“履煢孀之艱，存居養之節，觸教成訓，撫事增規，婦典母範，形乎中外”。⑦ 李敬固（667～726）妻朱氏（680～738）生有四男五女，47 歲守寡，“撫諸子以永感，守志節而不渝”。⑧ 張妃（548～633）“喪儷興悲。乃至輟食存仁，斷機弘訓，藐爾諸子，不墜風規。”⑨ 劉氏（594～654）44 歲守寡，“禮節承家，母儀成軌。”⑩ 朝議郎周紹業之妻趙璧（627～702）15 歲結婚，“自喪所天，鞠育孤孺，屏絶人事。”⑪

爲了清心寡欲，求助於佛教是大多數的寡婦們的共同選擇。佛教主張“苦”、“空”，婦女年紀輕輕，就空守閨房，承受着生活和精神上的雙重壓力，既要撫育兒女，侍奉公婆，操持家務，還得忍受漫長的孤寂，以期與社會輿論的要求相一致。在這種心態下，佛教的虛空世界最容易俘獲寡居婦女的心靈，成爲其精神上的寄託。

---

① 《唐代墓誌匯編》開元 034《唐故蜀王府記事蔡府君妻張夫人墓誌銘並序》，第 1177 頁。

② 《唐代墓誌匯編》乾封 023《大唐故刑州南和縣令趙府君夫人梁氏墓誌銘並序》，第 457 頁。

③ 《唐代墓誌匯編》貞元 045《大唐故扶風郡夫人馮氏墓誌銘並序》，第 1869 頁。

④ 《唐代墓誌匯編》貞觀 079《隋滄州饒安縣令侯君妻劉夫人墓誌銘並序》，第 59 頁。

⑤ 《唐代墓誌匯編》咸亨 081《大唐故度支郎中彭君夫人安定鄉君侯氏墓誌銘並序》，第 569 頁。

⑥ 《唐代墓誌匯編》天寶 176《唐故昭武校尉右金吾衛司戈梁府君墓誌銘並序》，第 1654 頁。

⑦ 《唐代墓誌匯編》神龍 024《唐故右金吾胄曹參軍沈君夫人朱氏墓誌銘並序》，第 1056 頁。

⑧ 《唐代墓誌匯編》開元 481《大唐故吏部常選隴西李府君吴興朱夫人墓誌銘並序》，第 1487 頁。

⑨ 《唐代墓誌匯編》貞觀 045《張夫人墓誌》，第 37 頁。

⑩ 《唐代墓誌匯編》永徽 107《□□□□□□□君墓誌銘並□》，第 200 頁。

⑪ 《唐代墓誌匯編》開元 252《唐故朝議郎周府君夫人南陽趙氏墓誌銘並序》，第 1330 頁。

　　在前面所舉的例子中，就有很多寡居的婦女在"不御鉛華"的同時，而與佛教結下了不解之緣。關於婦女信佛，已經有多篇論文從不同角度做過具體論述。① 從墓誌反映的情況看，在唐代女性佛教信衆中，寡婦佔有相當的比重，寡婦的社會處境和心理狀況都比其他婦女更容易導向信佛。根據對《唐代墓誌匯編》和《續編》所收墓誌的統計，全部 194 例信仰佛教的婦女中，確定爲寡婦的 137 例，不能確定的 17 例，確定爲非寡婦的 40 例，寡婦佔婦女佛教徒的比例至少在 70.6% 以上。② 如果把一些不能確定的實例也考慮進去③，則其比例更高。

　　以下舉若干實例。陳智（631～669）的夫人張氏（633～711）在丈夫 39 歲去世後，"遂悟勞生，精求實相"④，迷上了釋氏，由此得以打發整整 42 年的寡居時光。還有周紹業的妻子趙璧（627～702），"自喪所天，鞠育孤孺，屏絶人事，皈依法門，受持金剛、波若、涅槃、法華、維摩等西部尊經，晝夜讀頌不輟"⑤。再如京兆尹于頎的大媳婦韋懿仁，在丈夫去世後，"擯落榮辱，棲息空門，耽味玄言，深入禪悦，孀嫠齋潔，一十五年"⑥。

　　有些寡婦對於佛教的信仰已經到了痴迷的程度。金堤府左果毅都尉張暈 63 歲時，"暴卒於金堤府之任"，妻子姚氏（722～788）撫養六個子女，"孀居毀容，回心入道，舍之繪彩，棄以珍華，轉法華經，欲終千部；訓諸佛意，頗悟微言。與先輩座主爲門人，與後學講流爲道友，曾不退轉，久而彌堅，斯善人也。"她的一個女兒"久披緇

———————————————

① 參見焦傑《從唐墓誌看唐代婦女與佛教的關係》，載《陝西師大學報》2000 年第 1 期，第 95～98 頁；萬軍傑《從墓誌看唐代女性佛道信仰的若干問題》，見武漢大學中國三至九世紀研究所編《魏晉南北朝隋唐史資料》第十九輯（2002 年 11 月出版），第 109～121 頁；嚴耀中《墓誌祭文中的唐代婦女佛教信仰》，見鄧小南主編《唐宋婦女與社會》，上海辭書出版社 2003 年版，第 467～492 頁。

② 嚴耀中上舉論文統計出《唐代墓誌匯編》、《續編》所收婦女佛教信徒中，61 歲以上年齡組，確定爲寡婦的 111 例，不能確定者 9 例，確定非寡婦者 7 例，僅佔該年齡組的 5.51%；在 41～60 歲年齡組，寡婦 21 例，不能確定者 5 例，確定非寡婦者 12 例；在 21～40 歲年齡組，確定爲寡婦的 5 例，不能確定的 3 例，確定非寡婦的 18 例；20 歲以下年齡組的 3 例都不是寡婦。

③ 有些婦女是否寡居，墓誌記載並不清楚。比如《唐代墓誌匯編》會昌 050《唐故太原王氏夫人墓誌銘並序》提到王氏（811～846）的父親王林"家本幽薊，別業浮陽"以及"投名軍旅"的事。但是没有提到她是否結婚，是否有丈夫，是否有孩子等。只説她"終於浮陽城南守節坊之私室"，説她母親陸氏和弟弟公廉都十分悲痛。"守節坊"的字樣頗令人懷疑她是守寡回到了本家，李師敬撰寫的墓志銘稱其爲夫人，但不指出夫家姓氏，所以也不排除被休而回到娘家的可能性。

④ 《唐代墓誌匯編》景雲 026《唐故遊騎將軍隰州隰川府左果毅都尉陳君夫人張氏墓誌銘並序》，第 1134 頁。

⑤ 《唐代墓誌匯編》開元 252《唐故朝議郎周府君夫人南陽趙氏墓誌銘並序》，第 1330 頁。

⑥ 《唐代墓誌匯編》元和 018《唐故尚書屯田員外郎於府君夫人京兆韋氏墓誌銘並序》，第 1962 頁。

服”，也皈依了佛門。① 王氏（655～724）40 年“獨守偏孤”，“馳騁净土，鋭思彌陀，和雅之音，周遊娱耳；功德之水，清冷滌心。苦行持齋，精勤戒道，施之非吝，取亦無貪，廣運財成，弘敷妙樂”。② 有的依止禪師，韋小孩 18 歲嫁給曾任汝州刺史的李府君，生有四子，丈夫死後，“低徊晝哭，服喪之後，禪悦爲心，嘗依止大照禪師，廣通方便，爰拘有相，適爲煩惱之津；暫證無生，因契涅槃之境。”③ 魏氏 12 歲結婚，22 歲守寡，34 歲父死，43 歲母亡，寡居 49 年，“仰蒼昊而罔極，嗟人生如夢幻”，於是歸信釋門，“齋戒不虧，卅餘載”，且受教於聖山寺的禪師，“先登有學之源，少證無言之果”，她還有一個女兒出家爲尼，可能也是受了母親的影響。④

在家修行的寡婦大都擁有自己的法號，成爲虔誠的優婆夷。嚴氏（677～741）“深悟因緣，將求解脱，頓味禪寂，克知泡幻。數年間能滅一切煩惱，故大照和尚摩頂受記，號真如海。”⑤

有的婦女歸信佛教，可能與家門的政治變故有關。比如滑州的李氏（654～716）乃徐懋功之孫女，號須彌座，字功德山，這些字號就反映了墓誌主人的佛教信仰，前夫王勖，死於堂兄徐敬業之事，乃被迫嫁於屯留縣令温煒，温煒死後，隨季弟生活，“常以慧定加行，貪慕真如，臨終乃建説一乘，分别三教，談不增不減，以寂滅爲樂，意樂出家，遂帔緇服”，臨死之時，終歸佛門，並號寶上座。⑥

寡婦爲了撫育子女，雖飽嘗生活之艱辛，生活尚有寄託，一旦兒女長大成人，就會感到若有所失，有的寡婦就在這個時候歸依了佛教。崔績的丈夫河南司録盧公去世後，她“誓志無違，撫育不易慈仁”，待一子二女“勊己成家，樹立餘業”，乃“修學大悲，一回解脱。”⑦ 乾元初，衢州司士參軍李濤死亡，妻子獨孤氏（724～776）“罷助祭之事，專以詩禮之學，訓成諸孤，親族是仰，比諸孟母”，晚年則“以禪誦自適，謂槃若經空慧之筌，持而爲師，視諸結縛，猶遺土也。”⑧

寡居婦女對佛教的信仰還體現在喪葬態度上，即放棄了儒家禮教要求的夫妻共塋，不願與丈夫合葬。宋氏（628～691）諱尼子，字尼子，丈夫王某生前是任縣主簿，她

---

① 《唐代墓誌匯編》貞元 018《唐故遊擊將軍行蜀州金堤府左果毅都尉張府君夫人吴興姚氏墓誌銘並序》，第 1849 頁。
② 《唐代墓誌匯編》開元 198《大唐故右金吾衛翊衛宋府君夫人墓誌並序》，第 1295 頁。
③ 《唐代墓誌匯編》天寶 166《大唐故汝州刺史李府君夫人鄧國夫人韋氏墓誌銘並序》，第 1647 頁。
④ 《唐代墓誌匯編》貞元 106《唐故秦州上邽縣令豆盧府君夫人墓誌》，第 1914 頁。
⑤ 《唐代墓誌匯編》開元 533《大唐故李府君夫人嚴氏墓誌銘並序》，第 1522 頁。
⑥ 《唐代墓誌匯編》開元 047《故潞州屯留縣令温府君李夫人墓誌銘並序》，第 1186 頁。
⑦ 《唐代墓誌匯編》元和 076《唐故河南府司録盧公夫人崔氏墓誌銘》，第 2001 頁。
⑧ 《唐代墓誌匯編》大曆 052《唐故獨孤夫人墓誌銘》，第 1793 頁。

把親生兒子玄嗣，"度爲大周東寺僧"，并且説此舉超過了孟母斷機，"豈若道兼存没，義貫幽明"。臨終之際，她謂諸子曰："吾心依釋教，情遠俗塵，雖匪出家，恒希入道。汝爲孝子，思吾理言。昔帝女賢妃，尚不從於蒼野；王孫達士，猶麾隔於黃墟。歸骸反真，合葬非古，與道而化，同穴何爲？棺周於身，衣足以斂，不奪其志，死亦無憂。"兒子將其葬於"去夫塋五十步"。①

李晉（653～725）在丈夫盧君死後，"崇信釋典，深悟泡幻，常口誦金剛槃若經"，遺言曰："夫逝者聖賢不免，精氣無所不之，安以形骸爲累，不須祔葬，全吾平生戒行焉。時服充斂送終，唯具儉省。祀祭不得用肉。"後葬於"先塋之旁"。② 還有明確要求安葬於龍門的。長孫氏（648～701）"宿植得本，深悟玄門，捨離蓋纏，以爲合葬非古，何必同墳，乃遺令於洛州合宮縣界龍門山寺側爲空以安神埏。"兒子雖然"從命則情所未忍，違教則心用荒然"，但還是"梯山鑿道，架險穿空"，在山石上安葬了母親，以"與天地而長固，等靈光而歸然。"③ 裴氏（667～725）"夭夭華歲，熒熒誓居，卅餘年，志不我忒"，死後遺言不須與丈夫合葬，"以其受戒律也"，遂葬於河南龍門山菩提寺之後崗。④ 柳氏（643～718）"悟法不常，曉身方幼，苟靈而有識，則萬里非艱；且幽而靡覺，則一丘爲阻。何必順同穴之信，從皎日之言。心無攸往，斯則大道，何詩禮之□束乎？乃遺命鑿龕龍門而葬，從釋教也。"⑤ 顯然，釋教的信仰虔誠已經動搖了或者説淡漠了這些寡婦們的儒家倫理觀念。

火葬也是這些寡居婦女的一種選擇。蘇氏（766～844）守寡30多年，愛子早亡，家嗣不立，臨終"遺命不令祔葬"。認爲"吾奉清淨教，欲斷諸業障。吾殁之後，必燼吾身。"然而衆甥侄"何心忍視，不從亂命"，⑥ 没有按她的意願去做。

寡居婦女也有信奉道教的，只是事例較信佛者少而已。如《因話録》載："刑部郎中元沛妻劉氏，全白之妹，賢而有文學。著《女儀》一篇，亦曰《直訓》。夫人既寡居，奉玄元之教，受道籙於吳筠先生，精苦壽考。長子固，早有名，官歷省郎、刺史、國子司業。次子察，進士及第，累佐使府，後高卧廬山。察之長子澣，好道不仕；次子充，進士及第，亦尚靈玄矣。"⑦ 可見，幾個兒子的信仰都受到了寡母的影響，傾向於道教。所以，唐代道教和佛教信仰在民間的普及，婦女包括守寡的婦女在家庭中的

---

① 《唐代墓誌匯編》長壽011《唐故邢州任縣主簿王君夫人宋氏之墓誌銘並序》，第839頁。
② 《唐代墓誌匯編》開元221，誌名闕，第1309頁。
③ 《唐代墓誌匯編》長安054《大周故潤州刺史王美暢夫人故長孫氏墓誌》，第1020頁。
④ 《唐代墓誌匯編》開元227《唐故尚舍直長薛府君夫人裴氏墓誌銘並序》，第1313頁。
⑤ 《唐代墓誌匯編》開元073《唐故榮州長史薛府君夫人河東郡君柳氏墓誌銘並序》，第1205頁。
⑥ 《唐代墓誌匯編》會昌033《唐故常州武進縣尉王府君夫人武功蘇氏墓誌銘並序》，第2234頁。
⑦ 《因話録》卷三《商部下》，《唐五代筆記小説大觀》，第853頁。

重要示範效應不可不察。

## 七　寡婦改嫁與再婚的情況分析

　　唐代寡居的婦女對於改嫁抱何種態度？許多論者認爲唐代婦女不把再嫁當作很嚴重的事情，唐代的法令也並不反對婦女離婚改嫁或喪偶再嫁。從以上的材料中，我們可以看出，這個看法可能稍嫌籠統。唐代寡婦守貞是社會輿論所代表的主流價值觀念。

　　那麼，什麼情況下，寡婦在喪偶或離異之後會選擇改嫁呢？孩子年幼、本人年輕，是寡居婦女選擇再嫁的一個主要原因。①

　　郭氏（679～751）16 歲嫁給常山閻某，生有一子，丈夫中年早逝，誌文稱"叔父奪志"，迫其改嫁，郭氏"念育前孤"，考慮到孩子年幼，所以"允釐今饋"，然而後夫又亡，郭氏"保持名節，終始經禮"②。同樣的還有晉氏，"早喪所天，少養孤幼，舅奪其志，再改孫門"。③ 劉夫人（785～844）的情況與此相似，丈夫張閏先逝，生一子張勛，"未幾，府君先世，孤且提孩，家復食貧，天窮之痛，於斯爲甚。""無何，父兄憫其稚，遂奪厥志，再行樂安孫公諱伯達，有子曰毅。"並再次守寡。會昌元年（841）前夫子張勛舉學究一經科及第，張勛到洛陽來看望母親，"懼孫孤不能慰安於晨昏，乃拜迎以歸，□其就養"。我們可以推測，劉氏再嫁時，張勛未必就隨着出嫁到孫伯達家。但是張勛成人立家之後，還是迎母親就養。④ 台州司馬許子安的女兒許氏（670～729），"聞詩知禮"。她"昔在筓歲，以腆義合於關氏。無何，關侯早逝"。"後適越國鍾紹京"。許氏再嫁鍾紹京應該在她 30 歲以前，也就是武則天時期，當時鍾只是司農寺的錄事，後來在睿宗朝因爲誅韋氏的功勞當了中書令。⑤ 許氏以 60 歲於開元十七年去世，其喪事似乎是她與前夫關某生的兒子關瑗料理的。⑥

　　還有一位楊氏，據說是武則天外婆家的人。她本來是江王之子澧州刺史的夫人，

① 特別是有子女的離婚或者守寡的婦女，往往爲了年幼子女的撫養等原因而再婚。祿山之亂中就有婦女說："我緣饑餒，携小兒女嫁此車後人。"事見《太平廣記》卷三百三十五《李叔霽》，第 2662 頁。

② 《唐代墓誌匯編》天寶 183《唐故中郎將獻陵使張府君夫人太原郭氏臨淄縣君墓誌銘並序》，第 1659 頁。

③ 《唐代墓誌匯編》長安 037《唐故處士張君墓誌銘》，第 1017 頁。

④ 《唐代墓誌匯編》會昌 035《唐故彭城劉夫人墓誌銘並序》，第 2236 頁。

⑤ 《舊唐書》卷九十七《鍾紹京傳》，中華書局 1975 年版，第 3041～3042 頁。

⑥ 《唐代墓誌匯編》開元 306《銀青光禄大夫行太子右諭德鍾紹京妻唐故越國夫人許氏墓誌銘並序》，第 1368 頁。

"屬唐祚中缺，宗族遷播，公薨南陬，敕降西掖，爰及外氏，命離夫人"。據説楊氏本來要"從義守節"，但是"父恭荷造，旋乃迫離。脅奪志懷，改醮胡氏"。"君父之命，難以固違"。楊氏實際上在兩次婚姻中都留下了孩子，所以她死後，"二氏各男，絶漿泣血，卜遠申議，别建封塋，拜享之儀，具得其禮"。① 看來，楊氏的葬禮，兩位不同姓的兒子還有一番商議，楊氏"别建封塋"，没有與任何一位丈夫合葬在一起。

以上幾位孀居之婦女再嫁的原因大多相同，即丈夫早逝，孩子年幼，本人年紀尚輕，父兄奪其志。字面上都説再嫁非其本意，都是由叔父、父兄、舅氏等長輩所强迫的。這雖然有爲當事人開脱之責，但是也不排除父兄包辦孀居女兒或妹妹的再婚之事。事實表明，再婚婦女與前夫所生的孩子並没有完全脱離關係，晚年仍然獲得孩子們的照料。這大約也是符合禮制規定的緣故。

寡婦再嫁當然也有生理和精神上的原因。有的寡婦無法忍受孤獨而再嫁。如某位叫孟嫗的婦女，年二十六，嫁於軍人張祭爲妻。祭爲人多力，善騎射。守寡一十五年。晚年"忽思煢獨，遂嫁此店潘老爲婦"，竟然生了兩個兒子。② 有些寡婦對於再度結婚是很主動的。如前浚儀縣令鰥居的焦封在蜀中遇到一位守寡的青年女子，自稱是都督府孫長史之女，王茂之妻。二人萍水相逢，兩人以言語詩歌相挑逗，繼而興雲布雨，並且如膠似漆。"妾今寡居。幸見託於君子，無以妾自媒爲過。當念卓王孫家文君慕相如，曾若此也。"③ 寡婦表現的十分主動。《遊仙窟》中的女主人公也是一位寡婦。類似的男女初識就發生性愛的故事，唐人小説中並不少，説明那個時代年輕的鰥夫寡女，在兩性關係上是很隨便的。

一般農村寡婦再嫁，只能與一些個人條件不太好的男子結合。《太平廣記》裏有一個天生有生理缺陷的58歲老光棍田兒，因爲某種藥物的力量，"忽思人道，累旬力輕健，欲不制，遂娶寡婦曾氏。"④ 從這後面一句中的"遂"字，似乎透露出，鰥夫老頭要想結束光棍生活，最簡單的辦法就是娶一位寡婦，這也從另外一方面反映出一般寡婦再婚選擇餘地已經比較小的現實。

孀居的年輕婦女不免受到性愛方面的騷擾或者苦悶。"秦趙間有相思草，狀若石竹，而節節相續。一名斷腸草，又名愁婦草，亦名孀草，又呼爲寡婦莎。蓋相思之流也。"⑤

---

① 《唐代墓誌匯編》開元327《大唐故江王息故澧州刺史廣平公夫人楊氏墓誌》，第1383頁。
② 《太平廣記》卷三六七《孟嫗》，第2924頁。
③ 《太平廣記》卷四四六《焦封》，第3649頁。
④ 李翱《何首烏録》，《全唐文》卷六三八，中華書局1983年版，第6443～6444頁。
⑤ 《太平廣記》卷四〇八《相思草》，第3302～3303頁。

鰥夫寡婦竟然有與美人魚之類的動物交媾的事情。[①] 有的則幻化爲美麗的民間傳説：

　　常州義興縣有鰥夫吳堪，少孤無兄弟，為縣吏，性恭順。其家臨荆溪，常於門前，以物遮護溪水，不曾穢污。每縣歸，則臨水看玩，敬而愛之。積數年，忽於水濱得一白螺，遂拾歸以水養。自縣歸，見家中飲食已備，乃食之，如是十餘日。然堪為鄰母哀其寡獨，故為之執爨，乃卑謝鄰母。母曰：何必辭，君近得佳麗修事，何謝老身。堪曰：無。因問其母。母曰：子每入縣後，便見一女子，可十七八，容顏端麗，衣服輕艷，具饌訖，即却入房。堪意疑白螺所為，乃密言於母曰：堪明日當稱入縣，請於母家自隙窺之，可乎？母曰：可。明旦詐出，乃見女自堪房出，入橱理爨。堪自門入，其女遂歸房不得，堪拜之。女曰：天知君敬護泉源，力勤小職。哀君鰥獨，敕余以奉媲，幸君垂悉，無致疑阻。[②]

　　吳堪與白螺從此成爲和美的夫妻。這個故事後來在民間廣爲流傳，成爲鰥夫們樂於傳説的佳話，以安慰那些無力娶妻的單身男子的望梅止渴之心。

　　在現實生活中，寡居與發生婚外性關係，也在所不免。唐朝人是如何處理這類問題的呢？敦煌七世紀後半葉的判集中[③]，有兩個案例涉及婚外性關係：

　　婦女阿劉，早失夫婿，心求守志，情願事姑。夫亡數年，遂生一子。款［與］亡夫夢合，因而有娠。姑乃養以為孫，更無他慮。其兄將為耻辱，隨即私適張衡，已付聘財，克時成納。其妹確乎之志，貞固不移。兄遂以女代姑赴時成禮。未知合乎禮不？劉請為孝婦，其理如何？

　　阿劉夙成深叠，早喪所天。夫亡願畢舊姑，不移貞節，兄乃奪其冰志，私適張衡。然劉固此一心，無思再醮。直置夫亡守志，松筠之契已深。復兹兄嫁不從，金石之情彌固。論情雖可嘉尚，語狀頗欲生疑。孀居遂誕一男，在俗誰不致惑。款與亡夫夢合，夢合未可依憑。即執確有姦，姦非又無的狀。但其罪難濫，獄貴真情，必須妙盡根源，不可輕為予奪。欲求孝道，理恐難從。其兄識性庸愚，未閑禮法。妹適張衡為婦，衡乃克日成婚，參差以女代姑，因此便為伉儷。昔時兄

----

①　《太平廣記》卷四六四《海人魚》條云："海人魚，東海有之，大者長五六尺，狀如人，眉目、口鼻、手爪、頭皆爲美麗女子，無不具足。皮肉白如玉，無鱗，有細毛，五色輕軟，長一二寸。髮如馬尾，長五六尺。陰形與丈夫女子無異，臨海鰥寡多取得，養之於池沼。交合之際，與人無異，亦不傷人。"此雖爲無稽之談，也説明了鰥夫寡婦的性飢渴情況。

②　《太平廣記》卷八三《吳堪》，第 538～539 頁。

③　池田温《中國古代籍帳研究》，第 319 頁。

黨，今做婦翁；舊日妹夫，翻成女婿。顛倒昭穆，移易尊卑。據法，法不可容；論情，情實難恕。必是兩和，聽政據法，自可無辜。若也罔冒成婚，科罪仍須政法。兩家事狀，未甚分明。宜更下推，待至量斷。

這個案子涉及的問題很多，我們在這裏關心的主要是婦女婚外性關係的處理問題。阿劉"孀居遂誕一男，在俗誰不致惑。款與亡夫夢合，夢合未可依憑。即執確有姦，姦非又無的狀"。最後，官府並沒有對阿劉有任何處置。唐朝官府對於婚外性關係基本上採取不告發不予追究的態度。

《大唐新語》記載的一則寡婦與人通姦的事例，則導致了嚴重的後果。故事說李傑爲河南尹的時候，有一個寡婦告其子不孝，其子並不辯白，但云"得罪於母，死所甘分"。李傑覺得事情有些蹊蹺。謂寡婦曰：

> "汝寡居，唯有一子，今告之，罪至死，得無悔乎?"寡婦曰："子無賴，不順母，寧復惜之!"傑曰："審如此，可買棺木來取兒屍。"因使人俟其後。寡婦既出，謂道士曰："事了矣。"俄將棺至。杰冀有悔，再三喻之，寡婦執意如初。道士立於門外，密令擒之。一問承伏，曰："某與寡婦有私，常為兒所制，故欲除之。"傑乃杖殺道士及寡婦，便以向棺盛之。[1]

這件事情可以注意的有兩點。首先，寡婦與道士通姦，遭到兒子的反對。兒子反對的原因除了一般的包括貞節觀念在內的道德原因外，恐怕與男方乃一道士有極大關係。因爲這種性愛關係是不被社會認可的。但是，若事情止於此，大概不會引起官府的注意。問題是寡婦很絕情，寧願置兒子於死地，也不願意被人攪了其好事，乃誣告兒子不孝，事敗後竟然被李傑杖殺。從《唐律疏議》中是找不到普通通姦罪會導致判死刑的根據的。

## 七　後論：一個長時段的歷史分析

研究了唐代寡居婦女的生活世界之後，我們可以看出，唐朝的守寡婦女，從唐初、中唐至唐末都不乏其人，而且出自不同的年齡段，出身也很多樣化，並非都是士族，還包括一般姓氏的庶族人家。由此可見，雖然論者都説，唐代從皇室到民間都不以婦女再嫁爲恥辱，寡婦改嫁在唐代基本沒有法律障礙，公主再醮也是常見之事，更爲民

---

[1] 《大唐新語》卷四《政能第八》，《唐五代筆記小説大觀》第252頁。

家婦女的再婚作出了示範。① 但是，相比較而言，公主寡居不改嫁的畢竟比改嫁的要多。民間守寡之人，也不在少數。這種情況表明，從漢代以來儒家倫理觀念逐漸擴展的趨勢在唐代並没有改變，仍然在這個道路上向前發展，不存在唐代婦女比其前代更開放的假象。

　　唐代婦女守寡與否，與其所處之社會階層有很大的關係，我們所看到的墓誌，大多數是上層人士或者有一定經濟地位的人家，士族在其中佔有相當多數。而唐代士族之家的寡女再醮被認爲是個別事例。如裴璩任嶺南節度使的時候，爲自己所鍾愛的女兒，選滎陽鄭進士爲佳婿。婚禮不久，鄭郎就隨上計官吏進京尋功名，不幸病亡。裴璩"念女及婿，不勝悲痛"，可是女兒却嘻笑之，"蓋夫婦之愛未深，不解思慮，非有他故也。" 即結婚時間短暫，年輕女孩還不太懂得夫妻之情，所以，對於丈夫的去世無動於衷。《北夢瑣言》的作者於此評論説："大凡士族女郎無改醮之禮，五教（指裴璩）念女早寡，不能忘情，乃召門生故吏而告之，因別適人。亂倫再醮，自河東始也。"② 至少從作者的觀念出發，士族的家庭，是不主張寡婦再嫁的。因此，我們看到唐代士族之家的寡女是堅守貞節的，禮法名教體現了士族家庭的傳統和價值。

　　由於士族之家的推動，士族的禮法門風所代表的儒家倫理價值在逐漸滋長，其重要表現之一就是禮法名教爲本來不守禮法的皇族家庭所提倡和踐行。

　　從唐太宗到唐玄宗，皇室之家不講禮法之事所在多有。但是，德宗以後，已經發生變化。德宗認爲婦女寡居後，如果穿着鮮艷乃是不安本分的表現，素雅不修飾纔是合於禮的舉止："德宗初嗣位，深尚禮法。諒暗中，召韓王食馬齒羹，不設鹽酪。皇姨有寡居者，時節入宮，妝飾稍過，上見之極不悦。異日如禮，乃加敬焉。"③ 憲宗以後似乎再也没有出現唐朝公主改嫁的事例。宣宗大中年間規定已經生育了兒女的公主不得提出再嫁要求，實際上是無的放矢。但是，它却表明，儘管皇家也不絕對地反對婦女再嫁，可是對於婦女再嫁的限制，已經逐漸佔了上風。因此，從總的情況看來，寡婦再嫁雖然在唐代是很普遍的事情，但是，社會的主導輿論還是尊行禮制的精神，鼓吹貞節觀念。④

---

① 參見王壽南《唐代公主之婚姻》，《第一屆中國歷史與社會變遷（中國社會史）研討會》上，臺北，1985 年，第 154～176 頁。

② 《北夢瑣言》卷五，《唐五代筆記小説大觀》第 1845 頁。

③ 《因話録》卷一《宮部》，《唐五代筆記小説大觀》第 836 頁。

④ 自古即有貞烈女子，如《獨异志》卷下記載："晉荀爽女適陰瑜，周歲，瑜卒。爽以女才高氣逸，愍其少寡，欲奪志再嫁郭奕，遣所親人問之。女私挾刃至，爽奪之。其後廣集親族，設大宴，方合，令奕突出見之。女令四角備燭，與奕相見。奕但危坐。即令備浴，女遣二侍者出家以取他物，乃刺臂血書扇曰：'以屍還陰氏。'自縊而死。"見《唐五代筆記小説大觀》第 948 頁。

　　貞觀名相房玄齡的夫人盧氏就是誓死不事二夫的烈女。玄齡未發迹的時候，有一次得了重病，勸妻子說：“吾病革，君年少，不可寡居，善事後人。”盧氏竟然以剔去一目以表示決不再嫁之志。① 即使是唐太宗出於增殖人口的考慮，鼓勵寡居的年輕婦女再嫁，但也不允許强迫守節的女子嫁人。② 這一精神被寫進了高宗時期完成的《唐律疏議》中。

　　唐玄宗是一位把自己的兒媳婦楊玉環奪爲己愛的皇帝，但是，並不妨礙他“詔所在功臣、烈士、貞女、孝婦，令立祠祀之”。各地都明白其中的道理：“天子立前代之功臣、烈士、孝女、貞婦之祠者，示勸誡，欲後人仿傚之。”③ 既然這些道德楷模只是官府敦風勵俗的宣傳，它反映的就是一種正統的意識形態，而不是現實社會的普遍情况。然而它畢竟是社會主流意識形態，守寡的道德價值畢竟受到提倡。喪偶然後再娶，對於男人來說，並没有道德上的欠缺，相反不娶纔是欠缺。而喪偶對於婦女來說，往往意味着漫長的寡居生活。

　　總而言之，從唐代寡居婦女的生活世界中，我們發現，儒家禮法文化仍在進一步地向下滲透。

　　儒家經典從漢武帝時代定於一尊，成爲官方的意識形態，社會上佔統治地位的思想就是儒家的倫理名教。但是，它成爲廣大民衆的自覺行動還需要歷史的積澱——長期的教化過程。儒家經典《儀禮》在論及婦德之時，確實提到“三從”的内容：在家從父，出嫁從夫，夫死從子。但是，這並不能完全判定爲鼓吹“從一而終”。

　　在狩獵和農耕經濟爲主的社會里，男性在家庭生活中佔主導地位，是由生産力水平決定的。所謂“三從”最初可能只是反映了婦女在家庭生産關係中，處於從屬地位，它甚至可能只是關於女性對男性某種心理性依賴的描述。在兩性關係上，男性的保護意識和女性的依靠心理都是人類長期進化過程中形成的性别特徵，與男尊女卑没有必然聯繫。女性幼年時期，對父親的依賴和關愛；成家之後對丈夫的依賴和關愛；兒子長成之後，對家庭主要勞動力的長子的依賴和關愛，都可以是“三從”思想的原始形態。但是，這種心理差異却被儒家社會化和政治化，成爲男性壓迫女性的一種意識形態和思想工具。這是我們必須看到的。

　　一旦“三從”思想被確立爲儒家意識形態，它就會從不同的角度被社會成員所解讀。許多善良的女性也可以從性别心理層面不自覺地賦予其社會合理性，從而與“從

---

① 《新唐書》卷二百五《列女傳》，中華書局 1975 年版，第 5817 頁。
② 《通典》卷五十九《禮》十九：貞觀元年二月詔，“妻喪達制以後，孀居服紀已除，並須申以婚媾，令其合好，若守志貞潔，並任其情。”見中華書局 1988 年版《通典》第 1676 頁。
③ 《太平廣記》卷三百一《張安》，第 3390 頁。

一而終”的守貞觀念相結合。但是，這種觀念變成中國傳統社會一種特有的社會政治倫理秩序則有一個漫長的發展過程。

　　假如我們僅僅依據在正統意識形態觀念下編纂的官方記載來觀察，看不出包括“三從”觀念在内的儒家倫理的社會化歷程。我們很容易覺得，此乃自古而然的道理，其實不然。儒家經典《詩經》中的“窈窕淑女，君子好逑”反映了上古淳樸的民風；漢武帝時代，史家司馬遷《史記》筆下卓文君與司馬相如的私奔，依然是很浪漫的故事；朱買臣被妻子所拋棄，所諷刺的只是妻子有眼無珠，却不妨礙婦女“休”夫之合法；後來劉向的《列女傳》雖然編排了很多無辜的女子，却並非全然男尊女卑的儒家立場。東漢已降，隨着經學的擴張，士族隊伍的擴大，儒家倫理逐漸擴充其社會地盤，班固《漢書》的儒學化傾向已經很明顯了，班固之女弟班昭的《女誡》就反映出東漢的時代精神已經被儒家思想所籠罩。① 不過，即使到了魏晉南北朝，儒家倫理依然屬於士族家法門風的範疇，漢代離婚與改嫁自由的事實在民間並沒有改變。

　　由以上簡要的叙述看來，唐代婦女離婚與改嫁問題，並不是什麼特別現象，乃是承接歷史的發展而來。祇有在這個縱向發展的歷史背景下，纔能正確認識唐代寡居婦女的歷史真相。

---

① 《後漢書》卷八十四《列女傳》引班昭《女誡》云：“禮，夫有再娶之義，婦無二適之文。故曰，夫者，天也。天固不可逃，夫固不可離也。”見中華書局 1965 年版《後漢書》第 2790 頁。

# 從墓誌看唐代縣級老年官員問題

黃正建[*]

近讀墓誌，發現唐代縣級官員中有許多年齡偏大。五十多歲的就不説了，六七十歲的縣令也比比皆是。這與我們印象中地方基層官員的形象不符。就是現在，縣長也很少有六七十歲的。這是唐代職官制度的一個特點，特别在唐前期，更是如此。下面我們先把有關史料列出來。

我所使用的墓誌主要是周紹良主編的《唐代墓誌匯編》[①]。凡出自此書者，只注墓誌編號。

首先要説明，墓誌中明確寫何時任何職的不多，那麼我們怎麼來判斷那些官員任職時的年齡呢？我的判斷很簡單，那就是：只要墓誌記載墓主死於所任縣的"官舍"或"廨舍"[②]，其死時的年齡基本就等於任職的年齡。換句話説，這位縣級官員基本就是死在任上了。爲什麼呢？我們知道，唐代官員到地方任職，一般來説住在地方官衙提供的住所中。這種住所叫做"官舍"或"廨舍"。一旦秩滿離任，就要從官舍中搬出來，或回自己家（"私第"）住，或住在"客舍"、"旅舍"、"别舍"一類地方。比如南和縣令王同光[③]"簡儉成性，家無積財，俸禄之資，賙給不繼。及乎秩滿，私第無依，因託懿親，寄於客舍"（天寶 205）。這位王縣令就是因爲家窮，沒有私房，只好寄住在"客舍"中。因此如果不是死在"私第"或"客舍"而是死在"官舍"，就可證明他尚未"秩滿"，是因病而死於任期内了。關於這一點，有些墓誌寫的比較明確。比如文水縣尉裴誼，"才過一考，忽染痾疾，數日之間，醫巫不救，衆類所悲，百身莫贖。以大和三年六月十六日傾逝於文水縣官舍，享年六十七"（大和 024）、陽武縣尉秩滿攝新鄭縣尉張勛"咸通二年五月廿四日暴終於新鄭縣官舍，春秋五十有五"（咸通 007）。這兩個縣尉，都死在任所的官舍中，也都死在任期内，

---

據此可以斷定他們的死亡時間。就是任職時間也就是說，這是一個 67 歲的縣尉和一個 55 歲的縣尉。

　　根據以上原因我認爲，一般而言，只要墓誌中記載了墓主死在任所提供的"官舍"，就可以認爲他死於任上，其死亡時間即是它任職的最後時間，其死亡年齡即是他任職的最後年齡①。下面我們就將此本《唐代墓誌匯編》中老年縣級官員（60 歲以上）的情況略列如下（有關説明以"按"的形式附於各人之下）：

| 姓名 | 職務及任職年限 | 年齡 | 出處 |
| --- | --- | --- | --- |
| 張孝緒 | 貞觀十年任兗州曲阜縣令，秩滿還京，死於路上 | 67 | 貞觀 086 |
| | 按：此人死於貞觀十六年，69 歲，則貞觀十年任曲阜縣令職時已是 63 歲。若四年秩滿，則退職時已經 67 歲了。 | | |
| 王才 | 貞觀十七年轉墊江縣令，十九年死於任上 | 64 | 貞觀 132 |
| 皇甫德相 | 永徽元年自歸州興山縣丞任上罷歸 | 72 | 永徽 047 |
| | 按：此人永徽三年死，年 74 歲。 | | |
| 王宏 | 永徽三年死於貝州臨清縣令任上 | 66 | 永徽 048 |
| 席泰 | 永徽四年死於桂州建陵縣令任上 | 64 | 永徽 111 |
| 房基 | 永徽元年轉翼城縣令，五年死於任上 | 61 | 永徽 123 |
| 楊士 | 永徽五年死於石州臨泉縣令任上 | 74 | 顯慶 093 |
| 祖忠 | 顯慶四年死於淄州淄川縣令任上 | 69 | 顯慶 158 |
| 傅交益 | 永徽元年死於始州黃安縣令任上 | 62 | 龍朔 086 |
| 張仁 | 儀鳳二年死於辰州辰溪縣令任上 | 62 | 調露 017 |
| 崔志道 | 死於巫州龍標縣令任上 | 72 | 永淳 022 |
| 李敏 | 垂拱三年死於德州將陵縣丞任上 | 63 | 垂拱 046 |
| | 按：此人明經及第後先後任縣主簿、縣尉（二處），大約到五、六十歲才任到縣丞。 | | |
| 爨古 | 永隆二年死於康州封山縣令任上 | 67 | 天授 027 |
| 張道 | 垂拱三年授萬州武寧縣令，秩滿四周，長壽二年死於歸路 | 66 | 長壽 015 |
| | 按：垂拱三年是 687 年，長壽二年是 693 年，張道死時 68 歲。可見他被任命爲縣令時已經 62 歲，秩滿時 66 歲。 | | |

① 如果有長期臥病者，一定會讓他搬出"官舍"。因爲唐代制度，休病假的最長時間應該只是"百日"。因此即使此種情況下，其死亡年齡與最後任職年齡之間，誤差也應該不會超過一年。

| 申守 | 長壽二年死於石州方山縣令任上 | 69 | 證聖 004 |

按：此人乾封二年（667）44 歲時始入仕爲綿谷縣主簿，十年後儀鳳二年（677）54 歲時爲延陵縣主簿；又七年，文明元年（684）61 歲時才昇爲饒安縣丞；又五年，載初元年（689）66 歲時昇爲方山縣令，只幹了三年，就於長壽二年（693）去世。

| 王德表 | 萬歲通天元年時爲瀛州文安縣令 | 77 | 聖曆 028 |

按：原文說他孫萬斬反時在縣令任上，後解印，聖曆二年（699）80 歲時去世。查孫萬斬於萬歲通天元年（696）反①，則此人 77 歲仍爲縣令。

| 孔元 | 萬歲登封元年死於同州白水縣令任上 | 73 | 聖曆 036 |
| 桑貞 | 神龍元年死於婺州東陽縣令任上 | 68 | 神龍 028 |
| 王基 | 武榮州南安縣令 | 61 | 開元 017 |
| 田靈芝 | 開元十年死於洛州肥鄉縣丞任上 | 61 | 開元 184 |
| 鄭承光 | 開元八年死於江州都昌縣令任上② | 67 | 開元 194 |
| 王思齊 | 景龍二年死於蓬州宕渠縣令任上 | 62 | 開元 266 |
| 龐敬 | 開元十一年死於歙州休寧縣令任上 | 67 | 開元 283 |
| 崔羨 | 開元十七年死於魏州冠氏縣令任上 | 69 | 開元 302 |

按：此人“四臨劇縣”，連續任冀州武邑縣令、益州新都縣令、鄭州滎陽縣令、魏州冠氏縣令。

| 崔光嗣 | 開元二十年死於揚州揚子縣令任上 | 71 | 開元 358 |
| 裴同 | 萬歲通天二年死於冀州棗强縣令任上 | 65 | 開元 386 |

按：此人轉任五縣縣令。

| 徐令名 | 死於德州安陵縣令任上 | 61 | 開元 441 |
| 姚如衡 | 開元二十六年死於恒州真定縣丞任上 | 67 | 開元 487 |

按：此人“六月寢疾於所部，廿七日薨於寶符里，時年六十七”，是得病後，就搬回私第，不到一個月就去世了。

| 白知新 | 開元三年死於汴州封丘縣令任上 | 61 | 開元 494 |
| 張承祚 | 神龍二年死於綿州涪城縣丞任上 | 61 | 開元 519 |
| 元振 | 天寶三載死於淮安郡桐柏縣令任上 | 67 | 天寶 057 |
| 王訓 | 天寶三載死於桂陽郡臨武縣令任上 | 68 | 天寶 062 |

---

① 《舊唐書》卷六《則天皇后本紀》，中華書局點校本，1975 年，125 頁。
② 但墓誌寫他終於“黄州之官舍”，不知爲何，待考。

| 楊岌 | 天寶五載死於河內郡武德縣令任上 | 67 | 天寶 100 |
| 程思慶 | 開元十一年死於莫？州文安縣尉任上 | 69 | 天寶 119 |
| 崔澄 | 天寶十一載死於京兆府三原縣尉任上 | 63 | 天寶 204 |
| 鄭逞 | 開元十五年死於襄陽郡襄陽縣令任上 | 70 | 天寶 239 |
| 裴誼 | 大和三年死於太原府文水縣尉任上 | 67 | 大和 024 |
| 侯繢 | 大和五年敕授陝州硤石縣令，九年病故 | 66 | 大和 100 |

　　　　　按：誌文説他"（大和）九年夏，自硤石移疾洛陽，八月四日，竟不
　　　　　　　起。嗚乎哀哉！春秋六十六"，知其任職到大和九年，同年病死。
　　　　　　　同時可知，得了大病後，是要離任回家的。又其任縣令時已經 62
　　　　　　　歲了。

| 李公度 | 大中六年死於潁州潁上縣令任上 | 69 | 大中 073 |
| 張觀 | 咸通四年任命爲蘇州海鹽縣令，同年病故 | 61 | 咸通 028 |
| 王虔暢 | 咸通七年死於滑州匡城縣令任上 | 66 | 咸通 056 |

　　以上共列資料41例，其中70歲以上者7例。

　　從以上資料看，唐代老年的縣級官員還是挺多的。但多到什麼程度，則很難估計。因爲我們據以判斷這些官員最後任職的年齡，實際是其死亡年齡。死於任上的官員，顯然老年人要多於青年人。因此如果我們只統計墓誌中縣級官員的任職年齡，一定會得出"老年官員要多於青年官員"的結論來。這一結論當然不可靠。所以實際上我們是無法判斷老年縣級官員在整個縣級官員中的比例的①。

　　不過儘管如此，我們仍然會感到縣級老年官員不是個別現象，而且很明顯，唐前期（"安史之亂"前）的縣級老年官員要遠多於後期。這是爲什麼呢？我想這一現象應該與政治制度特別是選官制度息息相關。

　　在唐前期，經過對選舉制度的整備，特別是總章二年（669）施行"長名牓"，制定了"州縣昇降官資高下"②後，"凡有稱吏部之能者，則曰：從縣尉於主簿，從主簿於縣丞，斯選曹執文而善知官次者也"③。到開元十八年（730）又施行"循資格"，更加按部就班，結果造成"仕者非累資序、積勞考，二十許年，不離一尉"④的局面，具體説就是"凡人三十始可出身，四十乃得從事……六十尚不離一尉"⑤。從墓誌看，這

─────────────────

①　而除了墓誌，其他類型的史料更少，更無法統計。

②　《唐會要》卷七四《吏曹條例》，中華書局標點本，1955 年版，1347 頁。

③　《唐會要》卷七四《論選事》引開元三年張九齡上疏，1338 頁。

④　元結：《元次山集》卷九《問進士》第二，中華書局點校本，1960 年，139 頁。

⑤　《唐會要》卷七四《吏曹條例》引開元二十一年詔，1348 頁。

樣的事例也時有所見，例如朱仁表，58 歲時死在嵐州合河縣尉任上（神功 005）、房逸，36 歲明經及第，補海陵縣尉，轉清河縣尉，58 歲死於任上（聖曆 020），確是“三十始可出身……二十許年不離一尉”。因此在唐前期，特別是高宗中期以來，官員昇進緩慢，需要由下縣尉到中縣尉到上縣尉，再由“尉”而“主簿”而“丞”而“令”①，沒有幾十年是做不到的。因此，出現許多縣級老年官員就不奇怪了。

　　另外要指出的是，以上資料中老年官員所在的縣，大部分是邊遠州所屬縣，例如歸州、桂州、辰州、始州、巫州、康州、萬州、婺州、蓬州等等。這些州中的縣多屬“貧困縣”，一般人也不願去，因此可能常常無人替換。這或許也是造到成那些州縣官員老年化的一個原因。至於京畿縣就完全不同了。日本學者礪波護曾寫過一篇力作《唐代的縣尉》②，其中專有一節是“唐代縣尉的昇遷途徑”。文中說如果進士及第成爲“畿尉”，則“有六七成昇任爲中央政府的高官”（577 頁）。這就是説，“畿尉”（“京尉”就更不用説了）是當時人追求的官職，得到“畿尉”後，其下一任多爲“監察御史”，則就算進入中央政府了。因此我們很少看到在“畿尉”、“畿令”或“京尉”、“京令”中有老年官員，因爲那些官員很快就會進入中央的。順便説一句，生於礪波護的文章沒有使用墓誌，沒有區分唐前期和後期，也沒有過多涉及京、畿縣之外的縣尉，因此他所描述的“縣尉昇遷途徑”尚有補充修訂的必要③。

　　到唐後期，由吏部選任縣級官員的制度遭到一定程度的破壞。各藩鎮往往自己召辟屬下各縣中的縣級官員，中央只是批准而已。例如丞相崔彥昭“鎮北門”（即爲河東節度使④）時，“乃念其（指墓主崔茂藻——筆者）貧，無復惜材器不得，以表請君爲交城尉”（乾符 004）。毫無疑問，在這種情況下，遷轉也很快，可不再拘泥於由縣尉到縣丞到縣令的途徑。比如張翔，“自夏縣尉以來，皆在名公方鎮之幕，每一人延請，昇拜一官”（建中 002），很快就做到太子司議郎、京兆府功曹參軍。即使由吏部授任（當時稱“調授”），任期也常常不再是四年，一年二年即“秩滿”的時有所見，比如張勍“學究出身，調授洪州建昌縣尉，三老在邑，知縣一年，皆有能政，次授鄭州陽

---

① 但是從墓誌的任宦實例看，並不是全都按此途徑，由“尉”而直接爲“令”的也不少見。這一問題牽扯面甚廣，將來再作討論。

② 原載《唐代政治社會史研究》，同朋舍，1986 年，譯文收入《日本學者研究中國史論著選譯》第四卷，558～584 頁，中華書局，1992 年。

③ 關於這一問題，筆者將有專文另論。

④ 查《舊唐書》卷一七八《崔彥昭傳》，他於大中十年（856）爲太原尹，河東節度管內觀察等使。中華書局點校本，1975 年，4628 頁。

武縣尉，主陽武橋倉務，兼知捕賊"①（咸通 007）。縣級官員通過藩鎮獲得職位，也通過藩鎮昇遷，就避免了長期滯留在一個職位上。加上正常的遷轉周期也較前期爲短，因此唐後期縣級老年官員相對就少多了②。

此外，唐後期使職大量存在，造就了使府機構中的大量職位。這些職位往往不必"循資格"。想入任或想昇遷的人們，完全可以抛開正統的途徑去謀求幕府職務，而不必長期耗在州縣機構的某一個職位上③。這也是唐後期縣級老年官員减少的原因。

唐朝制度，官員 70 歲退休。《通典》卷三三"致仕官"條有云："大唐令：諸職事官，七十聽致仕"④。也就是説，在正式的法律《令》中，明確規定了職事官七十退休。從我們以上引用的墓誌資料看，唐代官員即使是縣級官員，也是不幹到 70 不退休，甚至超過 70 不退休的也有不少⑤。我們知道，即使現代，六七十歲也算老人了，在基層工作，"官雖云小而務繁"（咸通 104），如果身體不好，是很難做好本職工作的。于是造成了一方面官員不願退休，大批老年官員在基層工作；另方面這些人年老體衰，難以勝任工作的局面。在這種情形下，朝廷只好派人去檢查並勸退了。唐玄宗有《安養百姓及諸改革制》⑥，説"宜即選擇使臣，分往諸道"，其任務不僅是要"訪察官吏善惡"，還要兼查"太守縣令老耄者"。可知地方政權中的老年官員已經成爲一個需要查處的問題了。《制》中還要求銓選時"其老弱者，更不得輒注"，並説近來選舉時，縣級官員常常缺員，"亦有縣在僻遠，多不情願，遂虛其位，累載闕人"的情況發生，結果是"既無本官，爲政不一。户口逃散，莫不由兹"。聯想到我們上面所説老年縣級官員多在邊遠州縣的情況，因無人替代而年老甚至死於任上的事時有發生，就不難解釋了。

---

① 礪波護文章認爲唐代縣尉若有二人，則一人掌功、户、倉，一人掌兵、法（566 頁）。鄭州陽武縣爲"望"（《新唐書》卷三八《地理二》，中華書局點校本，987 頁）縣，理應有縣尉多人，但此縣尉一人而掌倉、法事，不知是唐後期望縣也只設一名縣尉呢？還是礪波護的結論有商榷的可能。

② 需要指出的是，吏部授任即"調授"終唐一世都發揮着作用，與藩鎮奏授并存。因此，多年任縣級官員的情況還是有的，只是比前期少罷了。

③ 我們可以舉一個相反的例子：李公度"歷尉宋之楚丘、汝之郟城、襄城、洛之陽翟，皆以調授爲，未嘗幹進"（大中 073）。這位李縣尉，連續在幾個縣遷轉，是因爲他只走正統的"調授"道路，而不願"幹進"，即不願投靠使府，去作幕府中的官員。

④ 中華書局點校本，1988 年，925 頁。

⑤ 不過在唐前期，制度上允許超齡工作。《唐六典》卷二吏部郎中條云："年七十以上應致仕，若齒力未衰，亦聽釐務。"（34 頁）問題是有些年老體弱的人仍不願退休。

⑥ 《全唐文》卷二五，中華書局影印本，1983 年，284 頁。此《制》又見於《文苑英華》卷四三三，池田温編《唐代詔敕目録》（三秦出版社，1991 年）考訂其作於天寶五載（746）正月，見其書 234 頁。

　　此外，唐玄宗還有《遣使分巡天下詔》① 説要派使臣去諸州檢查官吏，"其官吏中，有貪冒贓私、干犯名教，或衰老疾病無政理者，刺史已下，宜停務奏聞"。將"衰老"官員與"貪冒贓私"相並列，可見州縣官員老齡化的嚴重性②，以及朝廷對此問題的關心。但是，由于選官制度本身没有改革，"循資格"的辦法仍然存在，因此州縣老年官員問題很難解决。誰曾想，唐後期藩鎮的興盛，以及倉場監院機構的增多却不經意地减輕了問題的嚴重性。到中晚唐，似不再見有對老年官員問題擔心的詔敕了③。

　　縣級老年官員問題牽扯到選官制度，其實比較複雜。以上議論不過是十分粗疏的一點想法而已。本文所要强調的是墓誌對研究此類問題的極端重要性。當然，對這種現象的詳細考辨以及對其形成原因的更深入探討，只好留待他日了。

---

① 《全唐文》卷三一，351～352 頁。又見《唐大詔令集》卷一〇四，題作《遣使黜陟諸道敕》（532 頁），時間爲開元二十九年（741），文字與《全唐文》多有不同。

② 當時州級官員中老年官員也甚多，當另文再論。

③ 據《唐大詔令集》卷一〇四（商務印書館標點本，1959 年），唐肅宗乾元二年（759）在《察訪刺史縣令詔》中還説過"其天下縣令，各仰本州府長官，審加詳擇。如有衰耄暗弱，或貪財縱暴，不閑時政，爲害於人，並具名録奏"的話（533 頁），此後似乎很少有針對老年縣級官員的詔敕，例如文宗在《卹灾詔》（《全唐文》卷七二）説"諸州府長吏及縣令，有貪縱苛暴者，委御史臺糾察聞奏"（758 頁），就是只提"貪暴"而不提"衰耄"了。

# 何謂遊俠的"儒"化

## ——豪族石碑出現的背景

平勢隆郎[*]

## 前言

　　我們對於所擁有的研究史上的古典著作加以活用，是我們的責任和義務。至於應如何活用，是各研究者必須重復探討的問題。

　　本文所要討論的"遊俠"是宮崎市定[①]和增淵龍夫[②]曾討論過的問題。關於"俠"的議論最初是在討論與墨子有關的"墨俠"時出現的[③]，而宮崎、增淵二人的研究則讓此問題成爲歷史學研究的主要問題之一。特別是增淵的研究，與西嶋定生[④]、木村正雄[⑤]等人的研究共同引領中國古代史研究，爲其後的研究帶來很大的影響。增淵所提出的"任俠習俗"一詞，現已成爲討論時的基本常識。

　　筆者將繼承此常識來展開自己的論述，但有幾個自以前就無法釋懷的問題，即有關"公"與"私"的問題，以及介於天下這個大領域與都市國家這個小領域之間的中領域的問題。因此以下將嘗試釐清這些問題點，並討論該如何繼承前人的研究成果。

---

[*]　平勢隆郎，日本東京大學教授。

①　宮崎市定＜遊俠について＞（《歷史と地理》三四一四‧五，故內藤博士追憶記念論文集，一九三四年。《アジア史研究》Ⅰ，同朋社，一九五七年。《中國古代史論》平凡社選書，一九八八年）。同《漢末風俗》（《日本諸學振興委員會研究報告》特集四‧歷史學，一九四三年。本文的題目中的"遊俠的'儒'化"是宮崎市定在《漢末風俗》中所説的"遊俠的儒教化"的另一種説法。這只是考慮到遣詞用字的協調，並非對內容的探討結果。

②　增淵龍夫《中國古代の社會と國家》（弘文堂，一九六〇年。新版岩波書店，一九九六年）。

③　梁啓超《墨子學案》（上海商務印書館，一九二一年）。

④　西嶋定生《中國古代帝國の形成と構造——二十等爵制の研究——》（東京大學出版會，一九六〇年，復刊一九八〇年）。

⑤　木村正雄《中國古代帝國の構造——特にその成立の基礎條件——》（不昧堂，一九六〇年，新訂比較文化研究所，二〇〇三年）。

要闡述這些問題，就必須論及所謂的豪族石碑之出現背景。

## 小領域、中領域、大領域——中領域的歷史角色

筆者曾論述過應如何繼承增淵龍夫的山林澤藪論[1]。筆者認爲，增淵龍夫在對小、中、大領域有所誤解的前提下，對史料進行解釋，致使他無法展開結合松丸道雄[2]的殷王田獵地論説與東漢《鹽鐵論》論説的議論。

此處所説的小領域是在腦中念及所謂的都市國家的説法。根據松丸道雄的探討，殷王的田獵地範圍應在半徑二〇公里以内。討論小領域時，應意識到涵蓋君主田獵地的都市和都市所管理的田地範圍。大領域是意識到秦始皇統一的天下的説法。大領域與小領域之間，存在著各式各樣中小的中領域。

考古學上所討論的新石器時代的文化地域是屬於中領域。戰國時代建立在此文化地域基礎上的領域國家，也屬於中領域。爲了將戰國時代的領域國家分割統治而設的郡，以及漢代廢郡改立的諸侯王國，範圍雖稍小但也屬於中領域。《鹽鐵論》中所討論的鹽官、鐵官管轄的領域，也屬中領域。

現代國家的領域從與梵帝崗同等大小的小領域，到美國、俄國、澳大利亞等大領域，大小各式各樣。若依照上述中國史的討論，日本、韓國皆可視爲中領域來討論。在此要先聲明的是，筆者並非想以此現狀來討論現代國際政治的機能，提出不同的主張，並論述此處的大領域、中領域、小領域的問題。

殷、周時代，中領域里的一些小領域國家有大國、小國的問題，殷、周以大國的身份君臨諸侯的小國。殷、周所在的文化地域之外，另有其他的文化地域，有其他的大國存在。山西的晉和山東的齊即是以大國的身份與周進行政治上的接觸。各大國之下，各有附屬的小國存在。

春秋時代，各國的君主係統發生交替；晉國將周王朝的周圍地區並入自己的領域之後，分裂爲韓、魏、趙三國；齊國由田氏即君主位；西周故地則出現新興大國秦，與周王朝建立了政治上的關係。湖北的楚國、江蘇的吳國、浙江的越國也各以大國的身份與周王朝有所接觸。以漢字記載的文獻里如何記述這些政治上的關係，則視編纂文獻的國家而異。

大國接受小國的貢納品之後，再回賜與彰顯威信的青銅器、玉器等。貢納時所經

① 平勢隆郎《中國戰國時代の國家領域と山林藪沢論》（松井健主編《自然の資源化》，弘文堂，2007年）。

② 松丸道雄《殷墟卜辭中の田獵地について——殷代國家構造研究のために——》《東洋文化研究所紀要》三一，一九六三年。松丸道雄《再論殷墟卜辭中的田獵地問題》（《盡心集——張政烺先生八十慶壽論文集》，中國社會科學出版社，一九九六年）。

的路徑是自新石器時代以來就有交流的地區，各小國的使節在赴大國的途中所停留的
邑（湯沐之邑）被設置於沿途的國中。因此，在存有大國與小國關係問題的中領域里，
各國君主所管理的田地、田獵地即視此種大國、小國的關係而產生結合。

　　戰國時代的領域國家即是以此種政治關係爲基礎而形成的。既存的國家被滅亡成爲縣，
縣作爲附掛在大國之下的行政組織而受到整備。物資由縣集中至中央。鐵器的普及使得田地
遽增，人口也增多，都市也因此增加。結果縣也不斷增加，道路網因鐵器的普及而急速整
備。但由物流本身來看，可説是在大國、小國關係的時代基礎上，由縣來進行地方統治。

　　在論述增淵龍夫的山林澤藪論時必須提及的《鹽鐵論》內容，是有關戰國時代的
中領域的議論。但增淵龍夫卻以此來論述大領域的鹽鐵。此外，他將存有大國、小國
問題的中領域視爲如同領域國家的國家領域而展開山林澤藪論，故殷王平日所至的田
獵地（山林澤藪）實際上雖是小領域，但增淵龍夫卻誤認爲殷王的田獵地橫跨了中領
域。因此無法對戰國時代領域國家的君主在擴張的領域上佔有山林澤藪之事，賦予新
的意義；也無法發展出此種中領域的山林澤藪論。

　　筆者將嘗試借由重新將焦點置於中領域上來探討應如何繼承增淵龍夫的山林澤藪論。
中領域的"佔有"才是事情的本質，殷、周時代具有作爲此準備階段的時代意義。此外，
應該説自漢帝國開始，在大領域的統治之下，由郡或鹽官、鐵官等在行政上繼承戰國時
代中領域的"佔有"，建立與帝國中央連結的體製（巧妙利用郡等的分割統治）。

## "國"之間的外交關係——中領域內的交流

　　通常太極端的言論都不會得到好的結果。若説新石器時代邑與邑之間的關係也算
是外交，那麼可能會出現諸如人與人之間的關係也是外交等的議論。本文僅就某固定
的框架來進行討論。

　　外交關係即使沒有文字也能成立，但必須等漢字傳播開之後才會出現外交方面的
記録。於是大國、小國關係中的"國"（邦①）便成爲問題。因此，以下將從此種

---

①　要言之，西周時代意思爲國（都市）的漢字是"邦"。另外還有"域"（國的原字）字。"域"
似乎是指分佈於都市周圍的一定領域。正如指東夷之地的"東域"所示，"域"也有作爲領域之
意使用的例子。"邦"成爲縣，所謂的領域國家被稱爲"邦家"。"邦家"被統一。漢帝國的時
代，因避諱劉邦的"邦"，以"國"家取代"邦"的用法被普及化，結果產生稱都市爲"國"的
用例。"邦國"成爲"國家"，"域"之中也有成爲"國"者。稱爲"中域"的領域成爲"中
國"，中心都市之意的"中邦"也成爲"中國"。考慮到以上情況，而以"國"來論述。殷代都
市被稱爲"邑"，有"大邑商"的説法。西周時代，邑成爲村的意思。在殷代，即使同樣是都
市，他國被稱爲"方"，外族被稱爲"羌"。周代並未繼承這些稱謂。

"國"與"國"之間的關係來展開論述。

所謂的西周金文大多是周給諸侯的賜文。金文中可見到以周爲頂點的關係，顯示周對小國（對周而言是小國）的外交見解（雖有例外，但卻不足以用來闡述整體。在此避免觸及太過極端的論述）。

漢字圈隨著周賜予的青銅器而擴大。在青銅器上鑄刻銘文的技術原本是由周王朝所獨佔，後來傳播到四周，小國紛紛得到漢字的使用技術，盟書也因此出現。

自遠古以來即有盟誓存在（此事應無人否認）。然而，直到漢字爲許多國家所共有之後，才出現了盟書。盟書是各國間外交往來的産物。由記錄可知，附屬於齊、晉、秦、楚、吳、越等大國之下的小國曾立有盟誓，也製作了盟書。但遺憾的是，現今可知的盟書內容中有太多後代的粉飾。出土史料中雖有盟書，但卻是在大國和小國關係崩解的過程中，有力者和其服從者立盟誓之際作成的。

西周金文中所顯示的周與小國的關係是由西周的觀點來看的關係，而盟書（雖然有的盟書未被發現，但可由已出土的盟書來推斷）中所顯示的則是各國間具體的外交關係。

這個時代的盟誓，可能自遠古以來即是如此，是在神格之名下立誓不違背約定。其中似乎有河川之神等。約定的內容在各立誓國的祭祀場上被確認。祭祀場上的祭祀官中，有被稱爲"史"的執掌文字者。立盟誓時，由"史"負責製作盟書，並在各國的祭祀場確認盟書的內容。

執掌"國"之間的外交的是"行人"。此語彙可見於《春秋》中。"行人"並非持文書往返於"國"之間者。"國"與"國"的約定被製成盟書保留下來。盟書在立盟誓之地作成後，被帶回各"國"的祭祀場。此外另有"行人"外交存在，可視爲一種由口頭來確認的外交方式。

"行人"的活動不需要文字。由常識上來說，同種類的活動應該自古就已存在，這種活動也許可以"行人"之名來進行討論。

## 領域國家（中領域）下的新秩序及領域國家間的外交

春秋中期以後"國"逐漸遭到滅亡而成爲縣，以往的外交舞臺變成縣與中央的關係或是縣與縣之間的關係，總之成爲了在領域國家之內的關係。中領域里原本存在著"大國"、"小國"的關係，但在領域國家的統治下，中領域變成國家的領域後，這種"大國"、"小國"的關係就變爲中央與地方的關係，以往的國際問題也變成國內問題。理論上，曾負責"國"與"國"間的外交的"行人"也隨之消失，即使同種類的活動仍存在，但也只能當作是國內行政組織間的互動。戰國時代建立了連結領域國家內的中央與地方的文書行政體系。

　　外交發生在以中領域爲國家領域的領域國家之間，而出名的外交人材則稱爲“縱橫家”。“行人”是以傳統的文化地域作爲其活動的基礎，有時到地域之外進行“國”與“國”之間外交，而縱橫家負責的是在傳統文化地域上出現的領域國家之間的外交。領域國家有大有小，楚、齊、秦等國以不同的文化地域爲背景形成領域國家。因此，縱橫家具有將這些不同文化地域背景的社會聯繫在一起的功能。這種說明，當然會視如何界定新石器時代以來的文化地域（將盛衰期都放入視野）而有些差異。關於戰國時代，筆者只是由通常研究者所思考的事來談論而已。

　　就春秋時代“國”與“國”的關係而言，“大國”之間的關係具有聯繫異文化地域的功能。秦、晉、楚、齊、吳、越等國各爲不同文化地域內的“大國”，睥睨周圍的“小國”。此種作爲地域文化代表的“大國”與其他“大國”之間的關係，帶來了“大國”和“小國”關係里所沒有的文化地域間的交涉。因此，戰國時代領域國家間的外交，可說是繼承了此種在“大國”間的關係里顯現出來的文化地域間的交涉。這些領域國家間的外交是由縱橫家來負責的。

　　仔細檢視，在各文化地域內歷史上應發生過“大國”的交替，但在沒有漢字的世界里，不會留下任何的記錄。春秋時代成立了以天下爲規模的漢字圈，故留下了天下規模的記錄。由這些記錄可推知春秋戰國時代的政治動向。戰國時代領域國家的君主可分爲兩類來討論，一類是以春秋時代以來的君主血統自誇者，如秦、楚、燕；另一類是春秋時代僅只是“大國”里的有力者，如趙、韓、魏、齊。前者以其血統自誇，後者則提倡易姓革命。無論何者，以春秋時代的“國”爲基礎的君主，無不是消滅了許多有力者才能成爲以中領域爲領域的國家君主。

　　每位有力者都有可能成爲戰國時代的領域國家君主，擁有複數的自春秋中期開始逐漸設置的“縣”。在有力者之下，發展出了新的人際關係。“國”的場域變成了“縣”的場域，而擁有複數場域的有力者的出現，促使這些複數的場域有了急遽的交流。因此，出現了“新的”人間關係問題。遊俠的出現即象徵著這種新時代的出現。

　　戰國時代的君主迫於需要而與遊俠建立君臣關係。由春秋至戰國的動蕩期中，此種君臣關係是如何形成與展開的？以下將試就此問題進行一番探討。

　　戰國時代的領域國家是以新石器以來的文化地域爲母體而形成的，在這種文化地域的舞臺上，過去曾出現過“大國”、“小國”的關係。無論是“大國”、“小國”的關係，或是新的領域國家內的交流，其共同點是皆以新石器時代以來的文化地域爲其場域，以有力者所統治的複數的縣爲舞臺的交流，當然此處討論的是其中的一部分，也止於文化地域之內。因此，由新的人的交流而形成的新社會秩序的舞臺，大致上也還是在此文化地域之內；就此意義而言，可說是自遙遠的古代以來即有豐富的經驗。

　　筆者曾探討過在此豐富經驗的背景下首先發生的變化①。對於春秋時代置縣的頻繁，筆者曾作過一些探討。筆者認爲，縣的世襲最初是種特徵，但自此時期開始逐漸遭到否定。此種對世襲的否定，正顯示了在那之前的封建諸侯國與縣在性質上是相異的。

　　毋庸説，封建諸侯是以各都市爲據點，世襲統治都市的君主。這些君主被剝奪地位，改由縣的長官赴任。如此，縣的長官是否就等同於後代所説的官僚？答案是否。因爲無論是這種設置的縣或是諸侯國，都是在同樣的場域內重復遷移。“國”成爲“縣”之後，經過一段時間後“縣”的長官遷到別地，而由屬國的“小國”遷入曾是“縣”所在之地。再經過一段時間後，“小國”又遷到別地，而“小國”遷走後之地又再度置“縣”。此種現象到處可見。君主一族經歷的可説是換國，而在與此相同的狀況下，縣的長官經歷的不是換國而是換縣。縣的長官遷移時並非獨自一人，而是以足以對“小國”造成問題的規模帶領一族郎黨進行移動。

　　此種換國、換縣的進行，對都市人的秩序造成極大的變化。迄今爲止長期保持安定的秩序發生了改變，出現了新的“人”的秩序，而在此新秩序的形成過程中，遊俠是一個重要的問題。

　　在此新秩序之下，培養出許多人材。這些人材跨越了領域國家的框架，前往文化地域不同的國家活動。他們在外國仕宦時受到何種待遇？這些來自外國論述政策者被稱爲“客”。秦國曾發生頒佈驅逐這些“客”的“逐客令”的問題（參見《史記》＜秦始皇本紀＞始皇

---

①　平勢隆郎《左伝の史料批判的研究》（東京大學東洋文化研究所、汲古書院，一九九八年）第二章和第三章中討論過春秋戰國時代縣的性質。此部分大多是根據筆者所發表的《楚王と県君》（《史學雜志》一九八一年）以來的論文（也有一些新寫的部分。另外，也有一些像《殷周時代の王と諸侯》，只由題目很難看出與縣有關的論文，請多加注意）。在此，一面引用春秋時代的縣與諸侯國以同等級被遷移的事例，一面考察縣的秩序與諸侯國的秩序相同之事，並論述居住在都市維持此秩序的“人”也是當時軍團的支持者，而隨著鐵器的、都市間人的移動變得顯著，此種“人”的秩序變得松弛，結果使得小諸侯消失而出現具新的諸侯身分的“封君”。與此種變化有關的是，春秋時代，即“人”的秩序具必要性的時代，不管是諸侯還是縣的管理者，都在身份穩定的狀況下被遷移到各地，不久之後就在“人”的秩序即將崩壞時，新的爵位制度受到整備。戰國時代的封君即是與此種新整備的爵位有關的身份（平勢隆郎《中國戰國時代的國家領域と山林藪沢論》所引平勢隆郎二〇〇五《中国の歴史2・都市國家から中華へ》里也有所論述）。因此，用一句話來説明，就是“由官僚進行的統治”。然而，此乃總括包含“西周以來的國家未曾經歷過的頻繁的移動”在內的新的動向的敍述，並非是說一下子就開始新的官僚統治。楚國的情況是，縣的長官一般稱作“君”。戰國時代出現了“封君”，故就名稱繼承的關係而言，楚國的用例在戰國時代可説是一般的用法。以往的研究者中，有些人未考慮到此點而説“君”所指的是封君，這是錯誤的。但是，在楚國，舊的“（縣）君”是何時變成新的“（封）君”的？此問題似乎只能由與吳起變法的關聯來探討。中原諸國何時才開始議論新的“（封）君”之問題，也應通過吳起的活動來闡述其概要。筆者雖曾寫過以“楚國世族と吳起变法”爲題目的碩士論文，但其後因忙於進行解決《史記》中爲數龐大的年代矛盾問題的研究，碩士論文只發表了其中的一部分。在此簡單地將發表過的內容加以整理、注記。

十年）。此外，近幾年得知，秦律規定秦國之女所生之子稱爲"夏子"，以與其他有所區別①。秦在擴張領土的同時，並未賦予被征服地的人們和自己同等的地位。

這種差別待遇極易引起反感，而因爲反感不消失故採取差別待遇。這似乎變成一種重復的過程。

"客"是想到外國尋求成功的人。相對地，留在地方的遊俠所形成的秩序創造了領域國家被統治者的世界。若説"客"的目標是在文化地域框架外的天下，那麼由被統治者的遊俠的邏輯來看，遊俠的目標似乎可説是在文化地域框架內形成輿論。

總之，遊俠的世界應可説是人的移動超出了都市的範圍而形成的，而這個世界所具有的一個側面是：超出傳統文化地域的框架就很難擴展開來。

## 漢代的史料與"俠"

宮崎市定和增淵龍夫兩位前輩學者對遊俠的論述乃是根據史料而來的。這是理所當然的。這些史料里可見到"俠"（"遊俠"的"俠"）的記載。

以下，筆者將嘗試重新著眼於"俠"字來整理有關俠的幾個問題。比較《戰國策》等書與《史記》里有關"俠"字的記載。

如附表所示，一般認爲成書於戰國時代的史料中，可見到作"挾"或"狹"之意的"夾"字，但卻不見"俠"字的用例。然而，《史記》里卻可見到不少"俠"字的用例。

《戰國策》里唯一可見的"節俠"一詞是出現在有關荊軻的故事里（此段記載中並未稱荊軻爲俠，而是引述田光所言，曰："（田光曰：）光聞長者之行，不使人疑之，今太子約光曰：'所言者，國之大事也，願先生勿泄也。'是太子疑光也。夫爲行使人疑之，非節俠士也"言畢，欲激荊軻遂自剄而死）。《史記》所收錄的記載幾乎與此故事的內容相同。"節俠"一詞也爲《史記》所採用。此故事發生的舞臺是在秦始皇統一的前夕，當然，此故事的創出應是在其後。

其次，再檢視另一個《戰國策》中的事例。《戰國策·楚策四》中有段記載曰："春申君後入，止棘門。園死士夾刺春申君，斬其頭，投之棘門外。"此處作春申君被"夾刺"而死。然而，《史記》卷七八《春申君列傳》中引用相同的故事曰："春申君入棘門，園死士俠刺春申君，斬其頭，投之棘門外。"此處內容變爲春申君遭遊俠所刺殺。因此，討論與俠的關聯時，視所根據的是《戰國策》或是《史記》而會有不同的解釋。

由以上二例可知，《戰國策》（以戰國時代的史料爲討論對象）里可確定的"俠"

---

① 參照工藤元男《中國古代文明の謎》（光文社文庫，一九八八年）；工藤元男《睡虎地秦簡よりみた秦代の國家と社會》（創文社，一九九八年）第五章等。

的事例祇有荊軻之事，并且那也是秦代以後，可能是漢代時才出現的故事。《史記》里，包括追溯到戰國時代而重新加以整理的史料里，可見到不少“俠”的事例。

總之，暫且不論起源的問題，“俠”這個語彙可能是漢代的流行用語。

針對遊俠而形成的輿論，視各種立場，有些受到肯定的行為在別的立場會受到否定。筆者對這種“邏輯上的歸結”已有所論述。此處可見到依照此種“歸結”而產生的史料。《戰國策》是戰國時代的史料被編纂成複數的書籍之後，於西漢末年再將這些書籍重新編纂而成的。其中關於刺殺春申君的史料所記載的是與遊俠無關的“夾”刺之事，而《史記》的記載卻視之為應加以批判的刺殺行為。對於刺殺春申君之事，《戰國策・楚策四》所採取的是淡然介紹的觀點，而《史記・春申君列傳》則採不認同的觀點，並對遊俠的刺殺行為持批判的觀點。

《史記》中有《遊俠列傳》。遊俠列傳的開頭先解說何為遊俠，再敍述具體的人物，最後以“太史公曰”結尾。以《韓非子》的引用為開頭的序文中，最後的解說有云：“近世延陵、孟嘗、春申、平原、信陵之徒，皆因王者親屬，藉於有土卿相之富厚，招天下賢者，顯名諸侯，不可謂不賢者矣。比如順風而呼，聲非加疾，其執激也。至如閭巷之俠，脩行砥名，聲施於天下，莫不稱賢，是為難耳。然儒、墨皆排擯不載。自秦以前，匹夫之俠，湮滅不見，余甚恨之。”此處敍述招天下賢者為“客”的戰國四君以及閭巷之“俠”的存在，而對於後者儒家和墨家皆未予以記載。

《史記》卷七五《孟嘗君列傳》曰：“孟嘗君在薛，招致諸侯賓客及亡人有罪者，皆歸孟嘗君。”此處明白指出“客”的存在。在此討論的並非成為治安問題的遊俠的行動。“亡人有罪者”指的是他國的犯罪者，前提是在本國可使用他國的犯罪者。然而，此處所討論的並非如上述脈絡中所見的遊俠，即“然儒、墨皆排擯不載。自秦以前，匹夫之俠，湮滅不見，余甚恨之”中所說的遊俠。

《遊俠列傳》通過漢代的事例所介紹的即是此“匹夫之俠”。此事實有何意味？對此，很容易就會推想到的是，遊俠的行動在戰國時代未被視為問題，但在漢代卻被視為社會治安維護上的問題。

## 對任俠秩序的信賴

重新檢視增淵龍夫的見解，其對漢代的遊俠，有如下的論述[1]：

關於漢代的國家機構，特別是地方統治機構，歷來已有許多極優秀的研究對其有所闡明，但這些研究所解明的主要是法制上的外圍機構的詳細情況，可說只不過是製定的

---

① 增淵龍夫《中國古代の社會と國家》新版，頁七七。

規則所顯示的生活骨架而已。實際上，在此骨架中所具體呈現的生活各有其固有的目的、動機及生活情感。其常常受到與規則性的機構相反的動機或與之衝突矛盾的情感所支持，其間有著非常複雜且固有的現實生活形態……。眾所周知，司馬遷在《太史公自序》里云："救人於厄，振人不贍，仁者有乎；不既信，不倍言，義者有取焉。作遊俠列傳第六十四。"在《遊俠列傳》序中云："今遊俠，其行雖不軌於正義，然其言必信，其行必果，已諾必誠，不愛其軀，赴士之阸困，既已存亡死生矣，……，蓋亦有足多者焉。"對於重然諾、不願己身危難救人窮境的遊俠倫理與行動給與極高的評價，爲朱家、劇孟、郭解之徒立傳。然而，東漢班固卻非難《史記·遊俠列傳》云："序遊俠則退處士而進奸雄。"（《漢書·司馬遷傳》贊）《漢書·遊俠列傳》雖採《史記》朱家、劇孟、郭解等人的傳，但其序文卻舍此而另附新序，曰："以匹夫之細，竊殺生之權。"視之爲罪人。此外，東漢荀悅亦將遊俠之徒與遊說、遊行之徒並稱爲三游，云："此三游者，亂之所由生也。傷道害德，敗法惑世。"（《前漢紀》卷一〇）早在《韓非子》中遊俠之徒就被視爲亂法蝕國之蠹的五蠹之一，並被列舉爲姦僞無益的六民之一。換言之，遊俠在一方面被視爲民間秩序的維護者受到極高的評價，在另一方面卻被當作擾亂國家秩序者而遭到非難。儘管藏匿亡命罪犯、觸犯法禁、爲人報仇的遊俠倫理與行動明顯與國家秩序相抵觸，但遊俠郭解卻深得民間興望，其一入關中"關中賢豪知與不知，聞其聲，爭交歡解"，此又有何意味？司馬遷雖承認遊俠的行動觸犯法網，但仍敢於爲其立傳，認可民間百姓對於在可說是外圍秩序的機構之外，不應說是超越了此機構的任俠秩序的信賴，正如當時的諺語所云："得黃金百，不如得季布一諾。"此事暗示著什麼？我們在此討論的並非是關於司馬遷、班固敍述歷史態度的比較。對我們而言，重要的不是這種個人觀點的差異，而是在如此重要之點上孕育出兩種互相對立見解的社會實體存在的此一事實。這似乎是在暗示我們，通過圍遶著遊俠此同一對象所顯示的以上兩種幾乎是同時代人所持有的不同理解的對立，有某種固有因素存在於在外圍固定的秩序機構中，一邊與其發生矛盾衝突，一邊卻對實際秩序的形成以某種意義產生作用。

此處指出《史記》《太史公自序》、《遊俠列傳》之序文與《漢書》《司馬遷傳》之贊文、《遊俠列傳》之序文中所顯示的有關遊俠的相異見解，並陳述增淵龍夫的見解。增淵龍夫認爲《史記》和《漢書》的差異是"個人觀點的差異"，筆者雖對此無法贊同①，但對於其所言："在如此重要之點上孕育出兩種互相對立見解的社會實體存

---

① 筆者在各種場合中論述過戰國時代的《公羊傳》、《左傳》、《穀梁傳》以及西漢的《史記》、東漢的《漢書》各書中的正統主張所呈現的"形"（例如，拙著《《春秋》與《左伝》》[講談社，二〇〇三年]；《中國古代における説話（故事）の成立と展開》[第八屆"韓國中國史學會國際學術討論會"大會論文，二〇〇七年九月八～九日，韓國大邱]）。此種"形"與如何定義"正統"此"公"的主張之展開有關，而非個人觀點之論述。

在的此一事實”之點，以下筆者將當作一事實而加以繼承、討論。

再次重申，此乃有關漢代遊俠的論述。漢代的此見解追溯到戰國時代時，適用於戰國末源自秦國的記事。韓非仕於戰國末的秦國，《韓非子》是以韓非之名編纂而成的書籍。戰國時代秦昭襄王時，秦的國家領域佔天下之半，將與自國相異的地域當作原本傳統的文化地域置於統治之下，當然會產生上述意味的遊俠問題。

增淵龍夫也簡單地指出，《韓非子》《五蠹》中將“敬上畏法之民”當作“遊俠私劍之屬”的對照，並曰：“國平養儒俠，難至用介士，所利非所用，所用非所利。”《韓非子》在此處對遊俠的評價並不好。

然而，跳脫增淵龍夫的敍述脈絡來看《韓非子》此處的記述，便會重新注意到“儒俠”這個用詞。此處的“俠”應是漢代用法的先驅。關於儒，《韓非子》在後續的《顯學》篇中曰：“儒分爲八，墨離爲三。”敍述儒、墨各有不同的文本，各主張自己才是真儒、真墨，“遊俠”即以此種狀況爲前提。總之，一般常被討論的著名對象，除了“墨俠”（事實上，此用語本身的後代性很強）以外，還有《韓非子》中的“儒俠”，不論“儒”或“墨”，皆是《韓非子》所說的“顯學”，即風靡世人的學問。

附言之，《韓非子》《五蠹》在上述的“儒俠”之前的內容中曰：“人主尊貞廉之行，而忘犯禁之罪。……儒以文亂法，俠以武犯禁，而人主兼禮之，此所以亂也。”同是非難的對象，“儒”所重在“文”，“俠”所重在“武”（《史記・遊俠列傳》開頭所引用的即此部分）。

由以上可知，“儒”與“俠”被相提並論。既然“儒”與“墨”被並列爲“顯學”，“儒”很明顯的不是一般所說的無法之徒。因此是否也應將遊俠視爲非一般所說的無法之徒呢？《韓非子》的“儒俠”用詞中潛在著一種觀點，即批評地域相異、學派相異者爲“非真儒”者。

## 公與私——中領域的定位

以下再就《韓非子・五蠹》中敍述“儒俠”的部分，稍加詳細地檢視。其曰：“……古者蒼頡之作書也，自環者謂之私，背私者謂之公，公私之相背也，乃蒼頡固以知之矣。今以爲同利者，不察之患也。然則爲匹夫計者，莫如脩行義而習文學。行義脩則見信，見信則受事；文學習則爲明師，爲明師則顯榮，此匹夫之美也。然則無功而受事，無爵而顯榮，爲有政如此，則國必亂，主必危矣。故不相容之事，不兩立也。斬敵者受賞，而高慈惠之行；拔城者受爵祿，而信廉愛之說；堅甲厲兵以備難，而美薦紳之飾；富國以農，距敵恃卒，而貴文學之士；廢敬上畏法之民，而養遊俠私劍之屬。舉行如此，治強不可得也。國平養儒俠，難至用介士，所利非所用，所用非所利。是故服事者簡其業，而遊學者日眾，是世之所以亂也。"

《韓非子·八說》的開頭有與此相關的記述，其曰："爲故人行私謂之不棄，以公財分施謂之仁人，輕祿重身謂之君子，枉法曲親謂之有行，棄官寵交謂之有俠，離世遁上謂之高傲，交爭逆令謂之剛材，行惠取眾謂之得民。不棄者吏有姦也，仁人者公財損也，君子者民難使也，有行者法制毀也，有俠者官職曠也，高傲者民不事也，剛材者令不行也，得民者君上孤也。此八者匹夫之私譽，人主之大敗也。反此八者，匹夫之私毀，人主之公利也。人主不察社稷之利害，而用匹夫之私譽，索國之無危亂，不可得矣。"

《八說》顯示了一個重要的觀點，"有俠者官職曠也"之語顯現"有俠"被定位爲應爲（已離官但原本爲）官吏者之現實。《五蠹》中的"儒俠"一詞也與被定位爲官吏的此一現實情況有關。《八說》中可見到公、私之別，包含有俠的八者被視作爲"私"者。《五蠹》中所說的"國平養儒俠，難至用介士"之語也意味"儒俠"的存在有如飼養爲"私"的寄生蟲，在危急之際毫無用處。

那麼，被《韓非子》視爲危險的爲"私"者的遊俠爲何在另一方面卻受到極高的評價？

此應參照前述《韓非子·顯學》中有關"儒墨"的內容。儒、墨各分爲八家和三家，皆被當作顯學。這些顯學各以不同的文本爲是而有所爭論。直接引起爭議的是《論語》，而若討論同爲儒家經典的《春秋》時，《公羊傳》、《左傳》、《穀梁傳》各自所認同的正統（戰國時代各文化地域的正統）互不相同。文本的差異易與正統觀的差異相連。若是如此，戰國時代諸家分佈於不同國家的推測，應比並存於同一國家中的推測合理。

在此必須先確認的是，遊俠與這些"顯學"有一定的關聯性。

總之，各地應都有高度評價遊俠之場所。

如前所述，秦國任用韓非時，其國家領域已達天下之半，曾是他國的領域被納入其統治下。《韓非子·五蠹》的內容，與其說是在慢條斯理地論說官僚中一般存在的問題人物，不如說是在任用口是心非、隨時會發生背叛的現實背景下所作的言論。

因爲有這樣的前提，司馬遷也在了解各地域的輿論之後，不得不分爲受到信賴與無所用處兩方面來論，在無所用處的方面，敍述其"不軌於正義"。

何謂"正義"？《史記》所說的"正義"所指爲何？在此"正義"之下，遊俠無用的一面受到指摘，故此"正義"應是以中央的邏輯爲基礎的"正義"。以中央爲"公"時，地方的議論便會被當作"私"而帶有無所用處的一面。

此種看法並未出現在增淵龍夫的文章脈絡中。其因爲何？

戰國時代的領域國家，在帝國之下成爲諸個地方。帝國的邏輯與地方遊俠的邏輯在此發生問題。如上所述，筆者曾另外論述過增淵龍夫的山林澤藪論，認爲其中欠缺了"中領域"的觀點。增淵龍夫的遊俠論也同樣欠缺了"中領域"的觀點。戰國時代以來的興論留存在此中領域裏，以此觀點重新檢視史料才能看出上述《韓非子》內容的真意。

不僅只是增淵龍夫，許多討論都强烈傾向於以《漢書》爲基礎來論述古代社會。《漢書》的《遊俠傳》曰："繇是列國公子，魏有信陵，趙有平原，齊有孟嘗，楚有春申，皆借王公之勢，競爲遊俠，雞鳴狗盜，無不賓禮。"戰國四君招"客"之舉被視爲"爲遊俠"，而四君之"客"被改寫作"雞鳴狗盜"，顯示其全被視爲行爲違反社會者。此種見解異於《史記》，其解釋更爲偏激，與《韓非子》中顯示的"俠"的本質顯著的乖離。若採用《漢書》的此種解釋，自然就無法察知《韓非子》的邏輯了。

## 匹夫之"俠"與"遊俠"的轉向——宮崎市定的視綫

總之，《史記》與《漢書》立場的差異，應是在於是否顧及在戰國時代領域國家成爲問題的"中領域"中具有隱然的力量的遊俠興論。《史記》編纂的時代不得不顧及此種興論，而到了編纂《漢書》時，則予以忽視（而且還讓遊俠帶有濃厚的反社會的犯罪氣味而加以説明）。關於此點，宮崎市定曾加以鋭利的指摘。

宮崎市定曾闡述"遊俠的轉向"[①]，其內容如下：

然而，根據司馬遷的觀察，遊俠的風氣自武帝時開始急遽墮落。此未必只是司馬遷贊古非今的偏見。漢代的天下漸定，暴力逐漸受到排斥。遊俠的社會在壓抑出頭的社交界裏無法獲得可由其中立身的機會。於是人材轉而走向出世捷徑的學界，剩餘的遊俠前途不見光明，便益發沈入社會的黑暗面，變化成僅只是樹立私黨，利用其勢力謀求私利私益的無賴漢團體。司馬遷鄙視此等人，視之爲盜跖居民間者，而以掘塚之姦事興起的田叔和以博戲惡業致富的桓發，皆不載於遊俠傳而被列入貨殖傳也是一種諷刺。而可想像的是，武帝的鹽鐵專賣、榷酤等新經濟政策很可能提供了他們許多冒險事業的有利機會。武帝晚年競相蜂起的盜賊應是以此輩爲中心。

遊俠的世界也有景氣好和景氣差的時代交互來臨，歸根究底，他們是一種社會勢力。脫離中央政權或政界有力者的保護，或者形成一個即使完全與中央政權或政界有力者絕緣也還能獨立存續下來的社交界。他們擁有各種金穴，經濟上也自給自足，故其根基鞏固。由中央政權的立場來看，其必然是危險至極的存在。秦始皇、漢景帝極力要加以彈壓。但即使能誅殺遊俠個人，也無法讓已出現的遊俠社會消滅。

---

① 　參見宮崎市定《遊俠について》同《漢末風俗》。

　　漢代從中途開始改變對遊俠的方針。中央集權未必就要滅絕地方權力，只要地方權力承認中央的優越性便行，沒有必要否定遊俠社會的存在。將此擁抱到自己懷中，讓遊俠的社交界具有中央宮廷社交界支部的地位，一面承認他們的存在，一面使其承認中央的威力即可，兩者在此處取得妥協。遊俠與中央握手言和顯現在不久後逐漸出現的遊俠貴族化之上，遊俠不羈獨立的氣概隨之消失也是無可奈何之事。看啊，《史記》《遊俠列傳》的文字是如何的豐富精彩！而《漢書》卻是狗尾續貂，班固添寫的遊俠逐漸貴族化，是被去勢的遊俠。與其說是遊俠，不如說是社交界的花瓶演員還較適當。遊俠自西漢初期已開始貴族化，西漢後半期轉盛，王莽篡位似乎有得到他們一部分人的援助。王莽時代的混亂雖再度引起舊有風格的遊俠活動，但東漢遊俠貴族化的傾向似乎益發強烈。……

　　宮崎市定將遊俠定位爲"地方"，闡述統一和武帝這兩個分期，並對王莽時期加以定義。"貴族化"這一用語與論述六朝貴族制的議論有關。此用語正確與否或許有另外加以討論的必要。

　　將"遊俠的轉向"當作"遊俠儒教化"[①]的問題而提出來討論者也是宮崎市定。他說："遊俠的轉向、就學是通過整個東漢時代進行的，故此事同時也顯示了社會的動向、風尚的變化。"

　　關於"秦代的遊俠"[②]，宮崎市定的敘述如下：

　　"秦的統一及其法家政治造成遊俠社交界極大的波動。戰國對立的時代猶有如四君或燕太子丹等有土之俠以保護匹夫之俠爲己任。……秦的統一以及有土卿相之俠的消失使得閭里鄉曲之俠中產生了大首領，借由他們的力量反而使遊俠社會漸受統制。《史記》敘述近世閭巷之俠的事跡儒墨皆排斥擯棄不載，故秦以前者湮滅失傳。然而事實上，閭巷之俠中出現有力者應是秦統一以後的事。秦始皇太過積極的政策以及其後二世時代的失政給民間的遊俠帶來振翅高飛的機會，舉旗叛秦者由六國子孫的舊貴族與匹夫的俠客共同形成中心勢力。……具此經歷的高祖及其同黨，即使取得天下成爲主權者而益當政治要衝，其所採的政策也與昔日的秦別無所異。倣效秦將天下豪俠遷至關中也還無可非議，景帝時竟採取誅盡諸國遊俠之輩的強硬手段。然而無懲於此，民間大小無數的遊俠益發輩出不窮。……"

　　宮崎市定認爲，匹夫之俠的出現是以秦始皇爲分期。此由上述《韓非子》中有關儒、墨的記述來看，也不能表示認同。要言之，他認爲強行推進舊六國領域的統治招致了匹夫之俠的出現，此見解可加以繼承。

---

① 　如宮崎市定《漢末風俗》所述，本文改稱爲"遊俠的'儒'化"。
② 　參見宮崎市定《遊俠について》同《漢末風俗》。

宮崎市定會注意到匹夫之俠應該與他闡述都市國家論而注意到都市有關。極富深趣的是，匹夫之俠與舊六國貴族共同舉旗叛秦的見解實際上是注意到“中領域”的見解。此外，由宮崎市定的論述可知，能蒐集到的有關匹夫之俠的史料是自漢代開始，此理解是上述論説的基礎。此理解本身是正確的。宮崎將《戰國策》當作是晚於《史記》的漢末時的史料①，然而認爲《史記》以“俠”來形容《戰國策》裏記載的刺殺春申君的行動不是和荊軻同樣的匹夫之俠②，因此宮崎市定的見解雖有一些出入，但無論如何結果是正確的。透過此理解，能窺知宮崎市定的意圖，他似乎是想在與荊軻和春申君有關的領域國家下的都市脈絡中，討論匹夫之俠。

## 中央的理論武裝

以上探討了遊俠的出現與發展，尋求其與春秋中期以後社會變化的關聯，並試論應如何繼承宮崎市定和增淵龍夫的研究成果，特別是在探討先秦時代以來的問題時，宮崎市定所進行的討論有許多值得繼承之處。

宮崎市定的討論中，有前述遊俠的轉向的問題③。關於此點，宮崎市定云：“遊俠的轉向、就學是通過整個東漢時代進行的，……地方豪族出身的遊俠少年逐漸變節就學。”他同時又説：“東漢時代的學問有法律之學、天文讖緯之學及老莊申韓之學等，其中最有力者還是儒家的經學。”由此可看出這是他意識到遊俠之徒修習經學之事而作的論述。但是，亦如他在其中所説的，與經學相並列，在東漢以後流行一時而爲人所知的是讖緯學，爲數眾多的緯書被制成作爲讖緯學的文本，這也是眾所周知之事。

緯書盛行的理由何在？

對於此問題，在學術上已有許多細密的探討，分析緯書帶有何種思想傾向、成立於何時等問題，例如安井香山認爲：“春秋緯和與此相關的緯書之形成……可能是公羊學發展時的變形。”④ 讖緯大致分爲讖與緯兩類，讖類是對未來的預言書，緯類包括與各經書有關聯的範圍廣泛的問題。相較於緯類，讖類中的天文佔讖的成立淵源可遠溯到戰國時代。

筆者本身也受到前人學說的指引，對於方位圓、十二方位、由三分損益法而產生的方位生成及與此生成有關的三合各方位所具的意義等問題，曾加以綜合性的探討，

---

① 宮崎市定《身振りと文學》（《中國文學報》二〇，一九七五年。《アジア史論考》中，朝日新聞社，一九七六年）。
② 參見宮崎市定《遊俠について》。
③ 參見《遊俠について》。
④ 安井香山《緯書の成立とその展開》（國書刊行會，一九七九年）頁二五七等。

並討論過董仲舒時期及漢末王莽時期的五德終始説中五德的生成與方位、三合的關係①。此外，筆者還論述過凌駕王莽時期的五德終始説而出現的東漢時代的五德終始説中五德的生成與方位、三合的關係是與緯書有連帶關係的。前人對東漢時代受命改制與緯書思想的關係已有詳細的討論，筆者曾就其關聯性，指出當時議論者的腦中共同存在著方位圓與三合的圖形要素，而《春秋繁露》中的受命改制説也能以此圖形要素來理解。

由探求與此種經學的連接點的研究②中，可看出中央的理論武裝。筆者上述的圖形要素若是正確的，理論武裝的中樞顯然可解明“正統”的歷史過程。武帝時代裏至武帝爲止的“正統”，王莽時代裏至王莽爲止的“正統”，以及東漢時代裏至東漢光武帝爲止的“正統”，各自經歷了怎樣的歷史過程？筆者曾嘗試對此問題作一法則性的理解。舉例而言，漢視“正統”的遊俠雖然儒化了，但是否能説是順利地朝向認同“正統”的方向前進了呢？

自漢代至魏晉南北朝，由上到下欲貫徹實行的王朝法制，即“王法”，受到討論③。在一般認爲完成度高的古代帝國漢王朝中，“王法”的理念是公權力的象徵。此“王法”幾乎原封不動地被魏晉南朝襲用，魏晉以後的諸王朝容許各式各樣私的結合以貴族制的樣態存在。

產生此種私的結合的遊俠世界在儒教化之前“墮落”（此乃上述宮崎市定所作的形容）了嗎？

在此，筆者想起了儒教史上有個特異的説法出現在此問題時代，那就是有關孔子的異常風貌的説法。異常風貌説本身並非在這個時代創出的，但在這個時代特別流行，孔子經常被以此種異常風貌來形容。遊俠的“儒”化在此時代已完成，如此，此説法與遊俠的“儒”化有何關聯？

## “正統”論與孔子——中央的視綫

孔子即使是一介知識分子，但其學説其後被弟子整理編纂，不久成爲受人景仰的

---

① 平勢隆郎《中國古代紀年の研究》（東京大學東洋文化研究所・汲古書院，一九九六年）第二章第三節。
② 參見宮崎市定《漢末風俗》，其中可見到注重東漢禮學的見解，討論始自光武帝時代的守禮派及和帝、安帝時顯著化的過禮派等的問題，並提及《後漢書》中所採錄的奇異傳説。將此禮學的問題當作王法的問題而加以更詳細的討論的是，神矢法子《漢魏晉南朝における“王法”について》（《史淵》——四，一九七七年）。另外，渡邊義浩《後漢國家の支配と儒教》（雄山閣出版，一九九五年）也承襲了此討論。
③ 參見神矢法子的論文《漢魏晉南朝における“王法”について》。

聖人。但是，一般未提及異常風貌説。此特異的孔子異常風貌説流行於緯書的時代。

最初是戰國齊的朝廷賦予孔子特別的地位，並展開“正統”論的①。齊的朝廷整理《春秋》中的歷史記事，並在《公羊傳》中加以解説，由特別的賢人孔子賦予齊的田氏特別的地位。如此，以歷史預言來顯示周王的權威將委讓給戰國時的齊王（威宣王）。

因爲這是齊的“正統”論，故其他的“正統”便製造出貶低此“正統”的“形”。《左傳》一面利用《春秋》本身，一面蓄意操弄一部分的記事，并且在《左傳》（《左傳》之名是後世的稱呼，《史記》《十二諸侯年表》序中作《左氏春秋》）中對韓氏，特別是韓宣子，賦予特別的地位，建構以鄭的子産爲特別的賢人的“形”。在預言中顯示，韓宣子的子孫不久將繼承周王的“正統”權威。在此書中，孔子並非第一賢人，反而是被誹謗的對象。孔子的預言全都遭到其他賢者的預言脩正（書中呈現這樣的記述形式），這等於是在間接敍述，以孔子的預言爲憑的《公羊傳》所説的是謊言。

《穀梁傳》一面承續孔子居於特別的賢人的地位，一面變更説明的內容。鮮虞，即其後的中山，是其預言爲特別的“正統”而加以宣揚的對象。晉被一般常識視爲中華，但在此書中卻被視爲“狄”。

附言之，《公羊傳》以事實記載（具體説明哪國是“中國”）顯示山東是“中國”（中原之地爲“諸夏”，被定位爲第二）；《左傳》以事實記載顯示自山西至河南是“夏”，其東邊是“東夏”（殷的故地）；《穀梁傳》以事實記載顯示包含洛陽、魯在內的河北中心地域是“中國”。《公羊傳》中的野蠻之地全稱爲“夷狄”；《左傳》中的野蠻之地稱爲“東夷、蠻夷、西戎、狄”；《穀梁傳》中的野蠻之地全稱爲“狄”。除此之外，不見其他的稱法，全被換爲這些稱謂。

東漢時代的注釋將這些全部混淆在一起説明，因此很難看出各個特徵。自中原至山東的地域廣爲“中國”，被視爲“夏”，即中華。

這些書籍的共同點是，將周的權威委讓刻畫成“正統”的“形”，並簡單地提及夏、商、周三代（三王）的曆。至于其所用的曆，齊、韓、中山分別採用“夏正”，表現經夏正、殷正、周正而回歸夏正的“形”。

此種內容的《公羊傳》在漢武帝時受到重視。董仲舒以此爲基礎，創造出表現以漢武帝爲最高“正統”的“形”。漢王朝取代戰國時代的“正統”而佔有“正統”的位置，因此必須否定戰國時代各地的“正統”，並貶抑秦始皇。

如上所述，《公羊傳》顯示的曆是“夏正”。經過夏正（以冬至月的下下個月爲一月）、殷正（以冬至月的下一個月爲一月）、周正（以冬至月爲一月）再回到夏正。除

---

① 以下，平勢隆郎《〈春秋〉與〈左傳〉》（講談社，二〇〇三年）中提供了較多的材料來論述。雖有很多相關的著作與論文，但請先參考此書，並請參照增淵龍夫《中國古代の社會と國家》。

此之外，尚有"楚正"（以冬至月的前一個月爲一月）與"顓頊曆"。顓頊曆配合夏正的月序（以冬至月的下下個月爲一月），並以十月爲年頭配合楚正的一月。武帝時，朝廷欲廢顓頊曆而改用夏正，實施新的制度。

戰國時代各國各自構思自己獨特的曆（一面使用共同的曆數，一面在其中加入獨自的部分），自認是唯一的"正統"。其中有許多國家使用夏正。漢王朝雖採用戰國時秦所用的顓頊曆，但後來改用夏正，利用上述戰國時代成書的《公羊傳》、《左傳》、《穀梁傳》各自使用夏正的意圖。最後，被漢王朝選中的是《公羊傳》。

漢武帝時的學者們沿用夏正至殷正至周正再回到夏正的寿曆説（三代改制説之一），被迫必須對武帝以前一直使用的顓頊曆加以歷史性的定位。

董仲舒針對此問題提出了解決的對策。《公羊傳》對孔子賦予特別的地位。孔子作《春秋》，《春秋》預言了漢的"正統"（而非齊的正統）。自孔子至漢武帝陛下爲止的時代是承續周的時代，也是銜接武帝陛下之代的時代。孔子的時代爲水德的時代，自武帝開始的新時代爲火德的時代。此五德的繼承所根據的是相勝説（木→土→水→火→金→木）。水德之世的前一個時代是周代，爲土德的時代。

在此，孔子扮演著連結周與漢的特別賢人的角色，而這位特別的賢人也負有貶低戰國時代的秦國和秦始皇的任務。此特別的時代是注重德的問題的時代，另一方面也被當作閏位的時代，在"正統"交替時居於輔助的地位。此居輔助地位的時代所用的曆是顓頊曆，而其上承周代的周正，下接漢武帝的夏正，形成三正的交替。

王莽承接在武帝以來的時期之後，就其立場而言，只要他承襲以上的説明內容，便難以主張自己的"正統"。若不由夏正改制爲殷正，王朝的交替便無法成立，但不論採用《公羊傳》、《左傳》、《穀梁傳》的何者，都會回歸到夏正（由周至夏正）。王莽的"正統"説明無法成立，因此便需要其他的預言，此乃促使王莽使用圖讖的原動力。

首先，以相生説（木→火→土→金→水→木）作爲五德終始説的根據，主張王朝的交替順序爲：周（木）→漢（火）→新（土）。並且，從五德終始的討論對象中，剔除作爲閏位的孔子以來的戰國時代。

因爲被排除在五德終始之外，孔子的地位於是下降，《左傳》擔任了補救的角色。《左傳》原本是預言戰國時代韓氏"正統"的書籍，而具用來顯現預言的一環是木星紀年①。由於木星位置是從戰國時代往前追溯的，並且木星周期也被弄錯（實際爲約83年7周天，卻被當成12年1周天來追溯），因此被顯示的木星位置並非實際的木星位置。王莽卻以此爲木星真正的位置，將自己的時代繫於此木星位置上來闡述。劉歆是

---

① 平勢隆郎《王莽時期、木星位置に関する劉歆説の複元とその関連問題》（《日本秦漢史學會報》五，二〇〇四年）。

他的智囊，根據其説法，《春秋》最後"獲麟"的記事最具預言效果，"獲麟"之年的木星位置與自己成爲皇帝之年（始建國元年）的木星位置相同。此位置即討論天之方位時的夏正點，王莽企圖藉此讓作《春秋》的孔子（一般認爲如此）的預言内容轉向自己。

再者，王莽還利用圖讖創出其他的"形"。根據五德終始説（相生説）的交替順序，周（木）→漢（火）→新（土）的其次是金→水，但因爲希望交替永遠不再發生，於是利用圖讖預言金→土反方向的五德交替（照順序的話，是土→金）。王莽自認爲是周公，輔佐漢朝的皇帝。周公之德爲金德，以此賢人之德預言將來的皇帝之德爲土德，並且，還讓預言預告德的交替是由白色的金德變爲黄色的土德。賢人之德普通聽來極怪異，但在董仲舒的時代已有言論認爲以孔子爲起點的時代是水德，並闡釋漢的火德承接此水德。王莽利用此段過去，自認爲自己是賢人，讓預言預告承接周公的德之交替①。

王莽時代周公因爲圖讖而成爲扮演特别的賢人之角色者（孔子則是因《左傳》之故）。《周禮》據説是周公所作，故暫且不論其内容爲何，《周禮》成爲格外受重視的典籍。

由於此種説明能成立，故知王莽爲何如此重視《左傳》與《周禮》的理由也很明顯。王莽並未更改這些書籍的内容，換言之，從邏輯上來説，是沒有如此做的必要。因此，筆者認爲《左傳》和《周禮》是王莽僞作的説法是不成立的。此外，這種僞作説以劉歆的説法解釋上述受到利用的木星位置，除了將"其後有劉累，……夏后氏嘉之爲御龍氏"（《左傳》昭公二十九年）"其處者（范氏）爲劉氏"（《左傳》文公十三年）的記載當作漢代的增補之外，筆者尚未聽聞有其他被具體指出的僞作痕跡②。對於《左傳》中的木星位置不符合劉歆的説法之事，筆者已透過解決數目龐大的年代矛盾問

---

① 附帶一提，緯書逸文中有次於周公出現的特别賢人孔子預言金德出現的内容（參照安井香山《緯書の成立とその展開》，頁四五六）。其所敍述的五德交替似乎與本文論述的五德交替的文脈不同（《春秋演孔圖》中曰"血書飛爲赤鳥，化爲白書，署曰演孔圖"顯示在赤德的漢王朝之後，出現金德的王朝，兩者間有不列入討論的王莽的土德。關於此論述，參見安居香山、中村障八《重修緯書修正五・春秋上》［明德出版社，一九八八年，頁一四]）。例如，以將王莽之德當作土德爲前提，金德的王朝出現並將其擊退等的主張。此外，也有一些議論討論光武前的封禪等"受命"的問題（參照安井香山《緯書の成立とその展開》，頁四五六）。其他也有叛亂者所作的可能。魏採用景初曆時，雖是暫時的，但使用殷正可能是期待由漢的火德變爲金德。緯書中有"劉季"的問題，一般由文脈來看大都認爲是指高祖劉邦，但在此種情況下，有必要討論解作"劉氏之末"的可能性。
② 筆者在《左伝の史料批判的研究》中介紹過御龍氏和范氏的故事，討論了漢代改寫（將龍纍改寫作劉纍）的可能性。

題而加以實證證明①。並且，關於范氏的事例與《左傳》的其他內容毫無關聯（不會誘導其他痕跡）之事，也已作過一番論述②。

## 孔子異常風貌說的出現

要在理念上否定王莽時期，回歸火德的漢，方法之一是還原到西漢武帝時的說法。此外，另一個方法是，既然王莽特地編造了一套說法，不妨就利用王莽的說法，超越並否定王莽的存在。由結果可知，東漢王朝選擇了後者。此處所說的"特地編造"是指理念上的完成度而言。因爲此說法是先研究過董仲舒的說法才提出的，故就完成度而言，王莽時期有關理念的議論是較嚴謹的。並且，完成此事的智囊是劉氏一族的劉歆。

在此，試以此劉歆的說法來討論漢王朝的正統。劉歆說以孔子爲閏位，且不討論五德終始。然而，東漢王朝必須凌駕王莽說明的必要性，正好與身爲中央欲推進儒教的意圖相重疊。正因如此，才會摸索如何賦予孔子特別的地位。爲了賦予孔子特別的地位，必須在不抵觸帝王之德的情況下，說明孔子是特別的存在。筆者認爲，孔子的異常風貌說應該就是在這樣的原委下出現的。

就東漢王朝的邏輯而言，一方面雖想賦予孔子特別的地位；但另一方面，若賦予的地位太特別，反而會成爲凌駕漢王朝的存在而造成危險。因此，可能繼承了與五德終始的"德"無關的賢人之"形"。

緯書《春秋感精符》曰："墨孔生，爲赤制。"此記載敍述孔子具備水德（墨等於黑，北方配水與黑［玄］），而由具水德的孔子製作具火德的漢代制度（赤制）。

此處需注意的是，孔子的水德與周（木）→漢（火）的五德終始被分開討論。在周的木德與漢的火德之間能插進孔子的水德，是因爲如上所述當時的議論者腦中有共同的方位圓和三合的圖形要素存在的緣故。根據此圖形要素，孔子的水德由周的木德而生，漢的火德由孔子的水德而生。五德的交替依照五行相生說，由周的木德生出漢的火德，而夾在其間的孔子時代則被當成"閏位"。亥、卯、未爲討論此"閏位"的三

① 平勢隆郎《新編史記東周年表——中國古代紀年の研究序章——》（東京大學東洋文化研究所・東京大學出版會，一九九五年）。

② 在邏輯上歸納的結果顯示，唯一能指出有"增寫"的部分祇有關於此范氏的記事而已。"增寫"似有似無。若討論有的可能性，只是將原本作"爲龍氏"的部分改作"爲劉氏"，"龍"與"劉"的發音不同。此種程度的"增寫"，不管是對《左傳》整體結構，或是對上述王莽利用《左傳》的實際情況，都沒有任何的影響。無法說明王莽"增寫"這個部分的積極理由，所以有"增寫"的話，應該是漢王朝的劉氏所爲。此推測顯示王莽僞作說本身是不成立的。

合頂點。試以此來討論德，則水德在亥，本德在卯，火德在未。但爲了闡釋由周的木德過渡到漢的火德的轉移期，故只好以亥的水德來加以説明。如此一來，自武帝以來將孔子至武帝爲止的時期當作"水德"時代的説明，便可被繼承並加以討論。湊巧的是，孔子出身的孔氏原本是宋國人，而宋人是殷人的後裔。殷被視爲具有水德，故也可被用來當作與此論述的銜接點。

前面也曾論述過，王莽以相反的順序構思賢人之德，而以周公旦爲賢人的代表，周公之德爲金德。孔子被作爲"閏位"之事意味著，即使以相反的順序追溯賢人之德，也會是"閏位"。漢王朝欲將孔子特別化的願望，以及孔子不得威脅到漢皇帝的地位之想法，也能因此得到滿足。

異常風貌説被認爲是讖緯説的特徵①。漢高祖、堯、舜、文王等人皆被描述爲具有龍眼的異常風貌者。《孝經援神契》②曰："孔子海口，言若含澤。"亦有"舜大口"的記載。再者《孝經鉤命決》中也有"仲耳虎掌，是謂威射"、"仲耳龜背"的記載，這些皆是對孔子異常風貌的描述。

一般認爲，被視爲聖人者因其偉大故有關於其異常風貌的討論。但此異常風貌説若加進先前所説的孔子的定位，便會發現其他的意義。

雖然與五德終始無關，緯書中可見到對孔子水德的強調。並且，相關聯的五德幾乎都在預言漢朝的火德③。

如上所述，在五德終始的論述中孔子被定位在"閏位"，具五德之一的水德。上述的"龜背"也令人聯想到北方（配水）的守護神玄武。"海口"亦是如此。相對的，赤德的赤代表南方的顏色。總之，相對於赤德給人飛翔於天空的朱雀（鳳凰）之印象，孔子的水德則給人支撐大地的北海玄武之印象。

剛才提到了玄武、朱雀，此與青龍、白虎一同成爲四方之神可能是自東漢時才開始的（四神各自的淵源問題另當別論）。《淮南子·天文訓》曰："太陰在寅，朱鳥在卯，勾陳在子，玄武在戌，白虎在酉，蒼龍在辰。"在此記載中，四神尚未成爲四方之神。總之，彷彿像是要配合東漢時四神方位的固定化似的，孔子的異常風貌説也於此時出現。

若是如此，此應是爲了加強上述的五德終始説而被構思的。以漢朝皇帝配天、輔

① 參照安井香山《緯書の成立とその展開》，頁四六四。
② 以下見安居香山、中村障八《重修緯書修正五·孝經·論語》（明德出版社，一九七三年），頁三四、七二。
③ 有一部分是例外。緯書似乎並非全是爲漢王朝的劉氏所作的，有反叛者或後來的王朝的議論存在時，會出現別的形態（理論上説）。會出現一部分例外可能是因爲反映了與特別看待劉氏議論相異的議論的緣故。

佐角色的賢人象徵孔子配地，在此給與人至高無上的五德終始説的印象。

更進一步地説，如上所述，賦予賢人太特別的地位可能會發生賢人反過來凌駕於漢王朝之上的危險。關於此點，吕宗力①有個有趣的見解，他在根據漢碑的記載論述讖緯説對思想界的影響時，曾介紹戰國以來的素王説，並指出東漢時素王説的内容有很大的發展，出現了"孔子素王"説與"素侯"説。再更進一步地説，在《漢書·董仲舒傳》中可見到《漢書》對"素王"唯一的記載，其曰："孔子作春秋，先正王而繫萬事，見素王之文焉。"此後，出現許多有關孔子與素王關係的討論，但董仲舒的《春秋繁露》中卻未見"素王"的記載。《史記》也未將孔子與"素王"相結合。豈止"孔子素王"説，連結合孔子與"素王"的議論都是到了東漢才開始流行的②。

若要避免造成漢王朝上述的危險，就應在腦中意識著"素侯"説，主張"孔子素王"的"素王"並非實際上的"王"；相反地，若想誇示具有告戒漢朝皇帝的力量，就應強調"孔子素王"説，並討論五德之一的水德。

然而，出乎意料的，王充在《論衡》中提出孔子以外的諸子爲"素侯"的説法，並明確指出包含孔子在内而討論的"素王"也非"王"。總之，王充的《論衡》是意識到對漢王朝會構成危險而作的論述之代表。《論衡·超奇》曰："孔子作春秋，以示王意，然則孔子之春秋，素王之業也，諸子之專書，素相之事也。"同書《定賢》又曰："孔子不王，素王之業在於春秋，然則桓君山素丞相之跡，存於新論者也。"王充以批評讖緯的内容虚妄而聞名，因此現在一般對王充的評價是"合理"。但是，筆者卻在其中看見其"擁護漢王朝"的另一個側面。

另一方面，吕宗力云："不僅以孔子爲受命於天的'素王'，而且配備了一班'素臣'，從而構成了一套與世俗君權相拮抗的神權體系。由於緯書的大量佚失，在今存緯書中有關方面的材料已經很少了。但連篇纍牘徵引緯書的《史晨碑》、《韓勅後碑》中反復出現以孔子爲'素王'的説法，並有'孔聖素王，受象乾坤'之説，再一次證實了'孔子素王'説確實是讖緯學的重要組成部分。"此段論述中，筆者認爲需注意的是有關"素臣"的部分。其中可見到以孔子爲頂點的政治體制，雖然僅止於理念上的構想。原本對皇帝劉氏充滿反抗精神的遊俠世界，爲何會對儒教抱持極大的興趣？答案的關鍵即在於此。傳統儒教中並無此種政治體制的構想，衹有賢人與其弟子們傳播的思想。然而，發展至此，儘管僅止於理念，表面上採取協助體制的"形"，而在心中輔

---

① 吕宗力《從漢碑看讖緯神學對東漢思想的影響》（《中國哲學》十二，一九八四年）。

② 筆者不認爲相關的議論全是"素王説"并且全是戰國時代以來的議論。疑古派曾想將這種議論都放到王莽以後來討論，但從近年出土遺物的記事内容來看，筆者對這種構想是無法表示支持的，但對于這種構想的反面，即以古爲真的議論，也不打算加以進行。

佐的可能是以孔子爲頂點的理念上的政治體制。

## 吸引遊俠的精神世界——中央的視綫與遊俠世界的視綫

呂宗力認爲君權天授是中國的傳統神學觀念，而讖緯學的君權天授理論中，由能作爲君權身份證明的“感生帝”、“特異風貌（異常風貌）”、“符命”構成核心部分。據此意義重新檢視與孔子有關的緯書說[①]，《春秋演孔圖》曰：“孔子母征在，游大澤之陂，夢黑帝使請，已往夢交語，女乳必於空桑之中，覺而若感，生丘於空桑之中。”《論語譔考》曰：“叔梁紇與征在禱尼丘山，感黑龍之精，以生仲尼。”敍述孔子（仲尼）是其母感黑帝之精而生。因爲是如此特別的人物，故如已介紹過的，具有“海口”、“龜背”的容貌。此種“感生帝”因具備爲帝王的條件之一，故並非單純的賢人。

呂宗力更進一步說：“緯書中所舉的‘感生帝’方式雖多，應用也很廣泛，但受命帝王與普通臣子卻有根本區別。東漢豪族好炫耀自己世系久遠，血統神異。緯書中之‘肖何……昴星精也，……稟昴宿而生’（《緯書集成》卷四下《春秋左助期》），子路感雷精而生（《重修緯書集成》卷五《論語讖》）。漢碑中之《柳敏碑》云：‘其先蓋五行星仲二十八舍柳宿之精’（《隸釋》卷八），《朱龜碑》云：‘星精壹蘊，我君受之’（同卷十），都是這種豪族觀念之反映。又如緯書對“維嶽降神”的古說加以發展，造‘五嶽吐精生聖人’說（見《文選‧陳太丘碑文》李善注引《孝經援神契》、《孝經鉤命決》文）。這種神學觀念被東漢豪族地主廣泛利用。《楊震碑》、《楊君碑》、《孔彪碑》、《劉熊碑》、《耿勛碑》、《陳實碑》、《陳紀碑》等都有反映。”

呂宗力又說：“但是，緯書中受命帝王的‘感生’，卻別具一格，它將‘感生’觀念與‘五德相生’說相結合，構成獨特的‘感生帝’說。”他似乎認爲包含孔子在內無人能侵害漢王朝的絕對性。此看法也是過去研究緯書者的共同認識。

筆者對此點見解本身並無異論。然而，事實上，孔子和豪族的祖先們卻擁有無法以偏概全地用“無人能侵害漢王朝的絕對性”來談論的條件。對於此點，應如何來加以探討呢？

在此，請參照筆者所作的劉歆五德終始說的解說圖[②]。此圖顯示：1. 構成三合的正三角形；2. 據三分損益法而來的十二方位的生成；3. 由生成方位顯示的五德；4. 由

---

① 參照安居香山、中村障八《重修緯書修正五‧春秋上》，頁一三；安居香山、中村障八《重修緯書修正五‧孝經‧論語》，頁一二〇。

② 平勢隆郎《中國古代紀年の研究》，頁一六～一六三。

生成方位顯示的曆。顯示邏輯上的必然性。～的號碼表示生成方位和帝王、王朝。圖中顯示，一般認爲曆始自夏王朝，而夏正→殷正→周正的交替具規則性，理論上能追溯到過去來討論。參考此圖即可了解，一般是無法用一個方位來處理生成方位、五德和曆的。

具體地看，夏王朝的生成方位（）爲寅，此方位代表夏正，自包含寅的三合而得的戌代表金德。爲了説明，需要寅、戌二方位。殷王朝的生成方位（）爲酉，此方位不適合用來説明曆和德。但自包含酉的三合而得的丑代表殷正的方位，且也可説明水德。在此種情況下，爲了説明，也需要酉、丑二方位。

周王朝的生成方位（）爲辰，此方位代表木德。自包含辰的三合而得的子代表周正。爲了説明，需要辰、子二方位。其次的（）是閏位。在時期上，包括以孔子爲代表的秦始皇時期。但要先確認的是，生成方位爲亥。其次是漢王朝，漢的生成方位（）爲午。僅祇有漢王朝能用午説明夏正和火德。總之，雖然一般無法用一個方位來涵蓋生成方位、五德和曆，但祇有漢朝是例外，能以一個方位來説明。前面曾説過，曆的議論始自夏王朝，而漢王朝的曆能用比夏王朝的夏正更高水平的夏正來議論。

重新檢視，假設此時期能以水德來議論，這種情況時的生成方位是亥，用亥可説明水德。在此贅言，此水德並非五德終始的德。以五德相生説來議論五德終始，因而才有周（木德）→閏位→漢（火德）的説法。完全只是試論，假設討論此時期的德的問題時，能以具可能性之一的亥位議論水德。

此外，在曆的方面，雖能以三合議論曆的交替，但夏正（寅）→殷正（丑）→周正（子）的其次是"亥"（其次才回歸"寅"），無法討論三正。因此，才變成"閏位"。總之，以亥來討論"閏位"，此乃是在討論曆。實際上，討論此時期的曆時，腦中應意識著自戰國時代的秦至西漢武帝時所使用的顓頊曆。如前所述，顓頊曆以亥月爲年首，配合夏正（寅月爲一月）的月序。漢代以後的議論所漠視不顧的楚正乃是以亥月爲一月的曆。原本若不包含楚正一起討論的話，用三合所作的説明每當遇到"亥"時便會發生構造上的破綻。關於過去的帝王，此種破綻之所以未被發現，是因爲未討論曆的緣故。具有此種意義的以亥月爲年首的顓頊曆被使用的時期，其生成方位爲"亥"。因此，此處用"閏位"的説法，是表示用曆能用"亥"來説明。

如上所述，東漢時代緯書盛行，有孔子是受"水德之精"而生的説法。若遵照此説法，東漢時代便會成爲一個特別的時代，閏位的孔子和漢王朝（依照筆者構想的圖來説）能各自只用"亥"（水德，顓頊曆）或"午"（火德，夏正）的生成方位説明五德和曆。

如此一來，孔子的定位果然會變得破例的高。緯書重要的課題似乎就是，讓地位破例的高的孔子預言在破例的偉大的漢王朝的出現。

因此，可做如下的推論。東漢豪族能依據緯書説來議論祖先的"德"。他們帶著此種特別的意識，在政治上成爲漢王朝的官僚，在精神上成爲孔子的"臣僚"。一面受統一國家的統治，一面在精神上貫徹其反抗姿態的遊俠爲了"儒"化，單僅只是期待他們向政治壓力屈服是不夠的。然而，沒想到爲了説明漢王朝超越性的地位而被利用的緯書的世界，竟然會對遊俠産生吸引力。此吸引力來自孔子的特別性。除了以漢皇帝爲頂點的政治體制之外，另外又出現了一個以孔子爲頂點的精神上的政治體制。并且，在此精神世界中，另外又多了一個魅力是，身爲遊俠指道者的豪族們其傳説中的祖先古代帝王的德，能以儒教經典的緯書來加以議論。此處成爲關鍵的語詞是"家"。就與本文相關的範圍而言，在緯書中要注意的是，《孝經》的緯書之多，足以與《論語》、《春秋》的緯書並列。這表示，能巧妙地籠絡豪族崇拜祖先的意識之事促使了圍遶在豪族周圍的遊俠（包括是豪族的遊俠）的"儒"化。

再者，在上文中敍述了孔子的水德，介紹了孔氏出身的宋國的祖先，即孔子的祖先殷王朝能以水德來討論的論述。孔子的水德也是祖先之德，且也是受黑帝之精而有的德。此種説明的存在，突顯了孔子的特別性，並與祖先發生關聯，應該也是促使遊俠"儒"化的要因之一。

如上所述，眾所周知，戰國時代已有可用來討論"素王"的材料。此材料與東漢時代不同，並未將孔子當作"素王"，但"素王"是存在的。近年來出土史料之中有關於感生帝傳説的材料，其並非異常風貌的材料，上海博物館楚簡《子羔》中可見到殷王朝的祖先契的傳説。契之母吞下燕子衘在口中帶來的蛋而受孕，傳説契是剖胸而生的。此非異常風貌，而是異常出生。得靈妙之力的描述與感生帝説相通。關於五德，《史記·封禪書》中有騶衍闡述終始五德之連的記載。內容尚不十分清楚，一般參照《莊子·天運》中"夫至樂者，先應之以人事，順之以天理，行之以五德，應之以自然"的記述。上述記敍不確定是否是在以五德談論帝德。

如此，有關五德終始、感生帝及異常出生的淵源似乎能有所知，問題是宇宙和傳説的帝王。孔子則尚未露臉。

與此問題相關且極爲有趣的是，齊國田氏所留下的青銅器"陳侯因□敦"的銘文中有"其惟因□，揚皇考邵練，高且黃帝，伿□□文"的記述，田氏記載其祖先是黃帝。《史記》裏介紹春秋時國的祖先出自帝王。被稱爲《世本》（《系本》）的家譜制作盛行。總之，對留存在各地的有力者，且是與君主血統有淵源的有力者而言，爲帝王準備特別説明也就等於是爲其祖先準備特別説明。就此意義而言，戰國時代極可能有什麼利用家譜而作的特別説明。并且，很容易想像的是，此種特別的説明視各地域而異，各以不同的文脈來特別描述各地域。這種特別看待各地域的觀點，有可能在遊俠的世界里成爲支撐反中央意識的精神支柱。

因爲有此精神支柱，東漢時對孔子的特別看待以特別的"形"呈現（另外還出現了有關有力者們的祖先的"德"和感生帝故事的討論），結果使得遊俠的"儒"化戲劇性地進行。

關於東漢時代禮的風俗的議論，有所謂的"過禮"的禮的實踐問題①。具體的問題有服喪的年限過長等問題，據此也可討論與談論上述傳說祖先的帝王異常風貌同層次的意識的存在。此與有力者的"家"之祖先祭祀有關。當過度的服喪也被說明爲"禮的實踐"時，中央也無法隨便反對。關於此點，由實踐此"過禮"者的角度來看，這也成爲一種拒絕出仕"公"的行爲，而在地方的"公"的場合，此種行爲也具有反體制性的示威效果。

在前面有關王充的論述中，曾提及王充感覺到的漢王朝的危機。然而，讖緯說極度具有讚揚漢王朝正統的"形"之事也是事實。讖緯說要如何對應"爲了漢王朝"此題目是別的問題。欲積極活用王充視爲危險的緯書者，並非不支持漢王朝者。重要的是，儒教在中央如何被討論，中央如何一面對此加以利用一面將地方牽扯進來。但將視綫落在遊俠的世界，通過他們的興論重新省視問題時，筆者認爲對有力者的祖先的稱揚與對孔子的稱揚有密切的關聯的這一點，對遊俠而言是很有魅力的。特別是想要發動推翻漢王朝的革命的這種可能性隱約浮現時，毫無疑問地此種魅力會更加增長。

## 接納遊俠的場所

《史記·遊俠列傳》中介紹了幾位遊俠人物。其中的記載顯示，在遊俠的世界里"爲俠"的行爲廣受好評。

郭解（河內）軹人，善相人。某日郭解姊之子仗著郭解的威勢觸怒了別人，結果被殺身亡。郭解姊將其子遺體棄於道路上迫使郭解檢舉犯人。郭解終於找出犯人，犯人親自到郭解處陳述原委。郭解問清事件的經過後，認爲是姊子之非，於是放過犯人，弄清姊子之罪後再行葬禮。因爲此事，郭解的聲望變得更高。郭解見到別人對他的無禮態度，也只是設法讓其人醒悟，聲望因此更高。郭解也曾仲裁過彼此對立的洛陽賢豪。郭解殺了與他對立的楊季主，被楊氏控告。郭解於是將其母家室置於夏陽，自己前往臨晉。臨晉的籍少公不識郭解，而讓他出關。郭解入太原，追踪郭解的官吏到了籍少公處告知郭解的行踪（籍少公知道事情的經過後，爲了保護郭解），籍少公以自殺

---

① 參照宮崎市定《漢末風俗考》，以及神矢法子《後漢時代における"過禮"をめぐって——所謂"後漢末風俗"再考の試みとして——》（《九州大學東洋史論集》七，一九七九年）。

親自封了自己的口。經過一段時日，郭解被逮捕，甚至連被郭解所殺者的親友都請求赦免他。當時祇有一位儒生，聽到客稱贊郭解時，在客面前批評郭解以姦犯法。客於是殺了那位儒生並拔掉他的舌頭。官吏向郭解詰問此事時，郭解回答說不識此客，並且此客也已自殺，無法得知其爲誰而殺人。官吏奏報上司郭解無罪。但是御史大夫（中央的高官）公孫弘曰："（郭）解布衣爲任俠行權，以睚眦殺人，解雖弗知，此罪甚於解殺之。當大逆無道。"於是將郭解一族全部處死。

此件記事，《漢書》中也有介紹，與《史記》相比對的話會很有趣。儘管在字句上有許多共同的部分，但《史記》和《漢書》的讀後感不同。原因是在《漢書·遊俠傳》曰："繇是列國公子，魏有信陵，趙有平原，齊有孟嘗，楚有春申，皆藉王公之勢，競爲遊俠，鷄鳴狗盜，無不賓禮。"師古曰："繇讀與由同。信陵君魏無忌，平原君趙勝，孟嘗君田文，春申君黃歇。"此段記載顯示，戰國四君招"客"之事本身是"爲遊俠"，而四君的"客"被改寫爲"鷄鳴狗盜"，全是反社會行爲的實行者。相對的，比《漢書》早的《史記·遊俠列傳》的體式，開頭對遊俠爲何作了一番解説後，再描述具體的人物，最後以"太史公曰"結尾，而在開頭的解説最後的部分指出招天下賢者爲"客"的戰國四君等與閭巷之"俠"的存在。並敍述對後者，儒家、墨家皆未留下記録。"客"就是客，而非"鷄鳴狗盜"。腦中被印上"鷄鳴狗盜"的説明來讀《漢書》，與《史記》在序文解説的最後出現"客"就是客的説明，讀來會有不同的感受。

注意到此點後，再重新檢視郭解的事績，會發現其中交雜著二種"公"。郭解認爲姊之子有罪而放犯人逃走。由親戚之子被殺的立場來看，郭解的這個判斷是在更高的層次上下的判斷，也就是所謂"公"的判斷，此判斷擔負著他的聲望。至於説，此聲望對何種地方造成何種影響？此可由連不認識郭解者，都爲了保護有此聲望的他而自殺之事，窺知大概。由自殺者的立場來看，只能説這是他對站在官方的立場處斷時會引起的輿論反彈，以及自己自殺時會引起的輿論支持，雙方都加以考慮後的所得到的結果。若引起反彈，連家族都會有危險。但自己即使死了，只要有輿論的支持，家族就能平安無事。由官方來看，不論是地方輿論或是個人原因，都屬於"私"。但對擁護郭解甚至自殺者而言，有比官府更重要的"公"存在。

因爲有此種背景，故公孫弘也毅然主張將郭解一族處死，並認爲支持維護郭解的"公"的行爲是"大逆無道"。進一步推測的話，或許可知郭解所殺的究竟是何種人物。他所殺的恐怕是行動不受輿論支持的人，或是平常實行阿諛中央（此乃輿論的判斷）政策的人，所以中央才會也有不能置之不理的理由。

此外，支持郭解的"公"的範圍與戰國時代三晉之中的以趙爲主包括一部分韓的領域重疊。在確認中領域的輿論擴散情況時，筆者不由得想起某件事。

那就是孔子流浪過的地域的擴大的情況①。除了春秋時代的宋、陳、鄭、衛四國以外，葉（楚）與蔡也有孔子的行腳，此旅程其實是在巡遊殷的故地及與其有淵源的國家。

此旅程的範圍，在歷史上，相當於在西周金文裹見到的，周武王滅殷後有"丕顯文（文王）武（武王），膺受大令，匐有四方"（師古）的記載中的"四方"（四個方國）之地。

孔子巡經之地是此種傳統意識很强的地區（參見《史記·孔子世家》）。孔子的流浪之旅顯示，在新石器時代以來的交流基礎上，可能已出現了國與國之間往來的道路。這些往來道路的沿途有各國爲補給物質而設的"湯沐之邑"。"湯沐之邑"是往來他國的使節休憩之處，也是此種他國之人居住之處。"湯沐之邑"在戰國時代以後，仍以其他的形態繼續存在。春秋後期身爲殷的後裔孔氏一員的孔子（孔丘）離開魯國後，周遊於與殷有關的地域。

如上所述，此種往來的道路，在大國的時代是連結大國、小國的貢納道路，而在領域國家的時代，則成爲連結中央與地方的物資輸送道路。由中央的觀點來看，此種道路具有運輸道路的意義，而由接納遊俠的場所，或者說是支持遊俠輿論擴散場所的觀點來看，此種道路可視爲接納自過去曾存在的湯沐之邑以來的他國人們的場所。

不用說，在此並不打算討論過去的湯沐之邑依舊繼續存在之事，而只是闡述了自此種邑存在的時代開始，接納外來者的傳統即持續不斷地被繼承下來。

此種場所的擴大，必定反映出過去的大國、小國關係，而且是具限定性的。反過來說，光只是具限定性的，就能使此種場所獨自具有的氣氛，超越時代根深蒂固地被繼承下去。

## 富商大賈與遊俠

根據此意義，重新省視遊俠的問題。正如宮崎市定所說："以掘塚之姦事興起的田叔和以博戲惡業致富的桓發，皆不載於遊俠傳而被列入貨殖傳。"②《史記·貨殖列傳》中也有遊俠活動的記錄。《貨殖列傳》中雖提及掘塚、博戲等反社會的行爲，但也說："漢興，海內爲一，開關梁，弛山澤之禁，是以富商大賈周流天下，交易之物莫不通，得其所欲，而徙豪傑諸侯彊族於京師。"此段記載顯示，戰國時代諸王所佔有的山林澤藪是以中領域爲對象，此佔有的經驗在帝國成立以後，以郡縣統治的形態繼續存在。

---

① 平勢隆郎《中國の歷史 2·都市國家から中華へ》（講談社，二〇〇五年）頁二一六。
② 參照宮崎市定《遊俠について》同《漢末風俗》的"遊俠の轉向"部分。

武帝時即使由鹽官、鐵官負責管理鹽、鐵，此形態本身也未發生改變。可以說，此種“富商大賈”活動的場所，似乎與支持遊俠的場所是重疊的。

我們討論“富商大賈”時，往往使用“大商人”一詞來形容，此詞彙也被用來當作爲“私”者的代名詞。因此，商業本身似乎從一開始就被認爲與“私”有關。漢王朝實行的鹽、鐵專賣是“公”，設定保管這些的“私”。然而，由本文已作過的探討來看，會發現這樣的理解未必是正確的。“富商大賈”活動的場所變成遊俠輿論形成的場所，就此意義而言其具有“公”的側面。此場所若追溯到戰國時代，正好是領域國家的“公”的場所，而再往前追溯的話，會是“大國”、“小國”的往來而形成的交流場所。

戰國時代物資的流通是依靠中央佔有的山林澤藪及（郡）縣統治而維持的。前面已指出，在此之下有商人從事活動，維持具傳統性的場所的交流。在此意義上的“私”，比我們所想像的還要具備“公”的側面。此原封不動地在帝國時代被繼承，而成爲接納遊俠的場所，這些商人則在經濟上支援遊俠。

《史記‧貨殖列傳》曰：“子贛既學於仲尼，退而仕於衛，廢著鬻財於曹、魯之間，七十子之徒，賜最爲饒益。原憲不厭糟穅，匿於窮巷。子貢結駟連騎，束帛之幣以聘享諸侯，所至，國君無不分庭與之抗禮。夫使孔子名布揚於天下者，子貢先後之也。此所謂得埶而益彰者乎？”司馬遷在《遊俠列傳》之外，另立《貨殖列傳》，並在其中記載此事，認爲子貢的活動堪稱“貨殖”之名，孔子能名聞於天下，是因爲“子貢先後之”的緣故。

此段記載亦見於《漢書‧貨殖傳》，但被刪除掉了孔子能名聞天下是因“子貢先後之”的部分。也就是說，由《史記》能窺知，孔子名聲廣布與遊俠輿論形成場所的關系，但在《漢書》中卻無從得知。

《漢書》中關於孔子名聞於天下的時期的説明，記載於《儒林傳》中。《漢書‧儒林傳》曰：“仲尼既没，七十子之徒散游諸侯，大者爲卿相師傅，小者友教士大夫，或隱而不見。故子張居陳，淡臺子羽居楚，子夏居西河，子貢終於齊。如田子方、段干木、吳起、禽滑氂之屬，皆受業於子夏之倫，爲王者師。是時，獨魏文侯好學。天下並爭於戰國，儒術既黜焉，然齊魯之間學者猶弗廢，至於威、宣之際，孟子、孫卿之列咸遵夫子之業而潤色之，以學顯於當世。及至秦始皇兼天下……”《漢書》編者敍述，孔子之教由其弟子傳播到各地，在戰國時代衰微，但齊、魯之間仍不廢。子貢所居的西河與魏文侯有關，由文侯時的狀況來看，確實是有當地儒術衰退的認識。

由《漢書》此段記載雖可知道孔子弟子們的動向，但在《史記》中可嗅到的遊俠輿論形成場所的氣息在此卻完全被抹消掉。

附帶一提，前面只是意義不明地提到《史記‧貨殖列傳》所説的“子貢先後之”，一般常識性地讀作"子貢時"，文意會較通順。

然而，實際情形究竟如何？由前面討論過的遊俠輿論形成的場所與"富商大賈"的關聯來看，腦中恐怕會有問號出現。

由《史記·孔子列傳》中所説的孔子活動範圍，以及遊俠輿論形成的場所來看，很自然地會認爲孔子聞名於其活動的範圍内。春秋時代的此種狀況到了戰國時代末年發生了變化，變成《韓非子·顯學》里所説的儒分爲八家、墨分爲三家的狀況。呂不韋在秦國被以客卿相待，似乎受重視，又似乎不受重視。呂不韋的此種狀況若是"顯學"的實際情況的話，那麼"顯學"在非常受重視的齊國域内，或是受普通重視的其他國家内，是何種情況就很清楚了。并且，由《韓非子》的記載可知，儒家各家的文本皆不相同。

如此，能確認戰國時代孔子一部分的弟子的狀況，這表示孔子之教能用地域性的差異來議論。并且，能確定的是，關於此處所討論的場所，《史記》以《貨殖列傳》來傳述，而《漢書》則以《儒林傳》來傳述。由此二者可知，原本存在於遊俠輿論形成場所與孔子的活動範圍之間的密切關係，對其後孔子之教的散播有極大的影響，并且在《史記》的階段並未忽視此事，但在《漢書》的階段卻加以忽視。

孔子之教成爲中央之教的契機是《史記·貨殖列傳》里所説的"漢興，海内爲一，開關梁，弛山澤之禁，是以富商大賈周流天下，交易之物莫不通，得其所欲，而徙豪傑諸侯彊族於京師"。在地域里有聲望的一族被遷徙集中到漢都長安，此事被收入《史記·貨殖列傳》的記載中是應該要加以注意的。《漢書·貨殖傳》刪除了此段記載。《漢書·高祖紀》曰："五年……後九月，徙諸侯子關中。""九年……十一月，徙齊楚大族昭氏、屈氏、景氏、懷氏、田氏五姓關中。"此處記載的並非"豪傑諸侯彊族"，而是"諸侯"和"大族……五姓"。遊俠的輿論形成場所的氣息果然被抹消掉了，遷徙的目的地也非"京師"，而是"關中"。

無論如何，漢王朝重新統一天下時，被遷徙到首都的豪傑諸侯彊族變成了問題。其中當然也包含了齊的有力者，他們被置於中央的管理下。在《漢書》中成爲問題的是田氏等大姓，而《史記·貨殖列傳》中則提到"豪傑諸侯彊族"，由文章的脈絡來看，可説原本討論的是"富商大賈"的問題，亦即掌管遊俠輿論形成場所的有力者。而齊的有力者被遷徙到其中的一角，也就是説，戰國時代非常重視孔子之教的齊的有力者被強製遷徙到首都。

此後，首都中也有支持孔子之教的輿論場所的核心存在。武帝時，出現了董仲舒。

天下中幾個支持遊俠輿論的場所里，在以齊爲中心的一帶和以漢都爲中心的一帶，先出現了支持孔子之教的場所，而其他"有重視孔子之教者，也有不重視孔子之教者"的地域，以戰國以來的傳統來説，也是過去曾展開與齊的輿論所支持的不同議論的人們所居住的地域。這些地域則受到中央的影響。此種形勢形成的原委,可由本文到此為止的論述中得知。"富商大賈" 是理解的關鍵所在。他們一方面支援本來就很容易傾向於封閉的遊俠社會,另一方面也在經濟上支援遊走於各輿論場所的 "客"（縱橫家）,有時甚至自己成為 "客"。

## 公羊學與俠

日原利國《春秋公羊伝の研究》中《二、俠気と復仇》的開頭有以下的論述①:

好勇任俠的禮讚不見於其他的經傳,此應是《公羊傳》的特色之一。《公羊傳》在作為《春秋》的釋義書的硬殼內側,包含著許多源自質樸的感性之要素。對刺客的描寫當然是不用説的,祇有用怨恨才能形容的復仇觀、殺己為仁的讓國、為應為或不應為而苦悶的 "權力"、君臣的結合或人物的評價中也隱約有任俠的氣息。……《左史傳》也被視為解釋詳述《春秋》的書籍。其中的確並非沒有經文的解明、凡例的解説等文章,但是未意識到經文或與經文毫無關係的記事佔壓倒性的多數,原本是與《春秋》經不同的個別獨立的歷史書。……令人驚訝的是,司馬遷的遊俠觀竟與《公羊傳》的遊俠觀極為相似。其理論的細緻周到與敍述的生動精采更遠在《公羊傳》之上,但其遊俠理念完全包攝了《公羊傳》所説的俠的觀念的基本要素勇、信、義,以此三要素為骨幹而形成。……要言之,《史記·遊俠列傳》所代表的遊俠倫理與行動,其原型在《公羊傳》已有所顯示,司馬遷將《公羊傳》質樸的遊俠觀加以多彩的潤色,充實其內容而加以歷史性的敍述。此種看法應無嚴重的錯誤。話雖如此,但為《春秋》釋義的《公羊傳》與司馬遷生長的漢代之間相隔的時代差距是不可否認的。背景的時代差異對評價的觀點應也有不小的影響。例如,戰國時代出現的具特徵性的燕太子丹和四公子等 "有土卿相之俠"。以 "養食客數千人" 的孟嘗君為首的四公子聚集因封建制崩潰而外流遊走四處的士予以供養,藉以擴大強化自己的勢力,而介於其中成為主從關係紐帶的正是遊俠的精神。漢代輩出的是 "閭巷匹夫之俠"。司馬遷敍述,"藉於有土卿相之富厚" 的四公子,其養客、結客是 "顯名諸侯",評斷其為 "比如順風而呼"。散財交客,不役貧困,不凌孤弱,"廉絜退讓"、"脩行砥名" 的匹夫之俠才是任俠真正應有的恣態,司馬遷對他們不惜給予高度的評價。相對的,《公羊傳》描述的可説是任俠的源流的 "大夫之俠"。

此處引用日原利國的見解是因為筆者想重新確認《公羊傳》的成書時期是在戰國時代。筆者曾透過其他的探討,論述三傳的成書順序是:先有《公羊傳》,再有《左

---

① 日原利國《春秋公羊伝の研究》（創文社,一九七六年）頁五一~七一。

傳》，再有《穀梁傳》，但在此討論中的重點是放在論述這些書籍所創造出來的
"形"①。此種"形"所顯示的是，此處也有討論的，有關"大夫"革命的意見。

《公羊傳》論述"大夫"之"俠"是因爲若不如此就無法將革命正當化。此外，
《左傳》、《穀梁傳》對革命各持冷淡的見解不外是因爲其各自的"形"所預言的正統，
在《左傳》中是韓氏，在《穀梁傳》中是中山（春秋時代的鮮虞），二者皆無法抛棄
重視其至戰國時代爲止的血統繼承的立場的緣故。

《穀梁傳》被視爲漢代所作的根本原因與此革命論有密切的關係，日原利國也有此
見解②。注目的焦點是革命。他說道：

　　正因爲《穀梁傳》是以巨大的統一國家的最興盛期（自東漢武帝至宣帝的時期）
爲背景形成的，才會很敏感地反映出體制的理論。例如，對《公羊傳》讚揚的"讓國
之善"不表認同。……像讓國那種會造成統治秩序紊亂的行爲，不論動機爲何，其本
身都是不應容許的"不正"，"不以親親害尊尊"是"春秋之義"（《穀梁傳》文公二
年）

此處所說的"讓國之善"無非是對革命的美化。《穀梁傳》對此不表認同，並非是
由於皇帝制度的背景，而是因爲對革命採否定議論的背景之緣故。因此，不提示超越
此邏輯的理由。

即使只參照日原利國的研究也能再次確定，本文所提出的與遊俠有關的見解繼承
了歷來的研究並加以發展，並無脫逸出此延長綫之處。


## 結語


本文一方面也想探索豪族石碑的出現背景，而將焦點聚集在支持遊俠的輿論場所。
古代都市國家被消滅而成爲縣的過程中，出現了統治由複數的縣構成的都市的有力者，
而以前所未有的流動性展開人的交流。人的交流以空前未有的速度進行著，因此出現
新的人的關係，即所謂遊俠的產生。此種人的流動性孕育出的輿論在精神上支持遊俠
的活動，不久掌握住此種人的流動性而儲蓄財富的"富商大賈"成爲遊俠活動經濟上
的支持者。支持遊俠的輿論的場所即使有擴大也不超過中領域的範圍，其封閉性造成
了對其他輿論場所的警戒感。特別是對以帝國中央之身管理天下的秦王朝和漢王朝，
表現不服從的態度，也經常有反社會的行動。"俠"一詞是捕捉到此反社會性的語彙表
現，在帝國出現後開始流行。

---

① 　參照拙作《〈春秋〉と〈左伝〉》及拙稿《中國古代における說話（故事）の成立と展開》。
② 　參照日原利國《春秋公羊伝の研究》，頁一四二。

　　若試將戰國時代的文獻記事與《史記》、《漢書》中内容相同的記事互相比較，會驚訝於其看待遊俠的視綫之差異。戰國時代以"客"的交流聞名的戰國四君作成的場所也在《漢書》中被改稱爲"鷄鳴狗盜"，强調反社會的一面。居於三者中間的《史記》則照原本地説明"客"，並另外陳述閭巷間的"俠"。關於刺殺春申君的場面，《戰國策》（其雖是漢末編纂的，但所用材料卻早於《史記》）敍述犯人"夾（挾）殺"的部分，《史記》改爲"俠殺"，令人感覺與閭巷間的遊俠有關。戰國時代尚未被視爲問題的場域，在《史記》的階段被視爲有問題的"遊俠"場所，在《漢書》中連懂得禮儀的"客"都被改稱爲反社會的"鷄鳴狗盜"，由此可看出帝國中央對中領域輿論的應付方式的變化。戰國時代輿論的形成場所，在《史記》中著眼於"客"，且以遊俠的存在而被視爲問題，而在《漢書》中此種場所變得不受注意。

　　戰國時代遊俠的輿論原本存在於"公"的評價之下。與此"公"對抗的輿論應是在更有限的地域範圍或都市形成的，原本中領域里有大國、小國時代交流的網絡，在道路沿途的都市中設有"湯沐之邑"，讓使節能逗留。春秋中期以後鐵器的普及使得農地激增，都市人口也大量增加，"湯沐之邑"的情況應該有所變化，但因交流的網絡變得更細密而繼續存在下來。戰國時代"公"的場所便在此種交流網絡的基礎上建立。

　　漢代被視爲問題的支持遊俠的場所也以此網絡爲基礎。漢王朝視爲問題的遊俠行動也以此網絡爲自己的"公"，受到對抗中央的"公"的輿論的支持。地方官僚以此地方的"公"爲優先，以不違逆中央的"公"的形式自殺的事例，在《史記》和《漢書》中都有記載。遊俠的行動也以此地方的"公"爲優先，摒退自己一族的利益，決非以反社會的行動爲先。

　　在經濟上支持此種遊俠的行動的是"富商大賈"。他們一方面支持本來就傾向於封閉的遊俠社會，另一方面也在經濟上支援遊走於各輿論場所的"客"（縱横家），有時甚至自己成爲"客"。因此，漢王朝重新統一天下後，才會將他們集中到首都（京師）加以統一管理（《史記·貨殖列傳》中"徙豪傑諸侯彊族於京師"的記載）。

　　"富商中賈"身爲商人，一般都作爲"私"看待。《漢書·貨殖傳》刪除了《史記·貨殖列傳》中"豪傑諸侯彊族"的記載也是爲了更强調將此評價爲"私"的結果。

　　然而，他們的活動以戰國以來的"公"的場所爲基礎，對其加以支持且自己也受到其支持。他們是戰國時代有力者，具有地方的"公"，即所謂名士的地位。此種有力者的祖先多是春秋以來的國君。他們的家譜往往可追溯到神話傳説之世，而他們以"家"的祖先祭祀爲優先之事與傳説的帝王祭祀有直接的關聯。

　　東漢時代因緯書而流行的傳説帝王的異常風貌説其本身是戰國以來的傳説。將此傳説帝王的特別風貌作爲内容的儒教的新經典緯書，在將戰國時代以來地方上根深蒂固地留存下來的地方 "公" 的世界包攝進中央 "公" 的世界的方面，發揮極大的力量①。

最初帝國中央的邏輯是，不僅要參照戰國時代的 "正統" 論，并且還必須凌駕其上。戰國各國的 "正統" 論乃是在討論傳説的夏王朝、殷王朝、周王朝的交替，並説明超越周王朝的新的 "正統" 的出現。不管是像楚國那樣，構思夏王朝（曆用夏正）→殷王朝（殷正）→周王朝（周正）→楚王朝（楚正）的交替，還是構思夏王朝（夏正）→殷王朝（殷正）→周王朝（周正）→戰國王朝（夏正）的交替，抑或是構思其他的交替順序，帝國的 "正統" 論必須超越戰國王朝的 "正統" 論。漢王朝繼承秦王朝所主張的夏王朝（夏正）→殷王朝（殷正）→周王朝（周正）→秦王朝（顓頊）的 "正統" 論，武帝時採用根據五德相勝的五德終始説和圖形化的三合而形成的理論，開始用以夏王朝（夏正）→殷王朝（殷正）→周王朝（周正）→閏位時期（顓頊）→漢王朝（夏正）爲主要内容的 "正統" 論來説明 "正統" 交替的順序，並將孔子特別定位在閏位時期。戰國時代在齊國等一部分的國家被特別看待的賢人預言者孔子，在漢武帝所獨創的 "正統" 論的 "形" 中，被定位在特別的位置。繼此之後的王莽將木星紀年編入其中，運用根據五德相生的五德終始説和圖形化的三合而形成的理論，建立了以夏王朝（夏正、金德）→殷王朝（殷正、水德）→周王朝（周正、木德）→閏位時期（顓頊）→漢王朝（夏正、火德）→新王朝（殷正、土德）←賢人周公（金德）爲主要内容的新 "正統" 論。東漢王朝的 "正統" 論，否定了王莽圖式中 "→新王朝（殷正、土德）←賢人周公（金德）" 的部分，將閏位時期重新定位在孔子的時期。利用圖形化的三合的結果，孔子代表閏位時期的（不討論皇帝的五德，但爲特別的）水德，緯書的内容即記載著由水德的孔子預言火德王朝的出現。并且，扮演新角色的孔子與以往傳説中的帝王並列被討論其異常風貌，而孔子被視爲 "素王"。

此種帝國中央的邏輯也受到地方 "公" 的場所的歡迎。因爲透過此邏輯，祖先具有異常風貌的自己，能以 "素王" 孔子的 "素臣"（呂宗力的説法）的身份，盡管是在理念上，向漢皇帝提出意見的 "形" 得以成立。此種 "形" 的創出才是促使 "遊俠轉向" 的最大原因。此外，宮崎市定指出東漢時代過禮派過度的祭祀行動的問題，乍看之下很容易被認爲是儒教禮的實踐的問題，但事實上此與意識到地方 "公" 的有力

---

① 冨谷至《〈儒教の國教化〉と〈儒學の官學化〉》（《東洋史研究》三七 - 四，一九七九年）；冨谷至《白虎觀會議前夜——後漢讖緯學の受容と展開——》（《史林》六三 - 三，一九八〇年）。其中歸納了西嶋定生和板野長八的主張，即儒教的國教化應在與讖緯思想的密切關係上加以考量。本文一面繼承此觀點，一面由宮崎市定所説的 "遊俠的 '儒' 化" 問題來重新加以檢視。

者的“家”的祭祀有關。墳墓的營造是此種“家”的祭祀的一環，對於在墳墓立碑的意義，有必要再次加以思考。並且，這些墳墓和石碑等地上標志被魏文帝頒佈的薄葬令所否定，此事的意義也有必要再加以思索①。

　　本文一面論述應如何繼承、討論宮崎市定、增淵龍夫等人討論過的“遊俠”問題，一面著眼於大領域（天下）、中領域、小領域（都市國家、縣）三者，探討中領域的輿論場所。關於“公”與“私”的問題，此兩者的對立很容易就被注意到，但爲了讓此兩者的對立與大領域、中領域、小領域的三者鼎立相對應，即使單純地考慮也不能只討論數目配對的問題。中領域的輿論場所具有繼承戰國以來的“公”的一面，另外也具有被帝國中央評價爲“私”的一面。“遊俠”在漢代雖被貼上“私”的“俠”的標籤，但事實上在戰國時代卻具有“公”的立場，而且此立場也被漢代所繼承。再者，將獨自存在的中領域吸引到大領域的中央的邏輯理論中的是儒教。但是，此儒教與其說是現代我們大多數人作爲道德規範泉源所期待的，不如說是被當作由孔子異常風貌說所代表的特異言說的泉源而受到期待。在此異常的言說之下，各地“公”的有力者們紛紛談論自己祖先的異常風貌，陶醉於自己的特別定位。并且，其下的“遊俠”們也將自己定位在此“陶醉”的世界中。

　　儒教成爲天下之教的契機之一當然是天下的統一。必須牢記不忘的是，在天下統一之前，漢字圈已擴大到天下，且具共同性的制度也受到討論。然而，雖以此種共同性爲前提，但反映新石器以來各地交流場所的情況，各地獨自性的主張還根深蒂固地被留存下來。此獨自性的主張之一是開始稱揚孔子，因此要在作爲天下人的共同性中談論孔子是非常困難的。《韓非子·顯學》所說的儒的八家（文本內容不同）就旴是此現象的具體説明。爲了克服此困難，使孔子成爲能在共同性中談論的天下賢人，上述的異常風貌說必須將孔子與各地有力者的祖先在同樣特別看待的層次中聯結起來。緯書的出現與活用是必要的。因此，由經書之教的觀點來看，比起緯書出現時代所作的議論，反而戰國時代的議論少掉緯書的部分而較接近後世的議論。本文也提到，戰國時代有非異常風貌說的異常出生說。但是，此種説法還無法與孔子發生連結。此乃歷

---

① 影山輝國《漢代における災異と政治——宰相の災異責任を中心に——》一文認爲，災異發生時罷免宰相是因爲宰相具有作爲天子的替身負責預防措施的功能。此論文討論了貫穿西漢、東漢的災異（東漢時代加入緯書，出現孔子異常風貌説成立），一方面指出災異被期待具有“抑製君權”的效果，一方面論述實際上災異視其責任被轉駕給何人而被利用作爲政爭的工具。最後，隨著漢王朝體制的崩潰，災異也失去了其“政治性的”生命。實際上，若以災異爲理由某些輿論有可能被轉換風向的話，其預防措施所具有的意義，就本文的論述而言，即是在中央的意圖與地方“公”輿論的互相爭執中找到了銜接點。即使是直接討論中央的問題時也是如此。

史的諷刺①。

關於六朝時代，有"王法"的議論，與此相關聯的佛教和道教的定位也受到討論。其定位是否與本文的探討有所關聯？若有關聯的話，是如何發生關聯的？更進一步説，被視爲貴族的人們是天下的名士？抑或是中領域的名士（本文且大膽使用"名士"之詞）？所謂隱逸人士（"逸民的人士"）是指何種人？他們成爲逸民（"隱者"）的背景爲何？門生的俠的行動應如何解釋？期待有識之士的賜教。

---

① 以上的歸納若是可能的，自古以來被議論的《左傳》應是成書於何種時代的呢？《左傳》所描述的孔子是與異常風貌無緣的。并且，最重要的是，《左傳》並未賦予孔子第一賢人的地位。孔子的談話內容全都被其他賢人的預言所修正，孔子的預言是不正確的。迄今爲止的《左傳》王莽時期僞作説並未以緯書的存在或孔子異常風貌説爲前提來討論。《左傳》對孔子的評價與王莽及東漢時期對孔子評價的差異，是《左傳》王莽時期僞作説致命性的弱點。《左傳》的記事內容也無在思想史上可説是東漢時期的特徵之處（不可將三傳的注釋內容混爲一談）。拙稿《中國古代における説話（故事）の成立とその展開》指出，《左傳》成書於王莽時期在邏輯上是不可能的。本文在此再加以補論。

# 武則天的感業寺出家問題與德業寺

氣賀澤保規<sup></sup>*

## 一 武則天的出家與感業寺

貞觀一〇年（636）武氏十四歲時，以才人身份進入太宗的後宮。其後十三年間直至太宗駕崩，其作爲一名宮人侍奉於後宮。依常例，她本應在貞觀二三年（649）太宗死後離開後宮，二七歲時即結束其生涯使命。然而，兩年多以後，她又被高宗以昭儀身份迎入後宮。一旦得志，即迅速地掌握了後宮支配權，繼而成爲皇后。最終她登基成爲女皇，建立了新王朝武周政權。其時已至 690 年秋季，距武氏初入太宗後宮時隔半個多世紀。

武則天慘淡經營了半個多世紀，終於成爲中國歷史上唯一的女皇，其生涯旅途充滿艱辛。但其中最兇險的難關恐怕莫過於太宗與高宗兩代君主交替之際。因太宗的故去，武氏必須出宮。"貞女不更二夫"這一根深蒂固的道德觀念無疑成爲其再次入宮的巨大障礙。擺脱這種嚴峻的境遇，得以在高宗後宮複活，無異於絶處逢生。

那麽，迄再入後宮的約兩年之中，武氏的境遇究竟如何呢？依照既往的看法，一般認爲她出家之後置身於長安城内"感業寺"中，在該寺院與高宗邂逅，繼而被迎入後宮。正史中下列記載似乎可以印證這段經歷。

《舊唐書》卷六《則天皇后本紀》

> 初，則天年十四時，太宗聞其美容止，召入宮，立爲才人。及太宗崩，遂爲尼，居感業寺。大帝於寺見之，復召入宮，拜昭儀。時皇后王氏、良娣蕭氏頻與武昭儀爭寵，互讒毀之，帝皆不納。進號宸妃。永徽六年，廢王皇后而立武宸妃爲皇后。

《舊唐書》卷五一《高宗王皇后傳》

* 氣賀澤保規，日本明治大學教授。

初，武皇后貞觀末隨太宗嬪御居於感業寺，後及左右數為之言，高宗由是復召入宮，立為昭儀。俄而漸承恩寵，遂與后及良娣蕭氏遞相諧毀。帝終不納后言，而昭儀寵遇日厚。

《新唐書》卷四《則天皇后本紀》

后年十四，太宗聞其有色，選為才人。太宗崩，後削髮為比丘尼，居於感業寺。高宗幸感業寺，見而悅之，復召入宮。久之，立為昭儀，進號宸妃。永徽六年，高宗廢皇后王氏，立宸妃為皇后。

《資治通鑑》將這些正史記事整理如下（卷一九九·永徽五年三月條）：

初，王皇后無子，蕭淑妃有寵，王后疾之，上之為太子也，入侍太宗，見才人武氏而悅之。太宗崩，武氏隨衆感業寺為尼。忌日，上詣寺行香，見之，武氏泣，上亦泣。王后聞之，陰令武氏長髮，勸上內之後宮，欲以間淑妃之寵。

根據上述史料，太宗駕崩後武氏隨"衆"，即其他許多太宗朝後宮的女性一同入感業寺爲尼。太宗的忌日，高宗詣寺爲父行香，與武氏再會。兩人相對零涕，彼此嘆惜在道德規範面前無能爲力的境遇。王皇后得知後，爲了離間集皇帝寵愛於一身的蕭淑妃與高宗的關係，勸高宗令武氏還俗並納入後宮。此舉爲武氏的再登場提供了機會。

如此，首先可以推測武氏與高宗在太宗生前已經相識，而且絕不是普通的面識那種簡單的關係①。其次，武氏出家及其與高宗再會的舞臺是感業寺（尼寺），寺中供奉着太宗的牌位，皇帝（高宗）於忌日參拜。無疑，感業寺是與唐皇室有着密切關係的寺院②。

那麼，如此重要的感業寺在長安城中的什麼位置呢？因考證武氏早年出家之事，

① 《雍錄》記太宗駕崩後五年，即永徽五年（654）高宗與出家中的武氏相會。這是絕對不可信的。高宗與武氏的長子李弘（孝敬皇帝）死於上元二年（675），享年二四歲（《舊唐書》卷八六·本傳）。以此推之，其生年應爲永徽三年（652）。可以確認高宗與武氏至少在此以前已經有了關係。

② 佛教系統史料中，有後世成書的"釋氏稽古略"（覺岸著，14 世紀），其卷三可見大致相同的記錄。乙卯永徽六年十月，帝命司空李勣齎璽綬，冊宸妃武氏爲皇后，廢王皇后。初貞觀二年，太宗召荆州都督武士彠女入後宮爲才人。時十四歲，太史奏有女主之兆出之，於感業寺爲尼。永徽五年帝召之入宮爲昭儀，今冊爲皇后。

而探尋該寺院之所在，一開始就遭遇了不可思議的事實：像感業寺這樣重要的寺院，史料對其位置的記載居然十分曖昧。

與感業寺有關比較系統的記事見於《雍錄》（南宋·程大昌撰）卷一○·寺觀"感業寺（武后爲尼）條"：

> 正觀（貞觀）二十三年五月，太宗上僊。其年，即以安業坊濟度尼寺爲靈寶寺，盡度太宗嬪御爲尼，以處之。此寺之東，又有道德寺，亦尼寺也。改造道德寺爲崇聖寺，充太宗別廟。永徽五年太宗忌日，高宗詣寺行香。武氏泣，上亦泣。王皇后欲以閒蕭淑妃之寵，令武氏長發，勸上納之後宮。

據此，因太宗駕崩，安業坊的濟度尼寺改名靈寶寺，"盡度"太宗的"嬪御"爲尼。與此同時，其東的道德尼寺更名崇聖寺，充太宗廟。永徽五年（654）太宗忌日，高宗詣寺與武氏相會。亦即武氏等居住於安業坊靈寶寺，東臨太宗別廟崇聖寺（舊名道德寺）。令人困惑的是如此關鍵的感業寺竟不見於文字記載。程大昌特地列出感業寺的條目，卻又未直接言及，反而記錄了兩座冠以其他名稱的寺院。不能不使人費解。

可是，《雍錄》的記事提示了一個問題，即與感業寺相關的地點可能在長安城內的安業坊內。安業坊位於長安城的中軸綫朱雀大街西側，地處長安城中心部位。而且《雍錄》爲了申明感業寺＝"安業坊之寺"，特做了如下追記：

以通鑑、長安志及呂圖參定，通鑑言武氏在感業寺，長安志云在安業寺。惟此差不同。志能言寺之位置及始末，則安業者是也。

在《雍錄》以前的諸史料中，《長安志》（北宋·宋敏求編）的記事最富條理，其將"安業寺"理解爲"安業"之寺，當然位於安業坊。

## 二 "感業寺"與安業坊

關於感業寺的位置，《雍錄》中既留下曖昧的記載，又提示了與安業坊有關的可能性。年代略晚的南宋末元初的胡三省無保留地支持了程大昌的觀點，在前引《資治通鑒》感業寺記事的注中提到：

> 長安志曰，"貞觀二十三年五月，太宗上仙。其年，即以安業坊濟度尼寺爲靈寶寺，盡度太宗嬪御爲尼，以處之。"程大昌曰，"以通鑑及長安志及呂大防長安圖參定，通鑑言武氏在感業寺，長安志在安業寺。惟此差不同。然志能言寺之位

置及始末，則安業者是也。"

由此可知"程大昌曰"相當于前述《雍録》的追記部分。此外，還應注意"長安志曰"，其文也與《雍録》感業寺條相同。其實，胡注的"程大昌曰"和"長安志曰"同引自《雍録》感業寺條。這樣做是有某種用意，還是對記録的誤解呢？爲了搞清這一問題，必須追溯《雍録》與胡注中都提及的宋敏求《長安志》的記事。

《長安志》卷九·安業坊條記：

　　東南隅，濟度尼寺：隋太師申國公李穆之別宅。穆妻元氏立爲修善僧寺。其濟度尼寺，本在崇德坊，永徽中置宮。乃徙於此，其額，太子少詹事殷令名所題。

斟酌其文義，可以更清晰地整理如下：

　　安業坊東南角有度濟尼寺。其原爲隋朝太師申國公李穆的別宅（李穆的本宅在平康坊西北隅）。李穆的妻子元氏在此建立了修善僧寺。濟度尼寺原本位於安業坊的西鄰崇德坊，永徽年間（650～655）因在崇德坊置宮（崇聖宮），將修善僧寺還到了安業坊。"濟度尼寺"的寺額是太子少詹事殷令名題寫的。

結果《長安志》的"安業坊"條也沒有直接提及感業寺這一寺名。如此，還應注目濟度尼寺原來所在的西鄰崇德坊。《長安志》卷九·崇德坊條記：

　　西南隅，崇聖寺：寺有東門、西門。本濟度尼寺。隋秦孝王俊捨宅所立。東門本道德尼寺，隋時立。至貞觀二十三年，徙濟度寺於安業坊之修善寺，以其所爲靈寶寺，盡度太宗嬪御爲尼，以處之。徙道德寺額於嘉祥坊之太原寺，以其所爲崇聖宮，以爲太宗別廟。儀鳳二年並爲崇聖僧寺。輦下歲時記，進士櫻桃宴在崇聖寺佛牙閣①。

崇德坊條記事中也查找不到感業寺的寺名。被《雍録》與《資治通鑒》胡注引以爲據的《長安志》中，並無涉及感業寺的存在以及其與安業坊之關係的記録。這究竟是爲什麼呢？盡管如此，清·徐松所撰《唐兩京城坊考》卷四·安業坊條仍然延用這

① 據重較説郭本《輦下歲時記》（唐闕名撰）無法確認該記事的内容。唐長安城中並無《長安志》所記之"嘉祥坊"，由太原寺的存在可推知其應爲"休祥坊"之誤。

一説法。

東南隅，濟度尼寺：隋太師申國公李穆之別宅。穆妻元氏立爲修善僧寺。其濟度尼寺，本在崇德坊，貞觀二十三年徙於此。武后爲尼，即此寺也。其額，殷令名所題。通鑒作感業寺。

徐松對《長安志》安業坊的記事略加補充，明言在安業坊設置的濟度尼寺即"武後爲尼"所居之寺，"通鑑作感業寺"。其將安業坊—濟度尼寺—感業寺用一條綫索連接起來了。這成爲以後對感業寺理解的前提。

然而，一直被作爲考察感業寺最重要綫索的《雍録》，雖云依據《長安志》安業坊條，實際上其內容已經乖離了《長安志》。《雍録》中"即以安業坊濟度尼寺爲靈寶寺"的一句，歷來被作爲感業寺位於安業坊的最重要論據，但其中存在疑點。據《長安志》卷九，以濟度尼寺爲靈寶寺的場所是在崇德坊，而非安業坊。而且《長安志》的後續文章亦言其爲崇德坊。因而，《雍録》關於感業寺的記事，除"安業坊"一詞之外，幾乎與《長安志》中有關崇德坊的內容一致。如此，將這一句之中"安業坊"換成"崇德坊"，也可以解釋爲"即以崇德坊濟度尼寺爲靈寶寺"。

這樣似乎可以確認下述問題。《雍録》的史料的確是源於《長安志》崇德坊條，不過將崇德坊改成安業坊，進而又與感業寺拉上關係，爲後世"安業坊—感業寺"的解釋開闢了道路。因而，歷來最具影響的感業寺位於安業坊的説法難以成立，而且將感業寺與濟度尼寺視爲同一所寺院的觀點也失去了依據。如此推論的結果使下面的事實漸趨明顯：即《長安志》關於相鄰的崇德坊的記事中"以其所（濟度尼寺）爲靈寶寺，盡度太宗嬪御爲尼"一段文字記錄分明與武氏出家有關，本文下一節將論及此問題。

## 三　《長安志》關於崇德坊的寺院遷移的記載及相關諸問題

前文引述的《長安志》中關於崇德坊崇聖寺的記載中最不可思議的是寺院的遷移。其經緯如圖一所示。

毋庸贅言"貞觀二十三年"是太宗死去之年。據《長安志》崇德坊條記載，以此年爲分界綫，寺院的遷移和更名運動席捲了崇德坊、安業坊以及休祥坊。這一系列動向的策源地是崇德坊。首先濟度尼寺遷至安業坊，其後設置了靈寶寺，"太宗嬪御"皆於此寺剃度爲尼。與此並行，同坊內相鄰的道德尼寺遷至休祥坊，繼而新設了"太宗別廟"崇聖宮。據此，可以鎖定感業寺的所在位置不應是安業坊，極有可能是崇德坊。

即便如此，建立崇德坊爲中心，解釋寺院遷移運動的觀點仍須解決下述問題。

①武氏出家的寺院——感業寺之名並沒有出現在關於崇德坊的記錄中。如果靈寶寺就是感業寺的話，直接提及感業寺也並無不妥，可是實際記載中卻未如此。

②爲了設置靈寶寺，特地採取措施將濟度尼寺遷移到安業坊。同時，爲了搬遷濟度尼寺，又廢止了安業坊的修善寺。同樣，因設置崇聖宮，將道德尼寺遷至休祥坊。採取這樣複雜的搬遷手段必要性何在？

③崇德坊因太宗駕崩而設置崇聖宮，被稱爲太宗別廟。太宗別廟究竟是什麼樣的設施，設置崇聖宮的作用與目的又是什麼呢？

④《長安志》中有"盡度太宗嬪御爲尼"的記載，這又到底意味着什麼呢？字面的意思似乎可以理解爲包括武氏在內的太宗後宮女性全部被送入靈寶寺出家。那麼，在長安城中如此引人注目的地方，高宗與武氏兩人有可能發展關係嗎？

進而，又引發了與問題④相關的疑問。雖雲高宗在太宗的忌日訪問寺院，與已經剃度爲尼的武氏相會。然而，這一時期唐王朝遵循"道先佛後"的國策，在寺院供奉先帝（太宗）靈位，而且要現職皇帝去供養，恐怕可信性不高。關於這一點，歷來無人提出疑問，筆者竊以爲有不合邏輯之嫌。

不僅如此，皇帝死後，後宮嬪御全體强制出家的規定也不知出處。或許是太宗至高宗朝的一時措施吧。可是，筆者以爲如果不能確認有關後宮嬪御出家具體規定的史料，也就意味着不能確認武氏等太宗後宮女性全體出家之事實。既往的解釋中包含着上述疑點。

## 四　崇聖宮與別廟

作爲上述疑團的一個答案，在此要論及的是被稱爲太宗別廟的崇聖宮，亦即崇聖寺。崇聖寺在唐代後半期，是長安城內珍藏佛牙（佛舍利）的具有代表性的寺院。其存在可由圓仁《入唐求法巡禮行記》卷三的記載得到證實：

〔會昌元年二月八日〕……崇聖寺亦開佛牙供養，城中都有四佛牙，一崇聖寺佛牙，是那吒太子從天上將來，與終南山宣律師。……〔三月〕廿五日，詣崇聖寺，禮尺（釋）迦牟尼佛牙會。

《歷代名畫記》卷三亦記：

崇聖寺，西殿內董伯仁畫。東殿展子虔畫（展畫與裴錄同），西北鄭德文畫。

由此可見，崇聖寺有西殿、東殿、西北殿等佛殿。

徐松《唐兩京城坊考》爲了證實崇聖寺的存在引用了《唐詩紀事》（南宋·計有功撰）卷三·徐賢妃條：

> 長安崇聖寺有賢妃粧殿，太宗曾召妃久不至。怒之。因進詩曰，朝來臨鏡臺，粧罷暫徘徊，千金始一笑，一召詎能來。

徐賢妃是《初學記》的撰寫者徐堅的姑母，有文學才能，是後宮嬪妃中最受太宗信賴之人。賢妃爲後宮正一品夫人之一，位次皇后。徐妃也盡力侍奉太宗，太宗駕崩時她已不再留戀人世，決意隨之俱去。於永徽元年辭世，時年二四歲①。上述史料所云爲太宗生前之事。既然崇聖寺有徐賢妃的妝殿，那麼與《長安志》崇德坊條的記載就難以吻合。

可是如果換個角度思考，也可以嘗試着做出這樣的解釋。亦即《唐詩紀事》中參雜了太宗生前與徐妃交情的逸話。如將這些部分刪除，可以理解爲太宗死後，在崇德坊內的崇聖寺爲徐妃設置了妝殿，於是有必要將崇聖寺改爲崇聖宮。如此，可大致消除與《長安志》的記載的明顯矛盾。

與此相關，還有必要分析另一條史料，即陪葬太宗昭陵的昭容韋尼子墓誌（"大唐故文帝昭容韋氏墓誌銘"）所刻有關"崇聖宮"之記事②。

> 昭容諱尼子，京兆杜陵人也。曾祖孝寬，……祖總，……父匡伯，……昭容武德四年□□□，以良家受選，……奄隨風而遽殞，以顯慶元年九月八日遘疾，薨於崇聖宮，春秋五十。以十月十八日陪葬昭陵，禮也。

昭容爲"九嬪"之一，正二品，位次夫人。因而，韋尼子在太宗後宮也具有相當高的地位。其於顯慶元年（656）五〇歲時死去，推算當生於隋大業三年（607），武德四年（621）十五歲時嫁秦王，太宗駕崩時其四三歲。

韋氏諱尼子，據墓誌記載太宗死後，她居住在崇聖宮。但是，誌文中看不出關於

---

① 《舊唐書》卷五一《賢妃徐氏傳》及太宗崩，追思顧遇之恩，哀慕愈甚，發疾不自醫，病甚，謂所親曰，吾荷顧實深，志在早歿，魂其有靈，得侍園寢，吾之志也。因爲七言詩及連珠以見其志。永徽元年卒，時年二十四，詔贈賢妃，陪葬於昭陵之石室。

② 據張沛編著《昭陵碑石》，"昭容韋尼子墓誌"1974 年 8 月出土於陝西省醴泉縣唐昭陵墓域，現藏昭陵博物館（三秦出版社，1993 年，二七頁）。參見氣賀澤編《新版唐代墓誌所在總合目錄》（汲古書院，2004 年）的 606 页。

其出家的蛛絲馬跡。此外，徐賢妃也沒有出過家的形跡。以此二例分析，後宮具有一定地位的女性（有子者除外）在太宗死後全體出家了的説法不能成立。

那麼別廟崇聖宮的性質又如何呢？可以找出類似的兩條綫索。首先關注《長安志》卷九·豐樂坊條：

> 大開業寺：本隋勝光寺，文帝第二子蜀王秀所立。大業元年，徙光德坊於此，置仙都宮，即文帝別廟。武德元年，高祖〔為〕尼明昭廢宮，立為證果尼寺。貞觀九年，徙崇德坊於此，置靜安宮，即高祖別廟。儀鳳二年，廢宮，復立為開業寺。

在錯綜的文字記載中，可以確認隋唐兩所宮室（別廟）的存在。整理後可見其嬗變過程如下：

（隋）勝光寺→大業元年（605）：仙都宮（文帝別廟）→（唐）武德元年（618）：證果尼寺→貞觀九年（635）：靜安宮（高祖別廟）→儀鳳二年（677）：開業寺

另一條綫索出自《唐兩京城坊考》卷二·靖安坊條：

> 西南隅，崇敬尼寺：本僧寺，隋文帝所立，大業中廢。龍朔二年，高宗為高安長公主立為尼寺。高宗崩後，改為宮，以為別廟，後又為寺。

此處值得注意的是“高宗崩後，改為宮，以為別廟”一語。其並非出自《長安志》卷七·靖安坊條，在《唐會要》卷四八·寺·崇敬寺條也有涉及此事的記載。但是考慮到《唐會要》記事錯誤較多，故不予採用。結果祇能根據《唐兩京城坊考》大致勾畫出這樣一個變遷的輪廓：崇敬尼寺→（高宗駕崩）→宮（別廟）→崇敬寺（尼寺?）。同時，援用崇德坊的“崇聖宮（太宗別廟）→崇聖僧寺”之例，推測“宮（別廟）”似可稱為“崇敬宮（高宗別廟）”。

據上述史料，高祖別廟（靜安宮，在豐樂坊）、太宗別廟（崇聖宮，在崇德坊）、高宗別廟（崇敬宮，在靖安坊）三所唐代別廟，以及隋文帝別廟（仙都宮，在豐樂坊）的存在都可以得到確認。別廟（宮）應是逢皇帝駕崩時設置的，其前身為寺院（唐代為尼寺），經過一段時間後又恢復為寺院。毋庸質疑，這是處置先帝後宮中地位較高的非出家女性（也包括皇族女性）的設施。

在皇帝駕崩時設置的別廟（宮）中，祇有太宗駕崩時與別廟並行配置了寶靈寺，然而這僅僅是個特例。別廟（宮）原本是以佛教為基調的，祭祀先君靈魂的地方，也是接受後宮的女性，保障她們安度晚年的設施。這種設施經過一定歲月之後又恢復成寺院。

上述解釋合乎常理，這是因爲當先君後宮的女性都離開人世之後，其也就完成了使命，極其自然地回歸爲寺院。如果發揮一下想象力，此處所言之"宫"就不應該是具有皇室別墅功能的所謂離宫之類的宫，這種別宫當是嬪御們曾經生活過的後宫的延續①。

## 五　崇德坊的道德尼寺搬遷至休祥坊的問題

崇德坊還有一所重要的寺院——道德尼寺。《長安志》卷九記"徙道德寺額於嘉祥坊之太原寺"。此嘉祥坊當爲休祥坊之誤。查看有關休祥坊的記錄，《長安志》卷一〇·休祥坊條記：

東北隅，崇福寺：本侍中觀國公楊恭仁宅。咸亨元年，以武皇后外氏故宅，立爲太原寺。垂拱三年，改爲魏國寺。載初元年，又改爲崇福寺。寺額武太后飛白書。

東南隅，萬善尼寺：本在故城中。周宣帝大象二年置。開皇三年，移於此，盡度周氏皇后嬪御以下千餘人爲尼，以處之。

寺西，昭成尼寺：隋大業元年，元德太子爲尼善惠、元懿，立爲慈和寺。永徽元年，廢崇德坊之道德寺，乃移額及尼於此寺。先天二年，又爲昭成皇后追福，改爲昭成寺。

南門之西，武三思宅：本駙馬都尉周道務宅。神龍中，三思以子崇訓尚安樂公主，大加雕飾。三思誅後，主移於金城坊。開元中，道務子勵言復居之。

此外，與道德尼寺有關的太原寺名亦見於《唐會要》卷四八：

崇福寺：林（休）祥坊，本侍中楊恭仁宅。咸亨二年九月二日，以武後外氏宅立太原寺。垂拱三年十二月，改爲魏國寺。載初元年五月六日，改爲崇福寺。

分析上述史料，可理出這樣一條綫索：

---

① "別廟"據昭穆關係在太廟之外另立之廟。唐代國家正統之太廟位於長安城皇城的東南角。根據所謂"天子七廟"的基準，並按昭穆之制的原則在太廟安置已故皇帝神主。然而，有唐一代皇位的繼承不祗是父子相襲。如果皇帝（或準皇帝）的世系一旦乖離昭穆順序，神主的供奉位置將難以確定。爲了克服這一矛盾因而設置了別廟。唐高宗之子李弘（孝敬皇帝義宗）與中宗、睿宗爲兄弟關係，晚唐敬宗、文宗、武宗亦爲兄弟，後繼的宣宗又是他們的叔父，因而"昭穆須正"，有設別廟之議。但是，此別廟與收容後宫人等的別廟（宫）性質不同。參照《唐會要》卷一二·廟制度條。

楊恭仁宅→咸亨元年（670）九月二日：太原寺→垂拱三年（687）一二月：魏國寺→載初元年（690）五月六日：崇福寺

太原寺存在於武氏成爲皇后掌握了實權的咸亨元年（670）至垂拱三年（687）間，貞觀二三年搬遷道德尼寺時尚未設置。該寺原系楊恭仁邸，其爲隋室遠支，在唐代仍受禮遇。楊恭仁在貞觀一三年（639）死去（《舊唐書》卷六二・本傳），其從兄妹楊氏（武后之母）在此居住。這裏是武后母親一族的故里。楊氏死後，當時武后已成爲高宗皇后，並掌握了實權。她在此建造了供養父母的菩提寺—太原寺，並成爲武氏佛教政策的據點①。

另一方面，《長安志》休祥坊條提及的從崇德坊遷來的道德寺應即慈和寺（後改爲昭成尼寺）。值得注意的相關史料爲1950年西安市西郊梁家莊（唐代休祥坊舊址）出土的"道德寺碑（大唐京師道德寺故大禪師大法師之碑）"（推定製作年：唐顯慶三年=658）②。將相關部分節錄如下：

> 大阿闍梨善惠禪師，俗姓張氏，齊郡歷城人也。……以大業六年十一月一日終於本房，春秋七十有五，嗚呼哀哉。……有玄懿法師，即第二阿闍梨也。俗姓展氏，同住齊州。……會文祖晏駕，煬帝臨朝，恭承厚德，彌隆前務。元德太子作貳春坊，搜選賢能，恢張儀則，大業元年，有勑，令二闍梨為太子戒師。……乃下勑，於京邑弘德里為立道德道場，所有門人，並聽出住，四事供給，一從天府。……以大業十一年八月一日終於本寺，春秋七十有四，……大唐顯慶三年，道德寺主十善律師，即前法師之外甥也。俗姓王氏，族本太原。……初以太宗昇遐，天經京立，乃於弘德坊寺置崇聖宮，尼衆北移，在休祥里，即今之道德寺是也。

該碑是道德寺主十善律師，爲顯彰寺院創始人善惠禪師和玄懿法師兩位阿闍梨的功業所建，同時也是其根據親身經歷記述道德寺歷史的珍貴史料。據此碑，道德寺大

---

① 參照小野勝年著《中國隋唐長安・寺院史料集成解說篇》（法藏館，1990年）一七〇～一七四頁（休祥坊）。

② "道德寺碑"的拓本收錄於《西安碑林全集》（高峽主編，廣東經濟出版社・深圳海天出版社，1999年）卷二三。關於釋文及考察，參照下列論文：樊波《"唐道德寺碑"考述》（《碑林集刊》五，1999年），樊波《碑刻所見唐長安城尼寺資料輯述》（《碑林集刊》六，2000年），松浦典弘《道德寺故大禪師大法師之碑》（大内文雄編《唐代佛教石刻文の研究》所載，《大谷大學眞宗總合研究所研究紀要》一八，2001年），松浦典弘《碑文に見える北朝末から唐初の佛教政策—道德寺碑を中心に—》（"唐代史研究"四，2001年）。

業元年（605）創建於大興城（唐長安城）弘德里（唐崇德坊），貞觀二三年"太宗昇遐"時弘德坊的寺舍置崇聖宮，尼僧皆移至休祥坊。

然而，該碑的發現暴露了道致既往學說從根基上崩潰的弱點。這就是最初存在於休祥坊的慈和寺的來歷。據前面引用的《長安志》，"隋大業元年，元德太子爲尼善惠、元懿，立爲慈和寺"。《兩京城坊考》也有同樣記述。可是，"道德碑"則云：大業元年，元德太子爲尼善惠、元懿所立爲弘德里（唐崇德坊）的道德道場（唐道德寺）。也就是說既往關於慈和寺的歷史記錄實際上是取自道德寺。

如此，慈和寺的創建經緯必須全面改寫。然而，關於慈和寺並無其他史料。道德寺是與隋皇室有關的名刹，在唐代依然屬於僧尼眾多的大型寺院，規格高於慈和寺。那麼，爲什麼要把道德寺的寺額賜予慈和寺呢？可以考慮的一個理由就是政治的介入。

如前所述，休祥坊是武氏母親的居所，其後又成爲武氏勢力在長安的一個據點。而且這里鄰近宮城，皇城西門安福門以及通往禁苑（北衙·北門）的景曜門、芳林門也在附近。處於這樣位置的休祥坊，經歷了貞觀二三年太宗死後一連串搬遷運動之後，成了道德寺的新寺址。如果武氏與貞觀二三年的搬遷運動有某種關聯的話，那麼道德寺的遷移也必然有武氏干預的背景。

最後，不妨大膽設想太宗在世時，才人武氏已經與當時的皇太子（高宗）發生了不道德的關係。太宗駕崩後，兩人繼續密會，並籌劃下一步武氏重返後宮的策略。鄰近宮城的休祥坊當然成爲密會場所的首選。同時，爲了重進後宮，武氏有必要採用一度出家的形式。因而，擁有眾多僧尼的名寺—道德寺被遷移到休祥坊。如此，武氏既可以在形式上擁有道德寺尼之名，又可以在其母楊氏宅行與高宗密會之實，等待重返後宮之日。

如果綜合審視諸條件：太宗在世時武才人與皇太子（高宗）的不倫關係；道德寺搬遷至休祥坊的事實；休祥坊系楊氏（武氏）勢力的據點；爲搪塞朝野非議，武氏以出家來清算過去在手續上的必要性等等，上述推測當具有充分的現實性。

假設這種觀點成立，貞觀二三年一連串搬遷運動其實是粉飾歷史的一種嘗試，其起始點可以追溯至崇德坊道德寺向休祥坊的遷移。由於武氏介入了這一過程，不難理解道德寺的遷移是問題的關鍵所在。

## 六　圍遶感業寺問題目前的結論

綜上，本稿爲探討武則天早年出家的感業寺位置，對與此問題相關連的，貞觀二三年席捲唐長安城崇德、安業、休祥三坊的寺院搬遷運動真相進行了分析。從而確認了以下幾點重要的事實。

（一）關於武則天出家的所謂感業寺的寺名，新舊《唐書》、《資治通鑑》等編纂史料都有所記載，但未具體明示可以推斷其位置的綫索。在既往的研究中，有學者試圖在位於長安城中心的安業坊和崇德坊求其所在，但是，並未發現任何與感業寺相關的蛛絲馬跡。不得不令人懷疑感業寺祇不過是一個架空的影子寺院。

（二）關於席捲三個坊的寺院搬遷運動的文獻記錄是經過人爲虛構的史料，但據其至少可以確認下面兩點事實：其一，崇德坊的道德寺遷移到了休祥坊；其二，崇德坊原道德寺址設置了崇聖宮（太宗別廟）。崇聖宮的設置與道德寺的搬遷也爲石刻史料所證實。

（三）分析貞觀二三年寺院一系列複雜的搬遷運動的真相，可以察覺其實際上是以在崇德坊設置崇聖宮（太宗別廟），同時作爲配套工程，搬遷道德寺至休祥坊爲主要目標的。特別是休祥坊後來成爲武氏的落腳之處，十分值得注目。寺額的移動實質上就是道德寺的遷移，這一措施反映出事件的本質與根本目的。

（四）如在此基礎上再發揮一下想象力，可推測搬遷到慈和寺址的道德寺和所謂的感業寺位置相當。以往關於安業坊濟度尼寺及崇德坊實靈寺相當於感業寺的理解，似乎有修正的必要。

以武則天出家感業寺爲起始點的考察，所涉及的並非單純的史料問題，其觸及到當時政治與社會的更深層次。以此爲綫索，也許可以對武則天的人物像重新進行詮釋。

感業寺的寺名不見於《長安志》與《兩京新記》①，可以認爲其不是唐代長安實際存在的寺院②。然而新舊唐書和《資治通鑑》記事之中都明確提及這座影子寺院。爲什麼這一近於虛幻的寺名會出現於文獻記錄之中呢？該寺名使用的背景究竟是什麼呢？這的確是個難以回答的問題。所幸"德業寺"這所寺院的存在暗示了一種可能性。

---

① 參照平岡武夫編《唐代の長安と洛陽資料》（唐代研究のしおり六）（同朋舍出版，1977 年）所載"《兩京新記》第三　尊經閣文庫舊藏鈔本（唐韋述）"；福山敏男《校注　兩京新記第三及び解説》（福山敏男著《中國建築と金石文の研究（福山敏男著作集六）》中央公論美術出版，1983 年）；辛德勇輯校《兩京新記輯校　大業雜記輯校》（三秦出版社，2006 年）。

② 《長安縣志》（清張聰賢，嘉慶一七年）卷二二記："感業寺，在長安故城西北。即唐武后爲尼處。明萬曆十二年重修。"如何理解這條記載關係重大，如果認爲休祥坊道德寺即感業寺，此"在長安故城西北"將成爲重要的補充資料。

## 七 德業寺與感業寺——"德業寺墓誌"分析

關於感業寺這一寺名被使用的原因，筆者目前尚未掌握可以直接進行說明的資料。然而，的確存在可以與對照，並有着諸多共同點的寺院。這就是德業寺。兩者不僅寺名相似，而且也都是與宮中或宮人關係密切的尼寺，又都和武則天同時期。作爲寺院的功能與性格如此接近，當非偶然。不妨假設感業寺是意識着德業寺的存在而虛構的寺院，並嘗試着站在這種角度來考察從來未被討論過的德業寺，看會得出何種結論。

關於德業寺，見於下述史料記載（大正是《大正新脩大藏經》）：

（a）《續高僧傳》卷二二　釋玄琬傳（大正50～616b）

逮貞觀初年，以〔玄〕琬戒素成治，朝野具瞻，有勅召為皇太子及諸王等受菩薩戒。……又別勅延入為皇后六宮並妃主等，受戒椒掖，問德禁中。……尋有別勅，於苑內德業寺為皇后寫現在藏經。

（b）《釋氏稽古略》（明·覺岸編）卷三（大正49～814c）

辛卯五年（貞觀五年），帝為穆太后於慶善宮造慈德寺。及於昭陵立瑤臺寺，勅法師玄琬，於苑內德業寺為皇后寫佛藏經。又於延興寺更造藏經，並委琬監護。

（c）《大慈恩寺三藏法師傳》卷八（大正50～266b～c）

〔顯慶元年＝656〕二月，有尼寶乘者。高祖太武皇帝之婕妤，隋襄州總管臨河公薛道衡之女也。……大帝（高宗）幼時，從其受學。嗣位之後，以師傅舊恩，封河東郡夫人。禮敬甚重。夫人情慕出家，帝從其志，為禁中別造鶴林寺而處之。……至二月十日，勅迎法師（玄奘），並將大德九人各一侍者，赴鶴林寺，為河東郡夫人薛尼受戒。又勅莊挍寶車十乘、音聲車十乘，侍於景曜門內。先將馬就寺迎接，入城門，已方乃登車發引。……設壇席為寶乘等五十餘人受戒。唯法師一人為闍梨，諸德為證而已。三日方了受戒。已復命巧工吳智敏圖十師形，留之供養。鶴林寺側先有德業寺。尼眾數百。又奏請法師受菩薩戒。於是復往德業，事訖辭還。（參照小野勝年著《中國隋唐長安·寺院史料集成》資料篇一六三鶴林寺）

（d）《華嚴經傳記》（唐·法藏集）卷三·釋靈辨傳（大正51～163b）

屬慈恩創構，妙選英髦。辨以鶴譽聞天，遂當斯舉。然其懷望貞峻，中外式瞻。每於崇聖宮、鶴林寺、德業寺、百福殿等，而行受戒法。京城及諸州僧尼，從受歸戒者，一千餘人。凡講華嚴，四十八遍。後因菩提寺講，便覺不念。尋返慈恩，俄從永化。春秋七十八。即龍朔三年（663）九月五日也。

上述四種史料中，有三種爲唐代史料，祇有（b）是明代編撰。據其可以窺見德業寺的如下特徵：

①存在於"苑内"（禁苑内）。——（a）《釋玄琬傳》、（b）《釋氏稽古録》

②鄰近"禁中"的"鶴林寺"（爲高祖婕好薛氏＝河東郡夫人立），其爲"尼衆數百"的大寺。——（c）《大慈恩寺三藏法師傳》

③位於從長安外郭城北壁西側的"景曜門"進入禁苑處。——（c）《大慈恩寺三藏法師傳》

④與"崇聖宮（崇德坊）、鶴林寺（禁苑）、百福殿（宮城大極殿西側）"處於並列地位。——（d）《釋靈辨傳》

⑤太宗貞觀初年（貞觀五年＝631）已經創建，高宗顯慶元年（656）以降仍然存在。——（a）《釋玄琬傳》、（b）《釋氏稽古録》、（c）《大慈恩寺三藏法師傳》

⑥與皇后關係密切，即與後宮保持特殊關係的寺院。——（a）～（d）史料全部

經過如此分析，可推斷德業寺位於唐長安北城牆西側景曜門入禁苑處。其爲與皇后以下後宮成員有關的尼寺，在此出家的女性多爲後宮及其相關人員。該寺存在於唐前期高祖至太宗、高宗時期。如此，可以確認德業寺是一所宮中尼寺，時代也恰與武則天相重合。這樣的寺院存在於禁苑之中，而且後宮女性也可以在此出家的話，又有何必要舍近求遠在長安城中的崇德坊或安業坊設置感業尼寺呢？僅就此點而言，城内設置感業寺的真實性也不得不受到質疑。

近年與"德業寺"有關的石刻資料被發現。1974 年，咸陽市秦都區底張鄉陶家村南、渭城鄉擺旗寨村北原出土了一批德業寺僧尼墓誌。筆者查閲了中國文物研究所・陝西省古籍整理辦公室編《新中國出土墓誌 陝西（壹）》（文物出版社，2000 年 11 月）所收一九件誌石，整理出"附表德業寺相關出土墓誌石刻一覽"（後揭）①。這批誌石的出土地點位於西安西北渭城故城的北側二公里。在唐代，這裏大約位於渭水西北岸西渭橋（便橋）和中渭橋的中間地帶，距長安的直綫距離約二〇公里。

這些資料都是墓誌或墓誌蓋，大致出土於同一地點，均系與德業寺有關的誌石。據此，可以確認德業寺是一所尼寺。一覽表中除 No. 5（陝西 61）、No. 6（陝西 62）和 No. 8（陝西 69）的三位墓主之外，幾乎均與後宮有關，應爲出家的宮人。德業寺是皇

---

① 關於《德業寺墓誌》，馬先登、李朝陽《咸陽市渭城區出土的唐墓誌》（《文博》1993 年 2 期）介紹了其中一部分，據筆者所知尚無研究者對其全面考察。

室後宮女性出家的寺院，而且墓誌主人生存的年代集中在高祖、太宗、高宗時期。這些特徵與文獻記錄勾畫的德業寺狀況相吻合。無疑，這批墓誌是曾經生活在德業寺的尼僧們的墓誌，墓誌出土之處應是與後宮關係密切的長安德業寺墓地。

與後宮有關的女性墓誌成批出土的先例十分罕見，這批資料是繼民國一四年（1925）洛陽邙山出土隋煬帝時期宮人墓誌之後的又一重要發現[1]。長安德業寺出家者的人數應該很多，這次發現的僅僅是其中一部分人的墓誌。期待着德業寺墓地今後出土更多的墓誌[2]。誠然，許多出家者可能並沒有隨葬墓誌。無論如何，根據當前即存墓誌也可以把握一定的傾向。

首先，墓主的品階集中在後宮五品至七品之間。後宮品階爲一至八品，墓主品秩均屬中下。由此可否推測德業寺是後宮中間階位以下的宮人出家的寺院，爲身份更高者可能設置了規格更高的出家寺院。如果此推測具有一定道理，會使人聯想到前章論及的皇帝駕崩時設置的宮（別廟）。太宗駕崩時設崇聖宮，正一品的徐賢妃、正二品的韋昭容等居之。那麼作爲別廟的宮也許是接受後宮高品階者的設施，無論出家與否皆可入居。

武則天是太宗後宮的才人，正五品。如果她實際出家的話，應該進入德業寺（或者相當於這一等級的寺院）。然而，她不希望如此。實際上她並未出家，而是棲身於休祥坊母親家中（娘家），繼續與高宗保持關係。但是，一度出家清算過去的形式必須履行，於是將崇德坊的道德寺遷移到休祥坊，以掩人耳目。其時，恐怕感業寺一名尚未出現。後來，武則天計劃登上女皇寶座時，爲了粉飾自己的過去，從而編造出與德業寺名稱相似的感業寺寺名，作爲出家之所。如此解釋，或許不無道理。

總而言之，結論是：感業寺是在強烈意識着德業寺的心理狀況下虛構的寺名。德業寺墓誌不僅是研究唐前期寺院史、女性史的重要資料，對於重新探討武則天登基的背景也具有特別的意義。

---

[1]　參照郭玉堂原著《復刻洛陽出土石刻時地記》（氣賀澤保規編著）（汲古書院，2002 年）No. 429 ～469 與 71 葉右；趙萬里編《漢魏南北朝墓誌集釋》（中國科學院考古研究所，1956 年）；《石刻史料新編》第三輯（臺灣·新文豐出版公司）。

[2]　筆者在互聯網上無意瀏覽到一則消息，云《中國文物報》2003 年報導過咸陽秦都區發現五塊唐代尼僧墓誌，並說墓誌的主人都可能是與德業寺有關的尼僧。但是對墓誌的具體內容及出土狀況的介紹不甚詳細。筆者希望將來有機會考察這些尚未具體介紹過的資料（參照“附表德業寺相關出土墓誌石刻一覽”的 No. 20 參考墓誌）

## 附表　德業寺相關出土墓誌石刻一覽

（《新中國出土墓誌·陝西（壹）》，文物出版社 2000 年，所載）

（1974 年咸陽市秦都區底張鄉陶家村南·擺旗寨村北原出土。現咸陽市博所藏。No. 9：除外）

（＊陝西 ＝ 陝西冊號碼）

| No | ＊陝西 | 墓誌名（墓主）<br>氏名·本貫 | 死亡年月日<br>埋葬年月日·場所 | 生卒年（歲） | 規模（cm）<br>字數 | 備考 |
|---|---|---|---|---|---|---|
| 1 | 54 | 德業寺故尼明遠銘（無蓋）<br>庚氏　并州人 | 顯慶 3（658）5 月 12 日死<br>同年　5 月 15 日葬於咸陽縣之陵 | 599～658（60） | 45×45<br>16 行·行 16 字 | 宮人 |
| 2 | 58 | 大唐德業寺故尼法矩墓誌銘（有蓋）<br>周氏　洺州人 | 龍朔元（661）8 月 17 日死<br>同年　葬於咸陽之嶺 | 591～661（71） | 46×46×10<br>7 行·行 16 字 | 宮人 |
| 3 | 59 | 德業寺亡七品尼墓誌銘（有蓋） | 龍朔元（661）12 月 13 日死<br>同年　同月 18 日葬於咸陽原 | 606～661（56） | 49×49×10<br>13 行·行 12 字 | 七品 |
| 4 | 60 | 唐德業寺亡尼七品墓誌銘（沒有蓋） | 龍朔元（661）12 月死<br>同年　同月 10 日葬於咸陽原 | 620～661（42） | 44×44×11<br>13 行·行 13 字 | 七品 |
| 5 | 61 | 大唐故德業寺亡尼□志銘（無蓋）<br>杨志眺 | 龍朔 3（663）死<br>同年 10 月 18 日葬於咸陽 | ？～663（？） | 43×43×9<br>15 行·行 16 字 | （是否宮人不明） |
| 6 | 62 | 德業寺亡尼墓誌銘（無蓋） | 麟德元（664）3 月死 | ？～664（？） | 41×41×10<br>13 行·行 14 字 | （是否宮人不明） |
| 7 | 63 | 德業寺亡七品（尼法通）墓誌銘（無蓋） | 麟德元（664）4 月 12 日死 | 570～664（95） | 41·5×同×8·5<br>13 行·行 14 字 | 七品 |
| 8 | 69 | 大唐德業亡尼墓誌（有蓋） | 乾封元（666）3 月死<br>同年　同月 23 日葬·咸陽之原 | 586～666（81） | 42×42×10<br>11 行·行 14 字 | （是否宮人不明） |
| 9 | 94 | 大唐故德業寺亡尼七品墓誌（有蓋）　建國後，咸陽市出土，渭城區文管委所藏 | 永昌元（689）2 月 2 日死<br>同年　同月 14 日葬於咸陽原 | 618～689（72） | 34×34×7<br>9 行·行 12 字 | 七品 |
| 10 | 99 | 周亡尼墓誌銘（無蓋） | 長安 2（702）11 月 4 日死<br>同年　同月 10 日葬於咸陽原 | ？～702（？） | 39×39×8　無關於德業寺的記載<br>14 行·行 16 字 | 宮人 |
| 11 | 101 | 大唐故亡尼七品墓誌蓋　高宗·武則天期（650～705） |  |  | 43×43×8　無關於德業寺的記載<br>3 行·行 3 字 | 七品 |
| 12 | 102 | 大唐德業寺亡尼墓誌蓋　高宗·武則天期（650～705） |  |  | 48×48×8<br>3 行·行 3 字 |  |

| No | *陝西 | 墓誌名（墓主）　　死亡年月日 氏名·本貫　　埋葬年月日·場所　　生卒年（歲） | 規模（cm） 字數 | 備　考 |
|---|---|---|---|---|
| 13 | 103 | 大唐德業亡尼墓誌蓋　高宗·武則天期（650～705） | 41×41×10 2行·行4字 | |
| 14 | 104 | 大唐故亡尼墓誌之銘蓋　高宗·武則天期（650～705） | 42×42×10 3行·行3字 | 無關於德業寺的記載 |
| 15 | 105 | 大唐亡宮五品墓誌銘蓋　高宗·武則天期（650～705） | 43×43×9 3行·行3字 | 無關於德業寺的記載 宮五品 |
| 16 | 106 | 大唐故七品亡尼墓誌蓋　高宗·武則天期（650～705） | 41×41×10 3行·行3字 | 無關於德業寺的記載 七品 |
| 17 | 107 | 大唐故亡尼七品墓誌蓋　高宗·武則天期（650～705） | 38×38×8 3行·行3字 | 無關於德業寺的記載 七品 |
| 18 | 111 | 大唐故亡七品誌涌銘（無蓋） 神龍2（706）11月死　　　641～706（66） 同年同月20日葬於咸陽原 | 44×44×10 9行·行字不等 | 無關於德業寺的記載 七品 |
| 19 | 112 | 大唐亡宮七品墓誌銘（無蓋） 神龍3（707）5月29日葬　653～707（55） | 40×40×8 14行·行14字 | 無關於德業寺的記載 七品 |
| 20 | 參考 | 大周故亡尼志文　　　如意1（692）6月15日葬於咸陽 （據互聯網所載拓片）　　　608～692（85） | | 七品 |

# 西安碑林收藏與臺灣碑誌之比較

耿慧玲[*]

西安碑林今年920歲，經過宋元明清各個朝代的經營，西安碑林收藏了3000多方的碑刻，包含秦漢以來幾乎所有歷史階段、各種形制；相對於920歲的西安碑林，現存2000多方的臺灣碑誌所呈現出的則是另外一種面貌。本論文之著作，即欲從碑誌收藏的時空背景及內容之性質、特色等項目，探討西安與臺灣地區碑誌之異同，進而作爲漢文金石學研究的一個探討。

## 一 碑誌收藏與時空的差異

碑誌是銘刻學的一部分，也是中國金石學的一部分，既屬文獻學也屬考古學的範疇，除了記載內容所能反映出的歷史現象外，碑誌作爲載體的一部分，其物質基礎本身的分佈與形制、內容的類型等，都是以碑誌爲主體，所可以呈現的歷史資料。中國金石學已有千年之歷史，從金石的發展可以看到金石與歷史發展間的關係：

當秦代結束列國分立的封建體制，進入大一統的時期，貴族階層不再成爲政治上的主體，進入中央官僚專制政體，政策宣導性、統一體制的需求增加，正是這個時候，宣示性的需求增加，刻石與石經成爲碑誌的主體。

當平民階級出現，個人事功可以建立，家族或特殊個人的事蹟被傳述，這個時候紀功碑、墓碑、功德碑等碑誌的形式成爲普遍的存在現象。

隨著知識份子在社會上的力量逐漸增加，及士族的出現，碑誌的刊刻成爲歷史的主體，墓誌成爲記述的主體。

隨著平民階級的興起及文人社會的形成，金石的宣示性逐漸平民化、文人化。凡此種種，均可以反映作爲金石一部份的碑誌所具有的歷史價值。

因此，碑誌的研究也就與碑誌存在的時空之間産生了密切的關聯性。

---

[*] 耿慧玲，臺灣朝陽科技大學通識教育中心教授。

### （一）　中原文化的核心——西安碑林

西安碑林所在的西安，位處中國的大地原點①，也是中華民族發展的核心地區，先後有西周、秦、西漢、新、東漢（獻帝初）、西晉、前趙、前秦、後秦、西魏、北周、隋、唐等十三個王朝在這裏建都，因此自公元前十一世紀至公元九世紀末，長達一千一百餘年間西安均是古代中國政治的中心，其中周秦漢唐等盛世更讓西安地區成爲中國與域外交流的重要據點，絲綢之路所顯現出的開放的、燦爛的、豐沛的、强盛的、以中國爲核心的整體文化面貌，隨著歷史的沈積，也使得西安在時間的洪流之中，雖然逐漸退卻了政治的光環，但卻仍然成爲中國的文化中心。

西安碑林的出現正是收納了這些文化的成果，反映出以中原地區爲核心的中國文化。

西安碑林的形成，與石經的收藏有密切的關聯，從唐文宗開成二年（837）刊刻《詩》、《書》、三《禮》、春秋三《傳》、《孝經》、《論語》、《爾雅》等十二種儒家經典置於當時長安城國子監開始，西安便成爲第一個中國儒家經典的守護者，在這個基礎上，從唐末的韓建、朱梁時的劉鄩，一直到宋代元祐時的呂大忠，崇寧時的虞策，逐漸的將孔廟、府學與石經結合在一起，成就了今日的碑林。自此以後，各代不斷的修葺，歷經金、元、明、清諸代，碑林的位址不變，衹是不斷增加收藏，而其收藏內容之核心，與西安碑林所在的"三學街"② 名，正說明了西安碑林在長遠的歷史發展中與儒家核心價值的一種結合。

西安碑林的最初收藏究竟如何，應該可以反映出碑林初形成時的核心觀念，而這個核心觀念又可以反映出西安碑林在歷史發展過程中的核心結構。這對於釐清西安碑林在銘刻歷史上的角色與地位有所幫助。根據元祐五年（1090）黎持所刻《京兆府府學新移石經記》的內容記載，呂大忠欲將原棄置於唐尚書省西隅的"開成石經"遷移

---

① 參見孫國玲、黃新力等，《713702 涇陽永樂—中華大地的原點》，《華夏人文地理》2006：6，頁168～174；有關大地基準的測量基準，請參見顧旦生，中國大百科全書智慧藏"國家大地網"條解釋："中國大地基準的建立經歷了兩個階段。在開始建立國家大地網時，採用了臨時的大地基準。以後在中國天文大地網整體平差時，建立了新的大地基準，橢球參數採用國際大地測量學和地球物理學聯合會第16屆大會推薦的值：$\alpha = 6378140$ 米，$f = 1/298.257$。橢球在地球體中的定位是在橢球面與中國領域內大地水準面最佳擬合的條件下確定的。這是中國新的大地基準，大地原點設在陝西省西安市附近的涇陽縣。"

② 所謂三學，係指長安、咸寧兩縣學，及西安府學。西安的三學街東連柏樹林街南口，西接書院門和安居巷的交界處，南傍明代西安城南墻，北邊則是咸寧、長安兩個縣學和西安府學所在地，因此稱三學街。根據明代西安城圖顯示，三學與文廟都位於咸寧縣界，長安縣學在西，咸寧縣學靠東，西安府學與文廟居中，文廟在咸寧縣學西側，和府學之間隔一條府學巷。西安碑林則坐落於孔廟之中。

至京兆“府學的北墉”，負責此項工作的黎持遂將“凡石刻而僵者仆者，悉輦置於其地，洗剔塵土，補鋦殘缺，分爲東西，次比而陳列焉”，① 當時京兆府學中的收藏除了開成石經以外，還有“明皇注《孝經》及《建學碑》則立之於中央，顏、褚、歐陽、徐、柳之書下迨“偏旁字源”之類，則分佈於庭之左右”②，這是碑林雛形的初具③，路遠先生根據這個碑文以及駱天驤《類編長安志》等資料，整理出當時碑林中所收集的碑刻類目，除了開成石經和石臺孝經之外，還有四十三種石刻同時存置在碑林之中，這四十三種石刻又可以分爲移入碑林與刻立於碑林（包含文廟與府學）者，④ 若再根據路先生的研究可以再細分成幾個類型：

1. 因書法而入藏碑林者：又可分爲兩種狀況，一即《京兆府府學新移石經記》所云之“顏、褚、歐陽、徐、柳之書”，如顏真卿《顏氏家廟碑》、《多寶塔感應碑》，褚遂良《孟法師碑》，歐陽通《道因法師碑》，徐浩《不空和尚碑》，柳公權《玄秘塔碑》等唐代著名書法家的碑銘，這些書法名跡在元祐年間即已因“好古博雅君子”的建議隨“開成石經”入藏碑林。這一類的收藏正如夢英在《顏氏家廟碑》題記中所云，基於對於唐代知名書法家作品的一種保存心態：

　　　　顏真卿之隸書，李陽冰之古篆，二俱奇絕也，好古之士，重如珠璧，自唐氏離亂，其碑倒於郊野塵土之內，更慮年深爲牧童稚叟之所毀壞，且夫物不終否，能者即興，……好古博雅君子……移載入於府城，立於先聖文宣王廟，庶其永示多人，流傳千古。⑤

　　而這種心態也反映在李斯撰書的《嶧山刻石》、虞世南撰寫的《孔子廟堂碑》、李陽冰書的《栖先塋記》與《三墳記》，及顏真卿的《爭座位稿》的重刻於北宋的碑林之中。此後，這些蘊含歷代書法表徵的碑刻，更是成爲西安碑林收藏的一項重要特色，僅在北宋形成碑林的初期，即已有史唯則等的《大智禪師碑》、《隆闡法師碑》、《楚金

① 黎持，《京兆府府學新移石經記》，《金石萃編》（王昶，上海古籍出版社據清嘉慶十年刻同治錢寶傳等補修本影印本，1995）卷一百三十九，葉二十（頁444）。

② 黎持，《京兆府學新移石經記》，《金石萃編》卷一百三十九，葉二十（頁444）。

③ 據路遠先生在《西安碑林史》中的研究，呂大忠元祐二年（1087）移置石經至京兆府府學並修整之府學並非今日之西安碑林現址；碑林現址是崇寧二年（1103）由虞策將（京兆）府學、文廟與石經一並遷建於西安府城的東南隅。見路氏著，《西安碑林史》（西安：西安出版社，1998一版一刷），頁54～66。

④ “北宋時期碑林藏石目錄”，《西安碑林史》表一，頁95～101。

⑤ 《金石萃編》卷一百一《顏氏家廟碑·夢英題記》，葉三十一上（頁197）。

禪師碑》等重要的書法名碑入藏碑林，直至今日，西安碑林更成爲重要碑刻入藏的重要歸屬地，使得西安碑林成爲集結中國書法藝術精華的重要博物館。

2. 儒學：碑林最初的形成與石經的存放有密切的關連，因此，碑林在歷史的發展中也與西安地區的府學、孔廟有密切的關係，在現在的西安碑林中實際上集結了宋明以下西安孔廟與府學的修建記錄，及作爲儒學中心的一些重要的狀態的呈顯。有關儒學這一個類目，又可以分成三個範疇：

其一，有關孔廟與府學的建置與歷史。如宋建隆三年（962）的《重修文宣王廟記》，乾德五年（967）的《夫子廟堂記》、大中祥符二年（1009）《永興軍新修文宣王廟大門記》，景祐元年（1034）《建學敕》①，景祐二年（1035）《牒永興軍》及《永興軍中書札子》，元豐三年（1080）《京兆府移文宣王廟記》，元祐五年（1090）《京兆府府學新移石經記》，大觀元年（1107）《宋永興軍創修府學記》及《宋永興軍府學開泮水記》；又有《京兆府學新建七賢堂記》。這些碑刻都是在當時刻立於府學以及文廟之中，藉由這些碑刻資料，可以清楚的知道西安文廟與府學的修建的歷史。同時，因爲崇寧二年（1103）虞策已經將廟、學、碑林結合在一起，對於廟、學的記載，自然也就成爲碑林歷史的記載。

其二，有關儒學的學則與科目。這也是在北宋時期廟、學之間重要的資料，在北宋仁宗景祐元年（1034）以前西安僅有廟而無學，《大宋勃興頌》、《慎行箴》、《勸慎行文》等蘊含儒家仁治思想的碑文均立於文廟之中，景祐以後《京兆府小學規》、《大觀聖作之碑》則立於府學。他如《篆書千字文》、《篆書千字文序》、《十八體篆書》、《篆書目錄偏旁字源碑》等小學碑銘，則在府學建立之前即已立於文廟之中。

其三，刻經。在碑林中除了"開成石經"與"石臺孝經"之外，尚有《三體陰符經》、《摩利支天經》、《陰符經》、《太上老君常清靜經》、《新譯三藏聖教序》，這些刻經兼具儒、釋、道，尤其是這些都刻立於當時的文廟中，基本上更能反映出北宋時期儒家系統融合釋、道的基本現象。

---

① 京兆府學的創建在宋景祐年間，現存景祐二年的《牒永興軍碑》和《永興軍中書札子》均爲宋景祐元年戶部侍郎、知永興軍府范雍上書修建府學的公文書牘。路遠先生根據元代駱天驤《類編長安志》卷十《石刻》中的記載，也認爲除上述牒與札子外，還有《建學敕》一種存在。見《西安碑林史》（路遠，西安：西安出版社，1998一版一刷），頁93。同時，元祐五年《京兆府府學新移石經記》中，亦提及"明皇注《孝經》及《建學碑》則立之於中央"，似乎確有《建學碑》或《建學敕》的存在；然，查駱天驤在《類編長安志》中，元豐至大觀年間僅有兩項紀録：景祐元年十月日的《宋建學敕》及元祐庚午雍學官黎持撰《宋府學移石經碑記》，現存西安碑林的《牒永興軍碑》和《永興軍中書札子》反而未録，甚爲奇怪，頗疑此《建學碑》即爲《牒永興軍碑》和《永興軍中書札子》中之一種。

　　由以上北宋時代碑林初具時候的收藏，可以看到碑林的收藏與西安歷史空間的相互影響，具有中華核心文化的内涵，在這樣的基礎下，西安碑林成爲中國高文典册、儒家文明的代表。

### （二）漢文化的延伸——臺灣碑誌

　　孤懸於中國東南海域上的臺灣，與西安碑林在地理上恰似天涯海角；在歷史文化的發展上，也呈現出不同於西安碑林的邊陲文化風貌。

　　臺灣，在歷史發展中有著不同於中國大陸大部分地區的過程。移民是臺灣文化建立的主要來源，從舊石器時代到新石器時代，到鐵器時代到現代，臺灣是經由一波波移民在不同時期帶來的不一樣的文化所建立起的社會，而大陸與臺灣在歷史發展過程中存在著非常微妙的關係。

　　五萬年前的舊石器時代，在臺灣的土地上已經有了人類的居住，[①] 這些創造出長濱文化與網型文化的人類，根據現在的資料，應該是來自中國大陸的東南地區。根據考古學者劉益昌等人的研究，這兩個文化年代和華南的舊石器時代晚期相同：長濱文化和江西萬年縣大源仙人洞洞穴遺址第一期、廣東省南海縣熄火山西樵山以及廣西百色上宋村的文化遺存有相當程度的相似性；[②] 而網型文化則與廣西新州地區舊石器時代晚期出土遺物相似。[③] 然而這些創造出舊石器文化的人類，在六七千年前被再次從大陸東南地區的大坌坑文化所取代。這一次的文化傳入代表了不一樣的文化内涵，因爲臺灣在這個時期不同於長濱文化等舊石器時代，已經成爲一個島嶼，因而這一撥的移民帶來的是富有海洋文化特質的文化層。有關大坌坑文化的來源，張光直等認爲大坌坑文化與中國福建、廣東二省沿海早期新石器時代文化有密切的關連，尤其是發現在閩南沿海，以金門富國墩、平潭南厝場和閩侯溪頭下層等遺址爲代表的富國墩文化，以及粤東沿海以潮安陳橋、海豐西沙坑爲代表的西沙坑文化期，與大坌坑文化相當近似，可能屬於同一個文化的不同類型或是有密切關連相互影響的兩種文化，[④] 而此後的圓山

---

① 劉益昌，《臺灣原住民史——史前篇》（臺北：國史館臺灣文獻館，2002 初版）："長濱文化出現的年代至少在一萬五千年前，且可能早到距今五萬年前左右；網型文化年代已經測出的年代中最早的一件可達四萬七千年以上。"

② 宋文勳，《由考古學看臺灣》，《中國的臺灣》（陳奇祿等，臺北中央文物供應社，1980），頁 93～220；又，《中國的臺灣》陳奇祿等，（臺北中央文物供應社，1980），頁 93～220。

③ 劉益昌，《臺灣原住民史——史前篇》，頁 29～30。

④ 張光直，《中國東南海岸考古與南島語族起源問題》，《南方民族考古》（四川大學出版社，1987）第一輯，頁 1～14。又，劉益昌，《史前時代臺灣與華南關係初探》，《中國海洋發展史論文集》（張炎憲主編，臺北，中央研究院中山人文社會科學研究所，1988），頁 1～27。

文化、芝山岩文化等等，所反映出的是繼承了大坌坑文化之後的地方性文化傳承。張光直在認定臺灣大坌坑文化與大陸地區有密切關連的同時，也提出這個文化的創造者與南島語族之間有密切的關連，也就是說，大坌坑文化人類所經營出的文化形成了後來成爲臺灣原住民①的祖源。然而這些和中國東南可能有密切關連的人群，並沒有留下任何和現在漢文化有關的文字證據，事實上，因爲海峽的出現與阻隔，使得臺灣原住民在一個分離的狀況下，進行著歷史與社會的進程，一直等到航海時代的來臨，臺灣纔又和中國大陸產生了明確而緊密的關係，② 而這時候的臺灣居民已經成爲現在南島語族最古遠的遺存，與原鄉有了迥然不同的發展狀態。此後經過荷蘭、西班牙等國的經營，逐漸引入漢人進行轉口貿易及農業的墾殖，鄭成功父子更前後率領大批的漢人移民進入臺灣進行開墾，清朝政府平定鄭氏政權之後，臺灣重新湧入大批移民逐漸改變了居民的結構，在清朝政府統治的二百年間，臺灣成爲漢人社會，原住民逐漸成爲少數族群，日據時期，土地國有政策將原住民原有土地收歸國有，再次打擊原住民的生存條件，抗日行動也使得原住民的一些族群，在日軍的剿滅行動中逐漸消失在歷史的舞臺。1945 年臺灣光復，1949 年國民政府帶領另一批新移民進入臺灣地區，不同時期的移民帶來不同的文化，使得臺灣地區成爲一個不斷跳躍的文化型態，③ 這與西安碑林所在地所展現的一慣性中原文化有著極大的不同。

---

① 有關臺灣“原住民”這個名稱，有過激烈的討論，究竟應該是“原住民”還是“先住民”，各界都有不同的意見，目前暫時同意以“原住民”作爲稱謂。但是都是指現在生存在臺灣地區的南島語族，原本有兩個系統：平埔族與高山族，在舊日的研究中，學者雖有歧見，但大致認同平埔族與高山族各有九族（另有邵族，兩邊都將之列入），但因平埔族在歷史發展中已與漢人同化而沒有明確的文化徵像，成爲學術研究的對象而實際並不存在，因而經常將高山“九族”做爲臺灣原住民的總族數，在 2001、2002、2003、2007 分別加入邵族、噶瑪蘭族、太魯閣族和沙奇萊雅族，成爲十三族。

② 在討論中國與臺灣關係的研究中，經常提到中國文獻中對於臺灣地區的描述，諸如：《尚書‧禹貢》、《山海經》（《海外東經》《大荒東經》《海內北經（應爲海內東經）》）、《列子‧湯問》、《漢書‧東夷傳》、《後漢書‧東夷傳》、《三國志‧魏志‧東夷傳》、《隋書‧流求傳》、《隋書‧陳稜傳》、《臨海水土志》，但是這些史書都祇模糊的描述一個地方，並不能真確的被證明所記載的內容確實是現在的臺灣。鄭和七次下西洋，也有傳說鄭和曾經來過臺灣，但是真正親臨臺灣並有相關著作的流傳，一直要等到 17 世紀初期陳第《東番記》的出現，纔有一部親涖臺灣，記載當時民情風俗的專門著作出現。

③ 臺灣因爲接納不同時代移民傳入的文化，因而舊石器時代未能發展爲新石器時代，就爲新來的新石器時代文化取代；新石器時代未曾自行發展成爲鐵器時代，而由外來的鐵器文化所影響；在歷史時期也同樣有這樣的問題。鄭成功建立的統治系統，不旋踵即爲清政府所取代；清政府統治的二百年時間居民正由羅漢腳轉爲土豪，由土豪轉向武質化，向中央文職過渡的時候，臺灣又爲清政府割讓給日本；經過 51 年的日本統治，在二次大戰之後，重新回到中國的統治，這種政權的嬗遞，都對原來的文化產生相當大的衝擊。

　　臺灣的文化還有一種與西安地區不同的元素，就是海洋文化的內涵。西安地區是中國絲路對外重要的起點，在長期的交通、貿易中，西安地區經由絲路成爲陸上各種文化的交會點；臺灣所展現的則是海上絲路的風貌。

　　中國的海外貿易在唐宋元的時代達到一個高峰，宋元時代的針路後世稱爲西洋針路（東西洋，約以臺灣、澎湖一綫爲界），所謂西洋針路，其航綫多循亞洲大陸沿海航行，由柬埔寨至馬來半島，然後東轉爪哇，或西進達印度各地，臺灣與澎湖並不在這一條航綫上，當時的澎湖與臺灣祇是閩南漁人捕魚的一個根據地，被當作季節性的漁戶聚集地。但是在當時，透過泉州、波斯與阿拉伯的商人香藥、犀角、象牙、琉璃、琥珀、珍珠與中國絲、綢、瓷器與茶葉的交換，臺灣也有了海上的交易；劉益昌等人的研究發現臺灣的十三行遺址就出現來自東南亞、中國等地的文化遺物；尤其是北海岸地區十三行文化中晚期遺址中，出土大量來自中國東南沿海地區屬於宋、元、明歷朝製造的瓷器與硬陶，顯示臺灣北海岸地區可能是宋元以來中國各朝與琉球之間交流網絡中的一環。[①] 等到明代，一條航綫自福建港口出發，向東南經過澎湖至安平海面，再沿臺灣西南岸南下臺灣南端的貓鼻頭，繼續南下至呂宋島、民答那峨，東轉至摩鹿加群島，西轉婆羅洲。這條稱之爲東洋針路的航海路綫不僅顯示出臺灣與澎湖地位的轉變，同時也使得福建的拓殖經由臺灣南部、西南部，展延至菲律賓等馬來群島地區。可以説，臺灣在這個時期成爲中國與世界接軌的一個重要地點。荷蘭人、西班牙人、日本人、英國人紛紛來到臺灣，建立與中國大陸的貿易點。雖然在這個時代，臺灣的歷史主導者並不是漢人，但是隨著轉口貿易的需要，漢人從翻譯、奴工逐漸變成開墾者。但這也使得臺灣的農業開墾呈現一種帶有經濟型態的開墾農業，不同於中國大陸的農業生活形態。海洋、貿易與多元民族是臺灣文化的另一個特色。

　　臺灣碑誌所呈現的正是這種文化的歷史説明。在兩千多方的臺灣碑誌中，我們看到的是充滿著海洋文化、民族關係、開墾型態、移民問題、邊陲狀態的碑志內容，這些都與碑志所在的時空有密切的關連。

## 二　碑誌分類與性質的比較

　　分類的學術研究的開始，石刻分類迄今尚未有一統一之標准，每一位石刻研究者對於石刻的分類都有其自己一套系統，陸和九在其《中國金石學》中將石刻分爲碑碣、

---

① 劉益昌，《臺灣原住民史—史前篇》，頁51。

誌銘、石畫、刻經四類；① 朱劍心則分爲刻石、碑碣、墓誌、塔銘、浮圖、經幢、造像、石闕、摩崖、地莂、雜類（橋柱、井闌、柱礎、神位、食堂、石人、石獅子、石香爐、石盆）；② 馬衡則分爲刻石與碑、造像與畫像、經典與記事、一切建築品附刻；③ 趙超之分類爲刻石、碑、墓誌、塔銘及與塔有關的石刻、經幢與墳幢、造像題記、畫像石、經版、買地券及鎮墓券、建築附屬刻銘及其他雜刻共十類。④ 這些分類大抵以石刻之型態分類，對於石刻的源流發展，名義界定都有相當重要的功能。但是這樣的分類卻無法真正的展現出石刻內容中所反映的歷史與社會現象。毛漢光教授在中央研究院整理傅斯年圖書館所藏拓片時，分成九大類：墓誌銘類、碑誌銘類、塔誌銘類、雜誌銘類、記事纂言類、儒學類、佛教類、道教及一般宗教類、雜刻類；⑤ 本人在教學時，則在這個基礎上，簡單地將石刻分成“記人”與“記事”兩類，兩類之下，再依據記載內容的性質分成墓、碑、塔、雜；及記、儒、佛、道、雜。不過這樣的細項分類在不同的地區或不同的時代，可以有不一樣的分類。這種分類的好處是便於分辨每件石刻在研究時的定位，有助於學術研究。

　　根據 2006 年出版的《西安碑林博物館藏碑刻總目提要》，目前西安碑林的文物收藏分爲五類：碑石、墓誌、造像、經幢、無書刻文字之石刻。⑥ 其中的碑石應該包括碑碣與刻石，無書刻文字之石刻，應該包含畫像石與石畫及建築圖案等無文字石刻構件。但根據現在碑林中的收藏，應該還有刻帖和圓雕。在這些收藏中，造像、經幢都屬於宗教性質的石刻，反映的是中國尤其是在魏晉南北朝時代北方的佛教信仰；而碑石與墓誌兩類，可以説是西安碑林收藏中最大量的石刻資料。⑦ 墓誌固不待言，本是個人的生平歷事記錄；而碑基本上又可以分爲兩種，一種記人、一種記事，在西安碑林收藏的碑志，亦有許多“記人”的石刻，如，東漢有《曹全碑》、《仙人唐公房碑》，晉有

---

① 陸和九，《中國金石學》第二章第三節《石刻之類別》，頁 12 ~ 136；事實上，陸和九除了上述四類外，尚認爲有不可以“四類括之者”，即“譜系”、“圖表”、“目錄”、“符籙”、“異文”、“集書”六類，因此，陸和九之分類實際上有十類。

② 朱劍心，《金石學》第三編第一章《名義制度》，頁 178 ~ 191。

③ 馬衡，《凡將齋金石叢稿》卷二《中國金石學概要》下，頁 65 ~ 101。

④ 趙超，《中國古代石刻概論》第一章《中國古代石刻的主要類型極其演變》，頁 1 ~ 76。

⑤ 毛漢光等，《中央研究院歷史語言研究所藏歷代墓誌銘拓片目錄》，（南港，中央研究院歷史語言研究所，1985 初版），《序》，頁 1。

⑥ 陳忠凱等，《西安碑林博物館藏碑刻總目提要》（北京，綫裝書局，2006.5，一版一刷），“凡例”，頁 Ⅲ。

⑦ 根據陳忠凱等，《西安碑林博物館藏碑刻總目提要》，西安碑林所藏碑石 556 目，1401 石；墓誌 1053 目（含補遺 3 目），1514 石；造像 70 目，70 石；經幢 63 目，63 石。又 2005 年入藏碑誌 100 目，140 石。可見碑林所藏以碑石、墓誌爲大宗。見“序言”，頁 Ⅱ。

《司馬芳殘碑》，前秦有《廣武將軍碑》，隋有《孟顯達碑》、《趙芬碑》，唐有《郭榮碑》、《智該法師碑》、《皇甫誕碑》、《道因法師碑》、《顏勤禮碑》、《不空和尚碑》等等。可見西安碑林中的碑刻偏向"記人"。

有關臺灣碑刻的分類，目前有兩種方式，① 一種是劉枝萬先生在蒐集中部地區碑文時的分類方式，他將臺灣的碑刻分成三類：

記：凡記敘文屬之。

示諭：凡官憲示禁及諭告之類屬之。

其他：各種捐題及不屬以上二類者屬之。②

以後的黃典權也是用這樣的分類方式，收錄及整理成《臺灣南部碑文集成》③；周宗賢在其《臺北市的古碑》一書中也運用這樣的概念進行分類。④ 另一類的分類方式是陳漢光在整理臺北地區文物時所做的分類，他將臺北地區的碑誌分成：示禁、勸說、紀念、制邪、建置圖樣等五大類。⑤ 這種依性質分類的方式，對於碑誌的內容可能反映的歷史與社會現象有較爲清楚的概念。這種分類的概念，後來的何培夫、曾國棟在其著作中都有採用，祇是分類的項目有所不同。⑥ 然而不管是如何的分類，都可以看出，在臺灣的碑誌基本上以"記事"爲主，與西安碑林的收藏有明顯的不同。

除了分類與性質上的不同，西安碑林的收藏與臺灣碑誌還有收藏時間與收藏方式的不同。

西安碑林收藏碑銘的時間縱度極深，從東漢延熹五年（162）《倉頡廟碑》開始一直到民國三十八年（1949），歷時一千七百多年，⑦ 幾乎涵蓋中國有文明以來的所有朝

---

① 此處所云分類，是指以碑刻内容分類，現存臺灣碑誌之出版或集結方式尚有以年代與地區分別載錄的不在此處分類意涵中。

② 劉枝萬，《臺灣中部碑文集成》（周憲文編，臺灣文獻叢刊第 151 種，臺北，臺灣銀行經濟研究室，1957～1967），《弁言》，頁 1。

③ 黃典權，《臺灣南部碑文集成》（周憲文編，臺灣文獻叢刊第 151 種，臺北，臺灣銀行經濟研究室，1957～1967），《弁言》，頁 1。

④ 周宗賢，《臺北市的古碑》（臺北，臺北市文獻委員會，1993 初版）將其集錄之碑誌分成示禁碑、記事碑及其他，見頁 4。

⑤ 陳漢光，《臺北市石碑概況》，《臺北文物》（臺北，臺北市文獻會，1955）4：3，頁 128。

⑥ 何培夫，《臺灣碑碣的故事》（南投，臺灣省政府，2001 初版），頁 4～5；又，曾國棟《臺灣的碑碣》（臺北，遠足文化事業有限公司，2003 一版一刷），頁 6～7。

⑦ 如以北宋淳化四年（993）鄭文寶據徐鉉摹本所刻之《嶧山刻石》原本所立年代——秦始皇帝二十八年（前 219）計算，則西安碑林收藏時間之跨度應該有兩千年。

代；而臺灣碑誌從明萬曆三十二年（1604）《沈有容諭退紅毛番韋麻郎碑》[①] 開始到現在，祇有四百年的歷史。且《沈有容諭退紅毛番韋麻郎碑》[②] 並不是在臺灣本島，而是在澎湖馬公市，在地理上並不能真正的代表臺灣本島。這樣時間上的差距，使得臺灣碑誌所能反映的祇有近四百年的漢人歷史文化，不過這個時期正是中國處於巨變的時期，臺灣碑誌的內容正可以做爲中國走向現代的歷史參考。

現在所說的臺灣碑誌，其實是散落在各個地區的碑誌總說，並沒有像西安碑林一般是一個集中的展示地點，雖然也有臺南市大南門碑林[③]、赤崁樓小碑林[④]和臺南民族文物館[⑤]進行較大量的收藏，但不論個別或整體收藏都不如西安碑林集中，總數也不及西安碑林，根據現存已知之資料，臺灣現知碑碣（含已軼）數目僅二千二百七十二件（見附件一"臺灣現存古碑數量統計"），較西安碑林現存三千一百八十七石少了許多。不過近年來因爲數位技術的發達，臺灣的"國家圖書館"在《臺灣地區現存碑碣圖志》的基礎上，進行數位化工程，將二千一百零二件的碑誌拓片上網供學者進行檢索與研究，在便利度及可應用度上，值得稱道。

## 三　碑誌內容與展現意義的比較

西安碑林的收藏是一種有意識的碑誌集結，即使是在近日的新收藏，也都是精心的擇選下的結果，因此在西安碑林中可以看到中國歷代碑誌中的精華，不管是書撰者或者被書撰者，甚至刻者、曾經收藏者、研究者，都是精英，這也使得西安碑林博物館成爲儒學的博物館、石刻藝術的博物館、書法藝術的博物館，甚至是歷史建築的博物館，《西安碑林博物館》一書中對於西安碑林所做的概況說明，最爲清楚：

---

① 《沈有容諭退紅毛番韋麻郎碑》是臺澎金馬地區現存最古老的碑，刻立於明萬曆三十二年（1604），現在澎湖馬公市。時荷蘭聯合東印度公司派遣提督韋麻郎（Wijbland Van Waerwijek）率領兵船進犯澎湖，明朝政府派遣泉州都司沈有容抵澎湖，與韋麻郎談判，斷其接濟，予以物資封鎖；荷蘭人因而退出澎湖，結束四個多月的佔領。事後，爲紀念沈有容外交折衝的成就，立碑記其事。

② 收於《明清臺灣碑碣選集》，頁 668～669。

③ 大南門碑林是臺灣地區最大的一座碑林，位於臺南市大南門城右畔，一共收藏了六十一件碑碣，均屬清代碑碣。參見何培夫著，《臺灣碑碣的故事》（南投縣，臺灣省政府，2001 初版），頁 144～148。

④ 赤崁樓小碑林位於文昌閣與海神廟樓基的墙身上，共二十餘件碑碣，碑石上所刻的內容包括營造圖、禁令、造橋、修廟、旌表等，規模僅次於南門碑林，故被稱爲"小碑林"。

⑤ 臺南市立民族文物館坐落於延平郡王祠右畔，在地下室收藏了三十三件碑碣，亦爲清代碑碣，內容多爲府城開拓史資料與社會檔案。參見何培夫著，《臺灣碑碣的故事》，頁 149。

　　西安碑林是書法的淵藪、經史的寶庫，1961 年被國務院首批公佈為全國重點文物保護單位，是全國 18 個國家級特殊遊覽參觀點之一，近年來又被列入中國申請“世界文化遺產”項目預備清單。西安碑林博物館是在西安碑林的基礎上，利用西安文廟古建築群擴建而成，佔地面積 31900 平方米。現在有館藏文物近 8000 件，其中僅國寶級文物就有 19 個號 134 件，一級文物 272 個號 535 件，陳列由碑林、石刻藝術及其他文物展覽三部分組成。①

　　因而，西安碑林的收藏代表的是中國精英文化中的精英，是中華文明的核心，是華夏文明成熟的代表，如唐太宗、高宗父子爲三藏法師玄奘譯經所做的序與記，無論是由書法大家褚遂良書寫，還是懷仁集王羲之字而成，都是堂皇之作，高文典冊，代表中央頂尖的楷模。但是，臺灣碑誌的內容恰恰與之相反。

　　臺灣是一個新興的移民開發地區，同時由於歷史發展上的趨商近利，加上主要移民時代的清朝政府以消極的方式統治臺灣，禁海令的頒佈及態度致使臺灣在發展的主要時期，長期移入的是一些邊緣份子，使得臺灣一直到 18～19 世紀，羅漢腳的比例仍然高達 20%～30%，人數竟有數十萬之多，日據時期的梶原通好有如下的描述：

　　　　當時（清代）一般的社會雖有語言，但欠缺文字，即使在今天，日常語言中至少有三分之一沒有文字，且大多是借用字，文字因人而異。②

　　同時因爲原住民不識漢字，加上吏治敗壞，故而碑誌之立成爲臺灣地區重要的公文依據，《東華續錄》卷十二記載了一則丁日昌的奏摺：

　　　　臺灣吏治，黯無天日；牧令能以“撫字教養”為心者，不過百分之一、二。其餘非性耽安逸，即剝削膏脂。百姓怨毒已深，無可控訴，往往鋌而走險，釀成大變；臺灣所以相傳“無十年不反”之説也。臣今年到任後查訪各情，即將科派百姓捐輸、津貼州縣倉穀、自盡命案株連拖累及牛捐諸弊政嚴行裁革；仍恐該廳、縣陽奉陰違，復飭將告示勒石摹拓、分貼各鄉，俾百姓永遠周知，不致再受訛索。③

---

① 成建正等，《西安碑林博物館》（西安，陝西人民出版社，2000 一版一刷），頁 166。
② 梶原通好著，李文祺譯，《臺灣農民的生活節俗》（臺北，臺原出版社，1998 初版），頁 19。
③ 《光緒朝東華續錄選輯》（臺灣文獻史料叢刊第四輯第二七七種，臺北，臺灣大通書局），頁 19。

同時，安分良民可以 "摹揭石示，赴地方官呈訴"① 因而，在臺灣，碑誌的公示作用相當大。也因爲社會環境不佳，因此，"惡習示禁碑" 類的數量龐大，佔所有碑誌的11％。同時，因爲地處僻遠，中央政府極難控管，即使地方州府也不容易照看，地方必須自行制訂公議或規約，形成地方自治系統如《防火章程碑記》② 等所記。不過若要公議或規約有效力，通常會將公約的内容透過告諭的方式，也就是經由地方政府的權力加强其效能，如《船戶公約》③ 等所示；更進一步地方街莊鄉里行會等會與政府之間訂定契約關係，如《執照碑》④ 等；這些都與西安碑林所藏碑誌的内容不同，在顯示臺灣地區地方自治色彩的突出。

由於移民渡海險難重重，及至臺灣，或因開墾時的爭鬥，或因瘴疫罹病，致使臺灣俗諺有 "十去三留六死一回頭" 或 "三留二死五回頭" 的説法，因而臺灣地區特重信仰，寺廟與社區之間有著非常密切的關係，經常以寺廟爲中心形成一個緊密的信仰圈，這些寺廟甚至可以替代政府成爲地方自治的機構，如前《防火章程碑記》即爲臺南祀典武廟爲主導之自治公約。

臺灣由於社會結構的特殊，婦女地位較大陸原鄉有一定程度的提高，顯現在碑誌中，即禁錮婢女碑誌的出現，其所針對的内容爲極底層的婢女，這與西安碑林收藏的貴族婦女墓誌所呈現出的社會意義大有不同。同時因爲人民的底層結構較深厚，因此碑誌常因各地區民人程度的不同，習俗的不同而有不同的記載方式，如前述禁錮婦女碑誌在臺南、宜蘭各有碑志，其内容即因地區的不同而有不同的陳述方式。⑤

航海、貿易與臺灣的開發有密切的關係，因而出現了大量的有關港口、船隻、船政等碑銘，如《嚴禁壟斷修船暨私買軍料碑記》⑥、《鼎建臺澎軍工廠碑記》⑦、《嚴禁民

① 盧德嘉，《鳳山縣採訪冊》（臺灣文獻叢刊第七三種）壬部《藝文（一）・碑碣・丁撫憲禁碑》，頁365。
② 收於《臺灣南部碑文集成》，頁9～12；《臺灣地區現存碑碣圖志——臺南市（上）》，頁6～8。
③ 收於《臺灣南部碑文集成》，頁676；《明清臺灣碑碣選集》，頁530～531；本文作者並根據碑文寫成《船戶公約碑的考釋——清代臺灣海洋文化的一個解讀》，《朝陽學報》第十一期（霧峰，朝陽科技大學，2006），及《船戶公約碑中所記錄臺灣海峽的船》，《人文與社會》1：8（高雄，義守大學，2006）。
④ 收於《臺灣南部碑文集成》，頁487～488；《明清臺灣碑碣選集》，頁486～487；《臺灣地區現存碑碣圖志——臺南縣》，頁168～169。
⑤ 參見作者，《禁錮婢女碑中臺灣婦女地位研究》，發表於嘉義中正大學臺灣人文研究中心 "臺灣人、時、地綜合研究學術研討會"，2006年12月1日；《烈女與婢女——臺灣碑誌中的婦女人權》，發表於嘉義吳鳳技術學院 "人權教育與當代社會學術研討會"，2005年11月25日。
⑥ 收於《臺灣地區現存碑碣圖志——臺南縣》，頁164～165。
⑦ 收於《臺灣南部碑文集成》，頁103～105；《明清臺灣碑碣選集》，頁302～303。

兵搶奪商船碑記》①、《示禁海口章程》②、《嚴禁海口陋規碑記》③、《善養所碑記》④、《船戶公約》、《嚴禁佛頭港貨物分界獨挑碑記》⑤、《嚴禁胥吏苛索船戶陋規碑記》⑥，這也與西安碑林收藏碑誌中偏向於大陸型態有很大的不同。

## 四　結論

碑誌之出現與人群、社會、文化、歷史的發展息息相關，要探討碑誌的真正內涵，不能離開對於歷史發展的理解，事實上，碑誌的內容必然會與真實社會產生密切的關聯，這種關聯性不僅僅是記載與被記載的關係，更進一層，可以說明碑誌記載會受到真實社會的制約，不能獨立於歷史的現實之外。有趣的是，這種被制約的現象，反而成爲碑誌作爲歷史的見證者最好的條件。因此，當以研究碑誌作爲歷史的見證者時，能夠找到碑誌歷史的定位，將是真確了解碑誌真正價值的重要關鍵，也纔能將碑誌所反映的真實歷史呈現出來，這對於大規模的碑誌研究，更顯出其重要性。

中國文化的發展使得亞洲東部及東南部形成一個儒家文化圈，相對於西方的基督教文化、阿拉伯世界的伊斯蘭文化圈，無論是歷史或是文化內涵都是值得重視的文化領域，儒家文化圈的核心就是中國文化，中國文化如何向外擴張，影響周邊地區，使之成爲儒家文化圈的一環，是值得研究的項目。碑誌是中國文化中相當特殊的文化徵象，與西方的銘刻學有顯著的不同，西安碑林收藏的秦、漢、唐、宋、元、明、清等幾個大的歷史階段的碑刻，不僅包含真草隸篆各種書體，兼有刻石、碑、墓誌、畫像石、經幢等各種形制，也可以找到中國核心文化的精髓，是中原文化精華的呈現，成熟的象徵；而不論是日本、韓國、越南，這些屬於儒家文化圈的國家與民族都有與中國相同的碑誌文化，但是因爲各地方環境與歷史之間的差異，仍有區域性的差別，但是在發展的過程中，儒家文化中哪一些思想、制度、習俗等會成爲共同的模式，哪一些會被選擇性的拋棄，或做一些移轉、變化，也是研究東亞儒家文化圈非常重要的課題，而臺灣碑誌的內容卻正可以作爲一個中介者，因爲臺灣是漢人移民所建立出的文化，較之日、越、韓更趨近於中國文化的原型；然而它又是一個新興開發地區在歷史

---

① 收於《明清臺灣碑碣選集》，頁 370～371；《臺灣地區現存碑碣圖志——臺南市（下）》，頁 359。
② 收於《臺灣地區現存碑碣圖志——臺南市（下）》，頁 346～347。
③ 收於《臺灣南部碑文集成》，頁 433～434；《南瀛古碑誌》，頁 242～244。
④ 收於《明清臺灣碑碣選集》，頁 206～207。《臺灣地區現存碑碣圖志——彰化縣》，頁 34～35。
⑤ 收於《臺灣南部碑文集成》，頁 446～448；《明清臺灣碑碣選集》，頁 464～465；《臺灣地區現存碑碣圖志——臺南市（下）》，頁 357。
⑥ 收於《臺灣北部碑文集成》，頁 11；《臺灣地區現存碑碣圖志——宜蘭縣、基隆市》，頁 38。

發展的過程中加入了許多的外族成分，研究臺灣更可以了解儒家文化如何在異地傳播、
"融合"與發展的基本軌跡。

　　本人長期從事漢文碑刻的研究，參與的研究計畫有臺灣中央研究院"唐代墓誌銘
集釋計畫"①，"中法越共同研究漢喃研究所所藏漢文拓片國際研究計劃"②、近年來又
忝爲西安碑林博物館"隋代墓誌銘彙編計畫"③顧問；並執行臺灣教育部顧問室"臺
灣碑誌研讀會"計畫，此計畫與毛漢光教授共同主持，執行時間共計三年，邀集臺灣
歷史、文學的專家學者，深入討論七十二篇不同性質的臺灣碑誌，將每一篇資料進行
集釋、考證及歷史背景的探討，希望能夠從臺灣碑誌中索檢閩臺之間的關係，對於目
前臺灣史重臺灣開發而輕閩臺關係，重文獻而輕碑誌的研究有所補益。本文所引用之
臺灣碑誌資料，即出自此計畫之研究成果。本文希望藉由這些研究計畫的參與經驗，
及對不同地區漢文碑刻的深入了解及持續的研究，在將來能夠建構一個屬於漢文系統
的金石學。

### 臺灣現存古碑數量統計

| 縣　市 ＼ 出　處 | 國家圖書館臺灣記憶 | 臺灣地區現存碑碣圖志 | | | |
|---|---|---|---|---|---|
| | | 現存 | 補遺 | 已軼 | 小計 |
| 基隆市 | 27 | 37 | 0 | 14 | 51 |
| 臺北市 | 86 | 89 | 0 | 14 | 103 |
| 臺北縣 | 154 | 180 | 5 | 11 | 196 |
| 宜蘭縣 | 68 | 88 | 0 | 4 | 92 |
| 新竹市 | 44 | 45 | 3 | 2 | 50 |

①　此計畫爲國科會及中央研究院支持之計畫，執行時間計有十餘年，計畫成果出版爲《唐代墓誌銘
　　彙編附考》十八冊，彙編自唐武德二年（619）至開元十五年（727）1800件唐代墓誌銘（南港，
　　中央研究院歷史語言研究所，1984～1994）。
②　"中法越共同研究漢喃研究所所藏漢文拓片國際研究計劃"與"越南漢喃銘文彙編第二集出版計
　　劃"，均爲蔣經國國際學術基金會支持之計畫，計畫計三年，成果爲出版《越南漢喃銘文匯編第
　　一集—北屬時期至李朝》（越南漢喃院及法國遠東學院出版，1998）、《越南漢喃銘文匯編第二集
　　—陳朝》上下兩冊（臺北，新文豐出版公司，2002）；本人更根據集釋之資料撰寫出版《越南史
　　論—金石資料之歷史文化比較》（臺北，新文豐出版公司，2004初版一刷）。
③　"隋代墓誌銘彙編計畫"爲中國國家文物局立項支持的研究計畫，由西安碑林博物館王其禕研究
　　員及陝西師範大學周曉薇教授共同執行，計畫自2001年開始，本人與毛漢光教授於2003年受邀
　　擔任計畫顧問，計畫於2006年完成，將出版六冊"隋代墓誌銘彙考"。

| 縣市＼出處 | 國家圖書館臺灣記憶 | 臺灣地區現存碑碣圖志 | | | |
|---|---|---|---|---|---|
| | | 現存 | 補遺 | 已軼 | 小計 |
| 新竹縣 | 66 | 64 | 0 | 6 | 70 |
| 桃園縣 | 76 | 81 | 0 | 0 | 81 |
| 苗栗縣 | 125 | 114 | 7 | 4 | 125 |
| 臺中市 | 23 | 23 | 0 | 0 | 23 |
| 臺中縣 | 72 | 76 | 0 | 7 | 83 |
| 彰化縣 | 149 | 151 | 6 | 4 | 161 |
| 南投縣 | 81 | 88 | 5 | 7 | 100 |
| 雲林縣 | 59 | 59 | 3 | 0 | 62 |
| 嘉義市 | 23 | 25 | 1 | 5 | 31 |
| 嘉義縣 | 69 | 65 | 7 | 7 | 79 |
| 臺南市 | 385 | 368 | 15 | 0 | 383 |
| 臺南縣 | 135 | 127 | 14 | 32 | 173 |
| 高雄市 | 35 | 46 | 1 | 9 | 56 |
| 高雄縣 | 99 | 93 | 7 | 7 | 107 |
| 澎湖縣 | 96 | 99 | 5 | 0 | 104 |
| 屏東縣 | 109 | 106 | 6 | 4 | 116 |
| 臺東縣 | 9 | 8 | 1 | 0 | 9 |
| 花蓮縣 | 15 | 14 | 3 | 0 | 17 |
| 金門縣 | 89 | 0 | 0 | 0 | 0 |
| 連江縣 | 8 | 0 | 0 | 0 | 0 |
| 總計 | 2102 | 2046 | 89 | 137 | 2272 |

資料來源：國家圖書館臺灣記憶系統 http：//memory. ncl. edu. tw/tm_ new/index. htm

《臺灣地區現存碑碣圖志》，林文睿監修、何培夫編，國立中央圖書館臺灣分館編印

耿慧玲制表

# 由臺南朱文公祠二碑記論清代臺灣的教育方向

劉振維<sup>*</sup>

## 前言

　　《重修臺灣省通志》談及臺灣清代教育時僅言："清代的教育特色以參加科舉考試爲主要目標。"①大體實情亦是如此。然而，按臺灣納入清朝版圖以來，從遺存的方志觀之，地方官員戮力提昇文風，除官學祭祀孔子（551～479）外，朱熹（1130～1200）思想亦是不容忽略的②；又科舉考試的應試內容，元代以來即以朱熹學思爲主③，臺灣一地亦不例外，因此，由朱熹學思的角度切入，或更能理解清代臺灣的教育方向。

　　朱熹學思，與濂（周敦頤，1017～1073）、洛（二程子/程顥，1032～1085；程頤，1033～1107）、關（張載，1020～1077）並稱，被後人稱爲"閩學"之宗④。朱熹學術活動主要在福建一地，但因門人遍佈各地，遂將其學思流傳廣布於全中國，成爲"朱子學"⑤。閩、臺一水之隔，移民來臺亦多閩地漳、泉之人，故將朱熹學思帶至臺島傳佈，

---

\*　劉振維，臺灣朝陽科技大學通識教育中心副教授。

① 如鹿港同知鄧傳安云："書院必祀朱子，八閩之所同也。"見《文開書院從祀議》。周璽總纂，《彰化縣志》（南投：臺灣省文獻委員會，1993），卷12藝文志，頁412。所謂"八閩"，乃因福建於元代分福州、興化、建寧、延平、汀州、紹武、泉州、漳州八路，明代改爲八府，故有八閩之稱。見《辭源》（臺北：遠流出版公司，1988），頁162"八閩"條。

② 劉寧顏總纂，《重修臺灣省通志》（南投：臺灣省文獻委員會，1993），卷6"文教志學校教育篇"，頁1。

③ 此起自元仁宗皇慶二年（1313）十月的詔書，云："第一場經問五條，大學、論語、孟子、中庸內設問，用朱氏章句集注……經義一道，各治一經，詩以朱氏爲主，尚書以蔡氏爲主，周易以程氏、朱氏爲主，已上三經，兼用古注疏。"見明宋濂（1310～1381）等撰，《元史》，卷81志第三十一選舉一，頁2018～2019；收於1997年北京中華書局出版之《二十四史》，第18冊。

④ 參劉樹勛主編，《閩學源流》（福州：福建教育出版社，1993），頁1～2。

⑤ 參高令印、陳其芳，《福建朱子學》（福州：福建人民出版社，1986），頁2～3。

亦屬自然；而此，即成爲清代臺灣文化主體之內蘊①。又據文獻顯示，清康熙二十五年（1686）頒發御書"學達性天"匾額於宋儒周敦頤、張載、二程、邵雍（1011～1077）、朱熹祠堂，以及白鹿洞書院、嶽麓書院，並頒日講解義經史諸書；三十二年（1693）頒發御書"學達性天"匾額於江南徽州紫陽書院②，可見康熙早有遵朱之意。康熙五十一年（1712）二月上諭表彰朱熹，經集議後，將朱熹由從祀孔廟的東廡先賢之列昇至大成殿③。於是，朱熹學思成爲清代立國規模的理論基礎以及文化主體。又此具體呈顯於以朱熹理學式的儒學爲主體之科舉考試上，用世儒學的影響十分深遠，即使 1905 年廢除科考，但影響餘波迄今依然留存漣漪。清領臺灣 212 年，臺灣一地不可能不受如是的國家政策之影響，故而臺灣府方有"朱文公祠"之建。此固與康熙尊朱與其聖諭有關，然亦與倡建者時任臺廈道的陳璸（1656～1718）個人思維極爲密切。於是乎，有清一代的臺灣教育方向，當即是以朱學學思作爲主軸。而此，透過良善循吏與地方士紳具體落實於明德尊孝、涵化鄉里的實踐當中。

　　本文擇以陳璸遺存的《請建朱文公專祠》與《新建朱文公祠記》二碑記文，探討清代臺灣的教育方向。一分析《請建朱文公專祠》碑文的意義，二闡釋《新建朱文公祠記》的蘊義，三探討陳璸個人的躬身實踐，以具體而微呈顯有清一代由良吏的奉獻看清代臺灣以朱學作爲教育之方向。最後作一結論。

---

① 林再復言："臺灣各地學宮多附設朱子祠，蓋以朱熹曾宦遊漳、泉兩府，遺愛甚深，而臺灣住民多來自漳、泉，與此有特殊之淵源。"見《閩南人》（臺北：自撰，1993），頁 273。對此，時人探討甚多，如潘朝陽，《從閩學到臺灣的傳統文化主體》；曾守正，《沐浴涵儒，海東鄒魯——清代臺灣教育與朱熹》等，收於淡江大學中文系主編，《臺灣儒學與現代生活國際學術研討會論文集》（臺北：臺北市政府文化局，2000）。潘文另收於《明清儒學論》（臺北：臺灣學生書局，2001），頁 109～156。龔鵬程、楊樹清編，《發現紫陽夫子——臺北・朱子・儒學傳統》；陳昭瑛，《臺灣儒學——起源、發展與轉化》（臺北：正中書局，2000），皆可參究。另如彰化和美"道東書院"，即取朱學東渡臺灣、"王道東來"之意。見季嘯風主編，《中國書院辭典》（杭州：浙江教育出版社，1996），頁 356。

② 參陳谷嘉、鄧洪波主編，《中國書院史資料》（杭州：浙江教育出版社，1998），頁 854。白鹿洞書院，位於江西九江廬山，本爲唐貞元年間李渤（773～831）、李涉兄弟隱居讀書之所，南唐昇元四年（940）於此地建廬山國學，宋開寶九年（976）建書堂，中廢，淳熙六年（1179）朱熹興復；嶽麓書院，位於湖南長沙，唐末五代僧人智璿等建屋、收藏經籍而起，後爲湖湘學派重鎮，朱熹亦曾造訪；江南徽州紫陽書院，位於安徽歙縣，宋淳祐六年（1246）徽州知州韓補奏建於城南門外，理宗賜頒"紫陽書院"。分見《中國書院辭典》，頁 110～111、206～207、87。

③ 康熙五十一年"二月丁巳，詔宋儒孔子朱子配享孔廟，在十哲之次"。見趙爾巽（1844～1927）等撰，《清史稿》（北京：中華書局，1998），卷 8 聖祖本紀三，頁 281。劉良璧，《重修福建臺灣府志》（南投：臺灣省文獻委員會，1993），卷首聖謨，《諭表彰朱子》，頁 9；卷 9 典禮，頁 275。或見本文所欲討論的《請建朱文公專祠》碑文。

## 一　《請建朱文公專祠》碑文的意義

　　《請建朱文公專祠》，依碑文刻記立於康熙五十二年（1713）。文見於陳文達《臺灣縣志》"昇配考"、何培夫編《臺灣地區現存碑碣圖志》"臺南市（上）篇"（1992）與黃典權編《臺灣南部碑文集成》（1993）中①，然該文未見於歷代的其他方志之內。今碑龕於臺南孔廟左側墻壁，高 293 公分，寬 89 公分，花崗岩②。額浮雕雙龍，篆刻題爲"請建朱文公專祠"。碑已有磨損。下面碑文，依《臺灣地區現存碑碣圖志》、《臺灣南部碑文集成》所録之文鈔録之，另依陳文達《臺灣縣志》"昇配考"之文加以校訂③。

　　　　福建分巡臺灣廈門道按察使司僉事陳璸為欽奉上諭事。
　　　　康熙五十一年六月十九日，蒙提督福建學院范憲牌④："康熙五十一年六月初一日準禮部咨：禮科抄出該本部題前事內開：本年二月初四日⑤，滿漢大學士九卿等奉上諭：朕自冲齡，即好讀書，亦好寫字，一切經史，靡不徧閱成誦。在昔賢哲所著之書，間或字句與中正之理稍有未符、或稍有疵瑕者，後儒即加指摘，以為理宜更正；惟宋之朱子，註明經史，闡發載籍之理，凡所撰釋之文字，皆明確有據，而得中正之理，今五百餘年，其一句一字⑥，莫有論其可更正者。觀

① 陳文達，《臺灣縣志》（南投：臺灣省文獻委員會，1993），典禮志六祭祀，頁 163～165；何培夫編，《臺灣地區現存碑碣圖志》（臺北：國立中央圖書館臺灣分館，1992），"臺南市（上）篇"，頁 6～8；黃典權編，《臺灣南部碑文集成》（南投：臺灣省文獻委員會，1993），頁 9～12。
② 依《臺灣南部碑文集成》。《臺灣地區現存碑碣圖志》作縱 294 公分、橫 86 公分，有些許出入。
③ 按"昇配考"文詳，碑文略，故以碑文爲主。但碑文有所磨損，故以"昇配考"之文校訂之。
④ 《臺灣縣志》無"提督"二字。下多"康熙五十一年六月初四日，準巡撫都察院覺羅滿手本"諸字，爲《臺灣地區現存碑碣圖志》、《臺灣南部碑文集成》無。"提督福建學院范憲牌"，乃指范光宗。據臺灣銀行經濟研究室編，《福建通志臺灣府》（南投：臺灣省文獻委員會，1993），職官，頁 526。此依陳壽祺（1171～1834）纂、魏敬中續纂之《重纂福建通志臺灣府》擇有關臺灣史料而成。
⑤ 《臺灣縣志》"本年"作"康熙五十一年"。
⑥ 底綫處《臺灣南部碑文集成》遺漏，見頁 10。《臺灣地區現存碑碣圖志》有録，但將"皆明確有據，'而'得中正之理，今五百餘年"作"皆明確有據，'所'得中正之理，'□'今五百餘年"，誤。此依《臺灣縣志》改。又依劉良璧，《重修福建臺灣府志》，卷首聖謨，《諭表彰朱子》，頁 9。

此，則孔、孟之後①，朱子可謂有益於斯文，厥功偉矣②！朕既深知之而不言，其誰言之？於朱子宜如何表章崇奉？爾等與九卿會同具議以聞，欽此欽遵。臣等公同集議得：仰惟我皇上，統紹勳華，道宗鄒魯，禮明樂備，治定功成。勤勞萬幾，間有餘暇，手不釋書，言惟志學。躬聖神文武之德，契濂洛關閩之傳。寶額親題，昭文明於天壤；云章永煥，樹儀表於人間。彰顯遺徽，甄錄嗣裔，既光前而耀後，洵振古而超今。而尤朱子之全集③，沈潛研極，實踐敦行。嘗謂朱子發明聖道，軌於至正：高不入於虛寂，卑不雜於名利④；使六經之旨大明，聖學之傳有繼。孔、孟以來，為功弘鉅！今特諭臣等集議優崇之典⑤。臣等謹查：朱子在孔子廟東廡先賢之列⑥。相應仰遵諭旨，移於大成殿十哲之次，配享先聖，以昭我皇上表章先賢之至意。等因具題。奉旨"依議，欽此"，欽遵到部。該臣等議得：將朱子木主昇配，吉日交與欽天監選擇去後。今準欽天監選擇得本年六月十五日丁卯未時，將木主昇配吉□等語⑦。欽惟我皇上念朱子發明聖道，軌於至正，有益斯文，為功弘鉅；特諭九卿集議優崇之典，移於大成殿十哲之次昇配，理應祭告，其祭祀供獻等項、並派遣行禮官員，交與太常寺辦理；祝文交與翰林院撰擬；木主、神龕、陳設等項，交與工部照十哲例製造⑧。今朱子木主既昇配大成殿內，其所遺原位不可空缺，應將以下木主挨次移昇可也。等因具題。奉旨"依議，欽此"。欽遵到部。相應移咨福建巡撫，轉行所屬：製造木主，告祭昇殿；其所遺原位，將東西兩廡木主挨次遞昇可也⑨。為此，令咨前去查照施行等因⑩，到部院。準此，除行布政司外，相應移達⑪。為此，合用手本前詣貴院，煩為查照施行等因到院。准此，備牌行道，即便轉行所屬欽遵，查照施行，等因到道。"蒙此，隨即轉行臺灣府查照製造朱子木主⑫，

---

① 《臺灣地區現存碑碣圖志》及《臺灣南部碑文集成》所錄"則"字均作"即"，依《臺灣縣志》改。又《重修福建臺灣府志》亦作"則"，見頁9。

② 《臺灣南部碑文集成》少"矣"字。

③ 《臺灣南部碑文集成》於"朱子"前作一缺文，誤。

④ 《臺灣縣志》"名利"作"刑名"，當誤。

⑤ 《臺灣南部碑文集成》作"今'待'臣等"，誤。

⑥ 《臺灣南部碑文集成》少"先賢"二字。

⑦ 《臺灣南部碑文集成》及《臺灣地區現存碑碣圖志》作"將木主昇配吉□等語"，認有一缺字。

⑧ 《臺灣南部碑文集成》及《臺灣地區現存碑碣圖志》具少一"與"字。

⑨ 《臺灣南部碑文集成》及《臺灣地區現存碑碣圖志》將"遞昇"作"迎昇"。"遞昇"爲是。

⑩ "令咨"，《臺灣南部碑文集成》及《臺灣地區現存碑碣圖志》作"合咨"，誤。

⑪ "相應移達"，《臺灣南部碑文集成》及《臺灣地區現存碑碣圖志》作"相應移文"。

⑫ 《臺灣南部碑文集成》及《臺灣地區現存碑碣圖志》作"隨即轉行臺灣府'欽遵'查照製造朱子木主"。

擇吉昇殿配享；並行各縣遵行具報，

　　隨據攝臺灣府具報臺、鳳、諸三縣遵行前由各在案。

　　該本道竊聞：朱子集諸儒之大成，猶孔子集群聖之大成；一聖一賢，心源之契，先後蓋若合符節也。有朱子之"學庸章句"、"語孟集注"及經史訓解諸書，而後孔子之道益明。是故願學孔子者，斷以表章朱子為汲汲。我皇上聖學天縱，洞契淵源，特諭九卿集議優崇之典，昇朱子於十哲之列，所為表率正學之舉，真超軼前古，垂示來今矣。然思朱子之神，無乎不在者也。臺處海表，士子鮮知正學，一切權謀功利之習、異端詖行之說，未免得入其心；尤宜專祠朱子，以動瞻仰、定信從，庶乎諸生誦法孔子，可不迷於歧趨，而士習日端，人才亦日出①。敬卜地於郡學明倫堂之左，起建正堂三間，安設朱子牌位；旁列齋舍，擇諸生之有志向進者，肄業其中；繚以環墻，外辟門樓，額曰"朱文公祠"。直與文廟鼎峙，並傳永久。合亟報明憲臺俯為察照者也。其用過工料細冊，容於查議等事案一並造送查覈，合併聲明。為此，備由具呈，伏乞照驗施行！

　　康熙五十一年十二月初四日呈，同日移巡撫福建等處地方提督軍務都察院右副都御史覺羅滿、署理福建等處承宣布政使司事都運使司都運使加五級劉、總督福建浙江等處地方軍務兼理糧餉兵部右侍郎兼都院右副都御史加二級紀錄十三次範、提督福建通省學政按察使司僉事加一級紀錄四次張。

　　康熙五十二年二月□日，攝臺灣府事知府事陳璸、臺灣海防捕盜同知功加二級洪一棟、臺灣縣知縣張宏、鳳山縣知縣時惟豫、諸羅縣知縣劉宗樞、臺灣府學教授曾輝纘、諸羅學教授陳聲、鳳山縣學教諭署臺灣學郭濤②、督工官臺灣府經歷司經歷陶宣。


　　文分五段。首段指明陳璸爲立朱文公祠，乃是欽奉上諭之事。次段即引康熙五十一年二月上諭表彰朱熹，經集議後將朱熹從祀孔廟的東廡先賢之列昇至大成殿之事。第三段是陳璸心得，指出"尤宜專祠朱子，以動瞻仰、定信從，庶乎諸生誦法孔子，可不迷於歧趨，而士習日端，人才亦日出"的教化之效。第四段記呈表諸人，第五段記立碑諸人。

───────────────

① 《臺灣縣志》無"人才亦日出"諸語。
② 此依《臺灣地區現存碑碣圖志》。底綫處《臺灣南部碑文集成》作"鳳山縣學教諭署臺灣學郭濤、鳳山縣知縣時惟豫、臺灣府學教授曾輝纘、臺灣縣知縣張宏、諸羅學教授陳聲、諸羅縣知縣劉宗樞"，排序誤，依官吏位階自應由政而學，故知縣於前（正七品），教授（正七品）、教諭（正八品）於後。參《清史稿》，卷116志九十一職官三，頁3357～3358。

　　陳璸請建朱熹專祠的目的，理由有二：一是康熙上諭，二在朱熹乃正傳孔子之道。康熙自許爲朱熹信徒，謂：“惟宋之朱子，註明經史，闡發載籍之理，凡所撰釋之文字，皆明確有據，而得中正之理，今五百余年，其一句一字，莫有論其可更正者。”①除於康熙五十一年特頒諭旨將朱熹由孔廟兩廡昇祀大成殿十哲之次外，次年還於《朱子全書·序》中稱贊朱熹道：

　　　　朱子注釋經，闡發道理，沒有一字一句不明白精確，歸於大中至正。……至於朱大了集大成而緒千百年絕傳之學，開愚蒙而立億萬世一定之規，窮理以致其知，反躬以踐其實。……全是天地之正氣，宇宙之大道。朕讀其書、察其理，非此不能知天人相與之奧，非此不能治萬邦於衽席，非此不能仁心仁政施於天下，非此不能外內為一家。讀書五十載，只認得朱子一生所作何事，故不揣粗鄙無文，而集各書中凡關朱子之一字一句，命大學士熊賜履、李光地素日留心於理學者，彙而成書，名之曰朱子全書。……②

　　故重刊《性理大全》12卷，編印《朱子全書》66卷、《性理精義》12卷，頒行天下。於是，康熙年間出現所謂“殿堂理學”（不是學術的，是政治的）、“館閣理學”（未入翰林，抨擊王學最力），以及“草野理學”（民間的實踐者，社會中下層的基礎力量），顯見朱學流行十分頻繁。然誠如論者所説：“這些措施的實行，不僅控制了學術思想朝有利於清廷方面的發展，而且劃定了知識分子治學爲文的範圍與傾向，從而規範了官方統治地位的意識形態的發展。”“程朱理學派祇是由於清朝廷的提倡，三四‘理學大臣’熊賜履、李光地輩扶持，藉功令來維護其存在。”“程朱理學通過殿堂、館閣和草野幾個方面，灌輸到整個社會成爲佔統治地位的意識形態。”③康熙自幼深信朱學，遵朱或爲真義，但藉由推展朱學的目的無非在達成“道統即治統”的專制地位，以方便清廷的少數統治④。康熙固然重用了諸多的理學名臣，如魏裔介（1616～1686）、

---

① 此文與紀録於《清聖祖實録》所載於字句上有些出入，但意思是一致的。見《清實録》（北京：中華書局，1985），第6冊《聖祖仁皇帝實録（三）》，卷249，康熙五十一年二月丁巳條，頁466～467。

② 玄燁（1654～1722），《御制朱子全書序》，收於朱傑人、嚴佐之、劉永翔主編，《朱子全書》（上海：上海古籍出版社／合肥：安徽教育出版社，2002），第27冊“附録”，頁845～846。

③ 參王茂、蔣國保、余秉頤、陶清著，《清代哲學》（合肥：安徽人民出版社，1992），頁11～14。

④ 論者言：“滿清貴族入關前……人口不過六十萬，兵力也祇有十萬，要穩固地統治龐大的中國是很困難的。……滿清貴族用了一百年的時間纔把統治權推行到全中國。”見高令印、陳其芳，《福建朱子學》，頁362～363。

熊賜履（1635～1709）、李光地（1642～1718）、張伯行（1651～1725）等人，但不時以“假道學”之名打擊“以理學自任”、“自謂得道統之傳”的理學家，如曾任康熙侍讀、經筵講席的熊賜履過世後，即爲康熙批評“自謂得道統之傳”，即是一例①。又自元代以來定製的科舉考試內容即以朱學爲荷，清代依然延續著②，故在如是紛圍之下，天下莫敢不從，進而使朱學盛行於天下③；臺灣一地亦是如此。是以陳璸借由上諭，依中央指定標准，由臺灣府具報臺灣、鳳山與諸羅三縣遵照辦理。

　　但觀陳璸之言，請建朱子祠的蘊義，更在表彰朱熹便是表彰正學，故言“是故願學孔子者，斷以表章朱子爲汲汲”，認識朱熹即認識孔子（551～479）。因臺島新開，“士子鮮知正學，一切權謀功利之習、異端詖行之說，未免得入其心”④，因此必須由人心的教育作起，“尤宜專祠朱子，以動瞻仰、定信從，庶乎諸生誦法孔子”，如是士子不致誤入歧途，士習日端則人才日出。朱子祠的建地，位於明倫堂之左⑤，設有齋舍，“擇諸生之有志向進者，肄業其中”，並期望與文廟鼎峙並列，傳世永久。陳璸苦心孤詣於教育的用心，於茲已可見及。此爲《請建朱文公專祠》旨意。

　　關於碑文第四段所載呈表諸人以及第五段立碑諸人，考據如下。文中“巡撫福建等處地方提督軍務都察院右副都御史覺羅滿”，名保（？～1725）⑥。“署理福建等處承

----

① 姜廣輝，《走出理學》（瀋陽：遼寧教育出版社，1997），頁8。

② “（順治）二年，頒科場條例。……四書主朱子集注，易主程傳、朱子本義，書主蔡傳，詩主朱子集傳，春秋主胡安國傳，禮記主陳澔集說。”多以朱熹學思爲主。見《清史稿》，卷108志八十三選舉三，頁3184。

③ 藍鼎元（1680～1733）於《棉陽學淮》卷5中說：“聖祖仁皇帝昇朱子從祀於孔門十哲之班，尊崇極至，千載無匹。學者知尊朱子，而一以居敬窮理爲宗，內外本末交相培養，雖日撻而求其爲陸王之學不可得矣。而佛老之悖謬昭彰，三尺童子能知之，其不爲所感又無足論也。”見《鹿洲全集》（廈門：廈門大學出版社，1995），頁518。

④ 對於新開臺島的社會風氣，潘朝陽《康熙時代臺灣社會區域與儒家理想之實踐》一文論之甚詳。文中指出時尚奢侈、迷信、婦女出遊觀戲、僧家蓄養美少男少女、保甲欺壓良民、賭博等，尤以吏治腐敗爲最，故常發生“官逼民反”之變。然而，潘文指出，如是現象非當時台島所獨有，乃是整個清朝普遍存在的現象。見《明清臺灣儒學論》，頁259～312。

⑤ “明倫堂”，爲孔廟大殿之稱，本於《孟子·滕文公上》：“夏曰校，殷曰序，周曰庠，學則三代共之，皆所以明人倫也。”即明於五常倫理的關係。

⑥ 《清史稿》，卷201表四十一疆臣年表五，頁7590。《重修福建臺灣府志》有傳，見卷15名宦，頁425～426。《重修福建臺灣府志》有傳，見卷15名宦，頁425～426。《清史稿》有傳，見卷284，頁10187～10189。覺羅滿保，滿州正黃旗人。歷官至福建巡撫、閩浙總督。任內整飭臺灣的海防，嚴禁臺灣商船直趨大洋，需途經廈門驗關；嚴責澳甲、船戶保結，限制出洋人數；設淡水營，以固北臺海疆。主要事蹟是平定朱一貴（1689～1721）之亂。卒於官。然後在追查隆科多（？～1728）案時，以其餽金交通狀，旋以諾媚年羹堯（1679～1725）、隆科多爲由，罷其一切賜卹、予諡。

宣布政使司事都運使司都運使加五級劉"①，"總督福建浙江等處地方軍務兼理糧餉兵部右侍郎兼都院右副都御史加二級紀錄十三次范"，名時崇（1663～1720）②，"提督福建通省學政按察使司僉事加一級紀錄四次張"③，此爲陳璸等呈文之上司。呈請建朱文公祠之立碑諸人，除臺灣知縣張宏外，於劉良璧《重修福建臺灣府志》職官志中均有記載，但僅臺灣海防同知功洪一棟（？～1719）立一小傳④。張宏見於陳文達的《臺灣縣志》職官志中⑤。

## 二 《新建朱文公祠記》的意義

康熙五十一年（1712）臺廈道陳璸請建朱子專祠，於同年年底興工，至次年二月落成，陳璸撰文詳述興建始末而成《新建朱文公祠記》。今碑龕於臺南孔子廟左側牆壁，高 300 公分，寬 118 公分，花岡岩。額浮雕雙龍，楷書"皇清"。文收於臺灣府縣各志，俱略作者、時間、勒石者之題款⑥。今收於《臺灣教育碑記》、何培夫編《臺灣地區現存碑碣圖志》"臺南市（上）篇"，以及黃典權編《臺灣南部碑文集成》中⑦。鈔錄校對如下。

---

① 查《福建通志臺灣志》康熙五十二年前後無劉姓擔任布政使，金培生四十六年任，李發甲五十二年任，沙木哈五十三年任，見是書頁 532。待考。

② 《清史稿》，卷 197 表三十七疆臣年表一，頁 7153。范時崇，歷官至福建按察使、廣東巡撫兼鹽政、福建浙江總督。康熙五十五年（1716）至兵部尚書。

③ 查《福建通志臺灣府》未錄，僅有董永艾康熙五十年任，接續爲秦國龍雍正元年任，中缺。見是書頁 538。待考。

④ 見劉良璧，《重修福建臺灣府志》，卷 13 職官一（文職），頁 356、359、373、367、376、371、358。洪一棟傳，見是書卷 15 名宦，頁 425。洪一棟，奉旨特放補臺灣海防同知。代理鳳山縣知縣期間，體察民瘼，寬嚴互施，尤以豁免逃亡丁口 160 餘，最爲百姓稱道。

⑤ 陳文達，《臺灣縣志》，秩官志三文職，頁 98。

⑥ 可考有陳文達，《臺灣縣志》，藝文志十記，頁 251～252；劉良璧，《重修福建臺灣府志》，卷 20 藝文，頁 547～549；范咸，《重修臺灣府志》（南投：臺灣省文獻委員會，1993），卷 22 藝文三，頁 683～684；王必昌，《重修臺灣縣志》（南投：臺灣省文獻委員會，1993），卷 5 學校志，頁 139～140；余文達（？～1782），《續修臺灣府志》（南投：臺灣省文獻委員會，1993），卷 22 藝文三，頁 792～793；謝金鑾（1757～1820），《續修臺灣縣志》（南投：臺灣省文獻委員會，1993），卷 7 藝文二，頁 479～480；陳璸，《陳清端公文選》（南投：臺灣省文獻委員會，1993），頁 31～32（此與《陳清端公年譜》、《六亭文選》合刊）。陳志、劉志、范志、余志、謝志具作"新建朱文公祠碑記"，王志題爲"巡道陳璸記"，《陳清端公文選》題爲"新建臺灣朱子祠記"。考碑刻當作"新建朱文公祠記"，參附錄圖檔。

⑦ 臺灣銀行經濟研究室編，《臺灣教育碑記》（南投：臺灣省文獻委員會，1994），頁 5～6；《臺灣地區現存碑碣圖志》，"臺南市（上）篇"，頁 9～10；《臺灣南部碑文集成》，頁 7～9。

　　癸巳①，予建朱文公祠既成，或問曰："海外祀文公有説乎？"曰："有。"昔昌黎守潮，未期月而去，潮人立廟以祀。東坡先生為之記云："公之神在天下者，如水之在地中，無所往而不在也。而潮人獨信之深，思之至，焄蒿凄愴，若或見之。譬如鑿井得泉，而曰水專在是，豈理也哉？"若文公之神，周流海外，亦何莫不然？按文公宦轍，嘗主泉之同安簿，亦嘗為漳州守。臺去漳、泉，一水之隔耳，非遊歷之區，遂謂公神不至②，何懵也！矧自孔、孟而後，正學失傳，斯道不絕如綫；得文公剖晰發明，於經史及百氏之書，始曠然如日中天。凡學者口之所誦，心之所維，當無有不寤寐依之；羹墻見之者，何有於世相後、地相去之拘拘乎？

　　予自少即知誦習文公之書，雖一言一字亦沉潛玩味③，終日不忍釋手；迨今白首茫〔茫〕，未涉其涯涘！然信之深，思之至，殆不啻所謂焄蒿凄愴，若或見之者也。文公之言曰④："大抵吾輩於'貨、色'兩關打不透，更無話可説也。"又曰："分別'利、義'二字，乃儒者第一義⑤。"又曰："'敬以直內，義以方外'八箇字⑥，一生用之不窮。"蓋嘗妄以己意繹之；惟不好貨，斯可立品；惟不好色，斯可立命。義、利分際甚微；凡無所為而為者⑦，皆義也；凡有所為而為者，皆利也。義固未嘗不利，利正不容假義。敬在心，主一無適則內直；義在事，因時制宜則外方。無纖毫容邪曲之謂直，無彼此可遷就之謂方。人生德業，即此數言略包括無遺矣；他言之警切胥此類。讀其書者，亦惟是信之深，思之至，切己精察，實力躬行，勿稍遊移，墮落流俗邊去⑧，自能希賢、希聖，與文公有神明之契矣⑨。

　　予所期望於海外學者如此，而謂斯祠之建無説乎⑩？

　　祠，正堂三楹，兩旁列齋舍六間，門樓一座。起工於壬辰冬月，至癸巳仲春丁前落成⑪。無動公帑，無役民夫⑫，一切需費悉出予任內養廉余羨。猶慮祠內香火及肄業師生脩脯、油燈乏資，議將予撥歸郡學港莊田二十八甲一分租粟供給，

---

① 諸志及《陳清端公年譜》均無"癸巳"二字，依碑文補。
② 《臺灣南部碑文集成》作"遂謂'其'神不至"。依《臺灣縣志》等改。
③ 《臺灣南部碑文集成》作"'深'潛玩味"。依《臺灣縣志》等改。
④ 《臺灣南部碑文集成》少一"文"字。依《臺灣縣志》等改。
⑤ 《臺灣南部碑文集成》作"'仍'儒者第一義"，誤。依《臺灣縣志》等改。
⑥ 《臺灣縣志》遺漏"外"字。
⑦ 《臺灣縣志》遺漏"凡"字。依劉良璧《重修福建臺灣府志》增補。
⑧ 《臺灣南部碑文集成》少一"流"字。依《臺灣縣志》等改。
⑨ 《臺灣南部碑文集成》少一"文"字。依《臺灣縣志》等改。
⑩ 《臺灣南部碑文集成》少一"建"字。依《臺灣縣志》等改。
⑪ 《臺灣南部碑文集成》少一"丁前"二字。依《臺灣縣志》等改。
⑫ 《臺灣南部碑文集成》"無"作"不"。依《臺灣縣志》等改。

歲以為常，經行臺灣府轉行該學永遠遵照，並記以示來者。

康熙五十二年二月吉旦①，雷場陳璸記。屬吏馮協一、洪一棟、時惟豫、俞兆岳、周鍾瑄、陶宣、陳文海、郭濤、杜成錦、鄭長濟、陳亮采仝勒。

記文區分四段。首段談何以要祭祀朱熹，次段論朱熹學思義理，第三段簡介朱文公祠建築環境與經費來源，最後是立碑諸人。

陳璸於"朱文公祠"落成後，在《新建朱文公祠碑記》中再次說明崇祀朱熹的理由："矧自孔、孟而後，正學失傳，斯道不絕如縷，得文公剖晰發明於經史及百氏之書，始曠然如日中天。"孔、孟正學之傳，迨至朱熹發明於經史百氏之書而發揚光大，故倡道朱學即是傳孔、孟之正學；此爲十足的理學家口吻。而閩、臺一水之隔，移民來臺亦多閩地漳、泉之人，朱熹曾於泉州任同安主簿②，亦曾知漳州③，是以閩人將朱熹學思帶至臺島傳佈亦屬自然。陳璸以爲，朱熹雖未曾遊歷臺島，但其精神神靈必隨移民而周流海外。其舉韓愈（768～824）於潮州爲例，時序雖短但潮人立廟祭祀，引蘇軾（1037～1101）《韓文公廟碑》之文④，指退之先生於潮州教民知學故使潮人感念，"信之深，思之切"，如"焄蒿淒愴"⑤，仿若親自見之一樣。其論說是：韓文公之神在天下者，猶如水之在地中，"無所往而不在也"；譬如鑿井得泉，而說水僅在此井

---

① 碑刻爲五十一年，見文後附錄。恐誤。

② "（高宗紹興）二十一年（1151），二十二歲。春，銓試中等，授左迪功郎、泉州同安縣主簿。""（二十三年）秋七月，至同安。""二十七年（1157），二十八歲。春，還同安，候代不至，罷歸。"故於泉州同安任主簿凡四年。見王懋竑（1668～1741），《朱子年譜》（北京：中華書局，1998），頁8、10、14。

③ "（孝宗淳熙十六年）十一月，改知漳州，又再以疾辭，不許。時光宗初政，再被除命，遂以紹熙元年之任。""光宗紹熙元年庚戌（1190），六十一歲。夏四月二十四日，到郡，首頒禮教。""（光宗二年辛亥）夏四月二十九日，去郡，辭職名。"故知漳州一年余。見王懋竑，《朱子年譜》，頁200、203、215。

④ 陳璸碑文言"昔昌黎守潮，未期月而去"，然引蘇軾《韓文公廟碑》有"公去國萬里而謫於潮，不能一歲而歸"之語，期月與一歲，時差甚大。依洪興祖（1090～1155）《韓子年譜》記載："（憲宗元和）十四年己亥。春，貶潮州刺史；冬，移袁州。"又言："公之被謫，即日上道……三月二十五日至潮州。……公在潮州，有謝孔大夫狀云：'伏奉七月二十七日牒，以某貶授刺史……'……實錄云：'十月己巳，韓愈袁州刺史。'己巳，十月二十四日也。"故退之先生於潮州至少四足月以上。陳璸碑文所言誤。見徐敏霞校輯，《韓愈年譜》（北京：中華書局，1991），頁67～68。又蘇軾《韓文公廟碑》一文，收於是書頁214～216。

⑤ "焄蒿淒愴"，語出《禮記·祭義》。孔穎達（574～648）疏："焄，謂香臭也。言百物之氣，或香或臭。蒿，謂氣烝出貌。言此香臭烝而上出，其氣蒿然也。淒愴者，謂此等之氣，人聞知，情有淒愴。"是指人神交感之意。見孔穎達，《禮記正義》（臺北：藍燈文化事業公司／十三經注疏，重刊宋本禮記注疏附校勘記），卷47，頁十五右。

中，這是何道理? 朱熹之神亦然，故言: "凡學者口之所誦，心之所維，當無有不寤寐依之; 羹墻見之者，何有於世相後、地相去之拘拘乎?" 總之，祭祀朱熹之理由，不外於發揚孔、孟道統。

其次，陳璸指出其自幼誦讀朱熹之書，對其一言一句均沉潛玩味，到終日愛不釋手之境。時陳璸年 57，故謂 "迨今白首茫〔茫〕"，但感慨未能達到朱熹所言邊際。可是，"信之深，思之切"，如 "焄蒿淒愴"，仿若親見。於是，進而指出朱學的根本精神在於貨、色兩關之透的義利之辨: "惟不好貨，斯可立品; 惟不好色，斯可立命。" 故當以義利之辨爲據，作爲儒者第一義: "凡無所爲而爲者，皆義也; 凡有所爲而爲者，皆利也。" 並指出爲學關鍵在於 "敬在心": "敬在心，主一無適則內直; 義在事，因時製宜則外方。" 強調《易傳》的 "敬以直內，義以方外" 八字①。因此，立品立命，無所爲而爲，敬心義事云云，謂 "切己精察，實力躬行，勿稍游移，墮落流俗邊去，自能希賢、希聖，與公有神明之契矣"，藉由對朱熹學思的理解，進而信任仰望，以完成個人道德與人格生命的篤實及踐履。陳璸說 "予所期望於海外學者如此，而謂斯祠之建無説乎"; 於是，朱學便於臺灣逐漸生根發芽，而爲士子所尊崇與實踐。

碑文第三段記祠堂建築三楹，兩旁各有齋舍，外建一門樓。施工至落成時間甚短，不過 62 日 (壬辰至癸巳)，而且是 "無動公帑，無役民夫"，一切所需經費皆由陳璸自行負擔，故謂 "悉出予任內養廉餘羨"。又考慮祠堂香火及管理之運作，以及於此讀書之師生脩脯與膏火等支出，故撥府學部分學田爲其經費來源②，並由臺灣府下令永遠遵照辦理。可見陳璸興教之心，踐履清廉之行，以及思慮久遠之深。以上是爲《新建朱文公祠記》之旨。

此碑由陳璸記，時屬吏馮協一 (1661～1737) 爲臺灣府知府、洪一棟任臺灣海防同知、時惟豫任鳳山縣知縣、俞兆岳任臺灣縣知縣、周鍾瑄 (?～1729) 任諸羅縣知縣、陶宣任臺灣府經歷、陳文海任諸羅縣儒學教諭、郭濤任臺灣縣儒學教諭、杜成錦

---

① 語出坤卦《文言傳》: "直，其正也; 方，其義也。君子敬以直內，義以方外。義立而德不孤，直方大不習無不利，則不疑其所行也。" 見孔穎達，《周易正義》(臺北: 藍燈文化事業公司／十三經注疏，重刊宋本周易注疏附校勘記)，易一，頁十六左。

② 王必昌于《重修臺灣縣志》中記載: "朱文公祠: 在府儒學明倫堂左 (建修本末詳 "學校" 內)。康熙五十一年，巡道陳璸建 (有記，見 "學校" 內)。置田二十八甲一分 (坐南路鯤港莊)，載租穀一百六十八石六斗 (一、每年祠內香燈用穀十石。二、春秋二祭供品各用穀二十石。三、誕辰忌辰供品各用穀五石。四、祠內肄業優生四人，每人給穀二十石。以上共用穀一百四十石。另存穀二十八石六斗，爲修理祠宇之用)。見卷 6 祠宇志，頁 182～183。謝金鑾《續修臺灣縣志》同，見卷 3 學志，頁 153。

任臺灣府儒學教授、鄭長濟任臺灣縣儒學教諭、陳亮采任臺灣縣縣丞同勒石①。

## 三 由陳璸的實踐論清代臺灣教育的方向

從以上二碑記文得以看出，於臺灣推動興建朱文公祠的中心人物是陳璸。關於陳璸生平，自《臺灣縣志》起歷代方志均有記録，《臺灣通史》、《清史稿》亦載其傳記②。從陳璸各傳記所述可見其一生勤政節儉，深受康熙佩服，其云："朕見璸，察其舉止言論，實爲清官。璸生長海濱，非世家人族，無門生故舊，而天下皆稱其清。非有實行，豈能如此？國家得此等人，實爲祥瑞。宜加優異，以厲清操。"③。至雍正、乾隆時亦加以提及④。故在陳璸過世後，康熙諭"贈禮部尚書，諡清端"⑤。陳璸遺有《清端集》八卷⑥。

從陳璸一生觀之，其是一位篤實踐履朱學的良吏，無論至何處爲官，堅持操守，不取一介，興文教、積倉糧、飭武備、疏民困等，故甚受黎民百姓喜歡。康熙四十九

---

① 劉良璧，《重修福建臺灣府志》，卷 13 職官一。其中俞兆岳任臺灣縣知縣、周鍾瑄任諸羅縣知縣、陳文海任諸羅縣儒學教諭，以及陳亮采任臺灣縣縣丞，劉志作"康熙五十三年任"，與碑記五十二年異。洪一棟於《重修福建臺灣府志》有傳，見前注。俞兆岳於《重修臺灣縣志》有傳，見卷 9 職官志，頁 346。周鍾瑄於《續修臺灣縣志》有傳，卷 2 政志縣官，頁 105～106。杜成錦《重修臺灣縣志》言有傳（卷 9 職官志，頁 279），未見，故《續修臺灣縣志》云"舊注云有傳，今失之"（卷 3 學志教官，頁 178）。陳文海於《福建通志》（陳衍纂輯）中有傳，見臺灣銀行經濟研究室編，《福建通志列傳選》（南投：臺灣省文獻委員會，1993），頁 309～310。余無傳。俞兆岳，康熙中由宣平教諭選大田知縣，昇開州知州。雍正元年爲松江府海防同知。歷官至通政參議，力主築今上海地區的華亭石塘，工程堅固，保民甚巨。周鍾瑄，任諸羅知縣，興建府治茅港尾公館；任臺灣知縣，造半綫（彰化）、淡水倉 2 間，捐谷、銀、開埤圳多條。後被參劾加徵耗穀，以私臟入己判處絞刑。之後世宗加恩豁免，累官至江寧知府。
② 臺志所載之傳如下：陳文達，《臺灣縣志》，秩官志三列傳，頁 104～105；劉良璧，《重修福建臺灣府志》，卷 15 名宦，頁 421～423；范咸，《重修臺灣府志》，卷 3 職官，頁 135～136；王必昌，《重修臺灣縣志》，卷 9 職官志，頁 337～338；余文達，《續修臺灣府志》，卷 3 職官，頁 177～179；謝金鑾，《續修臺灣縣志》，卷 2 政志縣官，頁 103～104。除陳志外，其餘臺志皆以劉志爲本。連橫（1787～1936），《臺灣通史》（臺北：幼獅文化事業公司，1977），卷 34，頁 711～712；《清史稿》，卷 277 列傳六十四，頁 10091～10093。
③ 《清史稿》，卷 277 列傳六十四，頁 10091。
④ 如雍正八年詔，將陳璸選入"賢良祠"。乾隆五年諭："聖祖時如湯斌、陸隴其學問純正，言行相符，陳璸、彭鵬操守清廉，治行卓越。天下之大，人材之眾，豈無與數人頏頡者？大學士、九卿其公舉備採擇。"《清史稿》，卷 87 志六十二禮六，頁 2601；卷 109 志八十四選舉四，頁 3186。
⑤ 《清史稿》，卷 8 本紀八聖祖三："（康熙五十七年）十一月丙子……福建巡撫陳璸卒，贈禮部尚書，諡清端。"見頁 296。
⑥ 《清史稿》，卷 148 志一百二十三藝文四，頁 4383。

年（1710）陳璸由四川提督學政調任臺廈道重回臺灣，"民聞其再至也，服老攜幼，歡呼載道如望歲焉"①。陳璸做人爲官，與其熟讀儒家經典相表里，尤其自以理學（主要是朱學）自恃。按其年譜，7 歲讀《四書》，11 歲通《五經》，主習《尚書》②。初於家鄉授徒，於鄉里倡重修堤岸③。應考三度鄉試不第，至康熙三十二年方中鄉試，隔年甲戌科會試，中式地 124 名進士④。其由臺灣知縣調陞刑部主事，舟於驚濤駭浪中，尋《太極圖説》、《西銘》等書閱之，其於《寄子書》中謂："汝父自出門來，抱此數書入窮山，出苦海，雖簿書冗雜之中，人情疑忌之會，日夕尋玩，永不離側，自信頗有所得。"⑤ 是可見理學給予的自信。又云："人生富貴，本自有時，亦各有分限。聖人所以示人不處非道之富貴，不去非道之貧賤，蓋以貧者士之常，賤乃吾之素耳。""汝父在京，寢食如常，精神依舊，雖風霜漂剝，形容漸有老態，而寸心耿耿，十年恒如一日。亦惟於'寡嗜慾，養心氣'上微有得力，男兄弟亦可知所慎重矣。"⑥ 是可見其自持之深。而此自信與自持，於爲官處除勤政愛民、解民倒懸外，即是表現於興文教之處。康熙三十九年（1700）知福建古田縣，建義學，修聖廟⑦；四十一年（1712）知臺灣縣，提《條陳臺灣縣事宜》十二務，即有三分之一與興教有關："文廟之宜改建，以重根本也"、"宜興各坊里社學之制，以廣教化也"、"宜定季考之規，以立實學也"、"宜舉鄉飲之禮，以厚風俗也"。其謂："夫風俗系乎教化，教化重乎人才，才人由於學校。""教人務學，乃真爲治之本圖。""實學者何？於經史則博而通也，於世務則諳而練也，處爲通儒，出爲良吏，此之謂有本有用之學。"⑧ 於是，"悉捐己俸，不以民病"，重建孔廟⑨。次年明倫堂落成，撰有《臺邑明倫堂碑記》一文，旨在指明五倫人理之要：

　　……苟斯堂之不立，則士子講經無地，必至人倫不明，天理泯而人心昧，將不得爲人類矣！噫！宰斯邑者何人？風教攸責，而可令斯地久曠乎哉？……予謂五經與五倫，相表里者也。……聖經賢傳，垂訓千條萬緒，皆所以啓鑰性靈，開

① 劉良璧，《重修福建臺灣府志》，卷 15 名宦，頁 422。
② 見丁宗洛（1771～1841），《陳清端公年譜》，頁 2、3。
③ 丁宗洛，《陳清端公年譜》，頁 11。
④ 丁宗洛，《陳清端公年譜》，頁 11、12、14，時陳璸年 29、32、35；頁 15～16。
⑤ 丁宗洛，《陳清端公年譜》，頁 49。
⑥ 丁宗洛，《陳清端公年譜》，頁 54。
⑦ 丁宗洛，《陳清端公年譜》，頁 30～33。
⑧ 《陳清端公文選》，頁 1～4。
⑨ 陳文達，《臺灣縣志》，人物志八宦績，頁 196。

橐原本，爲綱紀人倫之具，而絃誦其小也。……①

由是可見陳璸是一位學思並重並付諸踐履之人。史載："修葺文廟，建明倫堂，訂期課士，文風爲之丕振。"② 其家傳亦云："時台邑歸化未久，俗驍悍；公任事三年，民知禮讓，有文翁化蜀風。"③

康熙四十九年回臺任臺廈道，《臺廈條陳利弊四事》，其中之一即是"置學田以興教化"，謂："民風繫乎士習，而教士必先養士。學田所以養士也，應於臺屬四學內議各置田。……以此振興鼓舞，人知務學，士習端而民風亦漸以厚矣。"④ 陳璸果設學田以供膏火等⑤。複，陳璸"再至之初，謁先師孔子廟，見夫廟貌如故，而柵欄傾圮，喟然嘆曰：'是惡可以已耶！'諏吉興工，命臺邑侯張公宏董其役"⑥，是時立即興文教，修文廟與明倫堂、新建朱子祠、文昌祠，"設立十六齋，教士子；置學田，以資師生爲膏火。諸凡創建，親董其事，終日不倦。廉明正直，茹水清潔；善政善教，實心實行"⑦。此時，陳璸留下五碑文，其中兩則即是本文所討論者，另三記文爲康熙五十二年《重修府學文廟碑記》與《新建文昌閣碑記》，康熙五十四年《重修臺灣縣學文廟碑記》⑧。意旨大體不離學思並行，完善己身，以提昇文風而爲海濱鄒魯：

茲余既新斯學於其始，願執經士子，咸各思發憤，以通經古爲業，以行道濟世爲賢，處有守，出有爲，無負國家教育振興庠序之至意。……安知荒島人文不日新月盛，彬彬稱海濱鄒魯也歟哉！（《重修府學文廟碑記》）

---

① 陳文達，《臺灣縣志》，藝文志十記，頁248～249。
② 陳文達，《臺灣縣志》，秩官志三列傳，頁105。
③ 丁宗洛，《陳清端公年譜》，頁46。"文翁化蜀"，典出《漢書·文翁傳》。文翁（前156～101），名黨，廬江舒人。"（漢）景帝末，爲蜀郡守，仁愛好教化。見蜀地辟陋有蠻夷風，文翁欲誘進之，乃選郡縣小吏開敏有財者張叔等十餘人親自飭屬，遣詣京施，受業博士……蜀生皆成就還歸……又修起學宮於成都市中，招下縣子弟以爲學官弟子……。至今巴蜀好文雅，文翁之化也。"見班固（32～92）等撰，《漢書》，卷89循吏傳第五十九，頁3625～3627；收於《二十四史》，第2冊。
④ 《陳清端公文選》，頁14。
⑤ 見王必昌，《重修臺灣縣志》，卷5學校志學田，頁160。丁宗洛，《陳清端公年譜》，頁64。
⑥ 陳文達，《臺灣縣志》，秩官志三列傳，頁105。
⑦ 劉良璧，《重修福建臺灣府志》，卷15名宦，頁422。
⑧ 丁宗洛，《陳清端公年譜》，頁69、72、74。碑文俱見劉良璧，《重修福建臺灣府志》，卷20藝文，頁546～547、549～550、550～552。然《重修臺灣縣學文廟碑記》載錄似有歧出，故以王必昌《重修臺灣縣志》爲據，見卷5學校志，頁147～148。

　　科名者，進身之階；務學者，立身之本。不務學而冀功名，猶不種而期收穫，必不得之數也。顧為學之道，自求"放心"始。求之窈冥昏默，反荒其心於無用，不如時觀象以自省。……必謹其獨，戒慎恐懼，將所為修德積善者，悉根諸此，學不自此進乎？學進則識進，識進則量進，量進則德修，而福亦隨集。……（《新建文昌閣碑記》）①

　　夫建廟修學，正誼明道之大端也。予竊謂，不計功未嘗無功，不謀利未嘗不利。臺令歷任未有調為臺道者，而予得以調臺道；臺道歷任未有擢為撫軍者，而予得以擢偏撫。皇恩不次拔擢，何莫非先聖先賢及臺地山川之神默祐之乎？前後九載？飲咸食淡不為不久，兩荷異數超遷不為不速。予不負臺，臺不負予，此感彼應，理固然也。願吾黨之士，篤信斯理，處而讀書，務為端人正士；出而筮仕，務為循吏良臣。庶不負茲地山川之鍾靈，而為聖賢所擯棄，則予數年惓惓之苦心，其亦可無復憾也夫！（《重修臺灣縣學文廟碑記》）②

　　陳璸擢陞湖南巡撫，臺人感念作《去思碑》，明白指出陳璸為程朱理學的具體實踐者："所學以程朱為宗，非聖賢之書不讀。"③ 其爾後為官理事，亦復如是。康熙五十五年（1716）任福建巡撫，"修建考亭書院及建陽、尤溪朱子祠，疏請御書榜額"④。次年奉命巡海，"自齎行糧，屏絕供億"；五十七年，"以勞，卒於官。當屬纊，一絺袍覆以布衾而已。屬員入視，莫不感涕，民有相向哭於徒"⑤ 為官清廉至過世僅一布衾覆體，無怪乎見者莫不傷心涕泣。"尋諭大學士曰：'陳璸居官甚優，操守極清，朕所罕見，恐古人中亦不多得也。'追授禮部尚書，廕一子入監讀書，諡清端。"⑥ 不僅康熙帝褒獎，臺人亦甚念之：

　　至今邑治左有去思碑，扁曰"尚書亭"。誕日，臺人猶張燈鼓樂以祝。為海疆治行第一，崇祀聖廟名宦祠，臺民塑像於文昌閣，春秋俎豆祭祀。⑦

　　總之，觀陳璸一生，再看其文，知其躬身踐履，故所撰文章不虛。"朱文公祠"

① 劉良璧，《重修福建臺灣府志》，卷20藝文，頁547、549～550。
② 王必昌，《重修臺灣縣志》，卷5學校志，頁148。
③ 丁宗洛，《陳清端公年譜》，頁75。
④ 《清史稿》，卷277列傳六十四，頁10092。
⑤ 劉良璧，《重修福建臺灣府志》，卷15名宦，頁422。
⑥ 《清史稿》，卷277列傳六十四，頁10092。
⑦ 劉良璧，《重修福建臺灣府志》，卷15名宦，頁422～423。

的落成以及碑記的留傳，在陳璸的流風餘韻影響下，逐漸成爲臺灣有清一代最重要的教育方向與教化內蘊①。誠如《清史稿》所言，陳璸"在福建置學田，增書院學舍，聘主講，人文日盛"②，臺灣時正隸屬福建。而其根本內蘊即是朱子學。故論者說：

> 陳璸是清初最徹底實踐朱子儒學道德規範之儒者典型，他不在形上存有論的思維上顯精採，而是在爲儒士以及爲儒吏的生涯上，澈上澈下地呈現出一個道德生活的儒家。……《新建朱文公祠記》，這是一篇正式宣說朱子儒學從閩地渡海而始播於臺灣的重要文獻，換言之，自康熙時期閩學或朱子儒學的儒生、儒吏之來臺始蘗及敷演儒學儒教之後，臺灣即開始漸以孔孟常道慧命爲其文化主體。③

此當可作爲本文一個注腳。事實上，考有清治臺212年，無論是來臺興教的循吏，抑或是落地生根之臺島士紳，多是以道德爲生活的草野儒者形象，踐履明德尊孝的聖人教訓，切身涵化鄉里的身體力行，諸此皆是以朱學精神爲荷的。臺灣書院的精神即是一個明顯的例子④。

## 結　論

"朱文公祠：在郡學左側。康熙五十一年臺廈道陳璸捐俸建。春秋有司致祭。"⑤

---

① 李汝和主脩之《臺灣省通志》（臺北：臺灣省文獻委員會，1970）云："臺灣在學宮內添設朱子祠，當以康熙五十一年（1721）、分巡臺廈兵備道陳璸重見臺灣府儒學時，建於明倫堂之左爲嚆矢。……自是而後，臺灣各縣、廳學宮，大多附建有朱子祠，俾供儒生有所崇敬，並藉以爲員生讀書、棲宿之所。"又云："書院以祀朱子之神位爲主，並配祀其他古聖先賢。"卷五教育志制度沿革篇，頁22上～下、66下。再加細究，"閩人書院大多祀朱子或宋儒五子，粵人書院多祀韓愈"，見王啓宗，《臺灣的書院》（臺北：行政院文化建設委員會，1999），頁69。
② 《清史稿》，卷277列傳六十四，頁10092。
③ 潘朝陽，《明清臺灣儒學論》，頁147～148。
④ 參拙著《彰化鹿港文開書院儒學精神之研究》，刊《朝陽人文社會學刊》，3卷2期，2005.12.，頁53～102；《宜蘭仰山書院之始末及其基本精神》，刊《漢學研究》，22卷1期（總號44號），2004.06.，頁253～280；《論臺北艋舺學海書院的儒學精神》，發表於"文化‧社會與通識教育"學術研討會，朝陽科技大學通識教育中心主辦，2007.05.25.，臺中，會議論文集頁193～213（待刊）。
⑤ 劉良璧，《重修福建臺灣府志》，卷9典禮（附祭祀），頁305。范咸，《重修臺灣府志》，卷7典禮，頁260，文少"捐俸"二字。

"文廟祭畢，乃祭朱文公祠。"① 如是宣告了朱學正式傳播臺灣。事實上，以朱熹理學爲標宗的儒學，於有清一代即在臺灣生根。從全臺所建十三處儒學②、至少廿三座書院③，並處處建朱子祠，由祭祀、學規等客觀側面觀之，便足以作一佐証④，諸此風尚即起始自陳璸興建的"朱文公祠"。更具體言之，如雍正十二年（1734）儒學訓道袁宏仁捐貲修朱文公祠⑤、乾隆十一年（1746）鳳山知縣呂鍾琇於縣學中建朱子祠⑥、乾隆四十六年（1781）同知成履泰於移建明志書院中設朱子神位⑦、嘉慶十五年（1810）紳士廖澄河於西螺街捐建朱文公祠⑧等，又現存臺灣書院學規亦均是以朱熹學思爲依據的⑨。由是可知，臺灣於有清一代，整體教育的方向與內蘊是以朱學爲宗的。因此，可以得出一個結論，開啓如是風尚者即是陳璸，而〈請建朱文公祠碑〉與〈新建朱文公祠記〉二碑記文，正是遺存最爲重要的文獻⑩。

---

① 范咸，《重修臺灣府志》，卷 7 典禮，頁 285。王必昌于《重修臺灣縣志》中亦言："朱文公祠（文廟春秋丁祭後致祭）：陳設制帛一、羊一、豕一、酒、粢、果、脯。"見卷 7 禮儀志，頁 217。余文儀，《續修臺灣府志》，卷 8 學校，頁 352。

② 依鄧孔昭據《臺灣省通志》等文獻考辨，見《臺灣通史辨誤（增訂本）》（臺北：自立晚報社文化出版部，1991），頁 171。連橫以爲恆春、雲林、苗栗、淡水四縣未建儒學，見《臺灣通史》，卷 11 教育志，頁 219～220。

③ 連橫，《臺灣通史》，卷 11 教育志，頁 220～223。李汝和主修之《臺灣省通志》錄 38 座，卷五教育志制度沿革篇，頁 51 上～55 下。王啓宗統計達 62 座，見《臺灣的書院》，頁 27～31。《重修臺灣省通志》錄有 68 座，卷六文教志學校教育篇，頁 115～39。林文龍錄 63 座，見《臺灣的書院與科舉》（臺北：常民文化公司，1999），頁 25～31。但嚴格論之，一些名曰書院，實爲義學，並無書院之實。

④ 對此，時人探討甚多，如潘朝陽《明清臺灣儒學論》，龔鵬程、楊樹清編《發現紫陽夫子——臺北‧朱子‧儒學傳統》，陳昭瑛《臺灣儒學——起源、發展與轉化》等，皆可參究。

⑤ 余文儀，《續修臺灣府志》，卷 3 職官，頁 186。

⑥ 王瑛曾，《重修鳳山縣志》（南投：臺灣省文獻委員會，1993），卷 6 學校志，頁 174。

⑦ 陳培桂，《淡水廳志》（南投：臺灣省文獻委員會，1993），卷 5 學校志，頁 137～138。

⑧ 周璽，《彰化縣志》，卷 5 學校志，頁 154。

⑨ 臺灣書院學規，基上是以朱熹《白鹿洞書院揭示》爲據，強調五倫大道、慎思篤行。如乾隆五年（1740）"臺灣道劉良璧海東書院學規"、乾隆二十四年（1759）"臺灣道兼提督學政覺羅四明勘定海東書院學規"，見余文儀，《續修臺灣府志》，卷 8 學校，頁 355～356、356～360；乾隆三十一年（1766）澎湖通判胡建偉創文石書院，立"學約十條"、光緒年間主講林豪"續擬學約八條"，見林豪（1831～1918），《澎湖廳志》（南投：臺灣省文獻委員會，1993），卷 4 文事，頁 112～120、120～124；嘉慶十五年（1810）彰化知縣楊桂森立"白沙書院學規"，見《彰化縣志》，卷 5 學校志，頁 143～146。

⑩ 陳昭瑛言："清代……最早也最重要的教育碑文作者自然非陳璸莫屬。""清代教育碑文的作者中最能表現朱子思想的是陳璸和蔡世遠。陳璸是珠子學的信徒。"《臺灣儒學——起源、發展與轉化》，頁 17、51。

《新建朱公祠記》碑

# 參考文獻

## 一　傳統典籍

漢・班固等撰，《漢書》；收於 1997 年北京中華書局出版之《二十四史》，第 2 冊

唐・孔穎達《周易正義》（臺北：藍燈文化事業公司／十三經注疏，重刊宋本周易注疏附校勘記）

——《禮記正義》（臺北：藍燈文化事業公司／十三經注疏，重刊宋本禮記注疏附校勘記）

宋・朱熹《四書章句集注》；收於朱傑人、嚴佐之、劉永翔主編，《朱子全書》（上海：上海古籍出版社／合肥：安徽教育出版社，2002），第 6 冊

明・宋濂等撰《元史》；收於《二十四史》，第 18 冊

清・玄燁《御制朱子全書序》，收於《朱子全書》，第 27 冊 "附錄"

清・王懋竑《朱子年譜》（北京：中華書局，1998）

清・陳璸《陳清端公文選》（南投：臺灣省文獻委員會，1993）；與《陳清端公年譜》、《六亭文選》合刊

清・藍鼎元《鹿洲全集》（廈門：廈門大學出版社，1995）

清・陳文達《臺灣縣志》（南投：臺灣省文獻委員會，1993）

清・劉良璧《重修福建臺灣府志》（南投：臺灣省文獻委員會，1993）

清・范咸《重修臺灣府志》（南投：臺灣省文獻委員會，1993）

清・王必昌《重修臺灣縣志》（南投：臺灣省文獻委員會，1993）

清・余文達《續修臺灣府志》（南投：臺灣省文獻委員會，1993）

清・謝金鑾《續修臺灣縣志》（南投：臺灣省文獻委員會，1993）

清・王瑛曾《重修鳳山縣志》（南投：臺灣省文獻委員會，1993）

清・鄧傳安《文開書院從祀議》；周璽總纂，《彰化縣志》（南投：臺灣省文獻委員會，1993）

清・周璽《彰化縣志》（南投：臺灣省文獻委員會，1993）

清・陳培桂《淡水廳志》（南投：臺灣省文獻委員會，1993）

清・林豪《澎湖廳志》（南投：臺灣省文獻委員會，1993）

現代・趙爾巽等撰《清史稿》（北京：中華書局，1998）

現代・連橫《臺灣通史》（臺北：幼獅文化事業公司，1977）

現代・臺灣銀行經濟研究室編《福建通志臺灣府》（南投：臺灣省文獻委員會，1993）

臺灣銀行經劑研究室編，《福建通志列傳選》（南投：臺灣省文獻委員會，1993）

現代・臺灣銀行經濟研究室編《臺灣教育碑記》（南投：臺灣省文獻委員會，1994）

現代・何培夫編《臺灣地區現存碑碣圖志》（臺北：國立中央圖書館臺灣分館，1992），

"臺南市（上）篇"

現代・黃典權編《臺灣南部碑文集成》（南投：臺灣省文獻委員會，1993）

現代・北京中華書局《清實錄》（北京：中華書局，1985）

## 二　研究典籍

王茂、蔣國保、余秉頤、陶清著《清代哲學》（合肥：安徽人民出版社，1992）

王啓宗《臺灣的書院》（臺北：行政院文化建設委員會，1999）

李汝和主修《臺灣省通志》（臺北：臺灣省文獻委員會，1970）

林文龍《臺灣的書院與科舉》（臺北：常民文化公司，1999）

林再復《閩南人》（臺北：自撰，1993）

季嘯風主編《中國書院辭典》（杭州：浙江教育出版社，1996）

高令印、陳其芳《福建朱子學》（福州：福建人民出版社，1986）

徐敏霞校輯《韓愈年譜》（北京：中華書局，1991）

陳谷嘉、鄧洪波主編《中國書院史資料》（杭州：浙江教育出版社，1998）

陳昭瑛《臺灣儒學——起源、發展與轉化》（臺北：正中書局，2000）

曾守正《沐浴涵儒，海東鄒魯——清代臺灣教育與朱熹》；收於淡江大學中文系主編，《臺灣儒學與現代生活國際學術研討會論文集》（臺北：臺北市政府文化局，2000）

遠流出版公司《辭源》（臺北：遠流出版公司，1988），頁162"八閩"條。

潘朝陽《明清臺灣儒學論》（臺北：臺灣學生書局，2001）

劉振維《彰化鹿港文開書院儒學精神之研究》，刊《朝陽人文社會學刊》，3卷2期，2005.12.，頁53～102

——《宜蘭仰山書院之始末及其基本精神》，刊《漢學研究》，22卷1期（總號44號），200406.，頁253～280

——《論臺北艋舺學海書院的儒學精神》，發表於"文化・社會與通識教育"學術研討會，朝陽科技大學通識教育中心主辦，2007.05.25.，臺中，會議論文集頁193～213（待刊）

劉寧顏總纂《重修臺灣省通志》（南投：臺灣省文獻委員會，1993）

劉樹勛主編《閩學源流》（福州：福建教育出版社，1993）

鄧孔昭《臺灣通史辨誤（增訂本）》（臺北：自立晚報社文化出版部，1991）

龔鵬程、楊樹清編《發現紫陽夫子——臺北・朱子・儒學傳統》（臺北：臺北市文化局，2000）

# 隋代女性貞節問題初探[*]

## ——從開皇九年《吳女英誌》説起

### 王慶衛[**]

婦女史研究是當今史學界關注較多的領域之一，相關的研究成果亦堪稱豐碩。而關於女性的貞節問題，不僅是女性生活的重要内容之一，更是關係到女性地位變遷的重要標志，故得到學者多方面討論。在中古史研究範疇，相對於隋代的女性貞節問題多是連帶論述，而没有進行專門探討，因此本文嘗試對隋代女性貞節問題予以分析探究，又愧於學識不廣而倉促成文，尚冀大方之家有以賜正。

在中國中古史研究中，石刻文獻日益受到學人的重視，墓誌材料更被廣泛利用，墓誌内容雖是以隱惡揚善爲原則的文學與歷史的揉合，但也能透露出一些歷史的真相。隋《吳女英誌》就是一篇典型的彰顯貞節女性的墓誌文，故本文擬從此志出發來分析隋代女性的貞節問題。貞節，指忠貞不二的節操，亦即封建禮教規範女子不失身、不改嫁的道德行爲；列女，猶烈女，古代謂重義輕生、有節操的女子。在今人觀念中貞節與列女往往互相關聯，於是往往不再執著於兩個詞語語義上的差别，那麽本文所討論的貞節卽採取較爲寬泛的概念，列女亦屬於本文探究的貞節女性的範疇。

## 一　關於《吳女英誌》

《吳女英誌》收入我們編撰的《隋代墓誌銘彙考》一書第一卷（072 號），志石長五六・五、寬五七・五釐米。陝西華陰市出土，石存河南洛陽民間。志文二三行，滿行二三字，正書，有方界格。吳女英卒於北周建德三年（574）五月十五日，葬於隋開皇九年（589）三月二十一日。《隋代墓誌銘彙考》收錄有圖版，爲討論方便，本文不再標明行字數而直接錄文如下：

---

\*　　本文爲國家文物局人文社會科學重點研究課題《隋代墓誌銘彙考》（編號 2001012）相關成果。

\*\*　　王慶衛，西安碑林博物館館員。

夫人諱女英，徐州彭城人，吳太伯之後。周室誕昌之歲，隔代可知；荊蠻避聖之年，雖遠猶記。但泉生水派，樹倒枝分，所謂各振金聲，其可略而言也。祖器局明叡，有譽當官；父才瞻學優，見重人世。

夫人膺蟬聯之餘祉，含糅氣以受靈。識悟凝明，體華淑順。凝脂束素，橫波翠羽。上巫山以作雲，入芝田而待賦。奮閑開粉，逆畏春風；鏡裏成粧，懸欺花色。婦德婦禮，不習而成；女業女功，天生自解。楊氏以天印入掌，致葉珪之錫；本枝百世，為海內所視。敬以禮請，遂同鼓瑟。公幹始弱冠，神策早成，一見兵書，即處戎陣。但天祿不幸，奄歸鬼錄。夫人以喪配之，時年始二九。苦無主祭，獨守靈筵。重恭姜之守誠，忿秋胡之遺信。驗誠心於白髮，遠冥契於黃泉。吊影移日，以松竹自許。雖復楚臺已侵，宋宮被燒，論節古今，理無優異。高樓有月，唯照空牀；春館無人，狂花夜下。鳳飛簫遠，鶴上笙遙。仙藥可偷，從此登月。春秋六十有二，去建德三年五月十五日薨於秦州，權殯於略陽里。以大隋開皇九年歲次己酉三月甲子朔廿一日甲申遷葬於華州華陰東原通靈鄉通靈里。嗚呼，記風聲以鐫石。銘曰：

八郡摸揩，三河領袖。繼體鍾福，連芳獨秀。

風彩天然，靖恭神授。婦功女業，寔惟其究。

樛木兹挺，桂馥蘭馨。心驚月出，耳懼繩聲。

眉成葉墮，粧罷花生。風流釧響，日炫璫明。

知人窗裏，結好臨池。事雲今古，人即同斯。

合符稱重，待傅言奇。德乎無盡，過隙將移。

幽坰一掩，地道黃泉。栽楊故隴，種柏新埏。

蘆洲下鴈，春戍生煙。日暮雲起，相顧悽然。

按："女英"未詳姓氏，誌云："吳太伯之後。周室誕昌之歲，代可知；荊蠻避聖之年，雖遠猶記。"《元和姓纂》卷三"吳姓"曰："周太王子太伯、仲雍封吳，後為越所滅，子孫以國為氏。"[1] 適可與志文互證。又有唐開成三年《王公淑墓誌》云："夫人吳氏，濮陽人。太伯封吳，子孫著姓。"亦可為"女英"姓吳氏之證。

吳女英其夫乃弘農楊氏子弟，吳女英十八歲時其夫"處戎陣"而"歸鬼錄"正值北魏建明普泰年間，時前後有討葛榮、萬俟醜奴及爾朱天光等戰事，因志文簡率，無法推斷吳女英其夫死於那場戰事，亦無法確定吳女英其夫之姓名。

---

[1] 《元和姓纂》，第283頁，中華書局，1994年。

弘農楊氏娶妻對象主要是北方士族，楊氏與隴西李氏、京兆韋氏、開封鄭氏及鮮卑顯族這些關隴大族關係比較密切，成爲一個具有濃厚政治色彩的婚姻集團。[1] 彭城吳氏不在中古最著名的大族之列，吳女英死後遷葬華州華陰通靈里，結合發現的多方弘農楊氏墓誌所載葬地來看，吳女英其夫很可能是楊播房人物或楊氏疏族，而不是在西魏北周之時興起的越公房人物。中古時期世家大族的婚姻牽涉到許多問題，像弘農楊氏這樣的大族婚姻是一種複雜的倫常政治現象，我們雖然對北朝至隋弘農楊氏的發展歷程做過簡單論述，但當時因爲未見到此方墓誌，所以對彭城吳氏和弘農楊氏之間的婚姻關係完全沒有提及。關於吳女英的婚姻關係我們將在《北朝至隋弘農楊氏婚姻關係論考》一文中詳細討論，本文對此略去不談。

吳女英年十八而未婚夫喪亡，遂"以喪配之"而完婚，之後孀居四十四年，以六十二歲卒在北周建德三年。一般來講未婚夫死後另嫁他人是正常現象，社會並不以之爲非，吳女英在未婚夫亡故後依然入嫁弘農楊氏，具體原因尚無法推斷。中古時期世家大族之間的聯姻更多出於政治社會因素，吳女英的婚配是否是兩個家族政治聯繫的需要，從墓誌記載來看得不到任何綫索，不過依據情理是很有可能的。

墓誌云："雖複楚臺已侵，宋宮被燒，論節古今，理無優異。"吳女英即便是因爲家族需要成爲貞節女子，她的這種行爲仍然得到了社會的禮讚。在元代以前很少看到貞女守節，祇是到明清時期才多了起來，而隋墓誌材料中卻已有了吳女英這樣貞女的實例，這個現象是否反映了某種社會意義？再者，這種貞女守節的墓誌在隋墓誌中僅此一見，它是個別情況，還是社會上一種較爲普遍的現象呢？凡此種種不由引起了我們對隋代女性貞節問題的興趣，當時的女性傾向於守節還是再嫁，隋代貞節觀念到底是怎樣的狀況，便成爲本文要討論的主要問題。我們在從事隋代墓誌的整理過程中，發現了許多關於貞節女性的材料，而這些皆是正史中無法兼及者，本文因試就隋代墓誌中所得之資料，探討這種現象的根源。

## 二　隋代貞節女性分析

貞節女性一般分爲三類：1. 節婦，即婦女喪夫後守節不嫁者。2. 貞女，未婚夫死後，居住或住夫家守節者；或未婚夫死而自盡者。3. 烈婦和烈女，反抗淩辱以死守節的婦人和年輕女子。[2] 傳統上討論女性貞節問題，大家所依據的主要是正史《列女傳》

---

[1]　王慶衛、王煊：《隋代華陰楊氏考述——以墓誌銘爲中心》，《碑林集刊》第 11 輯，陝西人民美術出版社，2005 年。

[2]　可參考章義和、陳春雷：《貞節史》，第 187 ~ 223 頁，上海文藝出版社，1999 年。

中的材料，近些年出土墓誌給我們提供了更豐富真實的素材，所以本文在總結墓誌材料的基礎上對隋代的貞節女性進行歸納分析。

本文的墓誌資料全部採用《隋代墓誌銘彙考》一書，下文圖表標明墓誌所在的卷數及編號。

| 姓名 | 守節年齡 | 守節時間 | 墓誌名稱 | 出處 |
|---|---|---|---|---|
| 劉氏 | 46 歲 | 20 年 | 《賀蘭祥妻劉氏誌》 | 卷一 009 號 |
| 馮氏 | 42 歲 | 25 年 | 《王軌暨妻馮氏誌》 | 卷一 021 號 |
| 韋始華 | 43 歲 | 26 年 | 《楊寬暨妻韋始華誌》 | 卷一 059 號 |
| 賀拔氏 | 26 歲 | 28 年 | 《王懋暨妻賀拔氏誌》 | 卷一 060 號 |
| 吳女英 | 18 歲 | 44 年 | 《吳女英誌》 | 卷一 072 號 |
| 張氏 | 31 歲 | 32 年 | 《任顯暨妻張氏誌》 | 卷一 066 號 |
| 崔長暉 | 37 歲 | 46 年 | 《封祖業妻崔長暉誌》 | 卷一 070 號 |
| 梁氏 | 42 歲 | 24 年 | 《楊景暨妻梁氏誌》 | 卷一 082 號 |
| 鄭令妃 | 41 歲 | 42 年 | 《元範妻鄭令妃誌》 | 卷一 084 號 |
| 辛憐 | 不詳 | 4 年 | 《寇奉叔妻辛憐誌》 | 卷二 103 號 |
| 郭氏 | 不詳 | 30 年 | 《趙齡暨妻郭氏誌》 | 卷二 119 號 |
| 長孫敬顏 | 60 歲 | 5 年 | 《羊烈妻長孫敬顏誌》 | 卷二 120 號 |
| 董氏 | 42 歲 | 30 年 | 《□敬暨妻董氏誌》 | 卷二 137 號 |
| 劉妙容 | 48 歲 | 15 年 | 《段威暨妻劉妙容誌》 | 卷二 146 號 |
| 郭氏 | 49 歲 | 14 年 | 《劉紹暨妻郭氏誌》 | 卷二 160 號 |
| 魏氏 | 不詳 | 5 年 | 《虞弘妻魏氏誌》 | 卷二 163 號 |
| 崔婁訶 | 45 歲 | 27 年 | 《封孝琰妻崔婁訶誌》 | 卷二 173 號 |
| 王氏 | 41 歲 | 43 年 | 《郝偉暨妻王氏誌》 | 卷二 190 號 |
| 李世暉 | 54 歲 | 16 年 | 《成公蒙暨妻李世暉誌》 | 卷二 193 號 |
| 劉氏 | 69 歲 | 11 年 | 《陳暉暨妻劉氏誌》 | 卷二 194 號 |
| 劉氏 | 62 歲 | 8 年 | 《王基暨妻劉氏誌》 | 卷二 198 號 |
| 賀拔毗沙 | 38 歲 | 20 年 | 《尉遲運妻賀拔毗沙誌》 | 卷三 202 號 |
| 王氏 | 不詳 | 7 年 | 《田保洛暨妻王氏誌》 | 卷三 212 號 |
| 胡氏 | 48 歲 | 18 年 | 《張儉暨妻胡氏誌》 | 卷三 222 號 |
| 劉氏 | 64 歲 | 25 年 | 《王榮暨妻劉氏誌》 | 卷三 230 號 |
| 胡氏 | 50 歲 | 31 年 | 《符盛暨妻胡氏誌》 | 卷三 232 號 |
| 張姜 | 53 歲 | 3 年 | 《馬稈妻張姜誌》 | 卷三 237 號 |

| 姓名 | 守節年齡 | 守節時間 | 墓誌名稱 | 出處 |
|------|----------|----------|----------|------|
| 郭氏 | 不詳 | 26 年 | 《李冲暨妻郭氏誌》 | 卷三 257 號 |
| 蕭妙瑜 | 42 歲 | 32 年 | 《楊勇妻蕭妙瑜誌》 | 卷三 267 號 |
| 東門氏 | 44 歲 | 20 年 | 《張忻暨妻東門氏誌》 | 卷三 271 號 |
| 李叔蘭 | 61 歲 | 20 年 | 《楊寬妻李叔蘭誌》 | 卷三 275 號 |
| 張字 | 61 歲 | 5 年 | 《解盛妻張字誌》 | 卷四 305 號 |
| 劉琬華 | 50 歲 | 14 年 | 《李椿妻劉琬華誌》 | 卷四 306 號 |
| 王氏 | 不詳 | 11 年 | 《□禮暨妻司馬氏誌》 | 卷四 311 號 |
| 蘇氏 | 不詳 | 5 年 | 《范高暨妻蘇氏誌》 | 卷四 312 號 |
| 趙氏 | 64 歲 | 7 年 | 《□墮暨妻趙氏誌》 | 卷四 324 號 |
| 張令 | 21 歲 | 40 年 | 《劉神妻張令誌》 | 卷四 325 號 |
| 禮氏 | 61 歲 | 36 年 | 《張濤妻禮氏誌》 | 卷四 342 號 |
| 侯氏 | 70 歲 | 9 年 | 《郭達暨妻侯氏誌》 | 卷四 348 號 |
| 王氏 | 41 歲 | 42 年 | 《劉賓暨妻王氏誌》 | 卷四 357 號 |
| 王氏 | 不詳 | 23 年 | 《韓暨暨妻王氏誌》 | 卷四 366 號 |
| 張妙芬 | 24 歲以下 | 40 多年 | 《張妙芬誌》 | 卷四 367 號 |
| 蕭餝性 | 58 歲 | 10 年 | 《張盈妻蕭餝性誌》 | 卷四 381 號 |
| 吳氏 | 37 歲 | 18 年 | 《元惠暨妻吳氏誌》 | 卷四 399 號 |
| 傅氏 | 55 歲 | 10 年 | 《常景暨妻傅氏誌》 | 卷五 451 號 |
| 鄧氏 | 59 歲 | 2 年 | 《李元暨妻鄧氏誌》 | 卷五 465 號 |
| 周氏 | 53 歲 | 2 年 | 《羊本暨妻周氏誌》 | 卷五 478 號 |

　　一段時期以來，大家都把隋唐的女性貞節問題一起討論，大多認爲唐代女性貞節觀澹薄，再嫁女性比較普遍；[①] 現在又有些學者通過對唐代墓誌的考察，指出唐代婦女其實多數傾向於守節，再婚衹是被迫的情況。[②] 那麼，隋代的女性貞節觀究竟怎樣呢？

　　隋墓誌中守節女性將近 50 人，除了上表中有具體守節時間的 47 名女性之外，還有幾例守節時間不詳的情況。隋墓誌中沒有發現烈女墓誌，有 46 名節婦，1 名貞女。墓

---

① 高世瑜：《唐代婦女》，三秦出版社，1988 年；李斌城等：《隋唐五代社會生活史》，中國社會科學出版社，1998 年；段塔麗：《唐代婦女地位研究》，人民出版社，2000 年；姚平：《唐代婦女的生命歷程》，上海古籍出版社，2004 年。

② 毛陽光：《從墓誌看唐代婦女的貞節觀》，《寶雞文理學院學報（社科版）》，2000 年 6 月；蘇士梅：《唐人婦女觀的幾個問題——以墓誌銘爲中心》，《洛陽師範學院學報》2006 年第 4 期；萬軍傑：《唐代女性的生前與卒後——圍遶墓誌資料展開的若幹探討》，武漢大學博士論文，2006 年 4 月；張國剛：《唐代寡居婦女的生活世界》，《安徽師範大學學報（人文社會科學版）》，2007 年第 3 期。

誌所見情形大概如下：

1. 20 歲以下守節者

在隋墓誌中 20 歲以下守節者衹有吳女英一人。吳女英 "婦德婦禮，不習而成；女業女功，天生自解。" 所以中古大族弘農楊氏之子弟敢以禮請，成就姻緣，隨之不幸戰死沙場。吳女英在未婚夫已經亡故之後，依然以喪嫁於楊家，時年 18 歲。未婚守貞，只是對夫的概念而言，它實質上是對一般夫權的守節。① 之後吳女英孤燈守節達 44 年，可謂是一個典型的貞女個案。

2. 21～30 歲之間守節者

這個年齡段的守節女性墓誌中共有三例，這個時期的女性，大多有了需要照顧的孩提子女，所以這個時期的寡居女性生活最爲辛苦。

賀拔二孃，賀拔岳之第二女，早年嫁給太原王懋爲妻，在她 26 歲那年王懋亡故，"孀居自誓，有如荀爽之女；事姑唯孝，更若姜詩之妻"，之後獨自撫養二兒四女成人，守節 28 年後在 54 歲過世。

張令，芳姿麗淑，嫁於彭城劉神，在 21 歲時其夫過世，然後自守雅志卅餘年，在 61 歲時 "命逐寒花，身隨秋葉"。

張妙芬，梁武皇帝外孫女，在 19 歲時嫁於梁始興王。然王早逐閬川，墓木已拱，結合史誌推斷張妙芬不到 24 歲就孀居守志，撫養孤子。到了大業八年去世，守節達 40 多年。

3. 31～40 歲之間守節者

這個時期的守節女性墓誌共有四例，佔 8%。

任顯天保七年五月十七日終於私第，時年 63 歲。妻張氏時年 31 歲，張氏 "行比王陵之親，德齊孟軻之母"，照顧家人撫育子女，到開皇八年奄從長夜，寡居達 32 年之久。

崔長暉，博陵安平人，"幼稟蘭芷之資，長懷琬琰之質"，長大嫁於封祖業，雖 "華年猶稺，罹此未亡，撫育遺孤，端嚴自立"。崔氏 37 歲寡居之後，"率道三息，邁慈母之壹心；慇懃四女，越班昭之四德。家人罕見其面，鄰里化以成風"。崔氏生女四人，慈育三男，守節 46 年於開皇七年薨於里舍。

賀拔毗沙，出自洛陽賀拔氏家族，及長嫁給尉遲家族子弟，"二門並盛，兩族俱華"。夫人 "爲綌紘而著婦工，採蘋藻以宣柔德。躬勞錦室，弄杼秋機，親往桑津，浴蠶春水。既有文而歸魯，因有禮而開封。" 之後賀拔氏又因夫被授郡君、夫人、大夫人等，38 歲時夫亡寡居，守節 20 年在開皇十九年 58 歲時 "潛輝於漢域"。

---

① 胡發貴：《痛苦的文明——中國古代貞節觀念探秘》，第 18 頁，中國社會出版社，1992 年。

吳氏，懷州長史吳當時之女，嫁給洛陽元惠，元惠在武平四年 31 歲時亡故，吳氏從 37 歲開始寡居，守節 18 年到開皇十二年 55 歲時卒。

4.41～50 歲之間守節者

共有 14 人，佔隋墓誌中守節女性的 30%。這個時期的婦女都已成中年，所以在丈夫亡故之後多守節寡居，再嫁的機會並不高。

賀蘭祥與弘農劉氏"申以婚姻，結其情好"。在劉氏 46 歲時賀蘭祥卒，之後寡居 20 年於開皇二年薨卒。劉氏先後被封爲郡君、夫人、大夫人等，而且"堂上五男，室中四婦"。

王軌妻馮氏，"挺質蘭房，增華桂苑。四德聿脩，六行爰備"。在 42 歲時其夫早喪，哀煢在疚，因茲劬苦，安此媚釐，馮氏寡居 25 年後在開皇元年終。

韋始華，京兆韋洪籍之長女，嫁給弘農楊氏子弟楊寬。嫁於楊家後，"質明笄縱，孝敬始於舅姑；每旦穠華，雍熙致於娣姪"。韋始華因夫先後被授爲郡君、夫人，保定二年"喪我皇辟，元公薨故"，韋氏"永墜煢釐，翻爲媚獨"。韋氏 43 歲守節，其後"子孫克壯，嗣爵承家，就養等於萬石，致產豐於千樹"，寡居 26 年以 69 歲卒於開皇七年。

鄭令妃，元範之妻。在 41 歲時"府君下世，一形尫毀"，之後在寡居的 42 年當中，鄭氏"無夫無子，寒霜總萃。割耳截鼻，彼獨何人？教誨諸姪，並登公輔。"在開皇九年終，沒有與元範合葬，反而對其女說："合葬，非古也。汝父先葬鄴都，去此遙遠。吾溘盡朝露，宜窆此焉。若死者有知，何憂不會？"

劉紹妻郭氏，勳於葛覃之詩，遵於摽梅之禮。49 歲時"釐居媚室，守性唯貞"，寡居 14 年以開皇十七年卒逝。

封孝琰妻崔婁訶，"四德內舉，六行外脩。淑問遍於親知，徽音播於遐邇"。45 歲遭命不諧，良人中逝。之後守節 27 年，"晝哭避嫌之禮，得自天然；斷織慈教之心，率由本質"。并且崔氏持家節儉，辛勤操勞，在開皇十九年遘疾亡故。

南陽張儉妻安定胡氏，48 歲時"爲成七子，頻疊三移，自爾霜居，壹十八載，善始令終，蘭薰雪白"。之後寡居 18 年中，胡氏"方習寶女於佛家，學勝鬘於闍國，菩提之願未充，浄土之符已至"。就是在信佛的過程當中，胡氏才度過這孤獨寂寞的丁零日子，卒於仁壽二年。

符盛妻胡氏，女功妙絕，德冠齊流。符盛建德二年終，時年胡氏 50 歲，之後胡氏守節 31 年"揚孝賢姑，陰訓二子。內外感稱，言超孟母"。仁壽四年胡氏 81 歲卒故。

蕭妙瑜，蘭陵南梁之後，嫁給弘農楊氏子弟楊勇。在蕭妙瑜 42 歲時楊勇亡故，夫人"媚居守志，無勞匪石之詩；晝哭纏哀，自引崩城之慟"。在寡居的日子裏爲了打發凄苦的日子，蕭氏"寄情八解，憑心七覺，炳戒珠於花案，發意樹於禪枝"。同時在處理家庭內部事情時，"懸針垂露之工，蔡女、曹姬之藝，姻賞承訓，閨門取則。"經過32 年的守節時光，蕭氏於仁壽三年 74 歲身落黃泉。

東門氏，年十五歸於南陽張怦，未及偕老，丈夫亡故。東門氏雖失兩髦，誓不二醮，從 44 歲起守節寡居 20 年，期間 "作誡垂孫，稱師及子"，以大業二年去世。

劉琬華，李椿之妻，在 50 歲時 "良人早沒，銜恤未亡。佩栢舟之詩，同恭姜之誓。"隨後 "斷機貽訓，徙宅從仁，懇是諸孤，義方聖善。昔文伯之母，諒可同塵；田稷之親，曾河異軌，庶膺眉壽，以保遐期。"經過 14 年寡居的時間，劉氏在大業三年遘疾薨故。

劉賓之妻王氏，41 歲開始寡居，"撫育孤遺，教以義方，咸得成立，遂使親賓拭目，表裏傾心"。之後到大業七年亡故的 42 年間，王氏 "婦德母儀，又能識達苦空，洞明眞假，修心八解，專精三業。"

### 5. 51 歲以上守節者

51 歲以上守節者，共有 17 人，佔隋墓誌中守節者的 36%。一般來講，51 歲以上婦女在丈夫離世寡居都是正常的情形，這時兒女基本都已經長大成人，不需要再承擔撫育的艱辛。按照世俗常理，51 歲以上的婦女多已做了婆婆，掌管家庭的許多事務。

李世暉嫁於成公蒙，在 54 歲時其夫去世，李氏寡居 16 年於開皇二十年卒。陳暉妻劉氏，"事夫涕規，育子胎教，"69 歲開始寡居，11 年後卒於仁壽元年，年八十歲。解盛妻張字，61 歲開始寡居，守節 5 年後亡故。□墮妻趙氏，器宇溫明，志調柔敏，母儀家國，64 歲寡居之後 7 年喪亡。

太原王榮妻劉氏，"婦孝母慈，鄉閭軌則"。劉氏德義雙美，在 64 歲其夫早亡，劉氏 "失蔭霜居，廿五載，十善安心，三頭鎮邑。欲訪麻姑於仙嶺，尋尚元於玉京。"可見在寡居的日子裏，劉氏寄情宗教，生活還不算枯燥。

李淑蘭，嫁給弘農楊氏子弟楊寬，其夫在 61 歲時過世，李氏在寡居的 20 年中，"規矩合於女師，識達稱爲博士。四德聿遵，二門雍穆，所謂有禮有節，協和內外者乎。"李氏出自隴西李氏，開皇元年卒，時年八十一，卒後時人評曰："一代賢姬，千年貞節。"

張濤妻禮氏，其夫以彊仕早卒，夫人從 61 歲守節孀居，之後寡居達 36 年。在這36 年的寡居時間裏，"一不開咧，爾迺捐家，務專勝業，明二諦於寸心，識三乘其如掌。情唯救苦，志在周窮，而積善餘慶，遂延遐考。"禮氏在大業七年以高齡謝生於世，並曾被朝廷版授爲廉州廉平縣君。

張盈妻蕭餝性，蕭翼之女，自從嫁於張盈之後，"聲馳戚氏，德冠椒房，庭闈有軌，衿褵成則"。蕭氏 58 歲時張盈喪亡，她寡居 10 年後奄然沒於從江都回鄉的路上。

隋代墓誌中關於女性守節的共有 47 例，在這些寡居女性中在 10 年以下者有 14 人，佔 30%；寡居 11 年到 20 年之間者有 12 人，佔 26%；寡居 21 年到 30 年之間者有 10 人，佔 21%；寡居 31 年到 40 年之間者有 5 人，佔 11%；寡居 41 年到 50 年之間者有 6 人，分別是吳女英 44 年、崔長暉 46 年、鄭令妃 42 年、張妙芬 40 多年、劉賓妻王氏 42 年、郝偉妻王氏 43 年，佔 13%。

隋墓誌中女性守節在 30 年以上者比例超過 1/4，我們發現長期守節的婦女或者在年輕時就寡居，或者因爲高壽，并且透過這 47 例關於守節女性的墓誌，我們還發現這些女性的丈夫並不都是年紀輕輕就亡故，很多都在正常年限範圍之內，之所以會産生這麼多的長時間寡居的女性，一個非常重要的原因就是老夫少妻的婚姻模式，或者很多女性都是續娶的繼室。隋代女性守節者 30 歲以下者祇有 10%，31 歲到 50 歲的中年婦女守節者達到了 46%，50 歲以上者有 36%，可見隋代守節女性的主體集中在中年婦女的群體中，這個時期的女性大多處在子女長大成人的階段，自己基本上可以做到衣食無憂。

隋代女性改嫁的情況祇有兩方墓誌提到，《封子繪暨妻王楚英誌》："長女字寶首，適隴西李桃杖，清淵縣侯；次適范陽盧公令，尚書郎；後適隴西李子舟。次女寶豔，小字征男，適代郡婁定遠，卽齊武明皇太后之弟子，司空公、尚書令、青瀛二州刺史、臨淮郡王；後適京兆韋藝，上大將軍、齊州刺史、魏興郡開國公。第三女寶華，小字男弟，適斛律須達，開府儀同三司、護軍將軍、鉅鹿郡開國公；後適範陽盧叔粲，汾州治中。"①《封祖業妻崔長暉誌》："長女適范陽盧景柔，次適隴西李仁舒，次適范陽祖長雄，次適博陵崔叔胤。"② 在這兩方墓誌中改嫁女性均爲封氏家族女子，她們改嫁是否有什麼家族、社會原因我們尚無法得知，不過根據一般情況而圍於這些影響的可能性是很大的。

隋代沒有一方墓誌的女姓提到改嫁情況，是否隋代就沒有改嫁女性呢？如果有，爲何墓誌中沒有發現呢？古代女性守節是一件值得稱道的事情，而再嫁不是值得稱道的事，所以守節女性的孝子賢孫爲了表揚她們的節操而在墓誌銘中有所體現，而行諸筆墨的再嫁必然會少於實際發生的。③

就常識而言，貞節觀在士大夫之間本就較易流傳和接受，加上它是一個經典的、由聖賢傳下來的觀念，要反對較難，要提倡較易，祇要（1）有地位的人們（無論政治、社會、或學術）大力鼓吹，（2）這觀念又切合一些重要的需要（如有利於家族的

---

① 見《隋代墓誌銘彙考》卷一 010 號，綫裝書局，2007 年 10 月。
② 見《隋代墓誌銘彙考》卷一 070 號。
③ 陶晉生：《北宋士族——家族・婚姻・生活》第七章，臺灣中央研究院歷史語言研究所專刊之 102，民國 92 年。

穩定），加上（3）政府的有意贊助，則這觀念就容易成爲風尚（無論是由上而下或由下而上），而特別在它能夠切合需要的階層中流行。[①]

隋代守節女性從墓誌材料來看大多都處於中上層的地位，並且年輕守節的女性比例並不是很高，不過比較南北朝墓誌材料，隋代守節女性的事例在數字上有了很大的提高，從墓誌語言表達的時人觀念分析，這個事實似乎也爲我們揭示了一些情況。社會的發展是語言發展的基本條件，隨著社會情形的變化語言也隨之變化，所以語言最真實地反映了不同的社會背景。漢魏六朝墓誌中的女性寡居語詞祇有"釐居"一個詞語，[②] 而在隋墓誌中用來表示女性寡居的語詞卻已有了"孀居"、"孀釐"、"孀室"、"孀獨"、"釐居"、"釐處"、"釐孀"七種，[③] 這都是隋代女性守節寡居現實情況在語言學上的真實映現。

前人一般認爲隋唐女性比較開放，貞節觀較爲澹薄，不過從墓誌統計和語詞變化來看，隋代比之南北朝時期的女性貞節觀有了很大的加強，或者説在當時女性守節已經成爲社會上士人的主流觀念。不過蘭陵公主作爲改嫁之後的烈婦被收入《隋書》卷八十《列女傳》中，説明在當時史官的心目中所看中的是她貞烈的品行，對於她的改嫁行爲則沒有什麼指責，可見改嫁在社會上還是被允許的，隋代不論是初嫁還是再嫁，祇要能殉夫而死就算貞烈，這和唐代祇有初嫁守節者才算貞烈還有一定的區別。

許多論者認爲唐代婦女不把再嫁當作很嚴重的事情，唐代的法令也並不反對婦女離婚改嫁或喪偶再嫁。從唐墓誌中看出，這個看法可能稍嫌籠統。唐代寡婦守貞是社會輿論所代表的主流價值觀念。從漢代以來儒家倫理觀念逐漸擴展的趨勢在唐代並沒有改變，仍然在這個道路上向前發展，不存在唐代婦女比其前代更開放的假像。寡婦再嫁雖然在唐代是很普遍的事情，但是，社會的主導輿論還是尊行禮制的精神，鼓吹貞節觀念。[④] 比照隋唐兩朝，可以看出其情形基本相似，在女性貞節史上呈現出不斷走強的趨勢。[⑤]

《隋書》卷八十《列女傳》共記載 16 人，其中節婦 4 人：鄭善果母、韓覬妻、孝

---

① 柳立言：《淺談宋代婦女的守節與再嫁》，《婦女與社會》，中國大百科出版社，2005 年。
② 王盛婷：《試說漢魏南北朝碑刻婚姻詞》，《古籍整理研究學刊》，2005 年第 6 期。
③ 周曉薇、王慶衛：《隋代婚姻語詞集解——以隋代墓誌銘爲基本素材》，《中國典籍與文化論叢》，待刊。
④ 張國剛：《唐代寡居婦女的生活世界》，《安徽師範大學學報（人文社會科學版）》，2007 年第 3 期。
⑤ 不過初唐的武后、上官琬兒等情況是婦女社會性成人身份不斷降低過程中迴光返照般的反彈特例，可參考陳弱水《初唐政治中的女性意識》、榮新江《女扮男裝——唐代前期婦女的性別意識》、氣賀澤保規《試論隋唐時代皇后的地位——武則天上臺歷史背景的考察》，均見於鄧小楠主編《唐宋女性與社會》，上海辭書出版社，2003 年。

婦覃氏、元務光母；烈婦 6 人：蘭陵公主、南陽公主、襄城王恪妃、華陽王楷妃、趙元楷妻、裴倫妻；孝義之婦 5 人：譙國夫人、孝女王舜、陸讓母、劉昶女、鍾士雄母。① 隋墓誌中守節女性幾乎都是節婦，而史書所載以烈義女性爲主，據董家遵先生統計，隋唐節婦在中國歷史上佔 0.09，隋唐烈女佔 0.24，② 可見墓誌反映的才可能是最真實的情況。

## 三　守節女性的生活世界

在丈夫離開以後，寡居的女性就開始了另一種完全不一樣的歲月，可以説大多過得都是凄凄慘慘戚戚的日子，再也享受不到正常完整的婚姻和家庭生活。丈夫剛一過世，許多還没有子女的妻子就要爲夫守靈，來完成本該子女應盡的義務，如吳女英在其夫剛亡，就"苦無主祭，獨守靈筵"。有些女性在丈夫死後，還要料理丈夫的後事，如劉則妻高氏爲了埋葬其夫，"散車馬而厚葬，循禮經而備舉。參驗囊列，實莫如之"，高氏這樣做得到了世人的稱贊，被譽爲"自羲皇以來，一婦人而已"。

墓誌中記載的有些守節的女性，不僅是貞節女子，更有孝義的行爲。元買得在丈夫那盧君卒後寡居守節，"而第二子和，有名於世。和以大業之季，委質聖主，猶蕭曹翊大漢之功，吳鄧輔中興之業。往者鴻溝未割，函谷猶逕。龍戰虎爭，連營接壘。太夫人提契二孫，淪没賊地。而賊李密乃特加贍賜，欲令誘致其子。雖徐庶之心，于焉以亂；而王陵之母，勖勵逾深。和竟聿遵嚴訓，餐羹自若。及李密之敗，得盡歡膝下。母子忠孝，天下榮之。是用式加寵命，封義安郡太夫人，褒崇之禮，羣公莫與爲比。"元買得對第二子和的告誠明智而堅强，都説明元買得具有女中豪傑的才幹，對比《隋書》卷八十《列女傳》中的有些孝義婦女一點都不遜色。

在北朝時期，婦德標準除了向貞順節義一方偏斜以外，還增加了忠孝思想，不過並没有完全忽視膽識才智。隋代的列女標準和以往比較有了很大的不同，貞節柔順得到了大力推廣和高度讚揚，爲丈夫殉情而死的人和爲保貞操而自盡的人大幅增加，守節婦女的生活也更加清苦。③

---

① 見《隋書》卷八十《列女傳》，第 1798～1812 頁，中華書局，1973 年。
② 董家遵：《歷代節婦烈女的統計》，《中國古代婚姻史研究》，廣東人民出版社，1998 年。
③ 焦傑：《"列女傳"與周秦漢唐婦德標準》，《陝西師範大學學報（哲學社會科學版）》，2003 年第 6 期。

### 1. 身心孤獨的生活

女性成婚以後，不管是青年、中年還是老年喪夫，都會飽受身心諸方面的痛苦。女性即使有再嫁的自由，但相對於男子再婚或納妾來説，守寡獨居的女性還是要多很多，家境較差的婦女既要爲生活奔波，又要照顧老小，同時還要忍受精神和肉體上的孤寂與痛苦；家境比較好的婦女所受的壓力雖然較少，但精神與肉體上的壓力卻因生活的舒適而顯得更加難耐。

在墓誌中，對於女性寡居的生活世界描寫很多。吳女英作爲貞女事例，也許日子過得更爲艱辛，"重恭姜之守誡，忿秋胡之遺信。驗誠心於白發，遠冥契於黃泉。吊影移日，以松竹自許。"既要堅守節操，又要獨自度日，白天的日子還好打發，漫漫長夜就倍受折磨了，"高樓有月，唯照空牀；春館無人，狂花夜下"。

賀拔二孃寡居以後，"實粵母儀，足稱節婦，數十年内，德行無虧"。守節的日子，需要忍受多種痛苦來"守性唯貞"，換來的衹是時人的一聲"節婦"的稱贊而已。

藉由貞節觀念的發展，到了隋唐時期女性守節的表現方式也愈發激烈，有不食葷腥、服裝簡陋、不出戶庭、不沐浴，甚至截發、割耳、毁容等"傷生"的各種行爲。[1]鄭令妃在寡居之後，"無夫無子，寒霜總萃。割耳截鼻，彼獨何人？"鄭令妃不知是否真的實行"割耳截鼻"的行爲，鄭善果母亦"寧當割耳截髮以明素心"，説明這種行爲還是有不少人身體力行的。

封祖業妻崔長暉在封祖業死後，"撫育遺孤，端嚴自立"。在寡居的日子裏，崔氏"率道三息，邁慈母之壹心；慰勵四女，越班昭之四德。"不僅如此，崔氏還獨處内室，"家人罕見其面，"正因這種"傷生"行爲表現了守節貞操的強烈，所以"鄰里化以成風"。韓覬妻於氏"自孀居已後，唯時或歸寧，至於親族之家，絕不來往。有尊卑就省謁者，送迎皆不出戶庭。蔬食布衣，不聽聲樂，以此終身。高祖聞而嘉歎，下詔褒美，表其門閭，長不出戶。"鄭善果母"靜室端居，未嘗輒出門閣。内外姻戚有吉凶事，但厚加贈遺，皆不詣其家。"鄭善果母守節後深居簡出，這種情形和於氏、崔長暉如出一轍，可見"傷生"這種守節方式在當時履行者不在少數。[2]

### 2. 投身佛教信仰

女子寡居守節，開始了把自己的生命和幸福獻祭給封建禮教的日子，爲了擺脱各種靈肉之苦的折磨，寡婦的處境更容易使其投身佛教，希望通過誦經念佛來獲取心靈

---

[1]　章義和、陳春雷：《貞節史》，第 205 頁，上海文藝出版社，1999 年。

[2]　寡居女子爲了明晰守節志願與本家來往較少，而這不同於一般意義上的關係，婦女與本家關係可參考陳弱水《試探唐代婦女與本家的關係》，見《婦女與社會》，中國大百科全書出版社，2005 年。此文後來擴充收入陳氏著《唐代的婦女文化與家庭生活》一書，允晨文化 2007 年；李潤強《唐代依養外親家庭考察》，見張國剛主編《家庭史研究的新視野》，三聯書店，2004 年。

上的解脫，以求得生命的終極關懷。① 北朝女子一方面再嫁是相對自由的，另一方面守節仍被時論頌爲女子的崇高品行，躬行者亦不乏其例。北朝由於佛教的昌盛爲女子守節提供了新的思想支柱，同時也增加了守節生活的内容。② 到了隋代，朝廷爲了統治需要多次下令全國營建佛塔發展佛教，這些都會促進佛教向大衆的進一步傳播，同樣也給寡居女性提供了信仰上的方便。

不管年齡大小，祇要進入寡居生活，婦女都要清心寡欲慘度余生，佛教講究終極關懷，教義所營造出的虛幻世界都給寡居女性提供了精神上的寄託。婦女寡居之後既要孝敬舅姑又要教育子女，尤其在漫漫長夜經常用誦經念佛來告慰自己打發時間。在隋墓誌中，寡居女性信佛的例子有不少，雖然大多墓誌没有説明這些婦女是否因爲守寡才歸依佛門，但可以肯定與此當不無關係。

梅淵妻李氏，在其夫亡故後日子艱辛，不僅要照顧老人，更要用心撫育孩子。守節的日子對於寡居的婦女來講，何其不幸，李氏爲了生活過得容易些，不由“信心重法，妙識因果”。

魯鍾馗，曾經“陪侍九重，曾無譴咎；來游甲第，未有失疑”。她一度奉事周皇太后，出入有禮節，風姿可爲民間婦女的楷模，後來“深弘九念，積脩十善。以兹妙果，遂虧遠福。”在上層社會婦女信佛一般比較多，魯氏身處其中耳濡目染當然可能早早就歸依了，不過結合墓誌記載來看魯氏修身念佛在寡居之後更有了加強。

鄭令妃死後遺囑其郭氏女云：“合葬，非古也。汝父先葬鄴都，去此遙遠。吾溘盡朝露，宜窆此焉。若死者有知，何憂不會。”在中國古代喪葬習俗中夫妻合葬乃是慣例，而有些信佛的寡婦卻提出了不和其夫合葬的想法，鄭令妃雖然對其女説是因爲客觀原因，但從墓誌看這種想法分明和佛教的通達思想是密切相關的。鄭令妃的這種行爲在唐代已經成爲了一種次文化，雖然不合乎傳統的禮教，卻是婦女文化中一個可明顯辨識的支流。③

張儉妻胡氏寡居後“方習寶女於佛家，學勝鬘於闍國，菩提之願未充，净土之符

① 可參考趙超：《由墓誌看唐代的婚姻狀況》，《中華文史論叢》，1987 年第 1 期；焦傑：《從墓誌看唐代婦女與佛教的關係》，《陝西師範大學學報》2000 年第 1 期；萬軍傑：《從墓誌看唐代女性佛道信仰的若干問題》，《魏晉南北朝隋史資料》第 19 輯，武漢大學學報出版社，2002 年；嚴耀中：《墓誌祭文中的唐代婦女佛教信仰》，《唐宋婦女與社會》，上海辭書出版社，2003 年；張國剛：《唐代寡居婦女的生活世界》，《安徽師範大學學報（人文社會科學版）》，2007 年第 3 期。

② 謝寶富：《北朝婚喪禮俗研究》，第 68 頁，首都師範大學出版社，1998 年。

③ 可參考趙超：《由墓誌看唐代的婚姻狀況》，《中華文史論叢》，1987 年第 1 期；陳弱水：《唐代的一夫多妻合葬與夫妻關係——從景雲二年《楊府君夫人韋氏墓誌銘談起》，《中華文史論叢》（總第八十一輯），2006 年第 1 輯。

已至"；蕭妙瑜"孀居守志，無勞匪石之詩；晝哭纏哀，自引崩城之慟。於是寄情八解，憑心七覺，炳戒珠於花案，發意樹於禪枝"。劉賓妻王氏寡居後，"撫育孤遺，教以義方"，又"識達苦空，洞明真假，修心八解，專精三業"。胡氏、蕭妙瑜和王氏都是因爲守寡之後轉而信仰了佛教，這正爲我們了解寡居婦女是爲何歸依佛教提供了第一手的資料。改嫁是違背傳統的倫理道德和社會價值取向的行爲，束縛著婦女在喪夫後追求自己的幸福，婦女寡居後的生活艱辛又淒苦，所以大多女性祇好在佛教的麻醉中追求心靈的安慰，在喃喃低吟裏燃燒著自己的一己之福。

3. 事姑盡孝，訓子齊家

初唐時期女性寡居期爲 10.2 年，寡居是女性主家的重要階段，其時婦女需要擔起經營全家事務的重擔，除了孝敬舅姑，教育子女更成爲寡居女性的首要任務。[①] 從前表統計來看隋代女性平均守節 19.9 年，比起初唐幾乎多了一半時間。女子寡居後作爲主家之人，她的家庭生活都是圍遶著盡孝養子進行，代替亡夫完成未盡的義務。

賀拔二孃在寡居之後，既要照顧子女，還要"事姑唯孝，更若姜詩之妻"。賀拔氏誕有四女，並爲列國夫人，賀拔氏含辛茹苦養女如此亦足以告慰自己。封祖業妻崔長暉，在守節的日子裏端嚴自立，撫育遺孤。墓誌記載夫人維產四女，而慈育三男。三男不知和崔氏關係如何，不過可以肯定並非崔氏親生，崔氏共撫養了七個孩子，其中的辛苦可想而知。劉賓妻王氏"先君早世，撫育孤遺，教以義方，咸得成立，遂使親賓拭目，表裏傾心"。王氏教育幼子很講究方法，所以孩子長大都自立成業，使親屬刮目相看，這些也許就是王氏最大的成就了。

衆多寡居婦女在主家以後，有很多孩子還在孩提幼年，撫養孤幼長大成人就成爲她們首要的任務，對待孩子要慈訓無怠，耐心引道。而中途如果再遭遇喪子之痛的話，無疑會給她們本已艱辛的生活雪上加霜，這種情況在隋代墓誌材料中發現很少，不過在唐代墓誌和史傳文獻中屢有記載，據此可以推斷在隋代也應該是存在的。

劉賓妻王氏，"孝養賢姑，陰訓四子"。符盛妻胡氏，"揚孝賢姑，陰訓二子"。王氏和胡氏在寡居之後伺候老人用心盡孝，教育子女既嚴肅又不失慈愛，兩種義務都盡心盡力，所以"內外感稱，言超孟母"。她們把自己生命的餘光全部貢獻給了家族的延續，獲得的不過是輿論的一聲稱贊而已。在貞節女性墓誌中大力强化孝道，除了社會倫理道德的因素，亦是中古門閥世族維持門第的需要。對于世家大族而言，重居喪之禮，恪守孝道，不僅有維持家族的經濟力量和社會地位之效，還能保持探囊取官、坐

<hr>

① 毛漢光：《唐代婦女家庭角色的幾個重要時段——以墓誌銘爲例》，臺灣《國家科學委員會研究彙刊：人文及社會科學》一卷二期，民國八十年。

拾青紫的政治特權。① 在西魏北周時期，《孝經》的作用被提到極爲重要的位置，强化孝道與世族的心理認同和實際需要相適應，流風所及，故而在女性墓誌中對於寡婦的孝敬舅姑也是大力表揚的重點所在。

由於丈夫離開人世，照顧年邁的父母和主持家務克隆家業也是寡居婦女面臨的另一種困難。如徐純妻王氏，"俄而移天夙殞，孤稚孑立。夫人抱恭姜之誓，體孟母之明。撫育窮姟，克隆家業，報德奚爽，不終遐慶"。王氏寡居之後孩子年幼，又擔負起發展家業的重擔，可見在隋代有很多婦女在夫亡之後就負責處理家庭的財務和家族的日常起居等家政事宜。在王氏墓誌中對於王氏的死因沒有詳細記載，不過從字句之間透漏出王氏的死很可能與操勞的辛苦有極大的關係。

在隋代墓誌材料中沒有見到婦女寡居後回歸本家的記載，根據唐代的相關資料推想隋代可能也有這種情況，應該說寡婦依靠自家兄弟安養餘生也是一種選擇。不過隋代這種情況到底如何，還需要新資料的進一步論證。

## 四　女性貞節觀加强的原因

北朝婦女廣泛再嫁，有其深刻的社會原因，一是儒學的衰落，二是玄學的衝擊，三是佛教的影響，四是少數民族習俗的滲透和影響，五是增加人口的客觀要求。② 不過越是社會動蕩、世風日下，在觀念上對貞節重視的程度就會越深，對兩性關係的束縛就會越保守和嚴密，因爲這時的統治者需要通過褒揚貞節在內的封建倫理教化，以規範輿論、引領民意，把社會納入他們所設定的運行軌道，進而更好的維護封建統治。③ 誠然，北朝統治者對於婦女守節一度大力宣揚，而且佛教的興盛也使守節女性數量有所增加，④ 但因爲各種原因北朝女性守節並沒有改嫁的情況普遍，直至隋代，女性守節的觀念才有了加一步加强的趨勢，通過前文的討論基本可以得到肯定。

唐代婦女的貞節觀存在兩種不同的類型。一種是以下層社會婦女爲代表的傳統儒家貞節觀，承擔了家庭與社會的沉重壓力。雖然也存在再嫁的情況，但社會的主流仍然是儒家保守的貞節觀，在唐代胡漢混合型的社會中，這一方面甚少受胡風的影響，而且這種貞節觀念也成爲明清貞節道德觀念的濫觴；另外一種是上層以公主爲代表的開放型貞節觀，這種貞節觀是胡漢大混合社會中的胡風傳統的遺存，但並不是唐代社

① 參見鄧奕琦：《北朝法制研究》，第 8 章第 2 節，中華書局，2005 年。
② 趙志堅：《北朝婦女再婚考述》，《民俗研究》1995 年第 1 期。
③ 章義和、陳春雷：《貞節史》，第 83 頁，上海文藝出版社，1999 年。
④ 謝寶富：《北朝的再嫁、後娶與妾妓》，《中國社會科學院學報》，2002 年 4 期。

會婚姻風氣的主流。① 從唐代墓誌可以看出：唐代孀居守節婦女確實比再嫁者多，唐代
社會對於貞節還是極爲看重的。在孀居婦女的墓誌中，受士人讚揚最多的是婦女如何
孀居守節、侍養舅姑、鞠育子女，以及如何不辭辛苦地主持家政。改嫁女子的墓誌文
中不斷強調這些再嫁婦女多屬身不由己而走上再嫁之路，這是不是也可以說，在唐人
的意識裏更傾向於守節，改嫁是不得已而爲之的呢？② 對比隋代和唐代的情況，我們可
以看出女性守節的狀況在隋唐兩代基本相同，或者可以說在隋唐時期女性的貞節觀念
不斷呈現出逐漸走強的態勢。那麼，是甚麼原因促成北朝和隋代的情況完全不同呢？

　　1. 經濟原因

　　南北朝以後，朝廷彰表孝子、節婦成爲敕文的重要內容之一。北魏時期首次在經
濟上出現了優待節婦的條例，即 "寡婦守志者雖免田亦受婦田"③。在北周、北齊分別
出現了要求寡婦改嫁的詔令，"自今已後，男年十五，女年十三已上，爰及鰥寡，所在
軍民，以時嫁娶"④，等到了隋初頒行的均田令中再次出現優待節婦的內容，規定罷免
節婦的課役⑤。同時隋文帝十六年，"詔九品已上妻、五品已上妾夫亡不得改嫁"⑥。

　　在唐代以前的封建社會，賦役征收均以人丁爲基準，從秦漢的算賦口錢到北朝隋
唐的均田制都是如此。人口既然成爲國家財政收入的基本依據，那人口多寡就直接決
定著賦稅收入和力役數目，相反人口政令也會對賦稅制度產生影響，當然人口政策也
包含了對寡婦改嫁、守節的認識。實際上，在人口增長時便會出現鼓勵守節或限制改
嫁的政令出現，在社會人口銳減時鼓勵或強制改嫁的政策便會加強。⑦

　　中唐以前的中古時期，各朝強制寡婦改嫁的政令共有三次，一次是北齊、北周時
期；一次在隋煬帝時期，"括江都人女寡婦，以配從軍"⑧；另一次在唐太宗即位之初，
鼓勵再嫁，並把寡婦數量的多少作爲考核地方官的重要標準之一⑨。初唐太宗令寡婦再
嫁，衝擊了傳統意義上的貞節觀，其實太宗這麼做是有深刻社會背景的。首先，唐代
統治者鼓勵寡婦再嫁是增殖人口，發展生產經濟的需要。另外，貞節觀的澹薄與北方

① 毛陽光：《從墓誌看唐代婦女的貞節觀》，《寶雞文理學院學報》（社會科學版）2000 年 6 月。

② 蘇士梅：《唐代婦女觀的幾個問題——以墓誌銘爲中心》，《洛陽師範學院學報》2006 年第 4 期。

③ 《魏書》卷一一〇《食貨志》，第 2854 頁，中華書局，1974 年。

④ 《周書》卷五《武帝紀》下，第 83 頁，中華書局，1971 年。

⑤ 《隋書》卷二四《食貨志》，第 680 ~ 681 頁。

⑥ 《隋書》卷二《文帝紀》下，第 41 頁。

⑦ 李志生：《試析經濟政策對中國古代婦女貞節的影響——兼談唐後期婦女貞節變化的意義》，《唐
宋婦女與社會》，上海辭書出版社，2003 年。

⑧ 《隋書》卷四《煬帝紀》，第 93 頁。

⑨ 《唐會要》卷八三《嫁娶》，第 1527 頁，中華書局，1990 年。

的民風民俗和李唐的胡人血統有關。① 透過這三次國家政令中對改嫁與守節的態度，不難發現人口的減少直接威脅國家財政收入時，就會出臺强制或勸令婦女的詔令，歷史上這三次情況均與人口減少不無關係。而在思想意識的層面，傳統的貞節觀念就要發揮作用，同時也促使貞節觀念進一步走强。可見女性貞節觀與人口發展是悉悉相關的。

2. 女性“社會性成人身份”的降低

“社會性成人身份”是美國社會學學者提出的理論概念，作爲衡量女性身份地位的重要參照物，越來越廣泛地應用於女性研究當中。對於中國古代女性來講，她“社會性成人身份”地變化在貞節观的發展中被集中表現出來，而且這種身份地位地變動也給予貞節观直接的影響。

女性的社會性成人身份在國家層面主要集中表現爲社會勞動，社會勞動的形式是賦調和徭役的征收，農產品和家庭工業品以賦調的形式出現，而社會公衆勞動則以徭役的方式體現。在北朝諸政權中，丁婦所受之田大致在丁男的一半左右，而其所承擔的農產品和家庭手工業產品稅也大致在一半左右，比之秦漢的狀況北朝婦女的社會性成人身份已有所降低。

隨著隋仁壽四年煬帝罷除婦人及奴婢部曲課稅的一紙詔令，按照均田制的受地原則，女性不再受田，也就不再承擔國家的租調和力役，即使女性在現實中對國家有再多的貢獻，也祇能通過男性體現出來。隋煬帝的這個詔令使婦女在政策層面完全退出了國家的經濟領域，其社會性成人身份基本喪失。② 從學者的相關研究來看，經濟地位（社會性成人身份）的變化對於女性貞節觀具有很大的影響，女性經濟地位越低貞節觀就加强，反之亦然。仁壽時期煬帝的這項規定是婦女地位發展的一次巨變，正因如此，比照北朝和隋代的墓誌，就可以理解隋代墓誌守節女性如此衆多是有深刻社會原因的。隋墓誌中仁壽四年以後的婦女寡居情況數量非常多，這也從另一個側面反映出煬帝的這紙詔令在當時確實實行並產生了相當的影響。

女性社會性成人身份雖然主要體現在社會勞動中，不過我們以爲女性的這種身份更應該在國家法律上面得到具體的表現。隋代實行過罷除婦人和奴婢部曲課稅的詔令，使得隋代女性的從屬地位在很大程度上產生了加强。唐代婦女的法律地位具體表現爲：其一，在政治方面，由於唐代婦女在社會和家庭中處於從屬地位，這種男尊女卑的觀念決定了她們沒有參與國家管理和接受國家教育的權利。其二，在經

---

① 孫順華：《唐朝婦女觀之嬗變與社會政治》，《文史哲》2000 年第 2 期。

② 李志生：《秦漢隋唐間婦女社會性成人身份的變化》，《北大史學》10 輯，北京大學出版社，2004 年。

濟方面，她們是不完全的民事經濟法律主體，沒有國家的土地分配權（寡妻妾除外）。其三，在婚姻權方面，她們沒有自主婚姻選擇婚姻的權利，其婚姻權完全操縱在家長的手中；在離婚權方面，丈夫掌握離婚的大權，妻子的命運祇能聽命於丈夫。其四，在人身權方面，唐代婦女的人身權利更是不能得到保障，她們不僅與家庭中尊長的地位不平等，與丈夫的人身地位不平等，甚至結婚後與家庭成員中同輩弟妹之間的人身地位亦不平等。① 隋代女性的法律地位與唐代的狀況基本相似，雖説寡居女性地位比正常女性的地位有所提高，但和漢魏六朝相比還有很大的差異。由於朝廷和儒生力量的推動與引道，人們生活中逐步從父系、母系並重向父系意識獨領風騷發展，漢魏南北朝時期正處在這一歷史性轉變的開始，此時父系意識初步形成。② 到了隋唐時期，隨著社會發展這種父系意識進一步加强，相反女性地位則進一步降低了。

在漢魏六朝丈夫亡故後，女性守節成爲寡婦之時，妻子就取代了丈夫的地位，繼續保持著包括原來屬於丈夫的東西，妻子存在的極其重要的意義被表現出來。寡婦在繼承權上有 "應承夫之分" 之説，在家族中分割家產之際，寡婦代替亡夫必須作爲一支來計算。③ 隋唐寡婦在財產繼承權和交易權等方面，受到了法律及家族社會倫理各種各樣的嚴格限制，這時她們已經沒有 "應承夫之分" 的未亡人身份，更多時候還要依據是否有男性繼承人來決定，所以這時沒有男性孩子的寡婦還要尋覓繼承人以期來承襲丈夫的支脈，同時也是爲了保護好本該屬於她們自己的那份財產。

3. 思想變化的影響

在各個朝代實行的制度變化之中，往往滲透著文化的主流走向，一般以爲隋唐間歷史發展的形式是政治、經濟與學術風尚的變化呈現出明顯的南朝化傾向，經學的統一最後也成爲以南學爲主體的統一。④ 但是近年來已有學者提出，從宏觀來看南朝和北

① 鄭顯文：《律令制下唐代婦女的法律地位》，《吉林師範大學學報（人文社會科學版）》，2004 年第 2 期。

② 侯旭東：《漢魏六朝父系意識的成長與 "宗族"》，《北朝村民的生活世界——朝廷、州縣與村里》，商務印書館，2005 年。

③ 滋賀秀三：《中國家族法原理》，第 335～340 頁，法律出版社，2003 年。

④ 陳寅恪：《隋唐製度淵源略論稿》總論部分，中華書局，1963 年；唐長孺：《魏晉南北朝隋唐史三輪》，第 241～274 頁，武漢大學出版社，1996 年；牟發松：《略論唐代的南朝化傾向》，《中國史研究》，1996 年第 2 期；王素：《關於隋及唐初三省制的 "南朝化" 問題——以三省首長的職權和地位爲中心》，《唐研究》第十輯，北京大學出版社，2004 年；王素：《敦煌儒典與隋唐主流文化——兼談隋唐主流文化的 "南朝化" 問題》，《故宮博物院院刊》，2005 年第 1 期；牟發松：《從社會與國家的關係看唐代的南朝化傾向》，《江海學刊》，2005 年第 5 期。

朝歷史運動的主體，其主流畢竟在北而不在南，[①] 而且即使是北朝制度也並不是抄襲南朝，而是吸收創新，不僅為隋唐所承襲，同時給予南朝很大的影響。[②] 現在已有學者指出："如果把西魏北周的新型政制理解為一種文化精神，一種在這一文化精神指道下建立起來的承接周公和荀子思想傳統的政治理念和制度設計，那麼可以說它對隋唐社會文化的影響纔是最大的。"[③] 誠然，對隋唐社會影響最大的當是西魏北周的政治文化，西魏北周真正影響於隋唐的並不是所謂的"義利並重"政治理念，而是以儒學基本倫理統合社會各階層日常行為的政治文化選擇。[④] 隋唐的社會文化正是在西魏北周的基礎上吸收南朝、東魏北齊的因素而呈現出燦爛的局面。

　　從《隋書》卷三二《經籍志》可以看出在西魏北周時三禮得到了長足的發展，尤其是《周禮》作為關隴文化的內核被應用於政治當中，到了隋代更被滲透到了政權的的各個方面。在思想層面而言，不僅是《周禮》，包含《儀禮》、《禮記》在內的儒家基本倫理道德更是統合佛道，形成為當時文化的主流意識。

　　在儒家倫理當中，對於女子守節有許多詳細的論述和規定，而在儒家文化成為社會主道的意識形態之後，女子守節亦隨之增加是很正常的。北周六條詔書的第二條是"敦教化"，雖然在這里儒家所看重的倫理意識之自覺與提昇被有意識的淡化了，[⑤] 但是也在客觀上使女性守節的觀念有所加強，並在隋朝建立後被進一步強化。從墓誌材料可以看出，西魏北周女子守節比北魏有所增加，到了隋代有女性守節的墓誌竟然佔到了隋代墓誌的 10%，從中是否也可以證明儒家倫理教化在隋代發展的狀況呢？我想應該是可能的。

　　隋代多次提倡佛教立塔[⑥]，進一步促進了佛教的民間化發展，完成了佛教的中國化或本土化的過程，世俗家庭和佛教的宗教生活在普通民眾的現實生活中表現出高度的

---

① 田餘慶：《東晉門閥政治》後論部分，第 362 頁，北京大學出版社，1989 年。

② 參看閻步克：《品位與職位——秦漢魏晉南北朝官階制度研究》第七章節，中華書局，2002 年；閻步克：《宗經、復古與尊君、實用——〈周禮〉六冕制度的興衰變異》上中下三篇文章，分別見於《北京大學學報（哲學社會科學版）》2005 年 6 期、2006 年 1 期和 2 期；閻步克：《北魏北齊的冕旒服章：經學背景與制度源流》，《中國史研究》2007 年第 3 期；閻步克：《分等分類視角中的漢、唐冠服體制變遷》，《史學月刊》2008 年第 2 期。

③ 陳明：《儒學的歷史文化功能——以中古士族現象為個案》，第 319 頁，中國社會科學出版社，2005 年。

④ 何德章：《"關隴文化"與"南朝文化北傳"——關於隋唐政治文化的核心因素》，《唐研究》第十三卷，北京大學出版社，2007 年。

⑤ 陳明：《儒學的歷史文化功能——以中古士族現象為個案》，下編第 6 章。

⑥ 可參考景亞鸝《隋仁壽年間敕建舍利塔綜述》，樊波《隋仁壽舍利塔下銘及相關問題探討》，二文均載於《碑林集刊》第十輯，陝西人民美術出版社，2004 年。

統一性。① 隨著儒家倫理教化産生的大量守節女性，可以在佛教的宗教活動中取得心靈的安慰打發寡居淒苦的時光，因此佛教的擴大化也會在一定程度上促使女性夫亡守節的可能。

贅　　語

　　貞節觀念從西魏北周已經開始轉變，到了隋代守節女性進一步增多，隋代女性貞節觀念已是社會的主流意識。不過這反映的多是男性心目中對女性的觀念，多大程度上可以表示女性本意還無法確定。倡道守節爲特徵的貞節道德作爲對婦女的基本要求，主要是基於齊家治國的倫理需要，而不是由於對人欲特別是對婦女欲望的控製。國家、社會、家庭共同在貞節道德方面塑造婦女，婦女也在接受塑造、適應需要而犧牲自己以成全家國。

　　女性貞節觀在隋代有了增强趨勢，到了唐代前期卻形成了一個以武則天爲代表的政治女性“女權”膨脹的時代，在這個時代上層女性貞節觀念澹薄，反而是中下層女性牢牢守護着傳統道德的貞節觀，唐代中期以後到明清整個社會逐漸發展出了更爲殘酷的貞節觀念，形成婦女史上一段最爲痛苦的歷程。

---

① 　可參考張國剛：《佛學與隋唐社會》，河北人民出版社，2002 年。

# 唐代夫婦年齡差異探析

萬軍傑[*]

　　夫婦間的年齡差異，是深入瞭解婚姻家庭面貌的重要一環。關於唐代夫婦的年齡差異，有學者認爲"妻子年長於丈夫的情況也不多見"，"更多的情況當然是丈夫年長於妻子"[①]；"夫妻之間男大女4~8歲爲常見"[②]；有學者更是將唐代夫婦平均年齡差異精確到7.5歲[③]。總體説來，受樣本局限，學界關於唐代夫婦年齡差異的探討不多，已有研究亦是推測成分居多。由於墓誌最基本的内容之一就是志主的壽命及卒年，依此可以推測出志主的生年；知道了夫婦雙方的生年，也就可以計算出他們之間的年齡差異，因此，要研究唐代夫婦的年齡差異，墓誌資料是不可或缺的。本文即以墓誌資料爲樣本來源，參據敦煌文書中的相關材料試就唐代夫婦年齡差異以及這種差異在唐前後期的變化略作分析如下，不妥之處，敬請批評指正。

## 一　墓誌所見唐代夫婦年齡差異

　　本文從墓誌中勾稽出574對能推算出年齡差異的夫婦[④]，其中《唐代墓誌彙編》及《唐代墓誌彙編續集》[⑤]（以下簡稱《彙編》、《續集》）564例[⑥]，其他10例。而前者

---

\* 萬軍傑，武漢大學政治與公共管理學院講師。

① 張國剛：《墓誌所見唐代婦女生活探微》，載《中國社會歷史評論》第1卷，天津教育出版社1999年版。

② 張國剛、蔣愛花：《唐代男女婚嫁年齡考略》，載《中國史研究》2004年第2期。

③ 姚平：《唐代婦女的生命歷程》，上海古籍出版社2004年版，第97頁。

④ 詳參拙稿：《唐代女性的生前與卒後——圍遶墓誌資料展開的若干探討》附表3《墓誌所見唐代574對夫婦壽命及年齡差異一覽》，武漢大學中國三至九世紀研究所2006年博士學位論文。

⑤ 周紹良、趙超主編：《唐代墓誌彙編》，上海古籍出版社1992年版；《唐代墓誌彙編續集》，上海古籍出版社2001年版。

⑥ 實際上有572對夫婦，其中有8方墓誌重出（《彙編》已收《續集》重收4例：《彙編》上元011與《續集》上元023、《彙編》長壽010與《續集》長壽004、《彙編》開元361與《續集》開元105、《彙編》大曆063與《續集》開元040；《續集》重收4例：上元001與調露004、上元003與上元001（肅宗時）、天寶003與天寶092、貞元032與大和036。具體參拙撰：《〈唐代墓誌彙編〉及〈唐代墓誌彙編續集〉重收墓誌釋例》，載武漢大學中國三至九世紀研究所編《魏晉南北朝隋唐史資料》第22輯，武漢大學文科學報編輯部2005年編輯出版），扣除重復的8對夫婦，尚有564例。

564 對夫婦之中，又有24 對夫婦屬一夫兩妻，即前室喪後男性又續娶繼室之例，則24
對夫婦中實際上祇有12 名男性，他們被計算了兩次，參下表：

表1　墓誌所見唐"兩娶"事例一覽表

| 夫 | 前室 | 後室 | 主要資料來源 |
|---|---|---|---|
| 周廣 | 朱氏 | 傅氏 | 《彙編》儀鳳015《大唐故周君墓誌銘並序》 |
| 張潛 | 尉氏 | 尚氏 | 《續集》永淳013《唐故處士張君墓誌銘並序》 |
| 崔玄籍 | 李氏 | 屈突氏 | 《彙編》聖曆011《大周故銀青光祿大夫使持節利州諸軍事行利州刺史上柱國清河縣開國子崔公夫人李氏墓誌》、聖曆010《大周故銀青光祿大夫使持節利州諸軍事行利州刺史上柱國清河縣開國子崔君墓誌銘並序》 |
| 萬願 | 馬氏 | 張氏 | 《續集》開元049《大唐故處士萬君墓誌銘並序》 |
| 張景旦 | 王氏 | 皇甫氏 | 《彙編》開元126《唐故通議大夫瀛州束城縣令上柱國張府君墓誌銘並序》 |
| 李君會 | 王氏 | 南氏 | 《續集》開元150《大唐故海州司馬趙郡李公墓誌銘並序》 |
| 王仁① | 蔣氏 | 申氏 | 《續集》開元165《唐故上輕車都尉王府君墓誌銘並序》 |
| 王景曜 | 李氏 | 高氏 | 《彙編》開元413《唐故右威將軍上柱國王公墓誌銘並序》 |
| 趙曦 | 牛氏 | 崔氏 | 《續集》天寶068《唐故國子祭酒趙君壙》 |
| 史興 | 張氏 | 梁氏 | 《續集》大中062《唐故齊郡史公墓誌銘並序》 |
| 支成 | 顧氏 | 曹氏 | 《彙編》大中110《唐故贈隨州刺史太子少詹事殿中監支公墓誌銘並序》 |
| 劉元政 | 張氏 | 齊氏 | 《續集》咸通055《唐義昌軍後院軍頭□彭城劉府君張氏魯郡齊氏夫人墓誌並序》 |

這574 對夫婦平均年齡差異爲7.88 歲。爲了能更清晰地認識唐代夫婦年齡差異
的時代差別，本文約以百年爲限，把整個唐代劃分爲三期：高祖武德元年（618）至
睿宗延和元年（712）爲第一期；玄宗先天元年（713）至順宗永貞元年（805）爲
第二期；憲宗元和元年（806）至唐末（904）爲第三期。第一期計269 對夫婦，平均
年齡差異爲7.33 歲；第二期計197 對夫婦②，平均年齡差異爲8.40 歲；第三期計108

① 王仁三娶，除了上述的蔣氏、申氏，還有第一娶的李氏。誌文稱李氏卒於貞觀二年（628），終年
30 歲，當生於隋開皇十九年（599）；而王仁卒於開元十三年（725），終年77 歲，其生年在貞觀
二十三年（649）。如此李氏卒時王仁還沒有出生，那麼二人又怎麼能成爲夫妻？查檢原拓片，與
誌文所述吻合，則誌文撰者定誤載李氏卒年，今不取李氏例。
② 《彙編》殘誌026《（上闕）大理司直兼殿中侍御史賜緋魚袋弘農楊公（中闕）誌銘並序》誌主
長孫復與同書元和105《唐故朝議大夫守國子祭酒致仕上騎都尉賜紫金魚袋贈右散騎常侍楊府君
（寧）墓誌銘並序》誌主楊寧爲夫妻，長孫復卒年在貞元二十年（804）（參曹汛：《唐代墓誌彙
編殘誌辯證》（中），載《文史》第47 輯），次年下葬，故將他們夫婦歸入第二期。

對夫婦①，平均年齡差異爲 8.31 歲。這 574 對夫婦年齡差異的詳細情況見下表：

### 表 2　墓誌所見唐 574 對夫婦各期各相差年歲人數及所佔比例

| 年齡差異 | 各期人數 | | | | | | | | 所佔比例（%） | | | | | | | |
| --- | --- | --- | --- | --- | --- | --- | --- | --- | --- | --- | --- | --- | --- | --- | --- | --- |
| | 第一期 (269) | | 第二期 (197) | | 第三期 (108) | | 全唐 (574) | | 第一期 | | 第二期 | | 第三期 | | 全唐 | |
| ~21 | 0 | | 1 | | 0 | | 1 | | 0.00 | 1.49 | 0.51 | 1.02 | 0.00 | 0.00 | 0.17 | 1.05 |
| ~18 | 1 | | 0 | | 0 | | 1 | | 0.37 | | 0.00 | | 0.00 | | 0.17 | |
| ~14 | 1 | 4 | 0 | 2 | 0 | 0 | 1 | 6 | 0.37 | | 0.00 | | 0.00 | | 0.17 | |
| ~13 | 0 | | 1 | | 0 | | 1 | | 0.00 | | 0.51 | | 0.00 | | 0.17 | |
| ~12 | 2 | | 0 | | 0 | | 2 | | 0.74 | | 0.00 | | 0.00 | | 0.35 | |
| ~10 | 1 | | 0 | | 1 | | 2 | | 0.37 | | 0.00 | | 0.93 | | 0.35 | |
| ~9 | 1 | | 0 | | 1 | | 2 | | 0.37 | | 0.00 | | 0.93 | | 0.35 | |
| ~8 | 1 | 7 | 0 | 0 | 0 | 5 | 1 | 12 | 0.37 | 2.60 | 0.00 | 0.00 | 0.00 | 4.63 | 0.17 | 2.09 |
| ~7 | 1 | | 0 | | 0 | | 1 | | 0.37 | | 0.00 | | 0.00 | | 0.17 | |
| ~6 | 3 | | 0 | | 3 | | 6 | | 1.12 | | 0.00 | | 2.78 | | 1.05 | |
| ~5 | 2 | | 1 | | 1 | | 4 | | 0.74 | | 0.51 | | 0.93 | | 0.70 | |
| ~4 | 5 | | 1 | | 0 | | 6 | | 1.86 | | 0.51 | | 0.00 | | 1.05 | |
| ~3 | 4 | 19 | 3 | 12 | 2 | 9 | 9 | 40 | 1.49 | 7.06 | 1.52 | 6.09 | 1.85 | 8.33 | 1.57 | 6.97 |
| ~2 | 3 | | 4 | | 3 | | 10 | | 1.12 | | 2.03 | | 2.78 | | 1.74 | |

---

① 《彙編》殘誌 001《大唐故監察侍御史河南元府君夫人南陽張氏墓誌銘並序》誌主張氏與《續集》元和 023《唐故鄂岳觀察推官監察御史裏行上柱國元公墓誌銘並序》誌主元克爲夫妻，元克卒於元和四年（809），十六年後即寶曆元年（825）張氏卒，並於同年十一月下葬，故將他們夫婦歸入第三期。《彙編》殘志 001《大唐故監察侍御史河南元府君夫人南陽張氏墓誌銘並序》所載志主南陽張氏，胡可先認爲其大概卒於大和元年（827），曹汛認爲她卒於寶曆元年（825）（分參二氏：《唐代墓誌彙編殘誌考》，載《文獻》1996 年第 1 期；《〈唐代墓誌彙編〉殘志辯證》（上），載《文史》第 46 輯）。確定張氏卒年關鍵是要知道其夫元克之卒年，因爲《張氏志》稱他"先夫人十有六年終"。元克誌文收錄於《續集》元和 023《唐故鄂岳觀察推官監察御史里行上柱國元公墓誌銘並序》，依據的是《洛陽出土歷代墓誌輯繩》（洛陽市文物工作隊編，中國社會科學出版社 1991 年版）所集拓片。元克誌拓片亦收錄於北京圖書館金石組編：《北京圖書館藏中國歷代石刻彙編》第 29 冊，中州古籍出版社 1989 年版，第 55 頁。元克卒於元和四年（809），十六年後也就是寶曆元年（825）張氏卒，並於同年十一月下葬，所以張氏誌應繫於寶曆元年（825）。元克夫婦卒年皆在第三期。

| 年齡差異 | 各期人數 | | | | | | | | 所佔比例（%） | | | | | | | |
| --- | --- | --- | --- | --- | --- | --- | --- | --- | --- | --- | --- | --- | --- | --- | --- | --- |
| | 第一期（269） | | 第二期（197） | | 第三期（108） | | 全唐（574） | | 第一期 | | 第二期 | | 第三期 | | 全唐 | |
| ~1 | 5 | | 3 | | 3 | | 11 | | 1.86 | | 1.52 | | 2.78 | | 1.92 | |
| 0 | 14 | 14 | 8 | 8 | 4 | 4 | 26 | 26 | 5.20 | 5.20 | 4.06 | 4.06 | 3.70 | 3.70 | 4.53 | 4.53 |
| 1 | 7 | | 6 | | 3 | | 16 | | 2.60 | | 3.05 | | 2.78 | | 2.79 | |
| 2 | 15 | | 8 | | 3 | | 26 | | 5.58 | | 4.06 | | 2.78 | | 4.53 | |
| 3 | 20 | 75 | 11 | 50 | 4 | 31 | 35 | 156 | 7.43 | 27.88 | 5.58 | 25.38 | 3.70 | 28.70 | 6.10 | 27.18 |
| 4 | 14 | | 12 | | 14 | | 40 | | 5.20 | | 6.09 | | 12.96 | | 6.97 | |
| 5 | 19 | | 13 | | 7 | | 39 | | 7.06 | | 6.60 | | 6.48 | | 6.79 | |
| 6 | 18 | | 15 | | 5 | | 38 | | 6.69 | | 7.61 | | 4.63 | | 6.62 | |
| 7 | 15 | | 14 | | 2 | | 31 | | 5.58 | | 7.11 | | 1.85 | | 5.40 | |
| 8 | 21 | 77 | 7 | 54 | 5 | 20 | 33 | 151 | 7.81 | 28.62 | 3.55 | 27.41 | 4.63 | 18.52 | 5.75 | 26.31 |
| 9 | 14 | | 8 | | 4 | | 26 | | 5.20 | | 4.06 | | 3.70 | | 4.53 | |
| 10 | 9 | | 10 | | 4 | | 23 | | 3.35 | | 5.08 | | 3.70 | | 4.01 | |
| 11 | 9 | | 7 | | 5 | | 21 | | 3.35 | | 3.55 | | 4.63 | | 3.66 | |
| 12 | 6 | | 9 | | 4 | | 19 | | 2.23 | | 4.57 | | 3.70 | | 3.31 | |
| 13 | 8 | 36 | 9 | 39 | 3 | 19 | 20 | 94 | 2.97 | 13.38 | 4.57 | 19.80 | 2.78 | 17.59 | 3.48 | 16.38 |
| 14 | 5 | | 6 | | 4 | | 15 | | 1.86 | | 3.05 | | 3.70 | | 2.61 | |
| 15 | 8 | | 8 | | 3 | | 19 | | 2.97 | | 4.06 | | 2.78 | | 3.31 | |
| 16 | 5 | | 7 | | 2 | | 14 | | 1.86 | | 3.55 | | 1.85 | | 2.44 | |
| 17 | 8 | | 3 | | 0 | | 11 | | 2.97 | | 1.52 | | 0.00 | | 1.92 | |
| 18 | 5 | 22 | 9 | 23 | 2 | 10 | 16 | 55 | 1.86 | 8.18 | 4.57 | 11.68 | 1.85 | 9.26 | 2.79 | 9.58 |
| 19 | 4 | | 1 | | 3 | | 8 | | 1.49 | | 0.51 | | 2.78 | | 1.39 | |
| 20 | 0 | | 3 | | 3 | | 6 | | 0.00 | | 1.52 | | 2.78 | | 1.05 | |
| 21 | 1 | | 0 | | 2 | | 3 | | 0.37 | | 0.00 | | 1.85 | | 0.52 | |
| 22 | 2 | | 0 | | 0 | | 2 | | 0.74 | | 0.00 | | 0.00 | | 0.35 | |
| 23 | 1 | 6 | 2 | 7 | 2 | 6 | 5 | 19 | 0.37 | 2.23 | 1.02 | 3.55 | 1.85 | 5.56 | 0.87 | 3.31 |
| 24 | 0 | | 3 | | 1 | | 4 | | 0.00 | | 1.52 | | 0.93 | | 0.70 | |

| 年齡差異 | 各期人數 第一期(269) | 段計 | 第二期(197) | 段計 | 第三期(108) | 段計 | 全唐(574) | 段計 | 所佔比例（%） 第一期 | 段計 | 第二期 | 段計 | 第三期 | 段計 | 全唐 | 段計 |
|---|---|---|---|---|---|---|---|---|---|---|---|---|---|---|---|---|
| 25 | 2 | | 2 | | 1 | | 5 | | 0.74 | | 1.02 | | 0.93 | | 0.87 | |
| 26 | 1 | | 0 | | 0 | | 1 | | 0.37 | | 0.00 | | 0.00 | | 0.17 | |
| 27 | 0 | | 1 | | 1 | | 2 | | 0.00 | 1.86 | 0.51 | 1.02 | 0.93 | 2.78 | 0.35 | 1.74 |
| 28 | 2 | 5 | 0 | 2 | 2 | 3 | 4 | 10 | 0.74 | | 0.00 | | 1.85 | | 0.70 | |
| 29 | 2 | | 1 | | 0 | | 3 | | 0.74 | | 0.51 | | 0.00 | | 0.52 | |
| 30 | 0 | | 0 | | 0 | | 0 | | 0.00 | | 0.00 | | 0.00 | | 0.00 | |
| 34 | 1 | | 0 | | 1 | | 2 | | 0.37 | | 0.00 | | 0.93 | | 0.35 | |
| 36 | 1 | 4 | 0 | 0 | 0 | 1 | 1 | 5 | 0.37 | 1.49 | 0.00 | 0 | 0.00 | 0.93 | 0.17 | 0.87 |
| 39 | 1 | | 0 | | 0 | | 1 | | 0.37 | | 0.00 | | 0.00 | | 0.17 | |
| 55 | 1 | | 0 | | 0 | | 1 | | 0.37 | | 0.00 | | 0.00 | | 0.17 | |

據上表，又可將各期各年齡差異段（以10歲爲一階段）人數及佔比例列表如下：

**表3　墓誌所見唐574對夫婦各期各相差年歲段（以10歲為一階段）人數及所佔比例**

| 年齡差異 | 各期人數 第一期(269) | 第二期(197) | 第三期(108) | 全唐(574) | 所佔百分比（%） 第一期 | 第二期 | 第三期 | 全唐 |
|---|---|---|---|---|---|---|---|---|
| ~11以上 | 4 | 2 | 0 | 6 | 1.49 | 1.02 | 0.00 | 1.05 |
| ~10~1 | 26 | 12 | 14 | 52 | 9.66 | 6.09 | 12.96 | 9.06 |
| 0 | 14 | 8 | 4 | 26 | 5.20 | 4.06 | 3.70 | 4.53 |
| 1~10 | 152 | 104 | 51 | 307 | 56.50 | 52.79 | 47.22 | 53.49 |
| 11~20 | 58 | 62 | 29 | 149 | 21.56 | 31.48 | 26.85 | 25.96 |
| 21~30 | 11 | 9 | 9 | 29 | 4.09 | 4.57 | 8.34 | 5.05 |
| 31以上 | 4 | 0 | 1 | 5 | 1.49 | 0.00 | 0.93 | 0.87 |

爲便於直觀，又據上表將各期各年齡差異段（以10歲爲一階段）人數所佔比例列柱狀圖如下：

表 4　墓誌所見唐 574 對夫婦各期各相差年歲段（以 10 歲為一階段）人數所佔比例柱狀圖

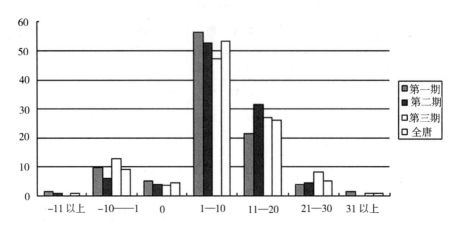

據以上三表，可以獲得以下幾點認識：

一、女性年長於男性的人數，全唐有 58 人，比例佔 10.11%，前中後三期人數及比例分別爲 30、14、14 人和 11.15%、7.11%、12.96%，後期比例最高，分別比前中期高出 1.81、5.85 個百分點，中期比例最低，比前期低 4.04 個百分點。年長 11 歲以上者，全唐爲 6 人，比例佔 1.05%，前中期人數及比例分別爲 4、2 人和 1.49%、1.06%，後期人數爲 0，三期比例呈下降趨勢，依次下降了 0.43、1.06 個百分點；年長 10 歲以內者，全唐爲 52 人，比例佔 9.06%，前中後三期人數及比例分別爲 26、12、14 人和 9.66%、6.09%、12.96%，後期比例最高，分別比前中期高 3.30、6.87 個百分點，中期比例最低，比前期低 3.57 個百分點；女性年長於男性的年歲中，5 歲以內居多，全唐有 40 人，在女性年長於男性總人數中比例佔 68.97%，前中後三期人數及比例分別爲 19、12、9 人和 63.33%、85.71%、64.29%。

二、夫婦同齡的人數也不少，全唐有 26 人，比例佔 4.53%，前中後三期人數及比例分別是 14、8、4 人和 5.20%、4.06%、3.70%，可以看出三期比例呈下降趨勢，依次下降了 1.14、0.36 個百分點。

三、男性年長於女性的人數，全唐有 490 人，比例佔 85.36%，前中後三期人數及比例分別爲 225、175、90 人和 83.65%、88.83%、83.34%，中期比例最高，分別比前後期高出 5.18、5.49 個百分點，後期比例最低，比前期低 0.31 個百分點。年長 10 歲以內人數最多，全唐有 307 人，比例佔 53.49%，前中後三期人數及比例分別爲 152、104、51 人和 56.50%、52.79%、47.22%，三期比例呈下降趨勢，依次下降了 3.71、5.57 個百分點。年長 11～20 歲者次之，全唐人數爲 149 人，比例佔 25.96%，前中後三期人數及比例分別爲 58、62、29 人和 21.56%、31.48%、26.85%，中期比例最大，分别比前後期高出 9.92、4.63 個百分點，前期比例最低，比後期低 5.29 個百分點。年長 21～30 歲者，全唐人數爲 29 人，比例佔 5.05%，前中後三期人數及比例分別爲 11、9、9 人和 4.09%、4.57%、8.34%，三期比例呈上昇趨勢，依次上昇了 0.48、3.77 個百分點。年長 31 歲以上的人數，全唐爲 5 人，比例佔 0.87%，前後兩期人數及比例分別爲 4、1 人和 1.49%、0.93%，中期人數爲 0。

## 二　唐代夫婦年齡差異個例分析

唐代夫婦年齡差異中，女性年長於男性不是個別現象，比例不容忽視。其中竟有一些年長於夫十幾歲甚至二十幾歲的女性，這里不妨列述幾例，參下表：

**表 5　墓誌所見唐妻年長於夫 11 歲以上者一覽表**

| 妻 | 壽齡 | 生卒年 | 夫 | 壽齡 | 生卒年 | 年齡差異 | 資料來源 |
|---|---|---|---|---|---|---|---|
| 賀若氏 | 76 | 623～698 | 白羨言 | 70 | 644～713 | 21 | 《彙編》開元 419《唐故中大夫行太子内直監白府君墓誌銘並序》 |
| 李氏 | 81 | 629～709 | 蔣義忠 | 60 | 647～706 | 18 | 《續集》景雲 003《大唐故朝散大夫上護軍行魏州武聖縣令蔣府君墓誌銘並序》 |
| 施氏 | 85 | 603～687 | 某威 | 72 | 617～688 | 14 | 《彙編》垂拱 052（誌題無） |
| 王氏 | 72 | 658～729 | 張承宗 | 36 | 671～706 | 13 | 《彙編》天寶 215《大唐清河張府君墓誌之銘並序》 |
| 尉氏 | 49 | 611～659 | 張潛 | 52 | 623～674 | 12 | 《續集》永淳 013《唐故處士張君墓誌銘並序》 |
| 成氏 | 82 | 620～701 | 王仁 | 39 | 632～670 | 12 | 《彙編》長安 028《大周故魏州莘縣尉太原王府君及夫人中山成氏墓誌銘並序》 |

由此表，唐代女性年長於夫的事例之中最多者爲 21 歲，不過，女性年長於男性十幾歲乃至二十幾歲畢竟是少數，最爲常見的還是 5 歲以内。夫婦同齡也佔有一定比例，不過要小於其他兩種情況，最普遍的是男性年長於女性 10 歲以内（全唐及前中期比例均超過一半，祇有後期比例略低了 2.78 個百分點），其次是年長 11～20 歲者，兩個年齡段人數全唐合計 456 人，比例佔 79.45%，前中後三期人數及比例分別爲 210、166、

80 人和 78.06%、84.27%、74.07%。年長 21 歲以上的比例全唐超過 5 個百分點，其中亦有年長 31 歲以上的例子，試看下表：

表 6　墓誌所見唐夫年長於妻 31 歲以上者一覽表

| 夫 | 壽齡 | 生卒年 | 妻 | 壽齡 | 生卒年 | 年齡差異 | 資料來源 |
|---|---|---|---|---|---|---|---|
| 高文 | 94 | 515～608 | 吳氏 | 50 | 570～619 | 55 | 《續集》顯慶 051《唐故雍州新豐縣丞高君墓誌銘並序》 |
| 齊朗 | 78 | 594～671 | 王氏 | 63 | 633～695 | 39 | 《彙編》証聖 007《唐故齊君墓誌銘並序》 |
| 韓德 | 64 | 603～666 | 翟氏 | 62 | 639～700 | 36 | 《續集》久視 010《大周故韓府君墓誌銘並序》 |
| 田鸞 | 93 | 716～808 | 史氏 | 65 | 750～814 | 34 | 《續集》元和 056《唐故徵士京兆田府君墓誌銘並序》 |
| 申屠寶 | 71 | 594～664 | 李氏 | 45 | 628～672 | 34 | 《彙編》天授 043《大周故處士申屠君墓誌之銘》 |

由上表，唐代夫年長於妻最大者達 55 歲。整體説來，男性年長於女性 21 歲以上者屬少數，尤其是年長 31 歲以上者更爲少見。

男性年長於女性的事例之中，前妻與繼室是否有差別呢？我們先看看下面的表格中所列事例：

表 7　墓誌所見唐"兩娶"之下夫與繼室年齡差異一覽表

| 夫 | 壽齡 | 生卒年 | 繼室 | 壽齡 | 生卒年 | 年齡差異 | 資料來源 |
|---|---|---|---|---|---|---|---|
| 柳行滿 | 79 | 581～659 | 乙弗玉 | 73 | 609～681 | 28 | 《續集》久視 007《周故壯武將軍齒州良社府統軍廣州番禺府折衝上柱國柳府君墓誌銘並序》、同書久視 008《唐故壯武將軍齒州良社府統軍廣州都督府番禺府折衝都尉上柱國柳府君夫人永壽郡君河南乙弗氏墓誌銘並序》 |

| 夫 | 壽齡 | 生卒年 | 繼室 | 壽齡 | 生卒年 | 年齡差異 | 資料來源 |
|---|---|---|---|---|---|---|---|
| 郭盛 | 64 | 635～698 | 劉氏 | 62 | 644～705 | 9 | 《續集》神龍 006《大唐故郭處士墓誌之銘並序》 |
| 崔衆甫 | 65 | 698～762 | 李金 | 68 | 727～794 | 29 | 《彙編》大曆 059《有唐朝散大夫行秘書省著作佐郎嗣安平縣開國男崔公墓誌銘並序》、同書貞元 062《唐朝散大夫行著作佐郎襲安平縣男□□崔公夫人隴西縣君李氏墓誌銘並序》 |
| 郭柳 | 59 | 738～796 | 趙氏 | 69 | 757～825 | 19 | 《彙編》寶曆 014《唐故郭府君二夫人墓誌銘並》 |
| 何文哲 | 67 | 764～830 | 康氏 | 46 | 779～824 | 15 | 《續集》大和 020《唐故銀青光祿大夫檢校工部尚書守右領軍衛上將軍兼御史大夫上柱國廬江郡開國公食邑二千戶贈太子少保何公墓誌銘並序》。 |
| 張澤 | 56 | 778～833 | 衛氏 | 43 | 789～831 | 11 | 《續集》會昌 005《唐故張府君及夫人墓誌銘並序》 |

　　上表所見 6 例確良 祇見繼室壽齡，其中夫與繼室年齡差異最大爲 29 歲，最小爲 9 歲。除此之外，另有 12 例前室、繼室的年齡皆有記載，即前文所舉男子"兩娶"的事例①，參下表：

---

① 　另有《彙編》順天 003《燕故楊府君墓誌銘》所載楊春（692～760）例。楊春兩娶：前室某氏（697～728），後室張氏"享年卅有三，天成年□□卒於家第"。天成、順天分別爲安慶緒、史思明之"僞號"，關於安史亂間"僞號"行用問題，凍國棟先生有詳論，參凍氏著：《墓誌所見唐安史亂間的"僞號"行用及吏民心態——附説"僞號"的模仿問題》，載《魏晉南北朝隋唐史資料》第 20 輯；後收入同著：《中國中古經濟與社會史論稿》，湖北教育出版社 2005 年版。我們知道，蕭宗至德二載（757）正月朔，安祿山遇刺身亡，子慶緒襲位。十月，慶緒走保鄴城，以相州爲成安府，太守爲尹，改元天成。據李崇智《中國歷代年號考（修訂本）》（中華書局 2001 年版）考訂，天成"僞號"行用跨三個年頭（自 757 年 10 月至 759 年 3 月）。則張氏所卒之"天成年"即是 757、758、759 年中之一；與此相對應，張氏生年亦是 715、716、717 年中一年，故其與夫楊春的年齡差異在 23～25 歲間；而楊春與前室的年齡差異爲 5 歲。可以看出，楊春與前室的年齡差異遠小於與繼室的年齡差異。

### 表 8　墓誌所見唐"兩娶"之下夫婦年齡差異一覽表

| 夫 | 壽命 | 生卒年 | 前妻 | 壽命 | 生卒年 | 年齡差異 | 後妻 | 壽命 | 生卒年歲 | 年齡差異 |
|---|---|---|---|---|---|---|---|---|---|---|
| 周廣 | 73 | 589～661 | 朱氏 | 75 | 593～667 | 4 | 傅氏 | 76 | 598～673 | 9 |
| 張潛 | 52 | 623～674 | 尉氏 | 49 | 611～659 | ～12 | 尚氏 | 58 | 626～683 | 3 |
| 崔玄籍 | 79 | 620～698 | 李氏 | 28 | 630～657 | 10 | 屈突氏 | 46 | 626～671 | 6 |
| 萬願 | 83 | 591～673 | 馬氏 | 62 | 588～649 | ～3 | 張氏 | 55 | 614～668 | 23 |
| 張景旦 | 84 | 634～717 | 王氏 | 28 | 644～671 | 10 | 皇甫氏 | 39 | 650～688 | 16 |
| 李君會 | 82 | 640～721 | 王氏 | 78 | 642～719 | 2 | 南氏 | 74 | 663～736 | 23 |
| 王仁 | 77 | 649～725 | 蔣氏 | 45 | 664～699 | 15 | 申氏 | 46 | 674～719 | 25 |
| 王景曜 | 55 | 680～734 | 李氏 | 43 | 680～722 | 0 | 高氏 | 39 | 696～734 | 16 |
| 趙曦 | 74 | 677～750 | 牛氏 | 32 | 687～718 | 10 | 崔氏 | 29 | 704～732 | 27 |
| 史興 | 70 | 780～853 | 張氏 | 64 | 782～845 | 2 | 梁氏 | 57 | 799～855 | 19 |
| 支成 | 62 | 757～818 | 顧氏 | 54 | 751～804 | ～6 | 曹氏 | 65 | 772～836 | 15 |
| 劉元政 | 77 | 791～867 | 張氏 | 71 | 790～860 | ～1 | 齊氏 | 69 | 800～868 | 9 |

　　據此表，我們注意到：一、前室年長的例子有 4 個，佔總數的 1/3，最高者達 12 歲；而繼室卻未見一例（包括上文所揭示的 6 例）。二、夫與前室平均年齡差異爲 2.58 歲，與繼室的年齡之差則爲 15.92 歲（如果加上上述的 6 例，則高達 16.78 歲）。據此，在"兩娶"的事例中，前室年長的情形並不少見，而繼室卻未見這樣的現象；男性年長於繼室的年歲遠高於年長於前室的年歲。

## 三　敦煌文書所見唐沙州地區夫婦年齡差異

　　本文所採用的敦煌籍帳殘卷類約有下揭 3 種[①]：

1. 《唐開元四年（716）沙州敦煌縣慈惠鄉籍》
2. 《唐天寶六載（747）敦煌郡敦煌縣龍勒鄉都鄉里籍》
3. 《唐大曆四年（769）沙州敦煌縣懸泉鄉宜禾里手實》

　　按敦煌文書中有關唐沙州地區的戶籍殘卷有 10 餘種，而上揭 3 種相對完整，具有

---

① ［日］池田溫：《中國古代籍帳研究·概觀·録文》，東京大學東洋文化研究所 1979 年版，第 173～178、192～214、215～233 頁。

較高的學術價值①。其中《唐天寶六載（747）敦煌郡敦煌縣龍勒鄉都鄉里籍》歷來被認爲是數量最大，格式也較爲完整的唐代籍帳；《唐大曆四年（769）沙州敦煌縣懸泉鄉宜禾里手實》殘卷在敦煌爲數較少的諸種手實遺存中尤顯得彌足珍貴，而且它作爲表明現存中國古代籍帳的下限，有著獨自的特徵②。這 3 種戶籍殘卷中，可以推算出年齡差異的有 38 對夫婦，試列表如下：

### 表9　敦煌籍帳中所見唐沙州地區夫婦年齡差異一覽表

| 序號 | 戶數 | 夫 | 終年 | 妻 | 終年 | 年齡差異 | 備註 | 資料來源 |
|---|---|---|---|---|---|---|---|---|
| 1 | 1 | 楊義本 | 52 | 孫氏 | 44 | 8 | | 開元四年（716）籍 |
| 2 | 2 | 趙玄義 | 69 | 王氏 | 63 | 6 | | |
| 3 | 3 | 趙玄表 | 58 | 宋氏 | 41 | 17 | | |
| 4 | 4 | 曹仁備 | 48 | 張氏 | 48 | 0 | | |
| 5 | | 曹崇 | 30 | 索氏 | 24 | 6 | 戶主子 | |
| 6 | 5 | 董回通 | 75 | 張氏 | 56 | 19 | 戶主父 | |
| 7 | 6 | 楊法子 | 39 | 陰氏 | 36 | 3 | | |
| 8 | 7 | 余伏保 | 21 | 楊氏 | 18 | 3 | 戶主孫 | |
| 9 | 8 | 杜客生 | 48 | 馬氏 | 57 | ~9 | | |
| 10 | 9 | 鄭恩養 | 43 | 汜氏 | 39 | 4 | | 天寶六載（747）籍 |
| 11 | 10 | 曹思禮 | 56 | 張氏 | 58 | ~2 | | |
| 12 | 11 | 劉智新 | 29 | 王氏 | 21 | 8 | | |
| 13 | 12 | 陰承光 | 29 | 侯氏 | 24 | 5 | | |
| 14 | 13 | 程思楚 | 47 | 馬氏 | 36 | 11 | | |
| 15 | | 程思楚 | 47 | 常氏 | 32 | 15 | | |
| 16 | | 程思楚 | 47 | 鄭氏 | 31 | 16 | | |
| 17 | | 程思忠 | 39 | 鄭氏 | 27 | 12 | 戶主弟 | |
| 18 | | 程思忠 | 39 | 鄭氏 | 22 | 17 | | |

---

① 凍國棟先生對之有詳細地分析，參凍氏著：《唐代人口問題研究》，武漢大學出版社 1993 年版，第 424～425、434、447 頁；《中國人口史·隋唐五代時期》，復旦大學出版社 2002 年版，第 454～455、464、478 頁。

② ［日］池田溫：《中國古代籍帳研究》，中華書局 1984 年版，第 250、328 頁。

| 序號 | 戶數 | 夫 | 終年 | 妻 | 終年 | 年齡差異 | 備註 | 資料來源 |
|---|---|---|---|---|---|---|---|---|
| 19 |  | 程思太 | 35 | 李氏 | 19 | 16 | 戶主弟 |  |
| 20 |  | 程思太 | 35 | 白氏 | 28 | 7 |  |  |
| 21 | 14 | 程什住 | 78 | 茹氏 | 62 | 16 |  |  |
| 22 |  | 程什住 | 78 | 王氏 | 47 | 31 |  |  |
| 23 |  | 程大信 | 34 | 張氏 | 37 | ~3 | 戶主弟 |  |
| 24 | 15 | 程仁貞 | 77 | 宋氏 | 69 | 8 |  |  |
| 25 |  | 程仁貞 | 77 | 安氏 | 61 | 16 |  |  |
| 26 | 16 | 程大忠 | 51 | 張氏 | 53 | ~2 |  |  |
| 27 |  | 程大忠 | 51 | 宋氏 | 22 | 29 |  |  |
| 28 | 17 | 程大慶 | 47 | 晝氏 | 45 | 2 |  |  |
| 29 |  | 程大慶 | 47 | 卑氏 | 36 | 11 |  |  |
| 30 | 18 | 程智意 | 49 | 鄭氏 | 45 | 4 |  |  |
| 31 |  | 程智意 | 49 | 薛氏 | 36 | 13 |  |  |
| 32 | 19 | 卑德意 | 59 | 白氏 | 53 | 6 |  |  |
| 33 | 20 | 趙大本 | 71 | 孟氏 | 69 | 2 |  | 大曆四年（769）籍 |
| 34 | 21 | 索思禮 | 65 | 氾氏 | 59 | 6 |  |  |
| 35 |  | 索游鶯 | 37 | 張氏 | 38 | ~1 | 戶主子 |  |
| 36 | 22 | 安游璟 | 53 | 張氏 | 47 | 6 |  |  |
| 37 | 23 | 索如玉 | 44 | 孔氏 | 49 | ~5 |  |  |
| 38 | 24 | 王山子 | 87 | 張氏 | 40 | 47 |  |  |

　　説明：天寶六載（747）籍中有7人（程思忠、程思太、程什住、程仁貞、程大忠、程大慶、程智意）兩妻、1人（程思楚）3妻①，即前面7人被計算了兩次，後面1人被計算了3次。

　　以上38例夫婦年齡平均差異為9.16歲，比前文統計唐中期夫婦年齡平均差異8.40歲略高0.76歲，年齡差異的具體分佈如下：

--------

① 凍國棟先生曾關注唐天寶六載（747）籍中的多妻現象，參《唐代人口問題研究》第439～440頁；《中國人口史·隋唐五代時期》第470～471頁。

表 10　敦煌籍帳中所見唐沙州地區夫婦各年齡差異人數及所佔比例

| 各年齡差異 | ~9 | ~5 | ~3 | ~2 | ~1 | 0 | 2 | 3 | 4 | 5 | 6 | 7 | 8 |
|---|---|---|---|---|---|---|---|---|---|---|---|---|---|
| 人數 | 1 | 1 | 1 | 2 | 1 | 1 | 2 | 2 | 2 | 1 | 5 | 1 | 3 |
| | 6 | | | | | 1 | 16 | | | | | | |
| 所佔比例 | 15.79% | | | | | 2.63% | 42.11% | | | | | | |
| 各年齡差異 | 11 | 12 | 13 | 14 | 15 | 16 | 17 | 18 | 19 | 20 | 29 | 31 | 47 |
| 人數 | 2 | 1 | 1 | 0 | 1 | 4 | 2 | 0 | 1 | 0 | 1 | 1 | 1 |
| | 12 | | | | | | | | | | 3 | | |
| 所佔比例 | 31.58% | | | | | | | | | | 7.89% | | |

據此表，可以看出：一、女性年長於男性的人數爲 6 人，比例佔 15.79%；二、夫婦同齡的人數爲 1 人，比例爲 2.63%；三、男性年長於女性的人數比例遠超出女性年長於男性的人數比例，其中尤以年長 10 歲以內爲最，有 16 人，比例佔 42.11%；其次是年長 11~20 歲者，有 12 人，比例爲 31.58%，兩個年齡段相加則有 28 人，比例佔 73.69%；而年長 21 歲以上的比例並不高。這與前文據墓誌資料所統計的結果是相一致的。

## 四　小　結

綜上所述，唐代夫婦平均年齡差異大致爲 7.88 歲，唐前中後三期平均年齡差異分別約爲 7.33、8.40、8.31 歲。相較於唐前期，中後期分別上昇了 1.07、0.98 歲。唐代夫婦年齡差異中男性年長於女性者佔絕大多數，最爲常見的是年齡差異爲 10 歲以內，其次是 11~20 歲，這兩個年齡差異段所佔的比例超過 70%；女性年長於男性的比例亦不容忽視（超過 10%），其中大多在 5 歲以內；夫婦同齡也佔有一定比例，不過要小於其他兩種情況；女性年長於男性 11 歲以上、男性年長於女性 31 歲以上者屬極少數。"兩娶"的事例中，男性年長於繼室的年歲遠超出年長於前室的年歲，而且繼室是不大可能年長於男性的。唐代夫婦年齡差異亦有一個變化的過程，女性年長於男性 11 歲以上、男性年長於女性 31 歲以上之事例大都集中在唐前期。夫婦同齡、男性年長於女性 10 歲以內的比例呈下降趨勢；而男性年長於女性 11~20 歲以及 21~30 歲的比例，呈上昇趨勢，表明唐中後期夫婦年齡差異相較于唐前期呈擴大的趨勢。這也正與唐代夫婦平均年齡差異的變化相一致。

# 西安碑林藏唐《郭敬善墓誌》考釋

## 王　素[*]

西安碑林博物館藏有唐《郭敬善墓誌》二方：一方爲初葬墓記，時間爲武德七年（624）七月十四日，首題爲"唐故員外散騎侍郎司農寺丞郭府君（敬）墓記"（下文簡稱《墓記》）；一方爲改葬墓誌，時間爲顯慶六年（661），首題爲"大唐故員外散騎侍郎上洛侯郭（敬善）墓誌銘"（下文簡稱《墓誌》）。這二方墓誌，雖然曾先後被《隋唐五代墓誌彙編》[①]、《全唐文補遺》[②]、《西安碑林全集》[③]、《全唐文新編》[④]、《唐代墓誌彙編續集》[⑤]及《新中國出土墓誌》[⑥]等資料性圖書收錄，又曾先後被《唐代墓誌所在總合目錄》[⑦]、《新版唐代墓誌所在總合目錄》[⑧]及《西安碑林博物館藏碑刻總目提要》[⑨]等目錄類書籍著錄，但由於種種原因，不管是收錄還是著錄，大多都存在一些問題。釋文錯誤姑且不論。譬如：《全唐文補遺》收錄《墓誌》，釋文祇有志文沒有蓋文。《唐代墓誌彙編續集》祇收錄《墓誌》，《墓記》似乎漏收。而《西安碑林博物館藏碑刻總目提要》著錄《墓記》，定名爲"郭敬墓記"（藏石編號09385），註明是"1956年

---

[*]　王素，故宮博物院研究員。

① 隋唐五代墓誌彙編總編輯委員會《隋唐五代墓誌彙編》陝西卷第1冊，天津：天津古籍出版社，1991～1992年，6、32頁。

② 陝西省古籍整理辦公室《全唐文補遺》第3輯，西安：三秦出版社，1996年，308、377頁。

③ 高峽主編《西安碑林全集》第8函第73、74冊，廣東：經濟出版社、深圳：海天出版社，1999年，1858、2022頁。

④ 《全唐文新編》編輯委員會《全唐文新編》第20冊，長春：吉林文史出版社，1999～2001年，13730、14069頁。

⑤ 周紹良、趙超《唐代墓誌彙編續集》，上海：上海古籍出版社，2001年，116頁。

⑥ 中國文物研究所、陝西省古籍整理辦公室《新中國出土墓誌·陝西》［貳］，北京：文物出版社，2003年，上冊13、32頁（圖）、下冊10、24頁（文）。

⑦ 氣賀澤保規《唐代墓誌所在總合目錄》，明治大學東洋史資料叢刊1，東京：汲古書院，1997年，1、23頁。

⑧ 氣賀澤保規《新版唐代墓誌所在總合目錄》，明治大學東洋史資料叢刊3，東京：汲古書院，2004年，2、34頁。

⑨ 陳忠凱、王其禕、李舉綱、岳紹輝編著《西安碑林博物館藏碑刻總目提要》，北京：綫裝書局，2006年，84、87頁。

西安東郊洪慶村出土"；著録《墓誌》，定名爲"侯敬善墓誌"（藏石編號09403），註明是"1956年西安東郊路家灣出土"。誌主姓氏不同，墓誌出土地點不同，很容易讓人誤認爲是兩方不同誌主的墓誌。祇有《新中國出土墓誌》的説明最爲明晰。該書將《墓記》編爲第13號，《墓誌》編爲第32號。《墓記》圖版説明稱："1956年西安市東郊灞橋區惠王村出土。同墓有墓誌兩方，此爲初葬之墓誌，另一方爲32號顯慶六年郭敬善墓誌銘。"《墓誌》圖版説明稱："1956年西安市東郊灞橋區惠王村與13號郭敬墓記同墓出土。"這樣，關於這二方墓誌的出土情況就大致清楚了。

關於這二方墓誌的內容，筆者孤陋寡聞，似乎未見有人專門研究。以下先迻録釋文，然後再略加介紹、解説和考釋，以就教於方家。

## 一 唐故員外散騎侍郎司農寺丞郭府君（敬）墓記

［記文］

唐故員外散騎侍郎司農寺丞郭府君墓記

君諱敬，字敬善，太原晉陽人也。道源號仲，派採細侯。槐棘連陰，簪纓接影。祖隋太僕卿、洵州刺史。考右侯衛大將軍、左光禄大夫。君以世族英華，起家領左親侍。火德雲謝，言歸有道。授員外散騎侍郎、司農丞。君孝敬自天，忠懿夙著，毅而能寬，柔而不犯。逸足方騰，迅羽光落。以大唐武德七年七月四日，遘疾終於京師開化里，春秋卅三。粵以十四日權瘞於萬年縣長樂鄉之壅。居諸易淹，略旌表記。卜遠有期，方陳猷烈。

此爲誌主初葬《墓記》，故十分簡略。不僅祖、父闕名，誌主本人的情況也語焉不詳。至於爲何"權瘞"，原因可能有二：一是與氣候炎熱有關。長安的七月，雖屬初秋，但仍很炎熱。《舊唐書·高祖紀》武德七年條云："六月辛丑（三日），幸仁智宮；秋七月甲午（二十六日），至自仁智宮。"《新唐書·高祖紀》同。即是年六、七兩月，高祖均在位於長安之北宜君縣的仁智宮度過。高祖去仁智宮幹什麼？《通鑒》卷一九一武德七年六月辛丑條説是去"避暑"①。證明其時長安確實十分炎熱。誌主是年七月四日卒於長安開化里，正逢氣候炎熱，擔心屍體腐壞，故同月十四日即匆匆"權瘞"，是可以理解的。一是與宮廷爭鬥有關。前引《通鑒》卷一九一武德七年六月條記高祖去仁智宮前，太子建成、齊王元吉等已在密謀誅除秦王世民，據説建成曾"擅募長安及

---

① 按：同書系"車駕還京師"於"秋七月"之"甲子"，與前引兩《唐書》繫於"甲午"不同。但是年秋七月無甲子，閏七月才有甲子，爲該月二十六日。疑此處"甲子"爲"甲午"之誤。

四方驍勇二千餘人爲東宮衛士，分屯左、右長林，號長林兵"，又"密使右虞候率可達志從燕王李藝發幽州突騎三百，置宮東諸坊，欲以補東宮長上"，還有"楊文幹嘗宿衛東宮，建成與之親厚，私使募壯士送長安"，可見當時長安形勢已甚緊張。同條記高祖去仁智宮後，云："上以仁智宮在山中，恐盜兵猝發，夜帥宿衛南出山外，行數十里，東宮官屬將卒繼至，皆令三十人爲隊，分兵圍守之。明日，復還仁智宮。"長安形勢緊張，連偏遠的仁智宮也受到了影響。誌主是年七月四日卒於長安開化里，正逢宮廷爭鬥，擔心局勢失控，故同月十四日即匆匆"權瘞"，也是可以理解的。當然，這些都是推測，都還需要進一步的證明。

## 二　大唐故員外散騎侍郎上洛侯郭（敬善）墓誌銘

［蓋文］

大唐故郭府君墓誌銘

［誌文］

大唐故員外散騎侍郎上洛侯郭墓誌銘並序

府君諱敬善，字咳，太原人也。其先出自帝嚳，宗於有周，承遠葉以臨雲，派洪源於浴日。重規疊矩，載德象賢，開鼎族於黃圖，纂臺門於赤縣。風流千祀，冠冕百王，昭晰緹箱，可略言也。高祖智，後魏祕書郎、鄆州刺史。祖徽，周洵州刺史，隨太僕卿、安城縣公。考榮，周宣納上士、平陽縣開國侯，尋遷通州刺史、光祿大夫、右候衛大將軍，贈兵部尚書。公即尚書第二子也。卞和之玉，蘊彩荊山；靈蛇之珠，發光隨水。稟造化之沖氣，膺乾坤之淳精，崇琬琰於胸懷，結藻繢於襟抱。禮法仁孝之素，德義廉讓之風，宇宙酌其清猷，縉紳仰其懿範。西都金、張之族，東漢楊、袁之家，祖德家風，望我為劣。隋大業年，以公簪裾之冑，起家右衛親衛。於時，君子明夷，小人道長。公遂林沼獨樂，潘安仁之閒居；琴書自怡，歸賦。閉門謝病，終於有隨。皇運初興，天下草昧，兵車九合，天下三分。袁項相持，兵糧匱之。擢拜公司農寺丞、京城巳西營田敕使。公平分水土，敬授稼穡，漕紅腐於萬里，積倉庾於於九年。而辰巳臨年，鄭康成之永逝；夭星犯月，謝慶緒之長辭。以武德七年七月四日，構疾薨於開化里第。長子思簡、次子思約、小子賢貴等，風樹興感，霜露增悲。以顯慶六年葬萬年縣銅人之原，禮也。恐海田遽易，舟壑有遷，紀清風於萬代，刊翠琰乎九泉。其詞曰：

疏族高辛，派源周氏。岳氣河精，天綱地紀。開國承慶，懷璜佩璽。象覽載德，謀孫翼子。總茲靈慶，誕斯懿德。出忠入孝，自家形國。萬頃陂澄，千尋松直。涉獵經史，優柔翰墨。東川不停，西山景落。遽變海田，俄遷舟壑。丘隴荒涼，風雲蕭索。三泉厚夜，九京誰作。

此爲誌主三十七年後的改葬《墓誌》，内容自然較爲詳細，但仍有不少衍脱誤漏。譬如："歸賦"下，《新中國出土墓誌》有注云："'歸賦'上疑脱'張平子之'四字。""兵糧匱之"下，同書有注云："'匱之'之'之'，似爲'乏'之誤。""積倉庾於於九年"下，同書有注云："'於於'衍一'於'字。""象覽載德"下，同書有注云："'象覽'之'覽'，疑爲'賢'之誤。"《全唐文補遺》大致相同。此外，初葬《墓記》記誌主卒時"春秋卌三"，改葬《墓誌》卻未記誌主卒時年歲，顯系疏漏。這又是因爲什麼緣故，不得而知。

綜合初葬《墓記》和改葬《墓誌》，對誌主的家世和誌主的生平與仕歷，有了一些了解，現參照其他相關資料，摘要介紹、解説和考釋如下：

（一）誌主姓郭，名敬善，字咳，應原籍太原晉陽，實居華州或華陰郡之鄭縣。按：《墓記》首題、《墓誌》蓋文均稱"郭府君"，《墓誌》首題稱"上洛侯郭"，誌主姓郭固無疑問。《墓記》原稱："君諱敬，字敬善。"《墓誌》改稱："府君諱敬善，字咳。"應以《墓誌》爲准。誌主有兄名"福善"（詳見下文），似以"善"爲輩字，亦證明誌主名"敬善"正確。惟古人以字釋名，誌主字"咳"，與其名"敬善"有何關系，一時難以考究。《墓記》稱："太原晉陽人也。"《墓誌》稱："太原人也。"應指誌主原籍或郡望。《隋書》卷五〇、《北史》卷七五誌主之父《郭榮傳》（以下分別簡稱《隋傳》、《北傳》）均謂"自云太原人也"，意義亦在於此。《新唐書·宰相世系表四上》郭氏華陰房條（以下簡稱《新表》）稱："華陰郭氏亦出自太原。漢有郭亭，亭曾孫光禄大夫廣智，廣智生馮翊太守孟儒，子孫自太原徙馮翊。後魏有同州司馬徽。"郭徽爲誌主之祖（詳見下文）。《元和姓纂》卷一〇郭氏華陰望條（以下簡稱《姓纂》）稱："隋大將軍、蒲城公郭榮，稱本太原人，後居華州。"① 郭榮爲誌主之父（詳見下文）。《新表》、《姓纂》所稱華陰均指華陰郡，亦即華州。據《新表》、《姓纂》，郭子儀亦屬此支，其遠祖進與誌主祖徽同輩，雖出五服，但仍同宗。《舊唐書》卷一二〇《郭子儀傳》稱："華州鄭縣人。"《新唐書》卷一三七《郭子儀傳》略同。《舊唐書·地理一》："華州上輔，隋京兆郡之鄭縣。"《新唐書·地理一》："華州華陰郡，上輔。義寧元年析京兆郡之鄭、華陰置。"則誌主亦應實居華州或華陰郡之鄭縣。

（二）高祖智，北魏祕書郎、鄆州刺史。按：郭智，《墓記》不載，《新表》、《姓纂》及《隋傳》、《北傳》亦均不録，僅見《墓誌》，原文爲："高祖智，後魏祕書郎、鄆州刺史。"可補史闕。

---

① 唐林寶撰、岑仲勉校記《元和姓纂》，北京：中華書局，1994 年，1552 頁。

（三）祖徽，西魏同州司馬，北周洵州刺史，隋太僕卿、安城縣公。按：郭徽，《墓記》闕名，僅稱："祖隋太僕卿、洵州刺史。"《墓誌》始稱："祖徽，周洵州刺史，隨太僕卿、安城縣公。"均有省略。《隋傳》云："父徽，魏大統末，爲同州司馬。時武元皇帝爲刺史，由是與高祖有舊。徽後官至洵州刺史、安城縣公。及高祖受禪，拜太僕卿，數年，卒官。"《北傳》云："父徽，仕魏，爲同州司馬。時武元皇帝爲刺史，由是與隋文帝有舊。徽後位洵州刺史、安城縣公。及帝受禪，拜太僕卿，卒官。"《新表》亦記郭徽在魏曾任"同州司馬"。可見郭徽西魏時已經出仕。

（四）父榮，北周宣納上士、平陽縣侯，隋蒲城郡公、通州刺史、左光祿大夫、右侯衛大將軍，卒贈兵部尚書。按：郭榮，《墓記》闕名，僅稱："考右侯衛大將軍、左光祿大夫。"《墓誌》始稱："考榮，周宣納上士、平陽縣開國侯，尋遷通州刺史、光祿大夫、右侯衛大將軍，贈兵部尚書。"《新表》、《姓纂》記郭榮均稱"隋大將軍、蒲城公"①。《隋傳》、《北傳》記郭榮生平、仕歷甚詳，與誌載稍有出入，可以參照。此外，《隋書·煬帝下》、《北史·隋本紀下·煬帝紀》均系郭榮任右侯衛大將軍於大業九年（613）十月丁亥（十七日）②，系郭榮之卒於大業十年（614）八月庚午（五日）③。

（五）兄福善，貞觀中仕至兵部侍郎。誌主排行第二。按：《墓記》未記誌主排行。《墓誌》始稱："公即尚書（郭榮）第二子也。"知誌主在家排行第二，其上尚有一兄。考《隋傳》、《北傳》均稱郭榮有子名"福善"。《姓纂》云："郭榮……生福善，唐兵部侍郎。"《新表》亦載郭榮有子"福善，兵部侍郎"。則知志主有兄名福善。嚴耕望先生《唐僕尚丞郎表》卷四通表下系福善官兵部侍郎於"貞觀中"④。據福善仕歷，年齡亦似較誌主爲長。

（六）誌主於大業初年以蔭出仕，起家領左親侍或右衛親衛。按：《墓記》云："君以世族英華，起家領左親侍。"《墓誌》云："隋大業年，以公簪裾之胄，起家右衛親衛。"據《墓記》，誌主武德七年（624）卒時僅"春秋卅三"，逆推誌主生於開皇二

---

① 《姓纂》岑仲勉校記云："隋大將軍、蒲城公郭榮：羅校云：'案蒲城公，唐表作浦城公。《隋書·郭榮傳》作安城公。'余見本兩書均作'蒲城'。《隋書》五〇，封安城縣公者乃榮父徽耳，羅校誤。"郭榮封蒲城公，據《隋傳》、《北傳》，知爲郡公。

② 按：《隋書·煬帝下》、《北史·隋本紀下·煬帝紀》同月紀事，均排壬辰於丁亥前。《隋書·煬帝下》校勘記云："丁亥：此月辛未朔，丁亥（十七日）應在壬辰（二十二日）前，紀文當有訛誤或顛倒。"

③ 按：《隋書·煬帝下》、《北史·隋本紀下·煬帝紀》原文爲："右衛大將軍、左光祿大夫鄭榮卒。"《北史·隋本紀下·煬帝紀》校勘記云："張森楷云：'時未聞有'鄭榮'其人，而郭榮官名卒年皆與此合，疑'鄭'是'郭'之訛。'按張説是。《郭榮傳》見本書卷七五、《隋書》卷五〇。《傳》言榮官右侯衛大將軍，又見上年十月丁亥條，此當脫'侯'字。"

④ 嚴耕望《唐僕尚丞郎表》，北京：中華書局，1986 年，226 頁。

年（582），則所謂“大業年”，應指大業初年（605 或 606），誌主時年二十四五歲。關於誌主起家官，《墓記》、《墓誌》記載不同。“左親侍”爲門蔭起家官，有李密爲證。《舊唐書》卷五三《李密傳》云：“密以父蔭爲左親侍。”而“右衛親衛”爲煬帝加置，與誌主起家時間大致相合。如《通典》卷二八《職官十》左右衛並親衛條“煬帝改左右衛爲左右翊衛”注云：“又加置親衛。”① 故兩存之。

（七）誌主稍後曾因主暗世亂，辭官退隱。按：誌主因主暗世亂，辭官退隱，《墓記》不載。《墓誌》云：“於時，君子明夷，小人道長。公遂林沼獨樂，潘安仁之居；琴書自怡，［張平子之］歸賦。閉門謝病，終於有隨。”其中，“明夷”爲《易》卦名，通常譬喻主暗世亂，賢人退避。此處應指隋煬帝三征高麗，也就是所謂“遼東之役”②。隋之亂亡，此爲直接原因。《隋傳》云：“遼東之役，（郭榮）以功進位左光祿大夫。明年，帝復事遼東，榮以爲中國疲敝，萬乘不宜屢動，乃言於帝曰：‘戎狄失禮，臣下之事。臣聞千鈞之弩不爲鼷鼠發機，豈有親辱大駕以臨小寇？’帝不納。復從軍攻遼東城，榮親蒙矢石，晝夜不釋甲冑百餘日。帝每令人窺諸將所爲，知榮如是，帝大悅，每勞勉之。……明年，復從帝至柳城，遇疾，帝令存問動靜，中使相望。卒於懷遠鎮，時年六十八。”《北傳》略同。誌主之父郭榮參加第一次征高麗（大業八年，612），曾因功進位左光祿大夫。第二次征高麗（大業九年，613），知事不可爲，進諫不聽，爲免煬帝猜忌，不得不拼命表現。第三次征高麗（大業十年，614），又不得不隨行，卻不幸卒於途中。此事必然給誌主極大打擊。西晉潘安仁（岳）曾撰《閒居賦》。《文選》卷一六注稱：“《閒居賦》者，此蓋取於《禮篇》，不知世事、閑靜居坐之意也。”③ 東漢張平子（衡）曾撰《歸田賦》。《文選》卷一五注稱：“《歸田賦》者，張衡仕不得志，欲歸於田，因作此賦。”④ 故誌主閉門謝病，直到隋朝滅亡。

（八）誌主於隋滅後仕唐，任員外散騎侍郎、司農寺丞、京西已西營田敕使，封上洛侯。按：《墓記》云：“火德雲謝，言歸有道。授員外散騎侍郎、司農丞。”《墓誌》首題稱“上洛侯”，內云：“皇運初興，天下草昧，兵車九合，天下三分。袁項相持，兵糧匱乏。擢拜公司農寺丞、京城已西營田敕使。公平分水土，敬授稼穡，漕紅腐於萬里，積倉庾於九年。”其中，“火德”指隋。《隋書》卷六○《崔仲方傳》云：“皇朝五運相承，感火德而王，國號爲隋。”同書卷六九《王劭傳》云：“隋以火德爲赤帝天

---

① 唐杜佑《通典》，北京：中華書局，1984 年，164 頁。
② 參閱王素《煬帝三征高麗》，《大河滾滾——隋代卷》，香港：中華書局（香港）有限公司、上海：生活·讀書·新知上海三聯書店，1992 年，152～158 頁；又，《大河滾滾——中華歷史通覽·隋代卷》，北京：中華書局，2001 年，164～170 頁。
③ 梁蕭統《文選》，上海：上海古籍出版社，1986 年，697 頁。
④ 梁蕭統《文選》，上海：上海古籍出版社，1986 年，692 頁。

子。”“有道”指唐。《舊唐書》卷七五《蘇世長傳》記世長對高祖云：“今因隋之侈，民不堪命，數歸有道，而陛下得之。”又《張玄素傳》記玄素對太宗云：“觀隋末沸騰，被於宇縣，所爭天下者不過十數人，餘皆保邑全身，思歸有道。”“員外散騎侍郎”爲文散官。《舊唐書·職官一》文散官條：“員外散騎侍郎、從五品下。”“司農寺丞”爲職官，協助卿與少卿掌邦國倉儲、百官俸料。同書《職官三》司農寺條：“卿一員，從三品上。少卿二員。從四品上。卿之職，掌邦國倉儲委積之事，總上林、太倉、鈎盾、道官四署與諸監之官屬，謹其出納。少卿爲之貳。凡京百司官吏祿給及常料，皆仰給之。孟春借田祭先農，則進耒耜，季冬藏冰，仲春頒冰，皆祭司寒。”又同條：“丞六人，從六品上。”“京西已西營田敕使”爲使職，掌長安以西營田。《通典》卷一九《職官一》總序大唐條“牧守督護，分臨畿服，設官以經之，置使以緯之”注云：“按察、採訪等使以理州縣。節度、團練等使以督府軍事。租庸、轉運、鹽鐵、青苗、營田等使以毓財貨。其餘細務因事置使者，不可悉數。”①誌主任此使職，似爲籌辦軍糧。得封上洛侯，亦應與此項工作有關。

《墓記》、《墓誌》接記誌主品性、卒葬及諸子等事，《墓誌》還有較長銘文，限於篇幅，此處均不再介紹、解説和考釋。

綜上介紹、解説和考釋，關於誌主郭敬善的家世、生平與仕歷，我們有了如下瞭解：郭敬善原籍太原晉陽，實居華州或華陰郡之鄭縣。高祖智，北魏祕書郎、鄆州刺史。史傳不載，可補史闕。祖徽，西魏同州司馬，北周洵州刺史，隋太僕卿、安城縣公。父榮，北周宣納上士、平陽縣侯，隋蒲城郡公、通州刺史、左光祿大夫、右侯衛大將軍，卒贈兵部尚書。《隋書》、《北史》有傳。兄福善，貞觀中仕至兵部侍郎。誌主排行第二。誌主於大業初年以蔭出仕，起家領左親侍或右衛親衛。稍後曾因煬帝三征高麗，感覺主暗世亂，辭官退隱。隋滅後仕唐，任員外散騎侍郎、司農寺丞、京西已西營田敕使，大概因爲工作出色，被封爲上洛侯。郭敬善雖非名人，但因出身世家，瞭解其家世、生平與仕歷，對於深入探討郭氏家族的世系、遷徙及仕宦，還是很有幫助的。

---

① 唐杜佑《通典》，北京：中華書局，1984 年，107 頁。

# 《東魏武定元年聶顯標邑義六十餘人造四面佛像》考

趙　超*

　　《東魏武定元年聶顯標邑義六十餘人造四面佛像》原流失海外，現在被香港收藏家常萬義先生收藏，並曾於深圳博物館展出。這是一尊保存得比較完好的北朝造像。造像雕刻得生動精細，內容豐富，具有文辭明晰的造像發願文和大量供養人姓名的記載。這些內容對於判斷該造像的真僞，從而更好地瞭解北朝晚期的造像情況，以及認識有關的北朝時期佛教文化歷史等都具有重要的價值。現就該造像的造像情況與銘文介紹於下，並略作考釋説明，以供參考。

　　這件造像爲青石質，呈長方柱形，高 128 釐米，正面寬 43 釐米，側面寬 40 釐米。碑石四面均在上半部開鑿上下兩龕，上面爲大龕，有火焰形龕楣與雙龍首楣沿。四面造像組合不同，各面大龕內分別圓雕佛像及弟子、菩薩、天王等形象。下面爲橫向長方形小龕，小龕內均并排圓雕四尊坐像，由於頭部均已殘損，僅可根據龕下題名確定爲王子像。在小龕下面分別刻寫銘文與供養人姓名。各面的造像情況與銘文依次爲：

　　正面（現將有造像發願文的一面確定爲正面，其餘三面均僅刻寫供養人姓名）：

　　上部大龕內主尊作佛裝，頭上梳寶髻，外着通肩大衣，內着僧祇支，端坐於須彌座上，結跏趺坐，右手上舉，手掌心向外，作施無畏印，左手下垂，同樣掌心向外。主尊兩側從內至外各有一弟子、一菩薩、一天王像。天王手握金剛杵。天王下面各有一手持蓮蕾，盤坐禮拜的小供養人像。佛像着衣質地輕薄，衣褶叠垂。衣紋明顯呈有稜角的 Z 形，與傳世造像中東魏武定二年戎愛洛造思維菩薩像[1]、東魏武定五年南門村人造二佛並坐像[2]等造像的衣紋相似，具有典型的東魏雕刻風格。類似衣紋還可以在四

---

*　趙超，中國社會科學院考古所研究員。

① 日本東京書道博物館藏品。

② 河北曲陽縣出土，故宮博物院藏品。

川成都萬佛寺出土的梁代及北周時期的佛教造像上看到①，學界認爲它表明當時從南朝而來的佛教藝術影響。楊泓先生曾指出：“類似四川出土上述薄衣單身立佛像，都可在青州造像中看到風格類似的遺物。説明青州北齊造像新風的來源之一是受南方梁朝造像的影響，或與青州地區與南方可以通過水路等渠道進行密切的文化交往有關。②” 從這件早於青州北齊造像的四面造像上，我們已經可以看到南方佛教文化藝術對北方的影響。

下面的小龕中四尊造像頭部已損壞，均身著通肩大衣，結跏趺坐。雙手平放在腿上，被衣裾遮蓋，手印不詳。

小龕下面有一列題名，題名下面刻寫造像發願文。銘文爲：

大魏武定元年歲次癸亥六月己未朔廿一日己□。/夫玄像開融，同净界於大（原文疑脱一字，當作“四大”）；真言覺俗，掃群疑於彼岸。是已（以）靈智潛影，閉諸相之根。佛弟子都維/那聶顯標邑義六十餘人等，盡是弈代臺胤，綿/世儒宗，體悟無常，財非身有，各減衣食之資，上/爲皇帝陛下，群官司牧，復爲七世父母並家/眷屬，復爲邊地咸生輩類，造四面石像一軀。璨/然焕目。罄（罄）滄海之珍，盡荆山之寶。自能人潛影，/像法住世，建德立功，未有如斯者也。相兜率之境可蹬，龍華之會必至。然善不虛立。其詞曰：/照灼真容，璨爛吐暉，寶宫彰月，峻壁停曦。丹梁/仙集，碧棟鳳飛，群生風偃，四部雲歸。/聖途修緬，法理唯空，歸心三寶，仰敬玄宗。翱□□□/慧境，夕蹋真縱（踪），化感群惑，誰擬尠功。③

這一面上還散刻着一些題名。在大龕楣的左右刻有：

菩薩主□□□□。菩薩主聶僧朗。

在大龕下中央刻有：

大像主聶寄生。

---

① 見《成都萬佛寺石刻藝術》，中國古典藝術出版社，1958 年。馮漢驥：《成都萬佛寺石刻造像》，《文物參考資料》1954 年 9 期。

② 楊泓：《山東青州北朝石佛像綜論》，《中國佛學》第二卷第二期，1999 年秋季號。

③ □中爲殘缺的字或無法辨認的字，（）中是前一字的正字。未能確釋者後面加有（?）。

在小龕的左右刻有：

像主轟□□。四面都像主轟顯貴、顯暢。八關齋主□□。

在小龕的下面刻有：

道場主□轟僧敬。王子像主程道帝。王子像主程道貴。王子像主程野叉。王子像主轟樹生。天龍主轟難宗。□官行道主王□□。

右側面：

上部大龕內主尊作佛裝，身著通肩大衣，內着僧祇支，結跏趺坐，右手上舉，手掌心向外，作施無畏印，左手下垂，同樣掌心向外①。佛座下部內收作圓弧形，上邊爲平沿。佛座下左右各有一小夜叉揹負佛座。主尊左側有一菩薩、雙手在胸前合掌，著長裙，腳踏蓮座。右側應爲菩薩像，右手舉至胸前，手持一物，腳踏蓮座。

下面的小龕中四尊造像頭部已損壞，身著通肩大衣，結跏趺坐。雙手平放在腿上，被衣裾遮蓋，手印不詳。

在大龕楣的右側刻有：

菩薩主轟黃頭。

在大龕下中央刻有：

大像主衆。

在小龕的下面刻有：

① 這裏左手下垂，掌心向外，以往報告中多稱類似手印爲施願印。然而根據佛經中有關施願印的説法來看，施願印似應主要爲掌心向外，右手下垂或雙手下垂。如：唐僧智通譯《觀自在菩薩隨心咒經》施無畏印咒第三十四："起立以左臂直舒向下，五指亦舒向下，掌背向後，右手亦爾，以掌向前。"《佛説造像量度經解》："南方寶部主寶生如來，黃色，手印右手作於圖樣中救度母右手同，謂之施願印。"該經中救度母圖樣正是右手下垂，掌心向外。右手上舉，掌心向外行施無畏印時，左手似不應該看作另一單獨的手印。

（第一排）王子像主韓慶賓。王子像主聶安國。王子像主聶充。王子像主高顯進。（第二排）　唯那僧　慧朗邑子聶小。邑子聶法進。邑子聶天智。邑子聶應仁。邑子聶思洛。邑子王繼伯。邑子聶元明。邑子聶景勝。（第三排）邑子聶道憐。邑子聶成憘。邑子聶會。邑子聶思和。邑子桑顯賓。邑子聶難宗。邑子聶繼伯。邑子龐貴。邑子聶顯貴。邑子齊文璨。邑子聶察。邑子聶豐。邑子聶和賓。邑子韓寄生。（第四排）邑子張中興。邑子連嵩。邑子聶舍標。邑子聶洪貴。邑子聶僧敬。邑子聶山。邑子孫元。邑子聶董仁。邑子聶洪忝。邑子聶子華。邑子聶子憲。邑子聶子寧。邑子聶秋蘭。　王　。　（第五排）　。邑子　。邑子聶　。邑子聶世　。邑子聶野祿。邑子聶思歡。邑子王遷。邑子聶游誕。邑子聶洪遵。邑子王智休。邑子聶誕。邑子聶清爵。邑子王貴遵。

背面：

上部大龕內主尊作佛裝，頭部已殘損，身著通肩大衣，身披披帛，端坐於須彌座上。披帛在胸前結成十字結。佛像結跏趺坐，右手握拳放於胸前，食指上舉。左手下垂，掌心向外。須彌座旁左右各有一獅子，左側獅子頭正面向外，右側獅子頭側向佛座。主尊兩側從內至外各有一弟子、一菩薩像。均站立在蓮座上。左側菩薩左手執枝葉，舉至胸前。右手下垂持物。右側菩薩雙手合掌拱在胸前。

下面的小龕中四尊造像頭部已損壞，身著通肩大衣，結跏趺坐。雙手平放在腿上，被衣裾遮蓋，手印不詳。

在大龕楣的左上方刻有：

　　劉　村。

在龕右側刻有：
菩薩主聶永羅。
在大龕下中央刻有：
大像主聶闍（？）。

在小龕的下面刻有：

（第一排）王子像主聶和賓。王子像主聶長高。（第二排）比丘尼　普。比丘尼曇恒。邑母孫勝姬。邑母牛明陵。邑母蔡女。邑母張照男。邑母賀要仁。邑母孔光仁。邑母宋逢容。邑母斬妙容。邑母楊頭仁。邑母張保英。邑母邢同。邑母史侍。邑母王洛勝。邑母賈花。邑母矗▢▢。（第三排）邑母李伯奶。邑母吳女子。邑母王僧妙。邑母矗容。邑母矗亂。邑母王要仁。邑母韓勝堂。邑母成明勝。邑母矗英。邑母染始姿。邑母桑妙容。邑母王牛女。邑母華玉英。邑母楊光男。邑母王外光。邑母邢金玉。邑母龍相（?）女。（第四排）清信女王金薑。清信女王金銀。邑母孔明昭。邑母吳清女。

左側面：

上部大龕內主尊作佛裝，頭部已殘損，身著通肩大衣，端坐於須彌座上。佛像結跏趺坐，右手掌放於胸前。左手下垂放在腿上。須彌座旁左右各有一菩薩像。均站立在蓮座上。右側菩薩頭部已殘，右手撫在胸前。左手下垂持物。左側菩薩雙手合掌拱在胸前。

下面的小龕中四尊造像頭部已損壞，身著通肩大衣，結跏趺坐。雙手平放在腿上，被衣裾遮蓋，手印不詳。

在大龕楣的右側刻有：

　　菩薩主矗羅義。

在大龕下中央刻有：

　　大像主矗輔國。

在小龕的下面刻有：

（第一排）王子像主矗洪標。都王子像主矗僧寶。（第二排）邑師比丘法憐。邑主矗顯標。邑主矗輔國。中正矗顯珍。維那矗繼叔。都維那矗羅文。維那矗思義。都維那矗正。邑子李勝宗。邑子矗活。邑子矗曇晏。邑子矗漢。邑子矗周。（第三排）邑子矗天吉。邑子矗顯達。邑子王眾念。邑子矗磨王。邑子矗道顯。邑子王顯和。邑子矗芒承。邑子矗桑仁。邑子矗天貴。邑子矗道晏。邑子矗叔仁。邑子矗顯宗。邑子晁敬賢。邑子矗敬。維那王桃虎。維那矗永暉。（第四排）邑子矗▢▢▢。邑子矗僧洛。邑子矗天虬。邑子矗萇。邑子王寄。邑子程道帝。邑子吳顯龍。邑子矗僧副。邑子矗暉。邑子矗思伯。邑子矗景高。邑子矗賓。邑子矗曇顯。邑子轟充。邑子轟終。維那韓慶賓。（第五排）邑中正轟隆。邑子楊義和。邑中正轟洪標。邑子轟甄奴。邑中正王元貴。邑子轟思達。邑子轟猛雀。邑子轟蓋海。邑子轟休。邑子轟景。邑子轟顯永。邑子轟宜奴。邑子轟神貴。邑子思略。邑子轟買德。邑子轟元僖。（第六排）邑子晁猛。邑子王里。邑子王輔世。邑子轟伏虎。邑子轟市官。邑子轟騰口。

生於該造像爲流散文物，缺乏具體的出土情況與原所在地的記載。因此需要對其真僞先作一判斷。我們可以看出上面叙述的造像特點（包括造像組合、雕刻手法、衣着紋飾等）符合當時北方佛教造像，特別是中原地區造像的基本特徵，而銘文文體（包括文辭内容體例、慣用詞語）與常見的異體字寫法等也與現在可以見到的當時造像題記相符，未見一般僞刻中會出現的文詞不類、缺乏字體時代特點等明顯破綻。可以確定它是一件製作於東魏武定元年的佛教造像真品。這一時期的佛教造像可對比者甚多。如在河北（如曲陽、邢臺、邯鄲等地）和山東（如青州、博興等地）就出土過大量東魏北齊的佛教造像。這件造像的造型和雕刻手法與東魏首都鄴城附近的造像（特別是出於皇家石窟寺院的造像，如響堂山石窟等）相比起來還顯得比較粗糙，造像比例略顯短粗，一些手相也不是很規範，如背面佛像右手握拳放於胸前，食指上擧，左側面佛像右手掌放在胸前等；與河北北部、山東中部等地的同期造像相比，雖然主要的造型基本相似，但也存在着一些造像風格上的不同之處。因此，我們懷疑這是一件距離東魏政治中心較遠地區的民間石工製作的造像。

在主龕下面開刻小龕，雕刻並排的王子坐像，這是該件造像的一個特點。在其他的北朝佛教造像中是比較罕見的。該造像四面一共有十六尊王子像，應該是表現《法華經・化城喻品》中提到的十六王子，即大通智勝佛的十六子，均出家爲沙彌，第十六子就是釋迦牟尼。張總先生在《十六王子小記》中列擧了山東東平白佛山與河南偃師水泉石窟等處有明確題記的十六王子造像，說明在北朝晚期有過爲十六王子造像的習俗。如水泉石窟洞口碑記上稱：“造十六王子行像十六區。”而白佛山造像的第五排最内側一龕佛像龕側題記爲“十六王子像主萬義緒、張基”。又如開皇四年阮景暉等造十六王子像碑也記載“敬造十六王子之像壹軀”。後兩處造像爲一尊坐佛像，張總先生認爲是在表現作爲第十六王子的釋迦牟尼。可見十六王子像又與當時常見的太子像有共通之處。早期佛教造像中的太子形象主要出現在佛本行故事中，如山西大同雲岡石窟中的太子逾城圖像等。而後出現有大量單座的太子造像。製作太子像，是東魏北齊時期佛教造像中常見的做法。比較多見的主要是製作成思惟菩薩形式的太子坐像，如現藏美國大都會博物館的東魏武定二年思惟菩薩像等。又見傳世的東魏武定元年七月廿七日道俗九十人等造像讚碑上刻有系列的太子圖畫，圖像漫漶，但有“太子得道諸天送刀與太子別”，“摩耶夫人生太子九龍吐水洗”，“想師瞻口太子得想時”，“隨太子乞馬時”等題記①，表明這是一組表現釋迦從出生到得道出家的太子故事。也可以反映當時的造像習俗。

有人認爲當時流行思惟菩薩與當時中土佛教盛行彌勒浄土思想有關②。彌勒浄土的流行，主要是在民間的廣大佛教信徒看重於彌勒作爲未來佛的救世功能。在戰亂頻繁，人生變幻莫測的南北朝時期，民衆對這種救世功能的崇拜與對未來幸福的殷切期盼相結合，使彌勒浄土的信仰得以廣泛流傳。在體現民間佛教崇拜的大量造像上，集中反映了當時的這種信仰狀況。

早期的彌勒造像，多以彌勒菩薩的身份出現，大多爲菩薩裝，頭戴寶冠，有些身披瓔珞等飾物，身材修長。造像的姿勢基本採取交脚坐式，雙手一般作説法印，所以有人也在沒有明確題記的情况下將它稱作交脚菩薩。思惟菩薩則多作半跏座，頭部側傾，右手支頤，身著菩薩裝，頭戴寶冠。佛教經典中大量出現佛與其他菩薩思惟悟道的記載③。但是北朝造像中的思惟菩薩大多應該是在表現太子感悟人世的思惟圖像，如雲岡六窟、五三窟的佛傳造像。又如臺灣震旦博物館所藏的一件造像碑上，背面主龕中有一位做思惟狀的菩薩裝太子，身旁有僕人與白馬，則正是表現了太子思惟的形象。

有時思惟菩薩也單獨作爲主尊出現，如耀縣藥王山所藏北魏始光元年魏文朗造像碑陰的主龕中就是一尊思惟菩薩像。我們懷疑，這種處理就不一定是在表現太子像了。在北朝造像中，還可以見到彌勒與思惟菩薩共同出現的現象，例如西安碑林博物館所藏的北魏佛龕像，主龕中央爲交脚彌勒菩薩像，左右兩側爲思惟菩薩像④，表明這兩者之間存在一定的聯繫。

至於這件造像的主尊，在它的題記中沒有明確説明是造何種佛像，但從其發願文中“相兜率之徑可登，龍華之會必至”的詞語中，正表現出造像者們的彌勒信仰。“兜率”即兜率天，爲佛教中的未來佛彌勒居住的天界。《法華經·勸發品》稱：“若有人受持讀誦，解其義趣，是人命終……即往兜率天上彌勒菩薩所。”“龍華之會”指彌勒出生後在華林園中龍華樹下開法會，普度人天，叫做龍華會。《彌勒下生經》稱：“坐龍華菩提樹下，得阿耨多羅三藐三菩提，在華林園，……初會説法。”

北朝時期，由於“末法”思想的流行，佛教徒中對繼釋迦牟尼以後成佛的彌勒佛

---

① 《金石續編》卷二，《八瓊室金石補正》卷十九。
② 金申：《中國歷代紀年佛像圖典》，文物出版社，1994年版。
③ 如：《長阿含經》卷一，“太子悵然不悦，即告侍者回駕還宫，静默思惟。”《佛槃泥洹經》：“佛還維耶梨國，入城持鉢行分衛，還止急疾神樹下露坐，思惟生死之事。”《大槃涅槃經》卷上：“（世尊言）吾今當往遮波羅支提，入定思惟”等。
④ 裴建平：《西安碑林藏北魏佛龕像考釋》，《碑林集刊》第七集，2001年10月。

崇拜倍至。佛教徒中對佛教"末世"來臨的恐懼，希望彌勒降世的期待，使得當時對彌勒淨土的崇拜遍及天下。在河北、山東等地出土的大量交脚彌勒單座造像是其突出的證明。爲了保存佛經而大量刻寫石經的作法則是"末世"思想的直接反映。

彌勒經典屬於最早進入中國的佛教經典之一。根據南朝梁代僧佑編寫的中國早期佛教重要著作《出三藏記》中的記載，在晉代僧人竺法護翻譯的諸經中，已經具有《彌勒成佛經》一卷，《彌勒本願經》一卷（又稱《彌勒菩薩所問本願經》），爲晉太安二年五月十七日譯出。《出三藏記》中記載：竺法護"自太始中至懷帝永嘉二年已前所譯出。凡　百五十四部，合二百九卷"。竺曇摩羅刹（法護）是早期譯經的重要人物，對佛教傳入具有不可磨滅的開創之功。而在他譯出的經典中，就包括了彌勒信仰主要的經典兩種。

以後，在佛教經典翻譯史上同樣具有重要地位的鳩摩羅什，也翻譯了彌勒經典。他譯的《彌勒成佛經》與竺法護所譯的不是同一個本子，等於是介紹了另一種佛典。

南朝劉宋孝武帝時期，僞河西王從弟沮渠安陽侯于京都翻譯出四部經書，共五卷。其中就有重要的彌勒經典《觀彌勒菩薩上生兜率天經》（或云《觀彌勒菩薩經》，又云《觀彌勒經》）。

隨着彌勒經典的翻譯，中原僧人對於彌勒的尊崇越來越顯著。《高僧傳》卷五、《晉長安五級寺釋道安傳》記載："安每與弟子法遇等於彌勒前立誓，願生兜率。"道安是當時著名的高僧，精於經義。他對彌勒的信仰，表現了當時的僧人對彌勒的重視。這與他從出家時就接觸有關彌勒的經義有關。湯用彤先生在《漢魏兩晉南北朝佛教史》中指出：道安第一次所讀之經爲《辯意經》，而現存之北魏法場譯之《辯意長者經》之末，有彌勒佛授決云云。可能表現了道安所受到的彌勒崇拜影響。與道安同時的一些僧人也崇尚彌勒。《高僧傳》卷五《晉京師瓦官寺竺僧輔傳》云："後憩荆州上明寺，單蔬自節，禮懺翹勤，誓生兜率，仰瞻慈氏。"《晉長沙寺釋曇戒傳》云："後篤疾，常誦彌勒佛名不輟口。弟子智生侍疾，問何不願生養。戒曰：吾與和上等八人，同願生兜率。和上及道願等皆已往生。吾未得去，是故有願耳。"該傳記中所説的和上即指道安。

凡此種種，表明在晉代的僧人中已經十分重視彌勒經典的作用。僧人重視彌勒，可能有到彌勒處領受學習佛教教義的思想。如《高僧傳》卷十一《宋京師中興寺釋慧覽傳》記載："達摩曾入定往兜率天，從彌勒受菩薩戒。"雖然這是佛家的傳説，但是仍可以反映當時僧人認爲在彌勒兜率天可以領受佛教經義的看法。這種風氣在南北朝的僧人中始終存在。這件四面造像的建造有僧人參與主持，其崇拜對象也應該受到僧人習尚的影響。

到了東魏、西魏、北齊、北周時期，尤其是在東魏、北齊地區，佛教更加盛行。

對於彌勒的崇拜也比北魏時期更虔誠。除現存於山西天龍山石窟、河北響堂山石窟、山東千佛山石窟等地的造像外，近年來在河北曲陽、山東博興、青州等地出土的大型佛教造像窖藏中發現有大量交脚菩薩與思惟菩薩的造像精品，應該是反映了對彌勒的空前重視。這座四面造像，也從發願文和王子像的内容中表現出彌勒崇拜的影響，成爲説明北朝佛教流派的又一個可貴證據。

造像銘文中還記載了詳細的民間造像組織情況，可以看出：整個造像是由一個以聶顯標爲首、主要由聶姓人士組成的邑社組織集資刊刻的。主持邑社的各級職名有：都維那、維那、邑中正、邑師。這也是在北朝造像中經常看到的邑社組織職名。特別是邑師一職，由僧人擔任，這與多處北朝隋唐造像中的記載是相似的，例如北齊天保八年劉碑造像題名中，爲首的是"大邑師惠獻"、"大邑師僧和"等。[①] 雲居寺唐代刻經題記中反映出當時有一個穩定的造經社邑群，是由附近各地寺院中的僧尼出面組織的，成員則多爲僧尼所在地居民。題記中表現出這些社邑都由僧尼擔任主要的負責人。類似題記在現有題記中也佔有相當的比例。例如：雲居寺石經大涅槃經卷一百七十三條四百四十五"石經邑主惠昭、平正大慈、録事修德……"，卷一百三十二條三百四十五"昌平縣石經邑主真空寺上座僧實際……"等[②]。看來當時民間造像邑社的組織中大多有僧侣的參加與推動。

除去邑社中每人要交納共同的捐資外，對於各個具體的造像部位，應該是另行單獨捐資，因此，這些單獨的捐資者姓名也單獨刊刻出來，被稱爲某某主。如"菩薩主"、"大像主"、"王子像主"等。值得注意的是正面題名中有"八關齋主▢▢▢"、道場主▢聶僧敬"等記載。説明在建立造像時可能還要舉辦八關齋等活動。八關齋是指佛教提倡的八種禁戒，齋主指齋食的施主，如《首楞嚴經》卷一："求最後檀越以爲齋主。"這裏可能是指施主舉行的八關齋會，即聚集僧徒施捨齋食，應該是與建造樹立佛像同時舉行的，説明當時聚衆造像是一種程序完備且十分隆重的佛事活動。"道場"一詞，在佛經中有多種含義，或指佛成道之處，或指佛子舉行法事之處，或指供養佛像之處。這裏應該是後者，道場主或者是出資購置樹立佛像地點的人，或者是對寺廟出資供養的人。那麼，在樹立造像的同時還會有對寺院加以供養或出資爲樹立造像購買寺院土地的情況。

鑒於能夠説明這件造像原所在地的材料極少，我們試提出一條綫索以供參考。造像題名中參加捐資造像的邑人以聶氏居多，可見造像地點的居民也應該是以聶姓爲主。北朝時期地方上大姓林立，同姓聚居的現象十分普遍。很多大姓都有自己固有的定居

---

① 見《八瓊室金石補正》卷二十一。
② 北京圖書館：《房山石經題記匯編》，書目文獻出版社，1989 年。

地域。聶姓，《姓觿》入聲十六葉部聶姓載：“氏族大全云：楚大夫食採於聶，因氏。路史云：衛公族之後。千家姓云：河東族。”可見聶姓原來是分佈在今河南、山西南部一帶。《晉書‧劉元海載記》載：“東嬴公騰使將軍聶玄討之，戰於大陵，玄師敗績，騰懼，率并州二萬餘户下山東，遂所在爲寇。”可能也説明聶姓在十六國時期仍有些居住在并州地區，後有些遷到東方。

此外，這件四面造像背面的題名全是婦女，除爲首的比丘尼外，俗家稱謂有邑母與清信女兩種，大概是對已婚婦女和未婚婦女的分別稱呼。也就是説，參與造像邑社的普通人衆，被稱爲：呂子、邑母與清信女。而在其他的北朝造像題記中，無論男女供養人都被稱作“邑子”。“邑母”的稱呼是非常罕見的[1]，可能是某一地區的特有稱呼。值得注意的是上引東魏武定元年七月廿七日道俗九十人等造像讚碑題記中也有“邑母”的稱呼，陸增祥曾指出：“邑母之稱僅見於此。”而據《金石續編》卷二記載，該道俗九十人等造像題記原在河南河内縣北孔村，即今河南省沁縣境内。根據“邑母”這一罕見的特有稱呼推測，這件聶顯標邑義六十餘人造四面佛像也可能出於今河南省沁縣一帶。有趣的是，這一帶也有古代聶姓居住的遺跡。如《史記‧刺客列傳》載：“聶政者，軹深井里人也。”《史記索隱》云：“地理志河内有軹縣，深井，軹縣之里名也。”《史記正義》云：“在懷洲濟源縣南三十里。”直至清代，《讀史方輿紀要》卷四十九濟源縣軹城條下仍記載：“旁有深井里，即聶政所居也。”這些記載，也許對於確定該造像的原所在地有所參考。

---

[1]　北朝造像碑中不分男女統稱邑子者很多，此舉一例：北齊天保八年劉碑造像，題名均署爲“維那”與“邑子”，中有“邑子陽郭女”、“邑子田桃姬”、“邑子樂妃”等明顯是女性的供養人。見《八瓊室金石補正》卷二十一。

# 西安碑林藏北魏朱輔伯造像碑考

裴建平*

朱輔伯造像碑爲收藏於西安碑林博物館的著名造像碑，曾收録於《西安碑林全集・造像卷》。其一九五九年出土於陝西華縣瓜支家村，與其同出的還有三通朱氏家族造像碑，均收藏在西安碑林博物館。

朱輔伯造像碑爲圓形螭首，作扁平長方體狀。碑高一百七十八厘米，寬八十五厘米，厚二十六厘米。碑四面開龕，正面碑額部鑿一尖拱圓形龕，以火焰形龕楣。龕内雕一倚坐佛，高肉髻。上身披帛交叉於胸前，下着長裙。手施無畏與願印。兩側爲脅侍菩薩。碑陽龕分上下兩層排列（圖一），上層爲三龕，中間爲主龕，尖拱火焰楣，龕楣左右綫刻飛天。龕内雕一佛二菩薩，佛穿雙領下垂大衣，結跏趺坐，衣裾覆於佛座，衣紋雕飾華麗細緻，極富有韵律感和裝飾性。佛座兩側各浮雕一卧獅。主龕左右各有一較小龕，均爲帷帳龕。左龕内爲一菩薩，頭戴冠，寶繒翹起，披帛交叉腹部，左手執塵尾。右側龕内雕一人物，頭戴高冠，着交襟衣，右手握一如意。碑陽下部爲兩并排尖拱龕，兩龕下綫刻香爐。龕内均雕一坐佛兩菩薩。此兩龕一側還開一小龕，雕一菩薩坐於象背，手施無畏與願印。在龕下方綫刻一比丘，旁題：比丘僧振供養。兩龕另一側還開上下兩龕，内爲手施禪定印的坐佛。碑陽最下部淺浮雕朱輔伯夫婦和子女像，中間題：持中朱輔伯。清信王妙勝。息朱僧養。息朱羅侯。息女宜好。息女禪檀。息女英□。

碑陰碑額部有上下兩龕（圖二），上龕内僅爲一佛，高肉髻，但亦同碑陽碑額龕内一樣，佛着披帛，下爲裙。碑額下龕雕雙佛并坐，均穿雙領下垂大衣，施禪定印。碑陰中間開一大龕，内雕一佛結跏趺坐，佛亦手作無畏與願印，旁侍立兩菩薩。大龕周圍爲千佛小龕。碑陰最下部題供養人姓名：主馬俱。朱上明。朱安明。朱起子。朱阿席。朱英族。朱阿陀。朱□喜。朱賞□。叔父朱□□。父朱願生母鄭阿雙。沙彌普賢。沙彌僧度。沙彌僧□。沙彌僧□。沙彌僧□。沙彌僧□。沙彌僧□。沙彌僧延。沙彌□□。沙彌僧□。比丘法濟。比丘僧儀□朱伯□。比丘僧□比丘僧文比丘僧録。

* 裴建平，西安碑林博物館副館長。

碑一側開上下兩龕，内雕坐佛。另一側最上部鑿一小坐佛龕，其下爲發願文：

夫巽宗主，罕指妙韻，以開言玄鑒，圓拓凝敢而健化，金影垂紛則允流。九天王質，謝輝而六合。杉立參是，故麓野□四諦之門。／紫□振三明之頌，灑法水以彰□吐。征音而遺□，教跡未□緣。□以聲息，綱潛唱頌。孟芷輪足，□契□□。□□顯其元□，□□□／者矣。有佛弟子朱輔伯，詔先祖朱成征之膏，仕符入秦，爵參北烈，世哼慕宋，儀聲朗外，故脈／訓達從。信心超悟，廣立二寺，五十餘僧，練行清修，惠溫□袍。師主僧振，識機臺命，深省妙野，／即赦菩提，□應華山之陽，得清玉石一方，即徹依減膳，遠聘穌氏之匠，近征五輪之手，爲七世／父母所生父母，因緣眷蜀，造像二百區，其袄也。□洛元朗，威聲清立，□□鮮楚，神光肅溢。竪日／同璪，玫□共質，忝君建功，既就匠不墮。力巍巍於無能，□其元盪蕩焉。玄鑒難可測，故□厝鄅／之有。開義繡崟之北，左右俠覆象之精；觀兮星井之則，知者踴躍以照明。□俗投真而去□，十／仕迴首乃□勝。諸天恬音而□德，住居山清，洗志鬆林，風聲□峰，□若接吟。法古動□，只園同□，化地踴暢，□儀□□。／邑士人段，即生信心，淼淼空韻，炭炭玄風。淑莫潛光，道隱虛冲，尋之如元録之□，□行化九霄湏籍。天窮纓王，彤形畫金。喦象曰九晃，寬□□□，鳳想眉光，□映奄薨。

朱輔伯造像碑陽開龕九個，碑陰開三大龕和若干小千佛龕。可以説各個佛龕都是有所本的，現從這些佛龕的題材内容、佛和菩薩的服飾，以及雕刻技法等諸方面作以闡述和分析。

# 一　題材和内容

## 1. 彌勒造像

碑陽九龕分上、中、下三層分佈，最上層爲一龕，位於碑額部。龕内的主尊，爲倚坐式，磨光高肉髻，但服飾却爲菩薩裝束，碑陰碑額部龕内像亦類似，這種造型較爲少見。從佛教題材的内涵分析，其應是彌勒造像。

彌勒像是根據部類龐多的彌勒經典雕造的，這些經文可分爲二大類：一類描述彌勒從人間上生兜率天爲一生補處菩薩的經典，如《佛説觀彌勒菩薩上生兜率天經》；另一類描述彌勒未來從兜率天下生到人間成佛的經典，如《佛説彌勒下生經》、《佛説彌勒下生成佛經》等。因此北魏的彌勒像有雕爲彌勒菩薩像，也有雕作彌勒佛像的。分別尊崇彌勒上生信仰和彌勒下生信仰。

較早的彌勒像如甘肅炳靈寺後秦弘始元年（420）169窟第6龕彌勒菩薩繪像，其旁墨書題"彌勒菩薩"，北凉石塔上也有雕造，皆是上祖下裙的衣飾。

就北魏時期石窟中的彌勒龕像來看，在敦煌莫高窟、雲岡和龍門等石窟中數量都

很多。彌勒像多採交脚坐式，着菩薩裝，戴寶冠，上身袒裸，佩項圈、瓔珞、蛇飾等
飾物。大多的彌勒菩薩像，一般在兩層或數層龕像組合中，位置都在最上一層。在雲
岡石窟的第六、七、九、十、十一、十二等窟，彌勒龕像或一龕或數龕基本排列在窟
壁的最上層。如第九窟前室東壁上層屋形龕內，中間雕交脚彌勒菩薩，左右爲思維菩
薩作脅侍。下層置兩圓拱龕，內各雕一坐佛，前室西壁亦然①。另在敦煌石窟二五九窟
北壁，置上下兩層龕，上層有三龕，其中兩龕爲交脚菩薩，下層也爲三龕，中間一龕
內塑立佛，兩旁龕內塑坐佛。敦煌石窟二七五窟的交脚菩薩也塑於上層龕內②。這種排
列布置安排，應是刻意爲之的，依據佛經，表示彌勒菩薩高居"兜率天"，其是所謂
"六欲天"的第四個天界，美妙無比，只要信奉彌勒菩薩，來世就可上昇到"兜率天"，
在這美麗的佛國天堂裏，實現所有的人生追求。這種大量的、象徵彌勒高居"兜率天"
的龕像的雕造，也是十六國以來，許多高僧大德極力提倡和弘揚彌勒上生信仰的結果。
慧皎《高僧傳·道安傳》載："安每與弟子法遇等，於彌勒前立誓，願生兜率。"道安
弟子曇戒的傳記又載："後篤疾，常誦彌勒佛名不輟口。弟子智生侍疾，問何不願生瞻
養，戒曰：吾與和尚等八人同願生兜率，和尚及道願等皆已往生，吾未得去，是故有願
耳。言畢 即有光照於身，容貌更悦. 遂奄爾遷化，春秋七十，仍葬安公墓右。"道安的
友人僧輔，鄴人，在他的影響下，也篤信彌勒，曾在荆州上明寺立願"誓生兜率，仰
瞻慈氏"。因此，在長期濃重的彌勒信仰弘法氛圍中，就造就了與此緊密相連的大量
的北魏彌勒菩薩造像。

　　通過以上對北魏石窟中彌勒菩薩所處位置的分析，朱輔伯造像碑碑陽最上層和碑
陰最上龕內着菩薩裝的佛像應是彌勒造像。但這也隨之產生兩個需要解釋的問題，即
朱輔伯碑這尊彌勒像坐姿和造型與通常的北魏彌勒菩薩像相異的問題。

　　就北魏時期來看，交脚坐姿應是彌勒造像的定式。學術界根據有銘文的造像，一
般認定交脚菩薩和佛像爲彌勒。石窟中有銘文者，如雲岡 17 窟太和十三年（489）的
交脚彌勒菩薩像，龍門古陽洞太和十九年（495）長樂王夫人尉遲氏造彌勒像等。單體
造像中的交脚像爲數不少，多附刻有銘記，是確認身份與年代的重要標尺。年代較早
者，有北魏延平二年（509）比丘法口造交脚彌勒菩薩像，以及西安碑林博物館藏北魏
景明年間劉保生夫婦造彌勒佛等。

　　朱輔伯造像碑的這兩尊彌勒，採倚坐之姿，和通常的北魏彌勒像相異，特別是在
交脚彌勒甚爲流行的陝西基本不見。但北方其它地區和南方，還是有此類彌勒單體像

①　參見《中國美術全集雕塑編·雲岡石窟》，文物出版社，1988 年 6 月第一版。
②　參見《中國美術全集雕塑編·敦煌石窟》，文物出版社，1988 年 6 月第一版。

存在的。根據學者研究河北地區北魏就有倚坐式彌勒的雕造①，文獻上也有南方製作倚坐彌勒的記載，如《名僧傳鈔·僧道矯》即有：“元嘉十六年（439），罄率衣資，共起佛殿三間並諸花幅，造夾仁彌勒佛倚像一軀，高一丈六”。另外，也有學者認爲敦煌莫高窟石窟、雲岡石窟、龍門石窟北魏的倚坐佛像中，有的爲彌勒像，并且認爲雲岡石窟7、8、9、10、38窟中，交脚菩薩像和倚坐佛像成對出現，即是表示了彌勒上昇兜率天和下生成佛。所以這尊彌勒像的雕造是吸收了陝西以外彌勒像的雕造因素。

在前面我們已提到伴隨着對彌勒上生信仰和下生信仰，雕造出了菩薩裝的彌勒和佛裝的彌勒，在陝西關中所遺存的北魏彌勒像中，佛裝的彌勒交脚像占了相當的比例，如西安碑林博物館所藏北魏皇興五年（ 471 ）彌勒交脚佛像、北魏景明年間劉保生夫婦造彌勒交脚像等。朱輔伯造像碑碑陽這尊造像的做法，即磨光高肉髻的佛的面容，又以菩薩的披帛長裙裝束，筆者認爲造像者是想把對彌勒的上生和下生信仰結合在一起，達到兼而信之的目的，故采取在彌勒形象上混合兩種造像元素的做法。實際上想達到將彌勒上生和下生信仰統合在一起的造像，其他地區也有一些，只不過采取的方式略有不同。如四川成都出土的南朝造像中，有一南齊永明八年（490）彌勒造像碑②，將上生經與下生經的內容表現在同一石碑上，正面爲彌勒佛，背面爲屋形龕，內雕交脚菩薩，表現彌勒菩薩在兜率天的形像。另在日本藤田美術館所藏神龜元年的金銅彌勒菩薩像，爲交脚菩薩的形象，既是説這尊彌勒是爲彌勒上生信仰所造。可是該像的造像記却有：“托生四方妙樂國土，蓮花三會，與佛相隨”，蓮花三會應是‘龍華三會’之意。造像人既希望托生兜率天的佛國樂土，又希望伴隨彌勒佛同赴龍華三會，兼有兩者之惠。正如《觀彌勒菩薩上生兜率天經》所云：“如是等衆生若净諸業六事法，必定無疑當得生於兜率天上，值遇彌勒，亦隨彌勒下閻浮提，第一聞法於未來世。”

因此，從朱輔伯造像碑這尊造像在碑上所處的位置、裝束、頭髻的造型和坐姿等，進行綜合分析，可以證明其是彌勒像，且是將上生信仰和下生信仰結合在一起的彌勒造像。

## 2. 維摩詰經變圖像

朱輔伯造像碑碑陽主龕，即第二層中間大龕兩側各鑿一小龕，一側龕內雕菩薩，另一側龕內人物頭戴冠，着右衽交襟衣，顯然是一世俗人物形象。從這兩龕的位置和龕內所雕形象，使人自然要將其同藏於陝西耀縣藥王山的魏文朗造像碑聯繫在一起。

---

① 李玉珉：《河北早期的佛教造像——十六國和北魏時期》，《故宮學術季刊》第十一捲第四期。
② 趙聲良：《成都南朝浮雕彌勒經變與法華經變考論》，《敦煌研究》2001 年第 1 期

在魏文朗造像碑碑陰主龕"龕之兩側刻'刻維摩變',文殊、維摩詰均坐於屋下作問答狀。"①魏文朗碑之文殊、維摩均坐於屋形龕內,而朱輔伯碑兩側龕爲帷帳龕,都是表示文殊、維摩位在室內,均契合於《維摩經·問疾品》所述情節。

　　按有關維摩詰的經典傳入中土較早,該經最早爲後漢嚴佛調所譯,名《古維摩經》,共一卷,繼有吳支謙譯《維摩詰所説不思議法門經》,爲兩卷。後又有西晉竺法護譯《維摩詰所説法門經》一卷和西晉竺叔蘭譯《毗摩羅詰經》三卷。流傳最廣的爲姚秦鳩摩羅什譯《維摩詰所説經》三卷,自隋、唐以降,多數研習此經者都是以鳩摩羅什重譯本爲依據的。

　　羅什所譯《維摩詰經》共十四品,其中第五《文殊師利問疾品》述吠捨離城居士維摩詰深通大乘佛法,在家中故意示疾,文殊菩薩秉承佛旨前往問疾,於是與維摩詰辯論佛法,闡述大乘般若性空的思想。經云:"爾時,佛告文殊師利:'汝行詣維摩詰問疾。'……今二大士,文殊師利、維摩詰共談,必説妙法。即時八千菩薩,五百聲聞,百千天人,皆欲隨從。於是文殊師利與諸菩薩大弟子衆,及諸天人恭敬圍遶,入毗耶離大城。爾時,長者維摩詰心念:'今文殊師利,與大衆俱來。'即以神力,空其室內,除去所有,及諸侍者;唯置一床,以疾而臥。文殊師利,既入其舍,見其室空,無諸所有,獨寢一床……"。

　　現存的最早維摩詰經變中有明確紀年的,爲甘肅永靖縣小積石山炳靈寺 169 窟內的三幅壁畫。炳靈寺第 169 窟上層 10 號壁畫,現存一佛一菩薩像,佛像側墨書"釋迦牟尼佛",左側菩薩旁墨書"維摩詰之像"。11 號壁畫,在長方形帷帳內繪兩人,右側題名"維摩詰之像",維摩詰作病態斜臥於帳內。左側一菩薩裝侍者題名"侍者之像"。24 號壁畫最下方殘存一幅維摩文殊對坐圖,其旁有榜題"文殊師利維摩詰"②。以上三幅壁畫繪於西秦建弘元年(420)之前,是我國現存最早的維摩詰經變,畫面簡潔,屬於初創階段。北魏時期,反映維摩詰經的造像在雲岡、龍門石窟逐漸增多,基本以《文殊師利問疾品》爲創作的題材。如雲岡石窟第 7 窟中的《問疾品》,形式爲"左右各作佛龕四層,左邊第二層爲維摩詰,右邊第一層爲文殊師利。龕均作拱垂幕形,維摩右手持塵尾,左手安置床上,戴尖頂帽,面有須。文殊半跏趺坐,右手微舉,頭有項光,頂有寶蓋、飛天。其它幾窟形式大致相同"。龍門石窟中維摩經變造像數目比雲岡爲多而形式相仿,如北魏時期的賓陽洞的維摩詰、文殊造像:"坐於幾帳的維摩詰,冠帶長須,右手執塵尾,斜倚幾上,前有天人,左側有侍女二人;門右側爲文殊師利,

①　韓偉、陰志毅:《耀縣藥王山的佛道混合造像碑》,《考古與文物》1984 年第 5 期。
②　吳荭、魏文斌:《甘肅中東部石窟早期經變及佛教故事題材考述》,《敦煌研究》,2002 年第 2 期

寶冠瓔珞，坐蓮座上，手舉胸前，前有舍利弗，後有菩薩弟子二人。"① 另外，北魏的其他造像碑上也有雕文殊、維摩像的，但數量較少，如藏於日本大阪市立美術館的北魏普泰元年（531）造像碑，在碑陽上層帷帳龕內，雕文殊、維摩相向而坐，人物刻畫生動，似作辯論狀②。

從維摩詰經變在西秦出現，到經過北魏的發展，其反映的內容、情節、人物刻畫逐漸走向定型和成熟，但整體來看，還處於初級的階段，特別是造像碑，由於受本身條件的限制，反映維摩經的造像相對比較簡單，情節也大多只能通過文殊、維摩對坐表現。象朱輔伯造像碑的維摩經變，還同早期的一樣，文殊、維摩分雕在單獨的帷帳龕內，其旁也沒有刻畫天女的形象，且均爲正面端坐，不如雲岡、龍門石窟有些維摩經變，文殊、維摩相向雕造側像，手舉胸前作論辯狀，顯得人物刻畫生動。

朱輔伯造像碑的維摩變較特殊之處，文殊菩薩右手握一塵尾，維摩詰却右手上抬執如意。在早期的維摩經變中，如炳靈寺 169 窟、始光元年（420）魏文朗造像碑上，維摩詰手上是不執物的，後隨着這一經變的中國化，其手持了六朝士大夫清談所使用的工具——塵尾。但象朱輔伯碑維摩經變中文殊手持塵尾的，基本未見。是雕造工匠對粉本解讀錯誤，還是此雕法賦予了雕像別的含義，或是民間工匠由於雕刻構圖的原因，隨意對粉本進行了改造，這或許需要做進一步的探討。

### 3. 釋迦多寶并坐像

朱輔伯造像碑碑陰從上至下也開上、中、下三層龕，其中碑額部有兩龕。第二層龕內雕結跏趺坐雙佛并坐像，手均施禪定印相。按照此龕圖像特點，其無疑是據《法華經·見寶塔品》雕造的釋迦、多寶佛并坐像。

《法華經》是大乘佛教的重要經典，西晉太康七年（286）竺法護於長安譯出《正法華經》。鳩摩羅什到長安後，又於後秦弘始八年（406）重譯了《法華經》。從竺法護正式將法華思想傳入中國，到鳩摩羅什的再譯，直接而有力的促成了《法華經》在長安的傳播。例如藏於西安博物院的北魏永興三年（411）魏阿金造像、北魏永興三年釋迦造像就是很直接的證明，這兩尊造像比甘肅永靖炳靈寺的釋迦、多寶圖像還早近十年。而且宿白先生曾指出，炳靈寺窟龕和壁畫中出現的釋迦多寶、維摩一類大乘圖像，應與鳩摩羅什在長安譯出《無量壽經》和《賢劫經》，並重譯《法華》、《維摩》密切相關，那末對本地區的影響更應毋庸質疑。就整個北魏的長安造像來看，釋迦、多寶佛坐像一直是造像雕刻中的重要題材。

---

① 金維諾：《中國美術史論集》，人民美術出版社，1981 年
② 金申：《中國歷代紀年佛像圖典》，文物出版社，1994 年 6 月第一版，圖 136。

另外，朱輔伯造像碑還雕刻有釋迦和千佛的題材。釋迦像不管是在北魏時期長安的單體造像還是佛教造像碑之中，都是出現較多的題材。其基本爲結枷趺坐式，手施無畏與願印或禪定印，是這一時期人們主要供養對象之一。在關中地區北魏佛教造像碑中，反映釋迦内容的造像就是釋迦結跏趺坐説法像、禪定像，還有釋迦思維像和與釋迦有關的佛傳故事等。

朱輔伯造像碑碑陽的中層主龕、第三層兩大龕、兩小龕和碑陰的主龕，以及碑兩側的三小龕均雕釋迦説法或禪定像。其中碑陰和碑陽主龕的釋迦像與碑面的其他題材又有機的聯繫在一起，反映了更深更多的佛典内容。如碑陰的諸多題材，即法華經的象徵釋迦多寶佛＋上昇兜率天的彌勒菩薩＋千佛的組合，就反映了《妙法連華經》卷7《普賢菩薩勸發品》的内容，，即法華經受持者將來往生到兜率天彌勒净土的整體圖像，經云：“若有人受持讀誦解其義趣，是人命終爲千佛授手，令不恐怖，不墮惡趣，即往兜率天上彌勒菩薩所”。

此外，在此碑碑陽第三層兩主龕左上側小龕内，雕一菩薩趺坐一大象背上，手施無畏與願印相。從其手印和乘象這兩點來分析，此應爲表現能仁菩薩乘象入胎的造像。如《修行經》卷上云“於是能仁菩薩化乘白象，來就母胎”，其性質應同思維像一樣，爲正覺佛像。在西安碑林博物館皇興五年造像背面和北魏茹氏合邑一百人造像碑碑陰主龕，都有此類的陰刻圖像和造像。[①]

## 二　雕刻手法和藝術風格

### 1. 造像碑本體的佛龕布局和藻飾

就造像碑這一形式本身，即是脱胎於中國傳統碑的形式，實際就是將浮雕、綫刻畫、文字等諸種形式融爲一體，將域外的立體造型藝術和中國傳統的圖案、文字結合在一起。陝西關中地區的造像碑，從最早的北魏始光元年魏文朗造像碑開始（420），大多一直延續相對不變的藻飾形式和整體布局到北朝末。一般整體爲長方體狀，在碑中上部僅開一主龕，龕基本爲圓拱或尖拱，龕楣大多飾雙龍交頸圖案，龕楣左右上方飾飛天。龕下中部陰刻香爐，其下大部碑面綫刻數排供養人，旁題供養人姓名。碑最下部還刻出人物、車馬出行場面。

從朱輔伯造像碑的布局和藻飾來看，其與陝西關中一般的造像碑，如耀縣藥王山博物館、碑林博物館、臨潼縣博物館所藏造像碑相比，有較大的不同。首先此碑整體

① 裴建平：《再論北魏茹氏合邑一百人造像碑的宗教性質》，《碑林集刊·十》，陝西師範大學出版社，2004年。

爲螭龍頂扁平狀長方體，碑首呈半圓形，上端有雕刻精美的二螭龍交織盤遶，螭龍頂碑碑首精雕細刻，較爲繁褥，此種造像碑在關中很少，而在豫東這種造像碑從北魏晚期出現，至東西魏、北齊北周時期興盛不衰，是豫東造像碑的主要形式。另從龕的布局看，朱輔伯造像碑在碑額、碑面鑿龕三層，排列密集有序。不似關中造像碑僅在碑兩面中上部開一主龕，且龕楣無雙龍交頸圖案，爲尖拱火焰楣或帷帳龕。

### 2. 造像的衣飾和雕刻技法

筆者在以前的文章中曾就關中北魏造像的服飾和造型特點做過論述[1]，指出了關中造像一般衣紋雕刻采用密集凸稜上再施一陰綫或以密集的陰綫來表示。而且這些造型特徵從五世紀早期的趙忠信造像、五世紀中期的和平二年釋迦造像和皇興五年彌勒造像，一直延續到五世紀末、六世紀初中期，如景明二年（501）四面佛造像、劉寶生景明三年（502）造像、劉寶生彌勒造像等。而且佛造像肢體肥壯、面相豐圓的特徵也一直沿用，北魏中晚期中原龍門褒衣博帶式佛像基本没有對長安佛像產生影響，如其長臉細頸的面相、神采飄逸的清秀體態，衣紋階梯形雕刻等。

朱輔伯造像碑上的佛像則是秀骨清像式的，着"褒衣博帶式大衣"，外衣寬博，袖口肥大，内着僧祇支，有的裙帶在胸前打結，結下雙帶下垂。右襟的帶多甩向左手的手腕上。衣紋采用直平階梯式雕刻，兩道褶皺間相距較寬，層層上叠，斷面形成寬平的階梯狀。着重綫條的裝飾意味。寬大的衣裾層層交叠，覆於佛座，雕刻華麗繁複，具有濃厚的裝飾意味和韵律感，形成所謂"懸裳座"。從服飾和雕刻技法來看，朱輔伯造像碑受河洛地區造像碑影響較大，吸收了不少此地區的造像碑元素。

## 三　小結

陝西關中地區的佛造像和造像碑的題材和内容，與十六國、北魏以來竺法護、道安、鳩摩羅什等一批高僧大德在此地區所譯出的大乘經典密切相關。朱輔伯造像碑上出現的釋迦多寶并坐像、文殊維摩詰像和彌勒像等，都是關中造像流行的題材，從這一點看，其具有關中佛造像的共性。但另一方面，朱輔伯造像碑所刻彌勒像，融合了彌勒菩薩和彌勒佛像兩者的造型特徵，這在關中佛造像中基本不見，是一種獨創的形式，反映出對彌勒上生信仰和下生信仰並崇的特徵，而且整個造像碑所雕的諸種題材有着内在的聯繫，這也是與大多關中造像碑題材單一，或多種題材僅爲形式考慮合刻

---

[1]　裴建平：《從關中地區出土佛造像看長安模式造像的形成》，《碑林集刊·十二》，陝西師範大學出版社，2006 年。

一起不同。再從佛像雕刻技法來看，采用了直平階梯式，服飾爲褒衣博帶大衣，佛像作長臉細頸式。彌勒像也不同於關中地區常見的交脚坐式，而變爲倚坐式。另外，造型碑整體造型爲螭龍扁平長方體狀，碑面鑿刻排列整齊的數龕。從造像碑發願文和刊刻的姓名可以知道，此造像碑爲朱輔伯夫婦和子女所造，附帶有少量的家族成員。至於爲數不少的僧人，應改是發願文所提到的寺院的僧人。綜合諸因素，朱輔伯造像碑因其所在的地理位置，是在陝西關中地區佛教傳播氛圍和造像碑雕造傳統下，接受較多的河洛地區造像碑的因素而完成的，反映了河洛地區造像對陝西佛造像的影響。朱輔伯造像碑和與其同出的三通造像碑對研究長安模式造像的形成，以及探討關中地區與河洛地區造像的交互影響都具有重要的作用。至於其反映的更多問題，還需要做進一步的探討和研究。

圖一                                              圖二

# 北齊《劉洪徽妻高阿難墓誌》考述

殷　憲<sup>*</sup>

《書法叢刊》2006 年第 2 期載《拿雲美術博物館藏墓誌選》，中有《齊□□墓誌》拓本圖版及"大齊太尉公平梁王劉君墓誌"蓋。<sup>①</sup>因誌石下部漫漶嚴重，右上方也有一至二字損泐，墓主姓氏名諱已難讀出，故作《齊□□墓誌》（下附誌蓋也被翻置）。該刊所載《〈拿雲美術博物館藏石〉序》也未對此誌作任何介紹，祇説"拿雲美術博物館的石刻藏品……基本上來自河南、河北與山東地區"。<sup>②</sup>因此，有必要採用誌文提供的信息，徵之於有關文獻資料及以往出土的相關墓誌，作一些考查研究。

## 一　墓主人考

《齊□□墓誌》尺寸不明。誌文爲隸書，25 行，足行 25 字。首二行誌題，應爲 42 ～43 字，但可辨識者祇有"齊驃"、"開府儀同"、"城縣開國"、"徽"、"萇樂長"等 14 字。"長"後第三字勉强可辨爲"高"字。從已識文字及前後文義，這兩行可釋作"齊驃（騎大將軍）開府儀同三（司）……（敷）城縣開國□（劉）洪徽□□萇樂長（公主）高……"。

據《北齊書·劉貴傳》，"次子洪徽嗣，武平末，假儀同三司，奏門下事"。<sup>③</sup>

《北齊書·神武下》，武定元年三月，"西魏太師賀拔勝以十三騎逐神武，河州刺史劉洪徽射中其二"。<sup>④</sup>

《北齊書·廢帝紀》，"乾明元年五月壬子，以開府儀同三司劉洪徽爲尚書右僕射"。<sup>⑤</sup>

＊　殷憲，大同大學北朝研究所教授。

① 《書法叢刊》2006 年第 2 期，45 頁。

② 趙超《〈拿雲美術博物館藏石〉序》，載《書法叢刊》2006 年第 2 期，22 頁

③ 《北齊書·劉貴傳》，北京，中華書局點校，1972 年，250～251 頁。

④ 《北齊書·神武下》，21～22 頁。

⑤ 《北齊書·廢帝紀》，75 頁。

　　東魏興和二年，《魏故使持節侍中驃騎大將軍太保太尉公録尚書事都督冀定瀛殷並涼汾晉建陝肆十一州諸軍事冀州刺史陝肆二州大中正第一酋長敷城縣開國公劉君墓誌銘》（簡稱《劉懿墓誌》）云："世子散騎常侍、千牛備身洪徽"。①

　　可見劉洪徽爲北齊名臣、高歡"奔走之友"② 劉貴（誌稱劉懿，字貴珍）之子，其人歷官情況是：

　　東魏興和二年（540），散騎常侍、千牛備身。

　　武定元年（543），河州刺史。

　　天保九年（558），驃騎大將軍，□城縣開國公。

　　乾明元年（560），開府儀同三司，尚書右僕射。

　　武平末（575～576），假儀同三司，奏門下事。

　　《北齊書》無職官志，好在其官職多依魏制，按《魏書・官氏志》，散騎常侍，第二品下。千牛備身爲北魏末近侍之官，《魏書・官氏志》失載。《魏書・恩幸傳・寇猛傳》云："世宗踐位，（寇猛）復叙用，愛其膂力，置之左右，爲千牛備身，歷轉遂至武衛將軍。"③ 依魏制，武衛將軍，爲從第二品下，則千牛備身應低於武衛將軍數階，可能是第三品下階或從三品上階。④ 這與其後數年刘洪徽的外任實職河州刺史相當。然而，千牛備身是非親信不得充任的寵要之職。如《魏書・奚康生傳》，"（元）又以其通姻，深相委託"，以奚"康生子難爲千牛備身"。⑤ 千牛即千牛刀，是代北武夫的隨身短兵器。如《魏書・爾朱榮傳》，爾朱榮討葛榮時，"榮將戰之夜，夢一人從葛榮索千牛刀，而葛榮初不肯與。此人自稱我是道武皇帝，汝何敢違。葛榮乃奉刀，此人手持授榮。既寤而喜，自知必勝"。⑥ 驃騎大將軍，貴爲第一品，其開國縣公爲從一品。儀同三司僅次於太師、太尉，爲第一品下。而一旦開府，則高至第一品中。尚書右僕射，雖爲從一品中階，却是朝中顯職。以上是劉洪徽仕途的巔峰時期。武平末之假儀同三司、奏門下事，顯然是被降官爵。假儀同三司比開府儀同三司低了許多。從《北齊書・封隆之附從子孝琰傳》之"由是正授左丞，仍令奏門下事"，《文苑傳・劉逖

---

① 趙萬里《漢魏南北朝墓誌集釋》（下簡稱《集釋》），北京，科學出版社，圖版二九四。筆者亦藏清道光年間出土後的《劉懿墓誌》剪裱本。據山西省考古所《山西碑碣・劉懿墓誌》16～18 頁："石藏山西省博物館。"山西人民出版社，1997 年。

② 《北齊書・神武上》，2 頁。

③ 《魏書》，1997 頁。

④ 據趙萬里《集釋》二九四，徵引《古泉山館金石文編殘稿》，"考《唐六典》左右千牛衛注云：'謝綽《宋拾遺録》有千牛刀，即人主防身之刀也。後魏有千牛衛備身，本掌乘輿御刀……蓋言此刀可以備身，因以名官。'"

⑤ 《魏書》，1632 頁。

⑥ 《魏書》，1651 頁。

傳》之"征還，待詔文林館，重除散騎常侍，奏門下事"看，[1] 奏門下事與正四品的尚書左丞，二品下的散騎常侍相去不遠，説明在後主高緯時代劉洪徽確實被降過職。《北史·劉貴傳》所記"次子洪徽嗣樂縣男。卒，贈都督、燕州刺史"，[2] 正反映了這種情況。

下面我們略微了解一下其父劉貴的情況：

《北齊書·劉貴傳》：劉貴"歷爾朱榮府騎兵參軍。建義初，以預定策勛，封敷城縣伯，邑五百户"。[3]

《劉懿墓誌》云："君諱懿，字貴珍……起家歷大將軍府騎兵參軍，第一酋長。莊帝之初，以勛參義舉，封敷城縣開國伯，食邑五百户……進爵爲公，增邑 五百，拜散騎常侍，撫軍將軍。乃除使持節都督涼州諸軍事。"

從劉貴（或名劉懿）魏末得敷城縣開國伯和敷城縣開國公之封，以及史傳之"次子洪徽嗣"，墓誌之"世子散騎常侍、千牛備身洪徽"，知劉洪徽以世子的身份嗣父敷城縣開國公之爵是合於情理的。也説明《齊□□墓誌》的"□城縣開國"前所缺爲"敷"字，則劉洪徽也是敷城縣開國公了。

至於誌文所載劉洪徽的驃騎大將軍可補史缺，史傳所記奏門下事、河州刺史、尚書右僕射，則是其歷官或誌文首行的缺文。

下面繼續回到劉洪徽及《齊□□墓誌》的相關情況。

《劉懿墓誌》末，羅列其子嗣官職及子婦世族如下：

長子撫軍將軍銀青光禄大夫，都督肆州諸軍事，肆州刺史元孫。

妻驃騎大將軍司徒公元恭之女。

世子散騎常侍，千牛備身洪徽。

妻大丞相勃海高王之第三女。

次子肆州主簿徽彦。

少子徽祖。[4]

世子和散騎常侍、千牛備身，是東魏興和元年（539）十一月至興和二年（540）正月劉洪徽的身份和官職。《齊□□墓誌》"□□之元子也。家承鍾鼎之□，門有將相之功"，正是北齊秀容劉氏家族榮耀顯赫情況的寫照。唯此處不言世子而稱元子，元子

---

[1]　《北齊書·封隆之附從子孝琰傳》，308 頁；《北齊書·劉逖傳》，615 頁。

[2]　《北史·劉貴傳》，北京，中華書局點校本，1974 年，1904 頁

[3]　《北齊書·劉貴傳》，250 頁。

[4]　《北齊書·劉貴傳》，251 頁，只記"長子元孫，員外郎、肆州中正，早卒，贈肆州刺史。次子洪　徽嗣，武平末，假儀同三司，奏門下事"，缺墓誌所列"次子肆州主簿徽彦。少子徽祖"。

亦即世子，嫡長子也。《劉懿誌》稱劉元孫爲長子，想是其納宗族"常山王之孫尚書左僕射元生之女"前髮妻所生。[①] 大丞相高王，即北齊的創建者、後尊爲高祖神武皇帝的高歡。此時他的官爵是相國（雖屢屢"固辭"，但還是被稱爲大丞相）、録尚書事、大行臺、齊獻武王。[②] 劉貴"與高祖布衣之舊，特見親重""皇建中，配享高祖廟庭"，[③] 所以兩家結爲兒女親家可謂門當户對。

從《劉懿墓誌》，已知劉洪徽妻爲大丞相勃海高王之第三女，那麼，《齊□□墓誌》一行末及二行殘文可串讀爲"敷城縣開國公劉洪徽妻故萇樂長公主高氏墓誌銘"。

三行應爲"公主諱微字阿難，渤海脩人也。即武皇之第三女……"。

四行"□□石而爲極天，化霸道而成王□"，五行"□而稱公"，似爲對高歡的贊語，略同於《劉懿墓誌》的"大丞相勃海王命世挺生，應期霸世"。

上列誌文告訴我們：

1. 劉洪徽妻、高歡第三女，封號爲"長樂"（長，誌文作萇），又因此時的皇帝齊文宣帝高洋是其兄妹行，故稱長公主。

2. "□懟出於天性，温恭表於自然。業備組紃，學兼雕篆"，"□章辯詩人之六義"等，説明在拓跋魏當權的高歡，已經十分重視對其子孫們——不光是男性也包括女子——進行傳統的儒家文化的教育和熏陶。這與起於邊鎮的高歡、斛律金、劉貴等第一代人絶然不同。史載"（厙狄）干不知書，著名爲'干'字，逆上畫之，時人謂之穿錐。又有武將王周者，署名先爲'吉'而後成其外，二人至子孫始並知書"。[④] 這正是對那個在文化上退化已極而在武力上突然崛起的特殊人群的生動描述。

3. "加以深悟苦空，洞推真假，研馬鳴□□□"。[⑤] 反映了魏齊之世，像高歡這樣的王公顯貴家族崇奉佛教的情況。這也爲北齊諸多石窟和佛像的雕造增添了新的注脚。

4. 高徽高阿難九歲便封爲渤海郡君，並且做了劉家的媳婦。一方面可知當時高門顯族之間少男少女婚嫁的情況。另一方面反映長期依附於爾朱氏的劉貴，與其少年時的秀容故舊高歡，一直保持着非同尋常的關係。再則，高阿難在劉家的地位雖然很高，但她與家庭成員關係處理得很好。

5. "歸於儀同劉王"説明，進入北齊後，劉洪徽憑着自己的特殊身份，被封爲異姓王，這一情況爲正史失載。同時證明《書法叢刊》《齊□□墓誌》下之"大齊太尉公平梁王劉君墓誌"，確系劉洪徽墓誌之蓋，應與高阿難墓誌同出一兆。但從乾明元年

---

① 山西省考古所《山西碑碣·劉懿墓誌》，石藏於山西省博物館。山西人民出版社，1997 年。
② 《魏書·孝静帝紀》，303 頁。
③ 《北齊書·劉貴傳》，251 頁。
④ 《北齊書·厙狄干傳》，198 頁。
⑤ 馬鳴菩薩是公元二世紀時出生於中天竺俱薩羅國枳多城大乘論師。

（560）劉洪徽以開府儀同三司爲尚書右僕射可知，天保八年（557）其妻卒時劉洪徽還在人世，太尉、平梁王是他後來的官爵抑或卒後贈官。

6. 父兄"武帝"高歡、"文襄"高澄之死，對高阿難打擊很大。雖有誌文後的"皇上切天倫之□"，"乘輿臨哭，賵贈加禮，謚曰昭順"，但失去父與兄兩項大保護傘，對她甚至是劉貴、劉洪徽家族後來的影響是可以想見的。

## 二　高阿難的卒年及葬地

1. 高氏的卒葬時間。

在《高阿難墓誌》中，高氏的卒葬年代都漫漶莫辨。唯十五行記其卒年的倒數第三字"以"下依稀是一"天"字，作"以天□□年十一月，遘疾薨於晉陽之第"。十七、十八行有"以天□九年□□□寅五月癸亥朔廿八日庚申窆於肆州城西南系□山之□□"。北齊以天字打頭的年號衹有兩個，一爲天保（文宣帝高洋），一爲天統（後主高緯）。天保數到十年（550～559），天統衹數到六年（565～569）。那麼高阿難就該是天保八年（557）十一月"薨於晉陽之第"了。更兼其葬於"天□九年□□□寅五月"，可讀爲天保九年歲次□寅五月。而這一年歲次爲戊寅。於是可以斷定高阿難卒於天保八年十一月，而葬於天保九年五月了。

2. 高阿難的享年。

《高阿難墓誌》十五行"□兹三壽，終此百禄，而報施無征，奄捐館舍。春秋□□□"。細審"春秋"下三字，基本上無跡可尋。衹覺第一字很短，第二字較長，第三字很像兩橫或三橫。似爲廿有三、卅有三或冊有三（或廿有二、卅有二、冊有二）。爲了判斷高氏享年，下面我們先看一下高歡、其妻婁氏及其子嗣的生卒年。

高歡卒於東魏武定五年（547）正月，享年五十二歲，當生於太和二十年（496）。[①]

婁氏（史稱婁皇后）"大寧二年（562）春，……四月辛丑，崩於北宮，時年六十二"。[②]知其生於北魏景明二年（501），小高歡五歲。

歡長子高澄（後追尊爲文襄皇帝）被盜殺於東魏武定七年（549）八月，二十九歲，則其生於北魏孝明帝正光二年（521），其時高歡二十六歲，婁氏二十一歲。

次子高洋（文宣帝），暴卒于北齊天保十年（559），三十一歲，生於北魏永安二年（529），小高澄八歲，其時其父高歡三十四歲，母婁氏二十九歲。

---

① 《北齊書·神武下》，24 頁。
② 《北齊書·神武婁后》，124 頁。

第三子高浚（永安王），天保九年（558）十二月被殺。享年不明。

第四子高淹（平陽王），河清三年薨於晉陽，享年不明。

第五子高浟（彭城王），河清三年（564）遇害薨，年三十二歲，當生於北魏永熙二年（533），其時高歡三十八歲，婁氏三十三歲。

第六子高演（孝昭帝），皇建二年（561）病死，享年二十七歲。生於東魏天平二年（535），其時高歡四十歲，婁氏三十五歲。

第七子高渙（上黨王）天保九年（558）十二月與浚同時見殺，時年二十六。則生於永熙二年（533），則與五子高浟同年，而長六子高演兩歲，恐《北齊書》、《北史》所記皆誤。

第八子高淯（襄城王），《北齊書》、《北史》祇記其天保二年薨，生年不明。出土於河北磁縣的《高淯墓誌》記其"以天保二年三月二日薨於晉陽，時年十六"。[①] 知其生於東魏天平三年（536），時高歡四十一歲，婁氏三十六歲。

第九子高湛（成武帝），皇建二年（561）即位，河清四年遜位其子，天統四年（568）卒，三十二歲。生於東魏天平四年（537），其年高歡四十二歲，婁氏三十七歲。

第十子高湝（任城王），隆化二年（577）齊亡自盡，享年不明。

此外，尚有第十一子高陽王高湜（與文宣同年即天保十年薨），十二子博陵王高濟（天統五年薨），十三子華山王高凝，十四子馮翊王高潤，皆不記其享年。惟知十五子高洽天保五年（554）十三歲薨，其生年爲興和四年（542），其時高歡四十七歲。[②] 1975年9月出土於河北磁縣東槐樹村的《高潤墓誌》記高歡十四子高潤"以武平三年（572）八月六日遭疾，廿二日薨於州館"。末又記"王薨時三十三"。知其生於興和二年（540），時年高歡四十五歲。[③]

於上可知：

①高歡的十五個兒子，爲其二十六歲至四十七歲即公元521至542年所生，其得子之遲爲魏齊王公貴胄所少見。這符合其少時"家貧，及聘武明皇后，始有馬，得給鎮爲隊主"的情況。[④] 據《北齊書·神武婁后》，"太后凡孕六男二女"，文襄帝高澄生於521年，文宣帝高洋生於529年，孝昭帝高演生於535年，襄城王高淯生於536年，武成帝高湛生於537年，博陵王高濟生年不明。可見婁氏的生育期很長，如果長子高澄之前再無子女，則在二十一歲至四十歲左右（三十七歲生高湛後，尚有幼子高濟）。

---

①　趙萬里《集釋》，圖版三一一。

②　《北齊書》：《文襄紀》37頁；《文宣紀》67頁；《孝昭紀》85頁；《孝昭紀》95頁。《北齊書·高祖十一王》，132～140頁。

③　張子英《磁州史話》，49～50頁，冀邯地出準字（1992）第41號。

④　《北齊書·神武上》，1頁。

②考察上列高歡十五子生年，我們發現高澄與高洋的生年竟長隔八年，即高歡二十六歲至三十四歲，婁氏二十一歲至二十九歲，不僅婁氏未生子，而且其他夫人也無生子者。之所以出現這種情況，有兩種可能。其一，婁氏二女正生於這八年之間。《北齊書・神武婁后傳》云，婁皇后"孕魏二后並夢月入懷"。① 《魏書・孝靜皇后高氏傳》却衹記"孝靜皇后高氏，齊獻武王之第二女也"。"興和初……以后駕迎於晉陽之丞相第。""齊受禪，降爲中山王妃。後降於尚書左僕射楊遵彥。"② 其二，高歡側室雖多，但納娶較晚，直到他三十四歲前側室夫人還未生子或有女而無子。

③劉洪徽妻高氏，既爲高歡第三女，則肯定不在婁氏所生六男二女之數。婁氏二女若生於 521～529 年，即幼於高澄而長於高洋。第三女高阿難之生年則應在次女孝靜后高氏之後。假如長女生於 523 年，次女生於 525 年，第三女高阿難生於 525 年或 526 年是可能的，其時高歡是三十歲或三十一歲。她天保八年（557）卒時應爲三十二或三十三歲。看來高阿難衹小於高澄和長女、次女而長於其他子女。這就是説高阿難享年不應是四十二或四十三歲，如果阿難卒時是四十二三歲，就該生於 515 或 516 年了，比長子高澄 521 年的生年還要早五到六年，何况她之前還一定要有兩位姐姐，這種設想可以否定。高氏享年也不可能是二十二或二十三歲，如果是這樣，則其生年在 535 年或 536 年，上距次女（孝靜皇后）約 525 年的生年是十多年。這不可能，因爲除婁皇后外，高歡尚有第三子永安王高浚之母王氏，第四子平陽王高淹之母穆氏，第五子彭城王高浟和十三子高凝之母大爾朱氏，第七子上黨王高涣之母韓氏，第十子任城王之母小爾朱氏，第十一子高陽王高湜之母游氏，第十四子馮翊王之母鄭氏，第十五子漢陽王高洽之母馮氏等八位夫人，在此十多年間，諸夫人不可能没有再生一位公主女兒。因爲其間衹須再有一女，高氏"大丞相勃海高王之第三女"的身份就不能成立了。③ 因此，劉洪徽妻高氏的生年距第二女孝靜皇后一定很近，墓誌記其享年應爲卅有三或卅有二。

另外，可以作爲劉門高氏生年參照的尚有幾個男子的生年。

一是東魏孝靜帝。據《魏書・孝靜帝紀》，天保"二年（551）十二月己酉，中山王（遜位後封中山王）殂，時年二十八"，則其生於正光五年（524）。因孝靜是小皇帝，婁氏二女高皇后應與其同年或略大，即 524 年或前一兩年。高阿難生於 525 年左右不會大錯。

二是劉貴父子。《北齊書・劉貴傳》和《劉懿墓誌》皆未記劉貴的享年，但是從他

---

① 《北齊書・神武婁后傳》，124 頁。
② 《魏書・皇后傳》，341 頁。又《北齊書・楊愔傳》456 頁，"尚太原長公主，即魏孝靜后也"。
③ 《北齊書・楊愔傳》，"愔、子獻、天和皆帝姑夫雲"。可見高歡諸夫人生女不少。

與高歡布衣之交的情況，二人年齡應相仿。興和元年（539）劉貴卒時，高歡是四十四歲，劉貴也差不多該是這個年齡。劉貴家族是秀容豪族（第一酋長），假令他十八至二十歲娶妻，二十歲左右得子，此時庶長子劉元孫該是二十三四歲，次子劉洪徽該是二十一二歲的樣子。次子劉徽彥、劉徽祖應不足二十歲，尚未婚娶。高氏九歲歸劉家，應是 533 年（以其生於 525 年算），此時劉洪徽是十四五歲。這樣的年齡是合理的，墓誌所記高阿難享年卅二或卅三是可以確定的。

3. 高阿難的葬地。

《高阿難墓誌》記其"薨於晉陽之第"，"窆於肆州城西南系□山之□□□五里"。據《魏書‧地形志》肆州條："肆州治九原。天賜二年爲鎮，真君七年置州。領郡三，縣十一。"①《魏書‧孝靜帝紀》武定元年"齊獻武王召夫五萬於肆州北山築城，西自馬陵戍，東至土隥"，即其地也。②又云，"秀容郡，永興二年置，真君七年並肆盧、敷城二郡屬焉。"領縣四，曰秀容，曰石城，曰肆盧，曰敷城。③又《隋書‧地理志》，"樓煩郡，大業四年置。統縣三：静樂，臨泉，秀容。""秀容，舊置肆州，後齊又置平寇縣。後周州徙雁門。開皇初置新興郡、銅川縣。郡尋廢。十年廢平寇縣。十八年置忻州，大業初州廢，又廢銅川。有程侯山、系舟山。有嵐水。"④可見，魏齊肆州自隋開皇十八年（598）有忻州後一仍自今。秀容、肆盧、敷城、九原，或分或合，或置或廢，皆爲肆州（今忻州）地。《高阿難墓誌》所指肆州城西南系□山之□□□五里的葬地，就在今山西省忻州城西南，系□山很可能就是《隋書‧地理志》中的"系舟山"。

查《劉懿墓誌》，其葬地爲"肆盧鄉孝義里"。又據趙萬里《集釋》二九四《劉懿墓誌》云，"清道光初出沂（忻字之誤）縣，歸太谷溫氏。《永樂大典》五千二百四原字韵，引《太原志》，'魏劉貴珍墓，在忻州城西九原岡上，有碑在焉。'"又據張彥生《善本碑帖錄》"誌道光初山西忻縣西九原岡出土，後歸縣人焦丙照，又歸太谷溫氏。"⑤由此看來，劉洪徽父劉懿葬地肆盧鄉孝義里，亦即忻州城西九原岡，同時也是其子劉洪徽夫婦葬地肆州城西南系 舟 山之□□□五里之地。"系舟山之□□□"，所缺三字莫非"九原崗"歟？這就是說，《齊劉洪徽妻高阿難墓誌》及其夫《大齊太尉公平涼王劉公墓誌》之蓋，皆爲出自山西忻州而流至山東淄博拿雲齋者。這於《書法叢刊》所云"拿雲美術博物館的石刻藏品……基本上來自河南、河北與山東地區"，是一補正。

---

① 《魏書》，2473 頁。
② 《魏書》，306 頁。
③ 同上。
④ 《隋書》，853 頁。
⑤ 張彥生《善本碑帖錄》，78 頁，北京，中華書局，1984 年。

劉懿是崛起於邊鎮的代北舊族，以其第一酋長和肆州大中正（其長子元孫爲肆州中正）的經歷，秀容劉氏很可能是匈奴獨孤部貴族。而誌載其“弘農華陰人”和陝州大中正，則與進入中原的代人攀附中原望族的風氣有關。但最終他還是歸葬到了秀容故鄉，承認了他的真實出身。

### 三　《高阿難墓誌》書法

《高阿難墓誌》書體，在北齊諸多隸書墓誌中可謂是較爲純粹的一種。其特點有三：一、結字體勢全是漢隸家數，其冲和頗類東漢熹平六年（177）之《尹宙碑》，但稍覺體散而力虧；秀逸欲追東漢中平二年（185）之《曹全碑》，惜乎氣格不逮。二、北齊出現的隸書銘刻書法，多以楷書結體、用筆而稍加波磔爲之，實際上是極不和諧楷隸混合體，如武平四年（573）的《高僧護墓誌》即是突出的一例。《高阿難墓誌》則大不相同，少數捺筆雖仍見楷足痕跡，如“默”字，但多數盡皆波磔出鋒；其橫畫起筆並非北朝楷書的方折露鋒，而是折中帶圓，勁健簡捷，很像東漢建寧四年（171）《西狹頌》的許多橫筆風致，而一些長橫，如“六”、“乘”等字已全作“蠶頭”狀；此刻中許多小點與楷書無異，但“家”、“尊”、“窆”、“鍾”等字的上點還是嚴格以隸法爲之。這些楷筆小點反而成了此誌書丹人的一個書寫特點，一如此石中的短橫收筆的回護。三、時見篆籀筆法。突出表現爲長豎的垂露，短橫的回收，折肩的圓轉，以及愛字上部及心旁的寫法，等等。

我曾在《〈濟南愍悼王妃李尼墓誌〉的書法價值》一文中，就北魏後期到北齊篆文墓誌蓋及隸書誌文的出現作過一些討論，認爲這種現象反映由北魏前期到中後期，再到東魏以至北齊喪葬風氣由崇尚節儉到追求鋪排的過程，這個過程也是社會政治由較清明走向濁穢的過程；反映當時士大夫階層對中國古代禮樂制度的懷念追求和模仿，同時也表現爲在文字、書法乃至整個文化領域的“正名”和復古；反映新的統治集團棄舊圖新理念和對新亡皇權和舊的歷史時期的否定，這種否定無不滲透到政治的、經濟的、社會的、文化的各個領域的所有層面。[1] 總而言之，這種文化現象是南北朝時期代北民族建立的政權——包括北魏、東魏以至北齊——漢化即封建化進程不斷深入的必然結果。反映在文字和書法方面，則是一個由初創到成熟，由簡約到繁複的過程。在這樣的過程中，太武帝“始光詔書”和江式“延昌上表”具有劃時代的意義。

1. “始光詔書”指導下的字體、書體革命。

北魏早期，文字及書法方面的綱領性文件是太武帝始光二年（425）“初造新字千

---

[1]　見《北朝研究》，1996 年第 3 期，35 頁。

餘"時的詔書：

> 在昔帝軒，創制造物，乃命倉頡因鳥獸之迹以立文字。自兹以降，隨時改作，故篆隸草楷，並行於世。然經歷久遠，傳習多失其真，故令文體錯謬，會義不愜，非所以示軌則於來世也。孔子曰，名不正則事不成，此之謂矣。今制定文字，世所用者，頒下遠近，永為楷式。①

　　而在實踐方面，代表人物是崔玄伯、崔浩父子（後則有盧淵，號爲崔盧二門）。"（崔玄伯）尤善草隸行押之書，爲世摹楷"，②"浩既工書，人多讬寫《急就章》。從少至老，初不憚勞，所書蓋以百數，必稱'馮代强'，以示不敢犯國，其謹也如此。浩書體勢及其先人，而妙巧不如也。世寶其迹，多裁割綴連以爲模楷。"③
　　作爲太武帝文字改革指導思想的"始光詔書"，解決的主要問題是"文體錯謬，會義不愜"。這裏的"文體"二字，顯然不是古籍中習見的"吾文體英絶，變而屢奇"，"所作詔誥，文體宏麗"之意，④而是指六書中"象形"之體式，與下句之"會義"對舉。然則"文體錯謬，會義不愜"，並不是單涉象形、象義中存在的問題，而是總言"篆隸草楷，隨時改作，傳習多失其真"等字體方面的問題。所造新字千餘，想來有的是正體規範，有的是別體認定，當然更多的是依六書之義新造文字。在拙作《〈濟南愍悼王妃李尼墓誌〉的書法價值》中，筆者曾談及北魏太平真君四年（443）《嘎仙洞祝文》中"天子燾使謁者僕射庫六官、中書侍郎李敞、傅㽔……敢昭告於皇天之神"的"㽔"字。⑤在官方文件中出現的這樣一個會意字，當然應是"永爲楷式"的正體字。然而，這也恰恰是後來江式指出的"談辯之士，又以意説，炫惑於時"，而以"追來爲歸，巧言爲辯，小兔爲𪔀，神蟲爲蠶"的不規範文字。⑥
　　"始光詔書"出現在太武帝即位的第三年。這樣專業性很强的詔書，我想應當與其時的朝廷重臣、學者兼書法家崔浩有關。但是，《魏書·崔浩傳》説，"世祖即位，左右忌浩正直，共排毁之。世祖雖知其能，不免群議，故出浩，以公歸第"。⑦太武帝即位是在泰常八年（423）十一月，次年改元始光，崔浩以白馬公的身份歸第可能就發生

---

①　《魏書·世祖太武帝紀》，70 頁。
②　《魏書·崔玄伯傳》，623 頁；《魏書·盧玄附度世子淵傳》1050 頁："魏初工書者，崔盧二門。"
③　《魏書·崔浩傳》，826～827 頁。
④　《南齊書·張融傳》，729 頁；《北齊書·邢邵傳》，476 頁。
⑤　見拙文《北魏平城魏碑述略》圖版，《書法叢刊》1999 年第 1 期，8 頁。
⑥　《魏書·江式傳》，1963 頁。
⑦　《魏書·崔浩傳》，815 頁。

在上年底或這年初。始光二年（425）三月下詔時，崔浩是繼續在家賦閒，還是重新出山，史無明載。但是崔浩雖然回了家，但並沒有離開平城，更沒有淡出決策中心，太武帝仍是"及有疑議，召而問焉"。不管是主動決策，還是"召而問焉"，這件事情都會與他有關。爲什麼這樣說呢？因爲在文化氣候近乎荒漠的早期拓跋鮮卑政權，發生這樣的文化革新之舉，不借重於以崔浩爲首的入魏中原文化官僚世族的力量是不可能的。即以崔浩而言，太祖拓跋珪時，"以其工書，常置左右"；太宗明元帝拓跋嗣時，"拜博士祭酒，賜爵武城子，常授太宗經書"；① 太武帝初的"始光詔書"，理應是繼太祖、太宗之後，崔氏文化啓蒙事業的又一新舉。

正因爲"始光詔書"的文化基礎很差，所以其深度和質量也會大打折扣。其實它全部工作就是"今制定文字（造新字千餘），世所用者，頒下遠近，永爲楷式"。而"始光詔書"的作用，說到底是爲剛剛進入統治集團的所謂"代人"識字寫字、粗通文字提供方便，因此新造文字的原則，無非是通俗、實用、簡易而已。

北魏早期碩儒和書家們，除崔浩晚年"勒所注《五經》""於天郊東三里"，② 如同蔡邕的洛陽"三體石經"一樣有規範經文、注文和文字的功用外（崔浩很快便因此獲禍，人碑俱亡），並沒有在文字規範上做更多的事情。就書法創作而言，也看不出多少以古正今的動作。崔玄伯的成就主要在草隸和行押書方面，從"（崔）浩書體勢及其先人，而妙巧不如也"，可知他所擅書體也與其父大同，其工在草不在隸。他不厭其煩地鈔寫《急就章》，書以"馮代強"向拓跋代獻忠，也說明這一點。崔浩父子的書法，深得北魏前三代皇帝重視，"爲世摹楷"，"世寶其跡，多裁割綴連以爲模楷"，主要是草隸和行押書。盧氏家族的傳人盧淵"習家法"，"法鍾繇書"，同樣也"兼善草跡"。③

由於皇家的這種態度，在崔盧二門身後，可謂衣冠慕之輻輳，尋聲而響臻，希光而影鶩了。茲舉數例证之：

"崔衡學崔浩書，頗亦類焉。"

"李思穆有度量，善談論，工草隸，爲當時所稱。"

"柳崇身長八尺，善草書，頗涉文史。"

"劉懋聰敏好學，博綜經史，善草隸書，多識奇字。"

"王世弼善草隸書，好愛墳典。"

"王世弼子王由好學，有文才，尤善草隸。"

"庾道歷覽史傳，善草隸書，輕財重義。"

---

① 《魏書·崔浩傳》，807 頁。
② 《魏書·崔浩傳》，825 頁。
③ 《魏書·盧玄附度世子淵傳》，1050 頁。

"劉仁之少有操尚，粗涉書史，真草書跡，頗號工便。"

"裴敬憲工隸草，解音律，五言之作，獨擅於時。"

"始玄伯父潛爲兄渾誄手筆草本，延昌初，著作佐郎王遵業買書於市而遇得之。計誄至今，將二百載，寶其書跡，深藏秘之……人多摹拓之。左光禄大夫姚元標以工書知名於時，見潛書，謂爲過於己也。"①

上舉十例北魏早中期（起於道武帝天興元年即 398 年，尤其是"始光詔書"之後，訖於江式上表的宣武帝延昌三年即 514 年左右，大約 120 年）在崔盧二門影響下成名的重要書家，他們所專擅的書體主要是草隸或隸草。相比之下，此間專攻篆隸者就比較少了，《魏書》留下的記録祇有三例三人，其一爲道武帝朝的谷渾，其二爲孝文帝太和年間的沈法會，其三爲太和至景明初的柳僧習。②

不管草隸、隸草是分指草、隸二體，抑或專指草書或隸勢而草筆之書，總而言之，北魏早期的主流書體與草、行（甚至包括現今意義上的"楷"）有著密切的關係。於公文手札，大抵類乎大同沙嶺村東出土的太延元年（435）破多羅太夫人壁畫墓之漆畫題記，太和三年（479）的《馮熙寫雜阿毗曇心經》，太和八年（484）的司馬金龍墓木板漆畫題字（甚至永安二年（529）的《四耶耶骨石棺墨書》仍存此種氣象），此外就是太和十五年至十六年（491～492）的大同北魏明堂和操場城宮殿的衆多瓦刻文字了。這些瓦刻文字，説是銘刻書體，實際上是工匠們直接用硬物或手指劃寫在濕瓦坯上的，所以更多地表現出手寫的意味，比前舉漆畫題記更覺鮮活真率。即以簡體、俗體字而言，前舉嘎仙洞祝文中的"瓮"又出現了，而"俟"作"矣"，"個"作"个"，"齊"作"斉"，"察"作"窒"，"香爐"作"香盧"，"韓"作"𪐴"等，③ 其簡約的意味比同時代的發願文和墓誌文更進了一步。在銘刻書，大概可分兩種：一種是類乎太延三年（437）的《皇帝東巡之碑》、和平二年（461）的《皇帝南巡之頌》，包括正平元年（451）的《孫恪墓銘》、興安三年（454）的《韓弩真妻王億變墓碑》等正規的碑石文字。另一種是永興元年（409）的"王斑"及"王禮斑妻興"墓磚、天安元年

---

① 《魏書·崔玄伯附族人寬子衡傳》，625 頁；《魏書·李寶附詔從叔思穆傳》，897 頁；《魏書·柳崇傳》，1030 頁；《劉芳附從子懋傳》，1229 頁；《魏書·王世弼傳》，1588 頁；《魏書·王世弼附子由傳》，1588 頁；《魏書·江悦之附庾道傳》，1592 頁；《魏書·劉仁之傳》，1794 頁；《魏書·裴敬憲傳》，1870 頁；《魏書·崔玄伯傳》，624 頁。

② 《魏書·谷渾傳》，780 頁：谷渾，太祖時，以善隸書爲内侍左右。《魏書·江式附沈法會傳》，1965 頁：太和中，兗州人沈法會能隸書，世宗之在東宫，敕法會侍書。《魏書·裴叔業附柳僧習傳》，1580 頁：僧習，善隸書，敏於當世。

③ 殷憲《北魏明堂瓦刻文述略》圖版，《書法叢刊》，1999 年，第一期，43～48 頁；殷憲《北魏平城書法綜述》圖版，《東方藝術·書法》2006 年第 3 期圖版 41～47 頁。

（466）的《曹天度造九層塔題記》、《叱乾渴侯墓磚銘》和《莨安人謁侯》墓磚、太和十四年（490）的《屈突隆業墓磚》，以及不明年代的《宿光明冢》、《王羌仁冢》墓磚等。此類磚石銘文往往具有急就的性質，草率而簡易，可以民間銘刻體稱之。①

　　上述書體、書風的出現，不消説與當時大的社會、文化背景和書法創作導向有關。愚以爲在北魏早中期，書家（書手）個體的創作自由度是比較大的。此時，草隸成了主流書體，但並非一枝獨秀，而是不同書體各擅其美；不僅在民間，主要是官方，簡體、俗體、別體、異體字大受歡迎，並登上了大雅之堂；更兼朝野上下崇佛佞佛，開窟造像，發願祈福，蔚成風氣，葬制葬禮日趨繁縟，銘石墓誌爲官私所重，於是乎簡便易識的文字在與鐵筆、堅珉相結合的過程中，終於催生了一種前所未有的新興書體——世稱魏碑者。可以説，上面提到的産生於太和年間皇字號工程的瓦刻文字，是書與刻結合的最好範例。因此我想，瓦刻文諸體兼備，各呈其妙，書刻隨意，不求工整，以及簡體俗體，信手拈來的特點，是不是在一定程度上反映着所謂"草隸"或"隸草"的時代風貌呢？

　　2. "延昌上表"發動的北朝後期書學復古運動。

　　魏收在《魏書·江式傳》中用很大的篇幅照録了江式延昌三年（514）上表的全文。該文從庖羲氏製八卦、倉頡創文字，列述周秦漢晉的文體和書體演變正途。含沙射影地批評了太武帝朝的"始光詔書"及其不良後果。進而指出：

　　　　皇魏承百王之季，紹五運之緒，世易風移，文字改變，篆形謬錯，隸體失真。俗學鄙習，復加虛巧，談辯之士，又以意説，炫惑於時，難以釐改。故傳曰，以衆非，非行正。信哉得之於斯情矣。乃曰追來爲歸，巧言爲辯，小兔爲䨲，神蟲爲蠶，如斯甚衆，皆不合孔氏古書、史籀大篆、許氏《説文》、《石經》三字也。凡所關古，莫不惆悵焉。②

請求以許慎《説文》爲主，爰採諸多古籍、字書當中：

　　　　文字有六書之誼者，皆以次類編聯，文無複重，糾爲一部。其古籀、奇惑、俗隸諸體，咸使班於篆下，各有區別。詁訓假借之誼，僉隨文而解。音讀楚、夏之聲，並逐字而注。其所不知者則闕如也"。③

---

① 殷憲《北魏平城書法綜述》，《東方藝術·書法》2006 年第 3 期，6～40 頁。
② 《魏書·術藝傳·江式傳》，1963 頁。
③ 《魏書·江式傳》，1964 頁。

宣武帝對江式的意見十分贊賞，"詔曰：'可如所請，並就太常，冀兼教八書史也。其有所須（秘籍），依請給之。名目待書成重聞。'"這樣"延昌上表"的實施有了堅實的基礎，改革的成果和影響是顯著的。

一是創製了文字改革的藍本。"（江）式於是撰集字書，號曰《古今文字》，凡四十卷，大體依許氏《説文》爲本，上篆下隸。"① 以篆書为本源，以隸書为正體。雖然正光四年（523）江式病死，"其書竟未能成"，但是這次歷時十年的文字改革是成功的，江式也是幸運的。宣武帝當場讓他"並就太常，冀兼教八書史"，但凡皇家墳典、秘籍，"其有所須，依請給之"。他表章中關於選派"學士五人嘗習文字者，助臣披覽"資料，"書生五人，專令鈔寫"文稿，"侍中、黃門、國子祭酒一月一監，評議疑隱"的請求想來也不會落空。②

二是有着明確的改革方向。《古今文字》"上篆下隸"，而以"古籀、奇惑、俗隸諸體"附於篆下。詁訓假借，隨文而解，音讀之聲，逐字而注。這一方面宣告了篆、隸二體不可撼動的正體位置，另一方面，對各體中謬錯、失真者並非簡單地一概廢棄，而是將一些古字、奇字、俗字作爲附錄，在比較中規範字體。經過這樣的努力，北魏後期乃至東魏北齊的銘刻書體，隸化程度愈高就愈臻規範。趙萬里《集釋》轉引《古泉山館金石文編殘稿一》評《劉懿墓誌》"字體甚端正，絕無當時繆俗之習"。③ 蓋此之謂也。

三是改革取得了明顯的效果。江式"篆體尤工，洛京宮殿諸門板題，皆式書也"。④ 這本身就是一種榜樣，是江式對其倡導的書必篆隸的時代風尚的身體力行。風氣所及，"（江）式兄子征虜將軍（江）順和，亦工篆書"；"（孫惠蔚）子（孫）伯禮……善隸書"。《北齊書》記下北齊司徒趙彥深在書法方面一個耐人尋味的真實故事：趙彥深"學涉群書，善草隸，雖與弟書，書字楷正，云草不可不解，若施之於人，即似相輕易，若與當家中卑幼，又恐其疑所在宜爾，是以必須隸筆"。⑤ 趙彥深雖然精於草書，但他更多地把草書視爲一種書寫技藝，一種藝術境界。他一方面主張文人士夫要識草寫草，另一方面又認爲最好不要將其延入實用領域，用它去寫文書、信札。他給朋友的書信，絕不用草書，生怕人家產生輕忽而不莊重、不尊重的感覺；他每作家書，都

---

① 《魏書·江式傳》，1964 頁。

② 同上。

③ 趙萬里《集釋》，二九四，《劉懿墓誌》。

④ 《魏書·江式傳》，1960 頁。

⑤ 《魏書·江式附沈法會傳》，1965 頁；《魏書·孫惠蔚傳》，1854 頁；《北齊書·趙彥深傳》，507 頁。

要寫成一筆一畫的隸書，怕用草書產生疑義、歧義，甚至對晚輩產生誤導。即便是給弟弟的信，也照例是遵於楷法正體工工整整地去寫。當然是從實用出發的，同時也有幾分在文字面前表現出的敬畏感。這種情況，恐怕不單單是趙彥深的個性所致，可能更多地表現爲北魏末以至北齊的一種文化習尚和當時士大夫在書體使用與書法創作方面的根本標準和基本態度，而這種標準和態度不能不與"延昌上表"發動和引領的文字和書法復古潮流有着必然的聯繫。

我在《〈濟南愍悼王妃李尼墓誌〉的書法價值》一文中，曾經作過一個粗略統計，雖然宣武帝後期已開始出現篆書墓誌蓋，但直到高歡遷鄴之前篆文誌蓋仍未代替楷書誌蓋而佔據主導地位，這種轉變要到東魏、北齊的鄴城政權才最終完成。① 我也注意到，篆書誌蓋文由楷到篆的演化過程，也與墓誌銘文的隸化基本同步；其實它是踩着"延昌上表"的改革節拍前進的。《劉洪徽妻高阿難墓誌》隸書誌文及《大齊太尉公平梁王劉君墓誌》篆書誌蓋文，正好與這種改革節奏相符合。

**附録：《齊劉洪徽妻高阿難墓誌》**

1. 齊（驃騎大將軍）開府儀同三（司）……（敷）城縣開

2. 國□□洪徽□□莨樂長（公主）高……

3. 公（主諱）徽，字阿難，渤海條人也。即（武）皇（帝）之（第三女也）。□開緑錯

4. □，挺□□□。□石而爲極天，化霸道而成王□。□□□□□□□無

5. □而稱公。□資潤春崖，擒光麗浦。同若華之四□□□□□

6. □慜出於天性，温恭表於自然。業備組紃，學兼雕篆。□□□□，□

7. 章辯詩人之六義。加以深悟苦空，洞推真假，研馬鳴□□□，□

8. □□微言。于彼一乘，遺此三分。公宮把其閑婉，皇室□□□□。□

9. □□音，俄然允集。年九歲，封渤海郡君，歸於儀同劉王，□□□□

10. □□之元子也。家承鍾鼎之□，門有將相之功。□學□□□□

11. □□好兼於鄭默，愛顧均於盧縮。爰降魯元之親，遂□□□□。

12. □奉舅姑，唯極恪勤之禮；傍接娣姒，不以尊懿矜人。婦□□□，□

13. □斯備。及武皇晏駕，柴毀加人；襄帝昇遐，哀感逾製准。□□之

14. 主，通於神明。故以道邁魯師，德高孟母。言出無玷，行□弗□。

15. □兹三壽，終此百禄，而報施無征，奄捐館舍。春秋□（有三），以天（保）

16. （八）年十一月，遘疾薨於晉系陽之第。皇上切天倫之□，□□□□□

---

① 殷憲《〈濟南愍悼王妃李尼墓誌〉的書法價值》，《北朝研究》1996 年第 3 期，36 頁。

17. □壑之悲。乘輿臨哭，賵贈加禮。謚曰昭順，禮也。以天（保）九年（歲次）

18. （戌）寅五月癸亥朔廿八日庚申窆於肆州城西南系□山之□□

19. □五里。若夫，日月徂遷，山川翻易。用緝芳塵，式雕玄石。□□□□

20. □筐五色，瑤臺九重。派流江汜，分萼昆峰。□□比潤，桃李□□。□

21. 膺聖寶，克饗天龍。肇自王宮，下歸公室。肅雍之美，以□之□。□□

22. 有聞，四德無失。在滿逾沖，處高不溢。天道□□，□□□□。□川易

23. 遠，過隙難留。芳蘭摧夏，貞桂先秋。雲□斯吉，將赴山丘。□物俱陳，

24. 車徒並列。挽響晨悲，饒□曉咽。柳車已駕，佳城將閉。唯有嘉□，寄

25. 之長世。

# 跋北魏辛鳳麟妻胡顯明、
# 辛祥及妻李慶容墓誌

羅　新[*]

　　北魏辛祥及妻李慶容夫婦墓，1975 年由山西省文物工作委員會在太原南郊東太堡磚廠清理發掘，兩人的墓誌即出土於該墓。1973 年在同一區域還曾發現一座北魏辛鳳麟夫婦墓，可惜資料已不完整，僅存辛鳳麟妻胡顯明墓誌的拓片一份。這三方墓誌的拓片圖版及出土情況，均見代尊德《太原北魏辛祥墓》一文[①]。代文雖然發表於 1981 年，但似乎一直沒有引起北朝墓誌研究者的注意，趙超《漢魏南北朝墓誌彙編》沒有收這三方墓誌，而我們在編寫《新出魏晉南北朝墓誌疏證》時也未能補入。茲以小跋一篇，介紹辛鳳麟妻胡顯明、辛祥及妻李慶容墓誌，先迻錄這三方墓誌誌文，並略加考訂於後，以見其史料價值之一斑。

## 一　辛鳳麟妻胡顯明墓誌

　　魏故東安太守隴西辛君夫人胡氏之墓誌銘
　　夫人諱顯明安定臨涇人也其先蓋出自陳胡公
　　締構綿邈業緒蟬聯芳猷世載有聞前籙祖中書
　　考宣侯或昇麟閣或踐鳳池並尤文默當世稱焉
　　夫人溫恭潔靜言行無擇既笄而歸於辛氏率蹈
　　禮容剋諧婦德匪唯慶結兩門抑亦譽流三族而
　　蠡斯徒詠嘉祚弗繁子卒未旬而東安府君薨衔
　　悲茹苦既釐且獨哀毀內侵沉痾遂積自嬰此疾

*　羅新，北京大學中國古代史研究中心副教授。
①　代尊德：《太原北魏辛祥墓》，載《考古》編輯部編《考古學集刊》第一集，中國社會科學出版社，1981 年，197～202 頁。

三日薨於洛陽永年里第其年十二月己未朔越

廿七日乙酉歸祔於晉陽之北山合葬東安府君

竝鐫石嚴阿用昭弗朽其詞曰

嬀源派緒暉墟增構世業紛綸英靈碩茂載此嬪

容風儀獨秀婉彼清軒德音孔就亦既有行觀茲

哲士日濟其光月成其美譬潔猶瓊方香如芷於

何匪吊愆茲福履違此就養即彼玄房松門蕭瑟

泉徑荒涼千秋一古悠哉未央冥刊斯石讜絹遺

芳

夫人祖義周中書侍郎領著作郎

父方囘中書侍郎雍州刺史臨涇宣侯

皇辟故寧朔將軍東安太守鳳麟

息元景以太和廿二年中先亡

繼孫叔文今北中郎中兵參軍事

魏正光三年十一月十七日刊

## 二　辛祥墓誌

魏故征虜安定王長史義陽太守辛府君墓誌銘

君諱詳字萬福隴西狄道人也長源緬邈峻緒嬋聯辛甲以正諫歸文世為卿尹有瘳

以明監先識再美春秋左軍英烈飛鴻聲於前漢酒泉忠款扶王業於中興固以事炳

丹青義光圖史自茲以降軒冕世襲七世祖怡晉幽州刺史有名前代祖以寬明蒞政

緝民譽於下邳考以清純樂古澹丘園於止足君稟靈樹慶含仁挺質孝友著於綺年

和裕彰於早歲忠敬汎愛之德發自天識溫恭信義之行實資懷抱是以宗族揖其風

鄉黨懷其惠弱冠舉司州秀除司空行參軍俄遷主薄後轉冀州征東趙王功曹參軍

事未之官超補并州太傅屬於時妙簡才良盛茲府望君充其選甚收高譽及綏撫畿

甸司武北蕃枹鼓寢於未暮毗風播於日用後行并州事美化甚著逮荊郢內屬岳司

首臨朝廷以物情未安博求良貳復舉君為郢州龍驤長史義陽太守君惠茲新附翼

彼初蕃遠至邇安人情悅穆永平中國家多難懸瓠構庋齊苟兒縱橫陳汝郢民既叛

馬仙琕復陷楚城自淮及潁非復國民惟義陽孤鎮單危獨守兼兵微勢弱敵寇四衝

上下相猜人無固志雖羅獻懸守巴東未為孤迴郝照重圍窘迫方此非危終能摧葛

蔓之師覆金山之眾安郢蕃之土還叛逆之民實君之功也雖苟程之全東郡楊趙之

復西州論節比奇實未為喻復行郢州事邊境懷之後遷華州征虜安定王長史君寬

中博容好施廣濟至於振窮周急援納招引未曾以優劣致高卑疎昵成厚薄座每盈
賓樽無竭酒流連情賞愛重襟期莫不曲盡人歡備收物志是以冠蓋者競遊羈貧者
忘返方當羽翼大階升降幃帟懷金佩組光國榮家而驚川弗舍高績未酬春秋五十
有五神龜元年八月十三日卒于洛陽永年里宅朝野痛惜像故興悲越三年四月甲
辰朔卅日癸酉遷葬并州太原郡看山之陽夫舟豁易徙金石難彫廼勒銘幽扃沉芳
泉路乃作銘曰

遙源浚鏡增嶠邈嶗積刃靡窮重瀾不已爰誕若人清風載起纂德隆家實惟夫子爰
初有立業尚彌宣棲情柔惠秉志塞淵率言可範蹈禮無愆寬中若海重義猶山尒既
從仕播此朝徵出華臺幕出冠蕃閫仁敷並甸義肅京畿獄平賦簡化恰民歸惟昔永
平遘茲多難節顯郎蕃威陵淮漢嘉績既昭酬庸方煥遠業未崇奄辭高館一去皇邑
言空舊崗方從地久永謝天長冥冥大夜悠悠未央陵谷有徙金石無忘

曾祖父淵驍騎將軍　　　　　　　　　　　　　長息琨字懷玉
曾祖親馮翊郭氏父雅西都令　　　　　　　　　第二息岳字懷仁
祖父紹先下邳太守贈使持節冠軍將軍并州刺史晉陽惠侯　第三息賁字叔文
祖親酒泉馬氏父隮西海太守　　　　　　　　　第四息烈字季武
父鳳達并州中正　　　　　　　　　　　　　　第五息匡字季政
母武功蘇氏父元達楊烈將軍允街男　　　　　　一女字孟蘭適河
弟季仲給事中　　　　　　　　　　　　　　　東柳季和
妻太原王氏父翔濟州刺史　　　　　　　　　　神龜三年四月廿八日

## 三　辛祥妻李慶容墓誌

魏故義陽太守辛君命婦墓誌銘隴西李氏
夫人諱慶容秦州隴西郡狄道縣都鄉和風里
人也涼武昭王之玄孫儀同宣公之孫秦州使
君襄武惠侯之元女春秋卅有二魏永平三年
歲在庚寅閏六月辛未朔二日壬申卒於華州
鎮之洛曲里冬十二月戊辰朔十七日甲申遷
并州太原郡都鄉唐坂里之北山
昌源緬邈鴻緒綿聯德謨恭己道贊則天槐途
襲彩仁路踵賢業隆岐隴慶衍河瀍日鍾嘉祐誕
載瑤璣霜華淵潔桂馥蘭輝絺絟在室蘋藻言
歸瞻齊侶孟望宋疇姬郁穆婦容婉娩女德四

教麗儀七行照則率禮無違履道不忒彪炳嵓

經優遊辭默積善虛文餘慶空誥謂仁必壽如

何不吊謀黿既筮先遠已蹈組佩收華蘭膏罷

耀愀愴楊隧深瑟松門幽扃夜洌泉堂晝昏年

來世去人謝道存敢揚休迹式銘金言

（案：第九行"仁路踵賢"之"賢"字爲補刻，置於踵業二字之間的右側）


　　辛祥及其家族的情況，見於《魏書》卷四五《辛紹先傳》。根據《辛紹先傳》，辛祥一家雖然源出隴西狄道，但入魏以後"家於晉陽"，已經著籍於太原郡晉陽縣了。辛祥墓誌稱其父鳳達官至"并州中正"，辛祥夫婦與辛祥的叔父辛鳳麟夫婦都歸葬晉陽，更證明了辛氏的這一支早就以晉陽爲家。北朝的隴西辛氏還有若干支系，因十六國以後的歷史動盪而流徙異鄉並就地著籍。比如，儘管辛雄仍保持着舊籍（爲"秦州大中正"[1]），辛雄的從父兄辛纂則"僑屬洛陽，太昌中，乃爲河南邑中正"[2]，而辛雄的從祖辛曇護爲"并州州都"[3]，辛雄的族叔辛珍之爲"廣州大中正"[4]，同一家族著籍於不同地區。這種世家大族流徙異鄉各自分土著籍的情況，在十六國北朝應當是相當普遍的。可是這種離散狀況，會如何影響家族成員對於族源和故鄉的認同意識，不同居地的家族支系成員之間的聯繫會發生哪些變化，這些問題在今後的個案及整體研究中，應當得到更爲充分的注意。

　　《辛紹先傳》記"五世祖怡，晉幽州刺史"，而辛祥墓誌亦稱"七世祖怡，晉幽州刺史"。《晉書》卷九四《隱逸傳》："辛謐，字叔重，隴西狄道人也。父怡，幽州刺史，世稱冠族。"[5]《辛紹先傳》和辛祥墓誌一樣，在辛怡之後，就直接敍述辛怡的曾孫辛淵了。據《辛紹先傳》，辛淵爲西涼驍騎將軍，受重於李暠與李歆，蓼泉之戰，李歆軍敗失馬，"淵以所乘馬援歆，而身死於難，以義烈見稱西土"[6]。辛祥墓誌逕稱"曾祖父淵驍騎將軍"，沒有標明是西涼"私署"的驍騎將軍。可是辛淵的這個官職可

---

①　《魏書》卷七七《辛雄傳》，中華書局標點本，1974 年，1698 頁。

②　《北史》卷五〇《辛纂傳》，中華書局標點本，1974 年，1821 頁。

③　《魏書》卷七七《辛纂傳》，1700 頁。

④　《魏書》卷七七《辛珍之傳》，1702 頁。

⑤　《晉書》卷九四《隱逸傳》，中華書局標點本，1974 年，2447 頁。

⑥　《魏書》卷四五《辛紹先傳》，1025 頁。案此處"援"字疑當作"授"，援、授兩字形近易訛，如《北史》卷一九《文成五王傳》記齊郡王簡子祐"字伯授"，而元祐墓誌"授"作"援"，中華標點本《北史》未出校，參看《魏書》卷二〇校勘記第六條，532 頁。

能是有疑問的，因爲與辛淵同時的李曷之子李翻恰好位驍騎將軍①。

　　辛祥墓誌記"弟季仲，給事中，妻太原王氏，父翔，濟州刺史"。《辛紹先傳》附《辛祥傳》："祥弟少雍，字季仲……遷給事中……少雍妻王氏……子元植，武定中，儀同府司馬。"有趣的是，這個辛元植在《北史》中被放置在《辛雄傳》的附傳裏，而不是放置在他的曾祖辛紹先的傳記的附傳裏，顯然《北史》的編纂者在這裏犯了一個錯誤。而辛元植對於辛紹先這一支系能夠在《魏書》裏立傳並且佔據這麼多篇幅，是起了決定性作用的。辛紹先及其子孫在北魏歷官都不高，也都沒有像樣的表現，更沒有留下重要的文字，何以能夠在《魏書》中立傳呢？細讀《辛紹先傳》及所附子孫小傳，可以看出傳文重在表彰，表彰的内容卻虛多於實。特別是這個辛少雍，幾乎全無事蹟，卻有一篇近兩百字的佳傳。這要感謝辛少雍之子辛元植。辛元植受魏收延攬，參與了《魏書》的編纂，見《北史》卷五六《魏收傳》和《魏書》卷一〇四《序傳》。據《魏收傳》，魏收請來協助修《魏書》的幾位人士，包括辛元植在内，"並非史才"，"全不堪編輯"，對於具體的修纂工作貢獻甚微，祇是魏收爲了避免掣肘才"唯取學流先相依附者"②。當然這些人也並非備員而已，他們影響了修史並在《魏書》中留下了痕跡。據《魏收傳》："修史諸人，宗祖姻戚，多被書録，飾以美言。"③另一個參與修史的史官刁柔，"在史館未久，逢勒成之際，志存偏黨，《魏書》中與其内外通親者並虛美過實，深爲時論所譏焉"④。周一良先生説《魏書》"發凡起例雖在伯起，而列傳之修撰亦經衆手"，因此其"蕪冗之處固不應收一人獨屍其咎矣"⑤。辛紹先及其子孫得列於《魏書》，當然是辛元植的功勞了。

　　由此我們可以理解《魏書》有關辛祥的紀事難免和辛祥墓誌一樣"虛美過實"。舉一個例子，辛祥最值得誇耀的事蹟是他參與了義陽保衛戰，可是對於他的作用無論是墓誌還是本傳都有吹噓失實之嫌。墓誌云："終能摧葛虜之師，覆金山之衆，安郢蕃之土，還叛逆之民，實君之功也。雖荀程之全東郡，楊趙之復西州，論節比奇，實未爲喻。"本傳云："……衆情大懼，祥從容曉喻，人心遂安……州境獲全。論功方有賞授，而刺史婁悦恥勳出其下，聞之執政，事遂不行。"婁悦身爲郢州刺史，是義陽城最高將領，辛祥是婁悦的龍驤將軍府長史，帶義陽太守，直接隸屬婁悦。如果説守衛義陽有功，那麼婁悦之功當然在辛祥之上。《魏書》卷六一記薛懷吉受中山王元英派遣先赴義

①　《魏書》卷三九《李寶傳》，885 頁。
②　《北史》卷五六《魏收傳》，2031 頁。
③　《北史》卷五六《魏收傳》，2031 頁。
④　《北齊書》卷四四《儒林傳》，中華書局標點本，1972 年，587 頁。
⑤　周一良：《魏收之史學》，載周先生《魏晉南北朝史論集》，中華書局，1963 年，237 頁。

陽，"懷吉與郢州刺史婁悅督厲將士，且守且戰，卒全義陽"①。事實上戰後封賞人員中連婁悅也沒有，原因在於北魏朝廷認爲正是婁悅的失誤造成了郢州的叛亂，是應當追究責任的。辛祥作爲婁悅的主要助手，自然也要承擔一定責任。可是如果唯讀墓誌和辛祥本傳，就會錯誤地相信辛祥是義陽保衛戰的最大功臣，並且他的功勞還被妒忌的上級給埋沒了。《資治通鑒》卷一四七襲用了本傳的說法②，至少是對《魏書》這一條史料的來歷缺乏足夠的警惕。

根據《魏書》，辛少雍死後其妻王氏"與其從子懷仁同居，懷仁等事之甚謹，閨門禮讓，人無比焉"③。據辛祥墓誌，辛祥死於孝明帝神龜元年（518），年五十五，則其生年在文成帝和平六年（464）。而辛少雍本傳稱少雍正始中卒，年四十二，其生年雖不能確知，不過比辛祥晚不了太多。看起來，辛少雍死後，王氏便和辛祥一家一起生活，辛祥死後，仍然與辛祥諸子住在一起。懷仁是辛祥第二子，以字行，所以辛祥本傳漏記其名，據墓誌知其名當作岳。《魏書》說王氏與懷仁同居，卻不提辛祥的長子辛琨，看來辛琨早死。王氏與懷仁同居期間，辛元植當然是和他母親在一起的。這可以解釋辛元植與辛祥之間不是普通的伯侄關係，辛祥傳的"虛美過實"就順理成章了。

辛祥本傳提到"咸陽王禧妃即祥妻妹"，而咸陽王元禧娶隴西李輔之女，出於孝文帝的安排④。辛祥妻李慶容墓誌稱"涼武昭王之玄孫，儀同宣公之孫，秦州使君襄武惠侯之元女"。涼武昭王即李暠，儀同宣公即李寶，秦州使君襄武惠侯即李輔。李慶容死於孝明帝永平三年（510），年四十二，則其生年當在獻文帝皇興三年（469）。李輔長子李伯尚因卷入咸陽王禧謀反案，死於宣武帝景明二年（501），年二十九，則其生年當在孝文帝延興三年（473）。可見李慶容是李輔子女中最年長的。李伯尚四個弟弟中，李仲尚坐兄事被賜死，李季凱等與母親一起徙邊，"久之，會赦免，遂寓居於晉陽，沉廢積年"⑤。李季凱一家流放遇赦，不是返回洛陽（隴西李氏很可能聚居在洛陽暉文里⑥），而是"寓居於晉陽"，極可能是投靠李慶容了。

辛鳳麟妻胡顯明墓誌對於彌補辛祥家族的譜系是相當重要的。該墓誌之末稱"繼孫叔文，今北中郎中兵參軍事"，而辛祥第三子辛賁字叔文，所指應當是同一個人。辛祥之父名鳳達，與鳳麟之名相應。因此很可能辛鳳麟是辛紹先之子，辛鳳達之弟。據胡顯明墓誌，胡顯明的兒子辛元景死於孝文帝太和二十二年（498），不久其夫辛鳳麟

---

① 《魏書》卷六一《薛安都傳》附《薛懷吉傳》，1358 頁。
② 《資治通鑒》卷一四七梁武帝天監七年，中華書局標點本，1956 年，4588 頁。
③ 《魏書》卷四五《辛紹先傳》附《辛少雍傳》，1027 頁。
④ 《魏書》卷二一上《獻文六王傳上》，535 頁。
⑤ 《魏書》卷三九《李寶傳》附《李輔傳》，893 頁。
⑥ 羅新：《跋北魏鄭平城妻李暉儀墓誌》，《中國歷史文物》2005 年第 6 期。

也去世了。胡顯明本人死於孝明帝正光三年（522），年七十四，則其生年在太武帝太平真君十年（449）。從太和二十二年到正光三年的二十五年間（墓誌稱"垂卅年"），胡顯明"既釐且獨"，當然是祇有依靠丈夫的兄弟了。從她以辛祥的第三子叔文爲繼孫來看，她晚年是和辛祥一家一起生活的，這和辛少雍的妻子王氏情況一樣。不一樣的是王氏有子，而胡顯明沒有子息，這大概是她的丈夫辛鳳麟不見載於《魏書》的主要原因。

　　胡顯明墓誌稱："祖義周，中書侍郎，領著作郎；父方回，中書侍郎、雍州刺史、臨涇宣侯。"《魏書》卷五二《胡方回傳》："父義周，姚泓黃門侍郎。"① 不言其爲中書侍郎領著作郎。本傳祇說胡方回賜爵臨涇子，不言其曾官雍州刺史。胡顯明墓誌關於父、祖官爵的記錄，如果不是出於誇飾，就可能都是贈官。據《胡方回傳》，胡顯明有兄弟胡始昌，位至南部尚書。

　　《辛祥傳》說辛祥死後十一年，即永安二年（529），被贈冠軍將軍、南青州刺史。這是爲什麼呢？我推測，這和辛祥諸子在永安時期的境遇有關。辛祥第三子，即胡顯明的繼孫辛叔文，"建義初，修起居注"；辛祥第五子辛匡，"永安初，釋褐封丘令，加威烈將軍"②。這兄弟二人都在尔朱榮發動河陰事變之後爲朝廷所用，應當不是偶然的，而與辛祥一家長期居住晉陽的背景有關。晉陽是尔朱榮的大本營，也是北朝後期足以與洛陽或鄴城相提並論的新的中心城市，這一變化過程對晉陽士族，特別是其中那些長期被排斥在邊緣地位的士族，會有什麼樣的影響呢？投靠並居住在辛家的李季凱，就參與了尔朱榮南下的策劃，"肅宗崩，尔朱榮陰圖義舉，季凱預謀"③。李季凱如此，晉陽辛氏恐怕也不能置身事外。因爲家於晉陽，所以與尔朱氏有比較多的聯繫，這和辛叔文兄弟在孝莊帝時期的政治發展應當是有關聯的。這也提示我們注意，北魏後期的政治糾葛中，由地域因素造成的某種松散的政治同盟單元，也是應當深入研究的。

---

① 《魏書》卷五二《胡方回傳》，1149 頁。
② 《魏書》卷四五《辛紹先傳》附《辛祥傳》，1027 頁。
③ 《魏書》卷三九《李寶傳》附《李輔傳》，893 頁。

# 《大代持節豳州刺史山公寺碑》所見史事考

侯旭東*

　　《文物》2007 年第 7 期刊佈了 2004 年 7 月甘肅寧縣出土的《大代持節豳州刺史山公寺碑》（以下簡稱，"山公寺碑"）的圖版、釋文與初步研究①。該碑乃北魏正始元年（504）豳州刺史山累爲孝文帝建立追獻寺而立，正面爲碑頌，額題爲《大代持節豳州刺史山公寺碑頌》，碑陰主體及兩側爲題名，碑陰頂部，即碑額背面，爲隋開皇六年當地佛徒所造龕像及題名。該碑出土時已斷，僅存上半部，碑頌基本完整，下面及其他三面題名下部殘缺。存世的北魏石刻以造像、墓誌爲大宗，碑碣不多，此碑盡管殘斷，對於了解山氏家族情況、北魏州縣官府組織以及當地民族構成等均有一定價值。

　　吳荭等的論文提供了碑陽與碑陰的拓片與各面的錄文，不過有個別訛誤，且未加句讀。在進入具體討論之前，先依拓片，按照行款，將碑頌標點迻錄於下：

> 維大代正始元年歲在甲申七月丙午朔十五日庚申
>
> 羽真、散騎常侍、安南將軍、殿中尚書、泰山公之孫，安南
>
> 將軍、比部尚書、泰山公之子，持節督豳州諸軍事、冠軍
>
> 將軍、豳州刺史山累率州府綱佐，仰爲
>
> 孝文皇帝立追獻寺三級。蓋聞善不積不足以贊利見
>
> 之美業；功不顯何以標往②聖之英蹤。竊惟
>
> 孝文皇帝叡哲欽明，淵暉洞遠，玄化邁於唐軒，道風超
>
> 於三代。澄緝四瀛，冠冕萬國，是以玉燭效和，禛彩雜曜，

---

＊　侯旭東，中國社會科學院歷史研究所研究員。

①　吳荭、張隴寧、尚海嘯；《新發現的北魏〈大代持節豳州刺史山公寺碑〉》，《文物》2007 年第 7 期，89～96 頁。此前，暨遠志、宋文玉亦曾提到該碑，並對題名中的部族問題做過研究，見所著《北朝豳寧地區部族石窟的分期與思考》，《藝術史研究》第七輯，廣州：中山大學出版社，2005 年，350～353 頁。

②　原釋爲"住"，誤，應爲"往"。

三趾九尾之瑞、嘉禾素烏之符，充集於庭苑①矣。累忝沐
恩景，世荷榮爵，歷侍三朝，出牧汾蕃，皇上流恩，遷
任此州。宣猷壟左，姬教西服②。夙夜追念，不知何以仰助
冥③祉。愚謂三乘福應之原，十善將來之慶，遂發誠心，開
造禪堂。寶山四周，華林藹④野。規制⑤之初，於寺所絕壁之
際，有靈井三區，忽然自成，淨麗淵圓，今古莫見。非至神
著⑥感，幽顯薦祥，如斯休徵，何可聞覩？遂乃鑴石立頌焉。
於顯皇祚，疊世重明，跨周越漢，牟唐等庭，滂作郁穆，四
海儀形。永惟
先帝，至德玄經，光澤區夏，曜道三靈，如日斯照，如川斯
生。如日伊何？明朗九圍；如川伊何？均育八維。仁風⑦洪濟，
民歌永思。伊余冥昧，夙沾恩休。參侍累朝，委任綢繆，
皇心有眷，錫土斯州。兢兢克念，塵露靡訓，傾誠焉寄？歸
依大寶。思願
先皇，昇神玄皓，麗景兜率，靖證常道。敬建斯寺，時乘太
平，禪館爽闓，寶宮霞亭，藹藹雲構；濟濟僧英，法響載璨。
梵音凝⑧清，勝業光炳，禎應自然，秘井啓露，法水明泉，晤
鏡昏俗，芳烈淨天，含生更曉，為國福田，聖業永康，比隆
坤乾。爰刊玄志，式揚⑨休傳。

碑頌以下另有文字，似是敍述山氏家世，已殘。僅存行首兩、三字。原錄文有不
少缺漏，最近獲見該碑較清晰的照片，發現尚有若干字未錄出，茲加校訂、補釋，復
錄於下：

① 本所劉樂賢先生以爲，從字形看應爲“御”，不過“庭御”不詞，姑從原釋。
② 原釋爲“肬”，誤。
③ 原釋爲“寘”，誤。
④ 原釋爲“蕩”，誤。
⑤ 原釋爲“玩劓”，誤。此承殷憲先生教示，謹此致謝。
⑥ 原釋爲“着”，誤。
⑦ 原釋爲“夙”，誤。
⑧ 原釋爲“漩”，誤。參秦公《碑別字新編》，北京：文物出版社，1985 年，344～345 頁。
⑨ 原釋爲“哉楊”，誤。

| 28 | 27 | 26 | 25 | 24 | 23 | 22 | 21 | 20 | 19 | 18 | 17 | 16 | 15 | 14 | 13 | 12 | 11 | 威10 | 9 | 8 | 7 | 6 | 5 | 4 | 3 | 2 | 1 |
|---|---|---|---|---|---|---|---|---|---|---|---|---|---|---|---|---|---|---|---|---|---|---|---|---|---|---|---|
| 宜 | 祖 | 刺 | 又 | 補 | 倉 | 鎮 | 紫 | 葽 | 冠 | 次 | 詔 | 聖 | 同 | 華 | 州 | 襲 | 長 | 儀 | 進 | 性 | 父 | 墓 | 顯 | 八 | 安 | 祖 | 曾 |
| □ | □ | 史 | 蒙 | 輔 | 阿 | 將 | □ | 廣 | 軍 | 兄 | □ | 悼 | 冗 | 門 | 刺 | 品 | 史 | （屋比） | □ | □ | □ | 爲 | 貞 | 譯 | 殯 | 授 | 議 | 南 | 譯 | 祖 |
|  |  |  |  |  |  |  |  |  |  |  |  | 有 | 安 |  |  | □ | □ |  |  |  |  |  |  |  |  |  |  |

## 一　碑主山累家世及造寺背景

吳荌等的論文稱"碑主山累，史書無傳"，的確如此。不過，《魏書》中有山偉的傳記，北魏墓誌中則存山累子侄輩山徽墓誌。這些爲了解山累家世提供了有用的資料。

先來看魏故諫議大夫建城侯山徽墓誌。文云：

> 君諱徽，字阿敦，河南洛陽人。其先啓蹤遼右，世雄啄鹿之野；資賢輔聖，建業溺水之陽。故能翼樹生民，遂造區夏，會同諸侯之列，朝聘萬國之序，惟君為上焉。曾祖散騎常侍、安南將軍、金部、殿中二曹尚書、鎮南將軍、冀州刺史、泰山公；祖安南將軍、內都幢將、比部尚書、定州刺史、泰山公；父散騎常侍、虞曹尚書、使持節平東將軍、東徐州刺史、建城侯、假長廣公。……君……起襲父爵為建城侯，釋褐定陽太守。……又遷威遠將軍、冗從僕射。……又轉平北府司馬。……春秋五十八，永安二年三月八日終於洛陽篤恭里。……永安二年十一月七日遷葬於叔父安東將軍相州刺史之塋①。

據此，山氏來歷與家世背景大體可知。山徽應是山累子侄輩。《魏書·山偉傳》稱山偉爲"代人"，山暉墓誌亦稱"暉""綿基代朔"②，這一支山氏應是鮮卑人，後從平城遷到洛陽，著籍爲河南洛陽人。"山"是孝文帝漢化改定姓氏後取的漢姓，原做"吐難氏"③，文成帝《南巡碑》碑陰題名第一列中有"□□□□□□□陽男吐難子如劓"④。墓誌説"其先啓蹤遼右"，當指遼河以西地區，他們源出這一地區，後遷到涿

---

① 趙超《漢魏南北朝墓誌彙編》，天津古籍出版社，1992 年，262 ~ 263 頁。

② 趙超前引書，78 頁。

③ 《魏書》卷一一三《官氏志》做"土難氏"，北京：中華書局，1974 年，3011 頁。姚薇元認爲有誤，應做"吐難氏"，見《北朝胡姓考》（修訂本），北京：中華書局，2007 年，170 頁；並參陳連慶《中國古代少數民族姓氏研究》"吐難氏"，長春：吉林文史出版社，1993 年，121 頁。

④ 山西省考古研究所、靈丘縣文物局：《山西靈丘北魏文成帝〈南巡碑〉》，《文物》1997 年第 12 期，73 頁，並參川本芳昭《北魏文成帝南巡碑について》，《九州大學東洋史論集》第 28 號，2000 年 4 月，27 頁。

（啄）鹿，並世代在此稱雄，即累居今河北北部一帶①，或屬於東部鮮卑。誌文復云"資賢輔聖，建業溺水之陽。故能翼樹生民，遂造區夏，會同諸侯之列，朝聘萬國之序"，記述祖先功業，按《説文解字・水部》"溺水，自張掖刪丹西至酒泉合黎，餘波入於流沙，從水，弱聲"，後人表示水名時多做"弱水"②。按照古人"水北爲陽、山南爲陽"③的地名命名原則，所謂"建業溺水之陽"應是指在弱水北岸建功立業，具體所指當是北魏太武帝時的某次征伐行動④。史載相關的戰事有兩樁，一是神䴥二年（429）四月伐蠕蠕。《魏書・崔浩傳》：太武帝曾"沿弱水西行，至涿邪山"，結果因諸大將擔心再深入有伏兵而錯過全殲蠕蠕的良機。另一次是太延五年（439）太武帝親征北涼，其間遣鎮南將軍奚眷討張掖，並至酒泉，次年四月，沮渠無諱圍酒泉，寇張掖，禿髮保周屯刪丹，太武帝命永昌王拓跋健督諸軍討保周，七月，拓跋健至番禾，破保周，保周自殺。⑤前次追蠕蠕至弱水，蠕蠕已潰不成軍，並未形成戰事。十年後則在刪丹至番禾郡⑥一帶兩軍對壘，且兩地均在弱水北岸，戰事發生在弱水之陽，墓誌所説"建業溺水之陽"應指此次戰鬥。山累之祖因此次戰役立功獲賞，得到封爵，始封一般應爲"××子"⑦，"泰山公"則是後來晉爵所得，故有"會同諸侯之列，朝聘萬國之序"之説。

　　這裏將建業者具體落實爲山累的祖父，從時間上看也是説得通的。碑頌稱山累"歷侍三朝"，碑立於宣武帝正始元年（504），"三朝"當指宣武（499～515）、孝文（471～499）與獻文（465～471）三帝，因而山累最遲獻文帝皇興五年（471）釋褐，

---

① 漢代上谷郡有涿鹿縣，按照漢魏、唐人的認識，黃帝與炎帝作戰的"涿鹿之野"在上谷，見《史記》卷一《五帝本紀》張晏注，司馬貞索隱，北京：中華書局，1959 年，5 頁；《漢書》卷二三《刑法志》師古注及文穎曰，卷二八《地理志下》"上谷郡"應劭曰，北京：中華書局，1962 年，1082、1623 頁。

② 段玉裁《説文解字注》，上海：上海古籍出版社，1981 年，520～521 頁。關於"弱水"具體所指，古人有多種説法，詳見胡渭《禹貢錐指》卷一二，備列清代以前各家説法，鄒逸麟點校，上海：上海古籍出版社，2006 年，388 頁。

③ 《春秋穀梁傳》"僖公二十八年"，阮元刻《十三經注疏》，北京：中華書局，1980 年，2402 頁；《水經注》卷二二《洧水注》引服虔雲"水南曰陰"，陳橋驛校釋本，杭州：杭州大學出版社，1999 年，392 頁。

④ 明元帝泰常三年（418）"護高車中郎將薛繁率高車丁零十二部大人衆北略，至弱水"，《魏書》卷三《太宗紀》，58 頁，從記載看，此役應無鮮卑人參與，故山徽之祖應非立功於此役。

⑤ 《魏書》卷四《世祖紀》，90、93 頁。

⑥ 《魏書》卷四《世祖紀》提到的"番禾"應就是刪丹東南的番禾郡，地入北魏後改稱"番和郡"。

⑦ 《北史》卷一五《魏諸宗室傳》常山王遵之孫"可悉陵，年十七，從太武獵，……又從平涼州，沮渠茂虔令一驍將與陵相擊，兩矟皆折，陵抽箭射之墜馬。陵恐其救至，未及拔劍，以刀子戾其頸，使身首異處。帝壯之，即日拜都幢將，封暨陽子"，北京：中華書局，1974 年，566 頁。

至正始元年已歷 33 年，如果以十五虛歲起家①計算，則山累應出生在 457 年（文成帝太安三年）或稍早，正始元年已經虛歲 48 或稍長。不過，應該注意的是，據碑陽下部殘文，山累是第三子，碑頌所列山累當時的官職中並無任何封爵，沒有繼承其父的封爵。另太和十六年"改降五等"②，其父若在世，封爵"泰山公"應"例降爲侯"，不應再爲"泰山公"，但碑頌仍做"泰山公"，可以肯定其父應已在太和十六年以前離世。故山累出生應較晚，姑且以其父 18 虛歲時生山累計算，則其父出生於 440 年（太武帝太平真君元年），考慮到山累之父繼承了其祖的爵位，應爲嫡子，出生較早，以 16 虛歲生子③推算，其祖則出生於 425 年（太武帝始光二年）。至參與滅北涼，建功張掖時已經虛歲十五、十六歲了。根據以上推算，山累祖孫三代生活時代大體如下：

山累：457 年或稍早出生，歷侍三朝，至宣武帝正始元年已 48 歲，應非嫡長子，未繼承其父爵位。

其父：440 年出生，492 年改降五等前已去世，爲嫡子，襲爵。

其祖：425 年出生，439 年參與滅北涼戰役，立功弱水之陽而封爵。

與此相關的另一問題是碑主山累與墓主山徽究竟是父子，還是叔（伯）侄關係？比照碑頌與墓誌中對先輩官職的記述，山徽爲山累子侄輩無可懷疑，能否作出更進一步的推斷？據墓誌，永安二年（529）山徽虛歲 58 時卒，則出生於 472 年（孝文帝延興二年），與山累相差 15 歲。墓誌記述山徽之父曾經擔任"散騎常侍、虞曹尚書、使持節平東將軍、東徐州刺史、建城侯、假長廣公"，而碑陽下部殘文在敍述山累次兄時出現"莨廣"兩字，當指墓誌中提到的"假長廣公"一職，因此，山徽爲山累次兄之子無疑，兩人爲叔侄關係。另，墓誌云山徽"起襲父爵爲建城侯，釋褐定陽太守。……又遷威遠將軍、冗從僕射。……又轉平北府司馬"，一般鮮卑貴族子弟起家年齡在 15 歲上下，依此估算，山徽是在 486 年（太和十年）前後釋褐定陽太守，依照墓誌的敍述次第，此前他已襲得父爵爲建城侯，通常表明其父已故。

墓誌提到山徽安葬在"叔父安東將軍相州刺史之塋"，此叔父或即是山累。山累正始中所任的冠軍將軍爲從三品；而山徽的叔父最後官至安東將軍、相州刺史，相州當

---

① 北魏貴遊子弟一般起家年齡文獻並無明確説法，《魏書》卷九《肅宗紀》，熙平二年八月詔令"庶族子弟年未十五不聽入仕"，226 頁，這似可視爲時人觀念中起家的最低年齡。

② 孝文帝太和十六年（492）曾"改降五等"，將鮮卑貴族的封爵做了降級處理，大體是非太祖子孫及異姓王皆降爲公，公爲侯，侯爲伯，子男仍舊，詳參陳爽《世家大族與北朝政治》第一章，北京：中國社會科學出版社，1998 年，22～24 頁。

③ 北魏人一般結婚年齡爲男子 15 虛歲，詳參謝寶富《北魏婚喪禮俗研究》"婚齡考"，北京：首都師範大學出版社，1998 年，1～4 頁。則長子最早應在次年出生。

屬上州，兩者均爲正三品①，稍有昇遷，或爲死後封贈，亦符合常理。此若屬實，山累的卒年則得一下限，即永安二年（529）。

此外，《魏書》中還出現了山偉，出土墓誌中有山暉②，應同出吐難氏，與山累、山徹同宗，親疏關係不詳。

碑頌中透露出山累爲孝文帝立寺的原因亦值得分析。頌文用不少筆墨頌揚孝文帝，如"孝文皇帝叡哲欽明，淵暉洞遠，玄化邁於唐軒，道風超於三代。澄緝四瀛，冠冕萬國，是以玉燭效和，禎彩雜曜，三趾九尾之瑞、嘉禾素烏之苻，充集於庭苑矣"，將孝文帝比擬爲三代聖主，還引祥瑞來强化這種效果。查《魏書·靈徵志》，孝文帝在位的近三十年中的確有各地多次發現並向朝廷進獻三足烏、白烏、九尾狐與嘉禾的記載③，不過，宣武帝正始元年以前各地也曾多次進獻三足烏，而嘉禾更是自道武帝以來諸帝統治時各地不斷進獻④，並非罕見的瑞應，山累爲何專門用此來突出孝文帝的形象呢？順著頌文往下讀，不難發現，山累之所以對孝文帝感激涕零，奧妙端在他個人的經歷。

碑頌復云："累忝沐恩景，世荷榮爵，歷侍三朝，出牧汾蕃，皇上流恩，遷任此州。宣猷壅左，姬教西服。夙夜追念，不知何以仰助冥祉。"頌中提到的"出牧汾蕃"應是出任吐京鎮的鎮將。碑陽下半部殘缺部分記述的是山累曾祖以下的家世，據殘存文字，是依輩份先後敍述，先是曾祖，可能事迹無多，僅用了一行，以下依次爲祖父、父親、兄長與山累，第 16 行"聖悼"與第 17 行"詔"應是關於對其長兄後事處理的描述，第 18～20 行記述的是其次兄的經歷，第 21 行以下則講述山累自己的履歷。"鎮將"當指"出牧汾蕃"時擔任的吐京鎮將，"倉阿"不詳，"補輔"或指任"輔國將軍"，"刺史"在第 26 行，接近尾部，應是立碑時所任的齒州刺史。據《魏書·地形志》，吐京鎮在太和十二年（488）改爲汾州⑤，且當時鎮將爲穆羆，改州後繼任刺史⑥，因此，山累任鎮將的時間應早於太和十二年。按照山累在碑頌中的記述，此後在出任齒州刺史前似未曾擔任過重要的實職，"皇上流恩，遷任此州"中的"皇上"指的亦是孝文帝，他大概是閒散洛陽多年後，在孝文帝晚年纔謀得齒州刺史一職。

---

① 《魏書》卷一一三《官氏志》"後職令"，2995 頁。
② 趙超前引書，78 頁。
③ 見《魏書》卷一一二《靈徵志》下，2928、2932～2933、2935、2940～2941 頁；《魏書》卷四《太祖紀上》太延元年六月詔書亦列舉甚多，85 頁。
④ 同上，2933、2940～41 頁。
⑤ 嚴耕望《中國地方行政制度史·乙部·魏晉南北朝地方行政制度》下冊，臺北：中央研究院歷史語言研究所專刊45B，影印四版，1997 年，715 頁。
⑥ 《魏書》卷二七《穆羆傳》，666 頁。

　　豳州地處隴東高原東南涇水流域，境內山塬縱橫（見圖一），並非富庶之地，從該碑題名以及其他造像題名看，這裏亦是氐、羌與漢多族雜居之地，民風歷來復雜。《漢書·地理志下》概括六郡民風時說“安定、北地、上郡、西河，皆迫近戎狄，修習戰備，高上氣力，以射獵爲先，……漢興，六郡良家子選給羽林、期門，以材力爲官，名將多出焉。……故此數郡，民俗質木，不恥寇盜”，東漢以來，羌、氐等少數族亦生活在這一地區，統治亦非易事。在北魏人心目中則是“隴右土險，民亦剛悍”，亦稱“三秦民夷，恃險多變”①，突出的均是此地百姓强悍與變化不定，自然難以駕馭。這裏僅舉一例。北地郡位於長安束北，渭河以北，據《魏書·劉藻傳》“時北地諸羌數萬家，恃險作亂，前後牧守不能制，姦暴之徒，並無名實，朝廷患之，以藻爲北地太守。藻推誠布信，諸羌咸來歸附。藻書其名籍，收其賦稅，朝廷嘉之。遷龍驤將軍、雍城鎮將。先是氐豪徐成、楊黑等驅逐鎮將，故以藻代之。至鎮，擒獲成、黑等，斬之以徇，羌氐震慴”，太和中劉藻轉任秦州刺史，當地百姓“恃嶮，率多粗暴，或拒課輸，或害長吏，自前守宰，率皆依州遙領，不入郡縣”，劉藻到任後“開示恩信，誅戮豪橫，羌氐憚之”，“守宰於是始得居其舊所”②。此事當發生在太和十一年以後③，上距北魏攻取秦州已近五十年，而郡縣守宰祇能“依州遙領”，不能赴治所親民，朝廷對這一地區的實際控制程度也就不難想象了，可見當地百姓之强悍。豳州情況未必如秦州那麼糟糕，但這裏同樣是羌氐雜居之處，治理不易，此州的刺史自然也算不上人人垂涎的肥缺，儘管如此，山累爲何又說“夙夜追念，不知何以仰助冥祉”？此恐與他多年閒散的經歷分不開。

　　如所周知，北魏孝明帝神龜年間爲解決官缺少而候選官員（職人）多的情況而建立了“停年格”，按照官員解職的時間先後排定下次獲得實職的先後次序④。實際上這種矛盾早已顯露，祇是到孝明帝時集中爆發，朝廷不得不採取此策。《魏書·任城王元澄傳》說“初，魏自公侯以下，迄於選臣，動有萬數，冗散無事”，即是此類。孝文帝

① 《魏書》卷五一《呂羅漢傳》文成帝詔羅漢語，卷二四《崔玄伯傳附弟崔徽傳》世祖遣拓跋範鎮長安時的表述，1138、624 頁。

② 《魏書》卷七〇《劉藻傳》，1550 頁。

③ 據《魏書》卷七〇《劉藻傳》，“太和中，改鎮爲岐州，以藻爲岐州刺史，轉秦州刺史”，改鎮爲岐州在太和十一年（487），見《魏書》卷一〇六下《地形志下》，2609 頁。《南齊書》卷五七《魏虜傳》，永明十一年，即北魏太和十七年（493），劉藻仍爲秦州刺史，北京：中華書局，1972年，992 頁；不過，《魏書·劉藻傳》不載此事。

④ 參福島繁次郎《北魏の考課と停年格》，收入《中國南北朝史研究》（增訂版），名著出版，1979年；陶新華《“停年格”與北魏後期地方官制》，收入所著《北魏孝文帝以後北朝官僚管理制度研究》，成都：巴蜀書社，2004 年，203～231 頁。

時趙邕之父恬"太和中歷郢州刺史，停家久之"，後因趙邕得寵而召拜太常少卿①，又有名張盧者，孝文時曾任中山太守，隨後"罷職停家，隨京遷洛。春秋八十有三，薨於京師"②，張盧約卒於正光三年（522），上距遷都洛陽近三十年。此人罷職停家後三十多年不曾做過官。孝文帝欲遷都洛陽，引見留守平城官員商議，其中"前懷州刺史青龍、前秦州刺史呂受恩"堅持反對③，此二人亦屬此類代下停家者。有些官宦子弟甚至終生不曾得到過任何官職④。山累亦曾身陷此境。還需指出的是，山累沒有封爵，無封戶租稅等收入，停職後俸祿、事力全無⑤，生計頗受影響。不知通過何種徑謀得此職，儘管並不理想，但至少是方面大員，六年任期內收入亦屬可觀，自然對孝文帝感激莫名。

不過，儘管此寺是爲孝文帝追福而建，但立此碑頌的直接緣由卻是因爲在立寺開造禪堂時"有靈井三區，忽然自成"，大概當地地下水的水位高或山中有暗河，一動土，水就冒出來了，這被認爲是"今古莫見"的"休徵"、"瑞應"。在朝廷眼中，此類現象亦屬於難得的祥瑞，《魏書·靈徵志》下：太和八年正月，"上谷郡惠化寺醴泉涌"，史家解釋説"醴泉，水之精也。味甘美，王者修治則出"。同時，水在佛教中被稱爲"法水"，用來指代佛法。謂佛法能消除心中煩惱，猶如水能洗滌污垢，是滌盪惡業，獲得解脱的重要象徵⑥。"靈井"與"法水"這種祥瑞成爲山累造此寺正當性的有力證明，亦是當時統治清明的證明，故有"至神著感，幽顯薦祥"之説。因此而立碑頌，在頌揚孝文帝的同時，表彰山累立寺之舉，碑遂稱爲《大代持節豳州刺史山公寺碑》。

碑額稱"大代"，而非"大魏"，恐與山累爲鮮卑人，帶有"代人意識"有關⑦。同時，山累之類鮮卑人在孝文帝漢化改革中政治利益受到不少損害，因而更懷念胡族受重視的時代。其實，仔細分析碑頌中對孝文帝的頌揚，並沒有提到漢化，祇是相當抽象而空洞地講了孝文帝的功績與聲望，這或是山累的春秋筆法吧。

北魏遷都洛陽后王公權貴大量興建佛寺，蔚成風氣，檢《洛陽伽藍記》便看得很清楚。其中不少就是用來追福報恩，如洛陽城南的秦太上公寺，就是靈太后姊妹爲其父追

---

① 《魏書》卷九三《恩幸·趙邕傳》，2003 頁。

② 趙超前引書，127 頁。

③ 《北史》卷一五《魏諸宗室·元丕傳》，555 頁。

④ 如鮮卑人奚智，祖爲内行、羽真、散騎常侍、鎮西將軍、雲中鎮大將，父爲兖州治中、衛將軍府長史，正始四年（507）卒時年七十三，墓誌説是"不求朝利，故無任焉"，趙超前引書，50 頁。

⑤ 具體制度參黄惠賢、陳鋒主編《中國俸祿制度史》（修訂版）第三章（何德章撰），武漢：武漢大學出版社，2005 年，135～138 頁。

⑥ 如《佛本行經》卷一"因緣品"有"以清靜法水，勤加浣濯心"之説，《大正藏》第 4 册，54 頁。

⑦ 關於"大代"與"大魏"問題，參松下憲一《北魏胡族體制論》第 5 章"北魏の國號'大代'と'大魏'"，北海道大學出版會，2007 年，111～158 頁。

福而立，開陽門外的報德寺則是孝文帝爲馮太后追福而建①，山累立寺自當在此背景下出現。不過，立寺名義上是爲孝文帝追福，並頌揚其功德及私恩，寺的名字據碑頌卻爲《山公寺》，頌文用了不少篇幅來講立寺而靈井現一事，實際是藉此來變相宣揚山累自己的舉動如何感動神靈。記載此事的碑則成爲證明立寺正當，昭顯山累治績，進而擡高山累名聲的工具，在當時普遍重視靈徵的氛圍中顯然有爲自己仕途加分的作用。

不過，採取這種辦法自相標榜的牧守或確實得到某種好處，此舉因而蔓延成風，以致引起朝廷關注並加以遏制。正光三年（522）十二月，朝廷下詔御史中尉"肅厲威風，以見事糾劾"，整治對象就包括"牧守妄立碑頌，輒興寺塔"②。

關於山累家世及造寺立碑背景考釋如上，下面轉而分析題名中所見的幽州地方官府組織及部族分佈。

## 二　題名所見幽州部族分佈與官府組織

嚴耕望先生對北朝地方行政制度的經典研究利用了不少北朝的石刻，不過，時間均較晚。就目前所知，《山公寺碑》應是北魏現存最早由府主率僚佐立寺而刊刻的碑石，題名中保存的僚佐名稱亦反映了北魏宣武帝時期的州縣官吏設置情況，同時，由於幽州爲多民族聚居地區，這些題名亦爲我們了解當地居民的民族構成提供了寶貴的資料。

該碑雖已殘斷，但在碑陰及兩側還各保留了三欄完整的題名和一欄殘缺的題名。記錄了幽州及軍府屬吏與若干縣吏的題名，未見郡吏題名，或列在碑下部，已佚。吳荘等的論文以及暨遠志等的論文均對府、州屬吏的名稱、族屬做了初步研究③，不過，對於族屬的推定有些輕率。這里首先需要理清的是府、州屬吏中是否均爲幽州本地人，如果包含外地人，哪些屬吏來自外地。嚴耕望與窪添慶文曾經揭示了北魏州、府屬吏籍貫的規則，暨遠志等的論文也認同嚴先生的觀點④，儘管嚴耕望的結論立基於大量文獻與石刻，終究屬於不完全的歸納。這些規則是否通行全國也還有探討的餘地。

遺憾的是該碑題名並未註明屬吏的郡望，我們祇能取相近的資料做些參證。最具

---

① 《洛陽伽藍記》卷三"城南·大統寺"、"報德寺"，楊勇校箋本，北京：中華書局，2006 年，131、135 頁。

② 《魏書》卷九《肅宗紀》，233～234 頁。

③ 吳荘等前引文，93 頁表一；暨遠志等前引文，350～353 頁。

④ 嚴耕望前引書，581、583～584 頁；窪添慶文《魏晉南北朝における地方官の本籍地任用について》，《史學雜志》83 卷 1～2 期，1974 年，後收入《魏晉南北朝官僚制研究》，東京：汲古書院，2003 年，342 頁；暨遠志等前引文，351 頁。

參考價值的是永平二、三年（509、510）立於涇州（今甘肅涇川縣）的《嵩顯寺碑》
與《南石刻寺碑》① 碑陰屬吏題名。涇州北鄰齫州，立碑時間也相去不遠，更重要的是
此二碑均爲州刺史發起修造的，前一碑的碑主據考爲高綽②，後一碑爲當時的涇州刺史
奚康生所立。性質相近。更寶貴的是這兩碑的題名，儘管也不完整，卻均標明屬吏的
籍貫，有助於澄清齫州的情況，且不曾爲嚴先生所引用。

　　檢《嵩顯寺碑》碑陰，州、郡、縣的長吏與軍府屬吏絕大多數非本州人，而州屬
吏則大都來自涇州各郡；《南石窟寺碑》碑陰亦顯示了同樣的現象。具體見下表：

　　嵩顯寺碑碑陰題名③南石窟寺碑碑陰題名④

| 官職 | 姓名 | 籍貫（本州） | 籍貫（外州） | 官職 | 姓名 | 籍貫（本州） | 籍貫（外州） |
|---|---|---|---|---|---|---|---|
| 平□太守 | □□□ | 安定人 | | 平涼太守朝那 | □□ | | □□ |
| 新平太守永寧伯 | 元憲 | | 河南人 | 新平太守 | □□ | | □□ |
| □□　將　軍□□□□□　國子 | 王□ | | 太原人 | 寧朔將軍趙平太守臨涇縣開國□ | □□ | | □□ |
| 隴東太守 | 長孫華 | | 河南人 | 隴東太守領汧城　戈河 | | | |
| 安定令滎陽子 | 陰□ | | 南陽人 | 安定令□陽子 | 陰心 | | 武威 |
| 朝那令東阿子 | 叱呂起 | | 河南人 | | | | . |
| 臨涇令居延男 | 茹榮 | | 河南人 | 臨涇令□□男 | □□ | | 河□ |
| 威虜將軍侯氏令揚厥子 | 元刜 | | 河南人 | 征虜將軍安定內史 | | | 臨? |

---

① 《嵩顯寺碑》原在涇川南嵩山嵩顯寺內，後移至涇川縣文廟，已佚。《南石窟寺碑》原在涇川縣
城東十五里涇河北岸南石窟寺內，後移至學宮，現存縣文化館。參秦明智《北魏涇州二碑考》，
《西北史地》1984 年第 3 期，33、35 頁。
② 參秦明智上引文，33 ～ 34 頁。
③ 據《魯迅輯校石刻手稿》第一函第四冊，上海書畫出版社，1987 年，712 ～ 716 頁。題名排列沒
有遵照拓本原有順序，而是按照郡縣長吏、軍府屬吏與州吏的次序。
④ 拓片據中國國家圖書館善本部藏 "裱軸 14"，見中國國家圖書館網站 "碑銘菁華" "石窟寺碑"，
錄文見《魯迅輯校石刻手稿》第一函第四冊，721 ～ 725 頁。

| 官職 | 姓名 | 籍貫<br>(本州) | 籍貫<br>(外州) | 官職 | 姓名 | 籍貫<br>(本州) | 籍貫<br>(外州) |
|---|---|---|---|---|---|---|---|
| 石堂令 | 段德 | | 武威人 | 陰密令 | 馬元 | | 扶風 |
| 陰般令 | 元延 | | 河南人 | 白土令 | 鄧生 | | 咸陽 |
| 三水令臨洮太守 | □英 | | 弘農人 | 臨洮太守 | □伯儔 | | 弘農 |
| 高平令 | 王□ | | 缺 | □潯令 | 羅宗 | | □□ |
| 鶉觚令中□伯 | 姚玉 | | 南安人① | 鶉觚令□□ | 姚玉 | | 南安 |
| 俎厲②令 | 梁進 | | 缺 | 俎厲□ | □□ | | |
| 撫夷令 | 黃□ | | 缺 | 撫□ | □□ | | |
| 府長史 | 張洪□ | | 遼東郡人 | 平西府長史 | □□ | | 河□ |
| 威遠將軍□□ | 吐谷渾□□ | | 吐谷渾國□ | 司馬敖西男 | 皇甫慎 | 安定 | |
| 征虜將軍□□□ | □□□ | | 河南人 | 録事參軍 | 馬瓚 | | 扶風 |
| 功曹□軍 | 郭□ | | 馮翊人 | 功曹參軍寧遠將軍華容男 | 屈□ | | 昌黎 |
| 倉曹參軍 | 梁□ | 安定人 | | 曹參軍奮威將軍赭陽子 | 梁瑞 | | 天水 |
| 中兵參軍 | 王□ | | 缺 | 中兵參軍 | 李沖 | | 略陽 |
| 府主簿 | 魏文 | | 鉅鹿人 | 府主簿 | 尹寧 | | 天水 |
| 外兵參軍 | 宋和 | | 敦煌人 | 外兵參軍 | 趙忻 | | 金城 |
| 騎兵參軍 | 元瓊 | | 河南人 | 騎兵參軍右護安定內史 | 段延 | | 遼西 |
| 長流參軍 | 梁□ | | 天水人 | 長流參軍 | 韓洪超 | | 昌黎 |
| 參軍事 | □彥 | | 天水人 | 參軍事 | □□ | | 馮翊 |
| 參軍事 | 龐□ | | 南安人 | 鷹揚將軍參軍事 | 邴哲 | | 北海 |
| 法曹參軍 | □□ | | 遼東人 | 城局參軍 | 馮澄 | 新平 | |
| 鎧曹參軍 | □□ | | 河東人 | 鎧曹參軍 | □□ | | 趙郡 |
| 田曹參軍 | □□ | | 河南人 | 田曹參軍 | 董借 | | 隴西 |
| 獸曹參軍 | 尹顥 | | 天水人 | 獸曹 | □□ | | □□ |
| □□攝□軍主 | 張□ | | 缺 | | | | |

① 據《南石窟寺碑》題名補,《魯迅輯校石刻手稿》第一函第四冊, 724 頁。
② 魯迅釋文做 "席",據前引秦明智文, 39 頁改。

| 官職 | 姓名 | 籍貫（本州） | 籍貫（外州） | 官職 | 姓名 | 籍貫（本州） | 籍貫（外州） |
|---|---|---|---|---|---|---|---|
| 別駕從事史 | 皇甫軌 | 安定人 | | 別駕從事史 | 胡安伯 | 安定 | |
| 治中從事史 | 梁徽 | 安定人 | | 安遠將軍統軍治中？ | | | |
| 主簿 | 路彰 | 安定人 | 平漠將軍統軍並別駕主簿 | 胡文安 | 安定 | | |
| 主簿 | 韓□ | 安定人 | | 主簿 | 貟祥 | 平涼 | |
| 西曹書佐 | 梁琮 | 安定人 | | 西曹□主簿 | 彭□ | 趙平 | |
| 西曹書佐 | 彭規 | 趙平人 | | | | | |
| 祭酒從事史 | 程熙 | 安定人 | | 祭酒從事史 | 範邦詢 | 安定 | |
| 祭酒從事史 | 梁顥 | 安定人 | | | | | |
| 部郡從事史 | 彭襲 | 趙平人 | | 部郡從事史 | 席道原 | 安定 | |
| 部郡從事史 | 張熾 | 安定人 | | 部郡從事史 | 張廣氵 | | □河 |
| 部郡從事史 | 張□ | 缺 | | 部郡從事史 | 貟英 | 平涼 | |
| 部郡從事史 | 馮□ | 新平 | | 部郡從事史 | 田雅芝 | | 馮翊 |
| 部郡從事史 | 貟佑 | 平涼人① | | | | | |
| | | | | 安定郡丞 | 劉龜 | | 沛國 |
| | | | | 平涼郡丞濟南侯 | 胡虬 | 安定 | |
| | | | | 新平郡丞 | 韋文意 | | 京兆 |
| | | | | 趙平郡丞 | 趙椿 | | 上谷 |
| | | | | 隴東郡丞 | 馮法孫 | | 缺 |
| | | | | 別駕從事史 | 缺 | | |
| | | | | 主簿兼治中別駕從事史 | 梁僧授 | 安定 | |
| | | | | 門下□□ | 傅神符 | | 北地 |
| | | | | 省事 | 胡季安 | 安定 | |
| | | | | 缺 | 王胤祖 | | □陽 |
| | | | | 缺 | 雷城 | □平 | |
| | | | | 缺 | 郭永茂 | | □原 |

注：陰影表示兩碑中官銜一致的題名。爲此《南石窟寺碑》題名的排列未依拓本。

---

① 原録文"涼"字泐，據北京大學圖書館善本室藏藝風堂拓片補，轉自羅豐《北魏貟標墓誌》，收入《胡漢之間——"絲綢之路"與西北歷史考古》，北京：文物出版社，2004 年，364 頁。

《嵩顯寺碑》立於永平二年（509）四月八日，《南石窟寺碑》則刻於次年四月十四日，前後不過一年。而《魏書·世宗紀》永平二年正月"是月，涇州沙門劉慧汪聚衆反，詔華州刺史奚康生討之"，奚康生因此而赴涇州，轉任刺史則應在四月以後。據兩碑碑陰題名，刺史交代，州、府僚佐亦有大幅度調整，兩碑所見軍府屬吏幾無相同者，表明這類官吏是隨著刺史人選的變動而變動；州吏亦大體如此。這即應是文獻中常見的隨著府主卸任"府解"而罷職或停職①。唯若干郡縣守令前後兩碑題名一致，如臨洮太守弘農□英字伯儁，鶉觚令姚玉；或推測一致，如安定令陰心②與臨涇令茹男。似可認定刺史變動，其州府僚佐隨之遷轉，而郡縣守令則自有任期，並不受影響。這是其一。

其二，考察各類官吏的籍貫，誠如嚴耕望、窪添慶文先生所指出的，軍府僚佐籍貫似無限制，但主要爲外州人。郡縣守令，包括郡丞，亦如此，其中亦含個別本州人；而州屬吏則相反，主要爲本州人③。具體情況見下表：

| 時間 \ 籍貫 類別 | 軍府僚佐 | | | | 州僚佐 | | | | 郡縣守、丞、令 | | | |
|---|---|---|---|---|---|---|---|---|---|---|---|---|
| | 外州 | 本州 | 不詳 | 合計 | 外州 | 本州 | 不詳 | 合計 | 外州 | 本州 | 不詳 | 合計 |
| 永平二年 | 14 | 1 | 2 | 17 | | 12 | 1 | 13 | 11 | 1 | 3 | 15 |
| 永平三年 | 13 | 2 | 1 | 16 | 3 | 9 | 2 | 14 | 9 | 1 | 8 | 18 |

兩碑恰好記録了相隔一年，前後兩任刺史治下的軍府與州郡縣官吏及其籍貫，爲我們認識北魏時期州郡縣官員的更替及其籍貫問題提供了難得的資料。比較兩碑，州屬吏多出自本州，雖經歷刺史的更疊，這一原則還是基本得到遵行。因此，這可以視爲北魏時期官場所通行的選任官吏規則，當亦受到涇州的北鄰幽州刺史的尊重。因而，儘管《山公寺碑》的題名沒有註明僚佐的籍貫，亦可循此推斷其中州吏與縣吏應主要出自幽州，而軍府僚佐則由外州人士出任。這對於比較準確地根據題名了解幽州地區的民族構成是十分重要的。

論者已經注意到《山公寺碑》出現了大量漢族以外的題名，並據此推定當地的民族構成④，不過，由於沒有考慮到軍府與州郡縣僚佐籍貫上的差異，其推論不免存在誤

① 參《魏書》卷三九《李寶傳附李思穆傳》，898 頁、卷四二《韓秀傳附子韓務傳》，953 頁等。
② 不過，兩碑所載此人的籍貫不同，不知原因何在。
③ 以上兩點前引秦明智文，37～38 頁已指出，不過説得比較簡略。
④ 吳荭等前引文，92～93 頁。

差。根據上面的分析，祇有州吏與縣吏纔主要由當地人擔當，欲考察當地的民族構成，祇能針對這些人，軍府僚佐實不應納入分析的範圍。

考察該碑碑陰及兩側的州、縣屬吏題名，不難發現許多罕見姓氏，特別是復姓。現將這些姓氏臚列於下，其中民族可考者則標明族屬。

州吏：

| 姓 | 魏 | 彌姐 | 郭 | 鄧 | 張 | 李 | 解 | 屈南 | 路 | 雷 | 董 | 仵封 | 王 | 卜 | 晁 | 曹 |
|---|---|---|---|---|---|---|---|---|---|---|---|---|---|---|---|---|
| 人數 | 5 | 5 | 9 | 3 | 5 | 3 | 1 | 2 | 2 | 5 | 2 | 1 | 3 | 1 | 1 | 2 |
| 族屬 | | 羌 | | | | | | 羌 | 羌 | | | | | | | |

| 姓 | 趙 | 受洛 | 彭 | 楊 | 鄭 | 邢 | 孫 | 上官 | 佐 | 魯 | 孟 | 皇甫 | 昨和 | 鲝 | 史 | 成 |
|---|---|---|---|---|---|---|---|---|---|---|---|---|---|---|---|---|
| 人數 | 2 | 1 | 2 | 1 | 1 | 1 | 1 | 1 | 1 | 1 | 1 | 1 | 1 | 1 | 1 | 2 |
| 族屬 | | 鮮卑?① | | | | | | | | | | 漢 | 羌 | 羌 | | |

| 姓 | 劉 | 荔非 | 丁尾 | 秦 | 寇 | 不詳 |
|---|---|---|---|---|---|---|
| 人數 | 1 | 2 | 1 | 1 | 1 | |
| 族屬 | | 羌 | | | | |

縣吏則按照縣分別制表排列，字迹不清者未計。

彭陽縣

| 姓 | 彌姐 | 荔非 | 未代 | 鲝 | 樊 | 雷 | 供烏 | 王 |
|---|---|---|---|---|---|---|---|---|
| 人數 | 1 | 2 | 1 | 2 | 1 | 1 | 1 | 1 |
| 族屬 | 羌 | 羌 | | 羌 | | 羌 | | |

富平縣

| 姓 | 彌姐 | 周 | 雷 | 荔非 | 者非 | 王 |
|---|---|---|---|---|---|---|
| 人數 | 3 | 1 | 5 | 1 | 1 | 1 |
| 族屬 | 羌 | | 羌 | 羌 | | |

---

① 此姓《魏書·官氏志》不載，前人研究亦未提到，不過文成帝《南巡碑》碑陰題名中第三列出現了“內三郎受洛拔”，估計不是鮮卑人就是很早臣服鮮卑的匈奴或契胡人。

安武縣

| 姓 | 供烏 | 蓋同 | 荔非 |
|---|---|---|---|
| 人數 | 1 | 1 | 1 |
| 族屬 |  |  | 羌 |

趙安縣

| 姓 | 任 | 昨和 | 郭 | 向 | 雷 | 賈 | 苟 | 趙 | 王 | 大非 | 唐 | 張 |
|---|---|---|---|---|---|---|---|---|---|---|---|---|
| 人數 | 1 | 1 | 2 | 1 | 1 | 1 | 1 | 1 | 2 | 2 | 1 | 1 |
| 族屬 |  | 羌 |  | 羌 |  |  |  |  |  |  |  |  |

安定縣

| 姓 | 龐 | 路 | 嚴 | 楊 | 郭 | 成 | 張 | 庫 | 王 | 範 | 董 | 昨和 | 雷 |
|---|---|---|---|---|---|---|---|---|---|---|---|---|---|
| 人數 | 1 | 2 | 1 | 1 | 3 | 2 | 3 | 1 | 1 | 1 | 1 | 2 | 3 |
| 族屬 |  |  |  |  |  |  |  |  |  |  |  | 羌 | 羌 |

　　確定上述州縣屬吏的族屬，根據的是姚薇元、陳連慶與馬長壽[1]的研究。另有一些復姓，如雜定、仵封、未代、供烏、者非、蓋同[2]、大非，前所罕見，目前尚不知其所屬，不過，據陳連慶研究，羌氏西南夷之屬中羌人多復姓，依此，上述諸姓或屬羌族。其中"供烏"一姓又見於敦煌研究院所藏敦煌遺書68號《職官花名冊》，又稱《北魏禁軍軍官籍簿》中[3]。其他單姓，多爲常見姓，且多族通用，據姚薇元、陳連慶的研究，羌族有龐、彭、董姓；氐族有楊、李、苟、趙、雷、董、張、彭、王、魏等姓，盧水胡有彭姓，屠各有劉、路、姚等姓，匈奴有郭、曹、董、成、卜姓，單據姓氏難以確定族屬。不過，結合十六國以來關中地區民族分佈的情況[4]，推定這些屬吏的姓氏出自羌、氐、盧水胡以及匈奴、屠各族、漢族等並非無據。根據上文的分析，州縣屬吏基本由本地人出任，因此，可知上述諸族居住在豳州。

———————————

① 姚薇元前引書；馬長壽《碑銘所見前秦至隋初的關中部族》，北京：中華書局，1985 年及陳連慶前引書。
② "蓋同"或即前秦《鄧太尉祠碑》碑陰中出現的"蓋周彥容"，疑與盧水胡中的蓋姓有關。
③ 參楊森《敦煌研究院藏卷〈北魏禁軍軍官籍簿〉考述》，《敦煌研究》1987 年第 2 期，20～25 頁。不過，作者的定名並不妥當。
④ 參馬長壽前引書。

從現存題名看，州縣屬吏的族屬幾乎沒有北魏的統治者鮮卑人，這一點值得注意。按照通例，似乎可以認爲當時這一地區並沒有多少鮮卑人的居民，這與六鎮起兵後的情況有很大的不同①。不過，分析齒州軍府屬吏的姓氏，可以看到不少鮮卑人的身影②。具體見下表：

| 官職 | 姓名 | 兼職 | 民族 |
|---|---|---|---|
| 行參軍 | 董道歡 | | |
| 行參軍 | 龐羅漢 | 前城内軍副 | |
| 行參軍 | 尉其驎 | | 鮮卑③ |
| 行參軍 | 劉元祚 | | |
| 兼主簿 | 輔賢 | | |
| 默曹參軍 | 郭保龍 | 兼土（士）曹 | |
| 法曹參軍 | 長孫和 | | 鮮卑 |
| 城局參軍 | 席惠訓 | | |
| 長流參軍 | 奚慶 | | 鮮卑 |
| 騎兵參軍 | 陸僧壽 | 陽州縣令 | |
| 外兵參軍 | 姚慎終 | | |
| 中兵參軍 | 尉靜 | 西北地太守、別駕都護 | 鮮卑 |
| 倉曹參軍 | 郭衆喜 | | |
| 功曹參軍 | 梁神寶 | | |
| 録事參軍 | 杜將 | 趙興郡太守 | |
| 司馬 | 受洛干仁 | 魚陽侯 | 鮮卑？ |
| 長史 | 王紹 | 襄樂郡太守 | |
| 統府功曹 | 李毛郎 | | |
| 司馬省事 | 曹步渾 | | |
| 長史省事 | 鄭李生 | | |

---

① 參周偉洲《甘肅正寧出土的北周造像題銘考釋》，收入《西北民族史研究》，鄭州：中州古籍出版社，1994 年，452～453 頁。
② 吳荭等前引文，93 頁表一與暨遠志等前引文，352 頁表五、表六均有類似統計，但不甚確切。
③ "尉遲"均認爲是鮮卑姓，但"尉其"史書未見，不過兩字中古韻部相同，聲部"其"字群部、"遲"字澄部，音近，當是異譯。

上文指出，府屬吏基本由外州人構成。據上表，他們不僅擔任屬吏，還兼任太守、縣令，控制了幽州的主要權力，其中不少爲鮮卑人。這表明正始元年時的幽州官府是由不同地域的、多民族的人員構成的復合體，外州官吏人數不多，其中包括不少鮮卑人，卻佔據最上層的主要職位①。這種構成表明當地的少數族已經發展到相當的程度，足以從事文書行政，參與官府統治；同時，也説明地方官府亦對諸族開放，儘管要津還是要由州外官吏把持。

題名中還出現了"城内幢主"、"城内幢副"、"城内軍主"、"城内軍副"與"三川幢主"、"三川軍主""三川軍副"。"軍主""軍副"與"幢主"、"幢副"是北魏軍隊中的中下級軍官②。城内幢主以下應是統帥駐紮在州城内的州兵的軍官。可惜題名祇存職銜，無從了解幢主的民族背景，軍隊的來源自然也不清楚。不過，幽州有州兵於史有徵。《魏書·張普惠傳》，正光中，張普惠討伐仇池與武興的氐人，皇帝便給他七州兵武三萬人，聽憑調遣，七州中就有幽州。"三川軍主"中的"三川"地望不詳。西魏時將北華州長城縣改爲三川縣，隋唐沿置，位置在今陝西洛川縣西北，西接北魏幽州。改名原因是"三川同會，因名"③。《山公寺碑》中出現的"三川軍"是否與此地有關，尚不清楚。

附帶指出，碑陰下部第一欄題名中出現了"騎兵參軍督護陽州縣事陸僧壽"，文獻中多數均做"陽周縣"，不過，《周書·權景宜附郭賢傳》述賢郡望爲"趙興陽州人"，點校者認爲應從《魏書·地形志》與《隋書·地理志》做"周"，"陽州另有其地"④。亦有學者據此認爲陽州即是陽周⑤，《山公寺碑》題名則爲後説提供了更確鑿的證據。

本文草就後得到本院民族所陳勇先生、本所劉樂賢、黃正建先生、大同大學殷憲先生教示以及日本岡山大學文學部佐川英治先生的惠助，謹此致謝。

---

①　這一點暨遠志等前引文，351頁亦已指出。

②　參宮川尚志《南北朝の軍主·隊主·戍主等について》，收入《六朝史研究政治·社會篇》，東京：日本學術振興會，1956年，557～561頁；嚴耕望前引書，下冊，790頁；王仲犖《北周六典》下冊，"總管府·軍主·幢主"，北京：中華書局，1979年，633～634頁；周一良《魏晉南北朝史劄記》"軍主、幢主、隊主"，北京：中華書局，1985年，408～411頁；張金龍《"五職"源流考》，收入《北魏政治與制度論稿》，蘭州：甘肅教育出版社，2003年，386～392頁；陶新華前引書，309～313頁。

③　《隋書》卷二九《地理志》上"上郡"，北京：中華書局，1973年，811頁；《元和郡縣圖志》卷三"關内道·鄜州·三川縣"，北京：中華書局，1983年，71頁。

④　《周書》卷二八，校勘記三四，北京：中華書局，1971年，487頁。

⑤　周一良《領民酋長與六州都督》，收入《魏晉南北朝史論集》，北京：北京大學出版社，1997年，213頁；王仲犖《北周地理志》，北京：中華書局，1979年，96頁。

# 記出自北京房山的兩種北魏石刻造像

## ——《比丘僧欣造像》與《劉未等四人造像》考述

胡海帆<sup>*</sup>

　　歷史上，中國很多地區都有佛教石像的雕造，但分佈區域及數量隨時代而異。隋唐時期，北京地區佛教石刻造像開始大批出現，之前則很罕見。據《順天府志》記載，出自北京並有銘文的北魏石刻造像僅有一種，即原立於海淀區北安河鄉車兒營村，今藏首都博物館的北魏太和廿三年《閻惠端造像》[①]，這表明北京早期造像確實稀少，但並不意味着歷史上的狀況完全如此。經過長期戰亂，大量古刻亡佚，清末民初，大批文物盜賣流失，都曾導致石刻數量減少。在提倡保護古都的今天，不僅要關愛現有文物，還應關注北京舊有文物，發掘史實，使古都文明的記載更接近歷史原貌。

　　近年筆者注意到，清末端方舊藏的兩種北魏石刻造像，即太和廿三年《比丘僧欣造像》和景明三年《劉未等四人造像》出自北京房山，唯因有關記載匿迹寡聞，致其所出鮮爲人知。這兩尊造像雕刻精美，又具典型的時代、地域特徵，是有代表性的北魏中晚期單體彌勒石像，在國內外佛教造像研究中頗受關注。因此對它們的全面了解，對其刻立地出自房山的確認，將很有意義，不僅增添了北京地區早期石刻造像新知品種，對於探討北京及周邊地區佛教發展和地方歷史亦有裨益。

## 一　兩種北魏造像概貌

### （一）《比丘僧欣造像》

　　《比丘僧欣造像》北魏太和廿三年（499）造。石灰岩質，爲上寬下窄蓮瓣背屏式

---

＊　　胡海帆，北京大學圖書館副研究員。

①　周家楣等修《順天府志》130卷，清光緒刻本。卷128金石志2/7下。文載："《閻惠端爲太皇太后造像記》……太和十三年三月十五日，在昌平州西南五十里妙峰山石佛寺。前人未著録，光緒六年通州張雲翼訪得。"

造像，背光上部殘缺。殘高 94.6 釐米，寬 54.6 釐米，背屏厚 7 釐米。此造像原在房山，清光緒年間歸端方，歸端方之前背屏已缺上端。民國年間石像流失海外，現藏美國克利夫蘭藝術博物館。

造像正面高浮雕，三尊立像。中間主尊爲彌勒，跣足立，面相豐頤，五官清秀，臉形橢圓，頸細長，高肉髻，著通肩式袈裟。右手施無畏印，左手握衣裾，肩部、上手臂和小腿的衣褶皆作 "Y" 字形，兩腿間隆起很重的衣襞。背光刻有火焰紋。背屏從主尊頭部斷缺，因此頭光不存。主尊兩側侍菩薩各一，很矮小，跣足立於兩個力士所託舉的座上。

造像背面刻圖文。殘存的背屏分爲兩層。上層圖像，減地平雕與綫刻相結合，内容爲一佛二菩薩像。中開屋楣帳形龕，主尊結跏趺坐，高肉髻，右手施無畏印，内斜著僧祇衼，外著袒右半披袈裟。背光也有火焰。兩側脅侍菩薩側身跣足立倒寶裝蓮座上，左側菩薩執拂，右側菩薩提壺。下層爲造像發願文，正書 8 行，行 11 字，文字潦草並帶有很濃的隸書意味。文曰：

> 大代太和廿三年歲次己卯/十二月壬申朔九日庚辰，/比丘僧欣爲生緣父母並眷/屬師僧造彌勒石像一區，願/生西方無量壽佛國，龍華樹下/三會説法，下生人間侯王子/孫，與大菩薩同生一處，願一/切衆生普同斯福，所願如是。

造像背屏兩側也有綫刻畫像，兩側内容基本一樣，上半紋樣，下半串刻兩人：上爲僧人，雙手合十，身穿袈裟；下爲供養人，頭戴高帽，身著胡服。

從造像發願文可知，此像系供養人比丘僧欣出資所造。

### （二）《劉未等四人造像》

《劉未等四人造像》北魏景明三年（502）造。原在房山上洛村石佛寺，清光緒年間歸端方。此像有兩次斷裂，歸端方前已從背屏主尊頭部上方第一次斷裂，斷裂處被人從背後打了三個鐵鋸子固定。從端方處散出前後，又從斷裂處下方再次斷裂（此時第一次斷裂處已黏合，並去掉了鐵鋸子）。造像拓片高 135 釐米（含楔），最寬處 71 釐米，背屏厚 5.5 至 7 釐米。此像也是蓮瓣背屏式高浮雕造像。正面内容、造型，甚至主尊兩腿間隆起的衣襞都與《比丘僧欣造像》相似，風格一脈相承。

此像正面高浮雕，三尊立像。中間主尊彌勒跣足立，高肉髻，内著僧祇衼，外著胸前結節的對領式袈裟，右手施無畏印，左手握衣裾一角。背光環刻有火焰紋。兩側侍菩薩各一，很矮小，均跣足立，手持蓮。

造像背面刻圖文，圖像減地平雕與綫刻相結合，共分三層。

上層爲三世佛。中主尊結跏趺坐，高肉髻，右手施無畏印，内斜著僧祇衼，外著祖右半披袈裟。左右二佛均結跏趺坐，高肉髻，施禪定印，著通肩式袈裟。三佛均有背光。上層左右刻造像人題名，右邊："比丘道賓，╱比丘僧簡，╱比丘道安。左邊：比丘惠偑，╱比丘惠稟，╱比丘惠同。"

中層爲表現《法華經》精義的釋迦、多寶二佛並坐。二佛皆内斜著僧祇衼，外著祖右半披袈裟。二佛背光迥異，右旋渦紋，左針葉紋。像右侍有側身二比丘尼像，旁有題榜："尼道法□，尼道法□。"像左侍有側身二著袈裟比丘像，旁有題榜："比丘普賢，比丘惠玉。"

下層是造像記和造像題名，又分成上下二截。

上截文："劉杲生侍佛，╱肱妻侯侍佛，╱弟子劉莫肱侍佛，╱弟子劉芒侍佛。╱武□景照皇帝╱時，宗祖劉黄兄弟╱九人，四人臺士。黄╱蒙國寵，授作丁零╱護軍、三州（？）□作冀╱州刺史侍佛時。╱劉清作條郡太守╱□作菑州刺史侍佛。╱劉受國恩，俱作護軍，╱封建依將軍、遒縣子。╱劉芼作三郎重作、殿╱中尚書、征南將軍、遒╱縣子侍佛時。╱劉還香夫妻侍佛。╱劉採妻趙侍佛時。"上截文兩旁有側身供養人像各一：右爲女供養人，頭戴冠，身穿拖地長裙，手執蓮；左爲男供養人，頭帶高帽，身著胡服。

下截文："景明三年十一月十一日，弟子╱劉未、劉堆、劉寄、劉黑╱等四人造彌勒像一軀，╱上爲國家、皇帝□及╱七世父母、眷屬、村舍大小，╱常與佛，願上生天上，下生╱人中侯王，居仕富貴家産，╱願願從心，所求如意，天下太╱平，五穀豐登，人民安樂，永╱離諸苦。劉倉成夫妻侍佛。╱弟子劉市德侍佛，妻孫侍佛時，╱息阿祖、□和、阿慶、道興兄弟□侍佛時。"造像背屏兩側續刻造像題名。右側："劉堆妻張侍佛時，息劉戎、弟廣□□□興。"左側："散騎侍郎、揚威將軍、世寧太守、遒縣子劉保侍佛，夫妻侍佛時。劉□妻□╱劉同、劉善。"

此造像是劉氏宗族集體造像。北朝時期宗族、家族的單體造像，一般都立於造像人居住區附近，以劉未等爲首的劉氏宗族應當是立像處附近的鄉民。此造像記及題名文字潦草，帶有隸意，使用了不少異體俗字，有些字怪異難辨。書寫風格與《比丘僧欣造像》類似，也是典型的北魏民間書體。

## 二 造像的流傳存佚情況

兩種造像在清代以前無著録，因歸端方，載入《匋齋藏石記》而廣爲人知。

端方（1861～1911），清滿洲正白旗人。姓託活洛氏，字午橋，號匋齋、陶齋。光緒八年舉人，歷督湖廣、兩江、閩浙。宣統元年調直隸總督，宣統三年率湖北新軍入川鎮壓保路運動，爲所部殺。諡忠敏。

晚清官僚士大夫多以收集賞玩古物爲時尚，端方是其中之一。他酷嗜金石，收藏了大量金石器物和拓本，還著有《匋齋藏石記》、《匋齋藏磚記》、《陶齋吉金錄》、《陶齋吉金續錄》輯釋其藏品。作爲清末重臣，端方有權勢也有財力，加之喜好，收集金石器物數量之多爲近代少有。《碑傳集補》載："（端方）公性豪邁，不拘小節，篤嗜金石書畫，海內孤本精拓、宋元明以來名跡，聞風湊萃，悉歸儲藏。豐碑斷碣，輦致京邸庋，廊廡幾滿。"① 是時天下諸多名拓，如《漢西岳華山廟碑》傳世四本宋拓之中的三本都歸到端方名下，歷史上，其人也留下了强勢收集、不擇手段的劣名②。

碑石是端方收藏的大宗，據《匋齋藏石記》序載，端方藏石在清光緒二十四年時有 367 種，光緒三十二年達到 700 種，足見收集規模之巨。因地利之便，端方藏石大部分來自北方，京城周邊所獲尤多。對於端方的喜好，有人奉迎相送，更有碑買賣之。此背景下，兩種北魏造像被人從房山盜運至京城，歸了端方，時間在光緒中晚期。除兩種造像外，房山附近還有不少石刻被收到端方手中，如出自河北涿縣的北魏正始元年《高洛周七十人等造像》等。

《匋齋藏石記》③ 卷六記載了兩種房山造像，包括名稱、尺寸、文字行款、書體、原文，還有帶考釋性質的跋語等。唯因傳統金石學僅注重銘文的歷史局限，對造像正面的浮雕佛像只字未提。

端方過世後，所藏石刻約在 1915 年流入北京廠肆，從此四散海內外。如舊藏漢碑大部爲建德周進購去，後捐藏北京故宮博物院。也有相當部分流失域外，如《呂憲墓表》、《司馬昇墓誌》、《鮑纂造像》等石刻，今藏日本東京臺東區書道博物館。

兩種北魏造像中，《比丘僧欣造像》殘石在民國年間流失海外，現藏美國克利夫蘭藝術博物館（Cleveland Museum of Art）。對外展示時，該博物館對其作如下描述④：

| Title： | Stele with Maitreya and Attendants |
| --- | --- |
| Maker： | China, Six Dynasties Period (317～581), Northern Wei Dynasty (386～534) |
| Medium： | Limestone |
| Measurements： | Overall：94. 6cm x 54. 6cm |

---

① 閔爾昌輯《碑傳集補》，民國 12 年北平燕京大學研究所，鉛印本。卷 34。
② 林業强編著《漢延熹西岳華山廟碑順德本》香港中文大學文物館，1999 年。63 頁。由李淵碩跋語知，端方曾 "以好官作餌" 軟硬兼施索取華山廟碑順德本遭到拒絕。
③ 端方著《匋齋藏石記》44 卷，石印本，清宣統元年 10 月刊。
④ 見美國克利夫蘭藝術博物館網站 http：//www. clevelandart. org。

| Dates: | 500 |
|---|---|
| Acquisition: | Gift of Severance and Greta Millikin |
| Location: | Not on display |
| Accession Number: | 1959. 130 |
| Department: | Chinese Art |

（注：北魏太和廿三年對應於公元499年，但對以月日，太和廿三年陰曆十二月九日已轉入公元500年，故標示爲Dates：500）

從上引記載可知，該館所藏《比丘僧欣造像》來源於Severance and Greta Millikin捐贈。根據西方國家博物館按入藏時間編號的慣例，造像於1959年入藏。

另一種北魏造像《劉未等四人造像》，從端方處散出後，起初尚有踪影，以後下落不明。從流傳拓片知，造像散出前後，像石中部再次橫斜向斷裂。筆者曾見一件像石二次斷裂後的拓片，上有學者姚華民國六年題跋："北魏造像碑，景明三年刻。舊藏忠愍公端方家，今流出市間，旋爲佛郎機（法蘭西）人輦去。從此墨本與石刻等貴矣。"還有蒙樹培民國十年題跋："此石雖佳，惜爲美國人購去，今此拓本當與劉根並稱罕見之品。"① 二跋所言去向不同，但都表明《劉未等四人造像》在民國五年前後流失國外了。

## 三　兩種造像出自房山的依據

《匋齋藏石記》未説明造像來自何處。作爲收藏大家，端方應知地點信息的重要，推測他並不知曉石像原所在。造像銘文中没有石像地點記載，研究者對其出土地點曾有種種推測。

兩種北魏造像較早就被國外研究者注意到。西方研究中國佛像雕刻的先驅者、瑞典東方美術史學家喜龍仁（Osvald Siren），在1925年出版的中國雕塑史名著《五到十四世紀的中國雕刻》② 中，收録了《比丘僧欣造像》殘石和《劉未等四人造像》二次斷裂後石像的圖片，拍照時間應在端方收藏散出後。他認爲兩種造像都是陝西的作品③。也

① 《中國嘉德2006年秋季拍賣會·碑帖書法》（圖録）81頁 No. 2715 北魏造像。
② 喜龍仁著《五到十四世紀的中國雕刻》（Osvald siren：Chinese sculpture from the Fifth to the Fourteenth Century. Lodon Emest Benn Ltd. 1925）
③ 同上《比丘僧欣造像》Shensi PL119，《劉未等四人造像》Shensi PL121。

有傳在山西出土①。臺灣李玉珉先生在《河北早期的佛教造像——十六國和北魏時期》文中，根據官職中地名"冀州和相州的州治均在今河北省"，將《劉未等造像》劃入河北作品。根據《比丘僧欣造像》具相似風格，推斷"這尊彌勒佛很可能也是一尊河北地區的作品"。② 可以說李氏對造像屬地的推論是正確的，事實上兩種造像來自緊臨河北的北京房山，在 1958 年 3 月房山縣劃入北京之前，那裏就屬於河北。

其實早在清末，繆荃孫《藝風堂金石文字目》已指出《比丘僧欣造像》出自順天房山③。吳式芬《金石匯目分編》依繆氏記載，將《比丘僧欣造像》列於房山縣之首④。1955 年孫貫文根據藝風堂拓片編製《北京大學圖書館石刻拓片草目》時指出，《比丘僧欣造像》在河北房山，《劉未等四人造像》在河北房山石佛寺⑤。遺憾的是，從後人未提及來看，這些對地點的明確記載，沒有人注意到。

繆、孫二人得出造像來自房山的結論，是依據藝風堂拓片上所在地記錄和題籤。北大圖書館有一批包括兩種北魏造像在內的河北、北京地區拓片，來自繆氏藝風堂。在這批拓片紙背上都記載有椎拓的地點，包括兩種造像歸端方之前的所在地。

藝風堂是晚清學者繆荃孫室號。繆荃孫（1844～1919），字炎之。清光緒二年進士，曾任翰林院編修、清史館總纂。繆氏是近代極有成就的金石大家，以"三十年精力所聚"拓片一萬餘種，著《藝風堂金石文字目》十八卷。1923 年藝風堂藏拓全部售予北京大學研究所國學門。

繆氏收藏的畿輔地區（今北京、河北）金石拓片非常豐富，由於收藏早，藝風堂不僅收集到兩種造像歸端方之前的拓片，還保存了諸多今已失傳的金石品種。

藝風堂藏《劉未等四人造像》碑陰整拓一張，黃色皮紙，拓片背面邊沿上題有墨書小字"房山西南七十里上洛村石佛寺"⑥，這一椎拓地點的原始記錄，對確定石刻原所在至關重要。

---

①　宿白《敦煌莫高窟現存旦期洞窟的年代問題》。載於《香港中文大學中國文化研究所學報》第 20 卷，1989 年出版。15～31 頁。

②　李玉珉《河北早期的佛教造像——十六國和北魏時期》。載於臺灣《故宮學術季刊》第 11 卷第 4 期，1994 年夏。1～41 頁。

③　繆荃孫編《藝風堂金石文字目》18 卷，清光緒 32 年刻本。卷 2/7 上。

④　吳式芬編《金石匯目分編》20 卷，民國 26 年北平文祿堂刻本。卷 1 補遺 10 下。筆者按：據《金石匯目分編》部分順天地區石刻記載與《藝風堂金石文字目》記載（包括錯誤）完全相同來推測，其內容引自藝風堂目。

⑤　孫貫文編《北京大學圖書館藏金石拓片草目》，1955 年油印本。《比丘僧欣造像》卷 2/47；《劉未等四人造像》卷 2/49。又見於《考古學集刊》第 8 集，科學出版社。207 頁。

⑥　繆荃孫在《劉未等四人造像》拓片籤上題"房山西南七十里上洛村石佛寺"，但刊刻《藝風堂金石文字目》時，卻漏刻了該地址，反加上石歸端方的記載。

　　筆者調查中發現，拓片紙背題墨書小字並非孤例，北大圖書館收藏的一批畿輔地區拓片都有類似特徵。它們皆拓自北京西南及河北地區，製作時間在晚清，用紙多爲粗糙的黃色薄皮紙。紙背邊沿墨書地點的形式、位置、大小相近，是拓工或參與者所爲。題寫的地點很具體，如標明距最近的縣城多少里，地處某村某地某寺等等。

　　下面例舉部分有紙背墨書地點的藝風堂拓片：

| 序號 | 石刻名稱 | 年代 | 所在地 | 拓片紙背題寫的地點（括號內容爲筆者所加） | 藝風堂目錄之卷次 |
|---|---|---|---|---|---|
| 1 | 趙公議爲亡考造陀羅尼經幢 | 遼乾統十年（1110）三月四日 | 北京房山 | "房山西南十八里瓦井大寺" | 卷 13/11 下 |
| 2 | 三盆山崇聖禪院記 | 遼應曆十年（960）四月吉日 | 北京房山 | "方（房）山西北廿里十字寺" | 卷 13/1 下 |
| 3 | 少府少監王公幢銘 | 金貞元二年（1154）十一月十一日 | 北京房山 | "房山西南廿五里皇公臺村" | 卷 14/5 下 |
| 4 | 超化寺誦法華經沙門法慈修建實錄 | 遼清寧二年（1056） | 北京房山 | "方（房）山西北廿五里莊公院" | 卷 13/3 下 |
| 5 | 伽藍堂施主花名 | 元至元二年（1265）五月十七日 | 北京房山 | "房山西南卅里中院村" | 卷 15/10 上 |
| 6 | 獨樹里蘇傳氏經幢 | 金明昌六年（1195）二月二十八日 | 北京房山 | "房山縣城西南五十里東域（峪）寺" | 卷 14/28 上 |
| 7 | 爲師建塔幢 | 遼大安四年（1088） | 北京房山 | "房山西南五十里雲居寺" | 卷 13/6 下 |
| 8 | 醫隱賈德全墓碑 | 元大德八年（1304）二月二十一日 | 北京房山 | "房山西南六十五里白帶村北地里" | 卷 15/34 下 |
| 9 | 正慧大師靈塔幢記 | 遼天慶六年四月二十七日 | 北京房山 | "房山西南七十里張鈁鎮二郎廟" | 卷 13/12 下 |
| 10 | 張蓮成爲先亡父母造真言幢 | 金承安四年（1199）三月一日 | 北京房山 | "房山西南七十里鎮江塋（營）村" | 卷 14/30 上 |
| 11 | 劉未劉堆等四人造彌勒像 | 北魏景明三年（502）十一月十一日 | 北京房山 | "房山西南七十里上洛村石佛寺" | 卷 2/7 上 |
| 12 | 龐懷伯邑人等造像 | 唐咸亨五年（674）五月八日 | 北京房山 | "在直隸房山西南七十里上洛村石佛寺"（藝簽題） | 卷 4/19 下 |

| 序號 | 石刻名稱 | 年代 | 所在地 | 拓片紙背題寫的地點（括號內容爲筆者所加） | 藝風堂目錄之卷次 |
|---|---|---|---|---|---|
| 13 | 張元興爲祖造陀羅經幢 | 金大定二十五年（1185）四月二十日建 | 北京房山 | "房山西南七十里上洛村石佛寺" 又一份題 "房山西南七十里上洛村" | 卷14/21 上 |
| 14 | 千佛舍利寶塔記 | 元大德十一年（1307）九月九日 | 北京房山 | "在直隸房山西南七十里上洛村石佛寺"（藝籤題） | 卷15/39 上 |
| 15 | 智炬破地獄真言幢 | 元刻 | 北京房山 | "房山西南七十里上洛村石佛寺" | 卷17/31 下 |
| 16 | 康秀墓碑 | 元延祐二年（1315）清明前二日 | 北京房山 | "房山西南七十三里南上洛村" | 卷16/7 上 |
| 17 | 康信墓碑 | 元延祐七年（1320）清明日 | 北京房山 | "房山西南七十三里南上洛村" | 卷16/13 下 |
| 18 | 康毓墓碑 | 元泰定元年（1324）囗月十九日 | 北京房山 | "房山西南七十三里南上洛村" | 卷16/19 下 |
| 19 | 康氏先塋碣銘 | 元泰定元年（1324）二月廿八日 | 北京房山 | "房山西南七十三里南上洛村" | 卷16/20 上 |
| 20 | 康惠琮（康秀第三子）墓碣 | 元刻 | 北京房山 | "房山西南七十三里南上洛村" | 卷17/28 上 |
| 21 | 智炬如來破地獄大灌頂光明真言幢 | 遼保大二年（1122）二月一日 | 北京房山 | "良鄉南廿五里寶店清涼寺" | 卷13/13 下 |
| 22 | 劉李村爲亡過父母建陀羅尼經幢 | 遼天慶三年（1113）八月廿四日 | 北京房山 | "良鄉南四十五里劉李（琉璃）河石佛寺" | 卷13/12 上 |
| 23 | 張氏造陀羅尼經幢 | 遼乾統八年（1108）十月二十四日 | 北京大興 | "京南九十里禮賢鎮壽峰寺" | 卷13/11 下 |
| 24 | 感應舍利石塔記幢 | 遼天慶十年（1120）四月三日 | 河北涿州 | "涿州東北八里永樂村東禪寺" | 卷13/13 下 |
| 25 | 李晟爲父母造陀羅尼經幢 | 遼咸雍七年（1071）十一月十五日 | 河北淶水 | "來（淶）水西卅里壘子大明寺" | 卷13/4 下 |

| 序號 | 石刻名稱 | 年代 | 所在地 | 拓片紙背題寫的地點（括號內容爲筆者所加） | 藝風堂目録之卷次 |
|---|---|---|---|---|---|
| 26 | 馬孝純等造幢 | 遼重熙二十三年（1054）八月 | 河北永清 | "永清東北卅里茹葦村大寺" | 卷13/3 上 |
| 27 | 寶勝寺前監寺大德遺行記幢 | 遼乾統十年（1110）三月二十七日卒 | 河北廊坊 | "東安西北卅里馮家府井臺上" | 卷13/14 上 |
| 28 | 善興寺□□造真言幢 | 遼太康十年（1084）二月 | 河北易縣 | "易州北廿五里碼頭善興寺" | 卷13/5 下 |
| 29 | 南赤村馬瓊造香爐題記 | 金天會十四年（1136）七月十五日 | 河北唐縣 | "唐縣西北廿里北店頭村香山寺" | 卷14/2 上 |
| 30 | 龍池事因記 | 金天眷二年（1139）三月二十四日 | 河北曲陽 | "曲陽南廿里黃山上" | 卷14/2 下 |
| 31 | 于永堅建造破地獄真言幢 | 金皇統四年（1144）十月十七日 | 河北蔚縣 | "蔚州東北十里君子瞳宏慶寺" | 卷14/3 下 |
| 32 | 高□造經幢 | 金正隆六年（1161） | 河北固安 | "固安西南五十里禮讓店大寺" | 卷14/8 上 |
| 33 | 玉山鄉使南莊普照寺尚書禮部牒並記 | 金大定五年（1165）三月 | 河北行唐 | "行唐東北十二里南莊村普照寺" | 卷14/10 上 |
| 34 | 大定造梵字幢 | 金大定十八年（1178）八月二十五日 | 河北完縣 | "完縣西十里東朝陽村真覺寺" | 卷14/16 下 |

　　不僅藝風堂拓片紙背上題寫墨書地址，北大圖書館藏原中德協會個別拓片也有此特徵。共同特徵表明，它們來自相同渠道。調查後得知，這原是光緒早期，繆荃孫等一批京都士大夫出資雇工椎拓時留下的記録。

　　繆荃孫《藝風堂金石文字目》自序云："同治甲子荃孫得歐趙書，始爲金石之學……丙子（光緒二年）成翰林，供職京師……又得打碑人故城李雲從，善於搜訪。約潘文勤師祖蔭、王弗卿户部頌蔚、梁杭叔禮部于渭、葉鞠裳編修昌熾，糾資往拓順天、易州、宣化、定州、真定碑刻，大半前人所未見，即遼刻得一百六十種，其他可知。"①

　　葉昌熾《語石》也有類似記載："乾嘉以前，世未尊尚北書，遼、金、元碑亦爲盡

---

① 《藝風堂金石文字目》卷 2 卷首序。

出，至錢竹汀（大昕）、孫淵如（星衍）搜羅始廣，沈西邕（濤）、趙撝叔（之謙）遞相著録。二十年前，京都士大夫以金石相賞析，江陰繆筱珊（荃孫）、瑞安黃仲弢（紹箕）、嘉興沈子培（曾植）、番禺梁杭叔（于渭）皆爲歐趙之學，捐俸醵資，命工訪拓，順天二十四州縣已逮完、唐諸邑，西至蔚州，東至遵化，北至深、定，足跡殆遍。所得諸碑，視前賢倍蓰過之，今廠肆尚有當時拓本。"①

　　記載結果與上述拓片的特徵、範圍完全吻合，拓片出處由是明瞭。因是有計劃地雇工訪拓，且製作多份，所以才出現大量特徵相似的産物和複本，用相同的紙，以相同方式標示。士大夫對金石訪拓和記録有嚴格的要求②，繆荃孫所約之人皆爲飽學之士，重視歷史文獻相關信息，那麼墨書小字應是承事者按要求所題。事後繆氏整理拓片時，題籤和目録編纂都依據了這些最初記載。

　　據墨書記録，可確認《劉未等四人造像》原在"直隸房山西南七十里上洛村石佛寺"。檢地方文獻，房山並無上洛村，却有"南上洛村"和"北上洛村"。康熙三年修《房山縣志》③載，全縣凡4鄉11里179村，有"南上洛"和"北上洛"。民國十七年修《房山縣志》④載，全縣凡9區257村，也有南、北上洛村。村落所在位置，檢乾隆年間方觀承所修《畿輔輿地全圖》⑤、《畿輔義倉圖》⑥及民國十七年修《房山縣志》繪製的房山縣圖，皆標明"南上洛村"和"北上洛村"位於房山西南約六七十里處，兩村緊鄰，在拒馬河支流北岸。這與《劉未等四人造像》拓片上墨書的"上洛村"地理位置完全吻合。以其位置與現今對照，可以確定就是今日房山區南端的南尚樂村和北尚樂村。

　　上洛村曾是古村落，後分化爲南、北上洛村。在民國時期，因諧音相近或其他緣

---

① 葉昌熾撰《語石》卷2/4上，直隸四則之一。

② 吳式芬編《金石彙目分編》卷前附"訪碑"指出："凡碑拓畢，即註明某碑現在某處，系某州縣某村某廟或某山岩某洞，在城某方，距城若干里，並詳註明，以資確據。"

③ 筆者未見佟有年修《房山縣志》（清康熙三年刻本）。僅據馮慶瀾等修《房山縣志》（民國17年鉛印本）卷2鄉村所載："以上佟志原載四鄉十一里一百七十九村，條理至爲明晰……兹照舊志四鄉十一里一百七十九村，一一録記於前，詳舊跡也。復將現有九區二百五十七村……列表於後。"（又見於《中國方志叢書》華北地方·第133號。臺灣成文出版社，1968年影印本。88～90頁）

④ 馮慶瀾等修《房山縣志》，民國17年鉛印本。卷2鄉村。（又見於《中國方志叢書》華北地方·第133號。臺灣成文出版社，1968年影印本。114～115頁）。

⑤ 方觀承編《畿輔輿地全圖》，清乾隆年間刊本。（又見於《中國方志叢書》華北地方·第198號。臺灣成文出版社，1969年影印本。34～35頁，房山縣圖）。

⑥ 方觀承編《畿輔義倉圖》，清乾隆18年刊本。（又見於《中國方志叢書》華北地方·第194號。臺灣成文出版社，1969年影印本。43頁）。

故又漸改稱爲南、北尚樂村①。解放後南、北上洛村稱呼完全被南、北尚樂村取代，人民公社時期被正式確定，以後再未改變。古村址在南上洛，拓片上墨書"上洛村"顯然是對南上洛村（今南尚樂村）的簡稱。

南尚樂原爲村，解放後曾爲公社、鄉鎮所在地，2002 年鎮政府遷至大石窩鎮，南尚樂又恢復爲村建制，是一個人口衆多的特大村。南尚樂歷史悠久，該地採石加工史可以追溯到漢代。南尚樂成村也很早，其前身上洛村的村名至少可追溯到唐朝。同是出自"房山西南七十里上洛村石佛寺"的《龐懷伯邑人等造像》②，刻於唐咸亨五年，造像記中有"造此像匠手，上洛村劉相□息龍鳳"的記載，是唐代上洛村石匠劉相率子鐫刻造像的記錄。映證了南尚樂村的久遠歷史。

上洛村石佛寺之稱未見記載。民國《房山縣志》卷 3 寺觀，記載南尚樂村有"興禪寺"。爲搞清石佛寺下落，筆者曾赴南尚樂村調查。據當地老人介紹：南尚樂村原有一座大規模的古寺院，當地人稱之爲"大廟"，位於村中心。寺院坐北朝南，三進院落，南門有哼哈二將、四大天王，中路有大佛殿、千手千眼觀音殿，兩側有東西配殿和厢房，寺院有古鐘一口、古碑數塊。解放後寺院因年久失修，逐漸荒蕪，寺院房子被大隊挪作他用。改革開放初期，寺院被徹底拆除，在原址蓋起樓房，目前是南尚樂電信局所在地。

南尚樂寺院的創建時代不詳，但從村民介紹中的兩點可以判定寺院的古老：第一，院中曾有很粗的古柏及其他古樹，古柏有數百年的樹齡；第二，寺院拆除後有八稜形柱狀石散出，村民曾用來支撐碾盤，據說上面有佛像和不認識的文字，從描述的形狀内容不難斷定，這是刻有梵文的遼金時期經幢殘石。由此可知，南尚樂確有遼金時期即已存在的古寺院一座，依方位和寺史來看，這就是"房山西南七十里上洛村石佛寺"，它與縣志記載的"興禪寺"應當是一回事。該寺興廢無考，可寺存北魏、唐代、遼金元佛教石刻文物（見上引表格 11～15）表明，此寺歷史悠久。"石佛寺"很可能是鄉民所起的俗名，顧名思義必有石佛。寺中石佛是否指《劉未等四人造像》不得而知，比照北魏《閻惠端造像》訪得於昌平州石佛寺（此"石佛寺"起名源於《閻惠端造像》）來看，有這種可能。

---

① 南、北尚樂村名的由來有兩種可能：第一，可能是來自南、北上洛的諧音；第二，可能因此地曾稱"上樂里"之故。南尚樂村南有康氏家族墓地，出自其中的元《康氏先塋墓銘》記載，"康氏世籍淶陽之赤土里…自曾祖某婿於上樂，遂隸房山。"元《康秀墓碑》記載"康氏高曾本淶水赤土人，祖以隱德不仕，逸其名，因徙上樂里佔籍，遂爲房山人。"説明此地區元代時曾稱爲上樂里。

② 《龐懷伯邑人等造像》拓片見：北京圖書館金石組編《北京圖書館藏歷代石刻拓本匯編》，中州古籍出版社，1989～1991 年。15 册 215 頁。

南尚樂村南約二里許有小村落，名爲康家坨，舊稱康家墳，因村西高崗曾爲康氏家族墓地而得名。據村民講，墳地中原來有許多墓碑，解放後，隨着農田開發及"文革"等運動，墳地被平整，墓碑深埋或砸碎他用。經比對，此處完全符合藝風堂目錄所記一批元代康氏墓碑（見上引表格 16～20）出自"房山西南七十三里南上洛村"（上洛村南三里）的方位特徵。至此，可以確認藝風堂拓片上標注的墨字記載，方位和距離都是比較準確的。

下面，再看另一尊造像情況。藝風堂藏《比丘僧欣造像》碑陰拓片 1 張，白宣紙拓，捶拓時間也在造像歸端方之前。繆氏題簽云：

"比丘僧（欣）造像　正書　太和廿三年歲次己卯（十）二月壬申朔九日庚辰在直隸房山"（鈐"藝風堂"印）。

《藝風堂金石文字目》也記載僧欣造像在"直隸房山"。此造像沒有拓工題字記錄，但並不妨礙拓片來自房山的結論。藝風堂的房山拓片還有其他來源，並不都有紙背墨書題字。從藝風堂目錄注重收集金石所在地信息的傳統來看，繆氏"直隸房山"的記錄定有所本。其次，從造像特徵看。《比丘僧欣造像》與出自上洛村的《劉未等四人造像》鐫刻時間相差無幾，有同時間、同地域的可比性。兩者佛像的內容、風格和形制特徵等都酷似，皆爲上寬下窄蓮瓣背屏式高浮雕佛像，主尊兩側各雕一小脅侍菩薩，佛像右手施無畏印，左手握衣裾一角，甚至兩腿間隆起的衣褶都非常相近。造像背雕都有漢式建築—斗二昇與叉手的斗拱組合。兩者文字風格也很相似。十分相近的特徵表明二像出自同一地區。還有它們與涿州地區造像存在着明顯聯繫，也都支持《比丘僧欣造像》爲房山所出。

綜上所述，筆者認爲藝風堂拓片上兩種北魏造像出自北京房山的記載不僅有根據，而且是可信的。

## 四　與北魏范陽郡造像風氣的密切關係

房山是北京佛教石刻最豐富的地區，歷史上寺院佛刹密佈，已知北京地區北朝、隋唐造像主要集中於此，著名的房山石經鐫刻、窨藏也選在此地。房山佛教刻石的繁榮除了當地盛產石材、條件優越外，最主要還是與房山緊鄰涿州（原涿縣）——幽州范陽郡治所在，受當時南邊佛教文化發達地區的影響有關，兩種北魏石刻造像的產生便是受到影響的表現之一。

涿州是歷史悠久的北方重鎮。西漢時已置涿縣、涿郡，三國魏時涿郡改爲范陽郡，《魏書·地形志》載，幽州范陽郡領縣七，轄涿縣。北魏時涿縣爲范陽郡郡治所在地。我們知道，佛教自漢代傳入中國，南北朝時期造像之風傳遍中原。自十六國時期開始，河北中南部地區一直是北方佛教發展的重心之一，北魏時定州中山郡、常山郡，相州的魏郡，幽州范陽郡等中心區政治文化發達，都是北朝佛教和佛教造像繁盛之地。

　　北魏范陽郡佛教文化十分繁榮，也因此成爲佛教造像密集的地區，雖然迄今千年，像石多亡佚，但近代仍發現遺存。據民國25年《涿縣志》記載，清末以來涿州出土北魏造像多種，如被稱爲涿縣魏造像"三絶"的《劉雄頭合四百人造像》、《高伏德合三百人造像》、《高洛周七十人等造像》，還有背屏高達3.6米的《桓氏宗族造像》①。這些造像皆爲宗族或邑義集體造像，刻制精美，地域特色明顯。遺憾的是，今均已流失海外或下落不明。已知涿州所出的北魏造像，時間集中在太和至景明年間，《桓氏宗族造像》雖缺年款，但從保存明顯的太和時期風格特徵來看，刊刻時間也相去不遠。在短短的幾年中，産生如此密集的造像群體，參與的信衆如此之多，反映出當時范陽郡佛教的繁榮程度和造像風氣的盛行。

　　已知涿縣及附近北魏石造像一覽：

| 序號 | 名稱 | 年代 | 原所在 | 流傳、現況 | 著録文獻② |
|---|---|---|---|---|---|
| 1 | 比丘僧欣造彌勒像 | 北魏太和二十三年（499）十二月九日 | 北京房山 | 曾歸端方，現藏美國克利夫蘭藝術博物館。 | 陶卷6/4；藝目2/7；草目卷2/47；北圖3/43 |
| 2 | 劉未等四人造彌勒像 | 北魏景明三年（502）十一月十一日 | 北京房山上洛村（南尚樂村）石佛寺 | 曾歸端方，疑流失國外。 | 陶卷6/6；藝目2/7；草目卷2/49 |
| 3 | 劉雄頭高伏德等合四百人造釋迦牟尼像 | 北魏景明四年（503）三月廿一日 | 民國初年河北涿縣南關出土 | 流失法國。 | 涿縣志七編；北圖3册/61頁 |

---

① 宋大章等修《涿縣志》7編/第2卷藝術・金石，民國25年鉛印本。（又見於《中國方志叢書》華北地方・第135號。臺灣成文出版社，1968年影印本。754～763頁）。

② 著録書名簡、全稱對照：

陶——端方著《匋齋藏石記》，清宣統元年10月刊本。

藝目——繆荃孫編《藝風堂金石文字目》，清光緒32年刻本。涿志——宋大章修《涿縣志》，民國25年鉛印本。

草目——孫貫文編《北京大學圖書館藏金石拓片草目》油印本，1955年。

北圖——北京圖書館金石組編《北京圖書館藏歷代石刻拓本匯編》，中州古籍出版社，1989～1991年。

| 序號 | 名稱 | 年代 | 原所在 | 流傳、現況 | 著錄文獻 |
|---|---|---|---|---|---|
| 4 | 幽州范陽郡涿縣當陌村高伏德等合三百人造像 | 北魏景明四年（503）四月二日 | 原在河北涿縣城西門 | 民國九年移至保定光園，現所在不詳。 | 涿縣志七編；草目卷 2/49；北圖 3 冊/62 頁 |
| 5 | 涿縣當陌村高洛周七十人等造釋迦像 | 北魏正始元年（504）三月九日 | 河北涿縣 | 曾歸端方，流失法國。 | 陶卷 6/8；藝目卷 2/7；涿縣志七編；草目卷 2/50；北圖 3 冊/76 頁 |
| 6 | 桓氏宗族造像 | 北魏太和時期 | 原在河北涿縣永樂村東禪寺 | 民國十一年爲日人林屋次三郎購去，現藏日本東京大倉集古館。 | 藝目卷 2/15；涿縣志七編；草目卷 2/115 |

　　按一般規律，佛教繁榮的中心區必然對周邊地區產生輻射影響。房山緊鄰范陽郡治所在，南尚樂距涿州直綫距離祇有 20 公里左右，地理上的親緣關係，使房山保持著與涿州乃至河北佛教的密切交往。比較兩地，無論是宗族或邑義造像風氣的流行，還是造像風格特點的一致性，都是承受或者相互影響的結果，房山造像產生的背景可由此窺出端倪。

　　從現存實物看，房山兩種造像明顯受涿州造像影響，在藝術風格和製作手法上十分相近，很多方面能找到類似的地方。比如，房山兩種造像與《桓氏宗族造像》比較，面橢圓形，細長頸，身軀瘦長，雙腿突起及膝部成球形，還有袈裟的紋理、袈裟塌陷的處理手法等都極相似。房山劉未造像與《涿州劉雄頭等四百人造像》背面的二佛並坐，其人物形象、姿態和背景建築以及銘文書法風格也都很相似。這些皆反映出北魏時期房山造像與涿州造像之間存在的密切關係。兩地造像還有時間上的一致性：都集中在孝文帝太和末至宣武帝景明初的數年間，表明了兩地佛教發展繁榮的一致。雖然房山造像時間稍早於已知的涿州造像，但這並不意味涿州沒有過更早的造像，也不能改變從地域中心影響到周邊地區的因果關係。爲何涿州與房山北魏造像都集中在這個時間段，是什麼歷史原因造成的，值得研究。

# 五　造像記中若干問題的探討

兩種造像記文字不多，但內容涉及一些史事和歷史人物，關乎造像記的解讀，可做些探討。

甲．關於《比丘僧欣造像》

1. 造像紀年作"大代太和廿三年"。古代國號的稱謂用語，北魏一朝很特別，除用當朝"魏"稱外，還常用舊國號"代"。

北魏爲鮮卑族拓跋氏政權。早在西晉時，拓跋部落曾因幫助晉廷而受封賞，拓跋猗盧率部落入據代郡（今河北蔚縣東北），受封爲代公，再詔進爲代王，此爲代國之始。東晉時拓跋什翼犍繼代王位，遷雲中，都盛樂。雖代國一度爲前秦所滅，但十年後拓跋珪重建代國，改國號魏，定都平城。此時北魏蓬勃發展，勢不可擋。北魏統一北方後，爲尋求發展，遷都洛陽，改姓氏、禁胡服，學習漢人制度。天翻地覆的變化對於來自代北的鮮卑貴族權臣難以適應，現實不時勾起他們"每意追樂北方"對昔日故鄉皇祚興盛的思戀，雖然統治者用了種種辦法安撫這些北方貴族，如在洛陽重現開城的舊景舊物，開鑿與雲岡相似的龍門石窟，"準代京靈巖寺石窟於洛南伊闕山，爲高宗、文昭皇太后營石窟二所"（《魏書·釋老志》）；再造代京著名寺院於新都，"於城內太社西，起永寧寺"（《魏書·釋老志》），但並不能完全止住懷舊的思維，這種情緒始終延續着，從上層影響到了民間，還體現到國號稱謂的使用上。在北魏碑誌和造像銘文中經常可以看到"代"、"大代"等舊國號的出現，在遷洛後幾年中最爲顯著，就是這種情緒常態化的一種表現。實際上，這種懷舊情緒並非遷洛後才有的，而是長久以來形成的，已根深蒂固。始終不忘舊日，以祖宗創業的昔日繁盛爲榮，大概是來自代北之人的一種特質，反映出北魏人特別是守舊的貴族階層對昔日"肇基雲代"的懷念情結有多麼深切。

2. 發願文中有"願生西方無量壽佛國，龍華樹下三會説法，下生人間侯王子孫，與大菩薩同生一處，願一切衆生普同斯福"句。此"龍華樹下三會説法"又稱龍華會、龍華三庭和彌勒三會，源於佛典。據《彌勒下生經》所言，佛陀入滅後，未來佛彌勒下生補登佛位。將在龍華樹下説法三次，度脱上、中、下三種根基的衆生。《比丘僧欣造像》背銘之文，即祈願下生彌勒尊佛早日降誕人間，彌勒出現之時，造像發願人能再生人間成爲王侯，參與龍華説法，並祈願衆生皆被渡化。

乙．關於《劉未等四人造像》

1. 此造像爲劉氏宗族集資造像，主事者劉未等人在供養人題名中列舉一些曾經顯赫的已故劉氏祖輩家族成員。《匋齋藏石記》跋："此乃劉未等追記其先世官閥，刻諸上方。" 目的是夸耀和追念家族先人曾經有過的輝煌。

造像記曰："武□景照皇帝時，宗祖劉黃兄弟九人，四人臺士。黃蒙國寵，授作丁零護軍、三□□作冀州刺史侍佛時。" 關於文中 "景照皇帝"，端方云："魏書帝紀有景皇帝、昭皇帝，皆在魏未建號之先，此記昭作照，刻時偶誤。" 端方所說的景皇帝是拓跋利，昭皇帝是拓跋禄官，分別列於《魏書·帝紀》拓跋氏先王的第七世和第二十世。兩者不僅在位時間相距甚遠，而且此時拓跋氏部落未轄冀州一帶，文中劉氏祖輩所任 "丁零護軍"、"冀州刺史" 與拓跋氏先王政權的背景不符。因此筆者以爲，此景昭皇帝不是拓跋氏先王，而是指十六國時期前燕皇帝慕容儁。

前燕爲鮮卑族慕容氏政權。西晉滅亡後，在遼河流域建國。公元 348 年慕容儁嗣位，受東晉册封爲燕王。350 年前燕攻克薊城而遷都於薊，二年後儁稱帝，又遷都鄴城。光壽三年（359）儁病逝於鄴，謚號景昭皇帝，廟號烈祖。

宗祖劉黃 "蒙國寵，授作丁零護軍"。丁零又作敕勒、高車等，是古代北方少數民族，屬遊牧部落。漢朝擊潰北匈奴後，敕勒的地域開始南移，魏晉南北朝時期，大量丁零人南下，以後逐漸融入漢族。慕容儁時曾出兵塞北，丁零、賀蘭等降服。劉黃所任的丁零護軍是監管南遷中原丁零的職事官。劉黃（或其兄弟）又爲冀州刺史。冀州，西漢武帝時置，約在今河北中南部、山東西端及河南北端。前燕時冀州移治信都縣（今河北冀縣）。劉氏任前燕冀州刺史，管轄今河北中南部一帶。前燕疆界環繞渤海，都城從薊（今北京西南）到鄴（今河北臨漳），今河北一帶是其統治的中心區域。前燕存世 33 年（337~370），距造像之景明三年相隔一百五十年。將前燕政權的背景與劉氏先祖劉黃及兄弟的任職地域、時間及輩份結合起來看，都是吻合的。

2. 劉氏其他前輩皆仕北魏，"劉受國恩，俱作護軍，封建依將軍遒縣子。" 他們任職封爵區域俱在今河北及房山周邊一帶。

"劉清作倏郡太守□作荀州刺史。" 端方跋云："荀州之荀疑爲相字之訛，地形志司州下云，太祖天興四年置相州。" 筆者同意此說。相州北魏天興四年分冀州治，治所在鄴縣，即今河北臨漳縣西南鄴鎮。相州既始自北魏，那麽任相州刺史的劉清不會是前燕人，換言之其輩份晚於劉黃，而非端方所說的 "黃之兄弟"，文中提到的劉羌、劉保亦應如此。

文載劉羌、劉保二人皆封爵遒縣子。"劉羌作三郎重作、殿中尚書、征南將軍、遒縣子"，劉保作 "散騎侍郎、揚威將軍、世寧太守、遒縣子"。遒縣，西漢置，治所在今河北淶水縣北，距房山不遠，東漢改爲侯國，三國魏復爲縣。《魏書·地形志》載幽州范陽郡領縣七，轄遒。縣子是爵名，晉代王公侯伯子男皆封以縣，故有 "縣子" 之稱，其後歷代多沿置。"遒縣子" 即封以遒縣之爵。《魏書·官氏志》有 "侯封大縣，子封小縣"。端方稱遒縣 "屬范陽郡，此（遒縣子）乃魏書官氏志所謂小縣子者" 所云是也。

　　最後需要指出，《劉未等四人造像》文中尚有一些稱謂不明，令人不解，如劉氏銜職中的"建依（伏？）將軍"、"條郡太守"、"世寧太守"，在史書職官志、地形志中均無記載，抑或文字鎸刻或釋讀有誤也未可知，還有待今後考證。

圖一　比丘僧欣造像正面
（引自克利夫蘭藝術博物館圖像）

圖二　比丘僧欣造像背面、側面拓本

圖三　劉未等四人造像正面
（引自《五到十四世紀的中國雕刻》）

圖四　劉未等四人造像背面、側面拓本

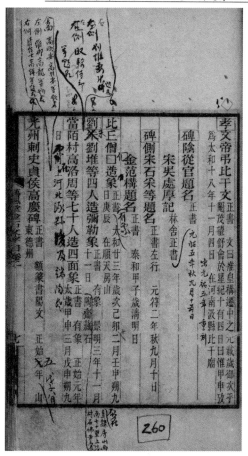

圖五　劉未等四人造像拓片背面相同
的墨字（引自北大圖書館兩份收藏）

圖六　兩種造象的繆荃孫題簽

圖七　兩種造象的藝風堂書目記載

圖八　標明南上洛和北上洛村名之房山
縣圖（引自《畿輔輿地全圖》）

圖九　記載有上洛村名的唐龐懷伯邑人等造像

# 新發現的唐韋應物夫婦及
# 子韋慶復夫婦墓誌考

馬　驥*

　　今年 8 月，在友人處見到四張唐代韋氏家族墓誌拓片，分別是：韋應物墓誌（貞元十二年）、夫人元蘋墓誌（大曆十一年）、子韋慶復墓誌（元和四年）及慶復夫人裴棣墓誌（會昌六年）。據稱，這四方墓誌于今年出自西安市長安區韋曲鎮東北原上。韋應物是中唐時期的著名詩人，有《韋蘇州集》十卷存世，他的詩作對後世有深遠影響，在唐代文學史上佔有重要地位。白居易曾對韋詩給予充分的評價："其五言詩又高雅閑淡，自成一家之體，今之秉筆者誰能及之？"蘇東坡亦云："樂天長短三千首，却愛韋郎五字詩。"但是，這樣一位負有盛名的大詩人，有關他的生平記載却非常少。新、舊《唐書》没有爲他立傳，《舊唐書》並無一字提到他。所以，新發現的這四方墓誌，對于我們了解韋應物的家世及生平事跡，以及研究韋詩藝術，都具有重要價值。現將四方墓誌誌文標點後附于文尾，並就誌文所反映的有關問題略作考釋，以就教于方家。

## 一　關于韋應物的世系

　　京兆杜陵韋氏，是關中的世家大族。所以，有關韋氏先祖世系的材料比較豐富。韋應物墓誌所記叙其先祖至逍遥公韋夐，與史籍及歷年所出韋氏家族墓誌所載基本相同，不再贅述。而自其高祖韋沖以下，墓誌所載與《新唐書》宰相世系表四的記載有些不同，這是值得重視的。現分述如下。

　　關於韋應物五代祖韋世沖。韋應物墓誌載："逍遥公有子六人，俱爲尚書。五子世沖，民部尚書、義豐公，則君之五代祖。"而《新唐书》表四郤説："夐字敬遠，後周逍遥公，號逍遥公房。八子：世康、洸、瓘、頤、仁基、藝、沖、約。"這就是說，《新唐书》表四所記逍遥公的兒子比墓誌所載多了二人。韋應物五代祖韋沖是第五子，

---

*　馬驥，西安碑林博物館副研究員。

而新表却記爲第七子。這條材料是以前所未曾見到過的。

關于韋應物的高祖韋挺，新、舊《唐書》皆有傳，所載官職與墓誌大體相同。但韋應物墓誌對韋挺因居官失職，被貶爲象州刺史一職未提。誌文説："皇刑部尚書、兼御史大夫、黃門侍郎、扶陽公（挺），君之高祖。"筆者推測，很可能因"爲尊者諱"而有意不提。另，墓誌所記韋挺任刑部尚書，而非《新唐书》傳中所載曾任吏部侍郎，應以墓誌爲準。

韋應物的曾祖韋待價，新舊《唐書》有傳，相武后，與墓誌所載同。

韋應物的祖父韋令儀，《新唐书》表四説曾爲宗正少卿，《元和姓纂》則記爲司門郎中。宗正少卿，從四品上；司門郎中屬刑部，從五品上。韋應物夫人元蘋墓誌載："祖銀青光禄大夫、梁州都督，襲扶陽公諱令儀。"韋應物墓誌也説："皇梁州都督令儀，君之烈祖。"銀青光禄大夫，散官從三品。梁州，唐時爲山南西道所轄，後因"梁"與"涼"聲相近，曾幾次改名。[①] 梁州所管户數三萬七千多户，應爲中州，梁州都督應爲中都督，正三品。

韋應物的父親韋鑾，《姓纂》與《新表》均未載其官職。據傅璇琮先生考證，韋鑾在當時是一位善畫花鳥、山水松石的知名畫家，韋應物從小就生長在一個富有藝術修養的家庭。[②] 韋應物、夫人元蘋、子慶復三方墓誌均稱韋鑾官"宣州司法參軍"，彌補了史料的不足。唐時宣州屬江南西道所轄，管户十二萬多，轄八縣。按唐製，上州司法參軍，從七品下。宣州即今安徽省宣城、涇縣一帶，歷來是較富庶之地，盛産文房四寶，所世所稱的宣紙就是因宣州而得名。韋鑾的品階雖然不高，但在這樣的環境里成爲一名優秀的畫家，當在情理之中。

由此，筆者聯想到韋鑾給兒子取名"應物"二字的來由。作爲知名畫家的韋鑾，對于"謝赫六法"一定非常熟悉，"六法"中就有一條"應物象形"。我們現在雖然不能完全肯定韋應物的名字就是由此而來，但筆者推測這種可能性是很大的。否則，韋·鑾爲何會給兒子取這樣一個不同尋常的名字。[③]

關於韋應物的排行。據《新表》，韋鑾祇有應物一子。但據韋應物誌文："君司法之第三子也。"由此可以確知，韋應物在兄弟中行三，上面還有兩兄。

---

① 《新唐書》卷四十地理志："興元府漢中郡，赤。本梁州漢川郡，開元十三年以'梁''涼'聲相近，更名褒州，二十年復曰梁州，天寶元年更郡名，興元元年爲府。……户三萬七千四百七十，口十五萬三千七百一十七。縣五。"

② 傅璇琮：《唐代詩人叢考·韋應物系年考證》，第275頁。中華書局，1980年1月第一版。

③ 南朝齊謝赫撰《古畫品録》中提出的"六法"理論，史稱"謝赫六法"，即氣韵生動、骨法用筆、應物象形、隨類賦彩、經營位置、傳移模寫。作爲中國古代繪畫創作和評品的準則，"謝赫六法"對後世有重要影響。

韋應物的堂弟韋端、韋武。韋應物墓誌："堂弟端，河南府功曹，以孝承家。堂弟武，絳州刺史，以文學從政。"韋端史籍無載，無法確定是韋應物伯叔輩中何人之子。韋武《新唐書》有傳，是韋應物叔父韋鑾之子，官至絳州刺史，與誌文相合。憲宗時，入爲京兆尹，從三品。卒後贈吏部尚書。是韋應物同輩中最爲官運亨通的。韋應物去世是在德宗貞元七年，而韋武入京兆尹是在憲宗元和年間，所以誌文只署韋武絳州刺史任職。

關於韋應物有幾個子女。《新表》載，韋應物有子二人，長曰慶復，次曰厚復。據韋夫人元蘋墓誌載"一男兩女，男生數月，名之玉斧，抱以主喪。"韋慶復誌文説"公諱慶復，字茂孫，少孤終喪。"如果未理解錯的話，"玉斧"應爲慶復的乳名。而韋應物志文也隻字未提其原配夫人病逝後再婚生子的事情。由此帶來一個問題：韋應物到底有幾個兒子？從誌文看，韋應物祇有一子慶復，而《新表》却載有兩個兒子，還有一子名厚復。這個問題牽涉到晚唐時期著名詩人韋莊的世系。按《新表》，韋莊的曾祖就是韋厚復。如果厚復非韋應物之子，則韋莊的世系就成爲一個有待研究的難解之謎。當然，墓誌上没有提及韋應物再婚生子，並不等於事實上的不存在。從墓誌誌文可知，韋妻卒於大曆十一年（776），韋應物于貞元七年（791）葬，其間有 15 年時間。我們不能排除在此期間韋應物有再婚或蓄妾的可能。唐代世家大族擇婦多重門第族望，或許因爲此等原因而不便於記入誌文，也未可知。這當然祇是一種推論。

據韋應物誌文："長女適大理評事楊凌。次女未笄，因父之喪同月而逝。"可知，楊凌是韋應物的女婿，未成年的二女兒與父同月而喪。韋應物曾幾次贈詩給楊凌，並與楊凌互有唱和。其中一首是《送元錫楊凌》（見《全唐詩·韋應物四》），從詩意看，這首五言詩是楊凌結婚時所贈。韋詩中還有一首爲後人所稱道的五言詩《送楊氏女》，詩意表達父親送女出嫁時難以別離的複雜心情。情真意切，讀後令人感動。詩中自注："幼女爲楊氏女所撫育。"現在確知，楊氏女乃韋應物長女，因嫁給楊凌，故稱"楊氏女"。楊凌在當時就很有文名。[1] 傅璇琮先生據《柳河東集》考證，柳宗元是楊凌兄楊憑之婿。柳宗元對楊凌的文章也給予了極高的評價。[2] 由此可知，韋應物擇婿，既重門第，又重才學。楊凌是弘農楊氏望族，又有文學才能，真可謂佳婿。

現據墓誌文及《新唐书》表四所載，列韋應物世系表如下：

---

[1]　《舊唐書》卷一四六《楊憑傳》："楊憑字虛受，弘農人。……與母弟凝、凌相友愛，皆有時名。"《新唐書》卷一六〇《楊憑傳》亦云："與弟凝、凌皆有名，大曆中，踵擢進士第，時號'三楊'。……凌字恭履，最善文，終侍御史。"

[2]　《全唐文》卷五七七柳宗元《大理評事楊君文集後序》：少以篇什著聲于時，其炳耀尤異之詞，諷誦于文人，盈滿于江湖，達于京師。……學富識達，才涌未已，其雄杰老成之風，與時增加。

韦冲 → 挺 → 待价 → 令仪 → 鉴 ┬→ □□
　　　　　　　　　　　　　　├─ □□　→ 庆夏 → 退之
　　　　　　　　├─ 銮 →应物 →
　　　　　　　　├─ 錡
　　　　　　　　├─ 镕 → 系　　→ 厚复 → 彻 ┬→ 式
　　　　　　　　└→ 镒 → 武　　　　　　　　└→ 韫 → 庄

## 一　關於韋應物的身世

　　韋應物的生年，史籍無載，墓誌也未明述。傅璇琮先生依據韋詩本身提供的材料，結合唐代有關文獻，參考前人的研究成果，在其所著《唐代詩人叢考·韋應物系年考證》書中對韋應物一生作了詳細的考證。他根據韋集卷三《京師叛亂寄諸弟》詩"弱冠遭世難，二紀猶未平"句推算，韋應物生於玄宗開元二十五年（737）。並進一步說明，韋詩的所謂"弱冠遭世難"，並不是說天寶十五載就一定是二十歲，弱冠一詞在詩歌韵語中，爲舉成數而言。"如果確切地説，根據現有材料，韋應物當生于本年前後。"韋妻誌文曰："以天寶丙申八月廿二日配我于京兆之昭應。"天寶丙申即天寶十五載（756），如果按韋應物生于開元二十五年推算，韋應物結婚時的年齡爲20歲，其妻16歲，符合當時的婚齡。所以，傅先生考證韋應物生于開元二十五年應當是可信的。

　　韋應物誌文對其歷任官職也未註明起止時間，但依先後順序記述頗詳：蔭補右千牛、改□羽林侖曹、授高陵尉、庭評洛陽丞、河南功曹、京兆府功曹、除鄂縣、櫟陽二縣令、遷比部郎、領滁州刺史，加朝散大夫、尋遷江州刺史、賜封扶風縣開國男食邑三百户、徵拜左司郎中、尋領蘇州刺史。上述歷官，朝散大夫是散官，扶風縣男是爵封，其余共十三任，所以誌文説"歷官一十三政，三領大藩"。三領大藩即指擔任滁州、江州、蘇州刺史。

　　上述任職中，右千牛全稱"右千牛備身"，屬左右千牛衛大將軍所領。韋應物以資蔭補右千牛，按唐制"三品以上蔭曾孫"[1]。韋應物曾祖韋待價，武后時宰相，正合此制。當時的門蔭入衛，多選少年郎，一般在十三十四歲左右。所以韋應物墓誌稱："卯角之年，已有不易之操，以蔭補右千牛，改□羽林倉曹。"羽林倉曹，全稱"羽林倉曹參軍事"，爲左右羽林軍衛大將軍所領，正八品下。韋應物初爲右千牛，後改爲羽林倉

_____

① 《大唐六典》尚書吏部卷二"資蔭"條下注。《新唐書》卷四十七《百官四》亦有詳述。

曹，通稱爲所謂"三衛"。①《韋蘇州集》卷一《燕李録事》："與君十五侍皇闈，曉拂爐煙上赤墀。花開漢苑經過處，雪下驪山沐浴時。"可知其 15 歲時爲玄宗皇帝侍衛，因其資蔭高，成爲三衛中的親衛。按時間推算，應在天寶十載左右。

現據韋應物墓誌所提供的任職順序及傅璇琮先生考證，參照韋詩自注的時間，② 大體可以列出韋應物生平年表如下：

| 1 歲 | 玄宗開元二十五年（737） | 生于京兆 |
| 14 歲 | 玄宗天寶九載（750） | 本年前後以門蔭補右千牛 |
| 15 歲 | 玄宗天寶十載（751） | 在"三衛"爲玄宗侍衛。 |
| …… | …… | 改羽林倉曹，正八品下。 |
| …… | …… | 授高陵尉 |
| 20 歲 | 玄宗天寶十五載（756） | 本年 8 月在京兆府昭應縣成婚，夫人元蘋 16 歲。 |
| 23 歲 | 蕭宗乾元元載（759） | 安史亂後撤出三衛，後數年在長安，曾一度在太學讀書。 |
| 27 歲 | 代宗廣德元年（763） | 本年秋冬間爲洛陽丞。 |
| 29 歲 | 代宗永泰元年（765） | 朝請郎、行河南府洛陽縣丞，③ 後爲河南兵曹。永泰中因懲辦不法軍士被訟，後棄官閒居洛陽。 |
| 33 歲 | 代宗大曆四年（769） | 本年前後，從洛陽至長安。 |
| 38 歲 | 代宗大曆九年（774） | 任京兆府功曹，正七品下。 |
| 40 歲 | 代宗大曆十一年（776） | 朝請郎，正七品上。九月夫人卒，十一月葬。 |
| 42 歲 | 代宗大功十三年（778） | 本年秋已爲鄠縣令。 |

① 《舊唐書》卷四十三《兵志》："凡左右衛、親衛、勛衛、翊衛及左右率府親勛翊衛，及諸衛之翊衛，通謂之三衛。擇其資蔭高者爲親衛，其次者，爲勛衛及率之親衛……"
② 如《韋應物集》卷二《示從子河南尉班》詩自序"永泰中余任洛陽丞"。《韋集》卷三《寄諸弟》詩自注："建中四年十月三日，京師兵亂，自滁州間道遣使，明年興元甲子歲五月九日使還作。"《韋集》卷四《謝櫟陽令歸西郊贈別諸友生》詩自注："大曆十四年六月二十三日，自鄠縣制除櫟陽令，以疾辭歸善福精舍，七月二十日賦此詩。"《韋集》卷四《始除尚書郎別善福精舍》詩自注："建中二年四月十九日，自前櫟陽令除尚書比部郎中。"
③ 《千唐誌齋藏石》下册第 916 號李璀墓誌永泰元年十二月一日署"朝請郎、行河南府洛陽縣丞韋應物撰"，文物出版社 1983 年版。

| | | |
|---|---|---|
| 43 歲 | 代宗大曆十四年（779） | 六月自鄠縣令除櫟陽縣令，七月以疾辭官。 |
| 44 歲 | 德宗建中元年（780） | 在長安閒居。 |
| 45 歲 | 德宗建中二年（781） | 四月，遷尚書比部員外郎。從六品上。 |
| 46 歲 | 德宗建中三年（782） | 仍在尚書比部員外郎任①。 |
| 47 歲 | 德宗建中四年（783） | 夏，由前任領滁州刺史，秋到任，正四品下。 |
| 48 歲 | 德宗興元元年（784） | 仍在滁州刺史任上，冬罷任。 |
| 49 歲 | 德宗貞元元年（785） | 春夏閒居滁州西澗，秋加朝散大夫，遷江州刺史，正四品下。 |
| 50 歲 | 德宗貞元二年（786） | 在江州刺史任。 |
| 51 歲 | 德宗貞元三年（787） | 本年賜封扶風縣男，食邑 300 户。入京爲左司郎中。 |
| 52 歲 | 德宗貞元四年（788） | 七月，由左司郎中領蘇州刺史，從三品。 |
| 53 歲 | 德宗貞元五年（789） | 仍在蘇州刺史任上。 |
| 54 歲 | 德宗貞元六年（790） | 本年春仍在蘇州任上，後罷刺史任，閒居蘇州永定寺。 |
| 55 歲 | 德宗貞元七年（791） | 去年冬或本年初卒于蘇州官舍。後運回長安，十一月歸葬少陵原祖塋。 |
| | 德宗貞元十二年（796） | 本年十一月廿七日與夫人合葬。 |

## 三　韋應物的夫人

　　韋夫人元蘋的墓誌誌文是韋應物親自撰文並書寫的。這不但增加了一篇非常難得的唐代文獻，而且讓我們第一次看到了韋應物的手書。誌文言簡意賅，清晰明了，後半部分飽含對夫人的深切懷念之情，讀後使人動容，真不愧爲大家手筆。

　　誌文簡述了夫人的家世及身世，"夫人諱蘋字佛力，二魏昭成皇帝之後"。昭成皇帝是北魏開國皇帝拓拔珪之祖拓拔什翼犍，十六國時期的鮮卑貴族。北魏自孝文帝拓拔宏于太和十八年自山西平城（大同）遷都洛陽後，于太和二十年詔令改漢姓元氏，代居洛陽，後世稱河南元氏。夫人之曾祖元延祚，中唐時任尚舍奉御，從五品。祖元

---

① 蔣寅《大曆詩人研究》第 695 頁考訂韋應物于建中三年出守滁州，北京大學出版社，2007 年第一版。

平叔，官簡州別駕，從五品下，贈太子賓客。父元挹，官尚書吏部員外郎，從六品下。元蘋生於玄宗開元二十八年（740）；天寶十五載（756）出嫁，時16歲。20年後的大曆十一年（776）九月卒，享年僅36歲。誌文曰：“疾終於功曹東廳内院之官舍”。“十一月五日祖載終於太平坊之假第”。夫人病逝在韋應物的官舍，舉行葬禮時是在含光門外太平坊臨時租借的房子。“祖載”一詞是指將葬之際，以柩載於車上行祖祭之禮。由此可見，韋應物當時的家境是比較清貧的。正如誌文所説“又況生處貧約，歿無第宅。”

　　誌文格式打破常規，用大段篇幅來表達對夫人懷念之情，其中一些詞句感人至深：“每望昏入門，寒席無主。手澤衣膩，尚識平生。香奩粉囊，猶置故處。器用百物，不忍復視。”由此使人聯想到《韋集》卷六中有《傷逝》、《送終》等悼亡詩十幾首，感情誠摯感人，某些詩句同誌文有相似之處。可知這些悼亡詩均爲韋應物喪妻之後所作。

　　值得注意的是，韋應物撰寫夫人墓誌時署衔“朝請郎、前京兆府功曹參軍”。朝請郎屬吏部，文散正七品上。夫人去世時韋應物年40歲，這時很可能已從京兆府功曹卸任。

## 四　韋應物的兒子韋慶復

　　如前文所述，韋應物祇有一子名慶復，乳名玉斧，其母去世時（776）未滿周歲，其父去世時年方15。當時“慶復克荷遺訓，詞賦已工，鄉舉秀才，策居甲乙。”韋慶復誌文稱：“少孤終喪，家貧甚。……困飢寒伏，編簡三年。通經、傳、子、史而成文章。貞元十七年（801）舉進士及第，時以爲宜。二十年會選，明年以書詞尤異，受集賢殿校書郎。順宗皇帝元年召天下士，今上（憲宗）元年試于會府，時文當上心者十八人，公在其間。詔授京兆府渭南縣主簿。”誌文中的這段文字，是士族子弟韋慶復繼承父親遺志，刻苦攻讀爭取入仕之途的真實寫照，也反映了中晚唐時期科舉制度中的選官途徑。元和二年（807），韋慶復爲監察御史裏行①，跟隨兵部尚書李鄘②。元和四年以本官加緋，爲河東節度判官，當年（809）七月病逝於渭南縣靈岩寺，享年三十四歲。並于十一月二十一日葬於京兆府萬年縣鳳棲鄉少陵原“蘇州府君之墓之後。”

　　韋慶復墓誌的撰文者是他的外甥即韋應物的外孫楊敬之。楊敬之是楊凌之子，《新

---

① 《大唐六典》卷十三：監察御史十人，正八品上。……貞觀二十二年，加監察二人，其外又置監察御史裏行，其始自馬周以布衣，太宗令於監察御史裏行，自此便置裏行之名。
② 《新唐书》卷一四六《李鄘傳》：“元和初，京師多盜賊，復拜京兆。以檢校禮部尚書爲鳳翔、隴右節度使。”“俄徙河東，入爲刑部尚書，諸道鹽鐵轉運使。”據誌文，前文中的“禮部尚書”、“刑部尚書”應爲“兵部尚書”。

唐书》卷一六○有傳，記叙頗詳："敬之字茂孝，元和初，擢進士第，平判入等，遷右衛胄曹參軍。累遷屯田、户部二郎中。坐李宗閔黨，貶連州刺史。文宗尚儒術，以宰相鄭覃兼國子祭酒，俄以敬之代。未幾，兼太常少卿。是日，二子戎、戴登科，時號'楊家三喜'。轉大理卿，檢校工部尚書，兼祭酒，卒。敬之嘗爲《華山賦》示韓愈，愈稱之，士林一時傳佈，李德裕尤咨賞。敬之愛士類，得其文章，孜孜玩諷，人以爲癖。……"筆者之所以不厭其煩鈔録這段文字，因爲這是又一則士族子弟通過科考成功入仕的事例。楊敬之無疑是一位既通儒典，又精文詞詩賦的才子，最後官至三品高位。這也説明，唐代中晚期的進士科考，以其文辭優劣來決定舉子的去留，在客觀上對唐代文學的發展，起到了一定的促進作用。

韋慶復夫人裴棣，河東聞喜縣裴氏家族出身。十六歲出嫁，生二子，長子在韋慶復去世後十六日喪。夫人強忍失夫喪子之痛，日夜操勞，"撫育小子，濡煦以節，訓誘以義。故小子以明經換進士及第，受業皆不出門内。"由此可見，韋慶復夫人裴棣也是一位知書達理的才女。與韋應物夫人元蘋"嘗修理内事之余則誦讀詩書，玩習華墨"如出一轍。在其夫去世後 37 年的會昌六年（846）卒，享年約 60 幾歲，並被封聞喜縣太君。當年十一月葬於韋氏墓地。

唐代世家大族擇婦，多重門第族望。京兆韋氏韋應物娶妻河南元氏，嫁女弘農楊氏，兒媳爲河東裴氏，無一例外。

韋慶復子韋退之，爲其母撰墓誌時署銜"將仕郎、前監察御史裏行"。將仕郎是品秩最低一級的文階散官，從九品下。巧合的是，其父去世時，亦官"監察御史裏行"。

## 五 關於丘丹及其對韋詩的述評

給韋應物撰寫誌文的丘丹也是一位詩人。《全唐詩》收其詩十一首，其中有四首與韋應物相往還。《韋蘇州集》中有七首詩是贈與丘丹的，如《秋夜寄丘二十二員外》、《贈丘員外二首》、《複理西齋寄丘員外》、《送丘員外還山》、《重送丘二十二還臨平山居》、《送丘員外歸山居》（見韋集卷三、四）。從詩文内容分析，這些詩均爲韋應物在蘇州時所作。可見兩人私交之深。正如丘丹在誌文所稱："余吳士也。嘗忝州牧之舊，又辱詩人之目，登臨酬和，動盈卷軸。"關于丘丹其人，《全唐詩》卷三○七注：丘丹，蘇州嘉興人，諸暨令，歷尚書郎，隱臨平山，與韋應物、鮑防、吕渭諸牧守往返，存詩十一首。丘丹爲韋應物撰寫誌文時署銜"守尚書祠部員外郎、騎都尉、賜緋魚袋"。祠部員外郎屬禮部，從六品上。騎都尉爲勳階，視從五品。這就使我們對丘丹有了更多的了解。

特別值得重視的是丘丹在誌文中對韋應物作品的記叙和評價："所著詩賦、議論、銘頌、記序，凡六百余篇行於當時。”“公詩原於曹劉，參於鮑謝。加以變態，意凌丹霄，忽造佳境，別開户牖。”我們現在所能看到的，《全唐詩》共收韋詩568首（含補遺四首）。另《全唐文》卷三七五僅收韋應物撰《冰賦》一篇。丘丹對韋詩的評價，出于當時同行之手，更加難能可貴。“原於曹劉”之“曹劉”，當指三國時期的曹植和劉楨，二人皆爲建安作家中成就最高者。劉勰《文心雕龍·比興》：“至於楊班之倫，曹劉以下，圖狀山川，影寫雲物。”劉楨，字公幹，東平寧陽人，建安中爲曹操軍謀祭酒掾，建安二十二年卒，有集四卷。“參於鮑謝”之“鮑謝”，是指南朝劉宋時期的代表詩人鮑照和謝靈運。鮑謝二人皆爲“元嘉三大家”中人。二人在中國文學史上皆有定評，不贅。丘丹的評價，對於我們現今研究韋詩藝術風格的形成，無疑有着非常重要的價值。

附記：2007年12月，經多方努力，西安碑林博物館終於將韋應物一家四方墓誌收歸館藏。四方墓誌均有誌蓋，經仔細觀察後發現，元蘋誌蓋上的十二字楷書與誌文對照，應爲韋應物所書。

### 附：墓誌録文

韋應物墓誌，貞元十二年（796），丘丹撰，楷書30行，滿行30字。青石質，46×46釐米。誌蓋書“大唐京兆韋府君之墓”三行篆字，四殺飾花卉紋。

　　唐故尚書左司郎中蘇州刺史京兆韋君墓誌銘並序
　　守尚書祠部員外郎騎都尉賜緋魚袋吴興丘丹撰
　　君諱應物，字義博，京兆杜陵人也。其先高陽之孫，昌意之子，別封豕韋氏。漢初有韋孟者，孫賢爲鄒魯大儒。累遷代蔡義爲丞相。子玄成，學習父業，又代于定國爲丞相。奕世繼位，家于杜陵。後十七代至逍遥公敻，枕迹丘園，周明帝屢降玄纁之禮，竟不能屈，以全黄綺之志。公弟郿公孝寬，名著周隋，爵位崇顯，備于國史。逍遥公有子六人，俱爲尚書。五子世沖，民部尚書、義豐公，則君之五代祖。皇刑部尚書兼御史大夫、黄門侍郎、扶陽公〔挺〕）君之高祖。皇尚書左僕射、同中書門下三品待價，〔君〕之曾祖。皇梁州都督令儀，君之烈祖。皇宣州司法參軍鑾，君之烈考。君司法之第三子也。門承台鼎，天資貞粹。卯角之年已有不易之操。以蔭補右千牛，改□羽林倉曹，授高陵尉、廷評、洛陽丞、河南兵曹、京兆功曹。朝廷以京畿爲四方政本，精選令長。除鄠縣、櫟陽二縣令，遷比部郎。詔以滁人凋殘，領滁州刺史。負戴如歸，加朝散大夫、尋遷江州刺史，如滁上之政。時 廉 使有從權之斂，君以調非明詔，悉無所供。因有是非之訟，有司詳按，聖上以州疏端切，優詔賜封扶風縣開國男，食邑三百户。征拜左司郎中，總轄六官，循舉戴魏之法。尋領蘇州刺史。下車周星，豪猾屏息，方欲陟明，遇疾終于官舍。池雁隨喪，州人罷市。素車一乘，旋于逍遥故園。茅宇竹亭，用設靈几。歷官一十三政，三領大藩。儉德如此，豈不謂貴而能貧者矣。所著詩賦、議論、銘頌、記序，凡六百余篇行於當時。以貞元七年十一月八日窆於少陵原，禮也。夫人河南元氏，父挹，吏部員外郎。嘉姻柔則，君子是宜。先君即世，以龜筮不叶，未從合祔。以十二年十一月廿七日，嗣子慶復啓舉有時，方遂從夫人之禮。長女適大理評事楊凌。次女未笄，因父之喪同月而逝。嗚呼！可謂孝矣。余，吳士也，嘗忝州牧之舊，又辱詩人之目，登臨酬和，動盈卷軸。公詩原於曹劉，參於鮑謝，加以變態，意凌丹霄，忽造佳境，別開户牖。惜夫位未崇，年不永，而殁乎泉扃，哀哉！堂弟端，河南府功曹，以□孝承家。堂弟武，絳州刺史，以文學從政。慶復尨荷遺訓，詞賦已工，鄉舉秀才，策居甲乙。泣血請銘，式昭幽壤。銘曰：

昌意本裔，豕韋別封。爰歷殷周，實建勳庸。漢曰孟賢，時致熙雍。洎乎逍遥，獨高其尚。六子八座，五宗四相。流慶左司，帝目貞亮。作牧江｜水｜，政惟龔黃。綱轄南宮，復舉舊章。文變大雅，節貫秋霜。嗚呼彼蒼，殲我良牧。禁掖方拜，寢門遄哭。見托篆銘，永志陵谷。

元蘋墓誌，大曆十一年（776），韋應物撰並書。青石質，42×44.5釐米，楷書，27行，滿行27字。誌蓋書"大唐故元夫人墓誌銘"三行楷書，四殺飾牡丹花紋。

故夫人河南元氏墓誌銘
朝請郎前京兆府功曹參軍韋應物撰並書
有唐京兆韋氏，曾祖金紫光禄大夫、尚書右僕射、同中書門下三品、扶陽郡開國公諱待價，祖銀青光禄大夫、梁州都督、襲扶陽公諱令儀。父宣州司法參軍諱鑾，乃生小子前京兆府功曹參軍曰應物。娶河南元｜氏｜夫人諱蘋，字佛力，二魏昭成皇帝之後。有尚舍奉御延祚，祚生簡州別駕、贈太子賓客平叔，叔生尚書吏部員外郎挹。夫人吏部之長女。動之禮則，柔嘉端懿；順以為婦，孝于奉親。嘗修理内事之余，則誦讀｜詩｜書，玩習華墨。始以開元庚辰歲三月四日誕於相之内黃，次以天寶丙申八月廿二日配我于京兆之昭應，中以大曆丙辰九月廿日癸時疾終於功曹東廳内院之官舍，永以即歲十一月五日祖載終于太平坊之假第，明日庚申巽時窆于萬年縣義善鄉少陵原先塋外東之直南三百六十餘步。先人有訓：繒綺銅漆，一不入壙，送以瓦器數口。烏呼！自我為匹，殆周二紀。容德斯整，燕言莫違。昧然其安，忽焉禍至，方將携手以偕老，不知中路之雲訣。相視之際，奄無一言。毋嘗居遠，永絕□恨，遺稚繞席，顧不得留。況長未適人，幼方索乳。又可悲者，有小女年始五歲，以其惠淑，偏所恩愛，嘗手教書札，口授《千文》。見余哀泣，亦復涕咽。試問知有所失，益不能勝。天乎忍此，奪去如棄。余年過强仕，晚而易傷。每望昏入門，寒席無主，手澤衣膩，尚識平生，香奩粉囊，猶置故處。器用百物，不忍復視。又況生處貧約，殁無第宅，永以為負。日月行邁，雲及大葬，雖百世之後，同歸其穴，而先往之痛，玄泉一閉。一男兩女，男生數月，名之玉斧，抱以主喪。烏呼哀哉！景行可紀，容止在目，瞥見炯逝，信如電喻。故知本無而生，中妄有情，今復歸本，我何以驚。乃誌而銘曰：

　　夫人懿皇魏之垂裔兮，粲華星之亭亭。率令德以歸我兮，婉潔豐乎淑貞。時冉冉兮歡遽畢，我無良兮鍾我室。生於一般庚兮殁于丙，歲俱辰兮壽非永。懍不知兮中忽乖，母遠女幼兮男在懷。不得久留兮与世辭，路經本家兮車遲遲。少陵原上兮霜斷肌，晨起踐之兮送長歸。釋空莊夢兮心所知，百年同穴兮當何悲。

韋慶復墓誌，元和四年（809），楊敬之撰，楷書，27行，滿行27字。青石質，45.5×46釐米。誌蓋書"大唐故韋府君墓誌銘"三行楷書，四殺飾雲紋。

　　唐故監察御史裏行河東節度判官賜緋魚袋韋府君墓誌
　　外生前鄉貢進士楊敬之撰
　　皇朝梁州都督君諱令儀，生宣州司法參軍諱鑾，司法府君生左司郎中、蘇州刺史諱應物，郎中府君娶河南元氏而生公。公諱慶復，字茂孫。少孤終喪，家貧甚，所居之墻，其堵□壞，中無宿春，困飢寒伏。編簡三年，通經傳子史而成文章。貞元十七年舉進士及第，時以為宜。二十年會選，明年以書詞尤異，受集賢殿校書郎。順宗皇帝元年召天下士，今上元年試於會府，時文當上心者十八人，公在其間。詔授京兆府渭南縣主簿。二年，今兵部尚書、江夏公李鄘鎮鳳翔。四年，移鎮於太原。二年□□公為裏行御史，掌其文詞。四年，奏公以本官加緋，參其節度。其年，江夏公罷鎮歸，公亦歸。道得疾，至渭南靈岩寺而病。以七月十九日終寺之僧舍，春秋三十四。以其年十一月二十一日，祔於京兆府萬年縣鳳棲鄉少陵原蘇州府君之墓之後。夫人故河南令河東裴君澡女。生二子未童，其長者後公十六日而不勝喪。故夫人被不可忍之痛，痛極有詞於天。嗚呼！公嘗以為不得自盡其道於皇妣，以楊氏伯姊長且仁，用申其孝，孝與仁相往來，謀成其家，不幸如此。故伯姊之痛又不可忍，不可忍亦有詞於天。楊氏甥小子敬之實聞太夫人及公夫人之詞，遂刻於石。詞曰：

　　誰人不宿？夫子之生，委明于身，生胡不長。誰人不窮？夫子之家，伶俜未亡。投迹無所，生途茫茫。若有人兮，邪回憪頑，殘忠害良。高丘昊穹，何以加殃！嗚呼噫嘻！夫人之詞。皇考之仁兮道竟不光。元吉殊祥兮若人宜當。唯若人兮直方善良，由家達邦兮聲甚馨香。恭尊友卑兮視我如傷，之夭如此兮悠哉玄黃。我之有生兮不幸為女，既笄則行兮義不久處。楊氏有子兮韋宗無主，惟鬼惟神兮孰不我取。神固不明兮天亦不仁。音之無道，就問無津。嗚呼哀哉兮伯姊之雲。歿之日，族姻悲，友人慟出涕。士君子識與不識，莫不失聲。德不成，不能使人如此。

裴棣墓誌，會昌六年（846），韋退之撰，楷書，25 行，滿行 25 字。青石質，45×45 釐米。誌蓋書"唐韋府君夫人裴氏誌"三行楷書，四殺飾四神紋。

　　唐故河東節度判官監察御史京兆韋府君夫人聞喜縣太君玄堂誌

　　孤子將仕郎前監察御史裏行退之奉述

　　太君諱棣，裴氏之先食邑於絳，以家為姓。烈祖以德行濟美於晉，其聞不絕。以至國朝又以儒家顯，至於懷州刺史諱恂。懷州生司門員外諱育，司門生河南縣令諱澡，河南府君娶趙郡李氏而生太君。未五歲而失所恃，河南府君再娶同郡薛氏。後夫人治家以嚴見憚，太君承順顏色，無毫髮過失，以是遂移愛如己子。年十六而歸於先君。先君五年中，三以文章中有司，選參丞相府，官至御史。位不充量，不享下壽。而太君不忍遂絕，乃扴血問家，事順世人，求釋氏濟苦之道，假桑門之誦讀，女工之藝事，皆自為之。勤勞晝夜，他人及旁侍者一觀，無不垂涕。既除喪，撫育小子，濡煦以節，訓誘以義。故小子以明經換進士第，受業皆不出門內。初，先君以元和歲即世，自己丑至丙寅三紀有奇。而太君食不求甘，衣不重繭，孜孜不怠，以成就門戶為念。小子謹身從事，四更使府，皆游聞人，自御史登天朝。女適前進士於球，不幸無與偕老。太君以今年寢疾，子女問安之際，必曰："吾是年前三歲周甲子，亦不謂無壽。況廿年骨肉間，如吾類不啻十輩，與吾及者幾希矣，今没無恨。然吾子家未立，且艱難於名，今方整羽翼，所未忍捨之。"以是汲汲於醫藥。小子愚且蠢，言不能動人，使不得盡心。會昌六年八月十三日偕養。越三月，封聞喜縣太君。以小子之預周行，及普恩也。其年十一月十六日，孤子孤女奉遷於京兆府萬年縣少陵原，祔先 君 ，從周禮也。天崩地圮，肝鬲如焚。顧瞻孑然，不敢自遂。俛首捧牘，□備紀述。庶幾乎自盡之道。

圖一　韋應物墓誌

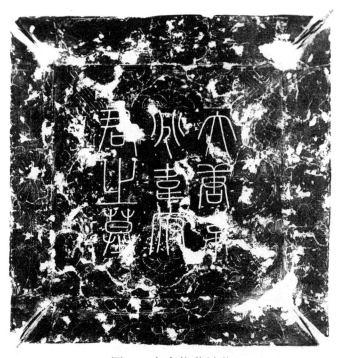

圖二　韋應物墓誌蓋

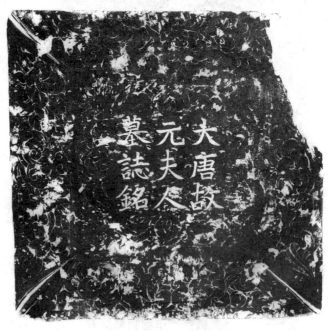

圖三　元蘋墓誌

圖四　元蘋墓誌蓋

圖五 韋慶復墓誌

圖六 韋慶復墓誌蓋

圖七　裴棣墓誌

圖八　裴棣墓誌蓋

# 《安樂公主墓誌》初探

孟憲實*

## 一

　　西安市長安縣博物館收藏的《安樂公主墓誌》，是近兩年發現的，按照墓石原來名稱《大唐故勃逆宮人誌文並序》，我們稱之謂"安樂公主墓誌"或許並不恰當，但是用"宮人墓誌"又不足以説明安樂公主的確實身份，畢竟安樂公主更是治史者熟知，所以姑且用此題目。

　　先依照墓誌原來格式録文如下。

　　　大唐故勃逆宮人誌文並序
　　　宮人諱某，字某，姓李氏。
　　　中宗孝和皇帝之第某女也。神龍初載，湯沐加榮，
　　　進為安樂公主。稟性驕縱，立志矜奢。傾國府之資
　　　財，為第宇之雕飾。其夫武延秀與韋溫等，謀危
　　　宗社，潛結回邪，交構兇徒，排擠端善。密行鴆毒，
　　　中宗暴崩。六合摧心，三光掩色。又欲擁羽林萬騎，
　　　率左右屯營，內宅之中，潛貯兵甲，期以唐隆元年
　　　六月廿三日，先危
　　　今上聖躬，並及太平公主。　皇太子密聞其計，
　　　先難奮發。以其月廿日，挺身鞠旅，眾應如歸。
　　　七廟安寧，群兇殄滅。宮人以其夜死。
　　　聖上仁慈德遠，骨肉情深。爰命有司，式陳葬禮，以
　　　景雲元年十一月十三日，葬於某所。義舒易往，陵
　　　谷有遷。翠石式題，玄扃用紀。銘曰：

---

* 　孟憲實，中國人民大學國學院副教授。

德不建兮身招耻，葬禮陳兮邁千祀。

皇澤降兮　鴻德施，貞石勒兮幽墳紀。①

以新出史料與傳世史料對照研究，如今已經成爲學界經常研究法，而新出史料中，就唐史而言，近年除了罕見的"天聖令"以外②，多以敦煌吐魯番文書和墓誌爲大宗。《安樂公主墓誌》的出現，再增加一個墓誌實例。

二

關於安樂公主，《新唐書》卷八十三《諸帝公主》有其本傳。參考其他記載，與《墓誌》對照，我們發現《安樂公主墓誌》所記內容，多與傳世記載相符合。

"中宗孝和皇帝之第某女也。"安樂公主是中宗與韋皇后所生的小女兒，本傳稱"最幼女"。墓誌對此，沒有詳細記錄。相信是因爲安樂公主死的不名譽，不好過分叙述與唐中宗的關係，以免污穢了皇帝的形象。

"神龍初載，湯沐加榮，進爲安樂公主。"根據安樂姐姐宜城公主本傳記載，"神龍元年，與長寧、新寧、義安、安樂、新平五郡主皆晉封"。③ 神龍元年，公元 705 年，正是唐朝復辟之後的第一年，但是，根據一般史書的說法，中宗很快又回到武三思的控制之中。

"稟性驕縱，立志矜奢。傾國府之資財，爲第宇之雕飾。"據《舊唐書》的說法："安樂最幼，生於房州，帝自脫衣裹之，遂名裹兒，特寵異之。"④《新唐書》本傳，也有類似記載，並說"姝秀辯敏，后尤愛之。"⑤ 中宗對於女兒和韋皇后的寬縱，大約都與曾經有過的苦難歲月有關。韋皇后的本傳就記載在房州歲月，與中宗"累年同艱危，情義甚篤"，中宗曾經對韋皇后許願説："一朝見天日，誓不相禁忌"。⑥ 在以上的引文中我們可以看到，對於安樂公主寵異的主語，《新唐書》改爲韋后，而《舊唐書》其實是中宗。安樂公主依憑皇帝皇后的寵愛，生活奢靡，史有明文。"主營第及安樂佛廬，

---

① 2007 年 10 月，筆者參加西安碑林博物館學術會議，期間隨榮新江先生前往長安博物館考察，榮幸獲得館長穆曉軍先生惠贈此墓誌拓片，榮新江先生當天録文相贈，特此一並致謝。
② 參見天一閣博物館中國社會科學院歷史研究所天聖令整理課題組《天一閣藏明鈔本天聖令校證附唐令復原研究》，中華書局，2006 年。
③ 《新唐書》，中華書局標點本，1975 年，3653 頁。
④ 《舊唐書》卷五十一，2171 頁。
⑤ 《新唐書》卷八十三，3654 頁。
⑥ 《舊唐書》卷五十一，中華書局，1975 年標點本，2171、2172 頁。

皆憲寫宮省，而工緻過之"。安樂公主的奢侈故事，除此之外，有修建"定昆池"事，有奪臨川長公主宅和周圍民宅大修豪宅的故事。奢侈或許不是本性，政治資源太過豐富，又有皇帝的支持，走上此路很正常。皇帝、皇后的補償心理，就這樣也體現在公主們的奢侈上。民怨上漲與德政衰微，都對後來產生了巨大影響。

"其夫武延秀與韋溫等，謀危宗社，潛結回邪，交構兇徒，排擠端善。"安樂公主初嫁武三思兒子武崇訓，在景龍元年（707）七月，太子重俊因爲自己的地位受到威脅，考慮到沒有機會當上皇帝了，於是發動政變，殺了武三思及其兒子武崇訓，最後失敗被殺。重俊發動政變的時候，還曾經"索韋后、安樂公主、昭容上官所在"，但是沒有得手。① 《新唐書》安樂公主本傳"崇訓死，主素與武延秀亂，即嫁之。"根據《資治通鑒》的記載，安樂公主與武延秀的婚禮是在景龍二年十一月己卯舉行的。② 景雲元年（710）五月，許州司兵參軍燕欽融復上言："皇后淫亂，干預國政，宗族强盛；安樂公主、武延秀、宗楚客圖危宗社。"③ 結果，燕欽融被殺。在中宗去世之前，韋皇后、安樂公主等人的具體圖謀，除了狠抓權力以外，是否已經決定名正言順地當皇帝，現在並不清楚。燕欽融上告的主謀之一是宗楚客，而安樂公主墓誌中有"韋溫"。韋溫是韋皇后的堂兄，神龍中任禮部尚書，封魯國公，景龍三年遷太子少保、同中書門下三品，仍遙授揚州大都督。韋溫是韋皇后依靠的主要對象，中宗去世韋溫接受韋皇后的命令，總知天下兵馬，又讓侄子們分掌屯營及左右羽林軍。他的傳記中稱"溫等既居榮要，熏灼朝野，時人比之諸武氏"。④ 按照墓誌的叙事順序，中宗未崩之前，韋溫還沒有掌握軍權，不過已經是宰相並且地位崇高，他無疑是韋后爲中心的集團中的重要成員。《册府元龜》的記載是"韋氏臨朝，韋溫爲謀首"。⑤ 後來史書記錄韋溫的事情不多，而《安樂公主墓誌》比較突出韋溫，是有道理的。後來這個集團被消滅，這段歷史由勝利的一方書寫，所以"交構兇徒，排擠端善"也很容易理解。

"密行鴆毒，中宗暴崩。六合摧心，三光掩色。"中宗駕崩，是韋皇后下的毒手。"散騎常侍馬秦客以醫術，光禄少卿楊均以善烹調，皆出入宮掖，得幸於韋后，恐事泄被誅；安樂公主欲韋后臨朝，自爲皇太女；乃相與合謀，於餅餤中進毒。六月，壬午，中宗崩於神龍殿。"根據《通鑒》的說法，自從燕欽融被殺之後，中宗開始不高興，"由是韋后及其黨始憂懼"。其他弑君成員還有安樂公主等，都各有野心。⑥ 中宗駕崩的

---

① 《新唐書》卷八十一，3595 頁。
② 《資治通鑒》卷二百九，6629 頁。
③ 《資治通鑒》卷二百九，6641 頁。
④ 《舊唐書》卷一百八十三，4744～4745 頁。《通鑒》說韋溫是韋"皇后之兄也"，6634 頁。
⑤ 《册府元龜》卷三百七，中華書局 1960 年，3617 頁。
⑥ 《資治通鑒》卷二百九，6641～6642 頁。

原因，多認爲是安樂公主與韋皇后投毒。唐代皇帝多不永壽，高祖 70 歲，太宗 52 歲，高宗 56 歲，後來的睿宗是 55 歲，玄宗在世時間比較長，是 78 歲，另外肅宗是 52 歲，代宗是 54 歲，德宗 64 歲。中宗去世時是 55 歲，比較起來，還是很正常的。根據武則天的經驗，中宗在位時間越長，越有利於韋皇后日後掌權，急忙忙殺害中宗，對韋皇后掌權並不利。或許她和女兒都是喪心病狂，或許是勝利者爲了增加自身政變的合法性，總之中宗之死並非沒有疑點。不僅如此，墓誌中指明實施各種陰謀以及毒害中宗的人是"其夫武延秀與韋溫等"，其中沒有提及安樂公主。這也很令人生疑，至少與後來史書的記載有所不同。

"又欲擁羽林萬騎，率左右屯營，内宅之中，潛貯兵甲，期以唐隆元年六月廿三日，先危今上聖躬，並及太平公主。"這段文字，是本墓誌最有價值的，因爲此前關於這方面的内容，傳世文獻很少涉及。唐隆政變，李隆基與太平公主聯手發動，至於原因，《舊唐書》玄宗本紀上的記録是："韋溫、宗楚客、紀處訥等謀傾宗社，以睿宗介弟之重，先謀不利"。《舊唐書》睿宗本紀説法相似。總之，他們要用陰謀手段對付睿宗。太平公主傳的記録是"韋后、上官昭容用事，自以謀出主下遠甚，憚之"。[1] 但是，雖然這裏説到韋皇后等懼怕太平公主，但沒有説針對太平公主採取行動。祇有《通鑒》略有透露，説韋皇后等"深忌相王及太平公主"。這一點的重要性在於，太平公主之所以在唐隆政變以後地位重要到可以挑戰李隆基的位置，説明在鏟除韋皇后的行動中，太平公主很關鍵。她既然與睿宗一樣被對手當作主要對象，説明她在本集團中的實際地位。不僅如此，根據安樂公主的這方墓誌，還知道他們要對睿宗和太平公主動手的計劃是六月二十三日。這個具體日期，也是其他文獻沒有記載的。

"皇太子密聞其計，先難奮發。以其月廿日，挺身鞠旅，衆應如歸。七廟安寧，群兇殄滅。"皇太子指李隆基，而政變的時候李隆基是臨淄王。這次政變的領袖是李隆基和太平公主，而親臨第一綫的指揮是李隆基。《通鑒》記載："崔日用將兵誅諸韋於杜曲，襁褓兒無免者，諸杜濫死非一。"既然韋氏一族遭此大難，而韋皇后集團的核心人物，更是無一幸免。連上官婉兒本來心里傾向宗室，李隆基也沒有赦免她。武裝奪取政權，這是起碼的代價。

"宮人以其夜死。"安樂公主在政變發生的當天夜里被殺。安樂公主本傳對此有補充："臨淄王誅庶人，主方覽鏡作眉，聞亂，走至右延明門，兵及，斬其首。追貶爲'悖逆庶人'。"安樂公主被亂兵所殺，她也應該是政變者針對的人物之一。政變發動是

---

① 《新唐書》卷八十三，3650 頁。

夜里時分，安樂公主不知道爲什麽還要"覽鏡作眉"，過去就有人提出疑問①。《安樂公主墓誌》的原題"大唐故勃逆宮人誌文並序"，看來這個"勃逆宮人"即是"悖逆宮人"。勃，悖兩字相通，悖逆也可以稱作勃逆。至於是"宮人"還是"庶人"，現在一時還難以判斷。韋皇后後來被貶爲庶人，史稱韋庶人。她的女兒安樂公主，本來也是皇帝的女兒，但公主是尊稱，有相應的待遇，在政變成功後，勝利者也把她貶爲庶人的可能性更大，因爲如果貶爲"宮人"則不易理解。唐代的"宮人"，應該特指宮中女性，他們也有系統的品級，如發現的"宮人墓誌"就會經常表明品級。②

"聖上仁慈德遠，骨肉情深。爰命有司，式陳葬禮，以景雲元年十一月十三日，葬於某所。"安樂公主本傳："睿宗即位，詔以二品禮葬之。"《舊唐書》卷五十一《韋庶人傳》記載説政變當天，"梟后首及安樂公主首於東市。翌日，敕收后屍，葬以一品之禮，追貶爲庶人。安樂公主葬以三品之禮，追貶爲悖逆庶人。"③　三品的記載一定有問題，集合墓誌與文獻記載，應該認爲"二品"葬禮是可取的。墓誌所補充的信息十分重要，因此知道了安葬的準確時間。睿宗即位的時間是六月二十四日，而安樂公主的安葬時間是將近半年之後，想必是政務繁忙，安葬反對派的事情一時排不上日程。這裏的困擾是"二品"的含義，究竟是官員的二品還是宮人的二品呢？上文認爲，庶人和宮人之間，似乎宮人不太合情理，但是這裏的二品如果是宮人的二品不是就很合理了嗎？其實不然，因爲二品宮人現在可以見到的確實存在，甚至還有婕好三品。如果是二品，就是皇帝的内官，所謂内官，其實就是皇上的諸妾。睿宗也好，臨淄王也好，絕不會荒唐到給安樂公主以宮人二品這樣的頭衔的。所以，這裏的二品，不該與宮人聯繫，可以看作是睿宗的恩賞，因爲如果安葬沒有品級就不知道按照什麽規格進行，皇帝臨時決定按照二品官員的規格安葬是完全可能的。何況，依禮安葬死者，也會給人以善待失敗者的印象，在政治上有利於得分。雖然如此，連葬所都不肯透露，禮儀之薄也是可想而知的。

"義舒易往，陵谷有遷。翠石式題，玄扃用紀。"墓誌最後的部分，不過想説明所有墓誌具備的功能而已，雖然公主因道德之失導致身家性命喪亡和耻辱，但是一定的葬禮還是具備了，總之還有撰寫墓誌表示某種意義的紀念吧。

墓誌的文字如上，沒有寫明撰寫者，也不註明書丹者。看墓誌的書法，也不敢恭維。這種狀況下，草草掩埋，是再清楚不過的事了。唐代的政治鬥爭向來激烈，父子相疑，兄弟相殘，從唐太宗開始就沒有給出一個好榜樣。禍起蕭墙，慘絶人寰，此類事情不勝

---

① 吴縝《新唐書糾謬》第十三卷，"安樂公主覽鏡作眉"條認爲是《新唐書》的問題。商務印書館，叢書集成初編，168 頁。
② 參見耿慧玲《從神龍宮女墓誌看其在政變中的作用》，榮新江主編《唐研究》第三卷，北京大學出版社，1997 年，231～258 頁。
③ 《舊唐書》，2175 頁。

枚舉。即使如今相去一千多年，閱讀這樣的墓誌，仍然讓人不禁有慘不忍睹的感覺。安
樂公主雖然風光一時，但是臨死拼命逃跑，聽着背後的追兵，她一定有恨不生在帝王家
的感想吧。

三

《安樂公主墓誌》一定寫在埋葬之前，或許就在唐隆元年十一月十三日之前的一兩
天。這個時間，對於安樂公主之死，已經長達五個多月，但是對於歷史而言，其實還僅
僅是一瞬間。墓誌的撰寫和葬禮都是草草完成的，但是讓我們驚奇地看到，墓誌與我們
所熟知的歷史記載竟然有很多的雷同之處。這種雷同不是没有意義的，它至少證明關於
唐隆政變的基本説法在事後不久就得以確立，並且以後没有怎麼修改。當然，必須明確
的是這是勝利一方的基本説法。它一定部分地符合歷史事實，但是有多大程度的不符合，
我們没有資料就幾乎無法證實。

《安樂公主墓誌》是把安樂公主作爲罪人刻寫在石頭上的，所以誌文基本上是排列安
樂公主的纍纍罪行。如上文所示，如奢侈生活等等，都是史載昭昭的。按照當時的情形，
安樂公主的重大罪行，書寫墓誌的人是不該有所遺忘的。但是，關於安樂公主的所謂罪
行，其實最引人矚目的是她的野心，即一心一意要當“皇太女”的事。這件事，不僅説
明安樂公主野心，也是她罪行的一部分，因爲正是有了這樣的野心，她纔參預了弑殺君
親唐中宗的活動。

《舊唐書》卷七《中宗本紀》，在景龍四年五月記載到：“時安樂公主志欲皇后臨朝
稱制，而求立爲皇太女，自是與皇后合謀進鴆。”① 而同書的《韋庶人傳》中有一段安樂
公主的記載：“安樂恃寵嬌態，賣官粥獄，勢傾朝廷。常自草制敕，掩其文而請帝書焉，
帝笑而從之，竟不省視。又請自立爲皇太女，帝雖不從，亦不加譴。”② 但是，同是《舊
唐書》，前者把安樂公主當皇太女作爲參預毒死中宗的動機，而後者祇提安樂公主提出過
皇太女的要求遭到拒絶，但没有説繼續加害中宗。

《新唐書》對於中宗的駕崩，在中宗本紀部分没有介紹，但是明確地説到“六月，皇
后及安樂公主，散騎常侍馬秦客反。”③ 而在睿宗本紀部分，則記載道：“景雲元年六月壬
午，韋皇后弑中宗，矯詔立温王重茂爲皇太子。”④ 這裏，都没有涉及安樂公主弑君和争

① 《舊唐書》，150 頁。
② 《舊唐書》，2172 頁。
③ 《新唐書》，112 頁。
④ 《新唐書》，115 頁。

當皇太女的事。《新唐書》安樂公主本傳中有這樣的記載："又請爲皇太女，左僕射魏元忠諫不可，主曰：'元忠，山東木强，烏足論國事？阿武子尚爲天子，天子女有不可乎？'"① 但是，《新唐書》並沒有把安樂公主想當皇太女和中宗駕崩聯絡起來。

　　《資治通鑒》是贊成安樂公主參預謀害中宗的，而且有自己獨特的動機，即當皇太女："安樂公主欲韋后臨朝，自爲皇太女；乃相與合謀，於餅餤中進毒。"在神龍二年（706）記述安樂公主的時候，在安樂公主"自請爲皇太女，上雖不從，亦不譴責"文字之後，《資治通鑒考異》專門加了一段考證文字如下：

> 《統紀》云："安樂公主私請廢皇太子而立己爲皇太女，帝以問魏元忠，元忠曰："皇太子國之儲君，生人之本，今既無罪，豈得輒有動搖，欲以公主爲皇太女，駙馬復若爲名號？天下必甚怪愕，恐非公主自安之道。"公主知之，乃奏曰："元忠，山東木强田舍漢，豈足與論國家權宜盛事、儀注好惡！阿母子尚自爲天子，況兒是公主，作皇太女，有何不可？"按中宗雖愚，豈不知立皇太女爲不可，何必待元忠之言！今從《舊傳》。②

　　《通鑒考異》的說明，不在於安樂公主是否有過想當皇太女之事，而是她的這個想法是被誰反對的。按照《新唐書》的說法，是魏元忠反對。而《通鑒考異》在這裏認爲，如此把中宗寫成過分愚蠢是不合適的，所以不用《新唐書》的說法，而是採用《舊唐書》的說法。在《舊唐書》的說法中，安樂公主自請當皇太女的事，很容易理解是被中宗阻攔了。

　　中宗的作爲如何，不在本文的討論之內。這裏，我們討論的重點是安樂公主的皇太女願望及其與中宗死亡的關係。按照《新唐書》的說法，安樂公主有過皇太女申請，但是她並沒有因此而參加殺害中宗的罪行。但是，《資治通鑒》和《舊唐書》都認爲安樂公主不僅有申請皇太女的事情，也因爲要繼續這個目標的努力，於是參與了韋皇后毒害中宗的罪行。現在，我們在最新出現的《安樂公主墓誌》上，不僅沒有看到公主參與毒害中宗的說法，甚至沒有提到她曾經想當皇太女的事。在這些記載文字互相矛盾的時候，我們需要如何解釋呢？

　　從本墓誌可以知道，中宗非正常死亡的說法在不知撰寫的時候已經存在，但是這並不是最早指出這個問題的文獻。最早提出中宗非正常死亡是在政變的過程之中：

---

① 《新唐書》，3654 頁。
② 《資治通鑒》卷二百八，6608 頁。

（葛）福順拔劍直入羽林營，斬韋璇、韋播、高嵩以徇，曰：“韋后鴆殺先帝，謀危社稷，今夕當共誅諸韋，馬鞭以上皆斬之；立相王以安天下。敢有懷兩端助逆黨者，罪及三族。”羽林之士皆欣然聽命。①

葛福順的說法，明顯是政變危機時刻的政治號召，事實如何，不必當真。但是政變成功之後，當時的政變理由必須堅持，所以《安樂公主墓誌》中繼續堅持中宗死於非命的說法。

事實上，中宗去世之初，韋皇后與睿宗、太平公主的矛盾並未激化，最初的遺詔太平公主還參與起草，內容是“立溫王重茂爲皇太子，皇后知政事，相王旦參謀政事”。後來在宗楚客、韋溫等人的堅持下，要排除相王旦的參謀政事權力，最後讓相王當了空有虛名的太子太師。在這個過程中，上官昭容也是傾向相王旦的，但最後還是排除了相王。② 如果相王參預朝政，雙方等於共享權力，現在排除了相王導致矛盾激化，於是纔有了唐隆政變。

理解唐隆政變的這個最重要背景，對於理解唐隆政變十分重要。唐睿宗景雲元年（710）十月，朝廷爲中宗之太子重俊平反昭雪，諡號爲節愍太子。太府少卿上書辯白，認爲太子重俊是政變未遂，不能昭雪。其中提到韋皇后，“若其欲廢韋氏而嘉之，則韋氏於時逆狀未彰，大義未絕，苟無中宗之命而廢之，是脅父廢母也。”最後，睿宗雖然“甚然其言，而執政以爲制命已行，不爲追改”。③ 其中也透露出，中宗在世的時候，雙方關係是正常的，韋后是在中宗去世後變得面目可憎的。

雙方矛盾激化以後，都有所準備，一場權力之爭即將上演血腥一幕。兵部侍郎崔日用跟兩個陣營都有關係，後來還是一心投奔李隆基，一定是詳細對比了兩個陣營的種種利弊之後的選擇，說明韋皇后陣營還是勢力比較弱④。後來的結局是太平公主、李隆基首先發動政變，取得勝利，而對於自身政變的合理合法解釋有二，一是防守反擊，爲自衛而殺人；二是韋皇后他們犯大罪在先，政變是爲先帝討無道，這就是所謂的中宗死於韋皇后毒手的說法。後來的史書，把安樂公主參預謀害中宗的動機說成是爲了當皇太女，現在看來，都應該是後起的說法，而在《安樂公主墓誌》撰寫的時代，這個說法還沒有形成。

---

① 《資治通鑒》卷二百九，6645 頁。
② 《資治通鑒》卷二百九，6642 頁。
③ 《資治通鑒》卷二百一十，6657～6658 頁。
④ 《舊唐書》卷九十九，3078～3089 頁。

安樂公主墓誌

# 跋江西興國縣所出《唐鍾紹京受贈誥文碑》

劉安志[*]

　　鍾紹京乃唐代著名書法家，其事跡略見於新、舊《唐書》本傳[①]，曾官至中書令，唐德宗建中元年（780），被朝廷追贈爲太子太傅。1966 年，江西省興國縣曾出土一方碑文，但直到 1991 年，陳柏泉先生纔在其編著《江西出土墓誌選編》一書中，刊佈了碑文的録文，並題名爲"《鍾紹京受贈誥文》（建中元年十一月）"[②]。日本學者中村裕一先生曾據陳柏泉先生的録文，對此碑文進行了復原和研究，指出其是《唐建中元年（780）鍾紹京敕授告身》的鈔件[③]，實爲卓見。2000 年出版的吳鋼先生主編的《全唐文補遺》第七輯，據江西興國縣革命歷史博物館鍾紹京受贈誥文刻石，收有此碑文的録文[④]。2001 年，張子明先生發表《鍾紹京受贈誥文碑》一文，刊載了碑文的圖版及録文，使我們得以了解此碑的實際情況。

　　需要指出的是，此碑文内容，與《贛州府志》、《興國縣志》所載《贈鍾紹京太子太傅誥》文字内容大體相同[⑥]，説明二者之間存在很大的關聯。1985 年，卞孝萱先生發表《〈贛州府志〉、〈興國縣志〉中的四篇唐代制書》一文[⑦]，首次介紹了《贈鍾紹京太子太傅誥》，並題爲《贈鍾紹京太子太傅制》。2005 年 4 月，在四川宜賓學院召開的

---

[*]　劉安志，武漢大學中國三至九世紀研究所副教授。

①　《舊唐書》卷 97《鍾紹京傳》，北京：中華書局，1975 年，3041～3042 頁；《新唐書》卷 121《鍾紹京傳》，中華書局，1975 年，4329 頁。

②　陳柏泉：《江西出土墓誌選編》，南昌：江西教育出版社，1991 年，1～2 頁。

③　中村裕一：《唐代公文書研究》，東京：汲古書院，1996 年，367～375 頁。

④　吳鋼主編：《全唐文補遺》第七輯，西安：三秦出版社，2000 年，1～2 頁。

⑤　張子明：《鍾紹京受贈誥文碑》，載《南方文物》2001 年第 4 期，129 頁。

⑥　清魏瀛、魯琪光、鍾音鴻纂脩《同治贛州府志》卷 65《藝文·唐文》，《中國地方志集成·江西府縣志輯》第 74 册，江蘇古籍出版社、上海書店、巴蜀書社，1996 年，381 頁。清崔國榜、金益謙、藍拔奇纂脩《同治興國縣志》卷 35《藝文·誥敕》，《中國地方志集成·江西府縣志輯》第 78 册，324～325 頁。按碑文首行"唐德宗贈太子太傅誥曰"數字，不見於《贛州府志》、《興國縣志》所載制文，顯爲後人所加，詳見正文説明。

⑦　卞孝萱《〈贛州府志〉、〈興國縣志〉中的四篇唐代制書》，載中國歷史文獻研究會秘書處編《古籍論叢》第二輯，福州：福建人民出版社，1985 年，352～353 頁。

“中華文學史料學國際學術研討會”上，謝文學先生發表了《〈鍾氏族譜〉中的五篇唐代制書》一文①，介紹了他從興國縣《鍾氏族譜》中發現的五篇唐代制書，指出其中一篇爲大赦制文，其余四篇雖見於《贛州府志》、《興國縣志》，但内容不盡相同，是研究鍾紹京和唐代典章制度的第一手難得的珍貴資料。謝先生此文還參照史籍，對五篇制書進行了考釋，並與《贛州府志》、《興國縣志》所載制書進行了比較，揭出其異同，提出了不少有價值的觀點和看法，爲進一步研究提供了重要的參考。

據張子明先生所附碑文圖版，碑文全存 14 行，茲據圖版並參考諸家録文重録全文如下：

1　唐德宗贈太子誥曰：敕：古之將相，有功濟於艱危，繫於社稷，則身殁②之
2　後，其名益彰。　唐隆功臣、故光禄大夫、中書令、户部尚書、上柱國、越國
3　公、食實封五百户鍾　紹京，昔以運偶雲龍，心貞鐵石，扶翊我
4　祖，戡亂定功，一揮妖氛，再清宫闈，成提劍之業，在綴旒之辰。固可以銘
5　勳鼎彝，書美青史，亦已秉鈞西掖，曳履南宫。而旌其功烈，未有寵贈。儲
6　傅③之位，次於三公，用以敕終，光乎幽冥。可贈太子太傅。建中元年庚申
7　十一月五日。太尉、兼中書令、汾陽王假。中書侍郎闕④。司封郎中、知制誥
8　臣張薦寅奉行。侍郎闕⑤。銀青光禄大夫、門下侍郎、平章事炎。正議大夫、
9　行給事中審道。奉制書如右，請奉制付外宣行。建中元年庚申十一月
10　五日。制可。十一月六日寅時，都事丁固。右司郎中張蘩。吏部尚書闕。朝
11　請大夫、權知吏部侍郎、輕車都尉説。吏部侍郎闕。尚書左丞闕。告贈太
12　傅鍾　紹京第，奉敕如右，符到奉行。郎中定國。主事思孔。令史劉光。書
13　令史趙仁。

---

① 謝文學《〈鍾氏族譜〉中的五篇唐代制書》，此文最先刊於四川省宜賓學院四川思想家研究中心網頁上，見 http：//sxjzx. yibinu. cn/article_ show. asp? articleID = 474，但不知何故，其後已不見有此文。在一些個人網頁上，也收有此文，見 http：//www. tianyablog. com/blogger/post_ show. asp? blogid = 494623&postid = 5801331、http：//blog. sina. com. cn/u/48a66a17010006fx、http：//sage ~ gd. blog. hexun. com/7053894_ d. html 等。
② 陳柏泉、張子明、《全唐文補遺》俱録作“身没”，《贛州府志》、《興國縣志》、《鍾氏族譜》則作“身殁”，細審圖版，當以“身殁”爲是。
③ “傅”，陳柏泉、張子明俱録作“傳”，誤。
④ “太尉、兼中書令、汾陽王假。中書侍郎闕”，《全唐文補遺》斷句爲“太尉、兼中書令、汾陽王，假中書侍郎闕”，誤。實際上，此處“假”，乃指汾陽王郡王郭子儀休假。
⑤ “司封郎中、知制誥臣張薦寅奉行。侍郎闕”，《全唐文補遺》斷句爲“司封郎中、知制誥臣張薦寅，奉行侍郎闕”，誤。

14 建中元年十一月八日下

　　碑文首行"唐德宗贈太子誥曰"數字，《贛州府志》、《興國縣志》及謝文學先生所據之《鍾氏族譜》無。按德宗乃死後的謚號，而此敕書（詳後考證）乃建中元年十一月八日所發，時德宗仍在位，其統治時期的敕書，絕對不會出現有"唐德宗"之類的字眼，故此句當爲鍾氏後人所加。《全唐文補遺》編者云："按刻石中文字與已見到的，如《全唐文補遺》一輯二頁'封臨川郡公主詔書刻石'格式有異，故疑爲後人重刻，並加唐德宗等字。"① 其推測是非常正確的。《贛州府志》、《興國縣志》所載敕書，除無"唐德宗贈太子誥曰"外，餘皆大體相同，説明二者存在淵源關係，出自同一個版本，而《鍾氏族譜》所記則與此大異（詳後），顯然又是出自另外一個版本，爲何會出現這樣一種差異？是一個很有意思的問題，值得探討。

　　上揭碑文内容有一些令人不解之處：其一、制、敕混用。唐代制、敕皆由皇帝所發，格式、用語都有嚴格的規定，不可能在"制"中使用"敕"，"敕"中使用"制"。而碑文却二者混用，如"制可"、"奉制如右"、"奉敕如右"等。從目前所見唐代制書、敕書内容看，這種制、敕混用的情況，是很難想見的。這説明碑文的刻寫者對唐代典章制度已不甚了解，其刻寫年代可能已是唐代以後的事了；其二、碑文刻寫内容前後並不統一。如6～7行、9～10行中的"建中元年庚申十一月五日"，最後一行却爲"建中元年十一月八日下"，已無"庚申"二字；而且，在唐代皇帝所發的制書、敕書中，所記時間都是某年某月某日，還没有見到其中插有干支者，此處"庚申"二字，顯然是後人所加。這些記載足可告訴我們，碑文内容絕非唐德宗建中元年所發的敕書原貌，而是後人進行增改過的東西。

　　碑文首行"敕"及12行"奉敕如右"的記載，其實業已表明了碑文的性質是敕書，而非制書。長期精研唐代各種文書制度的日本學者中村裕一先生，業已根據碑文所記内容，敏鋭地指出其爲《唐建中元年鍾紹京追贈太子太傅敕授告身》鈔件②，並對其中的若干内容進行了增補和訂正，如"太尉兼中書令汾陽王假"，增補爲"太尉兼中書令汾陽（郡）王（臣）假"；"銀青光禄大夫門下侍郎平章事炎"，補爲"銀青光禄大夫（守）門下侍郎（同）平章事炎"；又"司封郎中知制誥臣張薖寅奉行"，訂正爲"司封郎中知制誥臣張薖宣奉行"；又指出"侍郎闕"爲"侍中闕"之誤，"右司郎中"爲"左司郎中"之誤，"令史趙仁"爲"書令史趙仁"之誤；指出碑文中"道奉"、"制書如右請奉制付外施行"、"制可"等記載，實乃衍字，而"司封郎中知制誥臣張

① 吳鋼主編《全唐文補遺》第七輯，2頁。
② 中村裕一：《唐代公文書研究》，367～375頁。

莅宣奉行"之後，應該還有"奉敕如右牒到奉行"一句。中村先生的這些考訂工作，都爲我們進一步認識此碑文内容提供了重要的參考。而《鍾氏族譜》所收的告身鈔件，可以進一步證明中村先生的這一觀點。兹據謝文學先生前揭文鈔録告身内容如下：

敕：古之將相，有功濟於艱危，繫於社稷，則身殁之後，其名益彰。唐隆功臣、故光禄大夫、中書令、户部尚書、上柱國、越國公、食實封五百户鍾紹京，昔以運偶雲龍，心貞鐵石，扶翼我祖，戡亂定功，一掃氛妖，再清宫壺，成提劍之業，在綴旒之辰。固可勳銘鼎鍾，書美青史，亦已秉鈞西掖，曳履南宫。而表旌其功烈，未有寵贈。儲傅之位，次於三公，用以敕終，光乎幽冥。可贈太子太傅。建中元年十一月初五日。太尉、兼中書令、汾陽郡王假。中書侍郎闕。司封郎中、知制誥臣張薦寅奉行。敕如右，牒到奉行。建中元年十一月初五日。侍中闕。銀青光禄大夫、侍郎門下、平章事炎。正議大夫、行給事中審。十一月初五日時。都事。左司郎中。吏部尚書闕。朝議大夫、權知吏部侍郎、輕車都尉說。吏部侍郎闕。尚書左丞闕。誥贈太子太傅鍾紹京第，奉敕如右，符到奉行。主事意。郎中定。令史劉光。建中元年十一月初八下

謝文學先生題此爲《贈鍾紹京太子太傅制》（德宗）。但據内容，其實爲敕書，而非制書。以此與前揭碑文内容相比較，可以發現二者之間存在較大差異，此點謝文學先生文業已指出不少。由此可説明《鍾氏族譜》所抄内容與碑文、《贛州府志》、《興國縣志》之間不存在直接的淵源關係，當屬鍾氏後人流傳下來的另外一個版本。

根據日本學者大庭脩先生復原的唐代敕授告身式[①]，我們認爲，《鍾氏族譜》所載告身鈔件最爲接近原貌，但亦有若干脱誤及後人的添改，如"十一月初五日時"、"都事"等明顯有脱漏；"侍郎門下"當爲"門下侍郎"之誤；又"初五"、"初八"等，實乃後人所添改，現存唐代告身中，我們没有見到此類用語。綜合各種記載並參考中村裕一先生的研究成果，我們可以進一步復原此敕授告身内容如下：

敕：古之將相，有功濟於艱危，繫於社稷，則身殁之後，其名益彰。唐隆功臣、故光禄大夫、中書令、户部尚書、上柱國、越國公、食實封五百户鍾紹京，

---

① 大庭脩：《唐告身の古文書學的研究》，原載《西域文化研究》三，京都：法藏館，1960 年。此據大庭脩：《唐告身と日本古代の位階制》，伊勢市：學校法人皇學館出版部，2003 年，52～53 頁。

昔以運偶雲龍，心貞鐵石，扶翊①我

　　祖，戡亂定功，一揮妖氛②，再清宫閫③，成提劍之業，在綴旒之辰。固可勛

銘鼎彞④，書美青史，亦已⑤秉鈞西掖，曳履南宫。而表⑥旌其功烈，未有寵贈。

儲傅之位，次於三公，用以敕終，光乎⑦幽夐。可贈太子太傅。

　　建中元年十一月五日⑧

　　太尉、兼中書令、汾陽郡王假⑨

　　中書侍郎闕

　　司封郎中、知制誥臣張薿宣奉行⑩

　　奉⑪

　　勅如右，牒到奉行⑫。

　　建中元年十一月五日⑬

　　侍中闕⑭

---

① 《鍾氏族譜》爲“翼”，《贛州府志》、《興國縣志》及碑文俱作“翊”。

② 《鍾氏族譜》爲“一掃氛妖”，《贛州府志》、《興國縣志》及碑文俱作“一揮妖氛”。

③ 《鍾氏族譜》爲“壺”，《贛州府志》、《興國縣志》及碑文俱作“閫”。

④ 《鍾氏族譜》爲“鍾”，《贛州府志》、《興國縣志》及碑文俱作“彞”。

⑤ 《鍾氏族譜》爲“嘗”，《贛州府志》、《興國縣志》及碑文俱作“已”。

⑥ 《贛州府志》、《興國縣志》及碑文無“表”字。

⑦ 《鍾氏族譜》爲“乎”，《贛州府志》、《興國縣志》及碑文作“於”。

⑧ 此句《贛州府志》、《興國縣志》及碑文作“建中元年庚申十一月五日”，《鍾氏族譜》爲“建中元年十一月初五日”，中村裕一先生復原爲“建中元年庚申十一月五日”。根據唐代告身格式，“庚申”、“初五”有可能爲鍾氏後人添改，不足爲據。此句復原爲“建中元年十一月五日”，似較爲妥當。

⑨ 《贛州府志》、《興國縣志》及碑文作“太尉、兼中書令、汾陽王假”，《鍾氏族譜》爲“太尉、兼中書令、汾陽郡王假”，中村裕一復原爲“太尉、兼中書令、汾陽（郡）王（臣）假”。此汾陽郡王即郭子儀，在唐大曆九年（774）不空三藏追贈告身中，其署位亦有不稱“臣”者（見大庭脩《唐告身と日本古代の位階制》，114頁）。因此，此句似可復原爲“太尉、兼中書令、汾陽郡王假”。

⑩ 《贛州府志》、《興國縣志》及碑文、《鍾氏族譜》俱作“司封郎中知制誥臣張薿寅奉行”，中村裕一指出“寅”乃“宣”之誤，並復原爲“司封郎中知制誥臣張薿宣奉行”，甚是。在唐大曆十四年（779）張令曉告身中，亦有“司封郎中、知製洤誥臣張薿奉行”之簽署，見大庭脩《唐告身と日本古代の位階制》，119頁。

⑪ “奉”字乃據敕授告身格式添加。

⑫ 《贛州府志》、《興國縣志》及碑文無此句。中村裕一先生業已正確指出，此處應有“奉敕如右，牒到奉行”數字。

⑬ 《贛州府志》、《興國縣志》及碑文無此句，《鍾氏族譜》作“建中元年十一月初五日”。

⑭ 《贛州府志》、《興國縣志》及碑文作“侍郎闕”，似誤。

銀青光禄大夫、守門下侍郎、同平章事炎①

正議大夫、行給事中審②

十一月六日寅時③都事丁固④

左司郎中張縈⑤

吏部尚書闕

朝議大夫⑥、權知吏部侍郎、輕車都尉説

吏部侍郎闕

尚書左丞闕

告⑦贈太子太傅鍾紹京第，奉

敕如右，符到奉行。

主事思孔⑧

郎中定國⑨令史劉光

書令史趙仁⑩

建中元年十一月八日下⑪

　　以上依據各種相關記載，對《唐建中元年追贈鍾紹京敕授告身》鈔件內容進行了初步的復原。這一復原結果是否接近告身原貌，尚有待進一步證實和專家學者的認定。不管怎樣，它畢竟爲我們進一步認識和研究唐代告身制度和追贈制度，提供了一件值得珍視的新材料。這件告身鈔件在後世流傳過程中，何以會出現兩種不同的記載？仍是值得我們思考的問題。

--------

① 此句《贛州府志》、《興國縣志》及碑文作"銀青光禄大夫、門下侍郎、平章事炎"，《鍾氏族譜》作"銀青光禄大夫、侍郎門下平章事炎"，中村裕一復原爲"銀青光禄大夫、（守）門下侍郎、（同）平章事炎"，誠是。

② 《贛州府志》、《興國縣志》及碑文在此句之後，還有"道奉制書如右，請奉制付外施行。建中元年庚申十一月五日。制可"之類的文字，中村裕一先生已正確指出其爲衍文。

③ 《贛州府志》、《興國縣志》及碑文作"十一月六日寅時"，《鍾氏族譜》爲"十一月初五日時"。按寅時爲凌晨三至五點，不屬正常的工作時間，此處"寅時"是否傳鈔有誤？暫存疑待考。

④ 《贛州府志》、《興國縣志》及碑文作"都事丁固"，《鍾氏族譜》作"都事"。

⑤ 《贛州府志》、《興國縣志》及碑文作"右司郎中張縈"，《鍾氏族譜》作"左司郎中"。

⑥ 《贛州府志》、《興國縣志》及碑文作"朝請大夫"，《鍾氏族譜》作"朝議大夫"。

⑦ 《贛州府志》、《興國縣志》及碑文作"告"，《鍾氏族譜》作"誥"。

⑧ 《贛州府志》、《興國縣志》及碑文作"主事思孔"，《鍾氏族譜》作"主事意"。

⑨ 《贛州府志》、《興國縣志》及碑文作"郎中定國"，《鍾氏族譜》作"郎中定"。

⑩ "書令史趙仁"，《鍾氏族譜》無。

⑪ 《贛州府志》、《興國縣志》及碑文作"建中元年十一月八日下"，《鍾氏族譜》作"建中元年十一月初八下"。

# 偃師出土西晉何楨墓表、羊瑾神道碑研究

趙振華[*]　　王竹林[**]

2006 年 9 月，偃師商城博物館石刻長廊竣工開幕，以陳列歷代藝術石刻和碑碣墓誌 300 多件而成爲令人關注的古代石刻收藏研究基地。在展出的極具價值的系列文物中，有 2 件西晉碑刻因不知主人是誰而引起我們的探索興趣。一旦揭開面紗，風雲人物便顯露真容。

## 一　《婁侯何楨墓表》

1992 年秋，偃師文管會在晉武帝峻陽陵下（正南）約 1000 米處的首陽山鎮南蔡莊村磚廠挖土區，搶救性發掘清理了一座被早年多次盜擾的西晉殘墓，墓葬坐東朝西，順邙山走向。在該墓橫前室中部偏北處，平置一塊青石，平面方形，高 41、寬 43、厚 7 釐米。正面磨光，陰刻隸書 4 行，行 4 字："晉故光祿大夫婁侯廬江何公墓之神道"。石的上側面，設楔形石榫，橫長 17、豎高 2 釐米。由此特殊形狀分析，此石原係插鑲在石柱之上物，即通常稱之謂墓表者。其包含的信息是我們探索墓表主人的根據。於是檢閱文獻，尋繹主人。

先說廬江何氏。東漢、三國、兩晉均設廬江郡。廬江灊（文獻或作潛）縣有何氏，如："穆章何皇后諱法倪，廬江灊人也"[①]，而且皇后還是表主的嫡親後裔。

再說光祿大夫婁侯。後漢的"雩婁"，爲廬江郡十四城之一，"侯國"[②]。三國時期吳國的輔吳將軍張昭，"改封婁侯，食邑萬户"；孫權以陸遜爲"右護軍、鎮西將軍，進封婁侯"[③]。從姓氏籍貫與時代認定二人與墓表主人無關。《晉書·禮志》云，東晉

---

＊　　趙振華，洛陽古代藝術館研究員。

＊＊　王竹林，偃師商城博物館員。

①　《晉書》卷三二，《穆章何皇后傳》，中華書局，1974 年，第 977 頁。

②　《後漢書》卷一一二，《郡國志四》，中華書局，1965 年，第 3487 頁。

③　《三國志》，《吳書》卷五二，《張昭傳》，第 1221 頁；《吳書》卷五八，《陸遜傳》，第 1345 頁，中華書局，1959 年。

穆帝昇平元年（357），將納皇后何氏。太常王彪之大引經傳及諸故事以定其禮。六禮版文之問名版文由皇帝遣使臣諮詢女方家世出身。“主人曰：‘皇帝嘉命，使者某到，重宣中詔，問臣名族。臣族女父母所生，先臣故光禄大夫、零妻侯禎之遺玄孫，先臣故豫州刺史、關中侯惲之曾孫，先臣故安豐太守、關中侯叡之孫，先臣故散騎侍郎準之遺女’”①。出身簪纓世家，門第高貴。《晉書·何充傳》云：“何充字次道，廬江灊人，魏光禄大夫禎之曾孫也。祖惲，豫州刺史。父叡，安豐太守。”② 由這二條證據可以確定何禎是墓表的主人，時代、姓氏、鄉貫、官爵均合。中華書局標點本的“校勘記”云：“魏光禄大夫禎。《斠注》：《武紀》、《四夷傳》、《魏志管寧傳注》引《文士傳》‘禎’均作‘楨’，按楨字元进行幹，用‘國之楨幹’義。《類聚》五六引《文士傳》亦作‘楨’。”③ 可知“楨”為正字，以二字音同形近，當時多混同使用。本文所引文獻，二名時出迭現，實為一人。可惜這位重要人物正史無傳，唐代劉知己在《史通·內篇》亦確指其疏漏而為之鳴不平：“當三國異朝，兩晉殊宅，若元則、仲景，時才重於許、洛；何楨、許詢，文雅高於揚、豫。而陳壽《三國志》、王隱《晉史》，廣列諸傳，而遺此不編。此亦網漏吞舟，過為迂闊者”④。文苑傳不録，可謂史館之疏略，修撰之失職。

此以何楨墓表的發現為契機，梳理文獻略叙生平。《事類賦》引《晉書》云：“楨字元幹，常以縛筆織扇為業，以奉供養。”⑤《太平御覽》引《何禎別傳》曰：“禎，廬江潛人。父他，字文奇，有俊才，早卒。禎在孕而孤，生遇荒亂，歸依舅氏。齠齓乃追行喪，哀泣合禮，鄉邑稱焉。十餘歲，耽志博覽，研精群籍，名馳淮、泗。”⑥ 家道中落，堅苦刻屬於逆境，學成揚名。文獻亦零星叙其做官的經歷。《晉書·職官志》云，魏文帝黃初初（220），置中書令，典尚書奏事，“而秘書改令為監。後以何禎為秘書丞，而秘書先自有丞，乃以禎為秘書右丞”⑦。《唐六典》引《魏志》云：“何楨，文帝時上《許都賦》，帝異之，公車徵到為秘書郎。後月餘，楨閱事，帝問外：‘吾本用

---

① 《晉書》卷二一，《禮志下》，第 667 頁。

② 《晉書》卷七七，《何充傳》，第 2028 頁。

③ 《晉書》卷七七，“校勘記”，第 2050 頁。

④ （唐）劉知己《史通》卷八，《內篇·人物第三十》，文淵閣《四庫全書》原文電子版，濟南開發區匯文科技開發中心編製，武漢大學，1997 年，第 245 盤，第 2543 號，第 4 册，第 14 頁。

⑤ （宋）吳淑撰並注《事類賦》卷一四，文淵閣《四庫全書》原文電子版，第 320 盤，第 3654 號，第 4 册，第 75 頁。

⑥ （宋）李昉等撰《太平御覽》卷三八五，《人事部二十六·幼知下》，《四部叢刊》三編子部，上海書店，1985 年，第 44 册，第四頁。

⑦ 《晉書》卷二四，《職官志》，第 735 頁。

槙爲丞，何故爲郎？'案主者罪，遂改爲丞。時秘書丞尚未轉，遂以槙爲右丞。"① 直接得到皇帝的眷顧，起家所拜品階頗高，秩四百石。《三國志·魏書·杜摯傳》裴松之注引《廬江何氏家傳》則云，魏明帝時，何禎爲秘書丞②，是承前續任。明帝青龍元年（233），何槙任揚州別駕③，由朝廷外放，改任地方官。

《藝文類聚》卷六云："何禎集曰：以正始六年，爲弘農太守"④，官位昇擢。任上舉薦所看重的人才，不以臣屬視之："何槙，字元幹，爲弘農郡守。有楊囂生爲縣史，槙一見便待以不臣之禮，遂貢之天朝。"⑤ 楊囂係楊脩之子，位至晉典軍將軍，歷官清廉，朝廷可謂得人。《三國志·魏書·管寧傳附胡昭傳》記齊王曹芳正始中，何槙爲弘農太守。裴松之注引《文士傳》曰："槙字元幹，廬江人，有文學器幹，容貌甚偉。歷幽州刺史、廷尉，入晉爲尚書、光禄大夫。槙子龕，後將軍；勖，車騎將軍；惲，豫州刺史；其餘多至大官。自後累世昌阜，司空文穆公充，惲之孫也，貴達至今。"⑥ 則《晉書·何充傳》所謂何槙是"魏光禄大夫"的説法不確。

高貴鄉公曹髦甘露二年（257）五月，鎮東大將軍諸葛誕以淮南作亂。七月，大將軍司馬昭奉天子及皇太后東征，會師淮北。"師次於項，假廷尉何槙節，使淮南，宣慰將士，申明逆順，示以誅賞"⑦。參與了戰役，全勝而歸。

主掌曹魏國政的司馬昭卒於咸熙二年（265）八月。不久，晉武帝受禪，追尊號曰文皇帝。吳末帝孫皓於寶鼎元年（266）正月，"遣大鴻臚張儼、五官中郎將丁忠吊祭晉文帝"。到洛陽後，"尚書僕射羊祜、尚書何槙，並結縞帶之好"⑧。兩國高官聚首，各示人格魅力而深結友誼。因聽命於司馬氏，魏晉代禪之後何槙即敘階於新朝。《宋書·禮志》云："漢、魏廢帝喪親三年之制，而魏世或爲舊君服三年者。至晉泰始四年（268），尚書何禎奏：'故辟舉綱紀吏，不計違適，皆反服舊君齊衰三月。'於是詔書下

---

① （唐）玄宗撰李林甫注《唐六典》卷一〇，《秘書省》，中華書局1992年，第297頁。

② 《三國志》卷二一，《魏書》三，《杜摯傳》，第622頁。

③ （宋）李昉等撰《太平御覽》卷五八七，《文部三·賦》："《文士傳》曰：何槙字元幹。青龍元年，天子特詔曰：'揚州別駕何槙有文章才，試使作《許都賦》，成封上，不得令人見。'槙遂造賦，上甚異之。"《四部叢刊》三編子部，第48冊，第六頁。

④ （唐）歐陽詢：《藝文類聚》卷六，《地部州部郡部·關》，上海古籍出版社，1982年，上冊，第103頁。

⑤ （唐）徐堅等編纂《初學記》卷二〇，《政理部》引虞預《晉書》，文淵閣《四庫全書》原文電子版，第320盤，第3649號，第12冊，第13、14頁。

⑥ 《三國志》卷一一，《魏書·管寧傳附胡昭傳》，第362、363頁。

⑦ 《晉書》卷二，《文帝紀》，第34頁。

⑧ 《三國志》卷四八，《吳書》三，《孫皓傳》，第1165頁。裴松之注，第1166頁。

其奏，所適無貴賤，悉同依古典。"① 託古改制縮短喪期，簡化程序以利家國。又云："何楨《冠儀約制》及王堪私撰《冠儀》，亦皆家人之可遵用者也。"② 凸顯其諳熟古代禮儀迎合國情適時改革的文臣風骨。武帝泰始七年，"單于猛叛，屯孔邪城。武帝遣婁侯何楨持節討之。楨素有志略，以猛衆兇悍，非少兵所製，乃潛誘猛左部督李恪殺猛，於是匈奴震服，積年不敢複反"③。戰事延宕至第二年，《晉書·世祖武帝紀》云：泰始"八年春正月，監軍何楨討匈奴劉猛，累破之，左部帥李恪殺猛而降。"④ 在朝爲官制禮作樂，經略邊疆謀勇果決，爲國建勛是其人生亮點。武帝於咸寧五年（279）十一月命大將王浚、王渾等帥軍伐吳，太康元年（280）四月，王渾大破吳軍，接受吳末帝孫皓派司徒何植、建威將軍孫晏送上降書。《資治通鑒》卷八一胡三省注引《三十國春秋》云："四月，甲子，王渾斬張悌。丙寅，殺岑昏，與何楨書。"⑤ 是向何楨通報征戰克捷的書信，則其時老臣猶在關注國事。

《隋書·經籍志》載："晉金紫光禄大夫《何楨集》一卷。"⑥《舊唐書·經籍志》，《新唐書·藝文志》均載有"《何禎集》五卷"⑦，惜不傳，《全晉文》卷三二有輯本，録《許都賦》等殘句，文字不多。

由所引文獻鋪叙曹魏西晉兩朝老臣何楨小傳如下：何楨字元幹，廬江郡灊縣人。父他，字文奇，有俊才，早卒。禎在孕而孤，生遇荒亂，歸依舅氏。齠齔乃追行喪，哀泣合禮，鄉邑稱焉。常以縛筆織扇爲業，以奉供養。十餘歲，耽志博覽，研精群籍，名馳淮、泗。魏文帝黃初中爲秘書右丞。明帝青龍元年任揚州別駕。齊王曹芳正始六年（245）爲弘農太守，舉薦縣吏揚囂，待以不臣之禮，遂貢之天朝。歷幽州刺史。高貴鄉公曹髦甘露二年七月，隨大將軍司馬昭東征，以廷尉假節淮南，宣慰將士，申明逆順，示以誅賞。入晉爲尚書，光禄大夫，封雩婁侯。泰始二年孫吳大鴻臚張儼、五官中郎將丁忠赴洛陽吊祭晉文帝，尚書何楨與之並結縞帶之好。有集五卷，不傳。三子：龕，後將軍；勖，車騎將軍；惲，豫州刺史、關中侯。惲子叡，安豐太守、關中侯。叡子充，司空文穆公；子準，散騎侍郎，穆章皇后父。其家累世昌阜，貴達至今。

設何楨黃初元年20歲，則太康元年已是80歲的耄期老人。何楨墓表的出土地點北

---

① 《宋書》卷一五，《禮志二》，中華書局，1974年，第403頁。
② 《宋書》卷一四，《禮志一》，第336頁。
③ 《晉書》卷九七，《四夷傳·北狄傳附匈奴傳》，第2549頁。
④ 《晉書》卷三，《武帝紀》，第61頁。
⑤ 《資治通鑒》卷八一，《晉紀三·武帝太康元年》，中華書局，1997年，第664頁下欄。
⑥ 《隋書》卷三五，《經籍志》四，中華書局，1973年，第1061頁。
⑦ 《舊唐書》卷四七，《經籍志下》，中華書局，1975年，第2058頁。《新唐書》卷六〇，《藝文志四》，中華書局，1975年，第1578頁。

距峻陽陵約 1000 米，是陪葬武帝陵的元勛心膂。

　　以往洛陽出土過類似何禎墓表的石刻。現陳列於洛陽古代藝術館的《晉韓壽墓表》，屢見於清代以來的金石學著作。石呈圓柱體，高 113、直徑 33 釐米。底平，頂有榫頭。通體縱刻 24 條半圓形凸稜，中部偏上處爲一外凸的方形石面，面高 48、殘寬 32、厚 7 釐米。面下與柱頂各刻二周繩索紋。石面上刻隸書 4 行，行 5 字：“晉故散騎常侍驃騎將軍南陽堵陽韓府君墓神道”，書法雋美，韓壽卒於惠帝元康初①。《後漢書·中山簡王焉傳》記劉焉死後，“大爲修冢塋，開神道”。李賢注：“墓前開道建石柱以爲標，謂之神道。”即華表，通常稱它爲“墓表”。一般由三部分組成，下爲礎，上立柱，柱頂榫頭置帶座的雕獸。另一塊《晉故虎牙將軍王君表》，隸書 3 行，行 3 字，拓片寬 12、高 11 釐米，見於著録②。金石學者柯昌泗云：“丁卯春日，洛陽郭玉堂爲予致晉王君表兩石。其石高二寸，廣三寸許。文曰晉故虎牙將軍王君表，爲神道闕之最小者。郭言出土時尚有兩圓柱承其下，以無字並未携取。據知凡石闕上下無連綴之石，蓋皆別有石柱以承之也。”爲 1927 年事③。這 3 件墓表的時代、題銘格式、出土地域相同。將《何禎墓表》和《韓壽墓表》比較，前者是圓柱和柱上外凸的方形石面分體鎸刻後插合（見何禎墓表安裝示意圖），後者爲通體鎸刻。即這 2 件墓表的製作方法不同而整體形狀相同，且刻字面尺寸相若。雖然從文字看墓表是立於墓前地面用於標識墳塋的，可是《何禎墓表》却未立於墓前而僅將方形石面平置於墓室內，用如後世的墓誌。何以如此，大概是咸寧四年晉武帝下詔禁斷於墓前立置石獸碑表的緣故。而韓壽墓表之立距離碑禁已經 13 年，武帝也已去世，於是便有恢復舊俗之舉。

## 二　《高陽元侯羊瑾碑》

　　20 世紀 90 年代年於偃師市首陽山鎮溝口頭村薛旭亞磚廠徵集，據説是過去推土機推出來的。殘碑長方形，長 92、寬 38、厚 16 釐米，碑兩面有字，正面右邊和下邊殘斷，考察復原通體寬度，碑陽的碑額題記應有 6 行，殘留 5 行。碑文應有 16 行，殘留 12 行，第 5 行亦僅保留 5 個殘字而已。碑的長度以及每行缺失的字數，不易復原。若按銘詞復原，4 字 1 句，爲 20 句。則倒數第 3 行缺失 7 字，倒數第 2 行缺失 6 字。估計原碑高 112、寬 52 釐米左右。此將碑額抄爲 1 行，碑文依行照録如下：

①　北京圖書館金石組編《北京圖書館藏中國歷代石刻拓本匯編》，第 2 冊，中州古籍出版社，1989 年，第 69 頁。黃明蘭：《西晉散騎常侍韓壽墓表跋》，《文物》1982 年 1 期，第 65 頁。
②　《北京圖書館藏中國歷代石刻拓本匯編》，第 2 冊，第 93 頁。
③　（清）葉昌熾撰，柯昌泗評，陳公柔、張明善點校《語石·語石異同評》，卷五，中華書局 1994 年，第 347 頁。

□□□將軍特進高陽元侯羊府君之碑

1. □□□□□□□□□□□□□虎旅宿衛文□……
2. 至於三四，嚴詔敦逼，扶輿就職。固執遜尚，苃而□……
3. 以重賚。君立朝忠正，守拙純固，不峻治以要功，不……
4. 皇宇遺勛□以□□宜昇□□□□□禮。享年不永，春秋六……
5. 則世殞□□□□□□天子□□，□□慟懷，矧我臣子，號咷……
6. 酉，陪葬崇峻之陽，□□□行日永□又□贈使持節、都督……
7. 安措。王人吊祭□□眾事□□□□□□□□□也。夫人……
8. 殞，祔合於葬。有二子曰玄之、冏之。□□故吏主簿桓豹等人，……
9. 琰之遵義，庶既殞而弗□，乃刊石銘勛，□羨來葉。其辭曰：
10. 維嶽降靈，乃誕□德；於穆元侯，□此□則。如山之崇，如淵之□；□□□□，□□
11. 且直。作鎮於外，文武允敕；扶我皇綱，是亮是翼。宜享遐□，登此□□；□□□□，
12. 泣血靡訴。敢勒玄石，對□□□；瞻□勛軌，惄□□墓。

　　碑陰的左邊和下邊殘斷，按復原的整碑尺寸計算碑陰文字，分六段橫列，每段24人，共約144人，皆爲碑主故吏的籍貫姓名和字。現殘存五段，排列整齊。此自左而右、自上而下，分段照錄殘文如下：

　　故吏□郡□□世□，故吏吳興施維茂□，故吏滎陽桓豹茂弘，故吏天水楊儆道伯，故吏梁國胡騰世初，故吏滎陽程秀倫叔，故吏平原所琓元瑜，故吏樂陵董延季陵，故吏濟南趙瘖子鳳，故吏馮翊李縮弘仲，故吏趙國趙雅世偉，故吏陽平兆冗寬容，故吏泰山卜群令始，故吏項丘呂曼林甫，故吏濟陰司寶穎泰，故吏馮翊賈振忠明，故吏陳留范舒處叔，故吏□□□□叔平。

　　故吏沛國夏侯深季玄，故吏平原淳于瞻望芝，故吏高平夏侯彪長老，故吏潁川王默初玄，故吏東郡成茂中舒，故吏順陽王道衡明，故吏趙國李芳萬芝，故吏平原李雄萬衡，故吏清河夏順靈芝，故吏馮翊王靖永宣，故吏天水趙猗偉弘，故吏平原衛坦元初，故吏陽平楊巖彥祖，故吏陽平□□良基，故吏汲郡董佐國治，故吏汲郡郝載長玄，故吏高陽劉平伯興，故吏清河李譚處元，□□□□□武叔由。

　　故吏□平□尹彥始，故吏長樂孟汰休宗，故吏濟北□嗣祖明，故吏高平許嗣永業，故吏高平□穆公□，故吏高平單談景玄，故吏項丘成琨安□，故吏清河□延偉□，故吏濟陰□□□龍，故吏濟□□贊道宣，故吏昌□董肇延士，故吏上□

口口士口，故吏武口趙純彥口，故吏陽平李演巨龍，故吏陽平邢萬弘龍，故吏長樂高訪元始，故吏平原口軍景狄，故吏樂安劉豹君口，故吏范陽劉統口口。

故吏陳留口口口口，故吏高平萬英世雄，故吏樂陵口口口口，故吏中山馬口元口，故吏口安口口口平，故吏高陽成統巨文，故吏口口口口景口，故吏口平周口口叔，故吏任城葵銓公口，故吏濟南孫萬萬幸，故吏口口口口萬堅，故吏口平口口後宗，故吏陳留口口元超，故吏齊北口苃口玄，故吏廣平口口欽元，故吏渤海郎漠洪謀，故吏陽平口口泰初，故吏河東口口世口。

故吏梁國口口口口，故吏陽平趙謙元口，故吏渤海宋靖處口，故吏口國馬誕長口，故吏口口口口口口，故吏中山王覬偉卿，故吏鉅鹿冀儉元約，故吏渤海牟雄偉口，故吏長樂董濟玄元，故吏陽平曹雄元舒，故吏高平蘇揚頎玄，故吏高平翟暉稚玄，故吏高平邢浚士玄，故吏高平周淵世口，故吏高平嚴彪道口，故吏高平遼膺祖口，故吏口城高騰口口，故吏南陽馮口口口。

碑文斷續，句意難明。考察其書體風格，乃典型的晉隸，故時代大體可定。額題顯示碑主是羊姓高官。殘碑第 8 行的 3 個人物即碑主的兩個兒子羊玄之、羊囧之和故吏桓豹的身份及其所處時代的確定，是考繹神道碑主人的關鍵。

先看羊玄之，《晉書》有傳："羊玄之，惠皇后父，尚書右僕射瑾之子也。玄之初爲尚書郎，以後父，拜光禄大夫、特進、散騎常侍，更封興晉侯。遷尚書右僕射，加侍中，進爵爲公。成都王穎之攻長沙王乂也，以討玄之爲名，遂憂懼而卒。追贈車騎將軍、開府儀同三司。"[1] 討伐事在惠帝太安二年（303）八月，卒於其年九月癸巳[2]。《惠羊皇后傳》亦云，"惠羊皇后諱獻容，泰山南城人。祖瑾，父玄之"[3]，叠出互見之文可以確定碑主是羊瑾。羊囧之未見。

再看桓豹，復見於碑陰殘文第一段第 3 人："故吏滎陽桓豹茂弘"。惠帝永寧元年（301）正月趙王倫篡位，六月齊王囧以起兵匡救之功，入居洛陽輔政，攬權驕恣，不可一世。"殿中御史桓豹奏事，不先經囧府，即考竟之。於是朝廷側目，海内失望矣。"[4]《册府元龜》卷二九九、《資治通鑒》卷八四所記同。由此可見神道碑與文獻記載的人物姓名相同時代一致，那麼碑主肯定就是羊瑾了。

羊瑾出身名門世家，尚可證之於《晉書·羊琇傳》："羊琇字稚舒，景獻皇后之從

---

① 《晉書》卷九三，《外戚傳·羊玄之傳》，第 2413 頁。

② 《晉書》卷四，《孝惠帝紀》，第 101 頁。

③ 《晉書》卷三一，《惠羊皇后傳》，第 966 頁。

④ 《晉書》卷五九，《齊王囧傳》，第 1607 頁。

父弟也。父耽，官至太常。兄瑾，尚書右僕射。"① 他既是景帝皇后羊徽瑜的堂弟，又是惠帝皇后羊獻容的祖父，出身才幹與外戚的身份確保他必然是朝廷顯宦。

　　神道碑第 2 行殘文謂皇帝嚴詔督迫，羊瑾老病，勉强扶持就職。以國之耆老，特蒙優禮。這個皇帝應是惠帝司馬衷。此類文辭通識於兩晉，《晉書·山濤傳》云："濤辭以喪病，章表懇切。會元皇后崩，遂扶輿還洛。逼迫詔命，自力就職。"②《晉書·皇甫謐傳》敘其不受辟舉，"其後武帝頻下詔敦逼不已"，謐上疏自稱久病難起，"仰迫天威，扶輿就道，所苦加焉"③。3 行譽其操行端愨吏治得方。4 行 5 行敘其 60 多歲亡故，天子傷悼，妻子慟懷，臣僚嚎啕，朝野聞之，莫不灑泪。6 行敘皇帝給予羊瑾陪葬"崇峻之陽"、追贈官爵的榮寵。山南爲陽，塋地位於崇陽陵之西南，峻陽陵之東南，與碑文"陪葬崇峻之陽"的記載吻合。《晉書·太祖文帝紀》云：司馬懿之子、司馬師之弟司馬昭於曹魏咸熙二年（265）"九月癸酉，葬崇陽陵，謚曰文王。武帝受禪，追尊號曰文皇帝，廟稱太祖"④。《晉書·孝惠帝紀》云，太熙元年（290）"夏五月辛未，葬武皇帝於峻陽陵"⑤。20 世紀 80 年代，中國社會科學院考古研究所漢魏洛陽故城考古隊對西晉諸陵進行的實地考查，探明了文帝崇陽陵和武帝峻陽陵的位置，二陵背靠偃師市西北面首陽山的枕頭山和鏊子山，東西相距 3 公里⑥。羊瑾神道碑出土處東北距文帝崇陽陵 5 公里，西北距武帝峻陽陵 2 公里。7、8、9 三行謂天子遣使臣前往弔喪祭祀。其妻先亡，同日合葬。子玄之、回之與故吏桓豹等人懷報深恩，寄思先烈，刻石銘勳。

　　羊氏望出泰山郡南城縣，在今山東省泰安縣。泰山羊氏源於春秋晉國公族羊舌氏，秦末徙居泰山，東漢時期發展成天下甲族，舉朝矚目。據《後漢書·羊續傳》記載，南陽太守羊續"其先七世二千石卿校。祖父侵，安帝時司隸校尉。父儒，桓帝時爲太常"。入魏之後，其子羊秘與司馬懿以佐命之功，行爵出禄，歷踐華階。羊續三子之中，長子秘，京兆太守；次子衜，上黨太守；三子耽，官太常，皆載於《三國志》和《晉書》。羊氏還與曹魏權臣司馬氏結爲姻戚，羊衜之女徽瑜，爲司馬師之妻；太常王肅與羊氏所生之女王元姬，爲文帝司馬昭之妻（文明皇后）、武帝司馬炎之母，羊氏受封平陽靖君。衜子、徽瑜之弟祜和耽子琇等於魏晉嬗代中功勳卓異，立傳晉史。耽子

① 《晉書》卷九三，《外戚傳·羊琇傳》，第 2410 頁。
② 《晉書》卷四三，《山濤傳》，第 1225 頁。
③ 《晉書》卷五一，《皇甫謐傳》，第 1415 頁。
④ 《晉書》卷二，《太祖文帝紀》，第 44 頁。
⑤ 《晉書》卷四，《孝惠帝紀》，第 89 頁。
⑥ 中國社會科學院考古研究所洛陽漢魏故城工作隊：《西晉帝陵勘察記》，《考古》1984 年 12 期，第 1096～1107 頁。

瑾、孫玄之一支聯姻皇室，寵遇甚厚。士族門閥累世顯貴，蟬聯政治成爲制度。

碑陰所刻爲羊瑾立碑頌德的故吏姓名，第二、三段各 19 人，餘段各 18 人，共 92 人。籍貫分佈，西達天水，東至渤海，而以中原士人爲主。碑陰刻故吏門生姓名現象，求之碑碣，始於東漢，若《永建五年食堂畫像題記》、《陽嘉殘碑》、《北海相景君碑》、《孔宙碑》、《孔彪碑》、《魯峻碑》、《張遷碑》。時爭標郡望講究門第，培植私黨形成風氣。三國兩晉踵襲跟進，若曹魏《上軍大將軍曹真殘碑》、《漢廬江太守範式碑》、西晉《南鄉太守郛休碑》。甚至國都太學所立《大晉龍興皇帝三臨辟雍皇太子又再蒞之盛德隆熙之頌碑》（現仍聳立於偃師市佃莊鎮東大郊村的太學遺址附近），碑陰刻學官太常、散騎，教職人員博士、助教、主事、司成以及學員的郡籍、姓名等，多達 400 餘人，可見風氣之盛。封建社會門閥專政，形成於這一時期。漢魏晉三朝，羊氏爲爪牙虎臣，門庭顯赫，歷代樹恩，門生攀援世族，故吏遍佈天下，士族積久不衰的政治文化權勢於是殘碑可見一斑。

圖一　西晋何楨墓表

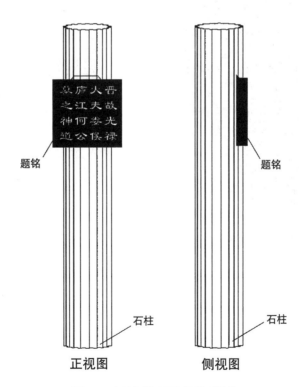

圖二　何楨墓表示安裝意圖

圖三　西晉羊瑾碑陰　　　　　　　圖四　西晉羊瑾碑

# 唐《李訓夫人王氏墓誌》關聯問題考析

拜根興[*]

《碑林集刊》第 10 輯（2004 年號）刊發了劉蓮芳女士《唐〈李訓夫人王氏墓誌〉考釋》一文，[①]對 2000 年出土於陝西省眉縣常興鎮磚場，現收藏於碑林博物館的唐《李訓夫人王氏墓誌》作了詳細的介紹，爲唐史研究者提供了新的資料，其襄助學術初創之功實不可沒。然而，仔細探討該墓誌，其蘊含的東西仍然不少。本文試作考析，並就教於諸師友方家。

## 一　關於王孝傑及其後裔

關於王孝傑其人事跡，《舊唐書》卷 93，《新唐書》卷 111 均立有傳，《資治通鑑》卷 205、卷 206 亦有記載。其事迹諸史書記載大同小異。不過，和當時其他著名將領傳記相比，特別是對其家世等方面的記載，王氏的傳記明顯簡略。

據《舊唐書》卷 93《王孝傑傳》、《新唐書》卷 111《王孝傑傳》載：王孝傑籍貫爲京兆新豐人，唐高宗末年隨工部尚書劉審禮討伐吐蕃，在大非川戰役中被吐蕃俘獲，後因長相酷似吐蕃贊普的父親，故而受到吐蕃上下的特別禮敬，數年間生活於吐蕃，最後因其他機緣返回唐境。武周長壽元年（692），武則天任命王孝傑爲武威軍總管，與左武衛大將軍阿史那忠節率軍討伐吐蕃，因王孝傑在吐蕃數載，深得吐蕃内情，最終完成收復龜茲、於闐、疏勒、碎葉四鎮重任，成爲武周時期開疆拓土的重要功臣之一。武則天對王孝傑大加贊賞，云："昔貞觀中具綖得此蕃城，其後西陲不守，並陷吐蕃。今既盡復於舊，邊境自然無事。孝杰建斯功效，竭此款誠，遂能裹足徒行，身與士卒齊力。如此忠懇，深是可嘉"，授予王孝傑左衛大將軍，不久遷拜夏官尚書，同鳳閣鸞臺三品，封清源男。證聖初年，王孝傑"坐與吐蕃戰敗免官"。

───────────

[*]　拜根興，陝西師範大學歷史文化學院教授。

①　文中所引王氏墓誌銘文，均見劉蓮芳《唐〈李訓夫人王氏墓誌〉考釋》中録文，《碑林集刊》第 10 輯，2004 年號。

萬歲通天元年（696），武周東北邊境形勢緊張，營州城傍契丹首領松漠都督李盡忠，與其妻兄嫣誠州刺史孫萬榮，因不堪忍受武周邊防官吏之凌辱，奮而率部起兵反叛。武則天先後派遣多名將領前往鎮壓，但均未能奏效。這樣，武則天"復詔孝傑白衣爲清邊道總管"，率領十八萬軍兵前往討伐。武周軍至"東峽石谷遇賊，道隘，虜甚衆，孝傑率精銳之士爲先鋒，且戰且前，及出谷，布方陣以悍賊"①。由於後軍總管蘇宏暉臨陣逃遁，王孝傑失去援助，在契丹優勢兵力的進攻下，這次武周軍隊也未能避免全軍覆没的命運，王孝傑墜崖谷而死。武則天追贈王孝傑爲夏官尚書，封耿國公，拜其子王無擇爲朝散大夫。工無擇開元中官至左驍衛將軍。就是説，王孝傑的兒子爲王無擇，其因父親的緣故拜爲朝散大夫，開元年間成爲一員武將。

但是，《李訓夫人王氏墓誌》（以下簡稱《墓誌》）云王氏"祖孝傑，皇兵部尚書，英靈誕中，鍾鼎傳業。父默，襲琅邪公"。可以看出，墓誌中提到上述大名鼎鼎的唐、武周名將王孝傑，而且王孝傑還曾被封爲琅邪公。同時，孝傑之子王默"不仕少歾，弓裘未就，詩禮云終"。就是説，王默祇是繼承了王孝傑的琅邪公封爵，並未擔當任何官職，而且年紀輕輕就病逝；墓主王氏"自幼偏罰，育於外氏，天生婦德，無忝家風，自然母儀，有爲人範"，即從小就被寄養在外家，直至出嫁。王氏的丈夫李訓，"與聖皇帝十葉孫也。"即李氏家族應當是李唐王室後裔。直到天寶年間，李氏家族仍然擁有"別業"。依據墓誌記載推測，似乎李氏家族別業規模還不是太小。王氏本人"閑閑内則，動必合儀；蕭蕭閨門，禮不逾節。"即她的行爲很符合當時社會對婦女的規範要求。因墓誌記載李訓開元二十二年（733）死於鴻臚寺丞之官舍，證明李氏生前最顯赫的官職當爲鴻臚寺丞；據史載，鴻臚寺置卿一人，從三品；少卿二人，從四品上；丞二人，從六品上。鴻臚寺丞"掌判寺事"②，屬中級官員。故墓誌題名"唐故鴻臚寺丞李府君夫人琅邪王氏墓誌銘並序"。

這裏存在以下幾個問題：其一，上述文獻史料記載王孝傑爲京兆新豐人，而墓誌並不認同這一點。其二，文獻史料載王孝傑先是被封爲清源男，死後追贈耿國公，而墓誌記爲琅邪公。其三，文獻史料記載王孝傑的兒子爲王無擇，王孝傑死後被拜爲朝散大夫，開元年間官至左驍衛將軍，而墓誌却記載王孝傑的兒子爲王默，繼襲王孝傑琅邪公封號，没有官任經歷，並很年輕就死亡。如何解釋文獻史料與新出土的墓誌金石資料之間的差異或不同？新發現的這方墓誌的價值到底如何？

首先，從墓誌記載看，墓主王氏天寶九載（750）遷化，終年65歲，其出生時間

① 上文中未注出處者，均採自《舊唐書》卷93《王孝傑傳》。
② （唐）李林甫等撰，陳仲夫點校《唐六典》第506頁，中華書局2005年版。

應爲垂拱元年（685）。王孝傑697年3月戰死於遼東東峽石谷，按照上述年齡推算，此時墓主王氏應是十二歲，應該是懂事的年齡。就是説，王氏理應對其家族淵源，即到底是出自京兆新豐，還是山東琅琊（也有可能是説其地望）有一定的認識。同時，作爲大名鼎鼎的大將軍王孝傑，他的孫女王氏對其祖父的情況也應該有所記憶。其次，上述文獻史料記載王孝傑的兒子爲王無擇，開元年間曾官至左驍衛將軍；而墓誌載王氏的父親王默並無官任，祇是承繼父親王孝杰琅琊公封號，並在王氏出生不久就捐棄人世。一般來説，在相距時間並不遠，一些當事人可能仍然健在的情況下，攀附或造假的可能性似乎不大。問題是王氏從小就長在外家，即"自幼偏罰，育於外氏"，從墓誌銘看似乎和王氏本宗已没有任何關係。王氏天寶十三載被安葬於"眉城三時原"，她與京城長安、東京洛陽可能的王氏本宗親戚來往似乎並不多。墓誌撰寫者爲墓主王氏的長子李侹，曾在唐右羽林軍中任長上果毅，如此，李侹對其母親的出自和家庭了解到底有多少，實在令人懷疑。再者，新、舊《唐書》的編纂雖然在該墓誌之後，但其完全是按照唐朝國史和實錄等政府文獻編寫的。如果是一個普通官員，政府文件中可能出現的錯誤似乎還有情可原，但王孝傑曲折傳奇的經歷，悲愴慘烈爲國捐軀，假若當時連他的出身和後代都没有記録或者記録錯誤，這是無論如何都説不過去的。那麼，如何解釋文獻史料與新發現金石墓誌間的差異？筆者以爲，一種可能是王孝傑有兩個或兩個以上的兒子，王無擇爲嗣子，不僅被拜爲朝散大夫，而且還可能繼承王孝傑的耿國公封號，而其他兒子則没有在正史中出現。與此相關聯，另一種可能王默是爲王孝傑庶子，王孝傑生前及亡後，除過所謂的"襲琅琊公"，加之早亡，與王氏本宗並没有更深的聯繫。第三種可能是，基於第二種可能之緣故，加之王氏父親早逝，她從小就寄養在舅家，她對祖父王孝傑似乎了解得並不多。王氏長子李侹操刀行文的墓誌，由於上述原因，他對外曾祖父王孝傑家族的了解可能會更少。雖然從墓誌銘文看，其叙事親情流溢、文采斐然，似乎並非出自一軍人武將之手，但在當時全社會重文風氣大氛圍之下，這並没有什麼特殊之處。如此，墓誌文中出現和現存文獻史料相牴牾的記載也就很好理解了。

　　墓誌文中載墓主夫君李訓"開廿二載，李公無憂卒於鴻臚丞之官舍"。王氏"守楚白之清規，脩梁寡之至行，育孤遺於别産，收失路於異性。復理敗業，再葺荒居，兒女並成，婚官皆畢。非夫人之至德，其孰能如此乎。"案：王氏天寶九載（750）年去世，終65歲，其夫開元二十二年（734）别世時王氏也已四十九歲了。而按照當時一般正常的婚育年齡（不包括再婚等），此時兒女至少已經二三十歲以上，故文中的"育孤遺"、"理敗業"明顯是溢美之辭。當然，這也符合兒子爲母親撰寫墓誌，不可避免地存在拔高脩飾的人之常情。

　　另外，墓誌文中紀年方式很值得注意。誌文中出現"開廿二載"、"開廿八載"，

"天寶初"、"天八載"、"天九載"、"十三載"紀年。首先，將唐玄宗的年號開元、天寶，簡寫爲"開"、"天"，據筆者查閲《唐代墓誌匯編續集》，發現天寶013、天寶021等墓誌也採用這種寫法。從掌握的史料看，未見唐朝官方有詔令或特制要求如此紀年，這種紀年在現存墓誌中也不普遍，因此，筆者認爲這可能反映了特定區域、特定時期的一種時尚，也可能是墓誌撰寫人行文習慣所致。其次，衆所周知，天寶二年起改年爲"載"，誌文中開元紀年也用"載"，而其他墓誌中將開元某年寫作開元某載者也不少，而且這種寫法一般都是出現在天寶中後期的墓誌銘上，應當是當時人習慣了寫"載"，故將開元年號也用"載"表示了。

總之，除過《舊唐書》、《新唐書》有王孝傑傳記外，現在可以看到的《全唐文》、《唐文拾遺》、《唐文續拾》，以及近年來出現的《唐代墓誌匯編續集》、《全唐文補遺》、《隋唐五代墓誌匯編》等書中，並未發現王孝傑其人墓誌銘方面的資料，而王孝傑家族關聯的間接資料亦很少見，王氏後裔金石墓誌史料也祇有這方《李訓夫人王氏墓誌》，故這方墓誌對著名王孝傑的研究提供了新的史料。對墓主王氏身世的探討，由於墓誌文記載不多，故祇能依據現有史料加以論考；至於這方墓誌，應該慎重研究。當然，生於史料所限，上述説法論點，祇是筆者根據現有史料所作的一些推證，相信會經得起時間的驗證的。

## 二　大雲寺及新羅和上

墓誌銘中提到墓主王氏，"天寶初，有大雲寺新羅和上者，崇啓道門。夫人禮謁，分誠回向，便爲上足，一心齋戒，十載住持。契不二之門，以寂滅爲樂；窮歸一之義，明色即是空。體性如如，喜怒不干於顏色；心神杳杳，憎愛無雜於言懷。豈可不以爲如蓮花不著水，居然有道者也。"顯然，上述史料可提供以下信息：其一，大雲寺新羅和上天寶初纔來到寺院，也就是說，其來寺院的時間在天寶五載前後。更因爲王氏天寶九載去世，墓誌銘中有"十載住持"句，雖然此處的"十載"極可能是虛指，但可推定新羅和上來寺時間在天寶元年或二年間。其二，新羅和上在大雲寺期間，王氏對其禮敬有加，而且矢志不移，十載如一日，當然，從另一側面可證明新羅和上在大雲寺駐錫時間不短。其三，新羅和上此後的踪跡，墓誌銘沒有涉及，現有史料也缺載。其四，此新羅和上能和信衆熟練交流，並受到相當的禮遇，可見其能靈活自如運用唐朝語言，精通佛典，應該是一位入唐時間較長，佛教修養扎實，在當時有一定名望的新羅僧侶。

關於大雲寺的起源，最早可追溯到武則天臨朝稱制之時。載初元年（690），"有沙門十人僞撰《大雲經》，表上之，盛言神皇受命之事。制頒於天下，令諸州各置大雲寺，總度僧千人。"① 對此，一些在朝大臣提出異議，岑長倩就是其中的一位。史載：
"和州浮屠上《大雲經》，著革命事，后喜，始詔天下立大雲寺。長倩争不可，由是與
諸武忤，罷爲武威道行軍大總管，征吐蕃。未至，召還，下獄。來俊臣脅誣長倩與輔
元、歐陽通數十族謀反，斬於市，五子同賜死，發暴先墓。睿宗立，追復官爵，備禮
改葬。"②《唐會要》則明確記云："天授元年十月二十九日，兩京及天下諸州，各置大
雲寺一所。"③ 就是說，武則天爲改朝換代尋找理論支撑點，《大雲經》頗受推崇，而
兩京及諸州所建的大雲寺，就是爲了供奉收藏所謂的《大雲經》④ 的。

既然詔令兩京及全國各州各建大雲經寺一所，那麼西京大雲寺的位置如何？據宋
人宋敏求《長安志》載："大雲經寺，本名光明寺。隋開皇四年，文帝爲沙門法經所
立。時有延興寺僧曇延，因隋文賜以蠟燭自然發焰，隋文奇之，將改所住寺爲光明寺。
曇延請更立寺以廣其教。時此寺未制名，因以名焉。武太后初，此寺沙門宣政進大雲
經，經中有女主之符，因改爲大雲經寺。遂令天下每州置一大雲經寺。此寺當中寶閣
崇百尺，時人謂之七寶臺寺。"元人駱天驤《類編長安志》卷五⑤有幾乎相同的記載，
該寺位於京師長安西市之南的懷遠坊。關於東都洛陽大雲經寺的位置，據徐松《唐兩
京城坊考》記載："大雲寺，本後魏净土寺。隋大業四年，自故城徙建陽門内。貞觀三
年（620），復徙此坊。天壽（按：應爲'天授'）二年改爲大雲，會昌中廢。"⑥ 對此，
西北大學李健超教授對"天寶初，有大雲寺新羅和上者"提出疑問，即"不知此大雲
寺是西京，還是如《唐會要》所載，天授年間各州所置？但《唐會要》已載開元二十
六年（738），大雲寺並改爲開元寺，何以天寶初仍有大雲寺呢？如果王氏墓誌所載之
大雲寺是岐州的，則關中西部當時亦有新羅和尚？待考。⑦"看來，關於岐州開元末以
後是否還有大雲寺，還存在一定的疑問。爲了説明此問題，有必要對岐州關聯事項作
一探討。岐州建州最早可追溯到北魏孝文帝在位期間。隋開皇在岐州設置岐陽宫，大
業三年罷州設立扶風郡；唐高祖武德元年再設岐州，直到肅宗至德元年纔改爲鳳翔
郡⑧。岐州位居關中左輔，初唐時代常常是王子兼領之州，如高宗之子李賢、李素節，

---

① 《舊唐書》卷 6《則天皇后本紀》。
② 《新唐書》卷 102《岑長倩傳》。
③ 《唐會要》卷 48《寺》。
④ 關於武則天與《大雲經》相關問題，可參日本學者矢吹慶輝《大雲經與武周革命》一文，收入
　　《三階教之研究》，岩波書店 1927 年版。
⑤ （元）駱天驤撰，黃永年點校《類編長安志》卷 5，中華書局 1990 年版。
⑥ （清）徐松撰，張穆校補《唐兩京城坊考》，中華書局 1985 年版。
⑦ （清）徐松撰，李建超增訂《增訂唐兩京城坊考》，三秦出版社 2006 年版。
⑧ （唐）李吉甫《元和郡縣志》卷 2，中華書局 1983 年版。

睿宗長子李憲、岐王李隆範等人，都做過岐州刺史。據《佛祖統記》卷40載："至德元載，……，詔沙門元皎，於鳳翔開元寺建藥師道場，忽會中生李樹四十九莖，皎等表賀，敕答曰：瑞李滋繁，國興之兆，生處伽藍之內，亦知覺樹之榮，感此殊祥，與師同慶。"[①] 如上所述，至德元載改岐州爲鳳翔郡，就是說，這里的鳳翔其實就是岐州。也就是說，岐州治所所在有開元寺存在。至於此開元寺和墓誌中提到的大雲寺是何關係：是岐州既有開元寺，也有大雲寺？還是當時不同階層人們對同一寺院，不同時期稱呼，依據自己的佛學理解習慣，做出因人而異的界定？因無其他史料佐證，無從進一步辨析。

同時，對於岐州大雲寺的位置，也未見有史料記載，檢索地方志資料，也沒有這方面的內容。祇是從上述武周政權新立詔旨看，岐州別立或者將已有寺院改爲大雲寺都是可能的，但筆者認爲大雲寺改名開元寺可能性更大。至於開元二十六年詔令改大雲寺爲開元寺，從此後大雲寺的存在情況看，當時詔敕執行的並不徹底。檢索大正新修《大藏經》，其中《宋高僧傳》中記載開元二十六年以後還存在的大雲寺就有如下：

### 《宋高僧傳》所見開元二十六年以後仍然存在的大雲寺

| 關聯僧侶 | 寺院所在州縣 | 存在年代 | 史料來源 | 備註 |
| --- | --- | --- | --- | --- |
| 神暄 | 江西婺州 | 元和年間（806~819） | 《宋高僧傳》卷20 | |
| 幽玄 | 浙江會稽 | 元和二年（807） | 《宋高僧傳》卷27 | 唐洪州寶歷寺幽玄傳 |
| 鴻楚 | 溫州 | 大順年間 | 《宋高僧傳》卷25 | 梁溫州大雲寺鴻楚傳 |
| 曇真 | 徐州 | 天寶年間？ | 《宋高僧傳》卷10 | 唐亳州安國院釋曇真傳 |
| 辨才 | 襄陽 | 天寶初年 | 《宋高僧傳》卷16 | 唐朔方龍興寺辨才傳 |
| 嚴峻 | 荊州 | 天寶初年 | 《宋高僧傳》卷14 | 唐洪州大明寺嚴峻傳 |
| 明覺 | 杭州 | 元和年間 | 《宋高僧傳》卷11 | 唐天目山千頃院明覺傳 |

在這裏，筆者祇統計了《宋高僧傳》的材料，相信同類關聯僧傳、史書的記載應當還會不少。單從上述統計來看，當時大雲寺仍然部分存在，特別是在南方地域。是否南方地域執行上述詔敕不力，或者因其他特定原因，進而導致衆多的大雲寺依然存在？這是應當認真探討的問題。

《墓誌》中提到的新羅和上，他的來龍去脈如何？也就是說，遙遠異域的新羅僧

---

① （宋）贊寧《宋高僧傳》卷24《唐鳳翔府開元寺元皎傳》中也有相類似的記載。

侶，基於什麼原因來到大唐，並駐留大雲寺，最終成爲四方信衆們信賴崇敬的和上①呢！據史書記載，唐朝建立之後，朝鮮半島三國高句麗、新羅、百濟紛紛遣使到長安，和唐朝建立關係，唐亦想通過和朝鮮半島三國建立關係，重新構築中國的天下秩序。從武德到貞觀前期，唐對朝鮮半島維持等距離交涉關係。然而，隨着貞觀十六年（642）朝鮮半島一系列事件的發生，特別是高句麗莫離支淵蓋蘇文當道，殺害高句麗王，頻繁進攻新羅，違背唐朝天下秩序理念，最終導致唐太宗親征高句麗。唐高宗即位後，逐漸形成新的對朝鮮半島的政策，660年唐朝聯合新羅滅亡百濟，668年高句麗也爲唐羅聯軍滅亡。此後，唐羅間展開了長達七年的戰爭。七世紀最後二十年，唐與朝鮮半島新主人新羅維持若即若離之關係②。但是，八世紀初葉，隨着渤海國的建立，唐羅關係再一次密切起來，這表現在官方使者册封、朝貢往來的頻度加大，入唐佛教僧侶人數的增多，民間人員來往的頻繁等。

筆者依據韓國史書《三國史記》一書，統計此一時期唐與新羅各種交往，其中新羅聖德王在位（703～737）的三十餘年間，派遣入唐使者四十次；孝成王在位（737～742）數年，遣使入唐兩次，唐遣册封等使入新羅三次；景德王在位（742～765）二十餘年，派遣入唐使者十一次，唐遣使入新羅册封等一次。而雙方文化交流主要體現在新羅僧侶束來學習佛教，以及留學生在唐國子監、太學、四門館修業等③。同時，我們現在了解的均是正史或相關史書記載的入唐僧侶，而現在沒有發現但以後可能出現的史料當不會少。總的來說，入唐的新羅僧侶主要可分爲三個層次：其一，入唐後專心佛典，在唐朝高僧大德的指導下學習，有的人參與例如玄奘、義净等人主持譯經等活動；其二，入唐後又繼續西上，和唐朝僧侶一起歷經艱險，赴印度取經，如慧超等人；其三，人數衆多在唐遊方巡禮的新羅僧侶。有的人學成後返回新羅，有的人沒有返回故鄉，終老於唐土④。上述墓誌銘中提到的新羅和上，可能正是新羅聖德王、孝成王、景德王在位期間⑤入唐的僧侶之一。檢索開元、天寶年間入唐，在長安寺院求法巡禮的

---

① 當然，"和上"和我們通常所説的"和尚"是有區別的。具體來説，上、尚二字古代雖通用，而古代將佛教僧侶稱爲和尚，而和上、大和上則指修道高深的師僧。單從稱呼上來講，這位新羅僧侶的修行和品德，在當時應該是值得稱道的。（日）真人元開著汪向榮校注《唐大和上東征傳》第33頁，中華書局2000年版。

② 以上論述可參拜根興《七世紀中葉唐與新羅關係研究》，中國社會科學出版社2003年版。

③ 關於新羅僧侶、留學生入唐修禪、學習情況，可參嚴耕望《新羅留唐學生與僧徒》，收入嚴氏著《唐史研究叢稿》，香港新亞研究所1969。陳景富《中韓關係一千年》，宗教文化出版社1999年版。

④ 參拜根興《七至十世紀初唐與新羅佛教文化交流述論》（未刊稿）。

⑤ 新羅聖德王（702～737）、孝成王（737～742）、景德王（742～765），相當於唐中宗、唐睿宗、唐玄宗、唐肅宗、唐代宗在位之時。

新羅僧侶人數不少，但同在長安、岐州兩地可能駐留的新羅僧侶，其可選人物並不多。中韓佛教交流研究專家陳景富教授作有"中韓佛教交流傳法、求法僧人一覽表"[①]，筆者採擷此一時期入唐新羅關聯僧侶，列表如下：

| 名稱 | 入唐時間 | 在長安或者岐州時間 | 史料來源 |
|---|---|---|---|
| 無著 | 716 年前 | 長安西明寺 | 《開元釋教録》 |
| 不可思議 | 716 | 師從善無畏，在長安、洛陽 | 《胎金血脈圖》 |
| 弘印 | 735 年前 | 善無畏的法嗣 | 《金胎兩法相承》，《胎金兩界血脈》 |
| 無相 | 726 | 在長安，成都 | 《宋高僧傳》卷 19 |
| 均亮 | 735 | 在長安會昌寺 | 《大唐青龍寺三朝供奉大德行狀》 |
| 玄超 | 735 年前 | 在長安保壽寺 | 《大唐青龍寺三朝供奉大德行狀》 |
| 無漏 | 742～756 | 安史之亂前後 | 《宋高僧傳》卷 21 |

上述諸人均有長期駐留長安的經歷，是否是他們中間有人曾前往岐州，在那里修行並普度衆生，度過一段美好的時光？他們是否就是墓誌銘中出現的"新羅和上"？或者另有新羅高僧大德，因時間的流逝，他們並未留美名於後世，但在當地却是家喻戶曉的聞人名家，不得而知！《唐李訓夫人王氏墓誌》中"新羅和上"的出現，爲研究者提供了新的資料。我們期待西安周圍更多和新羅僧侶關聯的金石墓誌資料出土，在解答我們的疑惑的同時，將他們的事跡公諸於世，讓更多的人了解他們爲唐與新羅文化交流所作出的貢獻。

**附録：**

### 唐故鴻臚寺丞李府君夫人琅琊王氏墓誌銘並序

夫人，琅琊王氏之令淑也。祖孝傑，皇兵部尚書，英靈誕才，鍾鼎傳業。父默，襲琅琊公，不仕，少歿。弓裘未就，詩禮雲終。夫人自幼偏罰，育於外氏，天生婦德，無忝家風，自然母儀，有爲人範，將適隴西李公。公諱訓，興聖皇帝十葉孫也。閑閑內則，動必合儀；肅肅閨門，禮不逾節。開廿二載，李公無狀卒於鴻臚丞之官舍。夫人守楚白之清規，修梁寡之至行，育孤遺於別産，收失路於異性。復理敗業，再葺荒居，兒女並成，婚官皆畢。非夫人之至德，其孰能如此乎。開廿八載，長子俀，從仕西京，徙居東洛，夫人就養，因家岐雍焉。後有次子侶，仕麟遊縣尉，小子伱，任龍

---

① 陳景富《心語無說》，三秦出版社 2005 年版。

栖別將。雖縣府卑職，而祿養及時，文武不墜，是夫人之母師也。天寶初，有大雲寺新羅和上者，崇啓道門。夫人禮謁，至誠迴向，便爲上足，一心齋戒，十載住持。契不二之門，以寂滅爲樂；窮歸一之義，明色即是空。體性如如，喜怒不干於顏色；心神杳杳，憎愛無雜于言懷。豈可不以爲如蓮花不著水，居然有道者也。天八載遘疾，天九載九月九日遷化於李氏岐山南之別業，時春秋六十有五。孤子倕等，屠心泣血，不滅性於終年；叩地號天，而安厝於遠日。以十三載五月廿五日權葬於眉城北三畤原下，禮也。立節立家，頗謂貞孝行已；成名成道，豈非榮樂終身。摧感五情，敬爲銘曰：

　　弈弈名家，俄俄令德。即笄既饋，有典有則。容止可觀，威儀不忒。春秋盛日，霜露移天。承家不墜，立志彌堅。其行也孝，其性也賢。悟道歸真，契玄虛室。無人無我，惟精惟一。卓矣平生，大哉終畢。宅兆既卜，蒿里將之。墳孤清渭，塋獨荒郿。其往如慕，其返如疑。人事已空，聲名未滅。幽明忽異，悲哀傷絶。叩地長辭，號天永訣。

　　嗣子前右羽林長上果毅倕文並書

2007. 7. 10 修改稿
2007. 7. 30 終稿

# 西安碑林藏明廖斌墓誌考釋

任　昉*

　　西安碑林博物館藏有一合 1960 年西安市東關古迹嶺出土的弘治二年（1489）二月
二十六日《明驃騎將軍陝西都指揮使廖公（斌）墓誌銘》。該墓誌最早載於《西安碑
林全集》①，接着載於《新中國出土墓誌》②，稍後的《西安碑林博物館藏碑刻總目提
要》亦曾著録③。誌主廖斌雖然算不上著名人物，在《明史》中也僅一見（詳見下
文），但墓誌保存較爲完整，文字殘缺不多，內容與邊疆史事有關，仍然值得研究。先
將釋文迻録如下：

　　　　［蓋文］
　　　　明驃騎將軍陝西都指揮使廖公墓誌銘
　　　　［誌文］
　　　　明驃騎將軍陝西都指揮使廖公墓誌銘
　　　　賜進士中奉大夫陝西布政使司左布政使新城韓文撰文
　　　　賜進士嘉議大夫陝西按察司按察使上饒婁謙篆蓋
　　　　賜進士亞中大夫陝西布政使司右參政邯鄲鄭銘書丹
　　　　弘治改元鞠月十有八日，驃騎將軍、陝西都指揮使廖公卒於靖虜官舍。□□
其孤禎奉公櫬東歸。卜明年二月二十有六日，葬咸寧鮑陂里先塋之次。□□奉紀
善湯潛狀詣予請曰：先君不幸不禄，脱得一言以銘其藏，則潛德不泯，沒猶生矣。
語既泣下。予哀其請，乃序而銘之。按狀：公諱斌，字廷璽，其先湖南巴陵人。

---

＊　　任昉，故宫博物院研究員。
①　高峽主編《西安碑林全集》第 11 函第 96 冊，廣州：廣東經濟出版社、深圳：海天出版社，1999
年，4861 頁。
②　中國文物研究所、陝西省古籍整理辦公室《新中國出土墓誌·陝西》［貳］，北京：文物出版社，
2003 年，上冊 354 頁（圖）、下冊 303～304 頁（文）。
③　陳忠凱、王其褘、李舉綱、岳紹輝編著《西安碑林博物館藏碑刻總目提要》，北京：綫裝書局，
2006 年，133 頁。

曾祖泰安，元季以功授通州衛百戶。祖信，襲職積功，陞威海衛指揮僉事，□西
安後衛。父通，襲職，抱韜略，為時驍將。母秦氏。公智勇過人。天順庚辰，襲
父□選軍政。辛巳，達賊寇靖虜，公襄元戎，追出境，蒙上賞。壬午甘州，成化
丙戌寧夏，並操備，在在有聲。擢陝西都司署都指揮僉事，握定邊營總，益感激
奮迅，與賊連年拒戰，斬級數多，遂實授前職。戊戌，調岷州，從大司馬平番，
破栗林等三族。進陞都指揮同知，得貤恩三代，封母為太夫人，妻孫氏為夫人。
癸卯，公奉敕守備靖虜，軍威震疊，恩義兼至，士卒歸心。每賊入寇，奮勇先驅，
賊潰，數遁去。丁未冬，虜衆深入。公發兵分據要害，賊受挫，撲殺無算。朝廷
賜金綺，薦陞今職。戊申，賊複入。公死戰數十合，賊大敗績，無噍類以返。捷
上聞，報功之命未下，而公疾不起，聞者莫不傷悼。寔生正統丙辰夏七月五日，
享年五十有三。子男四：長禎、次祥，孫所出；次福，側室吳出；次祺，朱出。
女六：長冊封為秦王妃，次誥封鎮國將軍夫人，餘在室。嗚呼！公以將門之冑，
屢樹奇勳，名著西鎮，慶流後裔。方古名將，豈多讓哉！故既敘其事，又繫以銘。
銘曰：

桓桓虎臣，孔武軒特。擘策運謀，殫心罄力。揮掃天戈，制勝誰敵。破虜平
番，獻俘斬馘。褒賞成功，歷遷雄職。威振邊陲，姻聯貴戚。滿擬永年，捍衛王
國。胡為星殞，撩人悲惻。鮑陂之原，先塋之側。水繞山環，堂封四尺。我銘其
藏，過者必式。


按：墓誌前列撰文、篆蓋、書丹人名。其中，撰文"韓文"，《明史》卷一八六有
傳，但先稱韓文爲"洪洞人"，又云："弘治改元，王恕以文久淹，用爲山東左參政。
居二年，用倪岳薦，擢雲南左布政使。"與誌載韓文爲"新城"人，"弘治改元"之初
官"陝西布政使司左布政使"完全不合。同書《藝文四》記韓文著有《質庵集》，四
卷。該集後經洪洞縣知縣喬因羽編輯，改名《韓忠定公集》，亦四卷①。但《四庫全
書》② 和《四庫全書存目叢書》③ 均未收錄。僅中國國家圖書館藏有明崇禎間喬因羽編
輯重印本四冊。據該集卷一何喬宇撰韓文傳記、楊一清撰韓文墓誌及韓文歷官階品，
還有該集卷三韓文所撰自傳，該集所見韓文籍貫及歷官與《明史》記載相同。而且，
其中未收本墓誌。足見此韓文並非彼韓文。據此，本墓誌應屬孤本，更爲難得和可貴。

---

① 按：《山西通志》卷九〇名宦八平陽府條云："喬因羽，陝西耀州人，萬曆八年以進士任洪洞縣知
縣。"知喬因羽是因曾任洪洞縣知縣，才編輯《韓忠定公集》的。這也說明，韓文爲洪洞縣人無
疑。
② 臺灣商務印書館《文淵閣四庫全書》，臺北：商務印書館，1982～1986 年。
③ 四庫全書存目叢書編纂委員會《四庫全書存目叢書》，濟南：齊魯書社，1997 年。

篆蓋"婁謙",《明史》不載,《明一統志》卷五一廣信府人物類有傳,原文爲:"上饒人,成化初進士,任御史,陞副使,嘗督兩畿、陝西學政,以躬行實踐爲教,士類風動。"清倄《江西通志》卷八六人物志廣信府條、清修《陝西通志》卷五二名宦類監司條大致沿襲。與誌載基本吻合。書丹"鄭銘",《明史》無傳,事迹散見,如卷一五九《陳鑑傳》云:"英宗即位之三月,擢右副都御史,與都督同知鄭銘鎮守陝西。"與誌載亦基本吻合。此三人應均爲誌主廖斌的陝西同僚。

誌文開始即交代誌主驃騎將軍、陝西都指揮使廖斌系於弘治元年(1488)九月("蘜"同"菊","菊月"即九月)十八日"卒於靖虜官舍",弘治二年(1489)二月二十六日"葬咸寧鮑陂里先塋之次"。據《明史·職官一》勳官條:"驃騎將軍",正二品。據同書《職官五》都司條:"都指揮使",正二品。據同書《地理三》陝西條:"靖虜",衛名,正統二年置。故地在今甘肅靖遠縣。"咸寧",縣名,屬西安府。故地在今陝西長安縣。誌文接記作者受請撰誌的經過,誌主的名字、原籍及任職時間,誌主曾祖、祖父、父母的姓名、任職及事略。據此可知:誌主廖斌字廷璽,原爲湖南巴陵人。自曾祖以降,均隷籍衛所,屬於軍人世家。至祖父遷西安後衛,父親襲職,遂成陝西土著。廖斌系天順庚辰(四年,1460),承襲父親之職,開始戎馬生涯的。誌稱廖斌"生正統丙辰(元年,1436)"。據此順推,廖斌承襲父職,年僅二十五歲。

明代所謂"陝西",與今概念不同,版圖實際甚廣。《明史·地理三》陝西條云:"《禹貢》雍、梁二州之域。……東至華陰(今陝西華陰縣),南至紫陽(今陝西紫陽縣),北至河套(包括今陝西北部、甘肅東部及内蒙、寧夏南部),西至肅州(今甘肅酒泉縣)。"推測應包括今陝西全境,内蒙、寧夏南部,甘肅中、東部,青海東部等廣大地區。同條接云:"外爲邊地。"應指陝西西北邊境之外均屬邊地。同書卷三三〇《西域二·西番諸衛附西寧河州洮州岷州等番族諸衛傳》云:"時爲陝西患者,有三大寇:一河套,一松山,一青海。"河套見前。松山,前引《地理三》陝西條莊浪衛注云:"東有大松山。其北有小松山。"莊浪衛故地在今甘肅永登縣;大、小松山在今甘肅皋蘭縣西北、永登縣東北。青海,前引《地理三》陝西條西寧衛注云:"西有西海,亦名卑禾羌海,俗呼青海。"即今青海湖。按:此處所謂河套、松山、青海三大寇,原本多指瓦剌①、韃靼②及其別部。此二族最初彼此雠殺,勢力互爲消長,爲禍尚不甚烈;

---

① 關於瓦剌由來,參閱白翠琴《瓦剌史》,桂林:廣西師範大學出版社,2006年。

② 關於韃靼淵源,參閱王國維《韃靼考》,《觀堂集林》(外二種)卷一四,石家莊:河北教育出版社,2003年,321~344頁;又,張久和《原蒙古人的歷史:室韋—達怛研究》,北京:高等教育出版社,1998年。

自天順（1457～1464）間，韃靼有阿羅出者，率部潛入河套，逼近延綏，邊事始棘①。同書卷三二七《外國八·韃靼傳》云："朝廷稱也先爲瓦剌可汗。未幾，（也先）爲所部阿剌知院所殺。韃靼部長孛來復攻破阿剌，求脫脫不花子麻兒可兒立之，號小王子。阿剌死，而孛來與其屬毛裏孩等皆雄視部中，于於韃靼復熾。"② 其事亦在天順間。廖斌承襲父職伊始，即遭逢"韃靼復熾"。可以説，廖斌一生，多在與韃靼的戰爭中度過。

誌云："（天順）辛巳（五年，1461），達賊寇靖虜，公襄元戎，追出境，蒙上賞。"此處"達"即指韃靼，"賊"即指其部長孛來。"靖虜"，衛名，已見前述。"元戎"，應指都督馮宗等。按：《明史》卷三二七《外國八·韃靼傳》云："（天順）五年春，寇入平虜城，誘指揮許顒等人伏，殺之。邊報日亟，命侍郎白圭、都御史王竑往視師。秋，孛來求款，帝使詹昇齎敕往諭。孛來遣使隨昇來貢，請改大同舊貢道，而由陝西蘭藍入，許之。未幾，復糾其屬毛裏孩等入河西。"據此記載，天順五年孛來凡二次入侵：第一次爲春季，地點在平虜。但平虜爲城名，故地當在今寧夏固原一帶，位于靖虜東南三百餘里，恐非廖斌襄助元戎追討孛來之地。第二次爲秋季，地點在河西。此次入侵，同書《英宗後紀》天順五年條亦有記載，但時間在夏末，云："六月丙子，孛來寇河西，官軍敗績。……七月……戊午，都督馮宗充總兵官，禦寇於河西，兵部侍郎白圭、副都御史王竑參贊軍務。辛酉，孛來上書乞和。"繫時不同，係計算有差異，不足爲怪。但所謂河西，地域甚廣，究竟包括哪些地方呢？明韓雍《襄毅文集》卷一三《明故嘉議大夫都察院右副都御史芮公（釗）行狀》記芮釗於天順元年爲甘肅巡撫，云："辛巳（天順五年），虜酋孛來悉衆寇涼州。公提兵突入涼州，嚴守備，與虜相持，時出奇兵戰虜，或踐踏虜營，斬獲甚衆。虜驚懼不敢近，復分其部落寇莊浪、甘、肅諸處，道路梗塞，人情憂疑。公隨機應變，分兵剿襲，所向克捷，虜輒遁走。"據此可知：此次孛來入侵河西，係先攻涼州（今武威），因不得逞，才分兵東南寇莊浪，西北寇甘（今張掖）、肅（今酒泉）。其中，東南寇莊浪，《明史》有載。該書卷一七二《白圭傳》云："（天順）四年召爲兵部右侍郎。明年，孛來寇莊浪。"又卷一七七《王竑傳》云："天順五年，孛來寇莊浪，都督馮宗等出討。"莊浪，衛名，已見前述。莊浪衛位於靖虜西北二百餘里。孛來東南寇莊浪，獲勝則必定再寇靖虜。廖斌襄助元戎追討孛來應屬此役。

誌云："（天順）壬午（六年，1462）甘州，成化丙戌（二年，1466）寧夏，並操

---

① 參閱鄧之誠《瓦剌與韃靼》，《中華二千年史》卷五上，北京：中華書局，1988 年重印本，39～53 頁。

② 另參張顯清、林金樹《明代政治史》下冊，桂林：廣西師範大學出版社，2003 年，893～894 頁。

備，在在有聲。擢陝西都司署都指揮僉事，握定邊營總，益感激奮迅，與賊連年拒戰，斬級數多，遂實授前職。"據《明史·地理三》陝西條："甘州"，衛名。故地在今甘肅張掖市。"寧夏"，衛名。故地在今寧夏靈武縣。"定邊"，營名。故地在今陝西定邊縣。據同書《職官五》都司條："都指揮僉事"，正三品。又總兵司條："鎮守延綏總兵官一人，舊設，駐鎮城。協守副總兵一人。"注云："定邊右副總兵，嘉靖四十一年添設，分守安定、鎮靜等處，提調大牆及牆口等處。"然據誌文，似成化初定邊營已有副總兵。"實授前職"指由"署都指揮僉事"正授"都指揮僉事"。按：前述天順五年孛來第二次入侵，實際上直至天順六年三月才結束。如：《明史》卷一七二《白圭傳》云："（天順六年）圭與都御史王竑贊都督馮宗軍務，分兵巡邊。圭敗之（孛來）固原州。"又卷一七七《王竑傳》云："用李賢薦，起竑故官，與兵部侍郎白圭參贊軍務。明年（天順六年）正月，竑與宗擊退孛來於紅崖子川。"又卷三二七《外國八·韃靼傳》云："明年（天順六年）春，圭等分巡西邊，圭遇敵於固原川，竑遇敵於紅崖子川，皆破之。帝賜璽書獎勵，敕孛來使臣，仍從大同入貢。"又同書《英宗後紀》天順六年條云："三月癸丑，召馮宗等還。"此役之後，邊境獲得一段時間的平靜。如前引《明故嘉議大夫都察院右副都御史芮公（釗）行狀》接云："（此役之後）凡虜出沒諸處，幾一載而城守無虞，兵威不挫，虜卒氣索奔北，致數千里之境廓然清寧。"初，此役尚在進行時，明王朝已注意到西北邊防需要軍馬。如《明史·英宗後紀》天順五年條云："十月壬申，以西邊用兵，令河南、山西、陝西士民納馬者予冠帶。"① 此役之後，明王朝則更加強了邊兵的訓練和邊境的防守。誌文所云天順六年甘州，成化二年寧夏，並"操備"，均系指此而言。廖琟因在甘州、寧夏主持邊兵的訓練和邊境的防守，"在在有聲"，得以陞遷陝西都司署都指揮僉事，並握定邊營總。然而成化二年之後，延綏又開始多事。明程敏政《明文衡》卷九〇、同氏《新安文獻志》卷七六均載劉翊《大明故資德大夫正治上卿南京致仕兵部尚書兼大理寺卿贈太子少保諡襄毅程公（信）墓誌銘》成化二年紀事有云："諜報孛來聚衆欲入寇，公自率師巡邊營於境外者凡三月，得風濕之疾自此始。"此事《明史》卷一七二《程信傳》雖然不載，但同書《憲宗紀》成化二年條云："六月……壬子，楊信爲平虜將軍，充總兵官，太監裴當監督軍務，禦寇延綏。"同書卷三二七《外國八·韃靼傳》云："（成化）二年夏，大入延綏。帝命楊信充總兵官，都督趙勝爲副，率京軍及諸邊卒二萬人討之。信先以議事赴闕，未至。敵散掠平涼，入靈州及固原，長驅寇靜寧、隆德諸處。冬，復入延綏，參將湯胤績戰死。"可以印證。此後，據同傳記載，韃靼幾乎年年都有入侵延綏之舉。

① 參閱羅豐《明代陝西苑馬寺》，《西北民族論叢》第 1 輯，北京：中國社會科學出版社，2002 年，146 ~ 190 頁。

定邊附屬延綏。誌文謂廖斌握定邊營總後，感激奮迅，與賊連年拒戰，斬級數多，應系指此一系列戰爭而言。廖斌"實授前職"，由"署都指揮僉事"正授"都指揮僉事"，亦系因此之故。

誌云："（成化）戊戌（十四年，1478），調岷州，從大司馬平番，破栗林等三族。進陞都指揮同知，得貤恩三代，封母爲太夫人，妻孫氏爲夫人。"據《明史·地理三》陝西條："岷州"，衛名，洪武四年正月初置爲所，十一年七月陞爲衛。故地在今甘肅岷縣。據同書《職官五》都司條："都指揮同知"，從二品。"大司馬"指余子俊。"番"指西番，"栗林"屬西番中之熟番。按：同書卷三三〇《西域二·西番諸衛附西寧河州洮州岷州等番族諸衛傳》開頭即云："西番，即西羌，族種最多，自陝西歷四川、雲南西徼外皆是。其散處河、湟、洮、岷間者，爲中國患尤劇。漢趙充國、張奐、段頴，唐哥舒翰，宋王韶之所經營，皆此地也。元封駙馬章古爲寧濮郡王，鎮西寧，於河州設吐番宣慰司，以洮、岷、黎、雅諸州隸之，統治番衆。"又云："（成化）五年（1469），巡按江孟綸言：'岷州番寇縱橫，村堡爲虛。頃令指揮後泰與其弟通反覆開示，生番忍藏、佔藏等三十餘族酋長百六十餘人，熟番栗林等二十四族酋長九十一人，轉相告語，悔過來歸，且還被掠人畜，願供徭賦。殺牛告天，誓不再犯。已令副使李玘從宜賞勞，宣示朝廷恩威，皆歡躍而去。惟熟番綠園一族怙惡不服。'兵部言：'番性無常，朝撫夕叛，未可弛備。請諭邊臣，嚮化者加意撫綏，犯順者克期剿滅。'帝納其言。"可見西番爲中國邊患，由來已久。惟此次明王朝破西番栗林等三族事，同書《憲宗紀》成化十四年條不載。而同書卷一七八《余子俊傳》謂子俊於賢德成化十二年移撫陝西，十三年召爲兵部尚書，其間"岷州栗林羌爲寇，子俊潛師設伏擊走之"。所繫時間亦與誌載不合。但應以誌載時間爲準。

誌云："（成化）癸卯（十九年，1483），公奉敕守備靖虜，軍威震疊，恩義兼至，士卒歸心。每賊入寇，奮勇先驅，賊潰，數遁去。丁未（二十三年，1487）冬，虜衆深入。公發兵分據要害，賊受挫，撲殺無算。朝廷賜金綺，薦陞今職。（弘治）戊申（元年，1488），賊復入。公死戰數十合，賊大敗績，無噍類以返。捷上聞，報功之命未下，而公疾不起，聞者莫不傷悼。""靖虜"，衛名，已見前述。"賊"、"虜"均應指小王子。"今職"指前文所記驃騎將軍、陝西都指揮使，已見前述。按：成化十九年至弘治元年，史傳未見小王子直接入侵靖虜的記載。《明史·憲宗紀》成化二十一年條云："是冬，小王子犯蘭州、莊浪、鎮番、涼州。"又二十二年條云："秋七月，小王子犯甘州，指揮姚英等戰死。"同書《孝宗紀》弘治元年條云："三月……乙亥，小王子寇蘭州，都指揮廖斌擊敗之。"最後一條記載所見"廖斌"，無疑就是誌主"廖斌"。據誌主字"廷璽"，只能釋"斌"，而不能釋"斌"，知"斌"應爲"斌"之誤①。據此推測：此數年間，小王子並非直接入侵靖虜，而是入侵靖虜周邊地區。

誌文接記廖斌生辰、卒年，妻妾、子女及婚配等，此處不贊。

按：明王朝一直以陝西控製西域，陝西形勢惡化，西域交通難免受阻。綜觀明代陝西形勢，可分二個階段：弘治元年（1488）以前爲一個階段，其時對前述"三大寇"尚能進攻；弘治二年（1489）以後爲一個階段，對前述"三大寇"基本只能防守。《明史》卷二二《王崇古傳》記嘉靖（1522～1566）末年陝西形勢云："（韃靼）吉囊子吉能據河套，爲西陲諸部長，別部賓兔駐牧大、小松山，南擾河、湟番族，環四鎮皆寇。"可爲弘治二年以後陝西形勢真實寫照。此外，從明王朝與中亞撒馬兒罕的帖木兒王朝的交通也能感受這種變化。我們知道：洪武至成化間，明王朝與中亞撒馬兒罕的帖木兒王朝，都一直保持西域陸路交通，曾使古老的絲綢之路呈現一派繁榮景象。但弘治二年以後，帖木兒王朝與明王朝交通，突然不走西域陸路，而改走南洋海路了②。這一變化，恐怕與陝西形勢惡化和西域交通受阻有關。誌主廖斌任陝西邊將近三十年，熟悉陝西及西域事務，銘文所謂"捍衛王國"、"威振邊陲"，應該不是謬譽。廖斌之卒，恰在前述二個階段之間，應該引起我們重視。雖然不能説廖斌之卒，直接道致陝西形勢惡化和西域交通受阻，但對陝西形勢和西域交通不利，是可以想見的。

---

① 關於古人名、字關係，參閱任昉《〈洛陽新獲墓誌〉釋文補正》，《故宮博物院院刊》2001 年第
　　5 期，38～46 頁。
② 參閱張文德《明對帖木兒朝的外交政策》，《明與帖木兒王朝關係史研究》，北京：中華書局，
　　2006 年，27～56 頁。

# 唐代後期宦官世家考略

## ——讀唐吳德鄘及妻、女等墓誌

景亞鵬*

《西安碑林博物館新藏墓誌匯編》（下文簡稱《匯編》）一書已出版面世，收錄1980至2006年間博物館徵集之墓誌381方，大多首次披露。其中唐代宦官墓誌有近20餘方，且新收錄宦官一家三口人的墓誌："吳德鄘墓誌"、"吳德鄘妻趙氏墓誌"、"吳德鄘女濮陽郡吳夫人墓誌"。聯繫之前曾公佈過的吳德鄘子《吳全續墓誌》①、孫《吳承泌墓誌》②，此五方墓誌對宦官的爲官等情況有個較爲詳盡的敘述。以此吳門爲一例證，唐朝後期近百年的宦官世家情形躍然紙上。此組墓誌記錄吳門六代九位宦官，其成員兩《唐書》均無傳，從其世系、官職、生活等方面，亦可折射出唐朝後期世家宦官的權力及地位，更能補史佐史，因予披露並附考釋。誌文如下：

### 《吳德鄘墓誌》

二十世紀八十年代出土，1990年入藏西安碑林博物館。誌文39行，滿行39字，楷書。誌石呈正方形，誌石及蓋邊長均75釐米。蓋題：唐故行內侍省內常侍兼內謁者監致仕吳公墓誌，5行，行4字，篆書。誌石四側飾十二生肖圖案。蓋題四邊飾牡丹紋，四殺飾四神圖案。

誌文：

> 唐故銀青光祿大夫行內侍省內常侍兼內謁者監致仕上柱國濮陽郡開國公食邑二千戶賜紫金魚袋吳公墓誌銘並序
>
> 嶽聳曾霄，陂澄瑩月。秀峻望不可極，浩淼測不知涯。生稟其象者，惟公得

---

\* 景亞鵬，西安碑林博物館研究館員。

① 《全唐文補遺》第2輯。

② 《金石萃編》卷218，《古誌石華》卷24。

之。公姓吳氏，其先京兆人也。曾祖守恭，皇興元元從定難功臣、守內侍、贈右監門衛將軍，歷荊魏益三鎮監軍使。祖希晏，皇內府令，歷內養分護富平鎮戎馬。烈考士偓，皇內僕令。翊侍禁闈，周踐華貫。服朱綬，佩銀魚，歷閤門使，任交趾、浮陽兩鎮監軍使。咸以積善承家，閨門襲慶，朱紫煥耀，繼代傳芳。公諱德鄘，字遵衆，襟靈涵泳，宇量瀳深。獨運鵬翼，摩霄重霄。介然不群，作範丹墀。洎元和中筮仕，則迴出人表，以詩禮業聞。首膺選命，蒙賜綵綬，留侍玉墀，職號庫家，即躡雲路之基。始也，長在九天之側，雅稱一人之旨，獨制授將仕郎、行掖庭局宮教博士。未暮歲，轉徵事郎。十五年，憲后鼎成上昇，瀝懇請從仙馭。事君之道，可謂備矣。長慶中，就園陵，轉朝議郎，以旌忠孝之行。及敬宗登臨大寶，搜訪憲祖舊人，遠捧紫泥之命，薦侍皇闈之任。以絲桐之妙，別承恩遇，以蚤夜之勤，轉朝散大夫。會文皇御極初年，受莊宅使、將軍齊公辟請充內孔目，旋又左神策護軍、開府韋公輆請充軍孔目，兩從嘉招，一心奉事。以文墨副知，聲華振茂。四年，蒙恩遷宮闈丞、兼拜內養。玉立寒風，松鮮素雪。表儀禁署，咸謂稱職焉。周旋踰紀，靡不踐更。或監遣戎賓，或慰安悖亂，勳效顯稱，轉朝請大夫。會昌中，轉中散大夫，尋改命婦院判官。未移寒燠，轉內省勾官。屬宣宗乘龍出震，採拾遺才，大中元年，改宮闈丞。其年遷內僕令。二年十二月，因對歘賜緋魚袋，充殿前高班、兼轉太中大夫。四年十二月遷通議大夫。布綸旨於藩宣，敷睿澤於戎壘。遠抵絕塞，殄掃黨羌。周載成功，遷掖庭令。六年七月拜閤門使。導公卿之進退，審朝見之威儀。矜嚴得禮，動止有規。儼然而人望畏之，咸曰冠映於前古。七年五月蒙賜紫綬金龜，除監嶺南節度兵馬兼市舶使。泉貨山積，犀象雲集。以清己居公，通簡莅下。蕃賈臻湊，遠至邇安。或遣戍用御鄰夷，或摧寇以寧邊地。四年二月增封開國子，用酬致理之效也。歲滿來朝，其年七月拜鹽坊使，八月轉教坊使，十二月拜□盈庫使，皆重難司署，剖斷如流。明年正月加供奉官，遷內弓箭庫使。恩注愈厚，毗倚益大，克嚴器局，振揚官方，吏不敢欺，人受其惠。十三年加銀青階，增封侯邑。屬聖人撫□之初，超拜內常侍。十四年五月除監劍南西川節度兵馬。寵寄攸重，讌餞行車。撫臨而令舉風生，葉贊而契同魚水。訓齊有備，邊鄙無虞。進封濮陽縣開國公，食邑一千五百戶。咸通四年正月改監荊南節度兵馬。居常乃□會之方，適值征蠻之際，張展謀猷，淬練師旅，運儲遣卒，備機製艘。或自方圓，或出己俸。綏懷所至，人方告勞。功用既聞於朝聽，優詔屢降於列藩。奉特制封濮陽郡開國公，食邑二千戶。五等貴爵，累命封崇；三品峻階，八承恩叙。咸因事效，史冊著明。七年正月移監宣武軍節度兵馬。奔屆所部，布宣皇澤。吐論而無匪至公，啓言而曾未及己。將吏欣仰其監臨，戎帥歡心於共理。未易月，以舊疾發動，表請尋醫。趨朝不逮，告老明庭。上軫念再三，然聽所欲。躡疏傅之高蹤，繼祁奚之盛躅。道安脫屣，志樂掛冠。會親友於林園，覺無塵束之譏；迎翁伯於家庭，得申榮養之禮。攄釋襟慮，放曠情田。方荷半祿之私，自喜全身之美。俄以藥石相惡，救治不瘳，伏於枕蓐。未踰旬日，八年二月三日，奄然薨狀於來庭里之私第，享年六十有九。先娶夫人天水趙氏，令淑有聞，奄先即世。後娶雁門郡文氏，泣血銜哀，迷悶數四。令弟德應等，以痛連手足，悲斷鴈行。哀慟摧切，涕泗泛瀾。嗣子全續、全略、全紹、全正、全綑等，想趨庭之訓絕，仰慈愛之兩亡。號天叩地，五情分崩，殆不支任，有以見其天性。其年八月十八日葬於萬年縣滻川鄉先塋之內，禮也。慮陵谷之推遷，刻貞珉之是紀。以□久依門宇，勒述令猷，詞實荒蕪，不盡休烈。悽感恩顧，謹為銘曰：

天生濮陽，為時英瑞。光煥才業，敏默詞智。五紀寵榮，兩朝近侍。忠節奉君，清 廉 臨 人。列國封崇，珥貂金紫。道高掛冕，志安脫屣。沐浴堯風，遽同閟水。彼蒼者天，何昧□□。

## 《吳德郇妻趙氏墓誌》

1990 年西安市東郊田家灣出土，同年入藏西安碑林博物館。誌文 28 行，滿行 28 字，楷書。誌石呈正方形，邊長 61 釐米。四側飾十二生肖圖案。蓋佚失。

誌文：

唐 □南監軍使銀青光禄大夫行内常侍賜紫金魚袋吳德郇妻天水郡趙夫人墓誌銘並序

鄉貢進士柳鳳撰

洎庖犧帝統三才，畫八卦，質文迤異，墳籍事興。改結繩以就契書，更朴素而飾繢藻。雖今古綿邈，而百代可知。大凡立德立言，紀功紀事，非祖述不可追往躅，非金石不可示悠久。夫人天水郡趙氏，故遊擊將軍、守右率府右中郎將、上柱國、賜緋魚袋慶之長女也。夫崏巖峻麗，則產□璿，漢浦澄深，乃孕珠貝。亦猶家慕義而忠孝生，世崇禮而賢和出。夫人生於禮義之家，而忠孝賢和，得於內訓。自鄉黨有譽，乃戚里傳 聲。蘭蕙幽而馨香外聞，松筠勁而雪霜內操。以其禮有移天之製，爰及初笄，遂納贄問名，歸於濮陽公吳氏。一奉蘋藻，四十春秋。始則託葛藟於青松，終乃會鸞鳳於丹穴。枯榮守節，揭厲隨宜。或捧君家之令，則怡聲順色，蚤夜無違；或撫嬌幼之情，則酙用甘酸，親疏莫間。過但歸已，善輒稱人。少則婦順，為眾所推；長則母儀，為眾所敬。未嘗少失規矩，俾 中外有言。豈唯作範家牒，抑可垂光史册。噫。藥石針艾，前賢所留，於夫人小疾不瘳，則生世何託。又天理福善，亦何昧耶。以咸通癸未歲夏六月十七日終於京兆府萬年縣來庭里之私第，享年五十有七。於是盥沐焚香，齋容肅位。召左右曰：夫萬品脩短，各有其分。吾於生死，苟無惑焉。唯我所天掌國命，監撫藩維，恨不得面訣存没，永謝幽明。長吁數聲，復以遺言誡令諸子。丁寧碩淚，掩然告終。有子六人：長曰全續，朝散大夫、行内侍省内府局令、員外置同正員、上柱國，賜緋魚袋。次全略。次全紹，儒林郎、行内侍省内僕局丞、員外置同正員、上柱國。次全泰、全正、全綱等。皆宿承庭訓，孝養有方。咸誓百身，購我慈愛。淚盡繼血，終負孝心。銜哀茹荼，忍死號慟。嗚呼。生有所養，没有所安。卜兆考時，就其玄空。以其年十一月十四日葬於萬年縣滻川鄉南姚村。刻石紀事，垂於遠圖。以為銘曰：

擇日筮時，拓土分疆。卜萬年縣，在滻川鄉。禁城曉開，靈輿東出。九族有慕，六子如失。素滻滔滔，皇居巍巍。千祀千祀，右之左之。日慘松□，風悲薤露。玄壤遂安，幽封永固。

## 《濮陽郡吴夫人墓誌》

1988 年西安東郊韓森寨出土，同年入藏西安碑林博物館。誌文 22 行，滿行 21 字，楷書。誌石並蓋均長 59、寬 58 釐米。蓋題：大唐故吴夫人墓誌銘，3 行，行 3 字，篆書。誌石四側飾獸首人身十二生肖圖案。誌蓋呈覆斗形，四殺飾四神及卷雲紋圖案。誌文：

大唐故濮陽郡吴夫人墓誌銘並序
文林郎前行襄州宜城縣丞王逢撰
河南郡呼延奉璋書
天有四時日月，未窮於次紀者，不為卒歲；人生百年，短折不永於善門者，亦謂終天。夫人姓吴氏，其先濮陽人也。父德廓，見任劍南西川監軍使。出於外族趙氏。夫人幼承母訓，行備閨門，四德在中，禮全内則。五音得蔡女之妙，七戒習曹氏之風。婉茂柔和，道光闐闥。婦德婦工之旨，雅自天然；寧神孝敬之心，動諧維睦。粤秦晉而協嘉偶，謂鳳凰以可和鳴。乃適東平吕氏。爰自覬德，凡十有二年。敬以奉姑，順以和衆。處乎婦道，皆盡誠敬。宜鍾福祐，以及光榮。孰謂疾生，療而彌甚。夫常侍，仕教坊使紫服，兼供奉官，清白之禄，宜乎偕老。天奪令淑，不其痛歟。以咸通二年八月十八日寢疾終於大寧里之私第，享年二十有四。有子二人：長曰嗣積，次曰嗣稠。哀備喪事，誠敬無虧。擇得其年十一月二日，安厝於萬年縣洪固鄉，從先舅姑之塋，禮也。以其懿德昭彰，紀於貞石。銘曰：

> 彼蒼者天，殲我好逑。肅慎之 [止]，桃李其柔。薜華何促，大咎來道。將歸厚夜，先附松楸。朝露已散，浮雲早收。古木蕭蕭，荒阡悠悠。邈彼涯川，不返其流。水滸之右，夫人之丘。一閉泉壙，千古以休。

## 一　家族世系情況

司馬光曾把唐代宦官勢力的發展過程劃分爲四個階段："宦官之禍，始於明皇，盛於肅、代，成於德宗，極於昭宗。"[1] 吳德鄘家族的五方墓誌，從曾祖吳守恭在唐德宗朝作宦官，至其孫吳承泌的唐昭宗朝，基本上能反映宦官"成於德宗，極於昭宗"這唐代宦官勢力發展最後兩個階段的生存情況。

從《吳德鄘墓誌》得知："公姓吳氏，其先京兆人也。曾祖守恭，皇興元元從定難功臣、守內侍、贈右監門衛將軍，歷荊魏益三鎮監軍使。""祖希晏，皇內府令，歷內養分護富平鎮戎馬。""烈考士偘，皇內僕令。翊侍禁闈，周踐華貫。服朱綬，佩銀魚，歷閤門使，任交趾、浮陽兩鎮監軍使。"其曾祖、祖父、父親均爲宦官，此吳門無疑是一個典型的宦官家族。

吳德鄘本人的宦官生涯記述頗詳，且爲官過程較爲順暢。

唐憲宗朝初入仕，相繼任將仕郎、行掖庭局宮教博士、徵事郎等職。後經唐穆宗、唐敬宗、唐文宗、唐武宗、唐宣宗、直至唐懿宗"咸通四年（863）正月改監荊南節度兵馬。……奉特製封濮陽郡開國公，食邑二千户。五等貴爵。七年（866）正月移監宣武軍節度兵馬。"可據吳德鄘夫妻墓誌得知，"令弟德應等"，未説明其弟任何職。但《資治通鑒·唐紀六十六》咸通四年八月記載："敕以閤門使吳德應等爲館驛使"，胡三省注云："唐中世置閤門使，以宦者爲之。……大曆十四年，兩京以御史一人知館驛，號館驛使。"從時間、身份上推測，此處的吳德應極可能正是誌主吳德鄘之弟。有子：全續、全略、全紹、全正、全絪等。其妻墓誌明確六子，其中吳全泰列爲四子。有可能夫人趙氏有子六人，吳德鄘續弦文氏亦有養子。其中長子吳全續，"朝散大夫、行內侍省內府局令、員外置同正員、上柱國、賜緋魚袋"。三子吳全紹，"儒林郎、行內侍省內僕局丞、員外置同正員、上柱國。"未言有女。從《濮陽郡吳夫人墓誌》已知，其最少有女一人。且其女"乃適東平吕氏。……夫常侍，仕教坊使、紫服、兼供奉官。"

① 《資治通鑒·唐紀七十九》，中華書局，1987 年 4 月版。

此婚配習俗也符合唐時宦官之間互相聯姻的狀況。

從《吳全續墓誌》、《吳承泌墓誌》得知：吳全續"鹽州監軍使、正議大夫、行內侍省府局令、員外置同正員、上柱國、賜紫金魚袋"，"嗣子四人：長曰彥方，文林郎、行內侍省掖庭局宮教博士……。次曰彥球，登仕郎、行內侍省掖庭局宮教博士、上柱國、賜綠。……次曰彥釗，次曰彥及。"吳承泌乃吳德鄘三子吳全紹之子也，"內樞密使、特進左領軍衛上將軍、知內侍省事、上柱國、濮陽郡開國侯、食邑一千户"，有三子：吳脩辭、吳脩睦、吳脩禮。

吳德鄘一門七代，除其重孫董任職情況不明外，從吳守恭到吳承泌，六代皆爲上層宦官，在朝中具有較高的政治地位。此吳門家族也是一個被史籍遺載的宦官家族，家庭成員正史無傳，唯其他文獻對其有片言只語的記載，吳德鄘的爲官長達五十餘年之久。

附：吳德鄘家族世系圖表：

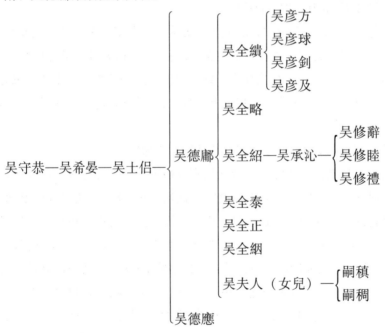

吳承泌有一弟吳知象，一侄吳恕己。

## 二　家族爲官情況

唐代宗"宦人不復典兵"[1]，從而一度中斷了宦官典領禁軍的局面。自唐德宗即位，

---

[1]《新唐書·宦者》卷220，中華書局，1975年2月版。

後經順宗、憲宗、穆宗、敬宗、文宗、武宗、宣宗、懿宗、僖宗諸朝，直至唐昭宗統治時期，唐代的宦官專權發展到登峰造極的地步。此支吳門六代（或七代）的宦官任職正好處於此階段。

曾祖吳守恭，皇興元元從定難功臣、守內侍、贈右監門衛將軍、歷荊魏益三鎮監軍使。

"元從"一詞有如此記載：《舊唐書·德宗紀》，興元元年（784）四月壬寅，"詔奉天隨從將士，並賜號'元從功臣'"①。吳守恭應是此時所賜的"元從定難功臣"之一。內侍省，唐代宦官供職機構，皆用宦者。有內侍四人，內常侍六人，內給事八人，內謁者監六人。以內侍爲之長，官居從四品下。統領掖庭、宮闈、奚官、內僕、內府、內坊等六局。右監門衛將軍，禁軍將領。唐龍朔二年（662）分左、右，各以大將軍一人統之，掌宮門禁衛及門籍。按唐朝慣例，宦官得寵多授左右監門衛將軍。"贈"，受寵倖的上層宦官死後，如同高級文武官員一樣，可以享受贈官的殊榮。大宦官高力士死後即贈揚州大都督。監軍使，唐代宦官所擔任的重要軍事使職。唐中葉以後，朝廷不信任將帥，常派遣內廷宦官爲監軍，出監節率。

祖吳希晏，皇內府令，歷內養分護富平鎮戎馬。以宦官身份掌管皇室倉庫等職。

烈考吳士侚，皇內僕令。……服朱綬，佩銀魚。任交趾、浮陽兩鎮監軍使。

府君之曾祖、烈考均身爲監軍使，掌有重要的軍事權。

德宗朝時，宦官取得了京師神策軍的指揮權，並越來越得力地被派往地方政府中充當皇帝的代表——監軍使。德宗擴大監軍使的活動範圍，不僅僅讓他們充當觀察員，還使他們成爲皇帝和藩鎮之間在一切政務方面，甚至在某些行政活動方面關鍵的聯絡代表。更重要的是皇帝任命新節度，常常是他們與地方駐軍直接協商後方決定人選。實權之顯赫可見一斑。

吳德鄘之任職：

1. 唐憲宗時"洎元和中筮仕，……獨制授將仕郎、行掖庭局宮教博士。未朞歲，轉徵事郎"。吳德鄘唐憲宗元和年間始入仕途。曾擔任文散官最末一等，品階爲從九品下的將仕郎，正八品下的朝議郎。並在內侍省掖庭局任負責教習宮人書、算、衆藝的宮教博士，從九品下。

2. 唐穆宗長慶（821～824）中，"就園陵，轉朝議郎"。仍任文散官朝議郎。

3. 唐敬宗時，"轉朝散大夫"。文散官，從五品下。

4. 唐文宗："會文皇御極初年，受莊宅使、將軍齊公辟請充內孔目，旋又左神策護軍、開府韋公輟請充軍孔目，兩從嘉招，一心奉事。以文墨副知，聲華振茂。四年

---

① 《舊唐書·德宗紀》卷12，中華書局，1975年5月版。

（830），蒙恩遷宮闈丞、兼拜内養。……轉朝請大夫。”擔任管理兩京地區官府掌握的莊田、磨房、店鋪、菜園、車坊等産業的莊宅使官。躋身唐中央禁軍左神策護軍。左右神策軍各有大將軍一人，正二品；統軍二人，正三品；將軍四人，從三品。還任掌文書簿記圖籍孔目官，文墨侍從官府掌草文翰的文墨副知。隨之在内侍省宮闈局任從八品下的宮闈丞，掌侍奉、出入管鑰之事，任文散官從五品上朝請大夫。

5. 唐武宗會昌（841～846）中，“轉中散大夫，尋改命婦院判官。未移寒燠，轉内省勾官”。任參與議論政事的散官中散大夫，並任宮禁内命婦院判官、内省勾官。

6. 唐宣宗“大中元年，改宮闈丞。其年遷内僕令。二年十二月，因對勠賜緋魚袋，充殿前高班、兼轉太中大夫。四年十二月遷通議大夫。……遷掖庭令。六年七月拜閤門使。……七年五月蒙賜紫綬金龜，除監嶺南節度兵馬兼市舶使。……九年二月增封開國子，……其年七月拜氈坊使，八月轉教坊使，十二月拜□盈庫使，……明年正月加供奉官，遷内弓箭庫使。……十三年加銀青階，增封侯邑。屬聖人撫口之初，超拜内常侍。十四年五月除監劍南西川節度兵馬。……進封濮陽縣開國公，食邑一千五百户。”

宣宗朝是吴德鄘大展宏圖、官運亨通的時期。短短十餘年間，先後從從八品下的宮闈丞，正八品下内僕令，繼而賜緋魚袋，成爲四、五品的文武官員，皇帝親軍殿前高班，從四品上文散官太中大夫。正四品下的通議大夫，並遷從七品下掖庭令。掌供奉朝會，贊引親王、宰相、百官、蕃客朝見辭的合門使。監嶺南節度兵馬兼市舶使，唐代於廣州設置市舶使，掌管外來船舶税收貿易事宜，加官封爵爲開國子。唐時封爵分爲親王、郡王、國公、開國郡公、開國縣公、開國縣侯、開國縣伯、開國縣子、開國縣男凡九等，每等各有相應的食邑封户和階品。還擔任掌宮内織氈毯之事的氈坊使，禁中内教坊教習音樂的教坊使，收納錢帛布絲等物於内庫的大盈庫使等職。繼任内弓箭庫使，掌管内庫兵器的保管調發事務。宮内弓箭庫，亦或受敕出遣，傳宣詔命，權任頗重，位在除中尉、樞密、宣徽等使外其他内諸司使之上。文散官從三品階的銀青光禄大夫，封爵爲開國縣侯。内常侍，内侍省的主要官員，掌通判省事，唐時有六人，正五品下。宣宗末年還監管一定的兵權。再次封爵爲開國縣公，由第八等封爵晉昇爲第五等。

此時記録一事，可佐史。誌文大中四年，“……遠抵絶塞，殄掃黨羌”。《新唐書》，“宣宗大中四年，内掠邠、寧，詔鳳翔李業、河東李拭合節度兵討之，宰相白敏中爲都統。帝出近苑，或以竹一個植舍外，見才尺許，遠且百步，帝屬二矢曰：‘黨羌窮寇，仍歲暴吾鄙，今我約：射竹中則彼當自亡，不中，我且索天下兵翦之，終不以此賊遺子孫。’左右注目，帝一發竹分，矢徹諸外，左右呼萬歲。不閲月，羌果破殄，餘種竄南山。”①

7. 唐懿宗“咸通四年正月改監荆南節度兵馬。……奉特制封濮陽郡開國公，食邑二千户。五等貴爵。……七年正月移監宣武軍節度兵馬”。封爵昇至開國郡公，第四等，連昇“五等貴爵”。“咸通四年正月改監荆南節度兵馬……適值征蠻之際”，此事件歷史上亦有記載，《資治通鑒·唐紀六十六》懿宗咸通三年十二月“南詔率群蠻寇南安”，“都護蔡襲告急，敕發荆南、湖南兩道兵二千……受鄭愚節度”。四年春正月“南詔陷交趾……”雙方戰争很是激烈。史書中未提到荆南節度兵馬吴德鄘之名，誌文“張展謀猷，淬練師旅，運儲遣卒，備檝制艘。或自方圓，或出己俸。綏懷所至，人方告勞。功用既聞於朝聽，優詔屢降於列藩。”亦可能有夸大之嫌，但從事後“奉特製封濮陽郡開國公，食邑二千户”來看，想必也是立有汗馬功勞的。

**吴德鄘家族六代九位宦官的官號情况表**

| 宦官姓名 | 任職時間 | 使職 | 散階 | 内侍省内供奉職 | 勛轉 | 封爵及食邑 | 章服 | 贈官 |
|---|---|---|---|---|---|---|---|---|
| 吴守恭 | 唐德宗 | 監軍使 | | 内侍 | | | | 右監門衛將軍（正三品） |
| 吴希晏 | | 監軍使 | 朝議郎 | 内府令 | 上柱國（視正二品） | | 賜緑 | |
| 吴士倡 | | 閤門使<br>監軍使 | 正議大夫（正四品上） | 内僕令（正八品下） | 上柱國 | 縣開國男（食邑 300 户） | 緋魚袋 | |
| 吴德鄘 | 唐憲宗 | | 將仕郎<br>徵事郎 | 宫教博士（從九品下） | | | | |
| | 唐穆宗 | | 朝議郎 | | | | | |
| | 唐敬宗 | | 朝散大夫（從五品下） | | | | | |

① 《新唐書·西域上》卷 237，中華書局，1975 年 2 月版。

| 宦官姓名 | 任職時間 | 使職 | 散階 | 內侍省內供奉職 | 勳轉 | 封爵及食邑 | 章服 | 贈官 |
|---|---|---|---|---|---|---|---|---|
| | 唐文宗 | 莊宅使 | 左神策護軍（從三品）朝請大夫（從五品上） | 宮闈丞（從八品下） | | | | |
| | 唐武宗 | | 中散大夫（正五品上） | | | | | |
| | 唐宣宗 | 閣門使 市舶使 氈坊使 教坊使 大盈庫使 內弓箭庫使 監劍南西川節度兵馬 | 太中大夫（從四品上）通議大夫（正四品下）銀青階（從三品） | 宮闈丞 內僕令 掖庭令（從七品下）內常侍（正五品下） | | 開國子開國縣公（食邑1500戶） | 緋魚袋 | |
| | 唐懿宗 | 監荊南節度兵馬 監宣武軍節度兵馬 | | | 上柱國 | 郡開國公（食邑2000戶） | 紫金魚袋 | |
| 吳德應 | 唐德宗 | 閣門使 館驛使 | | | | | | |
| 吳全纘 | 唐宣宗 唐懿宗 | 鹽州監軍使 | 正議大夫 | 行內府局令員外置同正員 | 上柱國 | | 紫金魚袋 | |
| 吳彥方 | | | 文林郎 | 宮教博士 | | | 賜綠 | |
| 吳彥球 | | | 仕郎 | 宮教博士 | 上柱國 | | 賜綠 | |
| 吳承泌 | 唐昭宗 | 內樞密使 | | | 上柱國 | 郡開國侯（食邑1000戶實封100戶） | | |

## 三　宦官生活情況

中國宦官制度自産生至滅亡，前後延續了數千年之久，它是中國封建君主專制制度的派生物，在許多方面具有不同於世界其他國家的獨特印記。宦官，是指古代在宫廷内侍奉君主及其家族的官員，一般由男性經過閹割後失去性能力的中性人充任，屬於一種特殊的人群。《匯編》所收録墓誌近四百方，宦官僅佔其中一少部分，但縱觀其生活歷程不難發現，他們除在任職機構方面有所差異外，事業、家庭等方面有着常人一樣的追求和向往。

《匯編》所録墓誌對墓誌之功效有恰當的叙及，晚唐《青陟霞妻萬氏墓誌》："夫以銘誌者，録生前之行狀，紀没後之年庚，本乎得姓之源，究其授封之始，乃雕貞石昭宣者焉。"宋《李德威墓誌》："人之壽終，古有葬，葬有記，所以論叙先代祖宗德行，明着後人。或文於碑，或銘於誌。古今之通製也。"宦官和普通人墓誌銘在形式上是一致的，通常也都記載着誌主的祖先、配偶、子女及自身經歷等情况。有時還記有其兄弟，通過對這些記載的分析研究，就可以搞清唐代宦官家庭結構的基本情况以及與當時普通家庭的同異。以《吳德鄘墓誌》爲例，不僅記載了其曾祖、祖、烈考等，對其養子、妻子的情况均有記載。誌主吳德鄘在自己的事業上也是兢兢業業，努力拼搏。從憲宗元和年入仕以來，歷經七代皇帝，爲官時間長達五十餘年。從起初的將仕郎（從九品下，唐製文散官的最末階）、掖庭局宫教博士，一直晉昇爲銀青光禄大夫、行内侍省内常侍兼内謁者監致仕、上柱國（勛官，視正二品，唐制勛官最高轉）、濮陽郡開國公（爵位，四等）、食邑二千户、賜紫金魚袋。

誌文反映了宦官的養子情况。唐朝宦官養子之風愈演愈烈，從國初的"不得養子"，繼而"許養一子"，再繼而宦官之間諸多養子或養女聯姻，形成"枝派蟬聯"的局面。唐後期之宦官世家，就是以此爲基礎一步一步發展而來的。[①]

墓誌還記載了吳德鄘的前妻天水趙氏，及其續弦雁門郡文氏的情况。這些記載對我們了解唐代宦官的家庭結構將很有價值。無獨有偶，其子《吳全續墓誌》亦有如此記載，先娶夫人李氏，續娶夫人劉氏。這都説明宦官家庭盡管無夫妻生活之實，也會和普通人家一樣，在妻子亡故後，也存在續弦的現象。這種畸形社會現象的存在，生

---

① 參閱陳仲安《唐代後期的宦官世家》，《唐史學會論文集》，陝西人民出版社，1986 年 9 月版。杜文玉《唐代宦官世家考述》，《陝西師範大學學報（哲學社會科學版）》，1998 年 6 月第 27 卷第 2 期。景亞鸝《略談唐代的宦官及宦官制度——從梁守謙"功德銘""墓誌銘"説起》，《碑林集刊》（六），2000 年版。

動反映了宦官的特殊心理。

唐代上層宦官之間的聯姻關係十分普遍，此組墓誌亦有反映。吳德鄘之養女濮陽郡吳夫人，嫁與東平呂氏宦官，想必呂氏也是呂姓宦官之養子吧。這不僅僅是一個社會問題，實際上是唐代政治一個側面的反映。上、中層宦官家族通過婚姻建立的這種關係，使得他們之間"枝派蟬聯"，盤根錯節，形成了家族集團，從而使其結成了政治聯盟關係，對唐代的社會政治帶來了極大的影響。唐後期南衙朝官與北司宦官之間的政治鬥爭，往往以南衙失敗而告終，原因固然很多，但宦官家族之間這種聯姻關係的存在也是一個非常重要的因素。此外，也會使宦官們在政治上相互提携，經濟上互相關照。唐代宦官家族能够世代延續、長期生存，這恐怕也是一個不可忽視的原因吧。

從石刻資料記載看，宦官之妻的封號有國夫人、郡夫人、郡君、縣君、太君等之分。宦官之妻所獲封號的尊卑，通常是由其夫權勢和地位的高低決定，其封號通常以其得姓之地取名，這也是唐朝固有的制度，此組墓誌也有反映。吳德鄘之妻被封爲"天水郡趙夫人"，之女被封爲"濮陽郡吳夫人"。

墓誌還可獲知一些信息。

唐代的宦官對配偶亦有一定的要求。

重視門第。誌文炫耀妻族門第如何高貴顯赫，是這種擇偶觀念的反映。如吳德鄘妻"天水郡趙氏，故遊擊將軍、守右率府右中郎將、上柱國、賜緋魚袋慶之長女也"。吳德鄘女"夫人姓吳氏，其先濮陽人也。父德鄘，見任劍南西川監軍使"。

重視女方的德行賢淑。如吳德鄘之妻"令淑有聞"，"生於禮義之家，而忠孝賢和，得於內訓。自鄉黨有譽，乃戚里傳聲。蘭蕙幽而馨香外聞，松筠勁而雪霜內操。""少則婦順，爲衆所推；長則母儀，爲衆所敬。……豈唯作範家牒，抑可垂光史册。"之女"幼承母訓，行備閨門，四德在中，禮全內則。五音得蔡女之妙，七戒習曹氏之風。婉茂柔和，道光闈閫。婦德婦工之旨，雅自天然；寧神孝敬之心，動諧維睦。""敬以奉姑，順以和衆。處乎婦道，皆盡誠敬。"

唐代宦官娶妻選擇年輕女子。如吳德鄘妻"爰及初笄，遂納摯問名，歸於濮陽公吳氏"，未明言具體年齡，但可據"一奉蘋藻，四十春秋"，"享年五十有七"推算，其出嫁年齡乃十七歲。且方可盤發插笄，剛剛成年，正是青春少女。其女"爰自覯德，凡十有二年。""享年二十有四"，出嫁時年僅十二歲。

宦官也有家族宅第、墓地。吳德鄘"薨於來庭里之私第"，"葬於萬年縣滻川鄉先塋之內"，其妻"終於京兆府萬年縣來庭里之私第"，"葬於萬年縣滻川鄉南姚村"，其子"薨於上都來庭坊，即今之私第也"，"窆於京兆府萬年縣滻川鄉南姚村，祔皇父母之宅"，其孫"葬於京兆府萬年縣滻川鄉北姚村"。

宦官能發展爲世家是有一定歷史背景的。其原因固然較爲複雜，但在"不孝有三，無後爲大”的傳統宗法觀念壓力下，隨着政治與經濟地位的變化，便開始力圖改變這種狀況恐怕是其中不可或缺的一個因素。宦官娶妻雖無夫妻之間的男女之實，却可以得到有家有妻的滿足感。宦官娶妻養子不僅是爲了滿足有妻有家的願望，同時也想與其他正常男性一樣傳宗接代，使已經獲得的政治地位和財産能得以繼承。剖析宦官的人生歷程，不難悟出宦官通常都具有强烈的自卑心理，唯恐自己有什麼地方不如正常男性，所以他們除了養子外還要養女。凡是朝官擁有的特權，他們也都同樣力爭擁有。如封妻蔭子，承襲爵位，參與決策，控制軍權，兼併土地，營建府宅等，無不全力爭取。唐代宦官婚姻的穩定性、合法性和普遍性是構成唐時宦官世家的先決因素。

　　總之，此組墓誌對唐代後期宦官世家的研究具有重要的價值。此文旨在披露新資料，以期爲從事此研究的學者提供更多的綫索。漏誤之處，敬祈斧正。

唐《濮陽郡吳夫人墓誌》誌蓋拓本

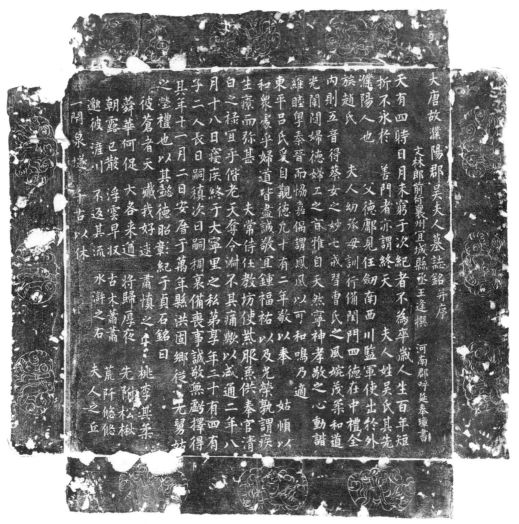

唐《濮陽郡吳夫人墓誌》拓本

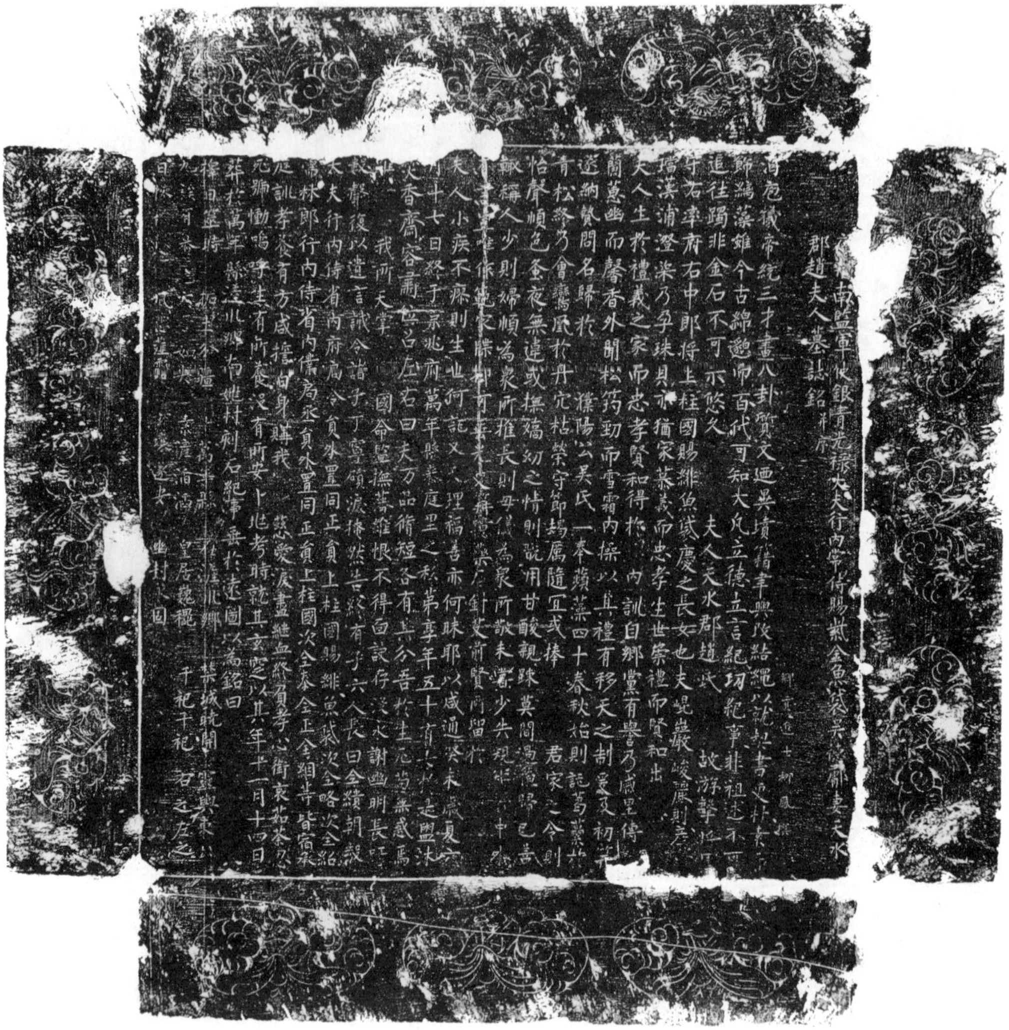

唐《吴德鄘妻趙氏墓誌》拓本

唐《吳德鄘墓誌》誌蓋拓本

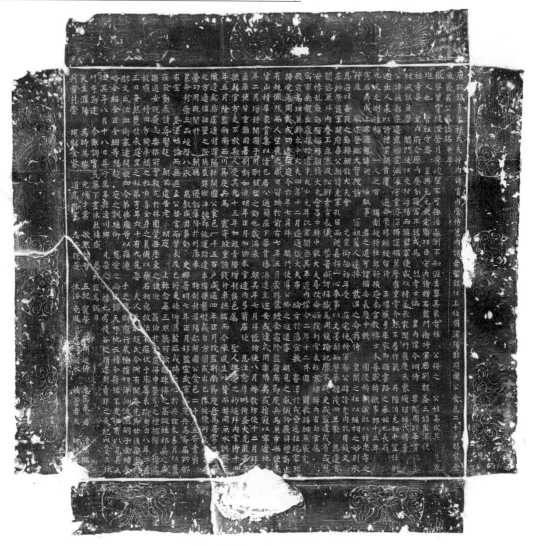

唐《吳德鄘墓誌》拓本

# 《王洛客墓誌》考

黃清發*

《王洛客墓誌》是近年發表的唐代著名詩人王之渙家族中極爲重要的一方墓誌，記載了王洛客家世、科考、仕宦、文學與著述情況及其與王勃的交往，對於更進一步了解王之渙家族有很重要的意義，值得認真研究，故草成此文，錯誤之處，尚冀方家賜正。

## 一　家世考補

《王洛客墓誌》，全名《大唐正議大夫試大著作上柱國太原王君墓誌銘並序》，馬克麾撰，崔處信書，墓誌完整。墓誌拓本發表於《書法叢刊》2002 年第 3 期，又見於北京大學圖書館、香港中文大學文物館合編《中國古代碑帖拓本》第 105 頁（2001 年版），二拓系同出一源。誌文楷書，四十三行，行四十二字，拓本縱 128 釐米、橫 131.5 釐米，墓誌爲新出原石，拓本爲現代初拓。墓誌出土時地未詳，原石現藏香港中文大學文物館。墓誌爲王之渙家族提供了新的資料，爲討論之方便，據拓本錄文如下：

> 大唐正議大夫試大著作上柱國太原王君墓誌銘並序
> 正議大夫試秘書丞上輕車都尉扶風馬克麾撰
> 君諱洛客，字炅，太原祁人也。昔靈擁川閟，吹鸞伊洛，王子則三年上賓，漢宮流血，駐馬闕（？）外；王生則一日千里，□是水，士登魏昶，拔臺司淮海，殄吳渾驍武，將大矣哉。太原王氏于今為天下冠族者。君之門冑，代則有人。曾祖傑，隋任徐州刺史。海岱惟徐，蒙羽其藝；聲潤浮磬，德光蠙珠。載三公之車，上以耆篤；露朝廷之服，詔揚君子。祖信，皇朝任蒲州安邑縣令。三異有童子之仁，百里非大賢之路。宮寧不用，唇齒云亡；閔叔薄游，口腹無

---
\* 黃清發，上海交通大學副教授。

累。俄遷太學博士。馮獨不坐，義高於說經；當代言詩，無出於漢者。父表，皇朝丹州、汾川、瀛州、文安等歷四縣令。夜星不戴，堂琴自鳴。遷河汾之賓，行滄瀛之郡。豈惟外戶不閉，浚儀生祠；盛德在人，弘農死祭而已。君即文安之第六子也。幼而多敏，弱不好弄，撫塵兒戲，司隸動容，如月之初，郡守驚對。五歲便受詩禮，誦數萬言。八歲能屬文，十一通經史。班固之七歲能文，楊□之九齡言易，方君之慧，彼獨何□。時有同郡王子安者，文場之宗匠也。力拔今古，氣覃詩學。吮其潤者，浮天而涸流；聞其風者，搏扶而飆起。君常與其朋遊焉，不應州郡賓命，乃同隱於黃頰山谷，後又遊白鹿山。每以松壑遁雲，樵歌捫月，□行山溜乳精，蘇門長嘯，有松石意，無宦遊情。至儀鳳年，屬帝道文明，海內貞觀，求材而理，野無遺賢。爰下明制，使中書侍郎河東薛元超求遺材於天下，君乃迫時命而應徵焉。從下筆成章舉，解褐敕授許州長社尉充定襄軍管記。戎書露檄，皆君之詞，□幕之賓，君□稱最。雖復袁宏倚馬，未速臨戎機事；王粲鳴雖，徒佞從軍苦樂，方君莫如也。以軍功敕授蒲州桑泉尉，秩滿選授雍州雲陽尉。永昌年應大禮舉，授合宮尉。又應器均卓魯科，敕授左臺監察御史。豈惟貴戚斂手，則亦□訶□角。登封年，恩授朝散大夫。以母憂去職，骨立有聞，杖而後起。俄丁父憂，苴麻是擗，幾筵增慕，雖苦由有過而笙歌切切。服闋，授中散大夫行并州司兵。神龍年宣勞使舉應□高位下科，墨制授長寧府記室。簫鳳聞曲，常把秦樓歌舞；白雁蓄池，尤富梁園詞學。豈惟背淮千里，更得□湯滕臣者也。俄試大著作郎，仍借魚袋。若乃著作之稱，大儒是修，張華以司空而領，陳壽以佐郎遷達，則惟父子典校，更得鳳凰將臨，以君參之，實耀邦冊。君二在郎局，四載不遷。當漢武時，不遇同乎顏駟；讀汲黯傳，以宦慚乎司馬。雖復□池說賦，大□車迎，帝錄增撰，承天已者。嗚呼哀哉！以延和元年五月十五日遘疾終於洛陽之遵教里私第，春秋六十。四部分作，□有煩乎李充；十典未成，忽延悲乎子暢。君牆巇□仞，風潭自色；崖谷曠□，湖島寬量。霜利甌劍，潤□和精；口筆成鋒，韻恭為敬。其學也，溟渤浩漾，□蓬萊沸海；其鑒也，湯泉瞳曨，而扶柯洗日；系詞處，易巽為天，風出誥雅，□滄浩秋水。事親以孝，寒苔而悲；□弟以慈，冬裘為愛。猶復潛著韜略，暗合孫吳。往在并州，常慨虜郭有塵，胡沙風海，遂著《軍要》千篇，以示天兵，中軍大使南陽公張亶公覽而行焉。雖天子納侯，應之謀公卿，賴揚雄之冊□何以過也。君在長寧府，時公主奢僭，窮極邸第，乃上《西亭賦》以諷，公主納焉。君又深洞法門，探心佛海，究涅槃於常樂，證金剛為不壞。每居喪□寂，嘗誦金剛波若數萬遍，豈止禪僧頂識，有倍殘年；名流傳讀，郁煩江左而已。君平日風懷，尤重文詠娛樂。君朋花鳥，秋當水石，閑夜坐琴，涼天愛酒，何嘗不體物成興，緣情而作。志有所務，□月為之告勞；精□所專，溟荒以之□命。凡所著述成卅卷。君又雅尚居處，氣深園塾；通澗入庭，□湄周舍；雜樹紛布，繁花亂飛。豈期上天不吊，此□而逝。子猷□宗，竹樹仍存；子敬祠筵，人琴俱盡。嗚呼哀哉！夫人博陵郡君崔氏，北州著姓，西晉冠冕。如鷹有族，□□而歸；琴瑟以和，詩騷起詠。存郝夫人之德，行鍾夫人之禮。嗚呼！嚶春桃李，未始穠華；龍門之桐，先半生死。景雲二年十二月嬰疾而終，遂權殯於城傍（應為"旁"）之近原。君□惟□夜，遺□仍在。爾容不睹，空照南端明月；佳人難再，終合北邙墳土。以今先天元年十月十三日合葬於河南之北原，禮也。爾其成周□都，□續疆次；洛陽生中，河南帝城。豈止晉臣冢塋，西瞻宮闕；高陵四五，南望河山而已哉。嗣子之恒，哀疚增裂，羸瘠□潰；血淚有聲，水漿不入，猶以為毀不滅性，霜露有零，廬於墓側，丘陵或變。君之弟景，衛尉丞；次弟昌，監察御史、薛王府錄事，並珠玉符鑒，文章氣骨，痛鶺鳥原孤，泣棠花春落，以麈經偶舊好，圖籍官聯，不復旁求儒雅，思欲親其銘翰，豈筆剗致醉，皆悲哀為主，窮憤校文天祿。君從地下，修文草玄為郎，我說荒墳宿草。嗚呼哀哉！乃為銘曰：王子上賓，太原祁人。王者之後，公侯必親。涼州不赦，漢有忠臣。伐吳爭長，功多水濱。代有賢子，衣冠舊里。作牧徐方，半年聞喜。鳴弦宰邑，說經璟市。理亦有聲，人濟其美。挺生英靈，拾紫紆清。黃綬司職，緇衣惟□。秦樓書記，漢閣玄經。獨有楊子，鴻飛冥冥。人之云亡，邦國殄瘁。制葬哀挽，城旁冢地。□匣不孤，龍鐔雙閟。昔□□藉，今生壟隧。帝城車馬向洛陽，簫鼓風塵登北邙。中有漢家郡書郎，忽下蓬萊松柏行。胤子哀哀天昊蒼，悲風蕭蕭愁白楊。痛夫君兮聲芳，年河山兮夜長。

　　先天元年歲次壬子十月丁酉朔十三日己酉博陵崔處信書

　　按，王洛客，未見史乘記載。據墓誌，王洛客字炅，以名行，為王德表第六子，終於延和元年（712），時年六十，可知其生於永徽四年（653），一生主要活動於高宗武后時期。夫人崔氏，墓誌稱其"琴瑟以和，詩騷起詠"，知其能詩文，有較高的文化修養，先洛客一年而逝。有子之恒。誌曰"曾祖傑"，當從《王德表墓誌》作"子傑"。誌曰"父表"，脫"德"字，應補。作為唐代著名的文學世家，王之渙家族已先後出土了八方墓誌，即王之渙墓誌、王之渙祖父王德表墓誌、祖母薛氏墓誌、王之渙妻李氏墓誌、王洛客墓誌、王之渙從弟王之咸墓誌、之咸子王綰墓誌、之咸曾孫王翔墓誌。其中王之渙、王德表、薛氏、李氏、王翔等五方墓誌,傅璇琮先生、陳尚君師、李希泌先生、葉國良先生已對此做過研究①,利用此五方墓誌考述王之渙生平家世,發現頗多。近年發表的王洛客等人墓誌亦頗可補王之渙家世事蹟,試分述如次,並參考此八方墓誌制成《王之渙家族世系表》(附後)。

其一,《王德表墓誌》載其子嗣曰:"嫡孫之豫、次子前左臺監察御史洛客、前懷州河內縣主簿景、前洛州洛陽縣尉昌等。"是洛客爲德表"次子",即第二子。《薛氏墓誌》亦曰:"嫡孫之豫、哀子左肅政臺監察御史洛客、懷州河內縣主簿景、并州太原縣尉昌等。"又,《王洛客墓誌》:"君之弟景,衛尉丞;次弟昌,監察御史、薛王府錄事。"記兄弟排行與王德表、薛氏墓誌無異,是景爲洛客弟明其。據《王德表墓誌》所載,誌由"第四子前河內縣主簿景書",是王景爲德表第四子。然《王洛客墓誌》曰:"君即文安之第六子也。"明確記載王洛客爲王德表第六子,與王德表、薛氏墓誌相矛盾。三方墓誌所記均應無誤,即便王德表前五子均已早殀,王德表、薛氏墓誌中未予述及,然景爲"第四子"、洛客爲"第六子"的説法亦無法解釋。唯一較合理的解釋是王德表、薛氏墓誌所載諸子均爲薛氏所生,爲嫡子。據王德表、薛氏二人墓誌,王德表生於 620 年,卒於 699 年,而薛氏生於 627 年,卒於 696 年,唯薛氏誌未載其何時嫁王德表,但王薛二人年歲相差八歲,年歲懸殊並未太大,故王德表娶薛氏前,似無可能另有一段婚姻,故頗疑王德表另有庶出之子,《王德表墓誌》載洛客爲"次子"、景爲"第四子"是指嫡子排行而言,而《王洛客墓誌》"第六子"之説則應包括其庶出之兄弟。

其二,王洛客爲王德表次子,王景爲第四子,則洛客後尚有一弟,亦爲王德表、薛氏嫡生,而此嫡生之子應早於薛氏而卒,故薛氏墓誌未載此子名,後薛氏三年卒的王德表,其墓誌也照例未列,《王洛客墓誌》亦循此例。頗疑王德表此早卒之子爲王之渙父王昱,王昱爲王德表第三子。按,李希泌先生曾於《冊府元龜》卷 783《兄弟齊

---

① 關於王之渙、王德表、薛氏、李氏、王翰等五方墓誌的研究,可參看傅璇琮先生《靳能所作王之渙墓誌銘跋》(收入《唐代詩人叢考》),陳尚君師《跋王之渙祖父王德表、妻李氏墓誌》(《文學遺產》1987 年第 6 期),李希泌先生《盛唐詩人王之渙家世與事蹟考》(《晉陽學刊》1988 年第 3 期),臺灣葉國良先生《唐代墓誌考釋八則》(收入《石學續探》)。王之渙墓誌,拓片見於《曲石精廬藏唐墓誌》,錄文見《唐代墓誌彙編》頁 1549;王德表、薛氏、李氏等三方墓誌,拓片分別見於《千唐誌齋藏誌》頁 462、頁 435、頁 842,其中《王德表墓誌》錄文可見《唐代墓誌銘彙編附考》第 13 冊頁 287,餘二誌錄文見於《唐代墓誌彙編》頁 897、頁 1626。王翰誌,見《唐代墓誌彙編》頁 2253。新出之《王之咸墓誌》、《王綰墓誌》分別見於《全唐文補遺·千唐誌齋新藏專輯》頁 229、頁 280。

名》條檢得一條資料，文云："王之咸爲長安尉，與昆弟之濆、之渙皆善屬文。"①"昆弟"之誤，傅璇琮先生《靳能所作王之渙墓誌銘跋》、李希泌先生《盛唐詩人王之渙家世與事蹟考》已有辨證，且新發表的王之咸墓誌亦可證"昆弟"一説爲誤（詳後），此不贅。唯"之濆"，新舊《唐書》皆作"之賁"，似應從《册府元龜》作"之濆"。之濆、之渙皆從水，與王德表嫡長孫"之豫"不同，據此推測，之濆、之渙與之豫應非同父所生，之豫父（即王德表嫡長子）另有其人，只因早卒亦未詳其名，則王昱應爲王德表第三子，較爲合理。之濆應與之渙同爲王昱子，且長於之渙，唯不詳其排行。據王之渙墓誌，之渙爲王昱第四子，姑列之濆爲王昱第三子。據此，王昱爲王德表第三子，則王洛客應爲王之渙伯父。唯王昱墓誌尚未發現，故未能定論。

其三，王德表、薛氏墓誌均言二人終於洛陽遵教里私第，應是自絳州（太原爲其郡望）遷居洛陽後的居所。王洛客少年時尚居絳州，何時遷居洛陽不太清楚，誌載洛客亦"終於洛陽之遵教里私第"，可見遷居洛陽後，王之渙家族至少其時尚同居於遵教里，且王德表、薛氏卒時，王之渙年齡尚小，其少年時代應該在洛陽度過。陳尚君師《跋王之渙祖父王德表、妻李氏墓誌》一文指出王德表對於王之渙的成長曾起過積極的作用，極是。王洛客長王之渙三十五歲，這位天資聰穎的伯父對王之渙無疑也起過積極的作用。尤其是王洛客曾任定襄軍管記，從軍邊塞，後任職并州時又著《軍要》千篇，其對邊塞形勢、軍情的熟悉，對從軍苦樂的親身體驗，無疑對王之渙產生過影響。其后王之渙以邊塞詩名揚詩壇，也應有早年伯父所起的作用。

其四，據《王洛客墓誌》，王德表至少應有九子一女：嫡長子某（早卒，之豫父）、庶子某、庶子某、庶子某、庶子某、嫡次子洛客、嫡再次子王昱、嫡第四子景、嫡第五子昌、女某，此女嫁楊某，生楊伋。

其五，傅璇琮先生曾考王之咸爲王之渙同祖不同父之堂弟，甚是。此次新發表的《王之咸墓誌》，載墓主卒於天寶十載（751），享年五十七，則王之咸生於武后證聖元年（695）。王之渙生於武后垂拱四年（688），卒於天寶元年（742），王之渙大之咸七歲，新舊《唐書》所載王之渙爲王之咸弟一説之誤，可得定讞。據《王洛客墓誌》可知，王之渙尚有一位同祖之堂兄弟之恒。

① 按照李希泌先生的提示，筆者查覈了宋本《册府元龜》卷783《總録部・兄弟齊名》條（中華書局1989年據殘宋本影印，頁2869）、明刊本《册府元龜》卷783《總録部・兄弟齊名》條（中華書局1960年據明刻初印本影印，頁9312），二者文字無異，文曰："王之咸爲長安縣尉，與昆弟之濆、之渙皆善屬文。"故《册府元龜》校訂本（周勳初等校訂，鳳凰出版社，2006）於此條下亦未出校勘記（頁9084），此記載與《舊唐書》卷146《王緯傳》、《新唐書》卷159《王緯傳》作"之賁"皆不同。

## 二 生平與著述

《王洛客墓誌》詳細記録了墓主文學交遊、科考、仕宦與著述情況，本節先考釋其科考、仕宦與著述情況，文學交遊詳下節。

先述科考。墓誌記録了王洛客四次應舉，可補《登科記考》之闕。誌云："至儀鳳年，屬帝道文明，海內貞觀，求材而理，野無遺賢。爰下明制，使中書侍郎河東薛元超求遺材於天下，君乃迫時命而應徵焉。從下筆成章舉，解褐敕授許州長社尉充定襄軍管記。"按，徐松《登科記考》（以下簡稱徐《考》）"儀鳳二年"條載儀鳳元年十二月詔，中云："京文武職事三品以上官，每年各舉所知。"墓誌所云"制"即指此詔。又《通鑒》卷202儀鳳元年條載："十二月，戊午，以來恒爲河南道大使，薛元超爲河北道大使，尚書左丞鄢陵崔知悌、國子司業鄭祖玄爲江南道大使，分道巡撫。"即指高宗下詔後，求遺材於天下事，唯不止薛元超一人。王洛客此時應正游白鹿山，據《元和郡縣圖志》卷16《河北道一》"共城縣"條下載："白鹿山，在縣西五十四里。"即指此山，地處河北道南部，薛元超巡行河北道，王洛客自有應徵之可能①。徐《考》"儀鳳二年"條載有"下筆成章科"，可知墓誌所云"儀鳳間"即指儀鳳二年。徐《考》、孟二冬《登科記考補正》（以下簡稱孟《考》）均未載王洛客，可據補。此年同科者尚有張鷟、姚元崇、韓忠彥、王無兢四人。誌云："永昌年應大禮舉，授合宮尉。又應器均卓魯科，敕授左臺監察御史。"按徐《考》永昌元年條下有"明堂大禮舉"，墓誌所云"大禮舉"即指此，故王洛客應大禮舉時間爲永昌元年。徐《考》於此條下唯載趙叡沖一人，孟《考》據墓誌補賀蘭務溫，今可再補王洛客。又，誌云："又應器均卓魯科，敕授左臺監察御史。"今按徐《考》、孟《考》於永昌至神龍年間均未載器均卓魯科，查《通鑒》卷204天授元年條載："二月，辛酉，太后策貢士於洛城殿。貢士殿試自此始。"疑即此次制舉考試，亦可補徐《考》、孟《考》之闕。誌又云："神龍年宣勞使舉應□高位下科，墨制授長寧府記室。"按，此所缺應爲"才"字。徐《考》神龍二年條載有"才高位下科"，可知墓誌所云"神龍年"爲神龍二年，王洛客於此年因宣勞使之舉薦而應舉。徐《考》於此科下載有馮萬石、晁良貞、張敬、張鷟四人，孟《考》同，未及王洛客，可據補。王洛客於儀鳳二年與張鷟同應下筆成章科

① 據《元和郡縣圖志》載，唐時共有三座白鹿山，分別位於衛州共城縣、彭州九隴縣、廣州洺洭縣。《王洛客墓誌》載其"後又游白鹿山"，此白鹿山應爲衛州共城縣之白鹿山，唯此，儀鳳元年薛元超巡行河北道時，王洛客才有可能應徵，並參加第二年的考試，餘二白鹿山皆無此種可能。

後，於此再度同科。

　　次述仕宦。據誌，王洛客儀鳳二年"從下筆成章舉，解褐敕授許州長社尉充定襄軍管記"，制舉及第後被授予縣尉的官位，從軍邊塞，爲王洛客仕宦之始。誌云"解褐敕授許州長社尉，充定襄軍管記"者，即以縣尉的官位去充任定襄軍管記之職，"長社尉"只是作爲秩品位、寄俸祿之用，並不實際到任。從誌文看，"管記"一職主要掌管戎書露檄之寫作，爲文職。志載洛客任定襄軍管記表現出色，"以軍功敕授蒲州桑泉尉，秩滿選授雍州雲陽尉"。此時王洛客應已離定襄軍管記一職，而實任桑泉尉，秩滿後轉任雲陽尉，唯任官之年月未明。永昌元年王洛客應明堂大禮舉，"授合宮尉"。王洛客四次被授予縣尉之職，三次實任，有必要對此加以辨析，以見其昇遷之跡。據《新唐書·地理志》載，長社爲望縣，桑泉爲次畿縣，雲陽爲赤縣，合宮亦爲赤縣。按，《舊唐書》卷38《地理一》："永昌元年，改河南爲合宮縣。"是合宮縣原爲河南縣。又《舊唐書》卷44《職官三》："長安、萬年、河南、洛陽、太原、晉陽六縣，謂之京縣。"可見，合宮縣應屬京縣，其縣尉從八品下。雲陽爲赤縣，縣尉從八品下。桑泉爲次畿縣，縣尉正九品下。長社望縣，縣尉從九品上。[①] 王洛客所授四縣尉次序爲：長社尉→桑泉尉→雲陽尉→合宮尉。長社尉爲從九品上，品秩最低，爲其從宦伊始之官品。桑泉尉正九品下，品秩昇一階，與誌文"以軍功敕授蒲州桑泉尉"一語合。雲陽尉從八品下，品秩昇兩階。合宮尉亦爲從八品下，就官品而言與雲陽尉同，但值得注意的是，合宮爲京縣，而雲陽雖爲赤縣，但屬於雍州下屬縣，地位較合宮縣爲低，故王洛客永昌元年被授予合宮縣尉，仍屬昇遷。永昌元年後，誌云洛客"又應器均卓魯科，敕授左臺監察御史"，左臺監察御史，正八品上，屬御史臺，專知京百司，故墓誌云"豈惟貴戚斂手，則亦□訶□角"。"登封年，恩授朝散大夫"，朝散大夫爲文散官，從五品下。萬歲登封元年（696）丁母憂去職，聖曆二年（699）又丁父憂。"服闋，授中散大夫行并州司兵"，故約在長安二年（702）洛客被授予中散大夫行并州司

---

① 縣尉是唐代縣級官員中品秩最低的官，士人釋褐後也最常任此官，唐代很多詩人曾任此職。關於唐代縣尉的研究，最早的有日本礪波護先生《唐代の縣尉》一文，後收入《日本學者研究中國史論著選譯》第四卷（中華書局，1992）。近年對此方面深入研究的有賴瑞和先生《唐代基層文官》一書（聯經出版公司，2004）。唐代縣尉的研究，常因史料的缺載而無法詳辨。按照翁俊雄先生的劃分，唐代的縣可以分爲十等：赤（或"京"）、次赤（或"次京"）、畿、次畿、望、緊、上、中、中下、下，（可參翁俊雄《唐代的州縣等級制度》，《北京師範學院學報》1991 年第 1 期）正如賴瑞和先生書中所指出，這是最齊全的劃分，也最符合《元和郡縣圖志》和《新唐書·地理志》之記載，但因史料的缺載，次畿縣、望縣等縣尉的官品卻難以考索，如王洛客歷四縣尉（三次爲實任），其任長社（望縣）縣尉、桑泉（次畿縣）縣尉之品秩，即無法查考。筆者在處理時，參考了賴瑞和、王壽南二位先生看法，即將次畿縣等同於畿縣，望縣等同於上縣。具體可詳參《唐代基層文官》第三章《縣尉》（頁 139～220）。

兵。中散大夫亦爲文散官，正五品上。并州司兵一職，正七品下。神龍二年（706）洛客應才高位下科，授長寧府記室。按，《通鑒》卷208神龍二年條載："（正月）閏月，丙午，制：'太平、長寧、安樂、宜城、新都、定安、金城公主並開府，置府屬。'"此爲唐朝公主開府之特例，四年後罷。記室一職，本爲親王府官屬，從六品上，掌表啓書疏。誌又云："俄試大著作郎，仍借魚袋。"按，著作郎屬秘書省著作局，從五品上，掌修撰碑志、祝文、祭文，並分判局事。從"君二在郎局，四載不遷。……以延和元年五月十五日遘疾終於洛陽之遵教里私第，春秋六十"來推斷，王洛客最遲應於景龍三年（709）任此職，爲其一生最後所歷之官，則其任長寧府記室一職約爲三年。"仍借魚袋"者，即云王洛客此時尚未真正有佩帶魚袋之資格。《舊唐書》卷45《輿服》載："神龍元年二月，内外官五品已上依舊佩魚袋。……景龍三年八月，令特進佩魚。散職佩魚，自此始也。自武德已來，皆正員帶闕官始佩魚袋，員外、判試、檢校自則天、中宗後始有之，皆不佩魚。"可知佩魚袋之資格實視職事官官品而定，而非從散官官階。王洛客此時官著作郎，雖爲從五品上，然爲試官，無真正佩魚袋之資格，故云"借"。據墓誌，王洛客最終之職事官爲著作郎，從五品上，散官爲中散大夫，正五品上，然墓誌題爲《大唐正議大夫試大著作上柱國太原王君墓誌銘並序》，其中正議大夫爲正四品文散官，比中散大夫高三階，上柱國爲勳官，視正二品，二者無疑皆爲王洛客卒後朝廷所賜，誌題的這種寫法屬唐人墓誌誌題書終官之例。

再述著述。王洛客天資聰穎，少習儒家經典，對佛家經典《金剛經》亦有涉獵，著述頗豐。誌云："往在并州，常慨虜郭有塵，胡沙風海，遂著《軍要》千篇，以示天兵。"《軍要》，《舊唐書·經籍志》、《新唐書·藝文志》均未載，可據補。誌又敘及任長寧府記室時，"時公主奢僭，窮極邸第，乃上《西亭賦》以諷，公主納焉。"《西亭賦》爲諷諫之文可知，此可補《全唐文》佚文之目。長寧公主爲中宗與韋后之女，内倚母愛，寵傾一朝，窮奢府第，史有明文。王洛客上文規諷，誌云"公主納焉"，此應屬溢美之辭。王洛客一生"凡所著述成卅卷"，惜今已不存。

## 三　文學交遊

《王洛客墓誌》還記録了墓主隱居黃頰山的經歷，它不僅涉及王洛客與王勃的文學交遊，還首次揭出王勃曾隱居黃頰山的事實，對於考察王勃的生平行止提供了新的綫索，故彌足珍貴。誌云："時有同郡王子安者，文埸之宗匠也。力拔今古，氣覃詩學。吮其潤者，浮天而涓流；聞其風者，搏扶而飆起。君常與其朋遊焉，不應州郡賓命，乃同隱於黃頰山谷，後又遊白鹿山。每以松壑遁雲，樵歌捫月，□行山溜乳精，蘇門長嘯，有松石意，無宦遊情。"按，誌云"同郡"，蓋因二人同籍絳州，王勃佔籍絳州龍門（今山西河津縣）、王洛客佔籍絳州（今山西新絳縣），相距甚近，故云。黃頰山地處絳州龍門，據光緒六年刻《河津縣志》卷2《山川》載："黃頰山，在縣東北三十五里，即文中子、東皋子隱居之處。"可見王勃祖父王通、叔祖王績均曾於此隱居，王績《黃頰山》一詩亦可爲證①。王勃隱居黃頰山的時間，誌未明言，王勃本人今存詩文，亦未有明確記載，但據誌文並結合其生平行事，可推知大概。楊炯《王子安集原序》云："年十有四，時譽斯歸。"②"時譽斯歸"者，即指王勃反對"上官體"後所獲巨大聲譽。又，同序云及王勃因反對"上官體"成名後，"後進之士，翕然景慕。久倦樊籠，咸思自擇。近則面受而心服，遠則言發而回應。教之者逾於激電，傳之者速於置郵。得其片言，而忽焉高視；假其一氣，則邈矣孤騫。"③ 此段話頗可與墓誌相印證，可知王勃當日聲譽之隆，似隱約形成一個以王勃爲中心的松散的文學群體。墓誌云子安爲"文埸之宗匠也"，即指王勃因反對"上官體"一舉成名後在文壇之地位，時王勃十四歲，故王勃隱居黃頰山必在其十四歲後，方能與誌文相符。張志烈先生《初唐四傑年譜》定王勃反對"上官體"於龍朔二年④，可信從。龍朔三年（663）初，王勃在長安與醫者曹元別，其年王勃正好十四歲，因反對"上官體"而聲名遠揚，即楊炯所云"年十有四，時譽斯歸"者。王勃於663年初離開長安，其後兩年（664～665），未詳其行止。按，楊《序》云："太常伯劉公巡行風俗，見而異之，曰：'此神童也。'因加表薦。"太常伯劉公爲劉祥道，其巡行風俗應爲麟德元年（664）八月拜右相後之事，楊《序》尚云"太常伯"，誤。劉祥道巡行之地，據《新唐書》卷201《文藝上·王勃》載："麟德初，劉祥道巡行關內，勃上書自陳，祥道表於朝，對策高第。"細繹文意，若王勃此時尚在長安，必無此語。王勃於此時投《上劉右相書》，求劉祥道表薦，文中有"山野悖其心跡，煙露養其神爽"二句，似透露出王勃此時正隱居山林。另，劉祥道所巡行之關內道與河東道相鄰，王勃於此時隱居黃頰山，亦有上書的可能。綜上述，可大概推定王勃於663年初與曹元別後即離開長安回到龍門老家，並隱居於黃頰山。其間可知除664年秋後（八月後）有上書劉祥道以求其表薦一事外，餘事未詳。從《上劉右相書》看，文中全面計議國家大政，王勃於此應作了較長時間的思考，隱居正好給王勃提供了思考國家大政的機會。其後之行止，據《舊唐書》卷190上

① 王績《黃頰山》一詩，見於《王績集編年校注》頁96，康金聲、夏連保校注，山西人民出版社，1992。
② 《王子安集注》頁66，清蔣清翊注，上海古籍出版社，1995。
③ 《王子安集注》頁70～71。
④ 本節述及王勃生平行事，參據《初唐四傑年譜》（張志烈著，巴蜀書社，1992）、劉汝霖《王子安年譜》（《王子安集注》附錄三）及《唐才子傳校箋》第一冊、第五冊"王勃"條，恕不一一注出。

《文苑上》載，王勃"乾封初，詣闕上《宸游東嶽頌》。時東都造乾元殿，又上《乾元殿頌》"。乾封初應爲乾封元年（666），此年正月高宗登泰山封禪，王勃《宸游東嶽頌》當作於此時。"詣闕"説明王勃乾封元年初即已離開龍門到了京城，其京城之行是爲應本年幽素舉向朝廷投獻文章①，並參加該年的幽素舉考試。王勃於乾封元年應幽素舉登第後授朝散郎②，於該年或稍後數年間入沛王府③，中間應無回龍門黄頰山隱居之可能。乾封元年后王勃行止較爲清楚，亦無隱居之事。上元元年（674）冬，王勃曾歸龍門，有《冬日羈遊汾陰送韋少府入洛序》一文可證，然此行實與籌措南下經費一事有關，並無隱居之事。故王勃隱居黄頰山，應爲麟德元年（664）（最早或可推定爲663年初離開長安回到龍門後，具體時日未能詳考，大概最遲於該年夏秋已回龍門。）至麟德二年（665）間之事，大約兩年多時間，王勃此時十五至十六歲。黄頰山位於龍門與絳州之間，比王勃小三歲的王洛客，與王勃相遊並同隱於此，這位文壇宗匠對於王洛客日後的創作應產生了很大影響。另一個饒有意味的細節是，王勃因反對"上官體"而於京城揚名，但其後卻回到龍門老家，在黄頰山隱居了大約兩年多時間，等到劉祥道巡行關內時再投文求薦，似頗可玩味。

---

① 王勃向朝廷投獻文章之事，據其《上李常伯啓》、《上皇甫常伯啓》、《再上皇甫常伯啓》、《上武侍郎啓》、《再上武侍郎啓》等文可知。

② 據《通鑒》卷 201 乾封元年條，666 年正月壬申改元乾封。徐松《登科記考》卷 2 仍列此年爲麟德三年，於此年"幽素科"下列王勃名。

③ 張志烈先生《初唐四傑年譜》定乾封二年王勃在沛王府，然未有確據。《唐才子傳校箋》卷 1"王勃"條認爲，王勃於乾封元年或後數年入沛王府，較通達，本文從此説。

## 附：王之渙家族世系表

| | | | | | | | | | | | | |
|---|---|---|---|---|---|---|---|---|---|---|---|---|
| 隆 | | | | | | | | | | | | |
| 纂 | | | | | | | | | | | | |
| 子傑 | | | | | | | | | | | | |
| 信· | | | | | | | | | | | | |
| 德表· | | | | | | | | | | | | |
| 薛氏· | | | | | | | | | | | | |
| □ | □ | □ | □ | □ | 洛客崔氏· | 昱 | | 景 | | | 昌 | □女夫楊 |
| 之豫 | | | | | 之恒· | □ | □ | 之渙·李氏· | ·之咸 | | | 楊仮 |
| | | | | 炎 | 羽 | □ | 緯 | □ | □ | 綰鄭氏· | 綸 | □女崔恁 |
| | | | | | 庇 | | □ | 廩 | 康 | 賡 | | |
| | | | | | | | | | 略崔氏· | | | |
| | | | | | | | | | ·翔 | | | |
| | | | | | | | 黝兒 | 堅兒 | 停停女 | 五兒女 | | |

注：①此世系表已參取傅璇琮先生、陳尚君師、李希泌先生、葉國良先生所考，墓誌已出土者用·標出。

②據《王翃墓誌》，王翃有子二人、女二人，然誌載翃"方求姻好而痼瘵被體，……以會昌六年十一月十二日終於東都時邕里之私第"，是知翃未婚，故此二子二女爲妾所生。誌署"再從弟憺讓書並篆蓋"，則王憺與王翃爲同曾祖之堂兄弟，即爲王之咸曾孫，余未詳，姑附於此，俟考。

③《王之咸墓誌》載其子嗣有"嗣子綰、次子綸等"，撰誌者爲墓主女婿崔恁，所記應可信。崔恁妻爲王之咸女，未知名，姑列於王綸後。據《王綰墓誌》："時仲兄爲御史中丞，按節江南。"考兩《唐書》之《王緯傳》，知此"仲兄"爲王緯。誌又載王綰爲之咸第五子。比讀二誌，疑王緯爲庶出。

# 北魏鄭平城妻李暉儀墓誌補釋

徐　沖[*]

　　北魏鄭平城妻李暉儀墓誌，2002 年出土於河南省鄭州市北，現藏鄭州市友石齋。北京大學歷史系的羅新先生根據自己收藏的該誌拓片，作《跋北魏鄭平城妻李暉儀墓誌》一文（《中國歷史文物》2005 年第 6 期，以下簡稱"羅文"），發表了該誌錄文，並對其所涉重要史事，做了簡潔而精彩的釋證。本文擬在羅文的基礎上，僅就其中的一個方面做些續貂的工作，故名"補釋"。

一

　　與典型的北朝後期墓誌一樣，此方墓誌的主體文字分爲序文與銘辭兩大部分。序文基本是模擬誌主李暉儀之長子鄭伯猷的口氣來書寫的。其末則稱"友人中書侍郎鉅鹿魏收，雖年在雁行，而義均同志。後來之美，領袖辭人。託其爲銘，式傳不朽。其辭曰云云"，可知銘辭部分爲魏收所作。但是序文部分的作者是誰並不清楚[①]。下面我們試圖通過分析墓誌序文所涉及的魏末史事，先來觀察序文部分作者的政治態度。

　　據李暉儀墓誌，誌主李暉儀出自隴西李氏李寶一支。李暉儀爲李寶之孫，李承之女。隴西李氏因李寶幼子李沖貴寵而在馮太后、孝文帝時期盛極一時，也因此而深深卷入魏末的動盪之局[②]。墓誌序文載：

---

＊　　徐沖，北京大學歷史系博士生。

①　　南朝後期王公墓誌的撰作往往出自名家之手，而且誌文與銘辭由不同的人寫（說見羅新、葉煒《新出魏晉南北朝墓誌疏證》（中華書局，2005 年）之黃法氍墓誌的疏證）。但北朝後期的墓誌是否如此，並不清楚。

②　　除李暉儀墓誌外，目前發現的隴西李氏墓誌還有李（蕤）簡子墓誌、李媛華墓誌、李遵墓誌、李彰墓誌、李艷華墓誌、李挺（神儁）墓誌（以上《漢魏南北朝墓誌匯編》收）、李伯欽墓誌（《新出魏晉南北朝墓誌疏證》收）及李慶容墓誌（載《考古》編輯部編《考古學集刊》第一集，中國社會科學出版社，1981 年）。結合史書與墓誌的記載，我們已經可以較爲清晰的勾畫出隴西李氏（以李沖爲中心）在太和以降所構築起的龐大社會網絡。

　　普泰奄有萬國，冠帶百神。長女上太妃，小宗之嫡，實唯君母。主上屢使家人傳辭，欲崇以極號。夫人以權疑在朝，慮生猜禍。苦加誨約，不令順命。太妃亦深鑒倚伏，固而弗許。所以蹈此危機，終保元吉者，抑亦夫人之由。及大息伯猷，自散騎常侍而為國子祭酒。時論以外戚相擬，咸謂此授為輕。夫人聞之，唯恐更有遷換。誠屬殷勤，千緒萬牒。每昏定晨省之際，未嘗不以之為言。是以諸子遵節，莫冀通顯，或降階出守，或仍世不移，或盤桓利居，匪期招命。

　　如羅文所證，"普泰是節閔帝（即前廢帝）元恭的年號。孝莊帝既殺爾朱榮，爾朱世隆、爾朱兆等乃立元恭以代替莊帝。元恭是孝文帝之弟廣陵王元羽的兒子。《魏書》記鄭平城事跡時說'廣陵王羽納其女為妃'，由李暉儀墓誌知元羽之妃鄭氏即李暉儀的長女。"① 雖然元恭並非鄭妃所生，但如墓誌所言，鄭妃乃"小宗之嫡"，所以"實唯君母"②。因此在元恭被爾朱氏擁立為帝之後，鄭妃的親族——其母李暉儀、其弟鄭伯猷③等——就具有了外戚的身份。關於這一點，《魏書》僅在卷五六《鄭羲傳附鄭伯猷傳》提到，"前廢帝初，（鄭伯猷）以舅氏超授征東將軍、金紫光祿大夫，領國子祭酒"。而據李暉儀墓誌我們可以知道，前廢帝時期，由於李暉儀的堅持，對於這種可以輕易帶來政治利益的"外戚"身份，鄭妃及其親族表現的非常低調。

　　墓誌序文舉出兩個例子來說明這種低調。其一為不接受前廢帝元恭對鄭妃"崇以極號"，其二為力阻鄭伯猷等諸子因外戚身份而得高官。先來看第一個例子。羅文指出：

　　　　元恭被擁立為帝以後，史料中未曾見到他如三年前孝莊帝那樣大肆追尊自己的父兄。如果他這樣做，元羽就會被追尊為皇帝，仍然健在的鄭妃就應當尊為皇太后。從李暉儀墓誌看，"主上屢使家人傳辭，欲崇以極號"，也就是節閔帝是想要尊鄭妃為皇太后的。④

　　孝莊帝追尊父母事見於《魏書》卷十《孝莊紀》：

---

① 見羅文第四節。
② 《魏書》卷一一《廢出三帝紀》載："前廢帝，諱恭，字修業，廣陵惠王羽之子也。母曰王氏。少端謹，有志度。長而好學，事祖母、嫡母以孝聞。"這裏的嫡母即當指鄭妃。
③ 羅文指出，"李暉儀雖然13歲就出嫁，卻是在結婚10年之後才生育長子鄭伯猷"（見羅文第三節）。依常理推測，李暉儀在長子鄭伯猷之前應該生育有女兒。因此其長女鄭妃更可能是鄭伯猷的姐姐。
④ 見羅文第四節。

　　（永安二年二月）甲午，尊皇考為文穆皇帝①，廟號肅祖，皇妣為文穆皇后。
　　夏四月癸未，遷肅祖文穆皇帝及文穆皇后神主於太廟，內外百僚普汎加一級。②

　　而元恭被爾朱氏擁立爲帝後，對於自己的父母也並非毫無追尊之舉。《魏書》卷一一《廢出三帝紀》載：

　　（普泰元年九月）癸巳，追尊皇考為先帝，皇妣王氏為先太妃；封皇弟永業為高密王，皇子子恕為勃海王。

　　與孝莊帝對於其父母的大肆追尊相比，前廢帝元恭的行動顯然要低調得多。不稱"先皇帝"而僅稱"先帝"，與他自己即位後的表態是相一致的③。另外也無諡號與廟號，所以應該也沒有採取如孝莊帝那樣遷父母神主入太廟、"以孝文爲伯考"④ 的激進行動。但即使如此，依然難以獲得其外家鄭妃親族的支持。普泰元年的追尊行動中只見"先帝"與"先太妃"，獨缺"太后"，並非是元恭刻意貶低其仍然健在的嫡母鄭妃的地位；"從李暉儀墓誌看，'主上屢使家人傳辭，欲崇以極號'，也就是節閔帝是想要尊鄭妃爲皇太后的"⑤，只是鄭妃"深鑒倚伏，固而弗許"。而鄭妃的這種態度，據李暉儀墓誌，主要來自其母李暉儀的堅持。
　　墓誌説，"所以蹈此危機，終保元吉者，抑亦夫人之由"。"蹈此危機"即指高歡廢殺元恭之事。從墓誌來看，元恭之死並未禍及其母鄭妃親族。這種幸運是否確實緣於鄭妃拒絕太后的尊號，今天已經無從考證。但從中可以看到墓誌序文的作者對於李暉儀的做法顯然持贊同態度。而對於元恭即位後對自己的嫡母"欲崇以極號"的做法，

---

① 北魏墓誌中亦有行用"文穆皇帝"稱孝莊帝生父彭城王元勰者。如元子正墓誌稱其爲"文穆皇帝之少子，今上之母弟"，又稱"文穆皇帝，體同姬旦，屬負宸之尊；任隆霍光，當受遺之重"；元文墓誌稱其爲"獻文皇帝之曾孫，文穆皇帝之孫，侍中太師大司馬太尉公假黃鉞陳留王之第三子"。前者作于孝莊帝建義、永安年間。後者則作于孝武帝太昌元年（531），其時元勰"文穆皇帝"之諡已被官方取消（《魏書》卷二一《彭城王勰傳》："前廢帝時，去其神主。"），但仍爲其家族墓誌所行用。
② 此事詳見《魏書》卷一八《臨淮王彧傳》。
③ 《魏書》卷一一《廢出三帝紀》載前廢帝庚午詔曰："……夫三皇稱皇，五帝云帝，三代稱王，迭沖挹也。自秦之末，競爲皇帝。忘負乘之深殃，垂貪鄙於萬葉。予今稱帝，已爲襃矣！可普告令知。"
④ 《北齊書》卷一《神武帝紀下》及《魏書》卷一八《臨淮王彧傳》。
⑤ 見羅文第四節。

即使不是反對，至少也是將其視爲一種容易導致不幸結局的做法，應該極力避免。聯繫到當時的情勢，很容易推想這種態度是因爲李暉儀及墓誌序文的作者具有這樣的認識：孝莊帝的不幸結局與其大肆追尊父母至於遷神主入太廟的做法之間存在某種關聯。

再來看第二個例子，即李暉儀力阻鄭伯猷等諸子因外戚身份而得高官。有趣的是，這方面同樣也可以找到孝莊帝時期的前車之鑒。而其主人公又恰是李暉儀非常熟悉的人。《魏書》卷八三《外戚李延寔傳》載：

> 莊帝即位，以元舅之尊，超授侍中、太保，封濮陽郡王。延寔以太保犯祖諱，又以王爵非庶姓所宜，抗表固辭。徙封濮陽郡公，改授太傅。尋轉司徒公，出爲使持節、侍中、太傅、録尚書事、青州刺史。爾朱兆入洛，乘輿幽縶，以延寔外戚，見害於州館。

李延寔爲李冲長子，而李暉儀爲冲長兄承之女。可以想見，二人之關係非常密切①。鄭伯猷與前廢帝的關係，和李延寔與孝莊帝的關係是非常相似的。李延寔因外戚身份盛極而敗，不過就發生於普泰前一兩年。這一事件必給予李暉儀相當的衝擊。這一定是她力阻諸子以外戚得高官的最爲重要和直接的原因。祇有這樣我們才能理解何以她對諸子的勸誡至於“誠厲殷勤，千緒萬牒。每昏定晨省之際，未嘗不以之爲言”，已經到了有點神經質的程度。而從墓誌序文的敘述來看，其作者對於李暉儀的這一做法也比較認同。

## 二

以上我們討論了李暉儀及其墓誌序文的作者所持有的兩種認識：孝莊帝的不幸結局與其大肆追尊父母至於遷神主入太廟的做法之間存在某種關聯；李延寔因外戚身份盛極而敗是一個慘痛的教訓。

李暉儀墓誌所表現出的這樣兩種非常具體的認識，在魏收所撰《魏書》之中，是可以找到對應之處的。《魏書》卷十《孝莊紀》篇末的“史臣曰”載：

> 嗚呼！胡醜之爲釁也，豈周衰晉末而已哉！至於高祖不祀，武宣享廟，三後降鑒，福祿固不永矣。

---

① 羅文指出，墓誌載李暉儀所居之修文里，很可能就是李延寔所居之暉文里（見第五節）。更可證二人關係之密切。

據《北史》卷五六《魏收傳》："其史（指收撰《魏書》）三十五例，二十五序，九十四論，前後二表一啓，皆獨出於收。"所謂"論"，即指《魏書》紀傳末之"史臣曰"也。因此，上引文字應該反映了魏收的個人認識，即認爲"高祖不祀"——即孝莊帝"遷神主於太廟，以高祖爲伯考"① 的行爲——是導致其敗亡的重要原因之一。這與李暉儀墓誌對孝莊帝所持有的認識基本是一致的。

那麽魏收在《魏書》中對李延寔的認識又是如何的呢？《魏書》卷八三《外戚李延寔傳》僅記李延寔生平大略，看不出魏收的個人態度。不過在《北史》卷五六《魏收傳附魏子建傳》中卻記載了這樣的故事：

> 邢杲之平，太傅李延寔子侍中或爲大使，撫慰東土。時外戚貴盛，送者填門，子建亦往候別。延寔曰："小兒今行，何以相勗？"子建曰："益以盈滿爲誡。"延寔悵然久之。

魏子建爲魏收之父。他對李延寔説，"益以盈滿爲誡"，顯示出他認識到在李延寔因外戚身份而貴盛的背後隱藏着敗亡的危險。後文"及永安之後，李氏宗族流離，或（延寔子）遇誅夷，如其所慮"的記述，與此正相呼應。

這一故事也見於《魏書》卷一百四《自序》。雖然今本《魏書》卷一百四《自序》爲"删節《北史》卷五六《魏收傳》，兼採他書"② 而成，但不難推想，《北史·魏收傳》中關於魏子建的記載當來自《魏書·自序》中魏收自己的敘述。那麽將《北史》所載魏子建對於李延寔的態度視爲魏收本人所持有的認識，應該也無大誤。這與李暉儀墓誌對李延寔所持有的認識也是基本一致的。

由此就認定魏收即爲李暉儀墓誌序文部分的作者，實在是太武斷了③。但是，如果再考慮到其爲銘辭部分的作者這一事實，則至少可以認爲，魏收與李暉儀及其墓誌序文部分的作者，對於當代史的某些認識，是高度一致的；並且這種一致，延續到了北

---

① 見《魏書》卷一八《臨淮王彧傳》。

② 見《魏書》卷一百四《自序》之唐長孺校勘記。

③ 何德章《北魏末帝位異動與東西魏的政治走向》（武漢大學中國三至九世紀研究所編《魏晉南北朝隋唐史資料》18，2001 年）認爲，北魏末年的帝位更替，實際上是以確立孝文帝的法統爲其政治内涵的。而對於孝莊帝"以高祖爲伯考"之舉的異議，從現存的《魏書》、《北齊書》、《北史》中的記載來看，似乎是一種普遍的輿論傾向。但是，這其中必定包涵了魏收等作者對於材料的剪裁取捨，所反映的更多可能是北齊時易代完成、塵埃落定後對於魏末歷史的總結與認識。永安、普泰、永熙年間身處漩渦中的人們對於歷史與時局的認識究竟是否與《魏書》等所表現出的歷史觀一致，因爲相關墓誌的出土，應該還可以有更多的話題可以探討。

齊時所修的《魏書》之中。

<h2 style="text-align:center">三</h2>

而這種理念上的一致，可能有着某種堅實的現實基礎。即魏收的家族與李暉儀的家族之間存在的密切關係。對此，羅文説：

> 魏收為鄭伯猷母親寫銘辭，極盡美言，而他在《魏書》里為鄭伯猷作傳，也明確記録其不光彩的一面，記鄭伯猷為地方官時，"專為聚斂，貨賄公行，潤及親戚，戶口逃散，邑落空虛。乃誣良民，雲欲反叛。籍其資財，盡以入己。誅其丈夫，婦女配沒。百姓怨苦，聲聞四方"。這一定是鄭伯猷生前沒有想到的。①

似乎認爲魏收爲李暉儀作墓銘是生於其與鄭伯猷之間的親近關係。不過實際上，魏收的家族與李暉儀的家族之間，本身即存在着極爲密切的關係。

如上所述，李暉儀出自隴西李氏，爲李寶之孫，李承之女。李承四子依次爲李韶、李彥、李虔、李蕤。羅文考證李暉儀爲李虔的妹妹，李蕤的姐姐。而《北史》卷五六《魏收傳附魏子建傳》載：

> 太尉李虔第二子仁曜，子建之女婿，往亦遇害（於河陰之變）。

據《魏書》卷三九《李寶傳》所附寶諸子孫傳，李承子李虔死後贈侍中、都督冀定瀛三州諸軍事、驃騎大將軍、太尉公、冀州刺史；其次子晪，字仁曜，孝莊初與兄曖同時遇害。與《北史·魏子建傳》所言之人相合無間。由此可以確知魏收之父魏子建與李暉儀之兄李虔爲兒女親家的關係。

上文曾引《北史·魏子建傳》曰：

> 邢杲之平，太傅李延寔子侍中或為大使，撫慰東土。時外戚貴盛，送者填門，子建亦往候別。延寔曰："小兒今行，何以相勗？"子建曰："益以盈滿為誡。"延寔悵然久之。

在這個故事的敘述裏，魏子建似乎也是因爲李延寔的外戚地位（孝莊帝之舅）而去

---

① 見羅文第六節。

爲其子李彧送行之人。不過如果考慮到李延寔爲李承幼弟李沖長子，就會明白魏子建之
所以"亦往候別"乃是因爲其與李延寔有親戚之誼。事實上，早在李延寔貴爲外戚之前，
其與魏子建的關係就已經相當親密了。《北史》卷五六《魏收傳附魏子建傳》載：

> 初，子建爲前軍將軍，十年不徙，在洛閒暇，與吏部尚書李韶、韶從弟延寔
> 頗爲弈棊，時人謂之耽好。

魏子建本傳未明確記載魏子建爲前軍將軍的時間，大體應在其外任東益州刺史的
正光五年（524）之前。李韶爲李虔長兄，據本傳（《魏書》卷三九），其任吏部尚書
亦在孝明之初。魏子建的家族是如何開始與隴西李氏親近的，尚無史料可以説明①。但
可以肯定的是，自孝明之世以來，至少魏子建已經與李虔一輩（即李寶的孫輩）的隴
西李氏子弟關係相當密切了。交往之密，至於結爲兒女親家。《北史》卷五六《魏收
傳》載，"吏部尚書李神儁重收才學，奏授司徒記室參軍"。李神儁爲李承弟李佐之子。
他爲魏收的仕進出力，應該不僅僅是出於愛才，魏子建與隴西李氏的特殊關係可能才
是更爲關鍵的因素。

所以魏收爲李暉儀作墓銘固然出於其子鄭伯猷之託。但其辭之所以極盡美言，與
其説是由於與鄭伯猷之間的交情②，不如説是因爲與李暉儀本人的親近關係。而魏收之
所以與鄭伯猷親近，可能也是因爲與其母李暉儀之間的關係使然，也許並不穩固。這
在一定程度上可以解釋爲何有李暉儀之"美銘"與鄭伯猷之"惡傳"這樣的矛盾現象。

因此，可以説魏收與李暉儀在現實中存在着的密切聯係，與其理念上對於當代史
的某些認識所表現出的高度一致，是相爲表里的。在這樣的認識之下，把李暉儀墓誌
序文部分也視爲魏收之思想的體現，應該也是可以允許的，儘管並不能將魏收坐實爲
序文部分的作者。

四

從以上揭示的魏收家族與隴西李氏之間的密切關係，還可以加深我們對魏收早期
個人經歷的認識。前文已經提到，魏收初入仕途，即得到隴西李氏的提攜。《北史》卷

---

① 《北史》卷五六《魏收傳》只記其祖悅"性沉厚，有度量，宣城公趙國李孝伯見而重之，以女妻
焉"。李孝伯爲趙郡李氏。關於魏收世系，《魏書》卷一百四《自序》唐長孺校勘記有辨。
② 李暉儀墓誌序文模擬鄭伯猷口氣，以"友人"稱魏收。羅文認爲，從李暉儀墓誌所反映的魏收與
鄭伯猷的關係看，《北史》卷五六《魏收傳》所提到的"滎陽鄭伯"其實就是"滎陽鄭伯猷"
（見羅文第六節）。

五六《魏收傳》載，“吏部尚書李神儁重收才學，奏授司徒記室參軍”。李神儁爲李承弟李佐之子，其爲吏部尚書在孝莊帝時（《魏書》卷三九本傳）。魏子建與隴西李氏的特殊關係無疑是這一提攜的背景。

《北史·魏收傳》又載：

> 節閔帝立，妙簡近侍，詔試收爲封禪書。收下筆便就，不立藁草，文將千言，所改無幾。（中略）遷散騎侍郎，尋敕典起居注，並修國史，俄兼中書侍郎。時年二十六。

年輕的魏收在前廢帝元恭即位之後得到重用，當然其才學是一重要因素，但不可忽視的則是元恭與魏收都身處隴西李氏所編織的親故網絡之中。不難想象元恭在被爾朱氏擁立之前，由于李暉儀的關係，與魏收應該即已熟識①。則其即位之後，魏收獲得重用，成爲親近機要之近侍，就是非常自然的事情。而魏收對於元恭的態度，即使到了後來，也仍然可以看出包涵着複雜的個人感情。《魏書》卷十一《廢出三帝紀》載：

> 史臣曰：廣陵廢於前，中興廢於後，平陽猜惑，自絕宗廟。普泰雅道居多，永熙悖德爲甚。是俱亡滅，天下所棄歟！

這裏的“史臣曰”對孝武帝元脩給予“猜惑”、“自絕宗廟”、“悖德爲甚”等惡評，或許還可以説是北齊的官方口徑；但對於元恭非但無一惡語，還給予了“雅道居多”這樣的高度評價。而且感懷“雅道居多”的元恭與“悖德爲甚”的元脩同歸亡滅，都是爲天下或者天命所拋棄了的君主。其中除了對於高齊受命的再確認之外，也可以讀到一絲對於前廢帝元恭的惋惜與同情。李暉儀墓誌曰，“普泰奄有萬國，冠帶百神”，其時（永熙二年）元恭已爲高歡所廢殺，仍然用此贊語。這也反映了墓誌序文部分作者與魏收對於當代歷史認識的一致。

魏收與前廢帝元恭的親近關係，在孝武帝即位後，也給他帶來了一定的風險。《北史》卷五六《魏收傳》載：

> 時節閔帝殂，令收爲詔。悛乃宣言：收普泰世出入帷幄，一日造詔，優爲詞旨，然則義旗之士，盡爲逆人。又收父老，合解官歸侍。南臺將加彈劾，賴尚書

---

① 魏收輩份較元恭爲高，但年齡却要小一些。元恭生於孝文帝太和二十二年（498），魏收生於宣武帝正始三年（506）。

辛雄為言於中尉綦儁，乃解。收有賤生弟仲同，先未齒録，因此怖懼，上籍，遣還鄉扶侍。

元恭被殺於孝武帝太昌元年（532）五月。其時因爲崔悛的攻擊，魏收在政治上處於相當危險的境地。雖然賴辛雄之助得保無事，但仍然給他造成了很大的精神壓力，不然也不至於怖懼到臨時承認"賤生弟"的身份而遣其回鄉扶侍老父了①。在不到一年之後的永熙二年（533）三月爲自己熟悉的長輩李暉儀寫墓銘時②，這種壓力應該仍然在强有力的起著作用。李暉儀墓誌所言"蹈此大難，終保元吉"，也可以看作是魏收的夫子自道。其中既包含了對於孝昌以來歷史教訓的總結，又寄託了對於未來的祈願。當時他還祇有二十八歲。

## 五

綜上所述，雖然並不能將魏收坐實爲李暉儀墓誌序文部分的作者，但是對於當代史的某些認識，《魏書》中的魏收與李暉儀及其墓誌序文作者卻表現出了高度的一致。這種一致，與魏收之家族與李暉儀之家族——即隴西李氏——之間存在的密切關係是相爲表裏的。對於魏收來説，這既深刻影響了他的早年經歷，也滲透進了二十年後他對《魏書》的書寫之中。

魏收所撰之《魏書》在北齊即已有"穢史"之名，後代更爲人所詬病。而至上世紀 30 年代，周一良先生發表《魏收之史學》一文③，力辯其誣，認爲"魏收之書詳略得當，近於實録"，是爲確論。不過若跳過是否"穢史"的糾纏，通過本文的討論也可以看到，無論是墓銘這樣的私作還是《魏書》這樣的國史，作者個人的經歷、觀念、利益、感情滲入其間幾乎是不可避免的。提出這些並非是要否定《魏書》的史學價值，而是覺得探討這些因素與歷史書寫之間的複雜關係，也許仍然是歷史學的有趣話題。

---

① 這裏的"還鄉扶侍"應該並非指返回其郡望所在的鉅鹿下曲陽，而是指魏家在洛陽的居處。據《北史》卷五六《魏收傳附魏子建傳》，"元顥内逼，莊帝北幸"之時，魏子建"遂攜家口居洛南。顥平乃歸"。所謂"歸"當然就是歸於洛陽。又載其"卒於洛陽孝義里舍"。據楊衒之《洛陽伽藍記》卷二景寧寺條，孝義里在"出青陽門外三里御道北"，已在城外。

② 李暉儀墓誌記其卒於永熙二年（533）春三月十二日，葬於夏五月廿二日。而據《北史》卷五六《魏收傳》，其父魏子建也卒於永熙二年春。推測魏子建應卒於李暉儀之後。若魏子建先卒，魏收就應該護送父親靈柩回鉅鹿家鄉安葬，不太可能還有閒暇留在洛陽爲李暉儀寫作墓銘了。則可以判斷魏收爲李暉儀墓誌作墓銘就在永熙二年三月下旬的幾日之内。當然這對於"下筆便就，不立藁草，文將千言，所改無幾"的魏收來説是非常輕松的。

③ 文載《燕京學報》18，後收入是著《魏晉南北朝史論集》（北京大學出版社，1997 年）。

## 附：北魏鄭平城妻李暉儀墓誌録文

魏故假節都督南青州諸軍事征虜將軍南青州刺史鄭使君夫人李氏墓誌銘/

夫人諱暉儀。隴西狄道人。帝高陽氏顓頊之裔也。庭堅言惠以命氏，伯陽隱道以無名。/自漢丞相蔡，逮乎涼武照王暠，或緝熙帝載，或撥亂一匡。年逾數百，世歷三代。風流並/軌，儒雅繼及。祖寶，儀同敦煌宣公。履順含柔，禮窮八命。父承，雍州刺史姑臧穆侯。懷靈/挺秀，見貴一時。三昆龍光，並據台鼎。旁枝繼別，各服衮衣。雖欒范之羽儀霸晉，季孟之/冠蓋王魯，無以尚也。夫人少秉幽閒之操，幼潔琬琰之姿。身苞六行，體兼四德。若其端/一誠莊之節，仁明道之叡，莫不秉自性靈，取之懷抱。組紃之暇，專習經書。訪弟諮兄，/不舍晝夜。故以貽謙博士，見號諸生。年十有三，初執箕帚。配德哲人，主茲中饋。已乃儀/形素里，模範閨房。夫人娣姒之中，於秩爲小。上奉舅姑，旁事同室。廉讓敬恭，謙柔忠愛。/喜愠不形於色，得失無概於心。仁恕寬和，泯然無際。又識用淵長，聰明微密。普泰奄有/萬國，冠帶百神。長女上太妃，小宗之嫡，實唯君母。主上屢使家人傳辭，欲崇以極號。/夫人以權疑在朝，慮生猜禍。苦加誨約，不令順命。太妃亦深鑒倚伏，固而弗許。所以蹈/此危機，終保元吉者，抑亦夫人之由。及大息伯猷，自散騎常侍而爲國子祭酒。時論以/外戚相擬，咸謂此授爲輕。夫人聞之，唯恐更有遷換。誠屬殷勤，千緒萬牒。每昏定晨省/之際，未嘗不以之爲言。是以諸子遵節，莫冀通顯，或降階出守，或仍世不移，或盤桓利/居，匪期招命。斯固夫人之志，物議所不知。其杜漸防萌，皆此類也。魏太昌元年冬十一/月四日送亡嫂故司徒孝貞公夫人崔氏附葬先塋時，隆寒哀慟，因感舊疾。自斯大漸，/彌歷歲時。而天地不仁，福謙無象。至永熙二年歲次癸丑春三月己丑朔十二日庚子/夜人定薨於洛陽之脩文里舍，春秋七十一。以其年夏五月戊子朔九日丙申啓途，十/五日壬寅祖引，越廿二日己酉，祔窆於榮陽之敖山之陽。哀嗣伯猷等擗摽永慕，窮叫/靡追。貪及余喘，略撰遺行。然書不盡言，無能萬一。友人中書侍郎鉅鹿魏收雖年在雁/行，而義均同志。後來之美，領袖辭人。託其爲銘，式傳不朽。其辭曰：/

虞謀似馬，孔嘆如龍。攸哉世業，欝矣民宗。丞相曡曡，德在歌鍾。武昭赫赫，道被笙鏞。皇/祖烈考，乃公帷牧。同株別幹，臺居衮服。連鑣楊氏，並驅遠族①。崛彼曾峰，秀茲橋木。陰祇/納祉，徽猷萃山。觀圖問傳，言詩訪史。外映瓊瑤，傍沾蘭芷。有行誰配，高名貴仕。清輝素/譽，俄焉在斯。六列咸序，四教無虧。再宣嬪德，重貽母儀。二恥齊契，三徙同規。邦家忻戚，/安危實有。抱虛斯應，持堅而守。去盈

① 遠族，羅文録文作"素族"。

存謙，居薄推厚。於休靡逸，邁屯无咎。詵詵履訓，扇/此風流。擬龍苞爽，類虎兼彪。倉倉並鶱，宛宛俱游。方申家慶，遽即泉幽。徒聞上壽，如何/下世。東龜告謀，西輈邁轍。墳埏暫啓，山門行閟。頹陵可期，雕金永晰。

# 北魏宣武孝明之際的于高之爭

## ——跋北魏元瓚夫婦墓誌

胡　鴻*

　　元瓚及其妻于昌容，均不見於傳世史料。他們的墓誌、拓片收入《河洛墓刻拾零》①，近年纔公佈於世②。這二人雖然不載於史冊，背後卻都有複雜的家世背景。將兩方墓誌合而觀之，能帶來相當豐富的歷史信息。其中，元瓚的仕宦經歷更像是一束微光，順著它所指引的方向探索，或許能觸動北魏後期歷史上一段不被重視卻並非無關緊要的故事。

　　爲了方便討論，先將兩方墓誌迻録如下：

　　（1）魏故持節鎮遠將軍朔州刺史元使君墓誌銘/

　　君諱瓚，字寶首，河南洛陽人也。恭宗景穆皇帝之曾孫，使/持節征東大將軍、都督冀、相、濟三州諸軍事、平原鎮大將濟陰/新城王之孫，使持節安西將軍、西中郎將、夏州刺史始平/順公之第二子。濟陰誕王之元弟。本玄極之遙源，體黃中之/嘉運，協二氣之純精，資五常之至性。器宇凝明，風度淹曠。道/業閑詳，德操淵遠。宣武皇帝順皇后，禮盛坤宮，義光陰極。/君即後之姊夫也。君資幹皇枝，連華後族。徽猷美譽，允集/於當時；清言善行，昭映於一世。景明三年，除給事中，爾時壽/春始降，雞肋初附，頻歲無年，邊儲未積。正始三年，轉屯田郎/中。遂使課獲倍盈，二蕃豐實。延昌元年，除通直散騎侍郎，職/惟左史，

---

*　胡鴻，北京大學歷史系博士生。

①　趙君平、趙文成編《河洛墓刻拾零》，北京，北京圖書館出版社，2007年。

②　《于昌容墓誌》的録文曾發表，並有學者對其進行了研究。見趙振華、梁鋒：《北魏于昌容墓誌》，載《河洛史志》1999年1期。以及朱紹侯：《〈北魏于昌容墓誌〉研究》，見洛陽古代藝術博物館編《洛陽出土墓誌研究文集》，北京，朝華出版社，2002年，頁282。朱紹侯文對該墓誌的基本歷史信息進行了解讀，但由於未能見到《元瓚墓誌》，留下的疑問仍然很多。因本文所討論的問題和朱文相距較遠，不擬在此對朱文中的疑點一一辨析。

司是記言，敷贊天工，式揚聖旨。雖南史之直辭，東/里之加闈，無以過也。四年，除司空從事中郎，府解，停。事同食/苗，縻繫不已。熙平元年，復除司空從事中郎。方隆懋績於辰/庭，成鴻功於天府，降年不永，春秋卅有七，十一月六日薨於/第。皇上痛盛德之玄俎，惜高勳之不就，追贈鎮遠將軍朔/州刺史。以神龜二年十一月丙子朔十日乙酉葬於長陵之/左。乃作銘曰：　神祚玄徵，慶緒冥贊。緝宇嵩華，捈流江漢。/鬱鬱崇崖，浩浩長瀾，魯衛為枝，梁楚為幹。乃及伊人，超飛逸/翰。高廟無門，深淵無岸。松貞桂馥，金明玉璨。靜恭爾位，好爵/俟時。清昇文閣，顯步禮闈。兩居鎖闥，再協臺基。善惡無蠋，/倚伏何依。芒芒石宇，杳杳泉扉。清樽空湛，明燈已微。晨光逝矣，/夜知何期。百年同盡，千載傳暉。

（2）大魏恭宗景穆皇帝曾孫、夏州刺史/

始平順公第二子元通直之妻于命婦/銘　于命婦，諱昌容，河南洛陽人也。中/領軍、車騎大將軍、冀定二州刺史、謐司/空公、太原郡開國公勁長女，于皇后/之姊。載德弈世，慶緒攸臻，冲靈降粹，誕/茲懿哲。幼嚴師傅，長而彌業。令淑內融，/外成元氏。謙虛敬讓之性，發自天然，雖/居后姊之貴，而於恭節不替。昇紫崇/嘯之暇，猶恂恂於姒娣。德顯當時，譽光/帝族。嬰□數載，春秋卅三，四月廿九日/乙丑終於寢，殯禮既畢，而遷葬焉。/大魏熙平元年歲次丙申八月乙未朔/廿七日辛酉奄壙①

## 一　“濟陰王誕”：家族內的“奪爵事件”

元瓚，出自濟陰王小新成②一支。即墓誌中的“濟陰新城王”，這裏將人名夾在王爵名之中，佔據通常是謐號的位置，這種寫法不常見。下面的“濟陰誕王”也是一樣，原因不詳。小新成三子（參圖1③）：

長子鬱襲爵。為徐州刺史時以贓貨賜死，國除。本傳言本應由鬱子弼襲爵，“為季父尚書僕射麗因于氏親寵，遂奪王爵，橫授同母兄子誕。”④ 僅從文獻中看，這件事顯得很突兀，“于氏親寵”與“元誕”有何關係？而且這裏的“因”也有點模糊，究竟是元麗“因為”于氏親寵元誕，還是“利用”于氏受到親寵之機，而行奪爵之事？更重要的是，既然國除，哪裏來的王爵可奪？

① 拓片分別見《河洛墓刻拾零》，頁25和頁21。標點為筆者錄文時所加，原文中有空格則保留。
② 本名新成，因其兄陽平王亦名新成，文獻中特加“小”字以區別。
③ 據《魏書》卷19上《景穆十二王·濟陰王傳》及《元瓚墓誌》。
④ 《魏書》卷19上《景穆十二王·濟陰王傳》，頁447。

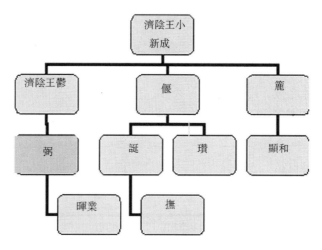

**圖1　濟陰王家族世系示意**

　　《于昌容墓誌》提示了于氏家族和元誕家族的姻親關係，這是一個重要綫索。于昌容是于勁長女，于勁的另一個女兒，爲宣武順皇后。于昌容又是元瓚之妻，而元瓚正是最終襲爵的元誕的元弟。于昌容的妹妹被立爲皇后在景明二年（501年）[1]，當時十四歲[2]。按照常理，于昌容結婚應在其妹之前，所以此時元誕一支已經和于勁家有了聯姻關係。奪爵事件中的"因于氏親寵"，當然有于氏親寵元誕一支的因素。

　　另外，"于氏親寵"更可能是指于氏所受到的親寵。于氏，本姓萬忸于[3]，代北舊族。于栗磾歷事道武帝、明元帝、太武帝三朝，以善戰著稱，功勛顯赫，其子孫以武略累世受到重用。"自栗磾至勁，累世貴盛，一皇后，四贈公，三領軍，二尚書令，三開國公"，[4] 其世系略參見圖2[5]。

　　于栗磾之子于烈，孝文帝太和二十一年除領軍將軍。太和二十三年三月，孝文帝南征荊州，于烈留守，鎮衛二宮。四月，孝文帝崩于魯陽谷塘原行宮。留在洛都的于烈與在行宮的彭城王勰密切配合，保證了宣武帝平穩即位。宣武帝即位之初，輔政諸王咸陽王禧等專擅大權，景明二年正月丁巳，于烈受命帶兵六十餘人，衛送執政諸王於帝前，諸王各稽首歸政。這一次小規模政變，宣告了宣武帝的正式親政。同時也是

---

① 《魏書》卷8《世宗紀》，頁194。
② 《魏書》卷13《宣武順皇后傳》，頁336。
③ 參《魏書》卷113《官氏志》，頁3007，及姚薇元：《北朝胡姓考》（修訂本），北京，中華書局，2007年7月第2版，頁58。
④ 《魏書》卷71下《外戚·于勁傳》，頁1832；《魏書》卷31《于栗磾傳》，頁746所述略同，但文字有脱漏。
⑤ 據《魏書》卷31《于栗磾傳》及《于昌容墓誌》。

于氏進入最高決策層的開端，"自是常直禁中，機密大事，皆所參焉"。①

于勁是于烈的四弟。于勁之女被立爲皇后，完全出自于烈的安排，語見《皇后傳》。于后當在景明元年入宮爲貴人，二年七月立爲皇后。于烈雖"以世父之重，彌見優禮"，卻於一個月之後，即景明二年八月，得暴疾而卒。② 而所謂的"奪爵事件"，發生在景明三年，此時在位受親寵的于氏，經仔細考索應該是于勁，詳見後文。

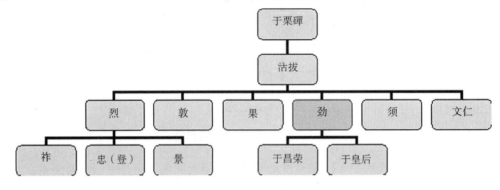

**圖2　于氏世系示意**

"奪爵事件"有另一個版本。《魏書·元誕傳》：

> 初，誕伯父鬱以貪汙賜死，爵除。景明三年，誕訴云，伯鬱前朝之封，正以年長襲封，以罪除爵。爵由謬襲，襲應歸正。詔以偃正妃息曇首（按：即誕），濟陰王嫡孫，可聽紹封，以纂先緒。③

按照這個説法，濟陰王的爵位在元鬱死後已經削奪。元誕得到濟陰王的爵位，是通過否定元鬱襲爵的合法性。元鬱很可能是小新成的庶長子，而元偃與元麗同是正妻所出。既然元鬱本不應襲爵，那麼所剝奪的也就不是濟陰王爵，即所謂"爵由謬襲"。真正的濟陰王爵應該由嫡孫元誕來繼承，即"襲應歸正"。這一頗爲無理的要求能夠實現，當然得益於勁的當權。所以，"因于氏親寵"之"因"，憑藉之意才是主要的。

綜合兩種説法，所謂"奪爵"不是元誕搶奪了元弼的爵位，而是元誕通過于勁當權的時機，重新獲得了本支已經被削奪的封爵。這些事件的背後，不乏元麗的刻意安排。元麗曾任"右衛將軍"，是領軍的直接下屬。是否因此而結交于氏，安排了元瓚和于昌容的婚事，進而利用于氏的權力，授意元誕重新要回封爵，史無明文。但從第一

① 《魏書》卷31《于烈傳》，頁740。
② 《魏書》卷31《于烈傳》，頁740。
③ 《魏書》卷19上《景穆十二王·濟陰王傳》，頁448。

種説法中專門提到季父麗來看，元麗一定發揮了關鍵作用。至于元誕"奪"元弼之爵的説法從何而來，很可能與元弼之子元暉業在建義年間訴復王爵，且暉業貴顯於東魏北齊，曾撰《辨宗室録》有關，尚有待進一步考察。

## 二　元瓚的停職

元瓚墓誌中，敍述元瓚的履歷，曾經兩次任司空府從事中郎。第一次在延昌四年，第二次在熙平元年。延昌四年的那次，很快因府解而停職。墓誌中接著描述道"事同食苗，縻縶不已"。這裏頗有值得分析之處。

"食苗"、"縻縶"，典出《詩經·小雅·白駒》第一章，"皎皎白駒，食我場苗。縶之維之，以永今朝"。鄭箋："縶"，絆；"維"，系也。① 這句常用來表示賢人將去，要設法挽留。用在墓誌裏，就是表示元瓚沒有了職位，但是朝廷再三挽留他繼續做官。根據墓誌提供的仕宦履歷，元瓚直到第二年才重新入仕，中間應該有一段賦閒的時間。如果以上的解釋不算太誤解，那麼，既然朝廷極力挽留他，元瓚爲何沒有在司空府解之後繼續轉到其他職位？

按延昌四年在司空之位先後有三人，一是清河王懌，三爲廣平王懷，三是任城王澄。二月癸未，清河王懌由司空轉任司徒；廣平王懷同時爲司空，八月己丑，進位太保，領司徒；同時任城王澄爲司空。任城王澄直到神龜二年五月始進位爲司徒，此期間一直爲司空。② 因而，在延昌四年府解的司空，一定不是任城王澄。那麼到底是清河王懌還是廣平王懷？這需要聯繫當時北魏政局來判斷。

延昌四年，隨著宣武帝駕崩，高層政治變動極大。略舉重要者如下：

正月，丁巳（13 日③），魏世宗（宣武帝）崩。崔光、于忠、王顯、侯剛，連夜扶太子即位。己未，悉召西伐、東防兵。西伐兵即高肇伐蜀的軍隊。同日，廣平王懷欲入禁中臨哭，崔光厲聲責止。于忠引太保高陽王雍入居西柏堂決庶政；任城王澄爲尚書令。王顯（太子中庶子，黨于高肇）欲爲變，于忠執顯殺之。百官總己聽於二王。

二月，辛巳，高肇歸。高陽王雍、于忠伏兵省下殺之。癸未（10 日），以高陽王雍爲太傅、領太尉，清河王懌爲司徒，廣平王懷爲司空。己亥，尊胡貴嬪爲皇太妃。

三月，甲辰朔，以高太后爲尼。于忠既居門下，又總宿衛，遂專朝政，權傾一時。

---

① 參李學勤主編十三經注疏（標點本）《毛詩正義》中，北京大學出版社，1999 年，頁 673。

② 《魏書》卷 9《肅宗紀》。參萬斯同《魏將相大臣年表》，《二十五史補編》第四冊，頁 4511～4512。

③ 本文所有月內日期推算，均以陳垣《二十史朔閏表》爲準，北京，古籍出版社，1965 年，以下不注。

　　九月，靈太后始臨朝聽政。解于忠侍中、領軍、崇訓衛尉，旬餘，復出爲都督冀定瀛三州諸軍事、征北大將軍、冀州刺史。①

　　這一年，先是高肇被謀殺，高氏傾動朝野的大權瞬間崩潰；其後是于忠脅二王執政，于氏全面掌權；靈太后臨朝，又結束了于忠執政的時代。墓誌中明確寫到元瓚入仕司空府在延昌四年，清河王懌任司空始於延昌元年正月，至此已近四年，而新朝伊始三公會有所調整（一般是依次昇遷），幾乎是不成文的慣例。也就是説，時人不可能不清楚清河王懌的司空府就快解除了。更重要的是，是年正月十三日起，宣武帝駕崩帶來的政治動盪，加上高肇手中兵權的威脅，使不安的氣氛一直持續到二月上旬除掉高肇。緊接著三公的重新任命，包括清河王懌和廣平王懷交接司空，纔宣布新秩序的開始。這樣看來，元瓚作爲元魏宗室、于氏姻親，會在一個動盪不安的時期，入仕一個形將解除的公府，這種可能性微乎其微。

　　據此，元瓚入仕的司空府主最有可能是廣平王懷（這一假説還將在下文得到旁證）。則他停職的時間是八月，正是于忠全面執掌大權的時期。作爲于勁女婿的元瓚，在于忠掌權的時候會停職賦閒在家長達數月，這完全不合常理。但若元瓚此時轉任別的官職，爲何墓誌中沒有記載？

　　熙平元年二月②，御史中尉元匡劾奏于忠，要求“請御史一人、令史一人，就州行決”，同時要求：

> 　　自去歲正月十三日世宗晏駕以後，八月一日皇太后未親政以前，諸有不由階級而權臣用命，或門下詔書，或由中書宣敕，擅相拜授者，已經恩宥，正可免其叨竊之罪。既非時望，冒階而進者，並求追奪。

　　太后不同意追罪于忠，其他的要求則“如奏”施行。③

　　顯而易見，元瓚的司空從事中郎，以及司空府解以後，他有可能轉任的其他官職，時間都在世宗晏駕和皇太后親政之間④。加以他和于忠的家庭關係，必然屬於元匡所彈劾的“擅相拜授”、“冒階而進者”之列。如果元瓚沒有轉任他官，他的司空從事中郎

---

① 　事件年月日主要依據《資治通鑒》卷148，頁4611～4620。
② 　此據《資治通鑒》，《魏書·于忠傳》但言“熙平元年春”，不言二月。
③ 　《魏書》卷31《于忠傳》，頁745。
④ 　元匡的上奏文尚有一點疑問，其中提到“八月一日皇太后未親政以前”，按《肅宗紀》，胡太后臨朝在九月乙巳（5日），八月仍然是于忠權力的全盛期。疑“八”或爲“九”之誤寫，但核對殿本《魏書》，亦作“八”，不敢妄加猜測。如果實爲八月，那麼本文推測元瓚八月以後既遷官職又被削奪，便無法成立。

一職將被追奪，被追奪的官職應該不能寫在墓誌里。因而元瓚在熙平元年二月一定還擔任其他官職，並經歷了一次被追奪的懲罰。被追奪官職是一件不光彩的事，墓誌不宜自暴家醜。而且神龜二年寫刻墓誌之時，于忠已死，靈太后加以美謚，此時對於當年打擊于忠的種種措施，不宜重新提起。因此試大膽做一假説如下，以待確證：延昌四年八月，廣平王懷的司空府解，元瓚繼續轉到另一個職位。第二年二月，由於元匡的劾奏，元瓚等一批人的現任官職被追奪。因爲這件事不宜在墓誌中提起，乾脆在元瓚的仕宦經歷中抹去得到又被追奪的一段，直接篡改成因司空府解而停職。爲了進一步彌縫，還特地加上了"事同食苗，縻蟄不已"來描述他離職時也很受重視。恰恰是這一彌縫，起到了欲蓋彌彰的效果。

## 三　廣平王懷和高于之爭

依照上文的大膽推測，元瓚後來很可能被作爲于忠餘黨而遭追奪官職。下文試著説明，元瓚的入仕更有可能不是隨意的安排。

上文已經推定元瓚第一次供職的是廣平王懷的司空府。廣平王懷，母孝文帝昭皇后高氏（追尊）。孝文帝高皇后一共生了二子一女，長子即宣武帝，次子廣平王懷，後又生長樂公主。[①] 這位高皇后是高肇的親妹，其後長樂公主又嫁給了高肇兄子高猛[②]。毫無疑問，廣平王懷與高氏外戚關係非常密切。高氏外戚和于氏外戚，又有著莫大的淵遠糾葛。

《魏書·宣武順皇后傳》：

> 后靜默寬容，性不妒忌，生皇子昌，三歲夭歿。其後暴崩，宮禁事秘，莫能知悉，而世議歸咎於高夫人。[③]

《魏書·外戚高肇傳》：

> 時順皇后暴崩，世議言肇爲之。皇子昌薨，僉謂王顯失於醫療，承肇意旨。[④]

---

① 《魏書》卷 13《孝文昭皇后傳》，頁 335。
② 《魏書》卷 83 下《外戚·高肇傳》，頁 1831。
③ 《魏書》卷 13《宣武順皇后傳》，頁 336。
④ 《魏書》卷 83 下《外戚·高肇傳》，頁 1830。

按《魏書·肅宗紀》，正始四年十月，皇后于氏崩。永平元年三月，皇子昌薨。①
不管于皇后之死是否真與高夫人和高肇有關，内朝的謠言總是外朝政治鬥爭的曲折反
映。景明二年，于皇后甫立，八月于烈暴疾而死，接替他的領軍一職的，應該是于皇
后之父于勁。《北海王詳傳》："世宗講武於鄴，詳與右僕射高肇、領軍于勁留守京
師。"② 宣武帝在鄴城講武，時間是景明三年九、十月間，推測這一年里領軍一職由于
勁擔任，應該不會差得太遠。又據《源懷傳》："又詔爲使持節，加侍中、行臺，巡行
北邊六鎮、恒、燕、朔三州。時后父于勁勢傾朝野，勁兄于祚與懷宿昔通婚，時爲沃
野鎮將，頗有受納。"③ 時在景明四年十一月④于勁頗有　段時間"勢傾朝野"。本文第
一部分所述的"奪爵事件"，即發生在景明三年。

就在于烈、于勁相繼"勢傾朝野"之時，高肇爲首的高氏外戚也越來越醒目地出
現在朝堂之上。高肇，孝文帝高皇后之兄，宣武帝和廣平王懷的母舅。景明初，宣武
帝"追思舅氏"，始徵肇兄弟。景明二年賜死咸陽王禧，財寶奴婢田宅多入高氏。"未
幾，肇爲尚書左僕射、領吏部、冀州大中正"。⑤ 據上引《北海王詳傳》世宗於鄴講武
一事，景明三年高肇已經昇爲尚書右僕射。景明四年，宣武帝納高肇兄偃之女爲夫
人⑥。

就在這一年，發生了趙脩案。這是高肇和于勁的一次正面衝突。趙脩有膂力，不
通文墨，爲宣武帝近侍，因皇帝恩遇而奢傲無禮。事見《恩倖傳》，其人可知。因王顯
密告，高肇、甄琛等構成其罪，詔"鞭之一百，徙敦煌爲兵"。然而，

是日脩詣領軍于勁第與之樗蒲，簺未及畢，而羽林數人相續而至，稱詔呼之。
脩驚起隨出，路中執引脩馬詣領軍府。琛與顯監決其罰，先具問事有力者五人更
迭鞭之，佔令必死。旨決百鞭，其實三百。脩素肥壯，腰背博碩，堪忍楚毒，了
不轉動。鞭訖，即召驛馬，促之令發。出城西門，不自勝舉，縛置鞍中，急驅馳
之。其母妻追隨，不得與語。行八十里乃死。⑦

---

① 《魏書》卷8《世宗紀》，頁205。
② 《魏書》卷21上《獻文六王·北海王詳傳》，頁561。
③ 《魏書》卷41《源懷傳》，頁926。
④ 《魏書》卷8《世宗紀》，頁196。
⑤ 事具在《魏書》卷83下《外戚·高肇傳》。本段出自《高肇傳》者不再出注。
⑥ 據《魏瑤光寺尼慈義墓誌銘》，趙超《漢魏南北朝墓誌彙編》，天津，天津古籍出版社，1996年，
　　頁102。
⑦ 《魏書》卷93《恩倖·趙脩傳》，頁2000。以下趙脩事同出此傳者不再出注。

史言"于後之入，趙脩之力也"。"脩死後，領軍于勁猶追感舊意，經恤其家"。都説明趙脩和于家關係不同尋常。高肇等對一個不太重要的趙脩竟然違背詔旨施以如此手段，與其説是在打擊趙脩，不如説是在向于勁等人示威。趙脩被執於于勁的眼皮底下，行刑居然在領軍府，這些都不會是巧合。

于勁的"權傾朝野"實在是很有限，看來僅僅掌握宿衛權，又以后父之尊受到優寵而已，從未掌握軍政大權。其時北海王詳"軍國大事，總而裁決"，但所行不端，正始元年，高肇等構成其罪，因囚禁而殺之。① 高肇已經是一個讓朝野側目的權臣了。正始三年五月，"以秦隴未平，詔征西將軍于勁節度諸軍"，是時于勁已然被排擠出政治中心。正始四年于后猝死，鑒於此前高肇對于勁的種種排擠，歸罪於高肇和高夫人的謠言也就不足爲怪了。

于皇后既死，于勁又早被排擠出去，但于氏並不因此在政治中無足輕重。于氏的權力本不來自於外戚身份，因而也不會隨于皇后而去。此時于忠開始成爲值得注意的人物。于忠爲于烈之子，太和中，孝文帝賜名登，轉太子翊軍校尉。宣武帝即位後，尋除左中郎將，領直寢。定元禧之亂有功，又賜名忠，一開始就是宣武帝親信的人物。正始二年，高肇勢力正在迅速膨脹之時，于忠爲西道大使，"劾并州刺史高聰贓罪二百餘條，論以大辟"。② 孝明帝時元匡"奏高聰及（高）綽等朋附高肇，詔並原罪"，③ 高聰是高肇一黨，可以肯定。高聰看來沒有真的被處死，但這也是于氏對高肇的一次反擊。

于忠後除衛尉卿。高肇重施故計，勸皇帝以于忠爲定州刺史。宣武帝既而覺得"股肱褫落，心旅無寄"。復受衛尉卿，領左衛將軍，後來遷至侍中、領軍將軍，終於有延昌四年于忠伏兵殺高肇的事件。

高于之爭，雙方各有黨援。其他瑣碎人物不必贅論，這裏只提崔光。正始元年，有人獻四足四翼雞，崔光借此機會，引漢朝災異故事，説是"翅足眾多，亦群下相扇助之象……今或有自賤而貴，關預政事"，④ 史言後以茹皓之誅應驗。茹皓娶高肇從妹，可以想見兩人的關係。不過後來高肇欲除北海王詳，羅織其罪名爲與茹皓等謀爲逆亂，結果北海王幽死，茹皓自殺於家。崔光對四足四翼雞的解釋，顯然不是真的預見到了茹皓之死，而是針對高肇擅權而發。其立場本與高肇相對。《崔光傳》亦稱"始領軍于忠以光舊德，甚信重焉，每事籌決，光亦傾身事之"。⑤ 元瓚墓誌中提到他"延昌元年，

① 《魏書》卷21上《獻文六王·北海王詳傳》，頁561～563。

② 《魏書》卷31《于忠傳》，頁742。本段事出《于忠傳》者，不再注。

③ 《魏書》卷48《高綽傳》，頁1091。

④ 《魏書》卷67《崔光傳》，頁1489～1490。

⑤ 同上，頁1499。

除通直散騎侍郎，職惟左史，司是記言，敷贊天工，式揚聖旨"，通直散騎侍郎雖屬集書省①，然按墓誌的説法，元瓚實際進入掌記注的史官系統。而自太和末年李彪解著作，崔光即全面掌管史官系統的工作。考慮到崔光與于氏的關係，元瓚之成爲"元通直"一定和崔光有關。

延昌四年，宣武帝駕崩後二日，崔光與廣平王懷有一次正式交鋒。

　　廣平王懷扶疾入臨，以母弟之親，徑至太極西廡，哀慟禁内，呼侍中、黄門、領軍、二衛，雲身欲上殿哭大行，又須入見主上。諸人皆愕然相視，無敢抗對者。光獨攘衰振杖，引漢光武初崩，太尉趙熹横劍當階，推下親王故事，辭色甚厲，聞者莫不稱善，壯光理義有據。懷聲淚俱止，雲侍中以古事裁我，我不敢不服。於是遂還，頻遣左右致謝。②

老皇帝剛死，新皇帝初立，是政治上最爲敏感的時期，這時宮禁中一點風吹草動，都可能影響後來整個政治局勢。廣平王身爲宣武帝母弟，而剛即位的孝明帝又過於年幼，他的身份尤其不同尋常。他此時欲入哭大行，不知是生性粗疏，還是別有目的。考慮到此時高肇統大軍在外，廣平王懷又與高氏有如此密切的關係，這件事的意義就更加豐富了。

回到廣平王懷，崔光的厲責對他發生了怎樣的影響，我們無由推測。高肇被殺之後二日，廣平王懷即被拜爲司空。這一任命看似突兀，實則是于忠、崔光除掉高肇之後一系列政治安排的步驟之一。殺死高肇後，"下詔暴其罪惡，又云刑書未及，便至自盡，自餘親黨，悉無追問，削除職爵，葬以士禮"。③ 高肇專權有日，黨附之徒一定不少，此舉也是爲穩定局勢不得已而爲之。此時以與高氏淵源甚深的廣平王懷爲司空，正與此意一以貫之。

元瓚正是此時進入了廣平王懷的司空府，政治意義相當顯明。廣平王元懷與元瓚，同出元魏宗室，卻因外家的不同，分別影射著高氏和于氏兩大勢力。此時以元懷爲司空，藉以安定高氏黨羽；以元瓚入仕司空府，代表廣平王對于氏勢力的接受，也暗喻著于、高兩派的最終合一。

---

① 《隋書》卷 27《百官志》中，頁 754。
② 《魏書》卷 67《崔光傳》，頁 1491。
③ 《魏書》卷 83 下《外戚·高肇傳》，頁 1831。

## 四　附論：高肇擅權的真相

關於墓誌，寫到這里已經過於冗長。因爲文中提到了高于之爭和高肇的擅權，不免再贅言幾句。①

從現存的史料中看到的高肇，是一個憑藉外戚身份專擅大權，以陰狠手段打擊異己的陰謀家。然而事實似乎不盡如此，試看以下幾條材料：

《魏書·高肇傳》：

> 始世宗未與舅氏相接，將拜爵，乃賜衣幘引見肇、顯於華林都亭。皆甚惶懼，舉動失儀。
> 世宗崩，敕罷征軍。……肇承變哀愕，非唯仰慕，亦私憂身禍，朝夕悲泣，至於羸悴。②

《魏書·任城王澄傳》：

> 世宗夜崩，時事倉卒，高肇擁兵於外，肅宗冲幼，朝野不安。③

按其時高肇手握重兵，受召立即返回，宿瀍澗驛亭，家人來迎都不相見，一點沒有擁兵反抗的打算。根據上面的材料，高肇初見皇帝緊張異常，聽到皇帝去世的消息又朝夕哭泣，完全不像是一個張揚跋扈的人物，更沒有一點陰謀家的陰騺沉穩。他究竟是憑什麼擅權世宗一朝？

高肇自言出自渤海，實則時人多以高麗蠻夷視之。④ 他的出身可以説比較低。高肇爲政，最受朝野怨憤的事有：僭殺北海王詳；説世宗防衛諸王，殆同囚禁；被懷疑謀害于皇后及皇子昌；逼反京兆王愉；僭殺彭城王勰。任城王澄"爲肇間構，常恐不全，

---

① 高肇被宣武帝起用來抑制宗室諸王，這一點李憑在《北朝發展的軌跡》中已經明確提及，見所著《北朝研究存稿》，北京，商務印書館，2006 年，頁 17、18。因爲李憑並未詳論，而且也沒看看到高肇與于氏等貴戚相争的一面，本文的論證尚有價值。

② 《魏書》卷 83 下《外戚·高肇傳》，頁 1829 及頁 1831。以下出自《高肇傳》不另注。

③ 《魏書》卷 19 中《景穆十二王·任城王傳》，頁 473。

④ 關於高肇的郡望問題，參見羅新、葉煒《新出魏晉南北朝墓誌疏證》三三《高琨墓誌疏證》，北京，中華書局，2005 年，頁 72～74。及李憑《北朝兩位高氏皇后族屬考》，見《北朝研究存稿》，北京，商務印書館，2006 年，頁 163。

乃終日昏飲，以示荒敗。所作詭越，時謂爲狂。"①《任城王澄傳》言："高肇當朝，猜忌賢戚"②。清河王懌曾謂高肇："天子兄弟，詎有幾人，而炎炎不息。"③《資治通鑒》引文作"而翦之幾盡"。④ 意義更爲明確。明顯可以看到高肇打擊的主要對象是諸王，以及于氏這樣的貴戚。

延昌元年大旱，高肇擅自減膳録囚。清河王懌言於宣武帝曰：

> 諒以天尊地卑，君臣道別，宜防微杜漸，無相僭越。至於減膳録囚，人君之事，今乃司徒行之，詎是人臣之義？

世宗笑而不應。⑤ "笑而不應"的世宗宣武帝，對高肇的擅權表示了一個默認的態度，又像是一切盡在掌握之中。前文已經提到，宣武帝剛剛即位時，咸陽王禧、北海王詳等六王尊遺詔輔政。宣武帝密召于烈，曰："諸父怠慢，漸不可任，今欲使卿以兵召之，卿其行乎？"⑥ 於是有于烈執行的小政變，六王各稽首歸政。其後不久，又有咸陽王禧謀反，又賴于烈而平定。宣武帝對宗室親王是何種心理，大約能從此中猜出一二。誅心之論既非治史家當爲，這里且以宣武帝對母弟廣平王懷的做法爲一旁證：

《魏書·楊昱傳》：

> 正始中，以京兆、廣平二王國臣，多有縱恣，公行屬請，於是詔御史中尉崔亮窮治之，伏法於都市者三十餘人，其不死者悉除名爲民。⑦

《魏書·崔亮傳》：

> 侍中、廣平王懷以母弟之親，左右不遵憲法，敕亮推治。世宗禁懷不通賓客者久之。⑧

---

① 《魏書》卷 19 中《景穆十二王·任城王傳》，頁 473。
② 同上。
③ 《魏書》卷 22《孝文五王·清河王懌傳》，頁 591。
④ 《資治通鑒》卷 147，頁 4602。
⑤ 《魏書》卷 22《孝文五王·清河王懌傳》，頁 591。
⑥ 《魏書》卷 31《于烈傳》，頁 740。
⑦ 《魏書》卷 58《楊昱傳》，頁 1291。
⑧ 《魏書》卷 66《崔亮傳》，頁 1477。

《魏書·崔休傳》：

> 入為吏部郎中，遷散騎常侍，權兼選任。……廣平王懷數引談宴，世宗責其與諸王交遊，免官。①

宣武帝對待"性粗疏"的廣平王懷尚且如此，其餘可知。

《高肇傳》稱："世宗初，六輔專政，後以咸陽王禧無事構逆，由是遂委信肇。"此時，宣武帝以高肇主庶政，以於烈繼以于勁掌宿衛禁軍，一文一武，共同輔助皇帝從輔政諸王手中奪取政權。因而在上文于高之爭的勾勒中，于勁和高肇幾乎同時受到重用。然而于勁和高肇又不同，于氏"累世貴甚"，從于烈起擔任領軍，掌握宮省宿衛，皇帝對于氏，倚仗多於利用。高肇則出身寒微，沒有强大的家族背景。他的政治價值，就在於幫助皇帝壓制宗王，維護皇帝的絕對權威。與高肇一起主持處決趙悠的元紹，史稱其"斷決不避強禦"；② 崔楷，曾因黨附高肇而被中尉所劾，史言其"性嚴烈，能摧挫豪强"。③ 可見高肇一黨的重要特徵是打擊豪强，所謂豪强，與《任城王傳》中所說的"賢戚"，《高肇傳》的"諸王"，名目雖殊，所指略同。而高肇打擊豪强、壓制諸王背後真正的主使者，正是宣武帝元恪。故而宣武帝駕崩，高肇立刻變得惶恐不安，手足無措。失去了強力君主的支持，高肇的權威已經是無本之木，一次伏兵暗殺，即能輕描淡寫地把他抹去。

## 五　代結論

閻步克先生在考察漢末選官時，曾經得出這樣的結論：官場自身也構成了形成世家的場所，大地産佔有等往往也是政治權勢的派生物。通過政治權勢瓜分社會權益，是傳統中國固有的突出現象。④ 在發達的皇權官僚制帝國中，國家是權力的源頭，皇權是其他權力分配者。但是在中古中國政治史上，西晉以降這種權力分配格局發生了很大變動，北方有被稱爲"軍事封建制"的宗室分權制度⑤，南方則有凌駕皇權之上的世

---

① 《魏書》卷 69《崔休傳》，頁 1526。
② 《魏書》卷 15《昭成子孫·元紹傳》，頁 376。
③ 《魏書》卷 56《崔楷傳》，頁 1253。
④ 閻步克：《孝廉同歲與漢末選官》，《樂師與史官》，北京，三聯書店，2001 年，頁 220。
⑤ 參唐長孺：《晉代北境各族"變亂"的性質及五胡政權在中國的統治》，收入《魏晉南北朝史論叢》，三聯書店，1955 年，頁 127。谷川道雄：《隋唐帝國形成史論》第二章《慕容國家的君權與部族制》，上海古籍出版社，2004 年，頁 51。

家大族。這一變動貫穿東晉十六國和南北朝前期。在梁武帝和孝文帝的時代，幾乎同時看到南北的政體向皇權官僚制國家回歸。從“士大夫故非天子所命”到分定姓族，從高門士族和軍功勳貴執掌朝政到寒人崛起皇權重振，都是這一過程的具體表現。而北魏的這一轉變，又與所謂漢化改革相始終。故漢化改革不是一次單純的文化轉型，而有著政治發育的內在邏輯。[1]

　　本文所鉤沉的幾個故事，正需要放在北魏政治發育的大過程中去看，才具有歷史意義。家族內部對爵位的爭奪，意味著對於一般宗室，官與爵成爲其立命之本。官須國家仟命，爵可昇降予奪，故而宗室不再有另外的權利來源，只能附麗於皇權和官僚制。舊軍功世家于氏最初被用來對付宗室老王，後來又受到高肇一派的打擊，宣武帝使這兩派互相牽制，從而讓皇權凌駕兩者之上。于氏和高氏，都不過是皇權官僚制國家建立中，用以削弱宗室和勳貴的棋子。

　　北魏向皇權官僚制國家發展的進程有如洪流，濫觴於太武帝之世，暴漲於孝文一朝，洋洋乎宣武在位之年。其後雖主幼時艱，太后臨朝，或近臣擅權，威柄旁落，皇權仍是權力中心，區別只在由誰行使。同時，正如在高于之爭中所看到的，皇權官僚制的發展進程，所打擊和針對的正是以“軍事封建制”爲基礎的宗室權力和軍功舊姓的權力，其手段一是通過政治上的壓制如重用寒人，提拔新貴等；二是通過制度上的限制，通過引入分工細密的官僚制度，替代過去實權分散的“胡族體制”。這種集權化和文官化的過程，又造成國家武職系統地位的全面低落。洛陽禁軍圍攻張彝府第，西北軍鎮城民蜂起，都是這一洪流激起的反沖。河陰一屠，東西兩分，軍閥四起，儼然亂世，反沖之力不可謂不猛烈。但高歡起自布衣，高澄高洋未履疆場，父子二代，即已建立絕對皇權，侯景難立，斛律不終，足見元魏數百年積累，絕非一朝亂離可廢。

---

① 谷川道雄已經從“朝向更爲普遍意義的國家發展”的視角來認識孝文帝的改革，見《隋唐帝國形成史論》第二編《北魏統一帝國的統治結構與貴族制社會》，頁 104。松下憲一也認爲孝文帝改革的目的是將北族中心的政治體制變爲皇帝中心的政治體制。見《北魏胡族體制論》第四章《北魏の洛陽遷都》，北海道大學出版會，2007 年，頁 87。逯耀東在《北魏孝文帝遷都與其家庭悲劇》一文中仍然從保守與新生，胡俗與漢文化之間的對立來立論，似有未達一間之憾，見《從平城到洛陽》，2006 年，頁 129。

# 碑帖刻石與早期拓本的發現及其相互佐證

## 施安昌[*]

古代碑帖的刻石固然有久存一地者和時有遷移者，但也有始存後佚者，有佚而復出者，有隱而復顯者。本文要講的是後三種情況。碑帖拓本有早期與晚近之分，早拓完好而難得，晚拓多見。然而不論早晚都與刻石保持著相互佐证的關係。本文要討論的是每當發現某刻石之後與早期拓本互相證明，或者是發現某種早期拓本之後與原刻石互相證明的問題，人們常常稱這類情況爲契合。

本題涉及刻石和拓本的流傳與研究的歷史，涉及碑帖研究的方法。

## 一　魏廬江太守范式碑

廬江太守范式碑，三國魏青龍三年（235）刻，隸書。碑在濟寧。宋洪適《隸釋》著録碑文。碑石久佚，拓本亦無聞。至乾隆年間兩者先後復出。先是乾隆四十一年（1776）膠州崔儒际（墨云）得到碑額於濟寧龍門坊水口，四十八年（1783）錢塘黃易（小松）獲得泰安趙相國藏宋拓本，至五十二年（1787）李東琪（鐵橋）自州學再得碑石上半截並有碑陽、碑陰。范式碑的宋拓和原石一時間紛紛發現，成爲乾隆時金石學一段佳話。

黃小松舊藏的宋拓，今在故宮博物院保存完好（圖一）。内有翁方綱、黃易、李東琪、張塤等金石家的題識。下録當事人李東琪、黃易兩則題跋，以志史事。

李東琪跋：

"乾隆己酉（1787）暮春，琪督工拓碑於州學。適步欞星門西，見壁根片石甚古，訝爲漢物。拂拭之，隱隱有隸書數人名。急掘洗之，乃范式碑也，不禁狂喜。遂移與先得之額並列焉。李東琪鐵橋記，錢唐黃易助立。"

黃易題跋：

"右廬江太守范式碑與涼州刺史魏元丕碑共裝一册，籤題曰'漢碑　相國泰安趙公

---

\*　施安昌，故宮博物院研究員。

所藏。'乾隆癸卯（四十八年，1783）夏王古愚得於濟南，割愛見貽，裝爲二，寄都門翁宮詹覃溪題跋。乙巳（五十年，1785）五月知膠州，張蔭堂從聶劍光處得靈台，朱龜，譙敏三碑贈易。晴窗展對，與范、魏二碑裝池同出一手。修短悉符，延津劍合，不勝狂喜，因共爲一函題曰：'漢魏五碑'。案：元天曆間幽州梁有九思奉敕歷山東、河北拓金石文字三萬通彙進，類其副二百卷題《文海英瀾》。此碑有元内府"都省書畫之印"、"濟南府印"，或即九思所進未可知也。李嗣真以此碑爲蔡中郎書。吳念湖以鄭氏《通志》所載：一廬江太守范式碑，注云：蔡邕書，濟州。一魏范式碑，注云有碑陰，青龍三年。是范式實有漢魏兩碑。李嗣真所指乃蔡邕一碑也。此碑洪釋五百二十七字。宋拓本只存三百四十八字。原石久失，崔墨云初得碑額，李鐵橋繼得斷碑有碑陰，俱立於濟寧學宮戟門下。宋拓本較新出斷碑多一百八十余字，實海内稀有之迹。亟雙鈎付梓以公同好。乾隆己酉十一月錢唐黃易識於濟寧官舍。"

　　黃跋作了一個十年回顧，後來他果然將范式等漢魏五碑雙鈎刊印，影響深遠。范式碑宋拓本不及《隸釋》的釋文字多，但可校勘，有所辯正。范式碑石出現還糾正了《隸釋》、《隸續》中的一個錯誤。《隸釋》卷十九只只錄有碑文，碑陰闕如。[①] 而將碑陰文字誤作"魯峻碑陰"收入《隸續》卷十二，同時説："藏碑者以爲魯君碑陰，雖無所據，度其石之廣適與魯碑合。"洪適只是看到拓本未見碑石，而碑陰拓本又與碑陽拓本失散。直到碑石出來後人們才查出張冠李戴。可見古碑原石發現的重要性。

## 二　唐太宗《溫泉銘》及"秀岳銘"

　　宋《淳化閣帖》問世以後，潘師旦在閣帖基礎上增添別帖，刻帖前十卷和後十卷，帖在山西絳州，故稱《絳帖》。此帖明代已罕見。今故宮博物院珍藏宋拓《絳帖》一部，分十冊，每冊兩卷。後十卷的第二卷内，"唐太宗書"標題下刻五帖，皆無題目，帖書稱爲"氣發帖"、"唱箭帖"、"患痢帖"、"臨朝帖"和"秀岳銘"。前四帖閣帖已收，唯第五帖爲潘氏增益。此帖起於"巖巖秀岳"，止於"芳流無竭"，共十九行一百二十八字。錄文如下："巖巖秀岳，橫基渭濱。滔滔靈水，吐岫標神。古之不舊，今之不新。蠲痾蕩瘵，療俗醫民。鑠凍霜夕，飛炎雪晨。林寒尚翠，谷暖先春。年序屢易，暄涼幾積。其妙難窮，其神靡覿。落花纈岸，輕苔綱石。霞泛朝紅，煙騰暮碧。疏簷嶺際，抗殿岩陰。柱穿流腹，砌裂泉心。日瑩文淺，風幽響深。蕩茲瑕穢，濯此虛衿。偉哉靈穴，凝溫鏡徹。人世有終，芳流無竭。"。

　　清道光十年（1830）吳榮光以家藏墨迹及宋帖摹刻《筠青館帖》六卷。今故宮亦

---

① 據洪氏晦木齋刻本，中華書局 1983 年影印，頁 409。

存有一部，第二卷內有"秀岳銘"，書蹟、字數與《絳帖》本同。帖後刻吳氏批語："唐太宗'秀岳銘'僅見《絳帖》，亟宜採之。"

　　故宮所藏《絳帖》有吳榮光題籤、跋文及鈐印，且翁文綱題跋説明了吳氏獲帖原委，故知爲吳荷屋舊藏。而《筠青館帖》內"秀岳銘"即依此摹勒。今摹本與底本並几對觀，如復筠青館舊觀。

　　在吳氏摹後六十六年，敦煌石室被打開，《溫泉銘》原石唐拓本出現，世人方知"'秀岳銘'即摹刻《溫泉銘》之後半。"① 而此距潘氏刻《絳帖》又八百餘年了。《溫泉銘》出，"秀岳銘"得以正名；"秀岳銘"存世，唐太宗書《溫泉銘》可以確證；古人刻帖輯佚，後人以碑證帖：此碑帖互跡之一例。

　　敦煌本與絳帖本對校，有如下不同：1. 帖本鋒芒多失，與舊拓《晉祠銘》面貌相近。2. 帖本字小而行距大。3. 帖本"療俗"之"俗"字移到後一行，下邊的文字排列位置也就不同於原石本了。4. 帖本"神靡"二字之間多空出一字地位。5. 筠清館本"岳"字缺一豎筆。6. 敦煌本存五十行三百六十二字，絳帖本存十九行一百二十八字，不足五分之二。

　　不同的原因可以這樣分析：敦煌本爲早拓，鋒穎如新；帖本依晚拓摹入，磨失較重。敦煌本是剪字裝裱，其行距、字距未必盡同原刻，帖本之底本可能也是這種情況，故兩本行氣，位置有別。②

## 三　唐懷仁集王書聖教序

　　唐玄奘去世後八年，高宗咸亨三年（672），弘福寺沙門懷仁集王羲之書，刻成大唐三藏聖教序碑。這是長安僧衆對玄奘一生取經，譯經卓越成就永遠的紀念。一千三百年來，此碑留下拓本，近代無論，清拓以上者也難計其數。國內外凡有較多碑帖收藏的單位幾乎都可以見到，當然也包括它的各種翻刻本。

　　此碑自首行"晉右將軍"之"晉"字，至末行"文林郎"之"林"字，斜貫一道

① 見於王仁俊輯印《敦煌真跡録·甲集上》內影印溫泉銘並跋，1909 年國粹堂刊印。羅振玉輯印《敦煌石室遺書》內溫泉銘跋，1909 年誦芬室刊印。宋王欽若等編《冊府元龜·帝王部》："（貞觀）二十二年正月帝幸溫湯，御製《溫湯碑》以示群臣，曰：'疇昔詞人已有此作，朕又爲之，可得而比邪？'王公咸曰：'天文雜奧超象系之表，前代瑣瑣小詞，豈得輒相比，況乃神筆。'自書勒於溫井之側。侍坐王公咸聽於碑陰容紀姓名官位。"元代李好文《長安志圖》卷上地圖標明《溫泉銘》立於華清宮昭陽門內。
② 施安昌：《唐太宗溫泉銘校碑紀事》，《文物》1992 年第 3 期。後收入施氏著《善本碑帖論集》，紫禁城出版社 2002 年。

橫向裂紋。於是，碑拓有無裂紋，裂紋之粗細也就成爲辨別拓本早晚的一個考據。明前未見記載。明代以來，鑒家對斷裂的時間有各種推測，未斷本爲宋拓則是其中的主流意見。

故宮藏一宋拓未斷本，即曾經楊大瓢著録的金陵馬上舍本，有"上郡馬氏珍藏"印。内有明王世懋萬曆十六年（1588）題跋，言"碑之斷在元末國初。故今人得不斷本輒謂宋拓實之。"還有一未斷本内有張塤乾隆三十九年（1774）跋，云："聖教序記不斷本便爲宋拓，人盡知之。"

碑帖鑒定家張彦生對此考辨尤明細，他在《懷仁集王書聖教序拓本概述》①中説："此序碑斷年代無確實記載，其説不一，有謂宋紹興二年（1132），或云元趙孟頫臨寫聖教序每斷處缺字，王世懋云斷於元末明初，又有云斷於天順（1457~1464），又有云斷於嘉靖；②《金石萃編》載斷於明萬曆乙卯（四十三年）。③我認爲斷碑前與初斷本以紙墨拓工論，與其他舊拓本唐碑相比較，碑斷當在宋元之間。""此序綫斷拓本最少見，只見儀堂由滬購來一本，由末行'文'、'林'二字間斷起，斷如綫，不傷字，斷到前數行似有似無。審紙墨拓工爲宋時所拓。"

可以看出張氏採用的研究方法是：從衆多的聖教序拓本中，按照斷裂紋由微而顯，由細而粗的變化將拓本逐一排序，結合裂紋以外的考據諸字（"慈"、"何以"、"奥"字等）變化，同時觀察紙墨拓工的異同。因爲在不同時代拓本的紙墨拓工有其不同的面貌、特點，反過來可以成爲裂紋出現的時間依據。

一九七三年，西安碑林在脩整石臺孝經時意外發現石材縫隙間存有一張聖教序碑整幅未斷拓本，它被折疊起來作爲襯墊物。細審拓本，首行"晉"與"右"字間起，末行"文"、"林"之間，隱約可見細小裂紋，其走向與後來斷紋一致。同時發現石材間還遺存女真文書，《東方朔盜桃版畫》和五十八枚宋金錢幣。其中祇有一枚金代"正隆通寶"，該幣鑄於正隆三年（1158）。這就提示：當年調整、襯墊孝經碑石是在正隆三年以後，聖教序拓本捶拓在此之前。據此學者以爲這是金末未斷本，進面得出碑斷於金末的結論。④這和據拓本紙墨拓工而得出的"碑當斷於宋元之間"的判斷可互相

---

① 見《文物》1963 年第三期，文物出版社。參見張彦生《善本碑帖録》頁 113 頁。中華書局，1984 年。

② 指嘉靖乙卯（三十四年，1555）關中大地震，持此説者頗多。

③ 《金石萃編》卷四十九，王昶按語誤作萬曆乙卯，實爲嘉靖乙卯。

④ 參見劉最長、朱捷元《西安碑林發現女真文書、南宋拓全幅集王聖教及版畫》，《文物》1979 年第五期。啓功（章歸）《集王羲之書聖教序宋拓整幅的發現兼談此碑的一些問題》，《文物》1979 年第一期。路遠《集王聖教序碑斷於金末考》、《書法叢刊》2006 年第五期（總九十三期）。該文提出碑斷於金末"正大辛卯遷徙"有關的看法。

參證。

此幅王聖教初見裂紋之端倪，比"綫斷本"要早。它的可貴在於與女真文書、宋金錢幣等物相伴出現而可信爲金時所拓。

<h2 style="text-align:center">四　宋刻淳化閣帖</h2>

淳化閣帖是北宋淳化三年（992）太宗趙炅命王著甄選秘閣所藏歷代名人法書摹刻的一部十卷叢帖，刻於河南開封宋内府。書法作者一百零二人，計四百餘帖。每卷末刻篆書款"淳化三年壬辰十一月六日奉旨模勒上石"。這是石刻本，同時還有木刻本。大臣初登二府，詔以一本賜之。歲久版毁，公家私家轉相傳摹，翻刻不絶，南宋已有若干版本。

二〇〇六年六月一日，我應浙江圖書館邀請去看館藏碑帖，當參觀古籍部（位於孤山路廿八號）院中碑廊時，有幸見到嵌在墙上的淳化閣帖帖石，不勝驚異，感覺與懋勤殿本相近。此後經數月調查研究確認其爲懋勤殿和潘祖純本之宋刻原石。

懋勤殿本閣帖，存十卷，石刻本、宋拓。上有"乾隆御覽之寶"、"懋勤殿鑒定章"二印，第一卷夾清代黃紙簽條，正書"宋拓淳化閣帖一匣十册　上等"。二十世紀七十年代被定爲一級文物。久藏内府和故宫博物院。清代以來少有提及。①

潘祖純本閣帖，存十卷，與懋勤殿本同石所出，所拓時間要晚，已出現後刻假銀錠紋。明代藏於潘天泉家，清代經李宗瀚等遞藏，附潘祖純、方仁宇、查昇、李翊煌、許福昺題跋。其遞藏可考者如次：明代：（潘氏）天泉翁（嘉靖中期）——鳳洲——"先太常"——方仁宇。清代：卓蔗老—梁國治—（李氏）李宗瀚—聯琇—翊煌。現代：許福昺—上海博物館。張彦生《善本碑帖録》言："此本刻拓、紙墨具佳，爲宋拓佳本。"現藏上海博物館。②

---

① 1980 在馬子雲先生主持下，我們用四個月的時間曾對院藏十餘種不同版本閣帖校對排比，對懋勤殿本的特點與價值有新的認識。見馬子雲《談校故宫藏宋拓淳化、絳帖、大觀三帖》，《故宫博物院院刊》1985 年第三期。2006 年由香港商務印書館影印出版《宋拓善本懋勤殿本淳化閣帖》。另參見林志鈞《淳化閣帖考三續》，收入氏著《帖考》重印本。李潤恒《淳化閣帖傳世宋本辨》、何碧琪《淳化閣帖傳世版本系統研究》、林業强《十七帖與淳化閣帖》、尹一梅《故宫藏懋勤殿本閣帖研究》、施安昌《清代内府藏淳化閣帖》，以上五文均收入《秘閣皇風》，香港中文大學文物館，2003 年。又何碧琪《弗利爾本淳化閣帖及其系統研究》載《美術史研究集刊》二十期，臺灣大學，2006 年。

② 1909 年李氏出石印本，1935 年許氏有珂羅版印本，2001 年香港中文大學文物館"宋拓淳化閣帖綜合研究"課題組發現潘本與懋本爲同石所出之善本。參見上注中李潤恒、何碧琪、林業强和尹一梅諸文。

　　經過仔細全面的校對，從書法筆意、帖文、銀錠紋和石花、裂紋狀況多方面看，孤山帖石與懋本、潘本是相同的。如三者之書法都是字畫瘦韌，筆意靈動，少硬截強續之敝。在草書結體、行筆上甚爲合理，起訖處、轉折處。牽連處一一有筆蹤可尋。又如卷五倉頡，夏禹、史籀篆書筆畫首尾都出尖鋒。但其他版本閣帖是鈍筆（圖六、七、八）再如不同版本的閣帖，帖文略有差異。浙圖閣帖上，卷一唐太宗《所疾帖》存首字"卿"字，卷二劉瓛之《感閏帖》第二行"頓首"下存"秋"字。卷七王羲之《愛爲上帖》存三行。這些都與懋本、潘本同，其他版本則缺"卿"字，"秋"字，《愛爲上帖》只存兩行。

　　孤山帖石是杭州著名藏書世家孫氏壽松堂在乾隆四十六年（1781）、四十七年購得入藏的，一九三三年孫氏後人孫康侯將帖石全部捐獻省圖書館。帖石末尾曾增刻清梁同書、孔繼涑、孫景高三跋。梁跋云："往余于先叔祖深父先生齋頭見舊拓閣帖石本也，而上有銀錠欙紋，[1] 相傳宋時買相門客從賜本摹出，故仍棠梨之舊。至今卅餘年來所見無逾此者。今春孫君景高偶於西吳舊家購得帖石若干枚，洗剔苔蘚，用好手椎拓一本示余，精彩煥發，絕類宿親。因訪覓前帖，檢勘一過。凡字迹波磔、石片剝蝕之處，無毫髮差，殆宋刻原石無疑，可寶也。惟失去鍾繇及謝萬書數百字耳。或謂宜補完之。余曰：舊刻闕亦何病？況延津合浦，來自有期，寧不可俟之異日耶？再附識之如右。乾隆辛丑（四十六年）臘日山舟梁同書。"按：叔祖名文泓，善書，康雍間人。梁同書，孔繼涑都精鑒碑帖法書。

　　浙圖館刊第二卷第五期，一九三三年十月三十一日，二四二頁。

　　"館訊鱗爪：孫氏壽松堂藏淳化閣帖贈館。省垣東門直街壽松堂主人孫康侯先生，好學篤古，垂老不倦，性複急公好義。即以宋刊名臣碑傳《琬琰集》讓售本館，已書如前節雲雲。嗣又以所藏淳化閣古石八十一塊，深恐傳不得人，保存匪易，即又慨以捐館。業於七月二十四日車運來館，暫存大學路總館之地下室。"

　　長期以來，帖石有所遺失，一般視爲明清以後的閣帖翻刻本。也無從進一步考據。現在兩種宋拓、清人刻跋和館刊記載多方面情況證明孤山帖石是宋刻閣帖。[2] 今宋刻閣

---

[1]　欙此字字典未收。這裏與鎘字義近，指兩端彎曲的釘子，用以補接、加固有裂縫的器物和木板。因似銀錠而稱銀錠紋，從金，表示用金屬做成。該字自欙字變來，欙（音栓），閉門機也，見於宋《集韻》、明《字彙》，清《康熙字典》。相傳淳化閣帖始刻於棗木板，後木板開裂，用鎘子加固，拓到紙上出現銀錠般鎘紋。因此，南宋人翻刻帖時有意刻出銀錠紋，甚至在原來沒有銀錠紋的閣帖帖石上也添上，此皆商賈作偽之迹。孤山帖石上便有假銀錠紋若干。

[2]　關於孤山閣帖考證詳情，見施安昌《浙江圖書館藏宋刻淳化閣帖石考》、尹一梅《浙圖藏淳化閣帖帖石與懋勤殿本閣帖》，二文收入《書法叢刊》2007 年第三期（總九十七期）。仲威《淳化閣帖宋代刻石的研究與發現》，《書法》2007 第五期。

帖拓本海内外僅遺數種，視若天球。懋、潘二本能與原石契合，相互輝映，益增其重。

　　存世的翻刻淳化閣帖石尚有肅府本（明萬曆年間刻）在蘭州甘肅省博物館，關中本（清順治年間刻）在西安碑林，還有溧陽本（明末刻）在江蘇溧陽別橋。孤山的宋刻閣帖帖石是最早的，而且帖文清晰，尤足珍視。人們借此可以接觸宋刻帖石獲取原始信息。

　　近來有人講：既然宋刻閣帖如此珍貴，爲什麼 1933 年入藏以來沒有引起重視呢？原因會有許多，這里只談一點。1933 年孫氏後人捐贈時講明宋代所刻。但是祇有藏家本人一面之辭而未經鑒家研究確認，難以取信他人。儘管帖後增添梁、孔題跋予以肯定，但人們仍會懷疑其有意抬高，何況梁跋内講到作爲依據的深父齋頭舊拓閣帖早已不在，無從校對證實。如此，也就不能引起社會重視，時間一長便漸漸淡忘了。

　　以上僅舉四事，自知淺陋而不能盡言内中意蘊。要而言之：有鑒於古代碑刻、法帖具有重要的歷史文化内容，其刻石與早期拓本的發現自有很高的文物價值，此其一。已知有刻石，後又發現早期拓本，或者已有早期拓本，後又發現原刻石，都會使對方增加一份歷史證物而彼此增重，此其二。即使完全的拓本也只能再現石刻的局部，並不能作全面的立體的再現，故石刻發現必能增加内容上或形制上的信息，修正僅見拓本時的局限和誤解，此其三。古刻多有損泐，剜刻乃至斷裂，早期拓本往往能重現原貌，增補碑文，爲認識刻石歷史變化和拓本斷代提供證據，此其四。先有據碑銘摹刻的帖本，後又發現碑銘的早期拓本，於是得以正名，補文、釋疑。此其五。

　　墨拓自石刻而出，石刻借墨拓而傳。拓本與石刻起初在一起，轉瞬又分離。天南地北，別分兩途，其幸與厄，散與聚，焉有數耶？正因如此，古刻古拓的失而復得，隱而復顯，彼此契合，實在於因緣湊泊而成爲石刻史上幽邃曲折、時續時斷的篇章，古往今來每每被稱爲"石墨因緣"。

圖一　宋拓魏廬江太守范式碑

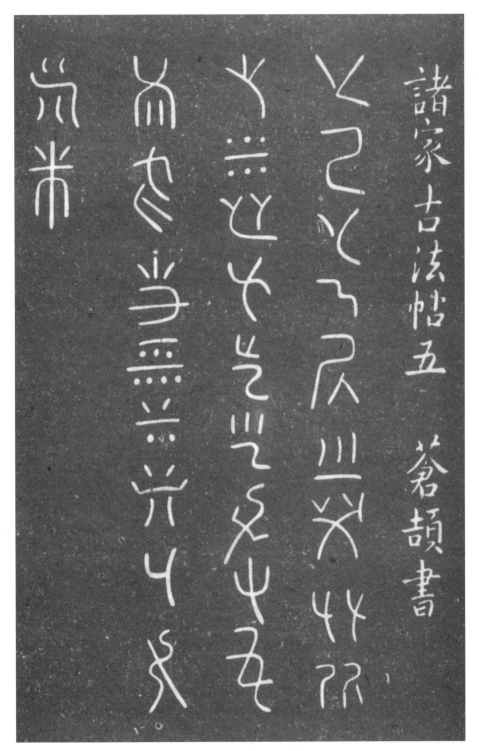

圖二　蕭府本閣帖內《蒼頡書》

# 虞世南《孔子廟堂碑》及其拓本

陳根遠*

## 虞世南與《孔子廟堂碑》

虞世南，唐代傑出書法家，其書胎息智永，尤工真行。法度嚴謹而出之從容，圓融遒逸，風神蕭散。據傳，唐太宗從虞世南學習書法時，唯感"戈"法最難擺佈。有一次寫到"戩"字，便將右邊戈部空下，後虞世南補上。太宗以爲得意之作。魏徵見之，讚：天筆所臨，萬象不能逃其形，今仰觀聖跡，唯戩字"戈"法逼真。太宗聽後，嘆服不已。

虞世南不但書法冠絕一時，而且爲人正直，敢於進諫，曾借隴右山崩等自然災害，勸諫太宗整頓刑獄，救濟災民；又借星象變異，勸告太宗戒驕戒躁，慎終如故；太宗准備厚葬高祖時，他援引前代典法，主張薄葬；太宗晚年喜好田獵，他又勸諫"時息獵車"，以免擾民。唐太宗爲此讚歎道："群臣皆若世南，天下何憂不理！"並稱讚其有"五絕"："一曰博學，二曰德行，三曰書翰，四曰詞藻，五曰忠直。有一於此，足謂名臣，而世南兼之。"實"當代名臣，人倫准的。"[1]貞觀十二年（638）屢次請求告老還鄉的虞世南終獲准退歸鄉里，旋病故，終年81歲。太宗爲之"哭之甚慟"，哀歎："世南沒後，無人可與論書矣！"命陪葬昭陵，並贈禮部尚書，諡號文懿。

唐代書法首推歐虞，然較之歐陽詢，虞世南遺世碑刻甚少。如今祇有其晚年撰寫並書丹的《孔子廟堂碑》幸存，歷來被尊爲書法巨跡，從學者無數。碑初立，即"車馬添集碑下，氈拓無虛日"，後毀。至宋，原刻之《孔子廟堂碑》拓本已是稀世之寶，故北宋大書法家黃庭堅有"孔廟虞書貞觀刻，千兩黃金哪購得"之歎[2]。現存西安碑林博物館者，悉北宋重刻。

---

* 陳根遠，西安碑林博物館副研究員。

[1] 《舊唐書·虞世南傳》："太宗嘗謂侍臣曰：'朕因暇日，與虞世南商略古今，有一言之失，未嘗不悵恨，其懇誠若此，朕用嘉焉。群臣皆若世南，天下何憂不理！'……太宗以是益親禮之。嘗稱世南有五絕：一曰德行，二曰忠直，三曰博學，四曰文辭，五曰書翰。"

[2] 張醜《清河書畫舫》（1616），轉引自《金石萃編》卷41頁六。

## 《孔子廟堂碑》原刻於何時

　　《孔子廟堂碑》原刻於何時，自來眾説紛紜，計有武德九年①、貞觀二年後②、貞觀七年③、貞觀初④等幾種，我們可以從史書、碑文内容和虞世南署衘等方面加以辨析。

　　碑文記載唐高祖九年十二月二十九日詔以隋朝故紹聖侯孔嗣哲之子德倫爲褒聖侯及修繕孔廟之事，此事也有史書相誌。《新唐書·禮樂志》："武德二年，始詔國子學立周公、孔子廟；七年，高祖釋奠焉，以周公爲先聖，孔子配。九年封孔子之後爲褒聖侯。貞觀二年，左僕射房玄齡、博士朱子奢建言：'周公、尼父俱聖人，然釋奠于學，以夫子也。大業以前，皆孔丘爲先聖，顔回爲先師。'乃罷周公，升孔子爲先聖，以顔回配。"最常見的"武德九年"説顯然採用頒詔年代以爲立碑年代，並多常規地標明武德九年（626）。實際上，頒詔日期已進入公元 627 年，爲 627 年 1 月 21 日。立碑時代自在此之後。而且《孔子廟堂碑》碑文在提到高祖九年十二月二十九日頒詔之後，又有"至於（貞觀元年）仲春"字樣，武德九年立碑顯然不能成立。

　　虞世南（558～638），字伯施。越州余姚人，出身東南名門望族。武德四年（621），64 歲的虞世南入唐，受知於秦王李世民。是年五月，李世民聚殲寶建德於虎牢，引虞世南以爲秦府參軍。尋轉六品記室，十月授弘文學館學士，與房玄齡對掌文翰⑤。武德九年（626）六月四日，李世民發動玄武門事變，射殺哥哥李建成和弟弟李元吉，六月七日，李世民昇爲太子，虞世南遷正五品下階之太子中舍人。八月李世民即位，虞世南轉著作郎，兼弘文館學士，成爲唐太宗的重要智囊⑥。著作郎官秩從五品

① 趙明誠《金石錄》。王玉池主編《中國書法篆刻鑒賞辭典》張菊英"虞世南孔子廟堂碑"條，農村讀物出版社 1989 年版。李慧主編《陝西石刻文獻目録集存》，三秦出版社 1990 年版。《中國大百科全書·文物博物館》施安昌"《夫子廟堂碑》册（宋拓本）"條，中國大百科全書出版社 1993 年版。冀亞平等《梁啓超題跋墨跡書法集》"孔子廟堂碑跋"條，榮寶齋出版社 1995 年版。西安碑林博物館《西安碑林博物館》，陝西人民出版社 2000 年版。

② 施蟄存《唐碑百賞》，上海教育出版社 2001 年版。

③ 朱關田《中國書法史·隋唐五代卷》，江蘇教育出版社 1999 年版。

④ 張彦生《善本碑帖録》，中華書局 1984 年版。

⑤ 《舊唐書·虞世南傳》："太宗滅建德，引爲秦府參軍。尋轉記室，仍授弘文館學士，與房玄齡對掌文翰。"《舊唐書·太宗本紀上》"太宗乃銳意經籍，開文學館以待四方之士。行臺司勳郎中杜如晦等十有八人爲學士，每更直閣下，降以溫顔，與之討論經義，或夜分而罷。"

⑥ 《舊唐書·虞世南傳》："太宗昇春宮，遷太子中舍人。及即位，轉著作郎，兼弘文館學士。"《舊唐書·列傳·儒學上》"及即位，又于正殿之左，置弘文學館，精選天下文儒之士虞世南、褚亮、姚思廉等，各以本官兼署學士，令更日宿直。聽朝之暇，引入内殿，講論經義，商略政事，或至夜分乃罷。"

上，掌撰碑誌、祝文、祭文①。虞世南以正五品下階的太子中舍人兼從五品上之著作郎，依唐宋制度，高級散官任低級職務稱"行"，故虞世南署銜"太子中舍人行著作郎"。

貞觀初"時世南年已衰老，抗表乞骸骨，詔不許。遷太子右庶子，固辭不拜，除秘書少監。上《聖德論》，辭多不載。七年，轉秘書監，賜爵永興縣子"②。秘書監掌邦國經籍圖書之事。秘書監一員，從三品。少監二員，從四品上③。持"貞觀七年"說者當是注意到此則史料中關于虞世南"七年轉秘書監"的明確記載。但此前虞世南已任從四品的秘書少監，可惜未見始任之準碻年代，不過《舊唐書·杜正倫列傳》記載："（貞觀）六年，正倫與御史大夫韋挺、秘書少監虞世南、著作郎姚思廉等咸上封事稱旨。"如此至少可以排除《孔子廟堂碑》刻于貞觀七年的可能，因爲刻碑時虞世南的最高官階是正五品下階的"太子中舍人"，而至少在貞觀六年前，虞世南已升任從四品上的秘書少監了。

如前所引《新唐書·禮樂志》記載，唐武德二年起，在長安國子學立周公廟和孔子廟，並以周公爲先聖，孔子配。貞觀二年，左僕射房玄齡、博士朱子奢建言，停祭周公，升孔子爲先聖，以顏回配，太宗詔從之。如此，建于貞觀初年的《孔子廟堂碑》的具體刻碑時代當在貞觀二年唐長安停祭周公廟，以孔子廟爲主，到貞觀六年虞世南已明確升任秘書少監之前，其中孔子廟正式昇格的貞觀二年可能性最大。可惜此碑唐末五代之亂中毀失④

## 陝本《孔子廟堂碑》的重刻、斷裂及拓本鑒定

現藏西安碑林之西廟堂碑，碑身高 191 釐米、寬 108 釐米，正文楷書 34 行，每行 64 字。碑額篆書陰文"孔子廟堂之碑"六字。正文末有重刻題記："推誠奉義翊戴功臣永興軍節度管內觀察處置等使特進檢教太師兼中書令京兆尹上柱國琅琊郡開國公食邑四千五百戶食實封一千三百戶王彥超再建，安祚刻字。"因此早年或謂是碑"五代時翻刻"⑤，謬。王彥超五代北宋初風云人物，擔任永興軍節度、中書令、京兆尹當在北

---

① 《新唐書·百官志》："著作局郎二人，從五品上；著作佐郎二人，從六品上；校書郎二人，正九品上；正字二人，正九品下。著作郎掌撰碑誌、祝文、祭文，與佐郎分判局事。"

② 《舊唐書·虞世南傳》。

③ 《舊唐書·職官志》。

④ 施蟄存《唐碑百賞》，上海教育出版社 2001 年版。

⑤ 《妙觀齋金石文考略》，轉引自《金石萃編》卷 41 頁 6。趙崡《石墨鎸華》。

宋建隆二年至乾德二年間（961～964）①，重刻《孔子廟堂碑》當在此際。其間王彥超曾有重修文廟、石經之善舉，事見西安碑林藏建隆三年《重修文宣王廟記》②，該碑后王彥超署銜與《孔子廟堂碑》末全同，可爲《孔子廟堂碑》重刻時間提供有力的實物旁志。

　　"西廟堂"拓本的斷代，眾説紛紜。關鍵在於《孔子廟堂碑》斷裂爲三的時代確定。馬子雲《石刻見聞録》③記載明顯有誤，如云："西廟堂碑，在陝西博物館碑林。南宋拓本，二行'奉敕撰並書'五字未損。"其實現在此五字仍然未損。相較，王壯弘《增補校碑隨筆》④明確指出："陝西本，嘉靖三十四年地震石斷爲三。斷後初拓本二行'虞世'二字完好。明中葉拓本卅二行'大唐撫運率繇王'，卅三行'修輪奐義堂弘廠經肆'，卅四行'風永宣金石'及王彥超跋中'推誠奉義翊戴功臣永'等字皆完好。明末清初拓本卅三行'赫赫玄功'之'玄'字左上無石泐痕，卅四行'永宣金石'四字尚存。"其説基本可信。

　　首先，明嘉靖時的王世貞（1526～1590）、盛時泰都曾評説《孔子廟堂碑》，但都未提到碑斷爲三這令人不勝惋惜的事。其次，發生於明嘉靖三十四年冬（1556）的關中大地震是有記載的最大的自然災害，"官吏、軍民壓死八十三萬有奇"⑤。就西安碑林而言，所藏的 114 石唐《開成石經》即有 40 石被震斷，佔三分之一強。宋代已入藏西安碑林的《孔子廟堂碑》最有可能在這場地震中斷爲三大塊。第三，明代陝西盩厔人趙崡是當時重要的碑刻專家，他是明萬曆三十七年（1609）舉人，萬曆四十六年（1618）撰有著名的碑刻著作《石墨鐫華》。書中記載："（《孔子廟堂碑》）碑已斷泐，在西安府學。余嘗至其處，見碑旁一片石，取視之，則碑之破裂者，如此恐後人不復得見此書，可勝慨哉。"史載，關中大地震後，萬曆年間（1573～1620）今西安碑林博物館範圍内的碑林、孔廟、府學曾有五次規模不等的整修⑥。可以想象，大地震過後五六十年，趙崡來到府學時，斷爲三節的《孔子廟堂碑》已經扶起複位，但碑下還有一較小殘塊⑦。而這一小塊很有可能就是王壯弘先生提到的明中葉拓本尚存的 32 行"大

---

①　《宋史·王彥超傳》："宋初，加兼中書令……未幾，複以爲永興軍節度……乾德二年，復鎮鳳翔。"

②　路遠《西安碑林史》，西安出版社 1998 年版。

③　馬子雲、施安昌《碑帖鑒定》，廣西師範大學出版社 1993 年版。

④　王壯弘《增補校碑隨筆》，上海書畫出版社 1981 年版。

⑤　《明史·五行志》。

⑥　路遠《西安碑林史》，西安出版社 1998 年版。

⑦　清乾隆二十四年（1759）朱楓撰《雍州金石記》，也提到：《孔子廟堂碑》"今在西安府學文廟内……碑斷爲三，缺百餘字"。

　　圖一　明代關中大地震（1556）後，在嘉靖末至萬曆（1573～1620）前期，《孔子廟堂碑》32行"大唐撫運率繇王"、33行"修輪奐義堂弘廠經肆"、34行"風永宣金石"及王彥超跋中"推誠奉義翊戴功臣永"等字尚存。但拼裝複位上、中石與下石及左中小塊殘石時，未能對正，豎行相錯一行。圖爲復原之明嘉靖末至萬曆前期《孔子廟堂碑》整拓，碑身取自北京大學藏清初拓，左中小塊殘石據西安碑林藏明嘉靖拓裱本複原。

圖二　明萬曆後期，《孔子廟堂碑》左中小殘石（寬約 8 釐米，高約 32 釐米）又脫離碑身，逐漸失拓並佚。

　　圖三　1952年，《孔子廟堂碑》從孔廟移至碑林第三碑石陳列室，在重新安裝中進行了准確準位，豎行從此對齊，據此，可將20世紀40年代與50年代拓本博物館嚴格分開。圖爲1952年以後新拓整紙。

唐撫運率繇王"，33 行"修輪奐義堂弘廠經肆"，34 行"風永宣金石"及王彥超跋中"推誠奉義翊戴功臣永"等字。衡諸原石，此殘塊面寬約 8 釐米，高約 32 釐米。果如此，該碑斷代則可修正如下：

此碑未見可信之宋拓，所見斷本俱爲明嘉靖三十四年（1556）關中大地震以後之本。斷後初拓本二行"虞世"二字完好。明嘉靖末至萬曆（1573～1620）前期，32 行"大唐撫運率繇王"，33 行"修輪奐義堂弘廠經肆"，34 行"風永宣金石"及王彥超跋中"推誠奉義翊戴功臣永"等字尚存。但此間拼裝複位上、中石與下石及左中小塊殘石時，未能對正，竪行相錯一行。萬曆後期左中小殘石又脫離碑身，逐漸失拓並佚失，明末清初拓本 33 行"赫赫玄功"之"玄"字左上無石渺痕。明清直至民國，《孔子廟堂碑》一直在西安碑林前孔廟至聖門（今俗稱碑林小殿）外東側，與歐陽詢《皇甫誕碑》、智永《千字文碑》比鄰①。1952 年 5 月，陝西省博物館（今西安碑林博物館）全面整修，並對碑石陳列進行極大調整，《孔子廟堂碑》與歐陽詢《皇甫誕碑》、智永《千字文碑》等名碑從碑林前孔廟移至碑林第三碑石陳列室，《孔子廟堂碑》在重新安裝中進行了準確複位，竪行從此對齊，據此，可將 20 世紀 40 年代與 50 年代拓本嚴格分開。

## 西安碑林博物館藏《孔子廟堂碑》早期善拓的流傳與拓本年代

西安碑林博物館藏有《孔子廟堂碑》早期善拓裱本一冊，有清代程瑤田、張塤、邠亭、翁方綱、王鼎、王沆、王明以及民國王蓮君等題跋、鈐印。可知此帖最早爲程瑤田擁有。程題"宋拓夫子廟堂之碑，歙程瑤田鑒題"，下鈐"瑤""田"連珠印，此連珠印並鈐於此斷後初拓本標志二行未損之"虞世"等處，在帖末還鈐有：程氏瑤田、易田、益壽翁等印。程瑤田（1725～1814），字易田、易疇，號伯易、讓堂、葺荷、葺翁等。安徽歙縣人。乾隆三十五年（1770）舉人，嘉慶元年（1796），舉孝廉方正。清代著名學者、徽派樸學代表人物之一，數學、天文、地理、生物、農業種植、水利、兵器、農器、文字、音韻等無所不通。工書，出入晉唐，善畫花卉，能篆刻。

清乾隆五十年（乙巳，1785）八月爲張塤借觀，歎爲"宋拓無上妙品"，欣題："去年八月十五日見成武本宋拓，今年八月又見此拓，豈有夙緣耶?"鈐：物之有緣、張塤審定、張塤印、張塤借看等印，並據成武本《孔子廟堂碑》（俗稱東廟堂）將此陝本《孔子廟堂碑》（俗稱西廟堂）斷損之字用硃筆補録。《東廟堂碑》元朝至元年間摹刻於山東城武，早年人沒定東廟堂到底重刻於宋還是元，故致張塤有"成武本宋拓"

---

① 見 1944 年原陝西省歷史博物館接收孔廟財產清冊，路遠《西安碑林史》，西安出版社 1998 年版。

之誤，並進而將此冊西廟堂裱本亦定爲宋拓。張塤，字商言，號瘦銅，吳縣人。乾隆己丑（1769）進士，官內閣中書。乾隆四十三年（1778），友人金石學家畢沅任陝西巡撫，邀其來陝，他與同在幕府中的金石家錢坫等四處訪碑，其中西安碑林藏唐《石臺孝經》東面左下尚留有乾隆四十七年（壬寅，1782）張塤和錢坫造訪碑林，由錢坫篆書勒銘的觀款。著有《張氏吉金貞石録》（1780）、《扶風金石記》等。

繼轉邰亭。碑帖首頁左下鈐“邰亭真賞”。期間，邰亭請翁方綱鑒賞，翁方綱爲跋三篇，並鈐：文淵閣執閣事、宮詹學士、蘇齋、覃溪、及見落水蘭亭、翁方綱、寶蘇室等印。翁方綱（1733～1818），清代書法家、金石學家。字正三，號覃溪，晚號蘇齋，直隸大興（今屬北京）人。官至內閣大學士。善賞鑒，對著名碑帖考證題跋甚多。書學歐陽詢、虞世南，謹守法度，能隸書，與同時的劉墉、梁同書、王文治齊名，並稱“翁劉梁王”。亦有以其與劉墉、成親王永瑆、鐵保並稱“翁劉成鐵”者。著《兩漢金石記》《粵東金石略》《漢石經殘字考》《焦山鼎銘考》《廟堂碑唐本存字》《蘇齋題跋》《蘇米齋蘭亭考》等。

大約在1840年前後，此帖終歸東閣大學士王鼎所有，鈐：王鼎之印、東閣平章二印。王鼎（1768～1842），字定九，號省厓，陝西蒲城人。嘉慶元年進士。曾歷任翰林院庶起士、編修、侍講學士、侍讀學士、禮、戶、吏、工、刑等部侍朗、戶部尚書、河南巡撫、直隸總督、軍機大臣，道光十五年（1835）任協辦大學士，後拜東閣大學士，晉太子太保，二十一年（1841）晉太子太師。鴉片戰爭失敗後，爲阻止道光皇帝割讓香港、妥協求和，在廷諫、哭諫均告失敗的情況下，王鼎決心以“屍諫回天聽”。1842年6月8日深夜，懷惴“條約不可輕許，惡例不可輕開，穆不可任，林不可棄也”的遺疏，自縊圓明園，謚文恪。

王鼎歿後，拓本爲其子王沆繼承。王沆因鈐：王沆字靖希號小厓、辛巳詹生乙未（1835）舉人庚子（1840）翰林、王沆、靖希、小厓等印。

王沆再傳子王明。王明爲跋一篇，並鈐：王明、安足齋、鳳孫、蒲城王氏本思齋所藏書畫字帖真跡印等。王明，字少希，號鳳孫，曾在湖北任知縣。

後來此帖曾爲王氏族人賣出，帖末鈐“王瑩印信”之王瑩或爲其名。而“李方靖”印可能亦鈐於此際。1930年，王明之孫王蓮君在西安以兩百大洋將帖贖回。1945年王蓮君長跋，敍述王鼎家族所藏字畫碑帖之傳承聚散，並鈐：蓮君、蒲城相國之玄孫二印。1962年，王蓮君夫人劉藕青售歸陝西省博物館（今西安碑林博物館前身）。

此帖清程瑤田以降皆以爲宋拓，但據前對《孔子廟堂碑》斷於明嘉靖三十四年的考訂，此帖顯系明嘉靖斷後本，再據碑文考據，爲斷後初拓，因此仍不失爲此碑頂級善本。另外，此拓跋印最早可信年代爲清乾隆五十年（乙巳，1785），絶無早於乾隆年之題跋、印鑒，如爲“宋拓”，宋至乾隆約700年中竟無一題跋、印鑒，這種可能性是幾乎沒有的，可爲拓本定爲明嘉靖拓之旁證。張彦生《善本碑帖録》、馬子雲《石刻見聞録》提到之《孔子廟堂碑》宋拓皆系斷後本，故其宋拓推定不足爲據。現出版之《孔子廟堂碑》絶大多數是清代李宗瀚"臨川四寶"之一的所謂唐拓，此本原爲元代康里巎巎舊藏，有元末明初張紳等題跋，後歸臨川李宗瀚，相傳是唐代原石拓本。翁方綱考證，尚有部分以西廟堂補配。但是無論如何，其早於明嘉靖是可以肯定的。除此之外，筆者尚見有北京大學圖書館藏清初"玄"字未損本，清後期"玄"字已損本等等，未見可信之明嘉靖以前拓本。著録顯示，北京故宫博物院、上海博物館亦均藏有題署爲宋拓的"西廟堂碑"，期待著有日能目驗原拓，檢視是否爲未斷本，是否有明嘉靖以前之印鑒、題跋，並請教於方家、同道，將西廟堂是否有未斷本甚至宋拓本傳世的問題徹底解决。①

--------

① 本文完成於丁亥盛夏，其年冬，余就上海博物館藏題署爲宋拓的"西廟堂碑"情況求教於該館著名碑帖專家陶喻之先生，陶先生審讀該館"宋拓"，告爲斷本，印鑒、題跋俱出晚清，謹向陶先生致謝。戊子正月補記。

# 初拓《曹全碑》"因"字不損本疏舉銓鏡

## 陶喻之[*]

## 敘 引

碑帖研究，如果從尋求善本的視角出發，[①]其實就是一個對不同拓本的比對過程。

因爲碑帖拓本就好比古代手工印刷技術産物的古籍版本，越早的本子勢必保留的原始資料、數據越豐富、真切；反之，越往後的拓本則可能由於碑刻石花的增加，碑

---

[*] 陶喻之，上海博物館研究館員。

[①] 碑帖拓本從石料選材、書丹、刻石、椎拓一直到裝裱，某種意義上講是一門牽涉門類複雜眾多的手工技術工藝，涉及寫工、刻工、拓工、裱工等多項工種。唐代詩人杜甫在《李潮八分小篆歌》詩中提到"字體變化如浮雲，……棗木傳刻肥失真。"説的是傳刻失真問題。沙孟海先生也曾指出：碑版文字，一般先寫後刻。歷代論書者都未將寫與刻分別對待。其實寫手有優劣，刻手也有優劣。就北碑論，有的寫手好，刻手也好；有的寫手好，刻手不好；有的寫刻都不好。最後他建議："這裏我們要指出一件事：我們學習書法必須注意刻手優劣問題。"他在另一篇題曰《碑與帖》中又指出："總之，寫與刻是兩道手續。字經過刻，不論是書丹或摹勒，多少總有些差異，有的甚至差異極大。我們學碑，必須估計到當時刻手優劣，才不會上當（這裏必須補充幾句：儘管有些碑版寫手刻手不佳，生於它或多或少帶來幾分天趣，從另一角度看，同樣可以作爲我們學習的參考。近代書法家有參法《爨寶子碑》峻拔可喜者，便是一個例子）。"（載《書法》1979 年第 4 期）此外，他還有專門《漫談碑帖刻手問題》的文章見諸《中國書法》1989 年第 2期。同樣，啓功先生也曾經談及類似的話題，"摹手有巧有拙，且有直接鈎摹或間接鈎摹之不同，因而藝術效果往往懸殊。"（參看陳樂民《書巢漫筆》之《王羲之》，上海人民出版社 1996年，第 11 頁。）謝稚柳先生的《晉王羲之〈上虞帖〉》一文更以唐摹硬黃本《上虞帖》，跟今歸上海博物館藏號稱傳世最善本的臨川李氏舊藏宋拓《淳化閣帖》第八王羲之書二《得書》第三帖（即《夜來腹痛帖》，亦即《上虞帖》）作比較後認爲：兩者"在字體方面有著明顯的相異之處。""憑此（即上海博物館藏臨川李氏舊藏《淳化閣帖》最善本之《上虞帖》）來論《上虞帖》（唐摹本），真所謂'刻舟求劍'了。"（參看《鑒餘雜稿》，上海人民美術出版社 1989 年 5 月第2 版，第 56 頁）本文探討的善本碑帖拓本標準，不僅著眼於紙、墨，或寫、刻指標的還原逼真，更以碑帖文字完備不損爲取捨要求，這是由研究、考據層面出發的善本達標方向，同時也是書法臨習愛好者追求的目標。又，《曹全碑》寫、刻無懈可擊，故就拓本而言，考察刻字石花損泐變化至爲關鍵。

材遭受自然、人爲因素的侵蝕、破壞而損傷，而消失，而“拷貝”走樣，乃至徹底佚亡無存，由此影響碑帖拓本文字、書法等信息的完整性。所以，古人臨習碑帖書法對於拓本的要求很高，歷來主張“臨帖貴得初本”，即希望獲得保全最接近碑刻書法墨蹟氣息的立石之初或早期舊拓。

而就獲得善本碑帖拓本的研究、鑒定層面而言，“聯幾並賞”是不可或缺的一項重要手段，因而這一提法也經常出現在碑帖題跋者的筆底，説明將不同藏家收藏不同時期椎拓的碑帖拓本進行排列、比較、辨析，是古來金石學研究的傳統方法之一。因爲碑版拓本的鑒別，通俗地講，就好比對手工印刷古籍早晚版本的“論資排輩”。書畫研究中出現“雙胞”案例非常稀奇，而且其中必然真假並存，一真一假，祇有經過甄別、考證才能剔除糟粕，去僞存真。而仿佛古代印刷品的碑帖拓本，只要是在同一塊石碑上拓下的本子就祇有優、劣之別而並無真假之分；欲取其善本，唯有通過對不同拓本的細緻排比和微痕分析乃至咬文嚼字，才能從其各自細微差異之處去分辨兩者或幾者之間微妙缺損變化的蛛絲馬跡，進而確定一石所出的“雙胞”或“0 多胞”拓本時代孰先孰後，排出個三六九等來。

今立於西安碑林的東漢著名碑刻《曹全碑》，因其書法秀逸多姿和結體勻整完美而享譽於世。明清之交學人、鑒藏家孫承澤（1592～1676）《庚子銷夏記》卷五《郃陽令〈曹全碑〉》讚曰：“字法遒秀，逸致翩翩，與《禮器碑》前後輝映，漢石中之至寶也。”清初鑒藏家宋犖（1635～1714）《漫堂書畫跋》之《跋王晉卿〈漁村小雪卷〉》曰：“昔人云：書中唐模，畫中北宋，得之便足自豪。……夫漢碑在人間略可指數，《曹全碑》晚出，頓煥人耳目，此卷得毋類是？”幾將《曹全碑》拓本與北宋王詵繪畫相提並論。而舉凡清代碑學興盛時期習隸書者多取其點畫規範，有漢隸陰柔一派楷則，與《張遷碑》之陽剛恰成對應而喜聞樂道。[1] 特別是經過清初學界領袖朱彝尊（字竹垞，1629～1709）等的推崇、臨摹，[2]《曹全碑》更是漢隸書法愛好者取法的必修經典範本，坊間原拓、石印甚夥，幾居東漢各名碑拓、印首選，即使二十一世紀以來見諸重印或新版者就有將

① 陳振濂新跋《曹全碑》，見國家圖書館善本特藏部特藏・梁啓超舊藏舊題碑帖精選之《曹全碑》，浙江古籍出版社 2006 年 6 月，第 51 頁。

② 清梁章鉅《退庵所藏金石書畫跋尾》卷第十書五曰：“漢隸書在前明幾成絶學，至竹垞力思復古而曲阜、任城諸刻始盛行於時。《曹全碑》以晚出完好，故刻意摹仿，同時如程穆倩（即明末清初篆刻、金石學家程邃，1605～1691）、林吉人（即清書法家林佶，1660～？）、顧雲美（即明末清初書法、金石碑版學家顧苓）、鄭谷口（即清書法家鄭簠，1622～1693）輩自命爲能書八分者，皆先生爲之提唱也。”清學者楊賓《大瓢偶筆》卷八《偶筆識餘》曰：“朱竹垞學《曹全碑》則曹碑行。”清碑帖鑒定家王澍（1668～1739）《虛舟題跋》之《書袁生上簡臨〈禮器碑〉後》曰：“隸法近人多愛《曹全碑》。”其《翰墨指南》之《金石文字必覽録》更將《曹全碑》列爲必讀

近二十種之眾。這是一筆相當齊備、難得的研究素材，足資我們以此爲據——校勘。

　　頃得上海朵雲軒古玩有限公司經理李志賢先生貺贈、文物出版社 2007 年 11 月出版《秦漢碑刻校勘圖鑒》，其敘言亦指出："碑帖上的字是圖像。用文字來記錄圖像，文字水准再高也是一件難事，不可能讓讀者看到你的文字後大腦里就還原出一幅逼真的圖像來，更何況前人的著錄中經常出現的'稍有泐損'、'泐損增加'等定性不定量的辭彙，足以使未見實物或乍見實物而無法作實物比較的讀者越看越懸乎。[①]……此書是在汲取前人經驗的基礎上編撰的，本書有與前人記載不一之處，讓圖片自己去説話吧！因此署爲'圖鑒'。"筆者校碑有年，就此良有同感，認爲所言極是，所見略同。正是有鑒於此，愈擬步李先生後而增其所缺，詳其所略，就其《秦漢碑刻校勘圖鑒》業已涉及的《曹全碑》，特別是近來坊肆競相推出"因"字本作一番疏舉銓鏡。好在李先生率先垂範，敘文亦有言在先："我考慮再三下決心先出書，寧可讓廣大讀者指出我的不

---

（接上頁）三種漢碑之首，並曰："漢隸碑版極多，大都殘缺，幾不能復識矣，惟曹景完碑猶尚完好可習。"清古籍鑒藏家蔣光煦（1813～1860）編《別下齋書畫錄》卷一《鄭谷口臨〈曹全碑〉冊》（今藏北京故宮博物院）曰："本朝隸書以谷口爲第一，同時諸老輩極口稱之。……聞先生寢食於是碑，此更得意極筆，亟爲鉤勒傳之。"清康熙間《十百齋書畫錄》申集《鄭簠臨漢碑冊》著錄："漢《曹全碑》，前代神廟中，始見於渭水砂磧中，未經剝蝕，字畫完好，漢法畢具，學者咸宗之。丁巳（康熙十六年，1677）冬谷口鄭簠摹。"清代專注於臨摹《曹全碑》者尚有多人，《虛舟題跋》有《秦南沙太史（即清學者秦道然，1658～1747）臨〈曹全碑〉》、《秦樹澧臨〈曹全碑〉》；《大瓢偶筆》卷一"余特愛《尹宙》、《曹全》諸碑。"《退庵所藏金石書畫跋尾》卷二《曹全碑》載："王虛舟（即王澍）《竹雲題跋》又謂鄭谷口學《曹全碑》專以弱毫描取形貌，……近惟姚伯昂總憲元之（清書畫家，1773～1852）能得此碑三昧。……稍前則惟黃小松郡丞易（清金石篆刻家，1744～1802）專學碑陰竟得神似。"清書畫鑒賞家馮金伯《墨香居畫識》卷八、清代以著述自娛的彭蘊燦《歷代畫史匯傳》和魯駿《宋元以來畫人姓氏錄》卷二十一周彩"隸法出入《禮器》、《曹全》。"清詩人、畫家薑怡亭《國朝畫傳編韻》卷七周彩"八分書出入《禮器》、《曹全碑》。"《墨香居畫識》卷九、《歷代畫史匯傳》史震林（清書畫家，1692～1778）"工八分書，中年酷摹《曹全碑》，後更參以己軸。"清金石書法家張廷濟（1768～1848）《清儀閣題跋》之《林吉人鳳池研》：紫微內史鳳池研"工小楷書而八分亦妍媚帖妥，曾重摹玉枕《蘭亭》，八分手跋正與此同。蓋純學曹景完碑而未臻方勁古拙之最上乘也。"清金石書法家楊峴（1819～1896）《遲鴻軒所見書畫錄》卷二、清末耽於書畫的李玉棻《甌缽羅室書畫過目考》卷三、清詩人、畫家蔣寶齡（1781～1840）《墨林今話》卷九王霖字春波"隸法（《今話》作"摹"）《曹全碑》。"《宋元以來畫人姓氏錄》卷三十三郭鳳"八分仿《曹全碑》。"另據清碑帖鑒藏家沈樹鏞《鄭齋金石題跋記》之《〈曹全碑〉陰》曰："是碑在漢刻中最秀媚動人，故人爭學之，幾於家置一編矣。"不過，也有書法家認爲《曹全碑》不宜初學者，如清乾隆間書法家梁巘《承晉齋積聞錄·學書論》曰："學隸書宜從《乙瑛》入手，若從《曹全碑》入手則易飄。"此後也有不少書法家因襲此説，不一。

① "懸乎"當作"玄乎"爲宜。"懸乎"指危險；不保險；不牢靠。而"玄乎"指玄虛不可捉摸。咬文嚼字，積習難改，技癢指疵，白璧微瑕，質之李總一哂。

是、補充我的缺乏，或者讓後人在我的基礎上，踏着我的肩膀上逐漸充實完善，那麼此事總有相對完善的時日的。"故筆者內心稍安，膽敢下筆作可持續論述，想來不致有掠人之美之嫌矣。

## 疏舉與銓鏡

前已論及，碑帖拓本的鑒定、斷代，從方法論上講，除了觀察用紙、用墨的差別，就是對不同時期拓本因碑刻石花變化所涉及的關鍵字眼進行仔細的諦審，最後通過對這一個個關鍵考據字眼疊加、累積形成的結論而匡定拓本的相對年代。對於《曹全碑》拓本的遴選，自然也擺脫不了這一"對號入座"式的傳統鑒定方法，捨此幾別無捷徑選擇。像近代碑帖鑒藏家方若先生（1869～1954）《校碑隨筆》話及《曹全碑》拓本鑒定就說："最舊爲未斷本，明季初出土拓本也。斷後首行'蓋周之冑'之'周'字上左角損，'秉乾之機'之'乾'字穿中作'車'旁，第九行'悉以薄宦'之'悉'字末筆損，第十一行'咸曰君哉'之'曰'字損作'白'字，第十六行'庶使學者'之'學'字末筆損。是碑先損'曰'字，次損'悉'字，再次損'乾'字，又次損'學'，又次損'周'字。"

方若列舉的考證關鍵字眼已爲碑斷後拓本，並非初出土時未斷本。1981 年 7 月上海書畫出版社出版碑帖鑒定家王壯弘先生《增補〈校碑隨筆〉》有了更詳盡的資料補充："碑萬曆年間郃陽城外出土。出土時初拓本，首行末'因'字未損，稱'城外本'。曾見二本，一本爲川沙沈韻初（碑帖鑒藏家，名樹鏞字均初，一字韻初，號鄭齋，以字行，1832～1873——筆者案，下同不贅）舊藏，現歸上海博物館。一爲陸恢（金石鑒藏家吳大澂幕僚，1851～1920）舊藏，曩在其後人處見之，今不知所在。碑移至城內時，不慎下角碰損，'因'字右下半遂缺損。明末時大風折樹壓碑，自首行'商'至十九行'吏'斷裂一道。斷後最初拓本，十八行'臨'字雖當裂道，然右下二'口'，字畫皆無損，'貢王庭'之'王'字完好。明末清初洗碑後拓本，'曰'字即挖成'白'字。此碑康熙間損'悉'字。乾隆間損'乾'字。嘉（慶）道（光）間損'學'字（十六行'庶使學者''學'字末筆損）。咸（豐）同（治）間損'月'（十行'七年三月'之'月'字中泐）。光緒、民國間損'遷'字（二行'遷于'之'遷'字右點挖成直畫而下）。"據此可知上海博物館藏出土初拓首行"因"字未損城外本，當屬今存世《曹全碑》拓本的最善本。就此，碑帖鑒定家、原北京琉璃廠碑帖鋪"慶雲堂"主張彥生先生《善本碑帖錄》第一卷《漢〈曹全碑〉》也指出："初出土拓本傳世特少，只見上海圖書館藏一本，首行末'因'字完好，拓工紙墨絕精，舊裝完整，爲蘇州顧子山（即蘇州"過雲樓"主、鑒藏家顧文彬，1811～1889）舊藏。……爲沈韻初所藏，另未聞有‘因’字本，現存只上海圖書館藏本。① 明末有著録載，出土損一字，餘完好。石初出土一字不損，……孫（承澤）不知有‘因’字完好拓本。”②

2006 年春，由日本東京國立博物館、上海博物館和朝日新聞社聯合出版的《法書至尊——中日古代書法珍品特集》碑帖卷，首次完整公佈沈韻初藏《曹全碑》拓本，完好“因”字一覽無遺，清晰可鑒（圖一）。此本同治四年（1865）沈韻初於京師寓所跋曰：“碑出土在前明萬曆時，‘因’字最先闕，後乃中斷有裂文，後乃‘乾’字作‘車’旁。余所見舊本‘乾’字多未損，‘因’字則無不闕者。今歲夏始尋此‘囚’字完善之本，乃出土最初拓也，爰重裝治，當永珍之。”鈐朱白文方印：樹鏞之印，白文方印：沈樹鏞同治紀元後所得，鄭齋金石文；朱文方印：沈韻初校金石刻之印，朱文長方印：松江沈氏所藏金石。可見鑒定《曹全碑》明代出土初拓最善本，“因”字缺損與否系唯一考察見誌。

至於清碑版鑒藏家洪頤煊（1765～1833）《平津館讀碑記》之《郃陽令〈曹全碑〉並陰》的“右郃陽令《曹全碑》在郃陽縣孔子廟，明萬曆初出土時止缺一‘因’字，後乃中有斷裂。又後‘乾’字中‘日’有穿連之，世恒以此辨拓本新舊”。《庚子銷夏記》卷五《郃陽令〈曹全碑〉》的“曹景完碑，萬曆間始出郃陽土中。中唯一‘因’字半缺，餘俱完好”云云，大抵如上張彥生所説，其實只是反映了此碑入清、入城之後刻石與拓本的“因”字損毀情況或不同程度，表明孫承澤、洪頤煊乃至翁方綱（1733～1818）等金石學家都未曾見識過出土之初“因”字完好無損本。對此，清代學者梁章鉅（1775～1849）《退庵所藏金石書畫跋尾》卷第十書五道及《朱竹垞臨〈曹全碑〉冊》也曾披露：“翁覃溪（即清碑版金石考據學家翁方綱）師言‘秉乾之機’舊本‘乾’字左直本不穿，明末年乃被挖作‘車’字，此所臨乃已被挖之本，此可見國初即無初拓本，今本有‘乾’字不穿者，乃作僞者用筆塗之以售欺也。”卷第二《曹全碑》又曰：“《曹全碑》於明神宗初年出土即有斷痕，近人求未斷本已是空言，惟以‘乾’字未穿者爲舊拓。余嘗購得朱竹垞手臨一本，系康熙癸亥年（二十二年，1683）所作，‘乾’字已作‘車’旁，知未穿本尚在其前。又在他處見‘曝書亭’此碑藏本，則‘乾’字穿畫系描斷，覃溪師亦未之知也。昔在京師得一精拓本，後在吳中復得一本，楮墨稍遜，但前本字旁尚有駁泐，後本較完好知爲明拓，兩本‘乾’字皆未穿。”這跟方若《校碑隨筆》提及“近拓有

---

① 上海圖書館與上海博物館在上世紀五六十年代于行政關係上隸屬於上海市文物保管委員會領導，後原歸屬上海博物館善本碑帖多移存上海圖書館，但《曹全碑》始終珍藏於上海博物館。《善本碑帖録》間涉及兩館藏品歸屬不乏互爲混淆者。

② 《善本碑帖録》，中華書局 1984 年 2 月，第 33 頁。

'周'字、'曰'字、'悉'字損,而'乾'旁未穿作'車'旁,亦有'悉'字損而'曰'字未損作'白'字,乃碑估於拓時彌之以蠟然後拓,或拓後描填欺人也。不知'乾'字未穿本之'乾'首作點勢,已穿彌補則作直勢,即此一筆短長顯異。更有描填已斷本飾爲未斷,不待辨已"情況基本接近。説明清代乾隆、嘉慶時期的金石學界考據已多糾纏於"乾"、"曰"等字,他們幾乎都沒有領略過"因"字未損本的記錄,足見今上海博物館藏傳世"因"字未損本彌足珍貴之一斑。

《庚子銷夏記》卷五《郃陽令〈曹全碑〉》還談到明末漢碑遭破壞的另一個原因:"秦人王宏度字文含,從余游,酷愛古刻,每向余言,秦中石刻,自經寇禍(指明末李自成起義),焚蕩無餘。間有存者,州縣憚於應上司之索取,乘亂捶毀,恐此後秦無石矣。故舊石拓本有存者所宜共寶也。"《曹全碑》首行末尾"因"字是否出於同樣原因被故意損毀已不得而知,但帶完好"因"字舊石拓本當時已鮮爲人知,或仿佛吉光片羽可遇而不可求顯系不爭事實,這也符合孫承澤轉述的歷史背景。

以上主要從版本排比的角度分析了上海博物館藏《曹全碑》"因"字未損本無與倫比的獨到之處,至於此本資料公開之前在它之後捶拓的一些《曹全碑》印刷出版物,説明文字多自稱"拓本墨色醇穆,鋒稜如新,在傳世的拓本中是最好的";[①] 或"首行末'因'字末(當爲"未"字——筆者案)損爲斷前初拓本。現以最初拓本付梓";[②] 或雖首肯上海博物館藏"因"字不損本,卻將明代初拓本誤爲"明初墨拓";[③] 或將清末維新派學者梁啟超(1873～1929)藏碑斷後本指爲明代拓本;[④] 甚至把翻刻明顯的帶于右任先生1956年觀款本自詡爲"字跡如同初刻,點畫清晰,行筆之跡歷歷可見,優於市面所售各版本",[⑤] 等等,不一而足。事實上,上述各種《曹全碑》拓本及出版物良莠不齊,有的雖次"因"字不損本一等但依然洵稱善本,只是非出土初拓本,仿佛方若《校碑隨筆》曾指出的:"已斷而'悉'字未損,'乾'字不穿者亦明拓也。"但是有的本子冠以初拓善本則委實自欺欺人,騰笑於方家了。也因此,李志賢先生《秦漢碑刻校勘圖鑒》將上海博物館藏《曹全碑》"因"字未損本名列第一推爲出土初期"明代初拓",將北京故宮

① 《歷代碑帖法書選》編輯組説明,1981年7月,載文物出版社"歷代碑帖法書選"系列之《曹全碑》,文物出版社1982年1月。

② 方傳鑫《曹全碑》簡介,載上海書畫出版社編"中國碑帖經典"系列之《曹全碑》,上海書畫出版社2000年8月。

③ 上海人民美術出版社2003年3月出版"歷代碑帖珍品"之《漢〈曹全碑〉》出版説明。案,《曹全碑》系明代萬曆初年出土,並非明代初年墨拓。

④ 國家圖書館善本特藏部王麗燕説明,載冀亞平編"國家圖書館善本特藏部特藏·梁啟超舊藏碑帖精選"《曹全碑》,浙江古籍出版社2006年6月。

⑤ 劉健超主編、天津楊柳青畫社2005年5月出版《初拓漢〈曹全碑〉》簡介。

博物院藏明末清初陝西華陰籍金石鑒藏家王弘撰（1620～1697 後）藏初拓之後 "因" 字已損本歸屬其次爲 "明拓"，把清末金石學家王懿榮（1845～1900）藏 "因" 字中央漫漶加劇本排列第三爲 "明末"，（圖二）釐定甚爲精當，筆者咸表贊同。因爲像《圖鑒》列舉的後來才成爲鑒定入清《曹全碑》拓本考據字眼的 "周"、"乾"、"悉"、"三"、"曰"、"王"、"臨" 等字，當初的石花漫漶發展、變化情況尚不明顯或尚未出現（圖二、三）。所以，上述一番著錄援引、文字表述和考辨論證，權作與之《秦漢碑刻校勘圖鑒》排比相呼應的詮釋解説吧。

接下去擬作專題個案分析的是近年坊肆隆重推出的幾種《曹全碑》"因" 字不損本。一是天津楊柳青畫社 2005 年 5 月出版，2006 年第 2 次印刷的《初拓漢〈曹全碑〉》，二是文物出版社 2007 年 6 月出版的《初拓〈曹全碑〉》。前者儘管 "因" 字完善，但披覽之下整冊毫無東漢古碑拓本本身應有的氣息，一望而知爲翻刻仿本無疑，絶非明代出土之初 "因" 字未損本，料爲後世碑估弄虛作假，居奇贏利所爲。（圖四）因非原石系統拓本，自然不足掛齒，不值辯駁，另當別論。

後者迭經清末師事金石學家吳大澂（1835～1902）的上海中華美專校長、畫家周湘（別號雪廬，1871～1933）、近代收藏家謝伯殳和移居上海的浙北南潯碑帖鑒藏家蔣穀孫（名祖詒字穀孫，1902～1973）等遞藏，[①] 今歸日本大阪 "漢和堂" 碑帖收藏家陸宗潤先生。近代書法家、湖南茶陵譚澤闓（1889～1947）題籤作："最初拓《曹全碑》，'因' 字未泐本，穀孫吾兄秘笈，澤闓署。" 鈐白文方印：譚澤闓印。拓本内裱邊及拓本間蔣氏鈐印計有朱文方印：蔣穀孫金石緣、穀孫；白文方印：碑英閣？蔣祖詒、蔣祖詒印。碑冊後近代藏書家趙寬跋曰："此碑舊拓只須 '乾' 字未通，鑒家即詫爲枕秘。至 '因' 字不闕者，則始終未獲寓目。今乃於雪廬先生許獲觀，真翠墨中稀有烏也。辛亥（1911）春杪子扉氏寬敬識。" 鈐朱文長方印：趙，朱文方印：君閎。民元初剛定居上海的海派書畫界魁楚吳昌碩（1844～1927）同年跋曰："曹景完碑，明時出土，覃溪老人謂出土時即有裂痕，是本無之；且首行 '因' 字完好，'乾' 字未通，的是出土時氈蠟，可稱至寶。然則裂紋所無者，覃老眼中尚未見及，雪廬弗爲有力者攫取可也。辛亥十有二月同客海上大聾。" 鈐朱文方印：缶，另有白文方印：缶翁。此外拓本間另有清末書法家王儀鄭（1857～1921）鈐朱文方印：伯恭；清末收藏家汪士元（？～1921 年在世）鈐白文方印：清淨瑜迦館。另有朱文方印：陸氏過眼，不明何人；檢陸恢無此印鑒，故此拓本似非前文援引王壯弘先生提及的陸廉夫藏 "因" 字不損本。

案，蔣祖詒皮藏碑帖多爲善本精品，如上海博物館藏《淳化閣帖》最善本即曾系蔣

---

① 臺靜農《題顯堂所藏書畫録》，載《臺靜農論文集》，安徽教育出版社 2002 年 1 月，第 549 頁。

氏舊藏。[①] 他同上海博物館"因"字不損本舊藏者沈韻初的外孫、近代上海著名書畫鑒藏家吳湖帆（1894～1968）過從甚密，經常有鑒藏往來。《淳化閣帖》最善本卷六引首就有吳湖帆應蔣氏之邀所作《官帖籛圖》；吳氏二十世紀三十年代早期《醜簃日記》間更時有涉及他們彼此間的典藏互動。如1933年4月1日載："穀孫攜陳湛六（名廉，號明卿）（明上海松江畫家）畫《江山雪霽圖卷》，有王煙客（即清畫家"四王"之一王時敏）、王廉州（即清"四王"之一王鑒）、吳梅村（即清畫家吳偉業）、菽公（即清畫家周菽）四題，向余易明拓《曹全碑》正陰去，碑爲沈韻初外祖舊藏本也。"書眉注："陳卷抵于易《圖繪寶鑒》中，《曹全碑》作易李檀園（即明末畫家李流芳）畫軸。"[②]

如所周知，著名書畫鑒藏家吳湖帆同時亦是金石碑帖鑒藏家，今上海博物館和上海圖書館藏善本碑帖多系其舊藏。[③] 他除了繼承祖上吳大澂、外祖沈韻初以及妻子、道光朝軍機大臣、蘇州望族潘世恩（1770～1854）孫女潘靜淑（1892～1939）家的大量祖傳珍藏以外，本身亦精於古物鑒賞和匯藏。不過，他日記所載易手蔣穀孫的沈韻初舊藏明拓《曹全碑》帶碑陰本，似乎不是今歸上海博物館"因"字未損本。因爲上海博物館本系受贈於蘇州"過雲樓"第四代女主人沈同樾（1896～1978）並不帶碑陰，何況其間並無蔣氏鑒藏章；如果帶碑陰本就是"因"字不損本的話，按照吳氏的鑒定眼力，他也許不願拱手相讓蔣氏的。對此，《醜簃日記》1937年12月12日就曾有類似的心理動態記錄："蔣穀孫來，假去張爾唯（即清初畫家張學曾）、王煙客二軸，意欲相讓，而余不舍也"。因此，日記提到的明拓《曹全碑》帶碑陰本應該是沈韻初的另一藏本。

這一解析在上海圖書館藏吳湖帆手抄"梅景書屋"箋紙本《鄭齋金石題跋記》中得到了印證。《題跋記》登錄有包括以上援引上海博物館"因"字不損本後沈韻初題跋在內共四段有關《曹全碑》題跋，又一跋即作《〈曹全碑〉並陰》曰："碑陰舊拓尤難得，其極秀削處最似武梁祠畫像題字。同治乙丑（1865）十一月十一日燈下撿篋中所藏漢碑舊

① 參看陶喻之《〈淳化閣帖〉最善本的海上大鑒藏家們》，載《收藏家》2003年第12期，第8～14頁；陶喻之《〈淳化閣帖〉最善本流散揭秘》，載《中國文物報》2004年1月14日；陶喻之《魯迅與來遠公司蔣孟平關係及其他》，載《上海魯迅研究》（15），上海文藝出版社2004年4月，第231～247頁。

② 參看吳元京審訂、梁穎編校《吳湖帆文稿》，中國美術學院出版社2004年9月，第31頁。

③ 吳氏珍藏沈韻初舊藏明拓隋《常醜奴墓誌》，因顏其所居曰："醜簃"，日記亦冠以《醜簃日記》。又因購得隋《董美人墓誌》，遂取室名曰："寶董室"。後以得宋拓唐歐陽詢《虞恭公碑》、《化度寺塔銘》、《九成宮醴泉銘》、《皇甫誕碑》而名齋號爲"四歐堂"，二子二女名字也與之呼應爲"歐"字輩。參看顧音海、佘彥焱《吳湖帆的藝術世界》第五章珍藏金石拓本，文匯出版社2004年8月，第165～173頁；吳湖帆撰、佘彥焱整理《梅景書屋題跋記·碑版》載吳氏搜集原沈樹鏞舊藏碑拓多冊，載上海圖書館歷史文獻研究所編《歷史文獻》第八輯，上海古籍出版社2004年12月，第34～66頁。

本附記，時客京師。"估計這是沈韻初將在京所得各本校碑作跋。如前所述，一種碑帖收藏多個版本乃研究型藏家常事，以至越藏越好，越收越精。吳湖帆在《吳氏書畫記》之《明王玄照壬子仿古山水冊》中透露："吾外祖沈公韻初藏碑帖爲江南甲觀，堪與黃氏"士禮居"（即清代版本目錄暨藏書家黃丕烈，1763～1825）藏書媲美，而吾外祖母每典釵質釧以成其願，慣事也。"① 再從今歸上海博物館"因"字不損本有沈氏題跋（亦見於《鄭齋金石題跋記》）道明曾見舊本甚夥，可知此本最受他珍愛，與帶碑陰本都一直留在身邊未曾割愛。

另據民國二十一年（1932）夏六月沈韻初之孫沈錡《鄭齋金石題跋記》跋曰："先大父韻初公好金石書畫，而於石刻嗜之尤甚。清咸（豐）同（治）間，供職故都，旅居吳門，知有名碑佳拓，必輾轉訪求或購以重價，或易以舊藏，必得之而後快。既得之後，詳加考訂，非淵源有自，審釋精確不肯輕易題識。故收藏之富，鑒別之精，爲當時江南第一，經題識者約有二百餘種。先大父棄養後，先君肖韻公，曾就家中所存者，輯成題跋記，擬付剞劂，事不果行。光緒壬寅（二十八年，1902），先君見背，時錡年僅十齡，不知珍護，致盡散失，及今思之，彌深痛惜，惟書初稿尚存故篋，爰請表弟吳君湖帆爲之校勘。吳君以原編猶有遺漏，乃與吳縣潘博山先生（即近代藏書家潘承厚，1904～1943）訪之藏家，共事增輯。"同年吳湖帆跋又曰："……公家素不豐，往往遇名拓不忍釋，外祖母爲典釵質釧以易之，恒事也。……如是者數十年，迄癸酉（1873）二月，公鬱鬱逝世，物亦漸散。……"

據上題跋可知沈韻初藏善本碑帖於身後大多散佚，吳湖帆日記提及其藏《曹全碑》帶碑陰本，應屬後來設法搜集外祖舊藏；而沈氏"因"字不損本可能散出後被同爲蘇州書畫收藏名家、"過雲樓"第三代主人顧麟士（字鶴逸，1865～1930）覓得。顧氏"大量收藏書籍字畫外，還喜收錄金石、碑版、印璽等，極大地豐富了過雲樓藏品。其所藏宋拓《瘞鶴銘》鶴壽本，豔稱於世。"② 上海博物館藏沈氏"因"字不損本間，夾有吳門藏書家曹元忠（1865～1923）於光緒二十六年（1900）以竪欄紅箋紙所作題記："余友元和（即蘇州）顧君鶴逸藏本獨完（指"因"字），蓋即趙子函（明萬曆舉人，常攜紙墨訪拓古碑之陝西盩屋趙崡，其《石墨鐫華》卷一道及《曹全碑》"萬曆初郃陽縣舊城掘得，……碑且完好無一字缺壞，真可寶也。"）所見無一字缺壞者"佐證了以上推測。所以，此後"因"字不損本由顧氏子媳顧則揚（字公雄，麟士次子，1897～1951）、沈同樾捐贈上海博物館，可見"因"字不損本自沈韻初同治年間得於北京以後流傳有緒。至於《鄭齋金石題跋記》之《漢郃陽令〈曹全碑〉》名下又一跋提及的另一本"因"字不損本

---

① 《吳氏書畫記》，載《吳湖帆文稿》，第 486 頁。
② 《過雲樓書畫記·續記》弁言，江蘇古籍出版社 1999 年 8 月，第 3 頁。

恐怕今已不存，是否王壯弘先生《增補〈校碑隨筆〉》提及的陸恢藏本也不得而知。沈跋另一"因"字不損本曰："《曹全碑》出土最初拓'因'字未損本，傳世絕少，向惟彭二林先生有一本，珍秘殊甚。後被下人竊去，攜至嘉定，黃君本誠以番銀六十四餅得之，彭氏欲贖回不可得，幾欲啟訟端。庚申之難（指1860年太平軍攻入上海），黃氏物亦散失殆盡。此冊（指今歸上海博物館藏'因'字不損本）非二林本，而'因'字亦未損缺，當以魯靈光視之。丙寅（1866）八月十三燈下鄭齋記。"鈐白文方印：沈樹鏞印。（此跋見上海博物館藏"因"字不損本冊間另紙。）

　　搞清了今歸上海博物館沈韻初舊藏《曹全碑》"因"字不損本傳承經過，以及相關藏家人際網絡關係，可以初步得出這樣的結論：曾藏於蔣穀孫的所謂"最初拓《曹全碑》"既不是上述沈跋提及的彭二林本，也不是沈韻初藏帶碑陰本，因為其上既無彭氏更無沈氏藏印。而據碑拓冊後趙寬、吳昌碩等民國之初（1911）題跋以及拓本間白文方印：謝伯殳印、伯殳珍秘、伯殳審定，朱文方印：瓠廬所藏宋元明墨拓、伯殳過目、伯殳銘心精品、曾藏姚江謝伯殳家、公潛? 等鈐印，可知蔣氏之前曾藏清末民初藏家周湘、謝伯殳等，由這一不同的流傳系統也可證實這是彭、沈以外的又一冊"因"字未損本，同時說明蔣穀孫至少藏有兩本《曹全碑》，一為向吳湖帆易得其所覓沈韻初舊藏帶碑陰者（今歸屬不詳），另一即此周、謝等弄藏今歸日本大阪"漢和堂"陸宗潤先生者。參看下列已知《曹全碑》"因"字未損本一覽表。

　　陸宗潤先生在出版原藏於蔣穀孫的《初拓〈曹全碑〉》"說明"中指出："從拓本字跡來看，似在泥土尚未剔清時所拓，故首行曹國之'國'字，從拓本上看能區分出字內泥土吸墨後形成的字跡，'因'字的左側亦如此。另外，部分字筆畫細瘦，亦與字內泥土的殘留程度有關。拓本紙面上溢出最初出土時清新淳厚、自然質樸的氣息，恰與茶陵譚氏所題'最初拓曹全碑'名實相符。"筆者最初完全認同此說，因為披覽碑拓冊第一開，的確有與上海博物館藏"因"字不損本伯仲難分，秋色平分乃至兩"全"齊美的觀感。但愈往後比對、校勘則愈發現兩者猶有諸多微妙差異有待商榷，首先談談泥土未剔乾淨問題。

　　恕我淺陋直言，就碑刻新出土而未被洗刷乾淨即行捶拓本未曾寓目，且此現象仿佛亦無先例可循；倒是摩崖石刻由於山石或崖面凹凸不平，捶拓難施拓包，會出現個別部位拓不完整情況。譬如東漢著名的《石門頌》摩崖左下部"或解高格"的"高"字由於崖面錯位，高低位置錯落很大，而這一層位恰好在"高"字中央，"口"字呈凹陷狀態，捶拓時似乎必須割舍局部字體部首偏旁，才能保全整張拓片的完整性，即祇有捨棄"高"字下"口"，方可保持整幅拓片紙張完好，而不致因兼顧"口"部釀成拓紙破損。所以，絕大部分舊拓《石門頌》此"高"字都缺"口"；但這並不意味着"高"字本身鎸刻時就缺一"口"，或"口"部為石門隧道底部苔土湮沒。如今拓工巧施小拓包，依然足以把 "高" 字底下 "口" 部拓出而不影響拓片整張的完好度，雖然操作時有一定的技術難度。就此話題，現場觀摩並考察摩崖原石，真相自明，①（圖五）由此說明並不存在所謂泥土掩蓋刻字筆畫情況。

耐人玩味的是，《曹全碑》系平面碑刻，完全沒有《石門頌》"高" 字那樣的摩崖錯位現象；況且像《曹全碑》這樣歷經千載風霜的東漢金石重器，重新出土勢必接受時人一絲不苟的精心洗滌，絕對不會犯泥土未剔乾淨就行貿然捶拓的低級錯誤。否則，即使拓了不滿意也會作廢重洗重拓，追求初拓最佳效果，因此，陸先生的泥土未清之說似嫌失之牽強、偏頗，論據理由不夠充分。特別蹊蹺的是：既定 "爾勳，福祿攸同"，"清擬夷齊，直慕史魚，歷郡右職"，"僚服德，遠近憚"，"兗豫荊揚"，"聖主諮諏，群僚咸白"，"撫育鰥寡，以家" 這些刻字明顯較之其他豐滿字體細瘦，墨色亦濃淡有別，（圖六）觀感極不自然協調，剪裱拼貼痕跡一目了然，幾有目共睹。這樣，整本系不同拓本拼配而成感覺油然而生。看來，對於這些字體肥瘦不一的拙劣表象，恐怕並不是陸先生不以為然，輕描淡寫以 "與字內泥土的殘留程度有關" 足可一言蔽之，自圓其說就能解釋得通並令人信服的吧。

除了以上疑竇，我們姑且先擱置對那個不損 "因" 字探討（圖七）而關注其他考據字眼，同樣不難發覺還有無法通過，更不要說逾越明代拓本底綫的達標之處。其一是 "咸曰君哉" 的 "曰" 字已作 "白" 字，（圖八）這是《曹全碑》入清洗碑後的重要特徵。其次是 "貢王庭" 的 "王" 字已損，（圖九）這也是此碑入清後的一個標志；兼以此本除了以上列舉奇瘦字體外，整體字跡則失之於肥。基於上述推敲認識，可以斷定此本《曹全碑》"因" 字未損本頂多屬清初拓本。至於反觀那個關鍵字眼——不損 "因" 字，料為碑估描填偽造，並非出土之初由原石上拓出幾已端倪可察。

類似造假案例尚有上海博物館藏另一本標榜明拓實非正宗的 "因" 字未損本。此本凡見諸後世碑學界披露考據關鍵字均被一一填描修復，（圖十）若不加審視以此為據，直可視為明拓本，但細加諦察則劣跡敗露。尤為荒唐者，此本亦 "因" 字完好，（圖十一）但字體略小於正常比例；且與上海博物館藏真正 "因" 字不損本的 "因" 字結體迥異，也不同於清康熙時期精繆篆、隸書的顧藹吉編著《隸辨》收錄漢碑各 "因" 字，（圖十二）自屬以晚期拓本補配描添以充早期拓本之舉可知。值得提醒的是，

---

① 王壯弘《增補〈校碑隨筆〉》說：《石門頌》"清初至乾隆時拓本，第廿一行 '高' 字下半爲苔土所掩。作半渤狀。嘉道間經洗剮後拓本，'高' 字下 '口' 已剮出。"（第 60 頁）應當是一種誤會。參看郭榮章《對十三品字跡缺損情況的察勘》，載《石門漢魏十三品·石門十三品探蹤述略》，陝西人民美術出版社 1988 年 5 月；郭榮章《〈漢三頌〉摩崖考釋與評介·〈漢三頌〉版本評價》，載《〈漢三頌〉專輯》，陝西人民美術出版社 1993 年 8 月。

作假者居然不諳"咸曰君哉"之"曰"字成"白"字已是後拓破綻而一仍其然，（圖十三）從而留下了不是明代拓本的確鑿證據。

又，清翁方綱《兩漢金石記》卷十一曰："'咸曰君哉''咸'字'咸'內口上一畫是彎曲倒折之筆，今石泐而其旁一小直畫不可見，遂成二小橫畫矣，自陳香泉（即清代中期書畫家陳奕禧，1648～1709）、姜白蒲臨本皆已失之，顧氏《隸辨》亦誤。"因翁氏乃清代金石碑版學界鑒定權威，後世校碑惟其言聽是瞻，因而後人校《曹全碑》一度惟"咸"字是重，[①]（圖十四）甚至重"咸"輕"曰"，對翁氏提及"咸"字本來祇有的一小豎點筆意，竟然畫蛇添足，妄加成左右兩小豎筆與上下兩橫相連而達到不倫不類冒充早期拓本程度。殊不知其實"曰"字成"白"字已顧此失彼，（圖十五）馬腳盡顯無遺，昭然若揭矣。[②]

| 沈韻初藏本 | 彭二林藏本 | 陸恢藏本 | 雪廬周湘、謝伯爰、蔣穀孫遞藏本 | 宜春鍾克豪藏、于右任 1956 年觀款本 | 帶秋山房張名達藏本 |
|---|---|---|---|---|---|
| 上海博物館藏（圖一） | 不明所在 | 不明所在 | 大阪漢和堂藏（圖七） | 不明所在（圖四） | 上海博物館藏（圖十一） |
| 《法書至尊》（下）碑帖卷 | 沈韻初《鄭齋金石題跋記》 | 王壯弘《增補校碑隨筆》 | 文物出版社 2007 年出版 | 天津楊柳青畫社 2005 年出版 | |
| 初拓最善本 | 不詳 | 不詳 | 入清洗碑拓 | 翻刻作假拓 | 填描本 |

## 贅　言

日本"漢和堂"碑帖收藏家陸宗潤先生着意金石碑帖搜藏、研究有年，弆藏佳本、善本甚夥，甚至不乏海內孤本，因而同寅豔羨，筆者亦嘗榮幸應邀一飽眼福。其徵集蔣祖詒舊藏"因"字不損"最初拓《曹全碑》"，就曾蒙慨然出示，有幸先睹爲快。惟經與上海博物館藏"因"字不損本反復比對，幾抽絲剝繭，勘察入微，品鑒之下，仿

---

① 今歸上海博物館晚清合肥收藏家龔心釗（1870～1940 前後在世）舊藏《曹全碑》在"咸"字位置鈐朱文方印"懷西收藏金石文字印"以示"咸"字尚隱約可見翁方綱提及的豎筆彎曲筆意而珍愛。殊不知，研究記錄表明："咸"字後"曰"字成"白"字，乃畫蛇添足剜刻敗筆跡象，顯系此非明代拓本徵候。

② 參看魏小虎《〈曹全碑〉"咸"字考略》，載上海辭書出版社《上海文博論叢》2006 年第 2 期，第 40～41 頁。

佛不無疑義相析之處；繼而猶感館藏最善本地位難撼，"漢和堂"本恐在其下數等。遂負厚望，實話實説，並喻以智者千慮，塞翁失馬，況蔣氏亦不免走眼失察耶。以上各節，礙於同儕友情，本不足向外人道。不意事後有朋以文物出版社刊行陸先生此本徵詢求證等次，此間爲維護"因"字不損最善本聲譽，亦欲表態、解讀以作適當回應，以正視聽，此意料中事。

事態至此，收拾善後，捨我其誰？筆者遵命，遠遁乏門，欲罷不能，當仁難讓，責無旁貸，其間的難言、赧顔之隱，誠不足爲始作俑者陸先生白也。惟自我寬恕、排遣，此本猶見出版，公之於衆，廣而告之，想陸先生自有應對爭鳴與接受挑戰准備，我輩學林同寅大可借此仁智互見，闡述己見。且古人題跋不管善惡、僞善，往往有意無意間充斥捧場、溢美之辭而隱瞞觀點，虛與委蛇，以致良莠混淆，後學莫辨真僞，無所適從，其實無助於研究與學術進步。陸先生此舉，許反而利於正本清源，實事求是，端正學風，扭轉弊端，良多裨益。遂不揣樗昧，以吾愛吾友，更愛真理之勇，假得紀念西安碑林九百二十周年華誕國際學術研討會一席之地，直抒胸臆，質之陸先生，冒犯、得罪之處，千祈鑒諒、理解、原宥、批評爲盼。


附注：（圖一）第一欄"周"、"乾"字泐痕實爲紙破所致，與碑刻本身石花漫漶無關。特此説明，以免誤解。

圖1

圖2

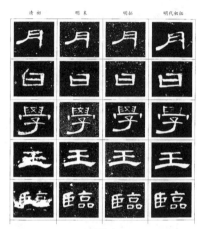

圖3

圖4

圖5

圖6-1

圖6-2

圖6-3

圖6-4

圖6-5

圖6-6

圖6-7

圖7　　　　　　　　圖8　　　　　　　　圖9

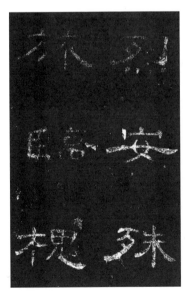

圖10　"臨"字描填所出　　圖11　帶秋山房本"因"字　　圖12
　　　　　　　　　　　　　　描填作偽所出

圖13　帶秋山房"因"字本"咸　　圖14　"咸"字上鈐印，"曰"　　圖15　"咸"字失真，
　　　曰君哉"之"曰"已作"白"字　　　　　字成"白"字　　　　　　　　"曰"成"白"字

# 碑法帖存疑・"張黒女墓誌弁正"への疑問

伊藤 滋[*]

## はじめに

　"張黒女"と言う言葉の響きは、たちどころに六朝墓誌の獨特の書風を思い起こさせる。書の碑帖古典をある程度習った人は、必ずやこの張黒女の名を"美人董氏墓誌"や"蘇孝慈墓誌"と共に思い浮かべることであろう。"張黒女墓誌"は、六朝古典の代表作の一である。また"張黒女墓誌"の原帖は、清末の大書法家・何紹基の秘蔵本であり、天下の孤本（原石が失われて世の中に拓本が唯一本存する.）である。そのために墓誌の中でも最高の古典碑帖と言われている。現在まで諸書に上海博物館に所蔵されていると記されているが、そうではなく個人の所蔵との言を伝え聞く。この"張黒女墓誌"（何紹基舊蔵孤本）が原刻拓でないとする論文が紹介されている。数年前友人からこの文のコピーを送られたが、どこで掲載されたものか不明であったので一読後そのままにしておいた。昨年、ある先生から福本雅一著"書の周辺　其の七・清朝篇"（2004年アートライフ社刊）をいただいた。この書物の中に、以前友人から送られた文章・"何紹基と張黒女墓誌"（190頁）が掲載されてあった。一般に公開された文章であるので、いささか気になり再読した。

　この否定論を書いたのは、福本雅一先生ではなく、阮鴻騫なる人である。福本先生は、同書の"何紹基と張黒女墓誌"の中で"張黒女墓誌"（何紹基舊蔵孤本）の題跋を詳細に紹介なされ、その後半で阮鴻騫の否定論の主旨を訳出されている。その中で、阮鴻騫"張玄墓誌辨正"が、"故宮文物"（二一巻第五期、臺北故宮博物院、二〇〇三・五）に発表され、従來の認識が全面的に覆えされたばかりか、"海内孤本"の稱譽さえも、無慚に剥奪されてしまった。彼は家蔵の阮本を上海博物館蔵舊何本と比較し、何本が偽刻であることを證明したのである。また文末には、阮鴻騫の論述は旨意明白で、反駁は期待できそうにない。ただ残念なことに、彼が自分

＊　伊藤滋，日本東京學藝大學客座教授。

の秘蔵する阮本に対して、流伝の徑路については沈黙し、また恐らく附記されている諸題跋にも、全く言及していない。阮本の影印公開が待たれると書かれている。福本雅一先生は日本における、書學の権威者の一人である。阮鴻騫の "張黒女墓誌"（何紹基舊蔵孤本）否定論に贊同する福本雅一先生の見解の影響は非常に大きいものがある。碑法帖を學ぶものとして見過ごしがたい内容なので、自分なりに "張黒女墓誌" を再度取り出し、各種の資料を求め少し調べてみた。しかし、この否定論を認めることはできなかった。この紙面を借りて "張黒女墓誌"（何紹基舊蔵孤本）が原刻拓でないとする論文を紹介し、これに小生の見解を述べて、読者諸賢の皆さんの批評を仰ぐ次第である。

## 阮鴻騫 "張玄墓誌辨正" の内容

（"故宮文物" 二一巻第五期、臺北故宮博物院、二〇〇三・五をそのまま引用してください。）

"張黒女墓誌"（何紹基舊蔵孤本）と阮鴻騫所蔵の "張黒女墓誌" を比較して

一、碑題は九字 "魏故南陽張府君墓誌" といい、何本は一行八字のため、志の字が次行の首に移るが、これは非常に不自然である。また空格を置かずに "君諱玄……" と続けている。原拓は一行二〇字であるから、それを阮本のように、一行一〇字にすれば、このことは避けられるはずである。

二、阮本は張玄の父の名を・った跡を殘しているが、何本はそれを除いて下に接続している。・ったのは、後世の君主の諱を避けてそうしたのであろう。

三、第四面の "君稟陰陽之純情" の句中、阮本は純の字を・っている。恐らく唐の憲宗の諱李純（在位八〇六—二〇）の諱を避けたのであるが、何本は文義の上から、純の字をはっきり補っている。そのことによってこの碑が、晩唐以前の出土であると推測させる。五代宋以降であれば、その必要はない。

四、第五面の "羽翼天朝、孤弁帝室" とあるのは、張玄が孤身勤王にはげんだことをいうが、何本は孤弁を誤って抓牙とし、強いて爪牙の意にとっている。孤弁とは一人で職守を果たしたことで、このような曲解は、臨模者の無學を示している。

五、墓誌の多くは四六の駢文であるが、第九面の "于時兆人同悲、遐方棲長泣故、刊石伝光、以作誦日" を、何本は長の字に…を加えて誤字であることを示し、"遐方棲泣・刊石伝光" のように読ませている。しかし書丹の時の誤りを修正せず、そのまま石に刻するということは、絶対にあり得ない。"棲長泣故" とは、哀情が長く、故人を泣くという意であるが、これを曲解したのであろう。

　六、何本の第十一面の上角の鬱と葉、扁と成の各二字に、相対した部位に　損を生じているが、これは、一行二〇字の拓本では全く起こり得ない。そしてこれは石華ではなく　損の跡で、何本は木刻の可能性が大きい。

　七、墓誌は出土の直後は、文字鮮明であり、剝裂は通常辺縁より始まるが、何本ではそれが、例えば“霄衢根通海翰”等の諸字に認められるのに、その附近には耗損の跡がない。これらを綜合して阮鴻騫は、何本の書風が北魏の他碑に類しない點を細説し、それが魏碑の渾厚豁宕の自然な風韻を欠くとして、次のように述べている。清の干嘉時代（一八世紀）に、阮元・梁　・翁方綱等が碑學を宣揚した後に、碑版を翻拓する風気が亦た盛んになった。何本は原帖を　拓したものではなく、筆意は、北魏時代の楷書が成熟段階の渾融に踏み込んだという風ではなく、書は顔（真）體を主とする楷法で、字形の横扁は蘇（東坡）字に近い。これに対して阮本は多く方形で、文字そのものも、何本に比して小さい。阮鴻騫はまた、以下の點にも論及しているが、それを簡約して紹介しておこう。この何本“張玄墓誌”は、玄の字を避けていないことから、それが康熙以前のものであることが分るが、阮本は更にそれ以前に必ず存在したに違いない。何本はそれに依拠して、種々の改変を施しているからである。また阮本のカーボン・テストの結果は、それが明の後期に拓せられたことを示した。恐らく原碑は明末、陝西・山西を李自成が蹂躙した際に失なわれたと思われる。もし康熙まで伝存していたとすれば、玄の字は削られていなければならないからである。そして何本に玄の字が完存するのは、偽作者がそれが康熙以前のものである証拠として、故意に明示したのである。

　阮鴻騫の論文を掲載する“故宮文物”（2004 年・245 號）中心部分のみを引用する。

## 阮氏論文に対する疑問

　阮鴻騫の論文で最も重要な位置を佔める阮氏所蔵“張黒女墓誌”拓本について、“故宮文物”（2004 年・245 號）の図版を一見したときから気になっていたことであるが、どこかで目にした印象を抱いていた。すぐに家蔵の墓誌拓本をあれこれ探してみて驚いた。この阮氏拓本に近い拓本が三本出てきた。家蔵の三本は同石拓で、以前に里打ちしたときには“翻刻本”として整理したものであった。この三本と阮氏拓本を仔細に比較してみた。阮氏拓本は図版が小さくて正確には比較しがたい點もあるが、寫真に取り比較図版を製作してみた。読者の皆さんにも比較鑑賞していただきたい。紙面の都合から巻頭部分と他の數文字を數箇所を示した。阮氏拓本は全體ではないが“故宮文物”に掲載された部分をすべてを、この家蔵三本とを詳細に検討した。小生には、阮氏拓本が家蔵三本と“同石拓”であるとおもわれる。字形、字畫はいうまでもなく、文字以外の石の細かい損痕、擦りキズ等までもが、ほぼ合う。同石拓との認識を抱く。これまでに種々の碑石の翻刻拓本、重刻拓本、また“蘭亭序”をはじめとして数々の法帖の初刻、翻刻、重刻を確認してきた経験からあれこれ比較検討した結果、私の見解は、この阮氏拓本が家蔵拓本（翻刻本）と同石拓であるという結論に至った。家蔵三本の中、二本は整拓である（一本には拓紙に破れがある）。他の一木は折帖に装されている。この家蔵整拓本（図版　）を見ると、阮氏論文で述べる“一行二十字”の意味が通じない。図に見るように二段に刻されている。一行十字で次の行に進んでいく。このような墓誌の刻し方は見たことがない。恐らく剪装した翻刻本をもと製作されたものであることを示している。“一行二十字”の翻刻本は、京都大學の人文科學研究所の拓本のデーターベースで見ることができる。この翻刻拓本は、俗に関中本と稱されている。この石は現在西安の碑林博物館に所蔵されている。阮氏拓本には、剪装本らしい縦に切断したような部分を示しているが、折帖に装したときに職人が手を加えたのであろう。阮氏論文の最も重要な根拠となる拓本が、上述したような代物である。この“阮氏拓本”と“張黒女墓誌”（何紹基舊蔵孤本）の両者を比較して、阮氏のいくつかの見解が示されているが、意味のあるものであろうか。無意味と思われるのだが、敢えて、それらについて私の見解を簡単に述べてみよう。

　　長い歴史ある碑法帖の装本について、阮氏は種々の剪装本の形式を理解しているのであろうか。同じ北魏時代の希本である“司馬昞墓誌”（原石拓は世に數本か）は一行七字に装されている。一行に何字を入れて装するかは製作する人の意向による。袖珍本にしたいときには更に少なくなる。また“張黒女墓誌”（何紹基舊蔵孤本）の民國時代のコロタイプの精印されたものや上海博物館で製作された“張黒女墓誌”の印刷物を仔細に見れば、後半の“鬱”“葉”“扁”“成”の石損としている部分が、実は剪装本にされて伝えられてきたときに何時の頃かに蟲損にあい、その後、重装されたために蟲食痕が白く見えるのものである。跋文のある巻末まで全體に蟲食痕を鮮明に見ることができる。この蟲食痕を阮氏は墓誌を刻した材木の蟲食痕が拓されているとの認識である。不可解である。また“張黒女墓誌”（何紹基舊蔵孤本）は印刷物からでも剪装のときに數文字づつ切断されていることがある程度確認することができる。

　　さらに“張黒女墓誌”（何紹基舊蔵孤本）の書風の筆意が、（阮氏拓本と比べて）唐の顔真卿や蘇東坡に近いなどと指摘し、阮氏拓本がより北魏の書風に近いと述べる。“張黒女墓誌”（何紹基舊蔵孤本）のやや扁平に近い結構は、それほど多くはないが、少し後の“司馬昞墓誌”や“劉岱墓誌”や法帖で伝えられる鍾ヨウの書風に近いものがあり、唐宋の書風は感じられない。時代的にも問題はないであろう。また“諱”問題に関しても、“雁搭聖教序碑”が明清時代を通してどのように扱われてきたかを考えれば、阮氏の主張はもそれほどの説得力はない。最後に提出された、拓本に使用された“墨”の科學的な同位元素ｃによる年代測定を提示されている。これも一方的であり、阮氏も文中で述べているように、中國の墨の製作は非常に複雑であり、原料がどこから採取された煤であるか。その他の材料との関連からも、結果をそのまま信じることはできないであろう。

# 終わりに

　この墓誌銘を終生にわたって愛蔵してきた何紹基は、清末の大書法家であり、篆・隷・楷行草書の各體を善くし、歴代の碑法帖の名品を數多く見、また所蔵し、それらに見事な題跋を書き入れてきた。何紹基手択の碑帖が現在も伝えられている。“東洲草堂金石跋”等の著作も殘している偉大な金石家・収蔵家でもある。何紹基が生涯にわたって秘蔵した“張黒女墓誌”の名品が、こうした駄本の阮氏拓本と比べられた否定論が、臺灣故宮博物院の學術研究志である“故宮文物”に堂々と掲載されることは、何を意味するのであろうか。それにしても、この論文の筆者・阮鴻騫氏なる人物の碑法帖に関する“常識”、書法史に対する見識には疑問をいだかざるを得ない。読者の皆さんはどのようにご覧になられるでしょうか。

# 上海圖書館藏清人金石學稿本三種述評

陳尚君[*]

上海圖書館藏清人稿本爲數甚多。復旦大學出版社近期將擇其主要者若干種影印出版。本人受命爲其中數種撰寫出版説明，謹先擇有關金石學之兩篇發表，以饗同好，並希冀獲得方家之指正。

## 吳式芬《輿地金石目》、《貞石待訪録》

《輿地金石目》、《貞石待訪録》稿本二種，清吳式芬著。

吳式芬（1796～1856），字子苾，號誦孫，室名陶嘉書屋、雙虞壺齋，山東海豐（今山東無棣）人。道光二年順天鄉試舉人，十五年（1835）以殿試二甲第三十七名成進士，時年四十歲，授翰林院庶吉士，次年充國史館協修。十八年，以勤學受到道光皇帝召見，補江西南安府知府。其後十多年，歷任廣西右江道、河南按察使、直隸布政使、貴州布政使、陝西布政使等職，官至浙江學政，補授内閣學士兼禮部侍郎銜。咸豐六年卒，享年六十一歲。生平事跡見《續碑傳集》卷十七收彭藴章《内閣學士兼禮部侍郎銜吳公墓誌銘》及無棣文博網收孫才順、於長鑾《吳式芬年譜》。

金石學興起於北宋，歐陽修《集古録》、趙明誠《金石録》確立了據金石作品存文獻、考書跡、訂史籍的學術傳統，到南宋時期達到高峰，出現了專録漢碑的洪適《隸釋》、備録全國石刻目録的王象之《輿地紀勝·碑記》（明人輯出另編爲《輿地碑記》）、陳思《寶刻叢編》，以及偏於記録書家石刻的鄭樵《通志·金石略》、題朱長文《墨池編》、佚名《寶刻類編》等。經過元明時期的相對沉寂，入清以後經過朱彝尊、錢大昕、王昶、阮元、畢沅、孫星衍等著名學者的倡導，到嘉慶、道光間成爲顯學。吳式芬開始學術研究之初，即受到此一風氣的影響，他在登進士第後不久所作《陶嘉書屋鍾鼎彝器款識目録序》中自述："余自庚寅以後遊京師，獲交當代好古諸家，每遇古器，必手自摹拓，而四方同好亦各以所藏拓贈，所獲寖多。爰薈萃墨本，汰其贋者，裝册爲玩，以是

---

\* 陳尚君，香港中文大學中文系客座教授、復旦大學中文系教授。

隨其所得付裝，故不次時代先後，亦不類分其器。續有所收，則別自爲册，蓋取其多而未已，用六一居士《集古録》目例也。"庚寅爲道光十年（1830），式芬時年三十五歲，雖還在爲科第奔忙，但主要精力顯然已經在與當代好古諸家及四方同好搜集研究金石文本。在已經有以王昶《金石萃編》爲代表的集大成著作以後，吳式芬一生主要的工作是對於歷代金石存逸目録的搜集和編録。其子吳重周、吳重憙合撰《行述》云：

> 幼年即酷好金石文字，所積既多，因以《寰宇訪碑録》爲稿本，補其未備，刪其訛復，復增入三代秦漢以來吉今，各注某氏家藏，如孫《録》收甎瓦之例。惟不載璽即泉幣，以各有專書也。鏡銘只載有年月者，以多不勝收也。孫《録》未詳碑額，亦並補之，書曰十六卷，名《攈古録》。又復薈萃金石目録，分州縣編之。其存者則列爲已見；未見者則註明見某書，列爲待訪。凡古今金石諸書，無不備採。復取歷代史籍及諸家文集説部以益之。惟墓誌非可訪求，必以曾出土著録者爲斷，而不採文集；鍾鼎甎瓦流傳本無定所，亦不收載地里未詳者，別附於後以俟參考，名《金石匯目分編》，約四十卷。其已見者與《攈古録》相表裏而加詳。各省稿本粗備，待訪者猶未盡編成。於款識古文、研究六書多所考釋；於穹碑巨製、闕文誤字，博訪舊本，多所補正。凡所著述，隨時改訂，細字蠅頭，丹黃交錯，均未付刊。尚冀博雅君子詳覽而增益之，集爲成書，付之剞劂，以傳後世。（轉引自孫才順、于長鑾《吳式芬年譜》）

可以説是對吳式芬一生金石研究成就的概述。孫星衍《寰宇訪碑録》十二卷，記録上古到元代的存世石刻八九千件，以時間先後編序，每件下再分別記録所在省縣，可以説是清中葉以前最大規模的全國石刻目録。此書刊行於嘉慶七年（1802），吳式芬時年方七歲，當於若干年後得見，並以此爲其金石研究之起點。他在《金石匯編分目序》中自述：

> 竊見記録金石之書，自酈元、歐、趙，代不乏人，而國朝著作，尤爲繁富。其間薈萃諸家，總爲目録者，惟孫伯淵《寰宇録》一書最爲大備。惜乎條目重復，薈剔未能净盡，時、地不免舛訛，且以編年爲體，欲求一地之碑，撿尋不易，而其間石刻遺漏復多。暇日因取其書，分地爲編，刪其重復，正其舛誤，凡有新獲，輒爲增益，視原書十溢七八。

可知他對孫書的不滿，一是搜求未備，二是時、地多誤，三是編年體不方便各地尋訪石刻。吳式芬的工作以孫書爲基礎展開，金石兼搜，存佚並採，石刻目録並考慮以時間先後編次與分地域編次的兩種不同著述方式，以適應各種不同研究者的需要。

吳式芬搜訪金石目錄的成績，在他生前身後刊行的著作主要有：一、《攈古録金文》三卷，共考釋商周至元代有銘文的鍾鼎彝器以一千三百二十九件。

二、《攈古録》二十卷，收録自商周至元代存世金石文一萬八千一百二十八種，均以時代先後編次，並記録所在地，其中三代至元金文一千七百八十一種，石文一萬五千二百三十種，磚瓦文一千一百零五種，木刻六種，玉文四種，磁文二種。凡金文皆著録字數、收藏者姓名或見於某書；凡石刻皆著録字體。並録碑額，原石已佚而據拓本者，則著録收藏者姓名。三、《金石匯目分編》二十卷（其中五卷又各分爲二至四卷不等），各卷後又有其子重憙的補遺。此書分地域記録全國各省、府、州、縣的金石目録，各縣下先記見存者，次録待訪者，每種金石下都備記文獻來源、作者、書者、時間和所在地。全書著録存佚的金石近三萬種，是清代最大的一部金石目録。此外，吳式芬還與濰縣陳介祺合撰《封泥考略》十卷，著録了兩家所藏的秦漢官私封泥八百四十九枚，逐枚考釋，是封泥的最早發現者和研究者。又有《陶嘉書屋鍾鼎彝器款識》、《雙虞壺齋日記八種》、《海豐吳氏雙虞壺齋印存》等著作。這些著作，奠定了其清代一流金石學家的地位。

吳式芬的未刊書稿，在其殁後，歸其子吳重憙收藏。《貞石待訪録》稿本十六冊有重憙識語：“此一冊是唐至德至寶曆原稿，已繕入全稿，存查。甲申三月三日，重憙謹識。”甲申爲光緒十年（1884），爲式芬逝後二十八年。各冊且有重憙爲先人圖書所刻藏印：“山東海豐吳氏珍藏世澤圖書。”一九一八年重憙去世後，其藏書漸散出。民國學者倫明《辛亥以來藏書紀事詩》記載，到一九三四年秋，全部爲書販李子珍所得。倫明因居住與吳宅相鄰，曾翻閱此批書一過，見到其中金石類有吳式芬校本《平津館讀碑記》和“稿本《貞石待訪録》十八巨冊”，欲購而“諸價未就”。此後，《攈古録》殘稿本三冊、《金石匯目分編》稿本二十六冊、《金石目録分編》五卷四冊、《江西金石存佚總目》二冊，輾轉歸中國國家圖書館（見《北京圖書館古籍善本書目·史部1金石類》），而《輿地金石目》、《貞石待訪録》等則終歸上海圖書館。

《輿地金石目》五冊，不分卷，分地域記録各地的存世金石，以溫、良、恭、儉、讓編次。溫爲直隸、河南，良爲山東，恭爲山西、陝西、甘肅，儉爲江蘇、安徽、江西、浙江、福建，讓爲湖北、湖南、廣東、廣西、四川、雲南。大致涵括了全國範圍的金石，而以山東記録最爲豐富。各省之下，以各州縣立目，各縣下按照時代先後備録金石篇名、作者、書者、年代和具體所在位置。所録金石以見存者爲限，不録已佚者。

以《輿地金石目》與吳式芬的另一部著作《金石匯目分編》比讀，不難發現二者之間的內在聯繫。我比較傾向於認爲前者是後者的初稿，後者在付梓前，又在各州縣下增加了待訪一欄，另吳重憙又增補了許多吳式芬身後方發現的金石資料。因此，就分地域收録金石的完備程度來説，《輿地金石目》顯然不及《金石匯目分編》。但《輿地金石目》也有其獨立存在的價值。最重要的是書稿保存了吳氏一生搜羅金石的真實過程。前録《行狀》云"各省稿本粗備，待訪者猶未盡編成。於款識古文、研究六書多所考釋；於穹碑巨製、闕文誤字，博訪舊本，多所補正。凡所著述，隨時改訂，細字蠅頭，丹黄交錯，均未付刊"。所指即此部書稿。全稿最初是楷體録金石之題，加注書撰年月及所在，其後顯然有多次增訂删改的痕迹，許多書頁旁註、夾注、眉注添加至密，真實地反映出其長期不遺余力搜訪的過程。如海豐縣最初僅録六種元代碑石，復添入《唐幽州節度押衙敬延祚墓誌》，稱"石近出宛平"，又插入更後得之《宋莊叟墓誌殘石》。寧陽縣下，原録石門房山造像二十九種，吳式芬眉批："《山右金石志》以石門房山入臨朐，《訪碑録》誤入寧陽，宜改正。"可見其初據《寰宇訪碑録》及後訂正的依據。掖縣《光州刺史宇文公碑》，稿本原注"亞禄山頂"，復批："侯□□云在城西斧山，云西禄山。"又批："志誤。"又删却《雲居館鄭述德題銘》，批"即前碑重出"，删去《唐仲烈墓誌銘》，批"即王無競志"。同時，稿本也可以糾正《金石匯目分編》刊刻時的訛誤。海豐縣録元《無棣尹韓佑碑》之陰"列子女等名凡三列"，此句《金石匯目分編》作"列女子等名"；而《張琪碑陰》"列名三層，亦皆磨滅"二句，刊本無。掖縣《唐貞休德政碑》，稿本作"開元七年七月"，刊本作開元十年七月，檢《金石續編》卷六及《八瓊室金石補正》卷五一，以作七年爲是。稿本保存《金石匯目分編》删除或漏刊的内容也頗多。如掖縣題下注："大基山，或作大箕，以山形名也。"平度州末增《宋皇化寺僧咸肇灰骨龕記石幢》，注："邱松正書，大中祥符六年三月十八日。"刊本均缺。高密縣《唐鄭公碑陰記》，刊本也無。昌邑縣著録金長生子《遇仙園詩刻》，末題云："題'遇仙園'三大字，陰刻七律一首，雲長生子作也。其詩曰：'仙人墳墓在其中，里面約栽數百松。雨過西南開雪浪，雲收東北看青峰。春來檻外賞苑柳，秋後螢前對月風。萬物凋零松不變，這些幽景樂無窮。'甚俚鄙也。"刊本未録，檢今人編《全金詩》也未收此詩。

　　《貞石待訪録》稿本十八冊，上海圖書館入藏時僅存十七冊，書名已經失去，編目時擬題爲《待訪碑目》。今檢倫明《辛亥以來藏書紀事詩》記載：吳式芬子吳重憙"歿於辛亥後，遺書漸散，至去歲（1934）九十月間，出尤亟，日見打鼓販趨其門。最後，山澗口書販李子珍以千二百金全有之，載數十車。人皆以爲棄餘物，不之顧。余翻閲半夕，得佳本數十種。其金石類有子苾校本《平津讀碑記》、子苾稿本《貞石待訪録》十八巨冊，諸價未就，而吳氏之書，從此盡矣。"倫明自稱所居去吳宅不百步，稿本爲其親見。《貞石待訪録》的書名與本書内容完全貼切，僅十八冊與十七冊稍有不同，可能是其後亡失一冊。稿本不分卷，每冊分題時代，第一冊爲"三代、秦、漢、三國、晉"，第二冊爲"北漢"至"隋"，即含十六國、南北朝及隋代，第三冊至第七冊爲唐，第八冊爲"後五代"，即五代十國時期，第九冊至十一冊爲宋，第十二、十三冊爲遼、金、元三朝，第十四冊爲"未詳時代"者，第十五冊爲《臨桂縣碑目》。分爲兩部分：前一部分爲唐宋時期碑目，唐代按時序編列，宋代則按石刻所在巖洞編録；後一部分題作"今將所拓各處碑帖開單呈閲"，末題："共計大小陸百叁拾玖張。實用紙壹千貳百壹拾伍張，通共銀叁拾陸兩肆錢伍分，已領過銀貳拾貳兩肆錢叁分，下應給銀壹拾肆兩零貳分。刻字匠賀廣文呈單。"疑爲式芬任廣西右江道期間，委託刻字匠賀廣文拓録桂林石刻，賀在完成後的呈報單。第十六冊内容爲唐代至德至寶曆間碑目，内容均已包含在第五冊中。此冊有式芬子重憙光緒十年手記，已見前引。第十七冊爲湖南各縣碑目，僅湘陰、湘鄉、茶陵州、華容、平江、慈利、邵陽、衡山、耒陽、酆縣、武陵、沅江、道州、寧遠、郴州、永興、桂陽州等十七州縣有一二則或三五則碑目，其余五十八州縣僅題州縣名，未録石刻，殆爲式芬編《輿地金石目》作湖南部分的初稿，因故中輟，身故後家人以先人手澤而仍予保留。

吴式芬的已刊著作中，《攈古録》僅著録存世金石，《金石匯目分編》則分地域記録金石，存佚兼收。《貞石待訪録》則按照時代先後著録未見存世的歷代石刻，與前二書適可互補，即與《攈古録》爲存佚石刻之雙璧，與《金石匯目分編》則在著録體例方面可以互參。其中部分待訪石刻在《金石匯目分編》各州縣的待訪部分中也有記録，但《貞石待訪録》所記則更爲完備豐富，各待訪石刻的存録内容也更爲周詳。

書稿中有大量僅注一二字作者姓氏或書名簡稱的出處，並在簡稱上加朱圈以示醒目。第一冊末，有引書簡稱説明兩紙：

鄭　鄭樵通志

酈　水經注

趙　金石録

歐　集古録

朱　墨池編

叢編　寶刻叢編

類編　寶刻類編

王　輿地碑目

陶　古刻叢鈔

于　天下金石志

婁　漢隷字源

洪　隷釋

可知鄭指南宋鄭樵《通志·金石略》，酈指北魏酈道元《水經注》，趙指宋趙明誠《金石録》，歐指北宋歐陽修《集古録跋尾》，朱指宋朱長文《墨池編》，叢編指南宋陳思《寶刻叢編》，類編指南宋佚名《寶刻類編》，王指南宋王象之《輿地紀勝·碑目》（明人另録出爲《輿地碑目》），陶指元陶宗儀《古刻叢鈔》，於指命于奕正《天下金石志》，婁指南宋婁機《漢隸字源》，洪指南宋洪適《隸釋》。此外，書稿中用簡稱的還有顧、黃、都、曹、翁等，顧指清顧炎武《金石文字記》、黃指清黃立猷《石刻名彙》、翁指清翁方綱《兩漢金石記》，都指明都穆《金薤琳琅》，曹疑指明曹學佺《天下名勝記》。以上諸書，爲《待訪録》採集碑目最基本的著作。此外，吳氏還廣泛地從歷代史書、總集、別集、地方志、筆記、雜史以及石刻題跋類著作中，收集各地石刻的綫索。由於吳氏採集範圍大大超邁前賢，再加上他多年潛心於此，細心排比，反復推證，在記録的完備和準確方面都達到了很高的水平。

吳式芬的系列著作提供了清中期以前金石文獻的存佚、所在、内容等方面的極其豐富的資訊，對於學者調查尋訪有關金石的下落和流傳過程，對於今人從事歷代文史和文物研究，都具有極其重要的參考價值。今謹據上海圖書館藏稿本影印。原稿分册仍予保留，並統一新編了反映全書内容的目録。書稿中有一些浮簽，影印時附於有關當頁之次。《貞石待訪録》第十五册《臨桂縣碑目》，内容已經全見於吳式芬《金石匯目分編》卷十八《桂林府·臨桂縣》，第十六册内容均已包含在第五册中，第十七册顯爲編《輿地金石目》湖南部分的初稿，僅開頭而沒有繼續，沒有特別的價值。以上三册，本次不再影印，特此説明。

## 王仁俊《金石三編》

《金石三編》稿本八册，不分卷，清末王仁俊編。

王仁俊（1866～1913），字捍鄭，一字感菴，號籀許，江蘇吳縣東洞庭人。早年受業於著名學者俞樾，喜治經學、小學。光緒十四年（1888），黃彭年建學古堂於蘇州，聘仁俊授經家塾。十七年（1891），鄉試舉人中式。十八年（1892）中壬辰科進士，授翰林庶吉士，二十年（1894）散館授吏部主事。時中日戰敗，仁俊憂切時事，乃創《實學報》於上海。二十三年（1897），張之洞招其以報館至武昌。二十五年（1899），以知府分發湖北，曾預辦唐才常案。二十九年（1903），赴日本考察學務。三十一年（1905）署任宜昌知府。次年改黃州知府。時張之洞辦存古學堂，以仁俊爲教務長。三十三年（1907），之洞入軍機督管學部，調仁俊爲京師大學堂教習、學部編譯圖書局副局長、學部右丞等職。辛亥南歸，居上海。一九一三年病卒於北京，年四十八。生平事迹見《玉函山房輯佚書續編三種》附闞鐸《吳縣王捍鄭先生傳略》。

王仁俊長於經史文獻之學，著述頗多。其生前刊行者有《格致古微》六卷、《群經講義》三卷、《遼文萃》七卷、《西夏文綴》二卷等二十四種，成稿而未及刊行者，闞

鐸《吳縣王捍鄭先生傳略》所列有五十六種之多。一九八九年上海古籍出版社影印其
《玉函山房輯佚書續編三種》，即《玉函山房輯佚書續編》、《玉函山房輯佚書補編》、
《經籍佚文》，並附《十三經漢注四十種輯佚書》，其中闞鐸僅列《玉函山房續編》一
目，知所舉尚不完整。

《金石三編》稿本卷首有仁俊自署“《金石三編》二十四卷、《通考》六卷”，又有
自題一頁：“龍集辛丑夏五校理編目訖工，可繕寫，王仁俊手錄於楚旅。”辛丑爲光緒
二十七年（1901），知本書寫定於該年夏，時仁俊爲湖北知府，故稱‘楚旅’。今存稿
本中，《通考》六卷未見，或已散逸。稿木各冊均題《金石三編》，以時代前後爲序，
未分卷，蓋當時即未及編竣。引用書目頗有後補者，目錄與正編也頗有不一致者，且
多有增補者，殆辛丑後續有增補，且未能最後定稿。書前列有三種引用書目，均作
《金石萃編補跋》。查闞鐸《吳縣王捍鄭先生傳略》錄仁俊“屬草已定或尚待理董”之
著作，有《金石萃編補跋》、《金石續編補跋》、《金石萃編三續》及《金石通考》，疑
即指其辛丑編定之書。疑其著書之初，以《金石萃編補跋》爲書名，後有所改變，或
即將原擬之《金石萃編補跋》、《金石續編補跋》、《金石萃編三續》三書合訂爲本書。

金石學興起於宋代，經過元明的沉寂，清初學者如顧炎武、葉弈苞、朱彝尊等頗
究心於此，到乾嘉後期出現新的高潮。嘉慶間王昶《金石萃編》的出版，對於此前的
金石學研究作了集大成的總結。這一風氣延續到清末民初，有一批學者肄力於此，出
版了數量極其豐富的研究著作，成爲當時的主流學問之一。這一風氣也影響了當時的
學界，一些學者雖不專門於此，或研究旁及，或興會所至，或幸遇珍品，或偶得傳聞，
無不形諸文字，留下記錄。這些資料散在群書，常不易引起學者的特別關注，收錄成
一編，集腋成裘，其價值自不容輕視。王仁俊編錄本書，大致即出於此一考慮。

書稱《金石三編》，以示紹續王昶《金石萃編》、陸耀遹《金石續編》二書之意。
但在體例上，《金石三編》與前二書稍有不同。《金石萃編》錄上古到元代的金石文字，
一般都僅錄存世金石，記錄其尺寸和所在地，全錄原文，並備錄各家題跋考釋文字。
《金石續編》基本遵循此一體例。另陸增祥《八瓊室金石補正》及其《續編》也沿此
例而以校訂增補《萃編》爲職責。《三編》所收均據群籍採錄金石題跋，所涉金石既不
分存佚，一般也不錄金石原文，與王、陸諸書有很大不同。

本書卷首有引用書目三種，其中《金石萃編補跋引別集書目》列六十二種，大多
説明所據版本，其中宋集僅李之儀《姑溪居士文集》一種，元集兩種，即趙孟頫《松
雪齋全集》、郝經《陵川文集》，明集兩種，爲徐渭《文長（稿本誤作‘長文’）集》、
王鏊《震澤全集》，其他五十七種均爲清人別集，《金石萃編補跋引總集書目》列四種，
均爲清人編，《金石萃編補跋引群籍書目》錄書一百十六種，以筆記、雜著爲主，其中
宋元明著作十多種，其餘均爲清人所著，作者如胡玉縉、繆荃蓀、陳漢章、羅振玉等

均爲仁俊同時學者，還包括王仁俊自著《籀許類稿》稿本。合計三種書目，引書達一百七十多種。其中如吳熙載別集缺集名，《午亭文編》作者姓陳而未填其名（應爲陳廷敬），《辛卯侍行記》作者姓陶而未填其名（應爲陶保廉），缺作者有《花間笑語》（應爲署釀花使者著）、《識小録》（應爲姚塋撰）等。在別集、群籍之末均有後來追加的記録，知辛丑編定後仍不斷有所增補。

書稿均鈔録在書口題‘籀鄦諯扞鄭纂述類稿’的王仁俊專用文稿上，每半頁九行，每行約二十二字。全書所涉金石凡六百餘件，始於上古，迄於明末，末附域外金石十種，大致以時代先後爲序編次。謹就以上諸書録出考釋金石之文字加以編録，不以《金石萃編》及《金石續編》之有無以作選擇。儘管就王仁俊採集的書目來看，絶大多數著作今都有傳本，但能夠如此廣泛地鈔録匯聚於一編，對學者還是很有用的資料。

所録諸家金石題跋，包括大批嘉慶以後陸續出土的石刻，如漢《三老碑》、唐《闕特勤碑》、襄陽張氏諸誌等。也有許多前人有記録而嘉慶後罕見拓本録文者，其中有相當部分金石文字，雖然清人尚及得見且留下記録，但原石已經無存，這些記録就顯得特別珍貴。如武德某年《跋唐殘碑柱國并州都督□公碑》、《唐元宗西岳華山碑殘字跋》（883 頁），即屬此類。據張恕《南蘭文集》卷六録唐曇噩《金仙寺舍田記碑》，爲道光初慈磎出土，其内容應與萬齊融《阿育王寺常住田碑》相近，是有關寺廟田産的記録。可惜曇噩之碑没有存留下其他記録，僅賴此稍存梗概。清初王士禎曾見五代《石敬瑭家廟碑》，朱彝尊曾見《唐朱邪府君墓銘石蓋記》，並分別在《池北偶談》卷十八和《曝書亭集》卷六七留下記録（1167、1145 頁），此後即寂無所聞。有些石刻雖然没有留存，但因及時作了記録，文字得以保存。如據金武祥《粟香五筆》卷三收唐大和三年陳庚首墓磚（1042 頁），據葉廷琯《吹網録》卷三録大中十一年王頊撰《守海鹽縣主簿王頊妻墓誌銘》（1074 頁），今人編《唐代墓誌匯編》及其《續集》皆未及見，都是清代地方出土而没有引起特別注意。後一方爲王頊爲其亡妻所作墓誌，筆者近年研究唐代亡妻墓誌，採集已逾百種，此誌則前所未見。

有石刻拓本或前人録文留存的石刻，因取資不同，也可資校訂文字。如桐君厓下大曆唐人題名，録自袁昶《桐溪耆隱集》，與拙著《全唐文補編》録自復旦大學圖書館藏拓本之題名頗有不同，又多出“桐廬縣令獨孤勉、前左金吾兵曹薛造、處士崔浚、桐廬縣尉程濟□□□□□大曆□年十月□四日題”一段（973 頁）。再如唐姚勖等題名，《粟香五筆》卷三録自宜興善卷洞，與《江蘇金石誌》卷六所録對校，有二字不同，即“裴子通”作“裴子逸”，“四日”作“六日”（1065 頁）。

本書雖別稱《金石萃編補跋》、但《金石萃編》已收而本書補跋者數量並不太多，但偶補也有價值。如北魏《刁遵墓誌》，《金石萃編》卷二八録五跋，本書增録吳熙載跋，其後趙萬里《漢魏南北朝墓誌集釋》録十六跋，仍無此篇。更多的是《金石萃編》

以外的金石，其中很大一部分也見於《金石續編》和《八瓊室金石補正》，並增補了不少考釋的題跋。唐《孟法師碑》，《金石續編》卷四收而未採前人題跋，本書錄王世貞、王世懋和成親王三跋（782～786頁）；北魏《劉懿墓誌》，《八瓊室金石補正》僅錄瞿中溶一跋，本書則採錄了陸心源和王仁俊自己的二跋，其後趙萬里《漢魏南北朝墓誌集釋》錄八則題跋，仍沒有陸、王二跋。

本書卷首王仁俊題籤雖稱全書已經於辛丑年編竣，但從稿本中不難發現，其後他還不斷從各類書籍中採錄金石題跋，在引用書目中追加了許多後用的書名，在目錄的行間和眉端，不斷地增補後得的篇目。即便如此，目錄與正文之間，仍很難完全相接。偶或有目錄有而正文缺如的題跋，很可能是初錄而後刪却，較多的情況則是正文有而目錄缺收，則可以肯定是後得而未及編入目錄。

生於王氏隨得隨錄，且沒有最後完成全書的編次定稿，因此書稿中內容重復、編次粗疏、甄擇未精的地方時有所見。如據武億《授堂文鈔》錄《書白鶴觀碑後》（918、924頁），同樣的內容鈔錄了兩份。錄自繆荃蓀《藝風堂文集》卷六的《唐陳立行墓誌跋》，繆氏已經考訂此誌爲大中十一年刻，王氏加注爲儀鳳二年，未免有誤。如著名的《好太王碑》錄了兩篇跋，羅振玉題跋附在東晉，而陸心源的跋則收在書末外國卷。至於甄擇未精者，如據《墨池編》錄唐崔備《壁書飛白蕭字記》，其內容既無關金石，且早爲唐張彥遠《法書要錄》卷三收錄，爲書史最習見之文字，自無必要採錄。再如據《湘煙錄》錄《集古錄目》之《公昉碑》一則，其實乃歐陽修《集古錄跋尾》卷二《後漢公昉碑》之前半段。錄自同書的《海陵王墓銘跋》，王氏特意附題云："俊按繆氏輯本無之。"指繆荃蓀《雲自在龕叢書》輯本《集古錄目》無此篇。其實此篇見《集古錄跋尾》卷四，是歐陽修的文字。凡此之類，自無採錄之必要。所採偶亦有據僞作題跋者，如據孫志祖《讀書脞錄》卷六《家譜載唐敕》錄孫氏鈔譜存《唐大將軍孫岳敕》（1096頁），孫氏也疑不可信，但錄出自也不是全無價值。此外，也不免貪多務得的通病。如《匋齋藏石記》爲石刻專書，規模頗大，本書選錄了不少，即無必要。

本次影印時，依據作者手定目錄和題跋的內容，於原稿本的順序有少量的調整。刪除了重出的《書白鶴觀碑後》一篇。爲方便讀者使用，特新編了全書目錄。新編目錄均以稿本正文爲序。同一篇金石而有數篇題跋者，分別有題目者則分別標目，數篇合一題者不另外列目。原目錄有而稿本缺者，仍予以存目，加注缺字。

二〇〇七年二月五日於復旦大學光華樓

# 《唐大詔令集》再補訂

韓 昇* 張達志**

宋人宋敏求編《唐大詔令集》，於唐史研究之價值，自不待言，因而有李希泌主編《唐大詔令集補編》①之作。補編補收自《舊唐書》、《文苑英華》、《冊府元龜》、《唐會要》以及部分唐人文集的唐代詔令，可謂齊備；唯獨於唐代石刻與唐代墓誌，所收甚少。近年，學界對唐代墓誌的研究，日漸深入，陸續有大量新出墓誌録文及其相關研究的發表，以《考古》、《碑林集刊》等學術刊物以及相關考古報告最爲集中。此外，相關研究專著亦有出版，如牛致功先生《唐代碑石與文化研究》②、《唐代史學與墓誌研究》③等。唐代墓誌資料的豐富，使得《唐大詔令集》的補充完善成爲可能。筆者長年披閱唐代墓誌，整理詔令資料，已有《〈唐大詔令集〉補訂》④發表。其後，又續有所獲，遂再作補訂⑤。墓誌中涉及詔令之文，所見多有，數量甚巨，本文並非照單全收，而是有所取捨。掛一漏萬之處，敬請方家指正。

"前主所是著爲律，後主所是疏爲令"⑥，"令"即天子之言，所謂"天子詔所增損，不在律上爲令"⑦。"王言所敷，惟詔令耳"⑧，但王言與皇帝之言有所不同，因此，唐代墓誌中皇帝之言不作詔令處理，試舉四例：

＊ 　韓昇，復旦大學歷史系教授。
＊＊ 張達志，復旦大學歷史系博士生。

① 《唐大詔令集補編》，上海古籍出版社 2003 年版。
② 《唐代碑石與文化研究》，三秦出版社 2002 年版。
③ 《唐代史學與墓誌研究》，三秦出版社 2006 年版。
④ 《〈唐大詔令集〉補訂》，《傳統中國研究集刊》（第一輯），上海人民出版社 2006 年版。
⑤ 本文所録詔令，出自《唐代墓誌彙編》（周紹良主編、趙超副主編，上海古籍出版社 1992 年），《唐代墓誌彙編續集》（周紹良、趙超主編，上海古籍出版社 2001 年），《全唐文補遺》（第一輯，吳剛主編，三秦出版社 1994 年），《全唐文補遺》（第二輯，吳剛主編、吳敏霞副主編，三秦出版社 1995 年），《全唐文補遺》（第四輯，吳剛主編、吳敏霞副主編，三秦出版社 1997 年），《全唐文補編》（陳尚君輯校，中華書局 2005 年）。
⑥ 《史記》卷 122《杜周》。
⑦ 《漢書》卷 8《宣帝》。
⑧ 《四庫全書總目提要》卷 55《史部十一》。

（武德）二年，有賊蘇經寇掠陝州之界，州將頻戰不利。高祖聞之曰：此賊非猛士無以殄滅。①

　　德宗皇帝且曰：以吾人伐吾人，尅之非利。②

　　（憲宗）嘗曰：吾以天下地大吏繁，悉付相臣，謀於廟堂，思得謹密近侍，衡我指意，可事於外朝。③

　　太宗曰：師西去後，朕爲穆太后於西京造弘福寺，寺有禪院，可就翻譯。④

　　詔令有其特定的文體格式，墓誌銘文引用詔令，原封照搬者有之，改變措詞融於誌文者亦有之。因此，本文對改變詔令格式的墓誌文不予收錄，試舉四例：

　　穆宗皇帝念以侍從日久，警衛勤勞，乃詔授荆南監軍，勳賜仍舊。⑤

　　（玄宗）敕贈内庫絹一百疋，所司購物一百段，粟一百石，以寵終也。⑥

　　（長慶元年）冬十月，西戎犯邊，詔下左右神策兼京西諸道兵馬討焉，拜公（梁守謙）爲監統。⑦

　　恩制而我君拜朝散大夫，授吳縣君，從寵命也。⑧

　　有墓誌傳世者，大多官爵顯赫。墓誌述及誌主歷官，往往詳略有別。其中略者僅記詔令所命官職，太過簡略，本文亦不予收錄，試舉二例：

　　開成五年，詔遣（王文幹）充新羅使。⑨

　　（咸通九年）八月五日，詔贈（劉遵禮）左監門衛大將軍。⑩

# 目　　録

---

① 《唐代墓誌彙編》（上）264 頁。
② 《唐代墓誌彙編》（下）2007 頁。
③ 《唐代墓誌彙編續集》921 頁。
④ 《唐代墓誌彙編》（下）2186 頁。
⑤ 《唐代墓誌彙編續集》898 頁。
⑥ 《唐代墓誌彙編續集》626 頁。
⑦ 《唐代墓誌彙編》（下）2103 頁。
⑧ 《唐代墓誌彙編》（下）1535 頁。
⑨ 《唐代墓誌彙編》（下）2238 頁。
⑩ 《唐代墓誌彙編》（下）2435 頁。

妃嬪
王太妃
越國太妃燕氏葬事勑
公主
葬事
臨川郡長公主葬事勑
駙馬
贈駙馬竇誕工部尚書荆州都督制
縣主
封紀王第三女東光縣主制
臣僚
封爵
賜張士貴新野縣開國公並上駟金鞍寶勒制
諸監
將作監
授褚朗行將作監丞制
郡牧
授周元長檀州刺史制
授荆從臯滄州刺史制
内官
授李輔光内侍省内侍知省事制
恩典
加封
授馬寶□上騎都尉制
嘉勉
褒獎
圖李勣像於凌煙閣序
飾終
贈官
贈韋匡伯大將軍制
贈王君愕左衛大將軍幽州都督制
贈牛秀左驍衛大將軍幽州都督制
贈張士貴輔國大將軍荆州都督制

贈程知節驃騎大將軍益州大都督制

贈李勣太尉揚州大都督制

贈阿史那忠鎮軍大將軍荆州大都督制

贈薛震秦州都督制

## 正　文

### 妃　嬪

王太妃

越國太妃燕氏葬事勑①

舊制：諸王太妃，自率常禮。言發中旨，特於別次舉哀。凶事所須，隨由官給，務從優厚。仍令工部尚書楊昉監護，率更令張文收爲副。賜東園秘器，陪葬昭陵。贈物七百段，米粟七百石。儀仗送至墓所往還，特給鼓吹。仍令京官四品一人攝鴻臚卿監護，五品一人爲副。（高宗咸亨二年七月）

### 公　主

葬事

臨川郡長公主（字孟姜）葬事勑②

爰降殊私，式加恒典，遣京官五品一人齎璽書吊祭，□賜東園秘器，兼告③靈輿，逮運還京。凶喪葬事，並令官給。賜絹布五百段，米粟副焉。仍令秘書少監柳行滿攝鴻臚卿監護，柏④王府諮議殷仲容爲副。（高宗永淳元年五月）

駙馬

贈駙馬竇誕（字光大）工部尚書荆州都督制⑤

降恩勑：贈工部尚書、荆州都督。詔曰：安葬事所須，並令官給。仍令五品一人監護。（貞觀廿二年二月）

---

① 《大唐故越國太妃燕氏墓誌銘並序》，《唐代墓誌彙編續集》193 頁（西安昭陵博物館藏石），《全唐文補遺》（第二輯）240 頁，《全唐文補編》（下册）2181 頁。

② 《大唐故臨川郡長公主墓誌銘並序》，《唐代墓誌彙編》（上）703 頁（周紹良藏拓本），《唐代墓誌彙編續集》261 頁（西安昭陵博物館藏石）。

③ "告"，《唐代墓誌彙編續集》261 頁爲 "造"。

④ "柏"，《唐代墓誌彙編續集》261 頁爲 "相"。

⑤ 《大唐故光祿大夫工部尚書使持節都督荆州刺史駙馬都尉上柱國莘安公竇府君墓誌銘並序》，《唐代墓誌彙編續集》44 頁（録自《隋唐五代墓誌匯編》陝西卷第三册）。

縣主

封紀王第三女東光縣主制①

（上泐）使持節□州諸軍事□州刺史、上柱國、紀王慎第三女（下泐）國風□訓昭□□□柔襟□別永□□□閑裕淑性，固以組紃（下泐）光媛德□嚴笄年，行及□□□期，宜崇□□之賦。可封東光縣主，食邑□十戶。（中宗神龍元年二月之前②）

東光縣主編入國史制③

故紀王女東光縣主，志性純孝，雅操□□。□興運之方啓，痛亡靈之不追。休感是同，悲熹交集。發言鯁塞，因就殂隕。聞□□悅，震悼於懷。忠孝之情，深可嘉尚。宜命史官編入國史。其神柩今見□都，所司即著使吊祭，量□賻贈，葬□□式則優厚供給云。（中宗神龍元年二月）

## 臣　　僚

封爵

賜張士貴（字武安）新野縣開國公並上駟金鞍寶勒制④

勅曰：卿宜自乘之（賜爵新野縣開國公，雜綵上駟，並金鞍寶勒）。（高祖武德二年）

諸監

將作監

授褚朗（字志明）行將作監丞制⑤

前慕州刺史褚朗，雖陷寇□，運□□錄，□加榮擢，收其力田。可員外散騎侍郎行將作監丞。（太宗貞觀八年）

郡牧

授周元長（字愻）檀州刺史制⑥

---

① 《大唐故東光縣主墓誌銘並序》，《唐代墓誌彙編續集》409 頁（錄自《洛陽出土歷代墓誌輯繩》）。

② 墓誌殘缺，未知詔令年代。東光縣主薨於神龍元年二月，故此詔當在其生前。

③ 《大唐故東光縣主墓誌銘並序》，《唐代墓誌彙編續集》409 頁（錄自《洛陽出土歷代墓誌輯繩》）。

④ 《大唐故輔國大將軍荊州都督虢國公張公墓誌銘並序》，《唐代墓誌彙編》（上）264 頁（錄自《考古》一九七八年第三期《陝西醴泉唐張士貴墓》）。

⑤ 《大唐故（下泐）銘》，《唐代墓誌彙編續集》159 頁（錄自《隋唐五代墓誌匯編》洛陽卷第五冊）。

⑥ 《故幽州盧龍節度押衙銀青光祿大夫檢校太子賓客使持節檀州諸軍事檀州刺史兼殿中侍御史充威武軍團練等使汝南周府君墓誌銘》，《唐代墓誌彙編續集》933 頁（錄自《隋唐五代墓誌匯編》北京卷第二冊）。

除銀青光祿大夫，檢校太子賓客，使持節檀州諸軍事檀州刺史，兼殿中侍御史，充威武軍團練等使，散官如故。仍改名雲長。（文宗大和九年）

授荆從皐（字澤卿）滄州刺史制①

公以銀青光祿大夫檢校右散騎常侍，使持節滄州諸軍事兼滄州刺史，御史大夫，充義昌軍節度，滄、齊、德等州觀察處置使，上柱國，始平縣開國伯，食邑七百戶。（咸通十年仲秋）

內官

授李輔光（字君肅）內侍省內侍知省事制②

卿志懷嫉惡，情切奉公，繼遣偏師，尅平二寇，雖嘉將帥之勤，足見監臨之効。拜內侍省內侍知省事。（憲宗元和二年）

恩典

加封

授馬寶□（字孝先）上騎都尉制③

或長驅戰艦，振戎捷於玄夷；或遠泛征艫，濟軍儲於碧海。（高宗總章三年二月十二日）

嘉勉

褒獎

圖李勣（本姓徐，字懋功）像於凌煙閣序④

（高宗）神筆序之曰：朕聞珠潛漢沼，仍輝皎夜之光；玉蘊荆峰，終耀連城之價。是以吳起佐魏，顯德舟中；樂毅歸燕，論功濟上。用今方古，異代同規。但公勇志潛通，石梁飲羽；忠誠幽感，疎勒飛泉。窮玉帳之微，體金壇之要。或以臨機制變，義在忘軀；推轂受脈，情期竭命。揚旌紫塞，非勞結燧之謀；振旅朱鳶，何假沉沙之術。殘雪斷蓋，碎幾陣於龍庭；落月虧輪，摧數城於玄菟。加以入陪帷幄，出總戎麾；道駕八元，榮高三傑。朕以綺紈之歲，先朝特以委公。故知則哲之明，所寄斯重。自平臺肇建，望苑初開，備引英奇，以光僚寀。而歲序推遷，凋亡互及，茂德舊臣，唯公

① 《大唐故銀青光祿大夫檢校右散騎常侍使持節滄州諸軍事兼滄州刺史御史大夫充義昌軍節度滄齊德等州觀察處置使上柱國始平縣開國伯食邑七百戶贈工部尚書汝陽郡荆公墓誌銘並序》，《唐代墓誌彙編續集》1090 頁（錄自《隋唐五代墓誌匯編》陝西卷第二冊）。

② 《唐故興元元從正議大夫行內侍省內侍知省事上柱國賜紫金魚袋贈特進左武衛大將軍李公墓誌銘並序》，《唐代墓誌彙編》（下）2007 頁（周紹良藏拓本）。

③ 《唐故上騎都尉馬君墓誌銘並序》，《唐代墓誌彙編》（上）541 頁（周紹良藏拓本）。

④ 《大唐故司空太子太師贈太尉揚州大都督上柱國英國公（李）勣墓誌銘並序》，《唐代墓誌彙編續集》178～179 頁（西安昭陵博物館藏石）。

而已。用旌厥美，永飾丹青。（高宗永徽四年）

　　飾終

　　贈官

　　贈韋①匡伯大將軍制②

　　公門著嘉庸，夙參榮列，不幸殂没，奄移歲序。言念□賢，宜加寵飭，可贈大將軍，諡曰懿公。（王世充僞鄭開明元年）

　　贈王君愕左衛大將軍幽州都督制③

　　贈左衛大將軍，都督幽、易、嬀、平、檀、燕六州諸軍事幽州刺史，進爵邢國公，食邑三千户，賻絹布一千二百匹，賜以東園秘器，鴻臚監護。喪事所須，隨由官給。（太宗貞觀十九年六月）

　　贈牛秀（字進達）左驍衛大將軍幽州都督制④

　　降綸誥：贈左驍衛大將軍，使持節都督幽、易、嬀、檀、平、燕六州諸軍事幽州刺史。賻絹布三百段。仍於昭陵賜塋地，並賜東園秘器。葬事所須，並令官給。五品一人監護，儀仗送至墓所。（高宗永徽二年正月）

　　贈張士貴（字武安）輔國大將軍荆州都督制⑤

　　贈輔國大將軍，使持節都督荆、硤、岳、朗等四州諸軍事荆州刺史。賻絹布七百段，米粟七百石。陪葬昭陵。賜東園秘器，並給鼓吹往還。仍令京官四品、五品内一人，攝鴻臚卿監護。（高宗顯慶二年六月）

---

① 《唐代墓誌彙編》（上）6 頁記誌蓋爲 "鄭故大將軍虞公之銘"，加注 "《芒洛冢墓遺文》上作 '鄭故大將軍韋公之銘'"，而墓誌首題爲 "鄭故大將軍韋舒懿公之墓誌銘"，誌主姓 "虞" 抑或 "韋" 不明。墓誌記誌主 "曾祖旭，司空文惠公；祖孝寬，太傅鄖襄公；公（疑爲 "父"）總，柱國京兆尹河南貞公"，考《周書》卷 31《韋孝寬》，"韋叔裕字孝寬，……父旭，武威郡守，……卒官，贈司空、冀州刺史，諡曰文惠。……孝寬有六子，總、壽、霽、津知名"，韋旭、韋孝寬、韋總三代世系及官職均與墓誌相合，故知誌主當爲韋公，而非虞公。

② 《鄭故大將軍舒懿公之墓誌銘》，《唐代墓誌彙編》（上），7 頁（周紹良藏拓本）。據墓誌所載，誌主韋匡伯卒於隋大業十三年（617），開明元年（619），王世充僞鄭建立，聘韋匡伯長女爲皇太子妃，遂對其父進行追贈。此詔令雖非唐朝頒發，但時處僞鄭與唐朝并存期間，故置於唐朝詔令之列。

③ 《唐故幽州都督邢國公王公墓誌》，《唐代墓誌彙編續集》32 頁（録自《昭陵碑石》）。

④ 《大唐故左驍衛大將軍幽州都督瑯琊公墓誌》（誌蓋 "大唐故左武衛大將軍上柱國瑯琊郡開國公牛府君墓誌之銘"），《唐代墓誌彙編續集》58 頁（録自《昭陵碑石》，西安昭陵博物館藏石）。

⑤ 《大唐故輔國大將軍荆州都督虢國公張公墓誌銘並序》，《唐代墓誌彙編》（上）265 頁（録自《考古》一九七八年第三期《陝西醴泉唐張士貴墓》）。

贈程知節（字義貞）驃騎大將軍益州大都督制①

冊贈驃騎大將軍，益州大都督，贈絹布一千匹，米粟一千石，陪葬於昭陵。喪葬所須，隨由官備，仍務從優厚。賜東園祕器，儀仗鼓吹，送至墓所往還。仍令司刑太常伯源直心攝同文正卿監護，奉常丞張文收爲副。（麟德二年二月）

贈李勣（本姓徐，字懋功）太尉揚州大都督制②

冊贈太尉，使持節大都督揚、和、滁、宣、歙、常、潤七州諸軍事揚州刺史。給班劍卌人，加羽葆鼓吹。賜布帛二千五百段，米粟副焉。凶事所須，務從優厚，並賜東園秘器。仍令司禮大常伯、駙馬都尉楊思敬，司稼少卿李行詮監護。（高宗總章二年十二月）

贈阿史那忠（字義節）鎮軍大將軍荊州大都督制③

故右驍衛大將軍阿史那忠，貔貅□□，□任於專征；心膂攸資，寄深於禦侮。匪躬之操，在暮齒而彌隆；奉上之誠，歷歲寒而逾劭。而光陰不駐，舟壑遽遷，宜被哀榮，式旌幽壤。可贈鎮軍大將軍，使持節大都督荊、岳、硤、朗等四州諸軍事荊州刺史，餘並如故。賻絹布七④百段，米粟七百石。賜東園秘器。凶事葬事，並宜官給，務從優厚。仍陪葬昭陵，儀仗送至墓所往還。（高宗上元二年五月）

贈薛震（字元超）秦州都督制⑤

贈光祿大夫，使持節都督秦、成、武、渭四州諸軍事秦州刺史。賜物四百段，米粟四百石。賜東園秘器。凶事葬事所須，並宜官給。儀仗送至墓所往還。京官四品一人攝司賓卿監護，並賚璽書吊祭。還京之日，爲造靈轝，給傳遞發遣。（武則天光宅元年十二月）

## 附　錄

拙文《〈唐大詔令集〉補訂》（簡稱"補訂"）有數條詔令錄自《全唐文補遺》，

① 《大唐驃騎大將軍益州大都督上柱國盧國公程使君墓誌銘並序》，《唐代墓誌彙編續集》152 頁（昭陵博物館藏石），《全唐文補遺》（第二冊）204 頁。
② 《大唐故司空太子太師贈太尉揚州大都督上柱國英國公（李）勣墓誌銘並序》，《唐代墓誌彙編續集》179～180 頁（西安昭陵博物館藏石）。
③ 《唐故右驍衛大將軍兼檢校羽林軍贈鎮軍大將軍荊州大都督上柱國薛國公阿史那貞公墓誌銘並序》，《唐代墓誌彙編》（上）602 頁（錄自《考古》一九七七年第二期《唐阿史那忠墓發掘簡報》，陝西省文物管理委員會醴泉縣昭陵文管所），《全唐文補遺》（第一輯）51 頁。
④ 《唐代墓誌彙編》（上）602 頁錄"七"爲"一"，誤。
⑤ 《大唐故中書令兼檢校太子左庶子戶部尚書汾陰男贈光祿大夫使持節都督秦成武渭四州諸軍事秦州刺史薛公墓誌並序》，《唐代墓誌彙編續集》279 頁（錄自《乾陵稽古》），《全唐文補遺》（第一輯）71 頁，《全唐文補編》（上冊）271 頁）。

後又於《唐代墓誌彙編》及續集中覓得，爲便利起見，現將詔令出處一一對應如下：

一、“補訂”中《答孫處約和御制詩手勅》及《許孫處約致仕勅》，出自《唐故司成孫公墓誌銘並序》，見于《全唐文補遺》（第四輯）370 頁，另見《唐代墓誌彙編》（上）558 頁。

二、“補訂”中《授韓仁楷濟州束阿縣令制》，出自《大唐故荆州大都督府長林縣令騎都尉昌黎韓君墓誌銘並序》，見於《全唐文補遺》（第二輯）275 頁，另見《唐代墓誌彙編》（上）662 頁。

三、“補訂”中《贈李震幽州刺史制》，出自《大唐故梓州刺史贈使持節都督幽州諸軍事幽州刺史李公墓銘並序》，見於《全唐文補遺》（第二輯）206 頁，另見《唐代墓誌彙編續集》153 頁。

四、“補訂”中《授薛震中書侍郎兼檢校太子左庶子制》，出自《大唐故中書令兼檢校太子左庶子户部尚書汾陰男贈光禄大夫使持節都督秦成武渭四州諸軍事秦州刺史薛公墓誌並序》，見於《唐代墓誌彙編續集》279 頁，另見《全唐文補遺》（第一輯）70~71 頁，《全唐文補編》（上冊）270 頁。

五、“補訂”中《授王汶太中大夫殿中少監致仕制》，出自《唐故太中大夫□□□□□□□□尉琅邪王府君墓誌銘並序》，見於《全唐文補遺》（第四輯）108 頁，另見《唐代墓誌彙編續集》871 頁。

六、“補訂”中《授柏元封大理評事攝監察御史制》，出自《唐故中散大夫守衛尉卿上柱國賜紫金魚袋贈左散騎常侍魏郡柏公墓誌銘》，見於《全唐文補遺》（第四輯）132 頁，另見《唐代墓誌彙編續集》910 頁。

# 讀《張遷碑》志疑

## 程章燦[*]

　　《張遷碑》是最爲著名的漢碑之一，也是中國古代石刻史和書法史上的重要碑刻之一，歷來爲研究書史者及臨摹書法者所珍視。丙戌、丁亥之間，筆者準備爲研究生再次講授"石刻文獻研究"課程，重讀《張遷碑》，以高文《漢碑集釋》爲底本，[①]並搜羅諸家之考校題跋，排比異同，以求深化解讀。在細讀過程中，筆者竭力理解前賢就此碑形制、流傳以及文本內容等多方面所提出之各種疑問，[②]其結果是舊疑未釋，新疑又生，不敢自是，因趁冬假餘閑，董理成文，藉此向同行專家請教。

## 一　《張遷碑》出土時地及其在明代之流傳問題

　　關於《張遷碑》的尺寸行款，高文《漢碑集釋》有比較詳細的描述。其文云："碑高 314 釐米，廣 106 釐米。碑文 15 行，第十三行後空 1 行，再接第十四行。行 42 字。碑陰凡 3 列，上中皆每列 19 行，下列 3 行而止。俱八分書。……額題'漢故谷城長蕩陰令張君表頌'12 字，篆書。"[③]碑石今傳，《漢碑集釋》謂"在山東東平州學明倫堂前，南向。"[④]1982 年，文物出版社據"流傳最佳明拓本"影印出版《漢張遷碑》，在出版"說明"中稱此碑"高約三一七釐米，寬一〇七釐米"，與高說略有出入；"說明"又稱"原石今藏山東泰安岱廟內"，[⑤]亦與高碑不同。碑石尺寸之出入，蓋由丈量精細不同而致。歷來皆稱此碑出土山東東平州，清初學者顧炎武稱此碑在"東平州儒

---

＊　程章燦，南京大學古典文獻研究所教授。

① 高文所撰《漢碑集釋》有初版本（開封：河南大學出版社，1985 年）和修訂本（開封：河南大學出版社，1997 年）兩種。除另有說明外，本文所引《漢碑集釋》，以其修訂本爲準。

② 詳見清王昶撰《金石萃編》，西安：陝西人民美術出版社影印民國十年掃葉山房石印本，卷十八，葉 5 至葉 8。

③ 《漢碑集釋》，頁 489。

④ 同上。

⑤ 《歷代碑帖法書選》編輯組編《歷代碑帖法書選·漢張遷碑》，北京：文物出版社，1982 年。

學"①，清人翁方綱亦云："己亥秋，奉使往江寧，歸途，於十月二日曉發東平，入州學，獲觀是碑。碑在明倫堂西階下，磚亭覆焉。"② 己亥是公元1779年。可見此碑自出土以來，一直在東平州學之内。1965年，此碑移至泰安岱廟之内。

據舊志言，此碑出土於明代，"掘地得之，未詳其處，意必漢時谷城舊境也。"③ 不僅具體出土地點未詳，具體出土時間也未見各書交待。明人楊士奇《東里集》續集卷二十有"漢谷城長張君碑"一條云："右漢谷城長張君碑，未有碑額，蓋中平二年其故吏所立，文辭字畫皆古雅。碑在今東平州學。余得之宗丈東平州守季琛先生之子民服云。"④ 楊士奇（1365～1444）是明初人，⑤ 其題跋提到的宗丈季琛，即楊瑒，字季琛，江西吉水人，曾官東平州太守，見《東里集》卷五《送宗老季琛詩序》及卷七《送李永懷歸東平序》。楊士奇題跋中稱楊季琛爲"東平州守"，則其得到《張遷碑》之拓本，當在楊季琛任東平州太守之時。楊季琛之子楊黻字民服，與楊士奇往來甚多，交情甚契，死後，楊士奇爲撰墓誌銘，即現存《東里集》續集卷三十六之《衛府右長史楊君墓誌銘》。墓誌銘提到楊黻"永樂甲申侍父官東平"，則楊季琛任東平州太守在永樂二年（1404）甲申前後，楊士奇從楊民服手中得到這份《張遷碑》拓本亦應在此時。在目前已知的文獻中，《東里集》是最早提及《張遷碑》的。換句話説，《張遷碑》開始出現於傳世文獻中，約在十五世紀初。

就目前所知，都穆《金薤琳琅》是最早著録《張遷碑》的金石學著作，其書卷六録《張遷碑》文，並有題跋云：

此碑予官京師時，嘗於景太史伯時處見舊拓本，不及録，近得之友人文徵仲。按《隸釋》云："東漢及魏，其碑到今不毁者，十纔一二。凡歐、趙録中所無者，世不復有。"予生去宋數百年，而此兩本見，歐、趙録中蓋未嘗載，《隸釋》並《隸續》亦無其文，《通志·金石略》所載碑目雖多，然亦未之及，乃知昔人之言未必可信，而舊物之在天壤間者，固不可盡謂之無也。

都穆（1459～1525），字元敬，吳縣（今江蘇蘇州）人，弘治十二年（1499）進士，

---

① 清顧炎武撰《金石文字記》，卷一。
② 清翁方綱《兩漢金石記》。
③ 《漢碑集釋》引"府舊志"，見《漢碑集釋》，頁489。
④ 明楊士奇著《東里集》，文淵閣《四庫全書》本，續集卷二十。楊氏所謂"中平二年"，實爲"中平三年"之誤。
⑤ 楊士奇生卒年據《明史》卷一百四十八《楊士奇傳》："（正統）九年三月卒，年八十。"北京：中華書局排印校點本。

官至禮部主客司郎中，加太僕寺少卿致仕。① 其官京師在進士及第之後，蓋已屆十六世紀矣，都穆初見《張遷碑》拓本於景伯時處，即在此時，然而未即鈔録其碑文。正德七年（1512），54 歲的都穆致仕里居，日與里中文士文徵明等往來，《金薤琳琅》中所録《張遷碑》文字，就是根據從文徵明處得來的拓本，其時間應在正德七年以後。換句話説，至遲在正德七年之時，《張遷碑》的拓本已由北方傳到南方，在篤好金石書畫的吳中士人圈内流傳。

　　從楊士奇《東里集》到都穆《金薤琳琅》，其間相隔一百年，時間之長，頗令人感到意外。楊士奇題跋稱此碑“未有碑額”，按字面意義理解，可能是他沒有見到，也可能是此碑本沒有碑額，至少他所得到的拓本沒有碑額。《金薤琳琅》卷六稱《張遷碑》爲“漢蕩陰令張君碑”，也沒有提到碑額，看來都穆所見到的拓本與楊士奇一樣，很可能都是沒有碑額的。此外，楊士奇和都穆還有一個共同點，即他們都沒有提到碑陰，很有可能，他們所見的《張遷碑》拓本也不包含碑陰部分。②

　　楊士奇和都穆最大的一點不同是，楊氏稱此碑爲“漢谷城長張君碑”，而都穆稱之爲“漢蕩陰令張君碑”。稍晚於都穆的明代學者楊慎（1488～1559），在其《金石古文》中，沿用都穆的稱法，③ 明末梅鼎祚編《東漢文紀》，其卷三十一據《金薤琳琅》收録此碑文字，亦用此稱。晚明王世貞《弇州四部稿》卷一百三十四有《跋漢隸張蕩陰碑》，其後，孫鑛在其《書畫跋跋》卷二上襲用“張蕩陰碑”的提法。“谷城長張君”、“蕩陰令張君”和“張蕩陰”，這三種稱法並行，説明當時學者對《張遷碑》並無統一的稱法，也反映出此碑在明代流行不廣的事實。

　　簡要回顧《張遷碑》的早期流傳歷史，有三點特別值得我們注意：

　　第一，都穆已經注意到，此碑不見於歐陽修《集古録》、趙明誠《金石録》以及洪適《隸釋》、《隸續》等宋代金石學著作。當然，他立論的著眼點在於强調此碑之難得，大有慶幸自己得見此碑之意，而並無任何質疑。但與此同時，他的説法已經向我們表明了此碑在明以前不見經傳、來歷不明的事實。

　　第二，明代其他一些金石學者，其中比較著名者如趙均（《金石林時地考》）、趙崡（《石墨鎸華》）及郭宗昌（《金石史》）等人，亦致力於“搜訪舊碑”，却“不之及”④，亦即沒有提及此碑。這當然可以以他們見聞未廣、搜羅未備以及種種歷史偶然

①　都穆之生卒年及其生仕歷，據明人錢榖撰《吳都文粹》續集卷四十三胡纘宗《明中憲大夫太僕寺少卿致仕都公墓誌銘》，文淵閣《四庫全書》。
②　清人盧文弨已經指出：“此尚有碑陰，紀出錢姓名，余皆有之，都氏不載，疑並額皆未之見也。”可見盧氏已經注意到這一點。見盧氏《抱經堂文集》。
③　明楊慎撰《金石古文》，卷七，頁 7 上，《石刻史料新編》本。
④　清孫承澤撰《庚子銷夏録》，卷五，文淵閣《四庫全書》。

性來解釋，但無論如何，明代三位金石學名家都不曾言及此碑，這個現象總讓人覺得有些蹊蹺。

第三，儘管都穆聲稱此碑拓本得自著名書法家文徵明，但是，以此碑漢隸書法之珍稀，以文徵明對書法的精鑒，他的《甫田集》中居然沒有關於此碑的題跋，甚至沒有隻言片語提到此碑①。這使我們不能不對此碑的身世來歷乃至其真偽不免心生疑竇。事實上，當王世貞研讀《張遷碑》碑文之時，他也已經覺察到其中某些內容敘述之匪夷所思：

> 文辭翩翩有東京風，獨敘事未甚詳核耳。至謂其先有曰良、曰釋之、曰騫者，按良韓人，釋之南陽堵陽人，騫漢中人，宗系絕不相及，文人無實乃爾！其書法不能工，而典雅饒古意，終非永嘉以後所可及也。②

然而最後，他以"翩翩有東京風"的文辭以及其"典雅饒古意"的書法說服了自己，他對此碑文風和書風的不無主觀色彩的讚揚肯定，將他對此碑的懷疑消釋得幾乎無影無踪，以至於當某些後代學者以疑惑的眼光重新審視這塊碑石的時候，他的這些意見完全沒有引起注意。這是相當可惜的。

## 二　《張遷碑》之語詞及用典問題

最早明確對《張遷碑》提出懷疑的，是明清之際的顧炎武。顧氏在其《金石文字記》中論及此碑云：

> 今在東平州儒學。其文有云"荒遠既殯"者，"賓"之誤；"中謇于朝"者，"忠"之誤；而又有云"爰既且于君"，則"暨"之誤。古字多通，而"賓"旁加"歹"，已為無理；又何至以一字離為二字也。歐陽、趙、洪三家皆無此碑。《山東通志》曰："近掘地得之。"豈好事者得古本而摹刻之石，遂訛謬至此耶！③

歸納起來，顧炎武質疑的根據在於三個字的字形，在他看來，"忠"字誤寫成

---

① 明文徵明撰《甫田集》，文淵閣《四庫全書》本。按：《甫田集》卷二十一至二十三卷收錄書畫碑帖題跋甚多。
② 明王世貞撰《跋漢隸張蕩陰碑》，見王氏《弇州四部稿》，卷一百三十四，文淵閣《四庫全書》本。
③ 清顧炎武撰《金石文字記》，文淵閣《四庫全書》本。

"中"或許還說得過去；"賓"字誤寫成"殯"，就太無理了；而將"暨"字誤分爲"既且"二字，更是無法解釋的。這麼一些"訛謬"，再加上歐、趙、洪三家都没有提到此碑，使他不能不有所懷疑。但是，畢竟此碑字體古雅，碑文其他方面也似乎説得過去，所以，顧炎武只是懷疑此碑是好事者的摹本。這種説法有一個前提，就是他承認有一種古本《張遷碑》的存在。總之，顧炎武已經懷疑此碑的真實性，只不過表達得相當委婉罷了。

但是，顧炎武含蓄委婉的質疑，仍然受到了很多人的反駁。清顧藹吉《隸辨》卷八云：

> 按以"殯"爲"賓"，見《禮記·曾子問》，以"中"爲"忠"，與魏《吕君碑》同，説在第一卷東、真二韻。惟以"既且"爲"暨"，有不可解，然字畫古拙，恐非摹刻也。①

顧藹吉對顧炎武提出的三條質疑一一予以辯解。他認爲"中""殯"兩條可以用通假字來解釋，"既且"雖然不好解釋，但從此碑書法風格來看，也應該不會是後人摹刻的。《吕君碑》全稱《魏横海將軍吕君碑》，其文有云："君以中勇，顯名州司"，②"中"通"忠"。從通假字的角度來説，"中"、"忠"二字相通的例子並不稀見，除《吕君碑》之外，《古字通假會典》中還列舉了13條例子。③至於"殯"、"賓"二字相通，除了《禮記·曾子問》之外，《古字通假會典》也没有舉出其他例子。④《禮記·曾子問》："反葬奠，而後辭於殯。"鄭注："殯當爲賓，聲之誤也。"⑤《通典·禮五十七》引"殯"即作"賓"。⑥清朱駿聲《説文通訓定聲·坤部》亦云："殯，假（叚）借爲賓。"⑦在較早出版的《金石經眼録》中，清人牛運震雖然不同意此碑爲後人重刻，但也明確承認"碑以'殯'爲'賓'，以'中'爲'忠'，'暨'字分爲'既且'二字，乃當時書碑者誤"。⑧值得注意的是，在稍後出版的以《金石經眼録》爲基礎編成的《金石圖説》中，牛運震"轉守爲攻"，提出如下看法：

---

① 清顧藹吉撰《隸辨》，文淵閣《四庫全書》本。
② 宋洪適撰《隸釋》，卷十九，北京：中華書局，1985 年影印洪氏晦木齋刻本，頁 191 下。
③ 高亨纂著、董治安整理《古字通假會典》，濟南：齊魯書社，1989 年，頁 21。
④ 《古字通假會典》，頁 106。
⑤ 清阮元校刻《十三經注疏·禮記正義》，北京：中華書局，1980 年，頁 1390 中。
⑥ 唐杜佑撰《通典》，上海：商務印書館影印《十通》本。
⑦ 清朱駿聲撰《説文通訓定聲》，武漢：武漢古籍書店，1983 年影印本。
⑧ 清褚峻、牛運震撰《金石經眼録》，文淵閣《四庫全書》本。

至若碑以"忠"爲"中"，以"賓"爲"殯"，以"暨"爲"既且"，此則其點畫之借，摹刻之訛，益足徵古文之簡易疏闊，雖善贋者不能倣其謬，而好事者乃執此以爲依託之券驗，不亦悖乎！[1]

於是，"點畫之借，摹刻之訛"不但不可疑，而且成爲支持其可信的證據了。

很多學者，包括現代學者高文在內，[2] 都基本上接受"殯"、"賓"通假相通的説法，其中顧藹吉的論證似乎較爲有力。但清人萬經《分隸偶存》卷上質疑顧説云：

亭林以"賓"傍加"歹"爲無理，南原據鄭康成《曾子問》注駁之，不知"莫而後辭于殯"原不必改作"賓"，先儒多言之者，不足以折亭林也。"暨"分"既、且"，更屬難解，宜亭林疑爲好事者模刻，遂訛謬至此。[3]

筆者以爲，萬經之説是很有説服力的。退一步説，即使"中""殯"二字都可以解釋爲通假字，"既且"二字也很難理喻，但頗爲令人驚訝的是，錢大昕、阮元等人却爲辯護。錢大昕《潛研堂金石文跋尾》卷一云：

碑云："張是輔漢，世載其德，爰既且於君。"詳其文義，謂張氏（"是"即"氏"字）仕漢，世世有德，後有興者，且於君也。顧寧人讀作"爰暨於君"，以"既且"爲"暨"字之誤。釋"爰"爲"爰"，雖本都氏，尚在疑似之間。以"既且"爲"暨"，乃由臆斷。遽詆碑爲訛謬，豈其然乎！[4]

是、氏二字通用，或許能够説得通。《三國志·吳志·是儀傳》："是儀……本姓氏，初爲縣吏，後仕郡，郡相孔融嘲儀，言'氏'字'民'無上，可改爲'是'，乃遂改焉。"[5] 亦似乎可以作是、氏相通的例証。但"爰既且於君"一句，要强爲之説，就不太容易了。錢氏之後，阮元《山左金石志》卷八亦有云：

惟"爰暨且于君"，"既且"二字，顧寧人以爲"暨"字之分，遂疑是碑爲後

---

① 清褚峻、牛運震撰《金石圖説》卷一，《石刻史料新編》第二輯第二冊，頁974。

② 高文援引朱説，表示贊同，見其《漢碑集釋》，頁495。

③ 文淵閣《四庫全書》，第684冊，頁462。

④ 清錢大昕撰、祝竹點校《潛研堂金石文跋尾》，陳文和主編《嘉定錢大昕全集》第陸冊，江蘇古籍出版社，1987年，頁30。

⑤ 晉陳壽撰《三國志》，中華書局校點本，卷六十二，頁1411。

人摹刻，殊屬非是。元案：既，終也；且，始也。《詩》"終風且暴"、"終溫且惠"、"終和且平"、"終其永懷"，又"嘒陰雨終"，皆當訓"既"。《詩·鄭風·溱洧》："女曰：'觀乎！'，士曰：'既且。'，'且往觀乎！'""既且"，即"終始"之誼，與此可相證也。詳元所撰《釋且篇》。①

錢、阮二氏從不同角度論證"既且"二字不誤，同時批評顧炎武以"既且"二字合爲"暨"字，於義不通。在我看來，他們的理由並不能令人信服。首先，阮元所舉《詩經》諸例中，不僅"終"不完全等於"既"，"既且"不等於"既且于"，而且"且"字出現場合之句式結構與"爰既且於君"，選擇例證本身就有問題。其次，即使按阮元的解釋，將"既且"理解爲"終始"，還原到碑文語境中，也扞格難通。第三，錢大昕批評顧炎武"臆斷"，其實"臆斷"的應該說是錢大昕自己，顧炎武之説是有充分根據的。"爰暨"一詞在漢魏碑中並不罕見，今舉三例如下：

1. 《趙寬碑》：胤自夏商，造父馭周，爰暨霸世，夙爲晉謀。②
2. 《冀州從事張表碑》：爰暨后稷，張仲孝友，雅□攸載。③
3. 《涼州刺史魏元丕碑》：爰暨于君，……④
4. 蔡邕《陳留東昏庫上里社碑》：爰暨邦人，僉以爲宰相繼踵……⑤

在以上三例中，"爰暨"一詞都出現於敘述碑主家世的場合，意爲"及至"、"至于"，其中"爰"字爲語助，並不難解。⑥ 在第二例中，碑主姓張，所述先世亦及張仲，尤與《張遷碑》如出一轍；⑦ 第三例中所出現的句式，則與《張遷碑》一模一樣。應該說，這四個例證都是非常有説服力的。

---

① 清阮元撰《山左金石志》，卷八，葉9上。
② 《漢碑集釋》，頁432。
③ 《隸釋》，卷八。
④ 《隸釋》，卷十。
⑤ 清嚴可均校輯《全上古三代秦漢三國六朝文·全後漢文》卷七十五，中華書局，1958年，頁879。
⑥ 《四庫全書總目》卷八十六顧炎武《金石文字記》提要："《潛研堂金石文跋尾》嘗摘其舛誤六條，……一曰《後漢蕩陰令張遷頌》炎武誤以'既且'二字合爲'暨'字，……案《張遷頌碑》拓本，'既且'二字截然不屬，炎武誠爲武斷，然字畫分明，而文義終不可解，當從闕疑。《金石文跋尾》所釋亦未爲至確。"
⑦ 《張遷碑》云："君之先，出自有周，周宣王中興，有張仲，以孝友爲行，披覽《詩·雅》，焕知其祖。"

除了漢碑文本，其他傳世文獻中亦見有用"爰暨"一詞者。如《後漢書》卷四十九《趙咨傳》載其《遺書敕子胤》云："爰暨暴秦，違道廢德，滅三代之制，興淫邪之法。"① 又如同書卷八十上《崔琦傳》載其《外戚箴》云："爰暨末葉，漸已頹虧，貫魚不叙，九御差池。"② 再如三國魏何晏《景福殿賦》亦云："昔在蕭公，暨于孫卿，皆先識博覽，明允篤誠。"③ 可見在東漢三國作家筆下，"爰暨"一詞是頗爲常用的。顧炎武判斷"爰既且於君"二字是"爰暨于君"之誤，是完全有根據的。實際上，翁方綱早在其《兩漢金石記》中指出，"錢說頗牽强"，④ 王念孫《漢隸拾遺》中亦曾舉出《魏元丕碑》爲例，證明"爰既且於君"二字是"爰暨於君"之誤。可惜《四庫全書總目》未認識到這一層，故對此問題只能持騎墻態度，一方面認爲顧氏"武斷"，另一方面又認爲錢氏"所釋亦未爲至確"。

據《張遷碑》，張遷爲陳留己吾人，而碑文叙述張遷先世，自周宣王時之張仲、到漢初張良、文景之間的張釋之、孝武帝時的張騫，確實可謂"世載其德"。從考史的角度來說，這種版本的世系顯然是不足取信於人的。叙其遠祖，牽扯上張仲，世代久遠，也許還好說一些，事實上，《冀州從事張表碑》也正是這樣做的。但是，正如一些學者所指出的，張良相傳爲城父（今河南郟縣東）人，漢朝建立後，"析珪於留（今河南開封市東南）；張釋之是南陽堵陽人（今河南方城東），張騫則是漢中成固人（今陝西城固）人，此三人年代相去不遠，里籍各不相同，顯然不可能一脈相承。張遷是陳留己吾（今河南寧陵縣西南）人，與以上諸人里籍邈不相及，更不可能是他們的後裔。⑤ 當然，古代碑誌文叙述事主之先世，攀附名人、依託大族之例不勝枚舉，我們大可不必認真，也可以用這個理由爲《張遷碑》辯護。但是，即使如此，《張遷碑》在叙述張釋之事迹之時，在用典措辭方面所產生的錯誤，仍然使人震驚。碑文云：

> 文景之間，有張釋之，建忠弼之謨。帝游上林，問禽狩所有。苑令不對，更問嗇夫。嗇夫事對，於是進嗇夫爲令，令退爲嗇夫。釋之議爲不可，苑令有公卿之才，嗇夫喋喋小吏，非社稷之重。上從言。

考此事出自《史記》卷一百二《張釋之傳》，其文云：

---

① 《後漢書》，中華書局排印校點本，頁1314。
② 同上，頁2619。
③ 南朝梁蕭統編、唐李善注《文選》，卷十一，中華書局，1977年影印胡刻本，頁173。
④ 《石刻史料新編》本。
⑤ 米運昌、吳緒倫撰《〈張遷碑〉歷史與書法藝術價值淺析》，《山東師大學報》，1998年第2期，頁45～58。按：此文將張騫籍貫誤標爲今山西城固，當是筆誤。

　　　　釋之從行，登虎圈。上問上林尉諸禽獸簿，十餘問，尉左右視，盡不能對。
虎圈嗇夫從旁代尉對上所問禽獸簿甚悉，欲以觀其能口對響應無窮者。文帝曰：
"吏不當若是邪？尉無賴！" 乃詔釋之拜嗇夫為上林令。釋之久之前曰："陛下以絳
侯周勃何如人也？" 上曰："長者也。" 又複問："東陽侯張相如何如人也？" 上複
曰："長者。" 釋之曰："夫絳侯、東陽侯稱為長者，此兩人言事曾不能出口，豈斅
此嗇夫諜諜利口捷給哉！且秦以任刀筆之吏，吏爭以亟疾苛察相高，然其敝徒文
具耳，無惻隱之實。以故不聞其過，陵遲而至於二世，天下土崩。今陛下以嗇夫
口辯而超遷之，臣恐天下隨風靡靡，爭為口辯而無其實。且下之化上，疾於景響，
舉錯不可不審也。" 文帝曰："善。" 乃止不拜嗇夫。①

　　高文先生指出，碑文用典約取《史記》原文，而 "易上林尉爲苑令，苑令自後漢始有
此名。又增益 '苑令有公卿之才' 一意，皆失其實。"② 上林令即上林苑令，簡約稱爲
苑令，本是順理成章之事，未必即與後漢製度有何關係；至於碑文稱釋之議爲 "苑令
有公卿之才"，則確實是對原典的誤增與誤解，絕非張釋之的原意。照理說，漢人用漢
代的事典，也就是當代人對當代的故事，應該是比較熟悉的，似乎不應該出現如此明
顯的硬傷。這不能不令人生疑。

　　在這段碑文中，還出現 "禽狩"、"事對" 二詞。一般都將 "狩" 理解爲 "獸" 之
通假，③ 而 "事對" 二字頗嫌生硬。或許是因爲意識到這兩個詞顯得奇怪，《山東通
志》乾脆將其改爲 "禽獸" "專對"。④

　　此外，在碑文篇末，又出現用錯佩韋佩弦之典的例子。碑文云："晉陽珮瑋，西門
帶弦，君之體素，能雙其勛。" 高文注云：

　　　《韓非子·觀行篇》云："西門豹之性急，故佩韋以自緩；董安于之心緩，故
　　佩弦以自急。" 晉陽，指董安于。《左傳·定公十三年》："吾舍諸晉陽。" 注："晉
　　陽，趙鞅邑。安于，趙氏臣。為安趙氏而自殺。" 正義曰："《史記》云：安于性
　　緩，常佩弦以自急者，即此是也。" 據此，當云 "晉陽佩弦，西門帶韋"，碑誤。
　　"珮" 者，"佩" 之俗字。"韋" 作 "瑋"，亦俗字也。碑文與史實相反，誤。⑤

---

① 漢司馬遷撰《史記》，中華書局排印校點三家注本，頁 2752。按：除極個別文字外，《漢書》卷
　　五十《張釋之傳》所載與《史記》相同，內容上毫無區別。
② 《漢碑集釋》，頁 494。
③ 《漢碑集釋》，頁 493。
④ 《山東通志》，卷三十五《藝文志》九《碑》，文淵閣《四庫全書》本。
⑤ 《漢碑集釋》，頁 498～499。

也許"珮"、"瑋"二字可以用俗字解釋得過去，但此處用典前後顛倒，則是無法否認的。這是《張遷碑》中與語詞問題相關的另一個疑點。①

### 三　碑文中的官名及其碑額體例問題

《張遷碑》的碑額中稱遷官"谷城長"，以漢代職官制度考之，這裏其實是有問題的。錢大昕最早注意到這一點，但是，他對《張遷碑》信而不疑的態度，致使他不是從質疑而是從辯護的角度來談論這個問題：

> 漢制，大縣置令，小縣置長。《後漢書·王堂傳》："遷谷城令。"而此云"谷城長"，蓋縣之大小，亦時有更易也。②

"谷城令"與"谷城長"，一字之差，却是意味深長的。如果不是錢大昕指出來，我們恐怕未必能够注意到《後漢書》中的這條材料，這使我們不能不佩服他的敏銳和對史籍的精熟。《後漢書》卷二十八《百官志五》："縣萬戶以上爲令，不滿爲長。"錢大昕所謂"大縣"、"小縣"，即是以縣中人口戶數爲標准來確定，"萬戶以上"爲大縣，置令；"不滿"萬戶"者爲小縣，置長。當然，一縣之人口戶數多少確實可能"時有更易"，戶口增多，小縣有可能變成大縣，戶口減少，大縣也有可能小縣。但就中國古代人口發展的一般趨勢而言，如果不是發生大規模戰亂或自然災害，人口戶數是逐漸遞增，而不是日益減少。小縣變成大縣的概率要大大超過大縣變成小縣的概率，換句話說，原來的小縣之"長"升格大爲大縣之"令"的概率，也大大超過縣令變成縣長的概率。當然，這

---

① 此碑下文又有如下諸句："於是刊石竪表，銘勒萬載。三代以來，雖遠猶近，《詩》云舊國，其命惟新。"《漢碑集釋》頁499引俞樾《第一樓叢書·漢碑四十一條》："上文既云'於是刊石竪表，銘勒萬載'，便可徑接銘詞，乃又綴此四句，殊爲不倫。竊疑此四句當在'前哲遺芳'之下，其文本云：'奚斯贊魯，考父頌殷，前哲遺芳，三代以來，雖遠猶近。《詩》云舊國，其命維新。有功不書，後無述焉。於是刊石竪表，銘勒萬載。'蓋引奚斯、考父二事，而續以此四語，以見魯殷二國，有二子爲之讚頌，故功烈常存，雖遠如近，國雖舊而命則新也。若有功不書，則後無述矣。此碑錯訛不一，顧氏《金石文字記》因'爰曁于君'誤作'爰既且于君'，疑好事者得古本而重刻之。……今按此句之前後錯置，其繆更甚，前人未經論及，故表出之。疑作書者，遺奪於前，而補綴於後。吳氏穎芳作《散氏銅盤銘釋文》曰：'古人質樸，文中有遺佚，或補於尾，孫皓《天璽碑》猶踵爲之。'此言也，即可以說此碑矣。"高文按云："俞說是也。"今按：俞說此處文字有錯訛，極是。然則原本文句次序是否如俞氏所推斷，尚有待進一步研究；至于錯簡原因，筆者以爲很有可能系後人重刻時所致，蓋漢人刻碑有"察書"之制度，現存漢碑中亦未見如此錯簡者也。

② 《潛研堂金石文跋尾》，頁30。

都是從理論上説的，事實上，一個縣被定爲大縣或小縣之後，即使其户口數量很快發生了變化，此縣之級別也不大可能如影隨形，馬上進行調整。錢大昕並沒有能够提供谷城縣人口變化的具體例證，所以他在作判斷時謹慎地加上一個推測語氣"蓋"。

《王堂傳》見《後漢書》卷三十一。傳文云："王堂字敬伯，廣漢郪人也。初舉光禄茂才，遷谷城令，治有名迹。永初中，三府舉堂治劇，拜巴郡太守。"① 從這段引文可以看出，王堂任谷城令是在漢安帝永初（107～113）以前，當時的谷城就已經是一個大縣，所以王堂的官名是"谷城令"，而不是"谷城長"。《張遷碑》立碑之年是漢靈帝中平三年（186），立碑之時，張遷已由谷城長遷蕩陰令，以令長一任通常爲三年來推算，其始任谷城在中平元年（184）之前。從永初到中平，其間相去約七八十年，《後漢書》中並無谷城之地大規模天災人禍的記載，不可能導致人口户數鋭減。中平元年爆發的黄巾起義，也沒有給谷城縣帶來什麽破壞，因爲碑文中明言："黄巾初起，燒平城市，斯縣獨完。"② 那麽，張遷任職之時，谷城應該仍然是一個大縣，張遷的職銜應該是"谷城令"而不是谷城長。這是《張遷碑》不合東漢官制的突出表現。③

除了《張遷碑》之外，"谷城長"之稱謂不見於筆者所知見的各種傳世文獻和出土文獻。清吳玉搢《別雅》卷五在解釋"印紼、印黻、印綬"諸詞時，曾引《孔耽碑》"假谷城長印黻"爲證。覆檢《隸釋》卷五《梁相孔耽神祠碑》，此句原文作"假谷埶長印黻"④，與"谷城長"了不相干，吳玉搢蓋據訛本碑拓，引證文字有誤，不足爲據。而另一方面，清倪濤《六藝之一録》卷二十二所録漢印中，正好即收有一枚"谷城令印，銅印鼻鈕"，並明確標示"東漢谷城屬東郡"，⑤ 與《後漢書》卷三十一《王

---

① 南朝宋范曄撰、唐李賢等注《後漢書》，北京：中華書局，1965 年，第 4 册，頁 1105。按：王堂事迹又見聚珍本《東觀漢記》卷二十、汪文臺輯本張璠《漢記》、《華陽國志》卷十中《廣漢士女讚》，楊樹達撰有《後漢王堂世系考》，載其《積微居小學金石論叢》，上海：上海古籍出版社，2007 年，頁 438～444，並可參閲。

② 即使黄巾起義造成該縣户口鋭減，也是張遷到谷城縣任職以後的事，既不可能立即將谷城由大縣改爲小縣，也不會因此受影響而將其官職由"令"改爲"長"。

③ 2007 年 6 月 29 日《光明日報》發表卜憲群、蔡萬進的文章《天長紀莊木牘及其價值》，根據2004 年安徽省天長市安樂鎮紀莊村 19 號漢墓出土的有關資料進行研究，指出："秦漢縣'萬户以上爲令'，'減萬户爲長'，東陽縣有户 9169（東海郡 38 個縣級單位的平均户數爲 7005），則東陽縣設的應是縣長。而根據《史記·項羽本紀》：'東陽少年殺其令'，則東陽縣在秦代設的是令，至墓主生活的時代才降爲長。"關於此墓的年代，此文作者認爲"不會早於武帝元狩六年"，則墓主當生活於漢武帝時代，其時距秦代雖然也只是數十年至近百年，但其間經過秦末大亂、楚漢戰爭乃至七國之亂，東陽縣人口户數減少較多，應該不是意外的事。

④ 北京：中華書局影印本，1985 年，頁 59。

⑤ 文淵閣《四庫全書》本。

堂傳》唐李賢等注"谷城，縣，屬東郡，故城在今濟州東阿縣東"可以相互印證①。
雖然無法確定這枚"谷城令"的漢印屬於東漢什麼時代，但是，它畢竟以實物證明了
《後漢書・王堂傳》的相關記載。

在《東漢官宦冢墓碑額題職例及其相關問題》② 一文中，葉國良先生曾經指出，漢
代官宦冢墓碑額例題尊職，而且，碑額上通常只題一個官職。爲了更直觀地説明問題，
葉先生在文章中製作了一個包括 60 種漢代冢墓碑銘在内的表格。在這 60 種碑銘中，祇
有如下幾種碑額題有兩個或兩個以上官職：

1. 漢故益州太守北海相景君銘
2. 漢故中常侍長樂太僕吉城侯州君之銘
3. 漢故中常侍騎都尉樊君之碑
4. 漢故太尉車騎將軍特進逯鄉昭烈侯劉公之碑
5. 漢故綏民校尉騎都尉桂陽曲紅灌陽長熊君之碑

由此可見，漢代冢墓碑銘額題列有兩個或兩個以上官職者，只是極少數的特例。而且，
這些特例的形成，都是有因可循。在第 1 例中，益州太守和北海相並爲秩二千石，故
並列之。據《後漢書・百官志》二，太僕卿秩中二千石，中常侍秩二千石，長樂太僕
蓋即太僕卿。然後漢時代，中常侍與長樂太僕常一人兼任，如江京、曹騰等人即是。
故第 2 例亦可解釋得通。第 3 例中，騎都尉爲追拜之官，並非生前任職。第 4 例情況類
似，劉公實任最尊官職是太尉，車騎將軍、特進逯鄉侯爲追贈官位。第 5 例碑額中共
出現四個官職，其實祇有兩個：熊君以綏民校尉領桂陽曲紅長，後又以騎都尉領灌陽
長，兩任官職品秩相等，無所謂尊卑，故碑額上並列之，並未有違成例。總之，漢代
冢墓碑額題官之通例爲列其最尊之職，如兩職並列，則往往是因爲兩職並尊，不便取
捨。

《張遷碑》是其故吏所立的去思碑，不屬於冢墓碑一類，似乎不能與冢墓碑一概而
論。但實際上，這兩類漢碑題額至少有一個共同點，正如葉國良先生指出的，"紀功
碑、去思碑，碑額所題官職，乃當時之人所書碑主於當地當時所居之官"，也就是説，
紀功碑、去思碑題額亦僅列一官爲通例，明乎此，便更能理解何以葉國良先生指出

---

① 清王先謙亦云谷城爲"今泰安府東阿縣治"，見其所撰《後漢書集解》，卷三十一，北京：中華
書局，1984 年，頁 390 上。
② 葉國良撰《石學蠡探》，臺北：大安出版社，1989 年，頁 1~46。

《張遷碑》"兼記所任及將任二職，較爲特殊"。① 去思碑、紀功碑立於碑主生前，無法確定碑主一生最尊之職爲何，揆以情勢，其題額亦只能以當時當地所任官爲準。洪適《隸釋》卷八《孔彪碑》跋云：

> 趙氏云："孔君自博陵再遷河東，而碑額題博陵，莫曉其何謂。"予觀漢人題碑固有用前官如馮緄、魯峻者，俱自有説，此碑陰有故吏十三人，皆博陵之人也，蓋其函甘棠之惠、痛夏屋之傾，相與刊立碑表，故以本郡題其首也。

按照這一義例，《張遷碑》之立碑者既爲其任谷城縣時之故吏，"谷城長"即所謂"當時當地所居之官"，碑額上只要題"谷城長"一職即可，不必題二職，儘管蕩陰令爲大縣令，秩一千石，而谷城長（按照原碑額的寫法）爲小縣長，秩三百或四百石。

將《張遷碑》與其他同類漢碑作一比較，可以更清楚地看出其額題的"特殊"性。在同類的去思碑和紀功碑中，《蔡湛頌》和《唐扶頌》兩種特別有對照價值。首先，此二碑的建立時間分別爲光和四年（181）和光和六年（183），與《張遷碑》年代（186）相近。其次，碑主蔡湛、唐扶在當地的身份爲縣長或縣令，其後均又改任或遷任別職，其中，蔡湛任稾長三載，以功遷高邑令；唐扶任成陽令，有惠政，後改昌陽令；其身份與仕履皆與張遷相同。第三，二碑皆爲故吏所立之去思碑，與《張遷碑》性質相同。但是，《蔡湛頌》碑額題"漢故稾長蔡君之頌"，② 只列"稾長"一職，不列其遷任"高邑令"之職；《唐扶頌》額題"漢故成陽令唐唐君頌"，③ 亦不及其改任"昌陽令"之職。在另外兩種去思碑即《劉熊碑》和《曹全碑》中，作者没有提及碑主遷轉之事，因而碑額上也只題寫其在當時當地所任之職，分別爲"酸棗令"和"郃陽令"。④

總之，現存漢代去思碑和紀功碑之碑額，皆以僅題當時當地之職爲常，未見有題列二職者。由此可見，《張遷碑》之碑額不僅所署"蕩陰令"、"谷城長"之官職皆有可疑之處，而且額題並列"谷城長蕩陰令"二職，在漢碑中尤其屬於"史無前例"者，同樣是可疑的。

---

① 《石學蠡探》，頁3及頁3注5。
② 《隸釋》，卷五，頁57。
③ 《隸釋》，卷五，頁60～61。
④ 按：清李遇孫《漢魏六朝墓銘纂例》（《叢書集成初編》本）中未見《張遷碑》，此事亦可深長思之。

## 四　《張遷碑》的書法及漢碑的僞刻與重刻問題

　　在顧炎武對《張遷碑》提出質疑之後不久，康熙時人林侗在其《來齋金石文考略》卷上《蕩陰令張遷碑》條，徑録顧氏之題跋，而未像他在本書其他題跋所常做的那樣，"頗以已意爲折衷"，① 進一步加以辯證，這表明林侗是贊同顧炎武看法的。乾隆年間，牛運震在《金石圖説》卷一中説：

> 　　《白石神君碑》、《張遷碑》，昔人皆以爲偽也。或曰魏人翻舊碑爲之，綜其實，不然。②

　　這裏所謂"昔人"，具體包括哪些人，一時難以落實，但肯定包括顧炎武、林侗在內，而且不限於此二人。首先，從"皆"字來看，懷疑的人數當不會很少；其次，顧、林二人只是推斷"好事者得古本而摹刻之石"，並未指實乃"魏人翻舊碑爲之"，顯然，持後一種觀點的別有其人。雖然目前暫時無法確認這種觀點出自何人何書，但我們由此得知，《張遷碑》在乾隆以前是頗受人質疑，這一點是十分重要的。

　　晚清金石學者楊守敬在《平碑記》中針對前人的質疑，爲《白石神君碑》和《張遷碑》作了兩段辯述，也值得注意。針對對《張遷碑》的質疑，楊守敬辯述如下：

> 　　顧亭林疑後人重刻，而此碑端整雅練，剥落之痕亦復天然的是原石。顧氏尚考索而不精鑒賞，故有此説。……篆書體多長，此額獨扁，亦一格也。碑陰尤明晰，而其用筆已開魏晉風氣。③

　　針對對《白石神君碑》的質疑，他又有如下辯述：

> 　　此碑在漢隸中誠爲最下，然亦安知非魏晉濫觴，且今所存魏晉分書，亦皆風骨冷崚峋，尚未庸俗至此。大抵手書有工拙，鑴刻有高下，石質有佳惡，未可一概而論也。④

---

① 《四庫全書總目》卷八十六，《來齋金石文考略》提要，中華書局，1965 年，頁 741。
② 《金石圖説》卷一，《石刻史料新編》第二輯第二冊，頁 974。
③ 清楊守敬撰《平碑記》，《石刻史料新編》本。
④ 《平碑記》。

關於《白石神君碑》的問題，不在本文探討範圍之內，可以暫置不論；楊守敬之辯述以及他所辯駁的對象觀點孰是孰非，亦可暫且置而不論，重要的是這場爭論反映了一個問題：《張遷碑》的書法與同時代其他書法風格頗爲不同。實際上，無論是傳統金石學者還是現當代書法史研究者，無論學者對《張遷碑》是信是疑，大家對《張遷碑》書法具有與衆不同的個性這一點是有共識的，雖然各自認定的"異"性不盡相同。清人孫承澤認爲，此碑"書法方整爾雅，漢石中不多見者"。① 中國書法史研究者更舉《張遷碑》爲東漢分書"方正派"之主要代表，② 並列舉了一些同一派別的碑刻，雖然同一派各碑之間仍有顯著的不同。總的來說，單純根據書法風格來判斷一件碑刻真僞，或者判斷其是否僞刻或重刻，是一件相當危險的事。這一方面是因爲對於書法風格的認定有相當大的主觀性，可以仁者見仁，智者見智。例如對《張遷碑》，有人譏訾其"書法不佳"，萬經則頗"不謂然"，認爲"其字頗佳"。③ 另一方面，也因爲從書法史的角度來斷言中平三年是否有可能産生這種書體，也極可能陷入循環論證的陷阱。

　　但是，《張遷碑》的疑點並不止於書體風格，除了上述各點之外，還有學者得到其碑陰故吏題名多爲雙名，不合東漢單名之俗，亦頗可疑。對此，另有學者爲之辯解，認爲那其實不是名，而是字。此外，還有學者對碑中若干文字的字形提出質疑，④ 當然也有人以通假或異體爲之辯解。即使這些都能説得通，拙見以爲，《張遷碑》還是可疑的。

　　將《曹全碑》與《張遷碑》對照，或許也能給我們提供一些啓發。《曹全碑》與《張遷碑》一樣，屬於去思碑、紀功碑的，也同樣是明代纔出土的，⑤ "無論宋室歐陽

---

① 清孫承澤撰《庚子銷夏記》，卷五。

② 侯鏡昶撰《書學論集》，上海：華東師範大學出版社，1982 年。

③ 《分隸偶存》，卷上。

④ 清朱彝尊《曝書亭集》卷四十七《漢蕩陰令張遷碑跋》："茌作沛，則此碑所獨也。"文淵閣《四庫全書》本。朱氏還提出一個疑點："碑陰率錢從事二人，守、令三人，督郵一人，故吏三十二人。昔賢謂東漢鮮二名者，是碑范巨、范成、韋宜而外，自韋叔珍下皆二名，或書其字然邪？"按：碑陰題名人數實計 41 人，朱氏所統計之數有誤，"或書其字"亦只是朱氏的推論，高文則進而落實之，以爲碑陰諸人"皆字而不名，古人命字有只一字者，此范巨、范成、韋宜三人，當亦字也"。(《漢碑集釋》，頁 501) 所謂"當亦字也"，自然也是推論。考漢碑陰題名例，《景君碑》、《孔宙碑》、《西狹頌》、《魯峻碑》、《白石神君碑》、《曹全碑》、《唐公房碑》等碑陰題名數十人，皆依次題里籍或身份、名、字，格式統一，亦無一雙名者；然亦有如《禮器碑》、《校官碑》等少數碑陰題名，或先名後字，或只題其字，並不嚴格統一。要之，雖然朱、高二家並沒有徹底解決范巨等爲名爲字的疑點，但這一問題幾乎可以忽略不計。

⑤ 據《石墨鐫華》卷一，《曹全碑》乃明"萬曆初郃陽縣舊城掘得"。

諸公不及見，即明之都玄敬、王元美皆未寓目也"，① 後人却没有懷疑的。紀昀曾因誤計碑文中所記干支曆日而懷疑《曹全碑》之僞，② 據錢大昕考訂，此一干支曆日不誤，此碑實無可疑。③ 除此之外，《曹全碑》並無可疑之點。當然，從另一方面説，碑文内容無可疑，並不能確保碑石及碑拓本身之可信。《隸釋》卷五謂《唐扶頌》"雖布置整齊，略無纖毫漢字氣骨，全與魏晉間碑相若，雖有光和紀年，或後人用舊文再刻者爾。"在洪適看來，《唐扶頌》的書體不類漢碑，而與魏晉碑相似，而其文本内容則無可疑，因爲可能是後人沿用舊文而重刻的。從"全與魏晉間碑相若"一句推測，洪適可能認爲此碑出自魏晉人重刻。

那麽，《張遷碑》究竟是重刻還是僞刻呢？

從出土及傳承過程來看，要確認《張遷碑》爲原刻，終究有相當多的疑點難以消除。

從文本内容上説，《張遷碑》確實有一些字詞用典方面的問題，但怎麽看待這些問題，則可以有不同的觀點。或許有人會提出這樣的解釋：即碑文爲淺人所寫，俗儒不學，容或産生用典之訛。但從整個漢代立碑制度來看，漢人對碑文撰書刻立各個環節顯然都是非常慎重的，像《華山廟碑》那樣詳細記録主事者、市石者、察書者、刻石者的名字，並非絶無僅有。爲長官樹立功德碑、去思碑的門生故吏，更不會不擇人選，率爾成文。如果要堅持此碑文本内容方面信而有據，其文乃源自或沿用舊文，那麽，我們今天所見到的這些字詞或典故之誤，只能推到後代重刻此碑的人身上。

從字形方面來看，存在的問題似乎較用詞用典更大。尤其是"爰暨"一詞爲後漢人常語，當時人不容不知，其他漢碑中亦從未出現此類訛誤，因此，誤分"暨"爲"既且"二字，只能是不諳此詞的後人所爲。兼之其書體又與魏晉碑頗爲相近，因此，清初學者推測此爲"魏人翻舊碑爲之"，並不是毫無根據的捕風捉影。

從官制以及碑例方面來看，退一步説，假設錢大昕之推論可以成立，那麽，"谷城長"之稱便不爲誤；假設碑額上並題"谷城長蕩陰令"二職，也可以用"特例"來解釋之，那麽，本文上一段的推論仍然可以成立。否則，《張遷碑》便只能理解爲後人的僞刻。從時代風氣來看，如果是僞刻的話，那麽，出於明人所爲的可能性是比較大的。

漢碑爲歷來學者所重，所以各代都不乏重刻、僞刻。都穆曾經指出，《漢桂陽太守

---

① 《來齋金石文考略》，卷上。
② 《四庫全書總目》，卷八十六《求古録》提要。
③ 《潛研堂金石文跋尾》，卷一，頁27。

周府君碑》既有漢刻本，又有唐代的重刻本。① 而僞造漢碑以欺人，至清末亦未絕迹。相傳於光緒元年（1875）在山東青州東武（今諸城縣）出土的西漢《琅邪太守朱博殘碑》，爲尹彭壽收藏，陸增祥《八瓊室金石補正》卷二載録，方若《校碑隨筆》亦以爲真品，並稱"有人疑僞，蓋未見石耳"。此碑實爲尹氏僞造，尹氏晚年亦已承認，見羅振玉《石交録》。② 即使如此，仍然有人拒不相信此碑爲僞作。③ 由此一例，可見一般人由信古好古，很可能走向佞古。《張遷碑》自明代出世，歷時漸久，越來越成爲古董，好古佞漢之士越來越不願意、也越來越不敢隨便對其有所質疑。這是乾隆以後質疑聲音日漸消歇的一個原因。

　　在沒有獲得更多的反證之前，本文試圖暫時下這樣一個結論：現存《張遷碑》或者是後人據漢碑舊本重刻，或者是後人的僞刻，但應該不是東漢人的原刻。

---

① 《金薤琳琅》，卷五，《漢桂陽太守周府君碑》。《封氏聞見記》（《叢書集成初編》本）卷十"修復"條所記一事，亦可參考："顏真卿爲平原太守，立三碑，皆自撰親書。其一立於郡門內，紀周時臺省擢牧諸郡者十餘人。其一立於郭門之西，紀顏氏。曹魏時顏裴、高齊時顏之推，俱於平原太守，至真卿凡三典兹郡。其一是東方朔廟碑。鎸刻既畢，屬幽方起逆，未之立也。及真卿南渡，胡寇陷城，州人埋匿此碑。河朔剗平，別駕吳子晃，好事之士也，掘碑使立於廟所。其二碑，求得舊文，買石鎸勒，樹之都門。"對當代名家之碑尚且如此，則對前代之碑，更有可能，"求得舊文，買石鎸勒"，重刻重立也。
② 參看徐森玉《西漢石刻文字初探》，《文物》1964年第5期，又，《石學盬探》頁3注4。
③ 李曉光《晚清諸城金石學家尹彭壽》，《超然臺》，2005年第2期。

# 新出土北周建德二年庾信撰
# 《宇文顯墓誌銘》勘證

王其禕*　　李舉綱**

> 四朝十帝盡風流，建業長安兩醉遊，
> 唯有一篇楊柳曲，江南江北為君愁。
>
> ——唐·崔塗《讀庾信集》[1]

"庾信文章老更成，凌雲健筆意縱橫"。[2]公元五七八年，當庾信（513～581）完成了"筆湧江山，文驕雲雨"[3]的《哀江南賦》之後，在北朝文學尤其是駢偶文創作的法壇上，便昂然樹起了一面"集六朝之大成，道四傑之先路"[4]，"琳琅一代，卓冠當時"[5]的大旗，這時，庾信已屆六十六歲暮年[6]。然而，數點《庾子山集》，除了他"最蕭瑟處動江關"[7]的詩賦作品以外，正如《周書》本傳所說"羣公碑誌，多相請託"，於是在他的集子中，也終於保存了多達三十三篇的碑誌文創作。不過，欲求其碑誌文之石刻載體，一直以來唯有北周天和元年（566）撰寫的《慕容（豆盧）恩碑》如魯殿靈光而遺世獨存（今存咸陽博物館）。誠所謂"《慕容》文重庾開府，道家像貴《姚

---

\*　　王其禕，西安碑林博物館研究員。

\*\*　李舉綱，西安碑林博物館副研究員。

①　《全唐詩》第十函第六冊，上海古籍出版社 1986 年縮印本，第 1709 頁。

②　唐杜甫《戲爲六絕句》詩句。見《全唐詩》第四函第三冊，上海古籍出版社 1986 年版，第 556 頁。

③　唐張說《過庾信宅》詩有"筆湧江山氣，文驕雲雨神"句評贊庾信文章。見《全唐詩》第二函第四冊，上海古籍出版社 1986 年版，第 225 頁。

④　《四庫全書總目提要》集部之清吳兆宜《庾開府集箋注》。中華書局 1965 年版，第 1275 頁下。

⑤　明萬曆屠隆合刻評點本《徐庾集》序。見《四部叢刊》初編本集部所收上海涵芬樓景印本《徐庾集》。

⑥　參詳陳寅恪《讀〈哀江南賦〉》，載《清華學報》第十三卷第一期。

⑦　此句化用唐杜甫《詠懷古迹》詩句"庾信平生最蕭瑟，暮年詩賦動江關"。見《全唐詩》第四函第四冊，上海古籍出版社 1986 年版，第 568 頁。

伯多》"①，再增以前秦時期的《廣武將軍碑》，便是被譽爲傳世之寶的北朝"三絶碑"。有道是桑田滄海，雨打風吹，物質的遺存固然有其灰飛煙滅的時候，而幽埋於地下的墓誌石卻可能或遲或早猶有拭去塵埃、再睹天光的日子。公元一九五三年在咸陽底張灣出土的北周建德元年（572）《步六孤須蜜多墓誌銘》便是一例，這是庾信六十歲的作品，現收藏在西安碑林博物館。歲月荏苒，又是半個世紀過去了，當時光流轉到公元二〇〇五年，就在今天咸陽北面的古洪瀆原上，庾信六十一歲時撰寫的北周建德二年（573）《宇文顯墓誌銘》石版竟驀然出現在了世人面前，從此庾信文集中的碑志文字便有了　篇新的可資勘証的原始資料，無任珍貴之至。

　　《宇文顯墓誌銘》（圖一）拓本高五十五釐米、寬五十四釐米，未見誌蓋。誌文三十三行，滿行三十五字，共一一四一字，隸書，庾信撰文，無書者姓名。該墓誌文見載於傳世之各種版本的《庾子山（開府）集》中，又見載於刊刻較早的總集《文苑英華》中，誌主宇文顯亦在《周書》卷四十和《北史》卷五七有傳附其子宇文神舉。今賴有石本面世，則保存了該墓誌最原始和最完整的文字，可得校証傳世諸本之文字訛闕，甚或訂補史傳之漏略與史事之關節。因故本文之作謹側重兩點：一是以出土石本與傳世諸本所見《宇文顯墓誌銘》文字進行對校比勘，析其正誤；二是對僅見於石本之文字略事考説，明其重要。

## 諸本所見《宇文顯墓誌銘》文字比勘

　　庾信所撰墓誌銘文今存十九種，《宇文顯墓誌銘》即其一。鑒於"目前流傳的《庾子山集》，已非北周原貌，也非隋、唐、宋史書的舊記，最早是明人的編録"②，因此《宇文顯墓誌銘》石刻的發現，便有著頗爲重要的勘正與考訂傳世庾集版本文字的價值。茲將新出土《宇文顯墓誌銘》之石本文字（以下簡稱"石本"）與傳世文獻之正史③宇文顯本傳（以下簡稱"本傳"）及有代表性的類書、別集之《文苑英華》本（以下簡稱"英華本"，見圖二)④、《四部叢刊》初編明屠隆合刻評點本（以下簡稱"叢刊

①　于右任《廣武將軍碑復出土歌》詩句。見顧燮光《夢碧簃石言》卷一"符秦廣武將軍碑"條，遼寧教育出版社2001年王其褘校點本，第27頁。

②　王曉鵬《〈庾子山集〉版本的整理與考訂》，《西北師大學報》2001年第2期。

③　本文引徵正史之文字，皆據中華書局校點本，不另註明。

④　本文所據爲1966年中華書局據宋刻一百四十卷和明刻八百六十卷影印本。《宇文顯墓誌》載在《文苑英華》卷九四七，第4980頁。

屠龍本",見圖三)①、《四庫全書》倪璠注釋本（以下簡稱"四庫倪注本",見圖四)②載録之《宇文顯墓誌銘》全文予以對校,所見互異處皆採用隨文括注的形式予以説明,録文、標點、分段皆以石本爲主體,避諱空格則不再如實空出。比勘如下:

　　　大周使持節驃騎大將軍開府儀同三司大都督少司空長廣良公宇文史君之墓誌（英華本、叢刊屠隆本皆作"周車騎大將軍贈小司空宇文顯墓誌銘",四庫倪注本作"周車騎大將軍贈小司空宇文顯和墓誌銘"。"少""小"同。）

　　　開府新野庾信字子山撰（此句各本皆無）

　　　公諱顯（"顯",《周書》卷四十、《北史》卷五七本傳及四庫倪注本皆作"顯和"。）,字顯和（各本及本傳皆作"字某"。由石本可証宇文氏諱顯字顯和。又,唐楊炯《楊炯集》卷六《宇文斑碑》云"曾祖顯和"。）,上黨武鄉人也。自大霧浮河,長虹映渚,基（"基",各本皆作"承"。）源於若水,纂系於蒼林。上黨居韓之西,常山在趙之北,因地為氏,可略而言（"言"下各本有"焉"字）。祖求南（"求南",惟本傳作"求男",當以墓誌為是。）,衛將軍、冀州刺史。父殷（"殷",各本及本傳皆作"金殷"。疑是諱殷字金殷。）,征南大將軍、定州刺史（英華本、叢刊屠隆本皆無"大"字,四庫倪注本作"鎮遠將軍、兗州刺史",《周書》本傳作"魏鎮遠將軍、兗州刺史、安吉縣侯",《北史》本傳作"魏兗州刺史、安喜縣侯"。）。並控佳兵（"佳兵",各本皆作"鶴兵",當以石本為是。"佳兵"為堅甲利兵或好用兵之義。南朝梁庾肩吾（庾信父）《被使從渡江》詩:"八陣引佳兵,三河總艫軸。"唐陳子昂《送別崔著作東征》詩:"王師非樂戰,之子慎佳兵。"）,俱張戎樂,聲榮之盛,繼踵當年。

　　　公稟山岳之靈,擅風雲之氣,容止矜莊,聲名藉甚。彎狐（"狐",各本皆作"弧"。石本為別字。"狐"或可借為"弧",如"狐刺"即指弓之歪曲者。漢桓寬《鹽鐵論·非鞅》:"狐刺之鑿,雖公輸子不能善其柄。"本傳云:"膂力絶人,彎弓數百斤,能左右馳射。"）挽強,左右馳射,故得名高廣武（"廣武",各本皆作"上谷",蓋誤。"廣武"與對句之"樓煩",皆為縣,時同屬"雁門郡",分別當今山西代縣、神池。"上谷"為郡，屬河北北部。誌主在北魏孝武帝時所經戰事必是與東、西魏特別是尒朱氏之戰爭，地域即在今山西北部地區。），威振樓煩。襲爵安吉（"安吉"，各本皆同，惟《北史》本傳顯和襲爵作"安喜"。然史無"安吉"，有"安喜"，又通"安憙"，見《魏書·地形志》、《水經·滱水注》、《隋書·地理志》、《元和郡縣志》及北朝石刻文獻。蓋石本並各別集及《周書》本傳皆因"吉"字與"喜"字上半形近而誤。）縣侯。魏武皇帝龍潛蕃邸，躬勞三顧，爰始詔謀，公乃陳當世之事，運將來之策，帝由是感激，遂委心焉。武帝即位，除冠軍將軍、直閤將軍、閤內都督，別封城陽縣開國侯（以上六十二字各本皆無。本傳有所述及，可與互補。），邑（"邑"前各本有"食"字）五百戶。永熙三年（"熙"，各本皆誤作"興"。案北魏後廢帝元朗中興二年四月遜位於孝武帝元脩，改元"太昌"，同年十二月改元"永興"，尋改"永熙"。此為三年，不當作"永興"矣。《魏本紀》云："孝武永熙元年。改元永興。以同明元時年號，尋改為永熙。三年，高歡引軍東度，入洛。武帝西遷。"），幽、并叛換，有無君之心。（本傳作"及齊神武專政，帝每不自安"。）帝顧謂公曰："天下凶凶（各本及本傳皆作"洶洶"），將若之何？"公曰："擇善而從之。"乃誦《詩》云："彼美人兮，西方之人兮。"帝曰："是吾心也。"乃定入關之策。帝（"帝"字各本皆無，本傳有。）以公母老家大，令預為（英華本、叢刊屠隆本皆無"為"字，四庫倪注本及本傳同。）計。公曰："今日之事，忠孝不並。君不密則失臣，臣不密則失身。（此兩句本傳作"然臣不密則失身，安敢預為私計"。）"帝愴然改容曰："卿是我王陵也。"（各本"王陵"下皆無"也"字，《周書》本傳作"卿即我之王陵也"。）遷朱衣直閤、閤內大都督，進（"進"字各本及本傳皆作"改"）封長廣縣公，邑一千五百戶。

武帝初至潼關，大祖（"大祖"，各本皆作"太祖"。"大"與"太"通，傳世文獻多作"太"，出土石刻多作"大"。《駢雅訓纂》五《釋名稱》曰："古人大字多不加點，如大極、大初、大素、大室、大廟、大學之類。後人加點，以別小大之大，遂分而為二矣。"以此推之，"大祖"亦屬此類。下文同此者概不一一勘說。）文皇帝親迎溱水（此句各本皆無"文皇帝"。又"溱水"，各本並本傳皆作"湊水"，石本蓋誤。溱水源出河南密縣東北聖水峪，東南至新鄭會洧水成雙洎河，又東流入于賈魯河。《詩·鄭風·褰裳》："子惠思我，褰裳涉溱。"《詩·鄭風·溱洧》："溱與洧，方渙渙兮；士與女，方秉蕳兮。"唐白居易《經溱洧》詩："《鄭風》變已盡，溱洧至今清。"皆指此。）大祖素知公名而未之識也。目於眾中（"中"字各本皆無），疑而不問，直云："令此人射水傍小鳥。"（"鳥"字，四庫倪注本及本傳同，英華本、叢刊屠隆本皆訛作"烏"。）應手即著。大祖憙云：

"我知卿名（"名"，惟本傳作"工"。）矣。"即用為帳內大都督、都督滄州諸軍事、滄州刺史（各本皆脫作"帳內都督滄州諸軍事滄州刺史"，《周書》本傳僅有"帳內大都督"。），增邑並前二千五百戶。黃公衡之快士（"快士"，英華本與叢刊屠隆本作"決王"，四庫倪注本作"決事"，皆誤。黃公衡即黃權，字公衡。《三國志·蜀·黃權傳》："宣王（司馬懿）與諸葛亮書曰：'黃公衡，快士也，每坐起，歎述足下，不去口實。'"），魏後是以推心；潘承明之忠壯，吳王為之降禮。異代同榮，見之今日。東夏邊隅，地連荒服，井陘塞道，飛狐路斷，乃以公為持節（各本"持節"前衍"使"字，《周書》本傳與石本同。）、衛將軍、都督東夏州諸軍事、東夏州刺史。白波、青犢（四庫倪注本"青"別作"清"。"青犢"為新莽末年河北地區一支農民起義軍。見《東觀漢紀·鄧禹傳》"今山東未安，赤眉、青犢之屬，動以萬數"。又，《後漢書·光武紀》曰："別號諸賊銅馬及青犢等，各領部曲。"）之兵，銅馬、金繩之亂，莫不交臂屈膝，牽羊抱馬。在州遘疾，解任還朝。小馬留廄，餘棻掛柱；吏民扳戀（各本作"吏人攀戀"，"扳"音"攀"，亦通"攀"。《莊子·馬蹄》："可攀援而窺。"《釋文》："攀，本又作扳。"），刊石陘山。雖非漢陽之城，還似扶風之路。授使持節、車騎大將軍、儀同三司，加散騎常侍。以魏後元年（《周書》本傳作"魏恭帝元年"）二月（各本並本傳皆無"二月"）疾甚，薨（"薨"，各本皆作"亡"。）于同州，春秋五十有八（各本皆作"春秋五十七"，《周書》本傳亦作"五十七"。）。天子輟膳（"膳"，各本皆作"樂"。），群公會喪。大祖親臨吊祭，哀動（各本"動"皆作"慟"，《周書》本傳與石本同。）左右。于時，兵革交侵，普斷贈諡，即以本官印綬，權葬（四庫倪注本無"葬"字）於同州之北山。以今（諸本"今"前皆無"以"字）建德二年二月廿五日（"廿五日"，各本皆作"二十三日"。）遷葬（四庫倪注本無"葬"字，英華本"葬"字誤作"喪"。）於咸陽石安縣（"石安縣"，各本皆誤作"長安縣"。石安縣屬咸陽郡，見《魏書·地形志》。王仲犖《北周地理志》卷一關中"咸陽郡"條曰："治石安。今陝西涇陽縣城關。案魏書地形志咸陽郡領石安池陽涇陽等五縣，而咸陽郡治在池陽。至北周建德中，池陽廢入石安，咸陽郡當移治石安矣。隋廢石安縣，而移涇陽縣治所於石安故城。"庾信撰天和四年《賀拔夫人元氏墓誌》有"歸葬於咸陽之石安原"。）之洪瀆原（庾信撰天和元年《慕容恩碑》曰"葬于咸陽之洪瀆川"）。時逢禮樂之遷，世屬謳哥之變（"世"字，各本皆作"代"。庾信集最早在本朝既有大象元年滕王宇文逌所編二十卷本，久佚。然由《北史》本傳、《舊唐書·經籍志》、《新唐書·藝文志》、《郡齋讀書志》、《直齋書錄解題》和《宋史·藝文志》等皆有著錄，可知石本作"世"字而各本作"代"字，蓋出唐人之手避諱所改而為後人沿襲。"哥"字，各本皆作

"歌"。"哥"為"歌"之古字。《説文·可部》："哥，聲也，從二可。古文以為歌字。"段玉裁注："《漢書》多用哥為歌。"實則漢魏南北朝隋唐時期的碑版文字皆多以"哥"為"歌"。），國雖異政，人足追榮，乃贈使持節、驃騎大將軍、開府儀同三司、少司空（"少"字各本皆作"小"，通同。）、延丹綏（"延丹綏"各本皆作"丹延綏"，當以石本為準。唐楊烱《楊烱集》卷六《宇文琬碑》亦云"曾祖顯和，周贈使持節、開府儀同三司、延丹綏三州諸軍事、延州刺史"。《周書》本傳與石本同，並繫贈官年份於建德二年，而《北史》本傳則繫在三年，蓋誤。）三州諸軍事、延州刺史，謚良公（"良"字各本皆作"某"，本傳亦未載，可據補。），禮也。

大夫人高氏（各本無"大"字），渤海人（各本"人"下有"也"字）。柔參晉政，與曹爽之異謀（"與"字各本皆作"拒"）；起在漢廷，共王陵而俱對。況乎箴訓有儀，言容以德，蕭恭中典（"中典"各本皆作"中興"，諸本蓋因形近而誤。），賢才內則。豈直不聽雜樂，以變齊國之風；不食鮮禽，以斷荊王之獵。昔之合（"合"字各本皆作"命"，諸本蓋因形近而誤。）葬，季武子之西寢；今之同穴，長平侯之北陵。

世子神舉兄弟，性純孝（各本作"至性純孝"），善居喪（各本作"善居喪禮"），有終於身（各本作"有終有始"），無改於道（各本作"於身無改"）。是以宦成名立，忠孝存焉（英華本與叢刊屠隆本作"孝顯忠存"，四庫倪注本作"孝顯忠貞"。）。銘曰：

北岳二名，葱河兩本。其峻唯極，其源唯遠。俗稟山川，人資台袞。義烈桓桓，才雄恂恂。乃祖乃父，繼踵威雄。撝金北漢（"漢"字各本皆作"陸"），鳴玉南宮。隱若吳漢，賢哉竇融。貴霜依德（"貴"字各本皆誤作"負"。《後漢書》卷八十九《西域傳》曰："初，月氏為匈奴所滅，遂遷於大夏，分其國為休密、雙靡、貴霜、肸頓、都密，凡五部翎侯。後百餘歲，貴霜翎侯丘就卻攻滅四翎侯，自立為王，國號貴霜。侵安息。取高附地。又滅濮達、罽賓，悉有其國。丘就卻年八十餘死，子閻膏珍代為王。復滅天竺，置將一人監領之。月氏自此之後，最為富盛，諸國稱之，皆曰貴霜王。漢本其故號，言大月氏云。"），無雷向風。挺此含章，生茲秉德。孝實天性，忠為人則。暢轂鏤膺，燕南趙北。諾水將通（"諾"字各本皆作"若"，石本誤。南朝陳徐陵《陳文帝哀冊文》："若水傳帝，薰風御民。"），九都可勒（"都"字各本皆作"部"，石本蓋誤。九部即九州。）。帷帳參謀（"帳"字各本皆作"幄"），宮闈典職。善擇忠言，能防變色。繁弱已勁，淇園乃直。載入小支（"入"字各本皆作"中"。《後漢書》卷七五《呂布傳》"乃令軍候植戟於營門，布彎弓顧曰：'諸君觀布射小支，中者當各解兵，不中可留決闐。'布即一發，正中戟支。"後世用典多用"中"。以庾信撰《周廣化公丘乃敦崇傳》有"彎弓則戟破小支，抽劍則泉飛枯井"句推之，蓋志文原作"入"字而後人改為"中"。），禽穿左翼。建旗赤谷，揮戈武州。長城萬里，河水雙流。穎（"穎"，各本皆作"潁"。）川多恙，淮陽（"陽"字各本皆作"水"。）未瘳。義重穿壁，恩深置郵。于谷之口，于渭之陽（"陽"字，四庫倪注本與石本同，英華本與叢刊屠隆本皆作"丘"。當以石本為是。）。丘山零落（"丘"字，四庫倪注本與石本同，英華本與叢刊屠隆本皆作"陽"。當以石本為是。），碑闕低昂。草銜秋火，樹抱春霜。書劍俱沒，人琴並亡。哀哀嗣子，純心靡託。孝水未枯，悲松先落。室進巢鸞（"鸞"字各本皆作"篤"。），門通弔鶴。功臣身殞，會圖麟閣。

　　建德二年歲次癸巳二月丁酉朔廿五日辛酉。（此句各本皆無）

　　大夫人祖明，青州刺史；父遷，太僕卿、兗定二州刺史；弟琳，柱國、健為公，歷任梁江陵延丹四總管、廿五州刺史。（"大夫人祖明"以下四十二字各本皆無，賴石本可知宇文顯妻高氏祖、父、弟三代名諱官職。）

　　從以上比勘似可以推究這樣兩點：1.《周書》與《北史》之宇文顯本傳所記三段史事，其來源必是取擷於墓誌銘文字，且極有可能見到過諸如石本之原始文字。2. 明人輯本之訛誤，必乃輾轉刊鈔所致，其少於石本之文字，蓋自唐宋間已然如此，或者大象二年滕王宇文逌編纂時所據鈔本既有省奪修訂（時庾信尚在世，理當有所過目乃至增刪潤色。），而石本之文字亦必在隋唐之交有以存世，遂為當時史官修史所採資焉。

## 僅見於石本之文字考說

1. "開府新野庾信字子山撰"。

案：《周書》卷四一、《北史》卷八三有《庾信傳》，略云"庾信字子山，南陽新野人也。［東魏"武定三年秋，遣通直常侍庾信朝貢"，見《魏書》卷九八《蕭衍傳》。］梁元帝即位（五五五），來聘于我（西魏）。屬大軍南討，遂留長安。江陵平，拜儀同三司。（周）孝閔帝踐阼，出為弘農郡守，遷開府儀同三司，進爵義城縣侯。俄拜洛州刺史。［庾信"武成二年補麟趾學士"，見《隋書》卷七八《庾季才傳》。］時陳氏與朝廷通好，南北流寓之士，各許還其舊國。陳氏乃請王褒及信等十數人。高祖惟放王克、殷不害等，信及褒並留而不遣。世宗、高祖並雅好文學，信特蒙恩禮。至於趙、滕諸王，周旋款至，有若布衣之交。羣公碑志，多相請託。大象初，以疾去職，卒。［《北史》本傳曰"隋開皇元年卒，有文集二十卷"。］隋文帝深悼之，贈本官，加荊淮二州刺史。"北周孝閔帝踐阼在魏恭帝三年，即公元五五六年，亦即在孝閔帝即位後，庾信始有"開府"之稱。世宗爲北周明帝宇文毓，高祖爲北周武帝宇文邕。滕王即宇文逌，嘗於大象元年（579）纂《庾信集》二十卷並爲之序。《宇文顯墓誌銘》撰在建德二年（573），當收在最早編輯的《庾信集》二十卷中。以庾信生於梁武帝天監十二年（513）推之，則撰此誌時年六十一歲。又以庾信撰《普屯威碑》有"以今開皇元年七月某日反葬於河州金城郡之苑川鄉"推之，則庾信卒世應在開皇元年（581）七月以後。

2. "魏武皇帝龍潛蕃邸，躬勞三顧，爰始詔謀，公乃陳當世之事，運將來之策，帝由是感激，遂委心焉。武帝即位，除冠軍將軍、直閣將軍、閣內都督，別封城陽縣開國侯"。

案：此段文字，本傳有所述及，略云："魏孝武之在藩也，顯和早蒙眷遇。時屬多難，嘗問計於顯和。顯和具陳宜杜門晦迹，相時而動。孝武深納焉。及即位，擢授冠軍將軍、閣內都督，封城陽縣公。"可與石本互爲補證。墓誌所言"帝由是感激，遂委心焉"，在本傳中還有更具體的事例可資證明。即如《周書》本傳所記："孝武以顯和藩邸之舊，遇之甚厚。時顯和所居宅隘陋，乃撤殿省，賜爲寢室。其見重如此。"由石本又知本傳漏落"直閣將軍"一職，且記"城陽縣開國侯"爲"城陽縣公"。魏孝武帝元脩，公元五三二至五三四年在位，所用年號有三，依次爲：太昌、永興、永熙。

3. "建德二年歲次癸巳二月丁酉朔廿五日辛酉"。

案：檢對《二十史朔閏表》，所記年月日之干支皆無誤。亦再次證明《北史》本傳繫宇文顯贈官"使持節、驃騎大將軍、開府儀同三司、少司空、延丹綏三州諸軍事、延州刺史，諡良公"在三年爲誤。

4. "大夫人祖明，青州刺史；父遷，大僕卿、兗定二州刺史；弟琳，柱國、健爲公，歷任梁江陵延丹四總管、廿五州刺史"。

案：相比宇文顯單名"顯"字"顯和"，諡號"良"，其父單名"殿"，皆賴石本而知之；享年"五十八"及葬日"二十五日"，賴石本可正諸本並本傳"五十七"及"二十三日"之謬；迺至在文字上諸如"快士"諸本訛作"決王"或"決事"等鈔刊失誤，此段記録宇文顯夫人高氏祖、父、弟三代名諱與職官的文字無疑是石本最新且最具史料價值者。高琳，《周書》卷二九、《北史》卷六六有傳，本傳皆失載其官"廿五州刺史"一職，並記其在江陵所任爲"副總管"。又審其行事，亦有如宇文顯"魏孝武西遷，從入關"的身份。而本傳曰："祖明、父遷仕魏，咸亦顯達。"今賴石本可補二人官職。本傳"孝閔帝踐阼，進爵犍爲郡公"，石本別作"健爲"。關於高氏姓源與民族，墓誌曰："大夫人高氏，渤海人。"然據高琳本傳："高琳字季珉，其先高句麗人也。六世祖欽，爲質於慕容廆，遂仕於燕。五世祖宗，率衆歸魏，拜第一領民酋長，賜姓羽真氏。"由是知北周宗室與遼東高麗大族的聯姻必是出於糾合政治、社會和軍事勢力之目的，而墓誌所謂"渤海人"，則未詳與《魏書》卷八三《高肇傳》"文昭皇太后之兄也，自云本渤海蓨人。五世祖顧，晉永嘉中避亂入高麗"之背景有相似否？再以高琳本傳爲證："從爾朱天光破萬俟醜奴，論功爲最。後隨天光敗於韓陵山，琳因留洛陽。魏孝武西遷，從入關。至溱水，爲齊神武所追，拒戰有功，封鉅野縣子，邑三百戶。大統初，進爵爲侯，增邑四百戶，轉龍驤將軍。頃之，授直閤將軍，遷平西將軍，加通直散騎常侍。三年，從太祖破齊神武於沙苑，轉安西將軍，進爵爲公，增邑八百戶。"以此似可推理《宇文顯墓誌銘》所言："武帝即位，除冠軍將軍、直閤將軍、閤內都督，別封城陽縣開國侯，邑五百戶。永熙三年，幽、并叛換，有無君之心。帝顧謂公曰：'天下凶凶，將若之何？'公曰：'擇善而從之。'乃誦《詩》云：'彼美人兮，西方之人兮。'帝曰：'是吾心也。'乃定入關之策。帝以公母老家大，令預爲計。公曰：'今日之事，忠孝不並。君不密則失臣，臣不密則失身。'帝愴然改容曰：'卿是我王陵也。'遷朱衣直閤、閤內大都督，進封長廣縣公，邑一千五百戶。武帝初至潼關，大祖文皇帝親迎溱水。大祖素知公名而未之識也。目於衆中，疑而不問，直云：'令此人射水傍小鳥。'應手即著。大祖熹云：'我知卿名矣。'即用爲帳內大都督、都督滄州諸軍事、滄州刺史，增邑並前二千五百戶。"則高琳與宇文顯蓋同時隨魏孝武帝建功立業之公侯干城。而魏孝武帝嘗贊宇文顯"卿即我之王陵也"，北周文帝嘗贊高琳"公即我之韓白也"，斯又何其相似迺爾。

圖一　《宇文顯墓誌銘》拓本

# 石本校《庾子山集》二篇

毛遠明<sup>*</sup>

北周大象元年（579）滕王宇文逌編成《庾信集》二十卷，惜其書在元代以後便失傳。好在自南宋以來，代有傳鈔、刊刻，《藝文類聚》、《初學記》、《文苑英華》等類書、總集也有大量鈔録。明代人根據宋本，兼採唐宋類書，編成詩文合集。主要有三種：萬曆年間（1573～1620）屠隆評點本《庾子山集》十六卷，天啓元年（1621）張燮輯《七十二家集》本《庾開府集》十六卷，天啓六年（1626）汪士賢校刊《漢魏六朝名家集》本《庾開府集》十二卷。三種之中，以屠隆十六卷本爲優，《四部叢刊》據之影印（以下簡稱"四部叢刊本"）。

清代重要的注本有二家：吳兆宜《庾開府集箋注》十卷，收入《四庫全書》（以下簡稱"四庫箋注本"）；倪璠《庾子山集注》十六卷，也收入《四庫全書》（以下簡稱"四庫倪注本"）。許逸民先生據康熙二十六年原刊倪璠《庾子山集注》十六卷本爲底本，參校四部叢刊本，遍採唐宋類書、總集，全面校點，成爲集庾信詩文的最好本子（以下簡稱"許校本"）。

《庾子山集》採入作者碑文二卷，收碑文 14 通；墓誌二卷，收墓誌銘文 21 通，共四卷，迻録碑誌 35 通。現在已有一碑一誌原物出土，並有拓片刊佈（以下簡稱"石本"）對于庾信詩文的校勘具有十分重要的作用，許逸民先生校點時已經採用。

不過，問題並沒有完全解決。今以原石拓片與"許校本"核對，發現仍有大量錯訛缺漏，許校《步六孤須蜜多墓誌》15 條，其中 1 條非校石本，1 條誤校；校《豆盧恩墓碑》僅 4 條，其中一條誤校。并且許本只校異同，不判是非。爲了給學界提供一份更加可靠、實用的材料，特再次進行校勘，以就教於方家。

## 一 豆盧恩墓碑

《豆盧恩墓碑》，天和元年（566）二月六日立。1919 年於陝西省咸陽縣文陵旁發

---

\* 毛遠明，西南大學文獻研究所教授。

掘出土，邑紳吳應隆移至咸陽建設局，現藏咸陽博物館。碑首、座已佚，碑身上部斷殘。殘高192釐米，下寬112釐米，上寬103釐米，厚28釐米，隸書。碑文泐損比較嚴重。《文苑英華》錄其文，《庾子山集》卷十四收錄。豆盧恩事迹附《周書·豆盧寧傳》。今以石本對傳世諸本校勘如下：

1. "君諱恩，字永恩"，《文苑英華》、四庫箋注本、四庫倪注本、四部叢刊本均作"君諱永恩，字某"，名與字顛倒，非。許已校。豆盧恩，豆盧寧之弟。《周書·豆盧寧傳》："豆盧寧，字永安。"與"豆盧恩，字永恩"正合。

2. "昌黎徒河人"，"河"，四部叢刊本作"何"，與《周書·豆盧寧傳》同。"徒何"與"徒河"，《魏書》、《周書》、《北史》屢見，均前後互異。考之地理，徒河，漢縣名，《漢書·地理志》屬幽州遼西郡；《後漢書·地理志》徒河故屬遼西，安帝時置遼東屬國都尉，別領六城，徒河屬遼東屬國。《晉書·慕容廆傳》作"徒河"。後屬平州，故城在遼東廣寧中屯衛境。徒河爲慕容氏、假氏之本籍，當依石本作"徒河"爲是。

3. "本姓慕容，燕文明帝皝之後"，"後"下，《文苑英華》、四庫箋注本、四庫倪注本、四部叢刊本、許校本均衍"也"字。

4. "其保姓受氏"，"其"下《文苑英華》、四庫箋注本、四庫倪注本、四部叢刊本、許校本均衍"先"字，拓本無，當是後世所加。

5. "莅仕於魏"，"莅"《文苑英華》作"噬"，非。"莅"，即"筮"字，六朝碑刻屢見。《左傳·閔公元年》："初，畢萬筮仕於晉。"庾信取其語以入碑文。

6. "祖什伐，左將軍，魏文成皇帝直寢，父萇，少以雄略知名"，《文苑英華》、四庫箋注本、四庫倪注本、四部叢刊本、許校本有多處衍脫錯訛。"什伐"，均作"代"，既脫"什"，又誤"伐"爲"代"；"左將軍"，作"左右將軍"，衍"右"字；"文成"，作"文"，脫"成"字，併當以碑正之。"萇"，《文苑英華》、四庫箋注本、四庫倪注本、四部叢刊本、許校本均作"長"，二字通用，仍當以石本校之。

7. "周朝以公兄弟佐命，義存追遠"，四庫箋注本、四庫倪注本脫"公"字，文義不明。《文苑英華》有"公"，與石本同。許校本已補。

8. "西伯行仁，推存及沒"，《文苑英華》作"西伯行而推存及歿"，四庫箋注本、四庫倪注本作"西伯行慶，推存及沒"，四部叢刊本作"西伯行仁，推存及歿"，均應以碑爲正。許校本不及"西伯行仁"句，僅校"'沒'，《英華》、屠本並作'歿'"。

9. "猛虎震地，亡歲不驚。羝羊觸藩，九齡能對"，《文苑英華》、四庫箋注本、四庫倪注本、四部叢刊本、許校本均作"觀于秦兵，尚稱童子；對于楚戰，猶在青衿"，意義亦通，但與石本文句完全不同，不知何據，存疑待考。

10. "潁川從我，舊愛無忘"，"潁"下許校本夾注"一作'昌'"。石本作"川"，當依原石定之。"舊愛無忘"，《文苑英華》、四部叢刊本作"舊愛無望"，非；四庫倪注本、許校本作"舊愛無渝"，意改；四庫箋注本作"舊愛無淪"，又是"淪"與"渝"形近而混。碑文語出《後漢書·王霸傳》："霸從至洛陽。及光武爲大司馬，以霸爲功曹令史，從度河北。賓客從霸者數十人，稍稍引去。光武謂霸曰：'穎川從我者皆逝，而子獨留。努力！疾風知勁草。'"

11. "春陵故人，相知唯厚"，"厚"，《文苑英華》、四部叢刊本作"有"，四庫箋注本、四庫倪注本、許校本作"眷"，均非。碑文語出《後漢書·光武紀》："冬十月壬申，幸春陵祠園廟，因置酒舊宅，大會故人父老。"此所謂"相知唯厚"也。

12. "開新安之陣，還移楊僕之關"，"陣"字，《文苑英華》作"郡"，四庫倪注本、四部叢刊本、許校本作"鄉"，四庫箋注本作"部"，文字歧出，待考。至于"開"，四庫箋注本作"閑"則顯誤。此典出《漢書·地理志》："三年冬，徙函谷關于新安。"應劭曰："時樓船將軍楊僕數有大功，恥爲關外民，上書乞徙東關，以家財給其用度。武帝意亦好廣闊，於是徙關於新安，去弘農三百里。"

13. "四年，有河橋之役"，"有"字，《文苑英華》、四庫倪注本、四部叢刊本、許校本均脱。四庫箋注本存"有"字，與石本同，是也。

14. "公應變逾長"，許校本"應"字下夾注"一作靈"，四庫箋注本作"靈"，但石本作"應"，當依石本定。"逾"，《文苑英華》、四庫倪注本、四部叢刊本、許校本作"愈"，二字通用。

15. "差强人意"，《文苑英華》、四部叢刊本脱"差"字。

16. "加通直常侍"，《文苑英華》、四庫箋注本、四庫倪注本、四部叢刊本、許校本均有"散騎"二字。當是後世所加。

17. "魏前元年"，"前"字，《文苑英華》、四庫箋注本、四庫倪注本、許校本均脱。下文有"後魏元年"，可互证。《周書·豆盧寧傳》："魏廢帝元年，進位驃騎大將軍、開府儀同三司。二年，出爲成州刺史。魏恭帝元年，進爵龍來縣侯。"可見"前"字不可少。

17. "鄧騭以漢朝親戚，始受中召"，"始受中召"，《文苑英華》、四庫箋注本、四庫倪注本、四部叢刊本、許校本均作"始授中台"，"召"與"台"，形近易訛。考漢以三台當三公之位，中台比司徒、司空。殤帝延平元年，鄧隲爲車騎將軍、儀同三司，儀同之名雖自此始，但屬于虛銜，未見進三公之位。姑存疑。至于各本之"授"字，應依石本作"受"爲妥。

18. "外總連帥，威振百城"，"帥"，四庫箋注本作"率"，"帥"與"率"通，沒有問題，但非石本原貌。"威振"，《文苑英華》、四部叢刊本作"振威"，誤倒。四庫倪注本、許校本均作作"威振"。

19. "榆中羣盜，或聚漁陽"，"盜"，四庫倪注本、四部叢刊本、許校本均作"賊"；"羣盜"，《文苑英華》作"郡賊"，並誤。

20. "瓜州豪傑，束手歸罪"，"罪"，《文苑英華》、四庫倪注本、四部叢刊本、許校本均作"軍"，誤。四庫箋注本作"罪"，與石本同，是也。

21. "朝廷使大將軍安政公，隨突厥天□□吐谷渾國"，《文苑英華》、四部叢刊本作"朝廷使大將安政公隨突厥吐蕃渾歸國"，訛誤、脫漏、顛倒甚多。四庫箋注本、四庫倪注本、許校本作"朝廷使大將安政公隨突厥吐谷渾歸國"，也多有誤。不過許校本于"突厥"下夾注"一有'天子'二字"，則有啓發。《周書·豆盧寧傳》附豆盧恩："三年，大將軍安政公史寧，隨突厥可汗入吐谷渾。令永恩率騎五千鎮河、鄯二州，以爲邊防。"據本傳，石本所闕二字當是"子歸"。許校本于"谷"下夾注"一作番"，非是，石本作"谷"，當據定。

22. "公領騎五千，以爲戎防"，"五"字拓本可見，《文苑英華》、四庫箋注本、四庫倪注本、四部叢刊本、許校本均作"八"，非。《周書·豆盧寧傳》附豆盧恩傳作"五"，與石本相合，是也。

23. "周元年，授都督鄯州刺史"，"都督"下，《文苑英華》、四庫箋注本、四部叢刊本、四庫倪注本、許校本均有"鄯州諸軍事"。但據《周書·豆盧恩傳》，"孝閔帝踐阼，授鄯州刺史"，沒有提及"都督鄯州諸軍事"，與石本相合。當是《文苑英華》據通例增，以後各本均襲用，許校也未細核石本碑文。

24. "其年，改封沃野縣開國公，增邑一千戶"，《文苑英華》、四庫箋注本、四部叢刊本、四庫倪注本、許校本均脫"開國"、"一"等三字。

25. "武成元年，都督利涉文三州諸軍事"，"涉"，《周書·豆盧寧傳》作"沙"。《文帝紀下》魏廢帝三年，改"沙州爲深州"。據《晉系書·地理志》：張駿以"敦煌、晉昌、高昌、西域都護、戊己校尉、玉門大護軍三郡三營爲沙州"。又《張駿傳》："又分州西界三郡置沙州，東界六郡置河州。"其地屬涼州。而六朝史書不見"涉州"。不知是否原刻誤"沙"爲"涉"。"文"，《文苑英華》、四庫箋注本、四部叢刊本、四庫倪注本、許校本均作"汶"，二字通用。

26. "文州楊□□者，氐夷酋長。/□□之□年，□□之□□□□朝廷□□□□□□□□□□□□□□□二年"，"文州"以下三十二字，《文苑英華》、四庫箋注本、四部叢刊本、四庫倪注本、許校本均全脫。又，"二"字，四庫倪注本、許校本作"五"，並誤。所載之事在保定之前，而北周在保定以前，年號無五年者。《周書》本傳"時文州蠻叛，永恩率兵擊破之。"惜不載時間，可據碑文補之。

27. "以保定元年，被遣將兵，破巴州恒猨獠"，"被遣"，《文苑英華》、四庫箋注本、四部叢刊本、四庫倪注本、許校本均脫。許校本據四庫倪注本在"元年"下夾注

"一有'遣'字"，當據石本定之，但仍闕"被"字。

28. "因而言禮"，"言"，《文苑英華》、四庫箋注本、四部叢刊本、四庫倪注本、許校本作"定"，均非。

29. "蕃臣擬漢，或多田叔"，"擬"，四庫倪注本、許校本作"疑"，非。"或多田叔"，"田"，《文苑英華》作"因"，形近而誤。

30. "推仁分邑，有詔許焉，增邑並前合四千七百戶"，碑文"仁"字可辨，《文苑英華》、四庫箋注本、四部叢刊本、四庫倪注本、許校本作"恩"，均以意改之，誤。又，"增邑並前合四千七百戶"，各本無異。《周書》本傳作"增邑並前四千五百戶"，當據碑石及諸本正之。

31. "春秋五十有八"，《文苑英華》、四庫箋注本、四部叢刊本、四庫倪注本、許校本均脫"有"字。《周書》本傳作"四十八"，當以碑正之。

32. "天和元年二月六日，葬於咸陽之洪瀆川"，"元"下許校本夾注"一作六"。石本作"元"，當據以定之。洪瀆川，地名。"川"，《文苑英華》、四部叢刊本作"州"，誤。他本與石本同。

33. "官曹案牘，未嘗煩委"，"委"下許校本夾注"一作擁"。委，棄也，作"擁"，義無所取，非，各本均作"委"，當據石本定之，或者刪除，否則徒增紛擾。

34. "池陽二頃之田，常思止足"，"池"下許校本夾注"一作咸"，《文苑英華》、四部叢刊本作"咸"，實非。庾信《大將軍司馬裔神道碑》："渭南千畝之竹，更懼盈滿；池陽二頃之田，常思止足。"《漢書·地理志》"池陽，惠帝四年置。"顏師古注："應劭曰：'在池水之陽。'"屬左馮翊。"常"下許校本夾注"一作翻"，亦非，當據石本定之。

35. "朝鮮建國，孤竹爲君"，許校："'建'，《英華》作'稱'。"但復核《文苑英華》，本實作"建"，與眾本同，許誤校。

36. "策參帷幄，功披荊棘"，"帷幄"，《文苑英華》、四庫倪注本、四部叢刊本作"帷帳"，四庫箋注本、許校本作"幬帳"，均非。"帷幄"爲常語，且有出典，不容替換。

37. "上馬諭書，臨戎習禮"，"諭"下四庫倪注本夾注"一作論"，許校本同。《文苑英華》、四庫箋注本、四部叢刊本均作"諭"，同石本，無異文。

38. "災氛生隴，毒水浸涇"，《文苑英華》、四部叢刊本作"災氣出隴，毒水侵涇"，四庫箋注本作"災氛生隴，毒水侵涇。"四庫倪注本、許校本作"災氛生隴，毒水侵涇。""氛"下夾注"一作氣"，作"氛"義長，當據石本定之。"出"是"生"之誤。"侵"與"浸"同源通用，但仍應以作"浸"爲優。

## 二　《步六孤須蜜多墓誌》

《步六孤須蜜多墓誌》，建德元年十一月十一日製。該石 1953 年於陝西省咸陽市底張灣北原出土，現藏西安碑林。誌石高、寬均 57.5 釐米，正書。誌蓋呈覆斗形，高、寬均 48 釐米，陽文篆書，題 "大周譙國夫人墓誌銘"。《庚子山集》卷十六收錄。現校勘如下：

1. 誌蓋 "大周譙國夫人墓誌銘"，衆本均無，許校本也未及。

2. 首題 "大周柱國、譙國公夫人故步六孤氏墓誌銘"，《文苑英華》、四庫箋注本、四部叢刊本、四庫倪注本、許校本均脫 "大"、"柱國"、"故"；"六" 作 "陸"。步六孤氏，代北胡姓，又作 "步鹿孤"、"步陸孤"，少數民族譯名無定字，取同音字即可。步六孤須蜜多是譙國公宇文儉之妻。建德三年，儉進爵爲王，而步六孤氏以元年葬，故稱 "譙國公"。

3. "夫人諱須蜜多，本性陸"，"夫人諱須蜜多"，《文苑英華》、四部叢刊本作 "夫人諱字"；四庫箋注本、四庫倪注本作 "夫人諱某字某"，許校："本句原石作‘夫人字須蜜多’。" 今複核原石，"字"，本作 "諱"，許校誤。"性"，各本均作 "姓"，應是意改。"性"，通 "姓"。《魏書·官氏志》："步六孤氏，後改爲陸氏。" 志謂 "本性陸"，不過欲掩蓋其胡姓而已。

4. "吳郡吳人也"，各本均作 "吳郡人也"，缺一 "吳" 字。

5. "大夫出境"，四庫箋注本、四庫倪注本作 "大夫拓境"；《文苑英華》、四部叢刊本作 "天子拓境"，均誤。許已校。大夫謂陸賈。漢高祖派陸賈賜尉佗印爲南越王，令其稱臣奉漢約。歸報，拜買爲太中大夫。此以陸買爲遠祖。

6. "父通，柱國、大將軍、大司馬、文安郡公"，"郡"，《文苑英華》、四庫箋注本、四部叢刊本、四庫倪注本均脫，許校已補。

7. "叄謀挹讓"，"挹"，《文苑英華》、四庫箋注本、四庫倪注本、四部叢刊本、許校本均作 "揖"，非。庚信《豆盧恩墓碑》"以參和挹讓，莊贊樂推"，也作 "挹"。"挹" 通 "抑"，抑制，謙退。"挹讓" 同義並列式複合詞。《荀子·宥坐》："富有四海，守之以謙，此所謂挹而損之之道也。" 楊倞注："挹亦退也。挹而損之，猶言損之又損。"

8. "言容禮則"，四庫箋注本作 "典禮"，《文苑英華》、四部叢刊本、四庫倪注本作 "禮典"，均當以誌爲是。許已校。

9. "九日登高，乍銘秋菊"，"乍"，《文苑英華》、四庫箋注本、四部叢刊本、四庫倪注本均作 "作"，許已校。"乍"，通 "作"，沒有問題。但文中 "乍" 與 "或"

相對爲文，作“乍”爲優。

10. “三元告始，或頌春書”，“書”，各本均作“椒”，與誌異，非。《晉書·列女傳》載，“劉臻妻陳氏者，亦聰辯，能屬文，嘗正旦獻《椒花頌》。”後人或憑《椒花頌》意改。

11. “友其琴瑟，逾恭節義之心”，“義”，各本均作“儉”，意改，非。

12. “柱國殿下以若華分照，增城峻上”，“若”字甚清楚，《文苑英華》、四部叢刊本、四庫倪注本、許校本均作“名”，非。當從石本作“若”爲是。若華，若木之華。《山海經》：“洞野之山，上有赤樹，青葉赤華，名曰若木。”“上”，《文苑英華》、四部叢刊本、四庫倪注本、許校本均作“土”，非。唯四庫箋注本作“上”，與石本同，“分照”與“峻上”對舉，意義甚暢，是也。屈原《天問》：“崑崙玄圃，其尻安在？增城九重，其高幾里？”峻上者，高峻上極於天之義。

13. “途艱黃馬之坂”，“馬”，各本均作“牛”，作“牛”是也，原刻偶誤，衆本據意義改之。《水經注·江水》載：黃牛山下有黃牛灘，“行者謠曰：‘朝發黃牛，暮宿黃牛。三朝三暮，黃牛如故。’”“坂”，四部叢刊本作“板”。二字通用，然仍應不改原石爲好。又，許校：“‘艱’，原石作‘難’。”復核原拓，本作“艱”，而不作“難”，許非。

14. “荔支之山，地險陶之國”，“支”，各本作“枝”，二字通用。“陶”，即“葡萄”。《文苑英華》、四部叢刊本作“莆萄”，四庫倪注本、四庫箋注本作“葡萄”，改爲後起通用字。許校本作“葡卜”，則非是。

15. “夷哥一曲，未足消憂”，“哥”，即“歌”古字。各本均徑改作“歌”。

16. “建德元年，歲次壬辰，七月辛丑朔，九日己酉，薨於成都”，《文苑英華》、四庫箋注本、四部叢刊本、四庫倪注本均作“建德元年，七月九日薨于成都私第”，省去干支月朔，非當時記時之常例，應據補。許已校。又，各本“成都”下有“私第”，乃後世所加，爲衍文。

17. “即其年十一月十一日”，各本均作“即以其年十一月二十二日”，非。墓誌爲當時所刻，材料更可信。許校未及。

18. “夫人奉上盡忠，事親竭孝，進賢有序，逮下有恩。及乎將掩玄泉，言從深夜，内外姻族，俱深節女之悲；三五小星，實有中閨之戀”一段，凡四十八字，《文苑英華》、四庫箋注本、四部叢刊本、四庫倪注本均脱。許已校，但録原石時，將“姻族”，誤爲“姻親”；“中閨”，誤爲“中饋”。

19. “豈言西河女子”，“言”，四庫箋注本、四庫倪注本、許校本作“直”。四部叢刊本、《文苑英華》作“言”，同石本。“言”、“直”皆可通，仍當依原石爲準。

20. “東海婦人，先逢金竈”，“竈”，《文苑英華》、四庫箋注本、四部叢刊本、四庫倪注本均作"闕"。許校本正文也作"闕"，校語"'闕'，原石作'竈'"，沒有識斷，大抵也是取"闕"。作"金闕"似亦通，但實應從石本作"竈"。金竈，方術之士煉丹砂所用之竈。引伸之，代指煉丹，或暗示神仙，或表示長生。

首先可以在庾信詩文中找到內證。庾信《奉報趙王出師在道賜詩》："幾月芝田熟？何年金竈成？"吳兆宜注："《漢·郊祀志》：李少君言上：祠竈皆可致物，致物而丹沙可化爲黃金，黃金成，以爲飲食噐，益壽。"（《庾開府集》卷四，《古儷府》卷十引同）又，《仙山二首》："金竈新和藥，銀臺舊聚神。相看但莫怯，先師應識人。"（《庾開府集》卷五，《庾子山集》卷四同）倪璠注："江淹《恨賦》曰：'守丹竈而不顧，鍊金鼎而方堅。'"

南北朝及其以後多有用例。如梁何遜《七召八首》之一《神仙》："若夫洗精服食，慕道遊仙。尋玉塵於萬里，守金竈於千年。三屍可度，九轉難傳。"（《何水部集》，又《古儷府》卷十，《淵鑑類函》卷一九九引並同）江淹《贈錬丹法和殷長史》："身識本爛漫，光曜不可攀。方驗《參同契》，金竈錬神丹。"（《江文通集》卷四）《陳書·徐陵傳》引徐陵《與北齊尚書令求還書》："豈銀臺之要，彼未從師；金竈之方，吾知其訣。正恐南陽菊水，竟不延齡，東海桑田，無由可望。"《冊府元龜》卷六六三引同。陳劉刪《採藥游名山詩》："名山本鬱盤，道士貴黃冠。獨馭千年鶴，來尋五色丸。石牀新溜乳，金竈欲成丹。"（《藝文類聚》卷八十一引，又宋高似孫《剡録》卷十《草木禽魚下》，"鍾乳"條引同。）

唐王勃《秋日仙遊觀贈道士詩》："石圖分帝宇，銀牒洞靈宮。廻丹縈岫室，復翠上巖欄。露濃金竈靜，雲暗玉壇空。"（《古儷府》卷十一引，《淵鑑類函》卷三五九引同）唐《夏日游石淙詩》之一李嶠上詩："金竈浮煙朝漠漠，石牀寒水夜泠泠。自然碧洞窺偃境，何必丹邱是福庭。"（《嵩陽石刻集記》卷上）《玉海》卷九一"唐金竈"條："舊紀乾元元年四月戊辰，上進錬石英金竈於興慶宮。"《廣西通志》卷八十七《方伎》附"仙釋"載"蔣興，灌陽人。早中鄉試不仕，隱于仙源洞修煉，不知所終。太守顧璘嘗訪其洞，得興故棲石題詩"，中有"白犬眠金竈，蒼龍飲玉泉"。《欽定熱河志》卷一《天章一》："若乃九三列鼎，六一和沙，煙浮金竈，乳吐瑤葩。刀圭散雪，鉛汞蒸霞。"

武三思《瑞鶴篇》直接化用庾信文，"欲尋東海黃金竈，仍向西山白玉臺。"（《淵鑑類函》卷四二〇引）"黃金竈"與"白玉臺"對舉，意義甚明。

衆本之誤，當始於《文苑英華》，而《英華》所改，大抵因爲不明"金竈"之典，遂改爲"金闕"，以與"銀臺"相對。後世不察，沿誤而不疑。"先逢金闕"下倪璠注："按《十洲記》，蓬萊與方丈、瀛洲爲三神山。《漢書·郊祀志》此三神山在渤海中，黃金、白銀爲宮闕，故蓬萊得稱金闕矣。"其說頗圓通，然而終不免誤。於此益見石本之可貴。

21. "大夫人早亡，夫人咸鹽之禮，不及如事。至于追葬之日，步從輀途，泥行卅餘里，哭泣哀毀，感動親賓。桂陽之賢妻，空驚里火；成都之孝婦，猶掩江泉。嗚呼孝哉"，凡六十一字，《文苑英華》、四庫箋注本、四部叢刊本、四庫倪注本均全脫，"金闕"下緊接"銘曰"，許校本亦未及之。脫漏甚矣。

22. "艾陵反旆，椒山止戈"，"艾"，《文苑英華》、四庫箋注本、四部叢刊本、四庫倪注本均作"芟"，"芟陵"不可通，難怪倪璠嘆以"未詳"。許校本又謂原石"'反'作'返'"，但複核原拓，本作"反"，而不作"返"，校語非。

23. "華亭冠蓋，谷水弦哥"，"亭"，許校本《庚子山集》作"亮"，乃排版時校勘未及。"蓋"，各本均作"冕"，非。"哥"，各本徑改爲"歌"。

24. "膺畐淑令"，"膺"，《文苑英華》、四庫箋注本、四部叢刊本、四庫倪注本均作"應"，非。

25. "珠爲桂鏡，石有支機"，《文苑英華》、四庫箋注本、四部叢刊本、四庫倪注本作"明月照鏡，仙石支機"，非。"珠爲桂鏡"，許已校，但未辨是非；"石有支機"則未及，與衆本同誤。《荊楚歲時記》："張騫使大夏，尋河源，乘槎經月，而至一處。見織女，取支機石與騫，而還。"當以原石爲是。石本"桂"，當是"掛"的訛混，六朝碑刻"木"部與"扌"部相混者極多。文中"掛鏡"與"支機"對舉，同爲動賓結構，而且文義亦協。典出揚雄《蜀王本紀》，武都丈夫化爲女子，顏色美麗，蓋山精也。蜀王納以爲妃，無幾物故。乃發卒於武都擔上，葬於成都郭中，號曰武擔。以石作鏡一枚，表其墓，見長念之情。《藝文類聚》卷四三引梁武帝《河中之水歌》："珊瑚掛鏡爛生光，平頭奴子擎履箱。"（《容齋隨筆》三筆卷一一"兩莫愁"條引同）"珊瑚掛鏡"與"珠爲掛鏡"，表意正同。《木蘭辭》："當窗理雲鬢，掛鏡帖花黃。"沈佺期《望月詩》："臺前疑掛鏡，簾外自懸鈎。"（西溪叢話）卷上引）駱賓王《出石門》："石明如掛鏡，苔分似列錢。"（《駱丞集》卷一）《黃華老人汾州大字詩》："掛鏡臺西掛玉龍，半山飛雪舞天風。"（李光暎《金石文考畧》卷十五引）

26. "陽泉伏氣，陰律沉灰"，"律"，四庫箋注本作"管"，非。《文苑英華》作"律"，與石本同。《史記·律書》："十一月也，律中黃鐘。黃鐘者，陽氣踵黃泉而出。"此暗示夫人十一月葬。

27. "帷堂野設，帳奠郊行"，"帳奠郊行"，《文苑英華》、四庫箋注本、四部叢刊本、四庫倪注本、許校本均作"帳殿郊營"，並誤。帳奠，是祖帳奠祭的縮略，指出殯前一天晚上設帳祭奠。古代確實也有"帳殿"一詞，但那是國君出行，臨時搭起的，用作短暫休息的帳幕。如庾信《三月三日華林園馬射賦並序》："止立行宮，裁舒帳殿。"倪璠注："帳殿，天子行幸所在以帳爲殿也。"其義與此墓誌言出葬之事並不相涉。"行"亦誤作"營"。

28. "節墳方固，貞陵永植"，"固"，四庫箋注本作"同"，形近而誤。他本作"固"，與石本同。"貞"，《文苑英華》、四庫箋注本、四部叢刊本、四庫倪注本作"園"，誤。銘文"節墳"與"貞陵"對舉，文意甚暢。若作"園陵"，反而不協。石本作"貞"，是也。墓誌稱"貞石"，如神龜二年（519）《比丘尼慧靜墓誌》："銘茲貞石，永昭來軫。"永熙三年（534）《崔宣默墓誌》："春秋何有，貞石空銘。"與陵墓稱"貞陵"，用意相同。語出《易·賁》："象曰永貞之吉，終莫之陵也。"唐宣宗之陵稱貞陵，在京兆雲陽縣西北四十里。

以上是我們利用出土的兩通石刻銘文，對《庾子山集》諸本擇要進行的簡單的校勘。不難發現，傳世諸本衍、脱、錯謬、倒序等現象甚多，有的地方還很嚴重，包括過去所謂的精善本、精校本，都不能免，而錯誤的源頭主要在《文苑英華》。從事人文研究，文本特別重要。如果文本自身有問題，利用文本從事各方面的研究，其結論就不可靠、不準確、不科學。歷代出土的碑刻文獻材料已經積累了很多，尤其是上個世紀以來，大量墓誌紛紛面世，這是一份十分寶貴的財富，能見到這樣衆多的新材料，是學界的大幸事。如果充分利用這些材料，對各種傳世文本進行全面細緻的校勘、補正、輯佚，必定能使我們的文獻整理與研究，甚至整個科學文化的研究上一個大臺階。

# 郭忠恕其人其書與《三體陰符經》刻石

路　遠[*]

　　郭忠恕是五代末、北宋初的著名人物，在書法、繪畫和文字學領域均有很高的成就。相比之下，他的畫名要高於書名，而以對後世的影響和在文化史上的地位論，他在古文字研究上所取得的成就及其學術價值，又明顯高於他的繪畫和書法。其字學研究的成果——《汗簡》和《佩觿》兩書，影響了一代又一代治經學、小學者，迄今仍是研究文獻學和古文字學重要的參考書。因爲在西安碑林中有郭忠恕所書《三體陰符經》刻石一種，所以本文側重的自然是作爲書法家的郭忠恕，根據現有資料，對其人其書及這件他現存惟一的書迹刻石，作概要的介紹。

## 一　史籍所載郭忠恕其人

　　郭忠恕一生在仕途上沒有大的作爲，可以説是比較純粹的文人，即便是做官，也是國子博士之類的"專業人員"，只能算是官場的邊緣。在《宋史》中，他的傳記自然被歸類於"文苑"。傳文曰：

　　　　郭忠恕，字恕先，河南洛陽人。七歲能誦書屬文，舉童子及第，尤工篆籀。弱冠，漢湘陰公召之，忠恕拂衣遽辭去。周廣順中，召爲宗正丞兼國子書學博士，改《周易》博士。[①]

關於他入宋以前的經歷，宋人陶岳《五代史補》所記更詳：

　　　　郭忠恕，七歲童子及第，富有文學，尤工篆書。嘗有人於龍山得鳥迹篆，忠恕一見，輒誦若宿習。乾祐中，湘陰公鎮徐州，辟爲推官。周祖之入京師也，少

＊　路遠，西安碑林博物館研究館員。
① 《宋史》卷四四二"文苑四"《郭忠恕傳》。以下引《宋史》傳文，不再另行加注。

主崩於北岡，周主命宰相馮道迎湘陰公，將立之。至宋州，高祖已為三軍推戴。忠恕知事變，乃正色責道曰："令公累朝大臣，誠信著於天下，四方談士，無賢不肖皆以為長者，今一旦返作脫空漢，前功業並棄，令公之帝心安乎？"道無言對。忠恕因勸湘陰公殺道以奔河東，公猶豫未決，遂及於禍。忠恕竄迹久之，晚年尤好輕忽，卒以此敗，坐除名配流焉。①

這裏講的是五代後漢乾祐三年（950），郭威（後周太祖）取代後漢建立後周的故事。湘陰公即劉贇，是後漢高祖劉知遠的侄兒，時仕武寧節度使（鎮徐州）。當時後漢上層政治鬥爭激烈，後漢隱帝在左右唆使下，在都城大梁（今開封）誅殺郭威、王殷兩家，並遣使帶密詔去鄴城殺郭威，去澶州殺王殷。身爲樞密使的郭威正統兵北御契丹，得知全家遭難，隨即起兵南下，至澶州與王殷合兵，直取大梁，隱帝被殺。郭威與太后、大臣商議，立湘陰公劉贇嗣位，並派宰相馮道去徐州迎接，可劉贇還沒有趕到大梁，郭威已被部下推戴，登上皇位，建立了自己的大周王朝。身爲劉贇屬官的郭忠恕，爲此當面譴責了馮道，還勸劉贇殺掉馮道，與郭威決絕。劉贇猶豫不定，最終死於郭威之手。不過，郭威對郭忠恕還是寬容的，按《宋史》的說法，"周廣順中，召爲宗正丞兼國子書學博士，改《周易》博士。"此亦可見五代末年，郭忠恕已是朝野皆知的名人了。另外，他在劉贇屬下時，是"弱冠"後不久，二十多歲，可以大致推算他出生在五代後唐之天成年間（926～929）。

郭忠恕雖然早惠，富有文學，却不是做官的材料，他放縱不羈的個性注定他很快會被官場淘汰出局。他入宋之後的情況，《宋史·本傳》記曰：

> 建隆初，被酒與監察御史符昭文競于朝堂，御史彈奏，忠恕叱臺吏奪其奏，毀之，坐貶為乾州司户參軍。乘醉毆從事范滌，擅離貶所，削籍配隸靈武。其後，流落不復求仕進，多游岐、雍、京、洛間，縱酒跅弛，逢人無貴賤輒呼"苗"。有佳山水即淹留，浹旬不能去。或逾月不食。盛暑暴露日中，體不沾汗，窮冬鑿河水而浴，其傍凌凘消釋，人皆異之。

在朝堂之上，他不但趁着酒勁與人爭吵，還毀了人家的奏章。剛剛坐上皇帝寶座的宋太祖趙匡胤，即便再想籠絡文士爲其所用，也不能容忍這樣的大不敬，他被貶出京算是輕的。坐貶乾州（今陝西乾縣）後，他舊習不改，竟然又乘醉毆打同事，擅離貶所。看來，他並不把朝廷放在眼里，不願再爲五斗米折腰，而是自絕於仕途，我行我素。

---

① 《舊五代史》卷一○五《漢書七》之《湘陰公劉贇傳》案引《五代史補》。

若干年後宋太宗即位，又記起了這位名士：

> 太宗即位，聞其名，召赴闕，授國子監主簿，賜襲衣、銀帶、錢五萬，館於
> 太學，令刊定歷代字書。忠恕性無檢局，放縱敗度，上憐其才，每優容之。益使
> 酒，肆言謗讟，時擅鬻官物取其直，詔減死，決杖流登州。時太平興國二年。已
> 行至齊州臨邑，謂部送吏曰："我今逝矣！"因掊地為穴，度可容其面，俯窺焉而
> 卒，棄葬於道側。後累月，故人取其屍將改葬之，其體甚輕，空空然若蟬蛻焉。

宋太宗趙匡義繼兄而立，天下已定，偃武脩文，頗重視武功之後的文化復興。他授給
郭忠恕的官位並不算高，大概只是給個名分，予以安置，目的在于用其所長——令刊
定歷代字書。然而江山易改，秉性難移，郭忠恕在京城還是沒有呆得住。他依舊酗酒，
依舊酒後肆言，甚至"擅鬻官物取其直"，賣起了公家的東西。這一次他爲自己荒唐叛
逆的人生畫上了句號，死在流放登州的路上，時間是太平興國二年（977），即宋太宗
即位的第二年，亦即他被召回京城僅僅一年後。

當年郭忠恕的畫名似比他的書名要高，《宣和畫譜》有其小傳一篇，文曰：

> 郭忠恕，字國寶，不知何許人。柴世宗朝以明經中科第，歷官迄國朝。太宗
> 喜忠恕名節，時遷國子博士。忠恕作篆隸，凌轢晉魏以來字學。喜畫樓觀臺榭，
> 皆高古。置之康衢，世目未必售也。頃錢塘有沈姓者，收忠恕畫，每以示人，則
> 人輒大笑。歷數年而後方有知音者，謂忠恕筆也，如韓愈之論文，以謂時時應事，
> 作下俗文章，下筆令人慚，及示人以為好。惜古文之難知也如此。今於忠恕之畫，
> 亦云忠恕隱於畫者。其謫官江都，逾旬失其所在，後閱數歲，陳摶會於華山而不
> 復聞，蓋亦仙去矣。今御府所藏三十有四。[①]

該傳文所述與《宋史》不盡相同，郭忠恕字國寶而非恕先，還提到他是後周世宗（955～
959 在位）時以明經中科第的，且其貶所在江都而不在乾州。另外，宋人郭若虛《圖
畫見聞志》亦載其小傳，又言其"因爭忿于朝堂，貶崖州司户。"[②] 崖州遠在海南，北
宋初年實際統治範圍尚未及此，很可能是傳鈔有誤。

---

① 《宣和畫譜》卷八，上海古籍出版社影印版文淵閣《四庫全書》第813冊。
② 宋郭若虛《圖畫見聞志》卷三，上海古籍出版社影印版文淵閣《四庫全書》第812冊。

## 二　蘇軾筆下的郭恕先

在史家筆下，郭忠恕是一個狂放不羈的無行的文人，雖說不上可憎，但起碼並不可愛。然而到了宋代大文豪蘇軾筆下，同樣一個人，同樣一番經歷，却被他寫得那麼生動，那麼活靈活現，那麼率真可愛。這是蘇軾爲友人所藏郭忠恕的一幅山水畫所作的序贊，鈔録如下，與讀者一同分享：

　　右張夢得所藏郭忠恕山水屋木一幅。忠恕字恕先，以字行，洛陽人。少善屬文，及史書、小學，通九經，七歲舉童子。漢湘陰公辟從事，與記事董裔爭事謝去。周祖召為周易博士。國初，與監察御史符昭文爭忿朝堂，貶乾州司户。秩滿遂不仕，放曠岐、雍、陝、洛間，逢人無貴賤，口稱猫。遇佳山水，輒留旬日。或絶粒不食，盛夏暴日中無汗，大寒鑿冰而浴。尤善畫，妙於山水屋木。有求者，必怒而去，意欲畫，即自為之。郭從義鎮岐下，延止山亭，設絹素粉墨於坐，經數月，忽乘醉就圖之一角，作遠山數峰而已，郭氏亦寶之。岐有富人子，喜畫，日給醇酒，待之甚厚，允乃以情言，且致匹素。恕先為畫小童持綫車放風鳶，引綫數丈滿之，富家子大怒，遂絶。時與役夫、小民入市肆飲食，曰：吾所與游，皆子類也。太宗聞其名，召赴闕，館於内侍省押班竇神興舍。恕先長髯而美，忽盡去之，神興驚問其故，曰：聊以傚顰，神興大怒。除國子監主簿，出館於太學，益縱酒，肆言時政，頗有謗讟語聞，決杖，配流登州。至齊州臨清，謂部送吏曰：我逝矣。因掊地為穴，度可容面，俯窺焉而卒，藁葬道左。後數月，故人欲改葬，但衣衾存焉，蓋屍解也。贊曰：長松攙天，蒼壁插水。憑欄飛觀，縹緲誰子。空濛寂歷，煙雨滅没。恕先在焉，呼之或出。①

原來，郭忠恕並非一味放浪形骸的無行文人，他有自己的原則。他蔑視權貴、富人，親近役夫、小民，他肆言無忌，批評時政，在朝廷和權勢者眼里，自然是個無法容忍的"異類"。那麼他的爭忿朝堂，出貶乾州，他的不求仕進，縱酒無度，他的配流登州，死於途中，就應該不是偶然的。他雖然生活在一千年前，倒頗有點持不同政見的"自由主義知識分子"的味道，而且還是個"民粹主義者"。他佯裝瘋癲，放浪無行，只不過是一種自我保護。

────────────

① 《東坡全集》卷九四《郭忠恕畫贊並序》，上海古籍出版社影印之文淵閣本《四庫全書》第1108册。

讀到他如何戲弄高官、富家子、大太監，讓人忍不住開心一笑。文中提到的郭從義是個武將，其祖爲沙陀部人，他先後效力於後晉、後漢、後周。後漢時作過永興軍節度使（治所京兆，即長安），後周時移鎮許州、徐州，入宋後曾任河中尹、護國軍節度使（治所在蒲州，今山西永濟），在當時權高位重。① 郭忠恕讓人家伺候了幾個月，最後不過乘醉畫了幾筆遠山數峰而已，他對權貴的輕慢可見一斑。那位貪心的富家子，每天醇酒美食招待着，擺上一匹素絹，想讓郭忠恕留下更多的畫作。可郭忠恕畫的是小童放風箏，以長長的風箏綫填滿了他的素絹，將其狠狠地戲弄了一番。

郭忠恕應宋太宗之召重回京師，是在太宗即位的太平興國元年（976）。《宋史·本傳》曰：“太宗即位，聞其名，召赴闕，授國子監主簿，賜襲衣、銀帶、錢五萬，館於太學，令刊定歷代字書。”按蘇軾所記，他剛回汴梁是暫住在内侍省押班（高級宦官）竇神興之處，而他却剃掉美髯，嘲弄竇神興，謂之“傚顰”，簡直是黑色幽默。回京後，他依舊“放縱敗度”，依舊“肆言謗讟”，僅僅一年後便被“決杖流登州”，並死在去登州（今山東蓬萊縣）的途中。就連他的死法，也是那麼灑脱和與衆不同——他對押送的部吏説：“我要死了”，自己刨一個僅能容下一張臉的小坑，便俯身埋臉而去。

東坡先生用他的生花之筆，不過三五百字，就把一個有血有肉的郭忠恕，活脱脱地凸現在我們面前，正如他在贊語中所説：“恕先在焉，呼之或出。”蘇軾是郭忠恕死後60年纔出生的，但畢竟同爲北宋人。北宋初郭忠恕游於岐、雍、京、洛間，後來蘇軾也曾在陝西爲官，任鳳翔府判（嘉祐六年至治平二年，1061～1065），即也在“岐下”之地。關於這位奇士的故事，蘇軾肯定有所耳聞，所以纔寫得這麼生動。剔去蘇文中源於傳説的誇張之辭，他筆下的郭忠恕事迹應該是可靠的。

## 三　洛陽人還是汾陽人

現有資料未涉及郭忠恕的家世背景，按《宋史》，只知他是洛陽人。然而就連他這似是定論的籍貫，也未必就正確。西安碑林現藏的夢英《篆書目録偏旁字源碑》，刻有夢英的“自序”，記述他與郭忠恕以複興書法藝術爲己任，“振古風，明籒篆”的往事，文中説：

> 自陽冰之後，篆書之法，世絶人工。唯汾陽郭忠恕，共余繼李監之美。於夏之日，冬之夜，未嘗不揮毫染素，乃至千百幅，反正無下筆之所，方可捨諸，及手肘胼胝，了無倦色。……

---

① 《宋史》卷二五二《郭從義傳》。

夢英在這里説的是"汾陽郭忠恕"。就在夢英"自序"之後，還附刻了郭忠恕致夢英的一件書函，題曰"汾陽郭忠恕致書答英公大師"，其中也説到二人的書法藝術實踐：

>　……已得林泉之味，堅辭名利之場，鶴發半生，猿心久死。與師金蘭敦義，
>香火修因，飛杯容許於醉狂，結社不□□□亂，共得陽冰筆法，同傳史籀書踪。

在同一塊碑上，兩次出現"汾陽郭忠恕"（圖1），這用偶然筆誤是無法解釋的。郭忠恕宋初被貶後遊於岐、雍、京、洛這段時間，與夢英過從甚密，志同道合，都以李陽冰的繼承者自任，於書壇衰微凋敝之秋，在曾經是大唐國都的長安城里，進行着旨在復興篆書的藝術實踐。與郭忠恕有"金蘭敦義"之交的夢英，怎麽可能記錯摯友的籍貫呢？至於郭忠恕本人，再佯瘋裝癡，也不該忘掉自己的老家何在。

　　《篆書目録偏旁字源碑》刻於北宋咸平二年（999），是知永興軍府事劉知信將夢英的《偏旁字源目録》一書刻勒上石，而夢英此書的成書時間更早，應在北宋初。西安碑林中還有一塊夢英的《十八體篆書碑》，刻於北宋乾德五年（967），該碑除附刻當時人贈夢英之詩作外，也附刻了郭忠恕這件以評價夢英此書爲主要内容的書函，可知夢英此書和郭忠恕此函的完成，不會晚於乾德五年。而《篆書目録偏旁字源碑》刻立時，郭忠恕早已經去世，而夢英還活着，其"自序"和郭忠恕書函，都是他楷書寫就。作爲郭忠恕至交，夢英説"汾陽郭忠恕"，當然最有權威性。

　　如果夢英没有錯，那就是《宋史》錯了。值得注意的是，《五代史補》未言及郭忠恕的籍貫，《宣和畫譜》也説他"不知何許人"。最早説郭忠恕是洛陽人的，應該是蘇軾，還有與他同時的朱長文（小蘇軾兩歲），其《續書斷》也稱"郭忠恕字恕先，洛陽人"。[①] 前文説過，蘇軾晚生郭忠恕60年，隔了兩三代人，他對郭忠恕的了解，當然遠不及夢英，而且也不排除在傳鈔和刻版過程中，將"汾"字誤爲"洛"字的可能。只因蘇、朱二人都是著作等身的大文人，後來《宋史》的編撰者採用其"洛陽説"，而不知有《篆書目録偏旁字源碑》之"汾陽説"，是完全可以理解的。直到今天，各種美術史、書法史著作，各種與繪畫、書法相關的工具書，均按《宋史》所説，以郭忠恕爲洛陽人。然而依筆者之見，應以《篆書目録偏旁字源碑》之"汾陽説"爲準。用同時代人留下的碑刻文字，用迄今所知關於郭忠恕籍貫的最早的記載，來糾正元代編撰的《宋史》之誤，想必没有問題。

---

① 　宋朱長文《續書斷》卷下，見《歷代書法論文選》，上海書畫出版社，1979年。

## 四　宋代金石著作所見郭忠恕書迹刻石

　　郭忠恕當年的畫名高於書名，蘇軾稱其"尤善畫，妙於山水屋木"。《宋史》亦云："尤善畫，所圖屋室重復之狀，頗極精妙。"《宣和畫譜》則說他"喜畫樓觀臺榭，皆高古。"並稱其畫作"今御府所藏三十有四。"他的繪畫作品留存至今日的，有《雪霽江行圖》（藏臺北故宫博物院）和《明皇避暑宫圖》（藏日本大阪國立美術館），均爲絹本墨筆。

　　至於他的書法，蘇軾文中未言及，《五代史補》和《宋史》均有"尤工篆籀"之語。宋人朱長文《續書斷》，倣唐人張懷瓘《書斷》體例，將唐宋書家分爲神、妙、能三品，並加以評論，郭忠恕被列入"能品"，稱其"少能屬文，善史書、小草，尤工真楷，而沉湎縱弛，陵薄權貴。"① 對其書法本身，未作具體評論。成書於北宋末的《宣和書譜》，也沒有提到御府收藏他的作品。是他吝嗇筆墨，還是他的同時代人對其爲人和書法懷有偏見？不得而知。

　　然而，郭忠恕之書迹刻石見於宋人金石著作者，却有多種。宋人金石著作一般很少著録當代碑刻，那時唐碑還很多，此亦可見郭忠恕在宋人眼中的地位。趙明誠《金石録》卷十碑目收録了郭忠恕所書碑刻 7 種：

　　　　第一千九百八十九漢大藏經音序，郭忠恕撰並篆，袁正己正書，乾祐元年四月。

　　　　第一千九百九十漢修高祖廟碑，趙穎撰，郭忠恕八分書，乾祐二年。

　　　　第一千九百九十一漢說文字源，郭忠恕篆並正書，乾祐三年七月。

　　　　第一千九百九十六文宣王廟記，郭忠恕撰並小篆，太祖皇帝乾德元年。

　　　　第一千九百九十七陰符經，郭忠恕小篆、古文、八分三體，乾德四年四月。

　　　　第一千九百九十八永安院佛殿記，劉從義撰，郭忠恕篆，袁正己正書，乾德五年二月。

　　　　第一千九百九十九懷嵩樓記，李德裕撰，郭忠恕八分書並篆，無歲月。②

　　這 7 種碑刻，郭忠恕書寫碑文者 5 種，只篆碑額者 2 種。前者中，隸書（八分）

---

① 宋朱長文《續書斷》卷下。
② 宋趙明誠《金石録》卷十"目録"，《石刻史料新編》第一輯第 12 册。臺北新文豐出版公司，1977 年。

者 2 種，篆書者 1 種，篆書、正書二體者 1 種，小篆、古文、八分三體者 1 種。《寶刻類編》以書碑者編次，其卷七郭忠恕名下所列者也是這 7 種，與《金石錄》相同①。另外，碑林還藏有一件陶穀撰、夢英書、郭忠恕篆額的《鈔高僧傳序》，二書沒有收錄，那麼這 8 種碑刻，大概就是宋人所能見到的郭忠恕的書迹刻石了。

　　趙明誠《金石錄》跋尾部分，還有兩則跋文對郭忠恕所書碑刻作了進一步介紹。卷三十"漢重修高祖廟碑"條下曰：

　　　　右漢重修高祖廟碑，郭忠恕八分書。余年十七八時，已喜收蓄前代石刻。故正字徐人陳無已為余言，豐縣有此碑，託人訪求，後數年乃得之，然字畫頗軟弱。余家有忠恕八分書懷嵩樓記墨迹，乃其暮年所書，筆力老勁，非此碑之比。亦嘗刻石，今錄於次。

同卷"周文宣王廟記"條下曰：

　　　　右周文宣王廟記，題縣令郭忠恕撰並書。按國史，忠恕為漢湘陰王從事，周祖征為周易博士，國初貶乾州司戶，太宗時復任國子主簿，流登州卒，不載其嘗為縣令也。記云縣在汝水之汭，嵩山之陽，不知其為何縣。最後題甲寅四月十五日建，蓋周世宗顯德元年也。或云此記在汝州界中。

這兩則跋文説到了三種郭書碑刻，後一則所説《文宣王廟記》，刻立時間碑目所記爲"太祖皇帝乾德元年"，跋文却云"周世宗顯德元年"，如果按碑末題"甲寅"年，則跋文所記是正確的。另外此碑郭忠恕題銜"縣令"，雖不知究竟是何縣，但據此可知郭忠恕後周時還作過汝州地方的縣令，可以彌補史籍之缺載。

　　趙明誠沒有寫跋文的《説文字源》和《陰符經》，在歐陽修《集古錄跋尾》中恰好有跋文述及。其卷十"小字説文字源"條下曰：

　　　　右小字説文字源，郭忠恕書。忠恕者，五代漢周之際為湘陰公從事，及事皇朝，其事見實録，頗奇怪。世人但知有小篆，而不知其楷法尤精，然其楷字亦不見刻石者，蓋惟有此耳，故可惜也。五代干戈之際，學校廢，是謂君子道消之時，然猶有如忠恕者。國家為國百年，天下無事，儒學盛矣，獨於字書忽廢，幾於中絶，今求如忠恕小楷不可得也，故余每與君謨嘆息於此也。石在徐州。嘉祐八年

---

① 　宋《寶刻類編》卷七，《石刻史料新編》第一輯第 24 册。

十二月二十一日書。

此碑是郭忠恕惟一的楷書作品，歐陽修十分贊賞，認爲宋朝立國百年來還沒有誰的楷書能達到他的水平，並常常與蔡襄爲此而感嘆。關於《三體陰符經》，其跋文評價也很高，認爲李陽冰之後，篆書没有超過郭忠恕的：

> 右陰符經，郭忠恕書。篆法自唐李陽冰後，未有臻於斯者。近時頗有學者，曾未得其髣髴也。《實錄》言，忠恕死時甚怪，豈亦異人乎？其楷書尤精也。嘉祐六年九月十五日宴後歇泊，假閑覽，因題。①

以上宋人見到的郭書碑刻，能夠保存至今日的，祗有西安碑林中的《三體陰符經》以及《抄高僧傳序》的那行額題了。被歐陽修推崇的郭忠恕之楷書，今人已無緣看到了，只能通過《三體陰符經》，對其篆書及用於加注的隸書有個大致的了解。

## 五　西安碑林藏《三體陰符經》刻石

與郭忠恕所書的其他碑刻相比，《三體陰符經》（圖2）是幸運的，有碑林的保護，它幸免於人爲和自然的破壞，度過了千年歲月。它不僅是郭氏惟一的傳世石刻，也可能是我們今天能見到的他的惟一的傳世書作。

《陰符經》是《黃帝陰符經》的簡稱，爲道教經典，郭忠恕以小篆、古文、隸書三體書寫，故名。碑刻於北宋乾德四年（966），刻在唐《隆闡法師碑》碑陰。碑高185釐米，寬87釐米。首行題“黃帝陰符經”5字，楷書；碑文20行，行20字，篆書，並以小字古文、隸書注其下；文末以楷書署“郭忠恕三體書。安祚勒字。大宋乾德四年四月十二日建。”（圖3）在碑文下方，刻題名13行，行字不等，楷書。以往金石著作均未提及這些題名，也不見有錄文，兹鈔錄如下：

> 會首/左街玄寂大師賜紫尹可禺/前節度推官劉知訥/道士武又□、張景□/前攝右金武衛長史魚光遠/前攝同州别駕梁廷翰/使院前行劉永年/馬敬真、武知翔/張廷隱、李貞吉/屬省銅冶院官楊遇/使院倉案行首劉忠/都勾當樊有永/馮廷蘊

這15個署名者，應該是與鎸刻此《三體陰符經》相關的道教人士，可惜祗有題名，對

---

① 兩段引文均見宋歐陽修《集古錄跋尾》卷十，《石刻史料新編》第一輯第24冊，

刊刻此碑的背景未置一詞。

郭忠恕《三體陰符經》刻石的意義，主要在於書法，而前文所引朱長文、歐陽修、趙明誠等人的評價，基本上代表了宋人對郭忠恕書法的認識。另外，著錄此碑的還有歐陽棐《集古錄目》[1]、陳思《寶刻叢編》[2] 等。生於其他幾種碑刻已佚，後世對郭忠恕書法的認識，就全憑此《三體陰符經》刻石了。王世貞有一篇爲《三體陰符經》作的跋，文曰：

> 右郭忠恕三體陰符經。其二大、小篆，其一隸也。忠恕篆筆，幾與徐鉉相垍，而尤以工小楷名，畫品入妙。……[3]

他對郭忠恕此碑的篆書評價很高，將其與徐鉉相提並論。徐鉉（917～992）字鼎臣，廣陵（今江蘇揚州）人，也是由五代入北宋的書家，曾仕於南唐官至吏部尚書，後隨唐後主李煜降於宋。他也以篆書名世，且精於字學，在書法上名氣要大於郭忠恕，朱長文《續書斷》將其書列入"妙品"。西安碑林中宋代重刻的秦《嶧山刻石》，就是徐鉉的學生鄭文寶用老師所贈的摹本刻勒上石的。

趙崡《石墨鐫華》基本上襲用王世貞之評：

> 忠恕三體陰符經，其二大、小篆，其一隸也。忠恕篆筆匹徐鉉而誚英公，又兼工小楷，畫品入妙，其後又能仙去不死，真異人也。余不得見其小楷與畫，而於是碑亦足以窺其一斑矣。[4]

後世評郭忠恕書法，常褒忠恕而貶夢英，趙崡如此，清代大學問家錢大昕也是如此，他在一篇跋語中説："……忠恕書法，方駕陽冰，實在同時二徐之上。夢英以下，遠不逮矣。"[5] 這裏的"二徐"，指徐鉉、徐鍇。鍇爲鉉弟，與其兄一樣，也精於小篆。在錢氏眼里，郭忠恕已在二徐之上了。倒是畢沅對郭忠恕此碑書法有批評之辭：

---

[1]  宋歐陽棐《集古錄目》卷十"陰符經"條，《石刻史料新編》第一輯第 24 冊。

[2]  宋陳思《寶刻叢編》卷七"陰符經"條，《石刻史料新編》第一輯第 24 冊。

[3]  明王世貞《弇州續稿》卷一六七"墨刻跋"之"郭忠恕三體陰符經"條，上海古籍出版社影印文淵閣《四庫全書》第 1284 冊。

[4]  明趙崡《石墨鐫華》卷五"宋郭忠恕三體陰符經"條，《石刻史料新編》第一輯第 25 冊。

[5]  清錢大昕《潛研堂金石文跋尾》卷十二"三體書陰符經"條，《石刻史料新編》第一輯第 25 冊。

其所用古文，多無所本。《宋史》稱忠恕有《古文尚書》並《釋文》行世，今其所作，《汗簡》中採錄甚多，字體亦正俗參半，乃博覽之家，非求精之學也。篆體即變少監舊法，又加之筆畫謬戾，何以示後。①

他認爲，自稱“得陽冰筆法”的郭忠恕，其實並没有繼承李陽冰的“舊法”，且對其所編《汗簡》一書中的篆體，頗有微辭。

清人劉熙載之《藝概》，有一段論述把郭忠恕、夢英的篆書與徐鉉作了比較：

徐鼎臣之篆正而純，郭恕先、僧夢英之篆奇而雜。英固方外，郭亦畸人，論者不必强以徐相絜度也。英論書不及徐，郭行素狂，當更少所許可。要之，徐之字學冠絶當時，不止逾於英、郭，或不苟字學而但論書才，則英、郭固非徐下耳。②

他也認爲，以字學而論，英、郭不及徐鉉，若只以書法論，英、郭不在徐鉉之下。

平心而論，郭忠恕處在一個歷史的轉折時期，北宋初的書法，只能是晚唐五代書風的延續，是迷失和斷裂之後對傳統的回歸和承接。郭忠恕及同時期的書家們，徐鉉、徐鍇也好，王著也好，李建中也好，夢英也好，不可能超越他們唐代的前輩，不可能突破盛唐、中唐以來形成的傳統和法度。他們能做的，正如郭忠恕和夢英所説，是繼前人之美，得前人筆法，傳前人書踪。而對唐人的傳統和法度的突破，需等到北宋後期以蘇軾爲代表的“尚意”的文人書法登上歷史舞臺，在此前，只能是兩座高峰之間的過渡。可以説，郭忠恕已做了他們那一代人應該做的，不必再苛求他什麽了，而這塊有賴於碑林保護得以留存至今的《三體陰符經》刻石，則是他藝術實踐的寫照和惟一的實物證據。

① 清畢沅《關中金石記》卷五“三體陰符經”條，《石刻史料新編》第二輯第 14 册。
② 清劉熙載《藝概》之《書概》，《歷代書法論文選》，上海書畫出版社，1979 年。

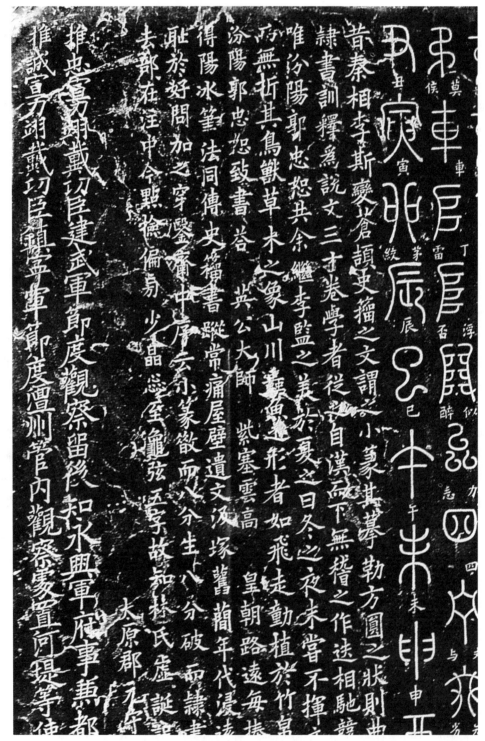

圖一　夢英《篆書目録偏旁字源碑》（拓本，局部）

圖二　郭忠恕《三體陰符經》（拓本）

圖三　郭忠恕《三體陰符經》（拓本，局部）

# 李白徂徠之隱與泰山之遊新探

## ——以石刻文獻爲參證

周 郢 *

《舊唐書》卷一九〇《文苑·李白傳》載："李白……少與魯中諸生孔巢父、韓沔（淮）、裴政、張叔明、陶沔等隱於徂來（徠）山，酣歌縱酒，時號'竹溪六逸'。"據考其時在開元二十八、九年（740～741）（按李白徂徠之隱時間有多說，此從安旗、郁賢皓兩先生之考）。時隔不久，李白又登遊泰山，白集中有《遊泰山》詩六首，兩宋本、繆本、王本題下俱注："一作天寶元年四月從故御道上太山。"可知其遊之時繫在天寶初元（742）。

李白於此開天之際，先隱徂徠，後遊泰山，其動機何在？意旨何存？前賢或有詮說，似未全中底裏。今參以各種石刻文獻，對兩事試作探賾。

## 一 竹溪比磻溪，徂徠似終南——李白徂徠之隱與玄宗封禪

關於李白的徂徠之隱，前人多認爲係瀟灑詩仙詩酒避世、放誕風流之舉。如金元好問之"徂徠山頭喚李白，吾欲從此觀蓬萊"（《登泰山》），清王士禛之"徂徠林壑美，復愛竹溪清。應有雲霞侶，幽居遠世情"（《徂徠懷古》），洪昇之"斯人不可作，高致誰能攀。此地經千載，唯聞六逸閑"（《竹溪》），乾隆帝之"六逸懷竹溪，高風迷處所"（《望徂徠山》）等，無不著眼於遠世之懷與深隱之高。[1]

但若結合李白之生平思想通作考察，這種理解顯是流於皮相。蓋太白一生皆以功業自許，所謂"身爲下邳客，家有圯橋書。傳說未夢時，終當起巖野"（《酬張

---

\* 周郢，泰山學院副教授。

[1] 李白"徂徠之隱"的具體地點，最早見於徂徠山屛風巖上金明昌壬子（1192）安昇卿題記刻石，云："訪竹溪六逸於乳山。"其題刻時代去唐未遠，所述竹溪陷處似可信從。乳山下之竹溪二聖宮傳爲六逸遺址，崖間有"竹溪佳境"刻石。

卿夜宿南陵見贈》）、“苟無濟代心，獨善亦何益”（《贈韋秘書子春》）——而當此
開天之交，正是他汲汲奔走於公卿，謀求見知於萬乘之際，“欲一鳴驚人，一飛衝
天”（范傳正《唐左拾遺李公新墓碑》）。宦情方熱，名心正熾。此時其忽與孔、
韓之輩大隱於徂徠、酣飲於竹溪，竊以爲絕無可能是遠塵避世，而是寸心之中別
有機杼。

唐人入仕，除去科貢一途外，隱居也是一個重要門徑。此舉在李唐早已爲士大夫
所利用，而成爲另一類行之偶見奇效的“登龍術”。李白基於各種原因不能參加科舉，
而欲聲達帝廷，爲王者師，只能走隱逸求仙一途。斯所謂“閑來垂釣碧溪上，忽復乘
舟夢日邊”（《行路難》）、“東山高臥時起來，欲濟蒼生未應晚”（《梁園吟》）也。考
李白一生數次隱居，莫不有其政治上之考量。如開元十九年（731）前後的終南之隱，
便別具寓意。對此郁賢皓先生指出：“李白隱居終南山的目的究竟是什麼？此詩提到
‘功業猶未成’，透露了一點消息，而在《贈裴十四》詩中則説得非常明白：‘身騎白
黿不敢度，金高南山買君顧。’原來李白隱居終南山是爲了‘買君顧’！就是説，他要
以隱居爲手段，擡高身價，以便有朝一日得到君王重用，完成‘功業’。”（《李白兩入
長安及有關交遊考辯》，《20世紀李白研究論文精選集》頁150，太白文藝出版社2000
年版）所見甚深，所論甚當。

而此後李白徂徠之隱的用意是否也是如此呢？葛景春、劉崇德二先生對此有精闢
之評説：“‘竹溪六逸’其實學阮籍‘竹林七賢’，詩劍酒棋，買邀聲名，以求聖明天
子以草野之中禮賢下士。”（《李白由東魯入京考》，《20世紀李白研究論文精選集》頁
264）

不獨太白心態如此，與其同作“竹溪之飲”的其他“飲逸”，也多是汲汲求
進的功名之士。如李白《送韓淮裴政孔巢父還山》詩云：“時時或乘興，往往云
無心。出山揖牧伯，長嘯輕衣簪。”瞿蛻園、朱金城《李白集校注》於此注云：
“即韓、裴、孔等亦非真隱者，觀此詩知干謁不遂而又還山耳。”可見所謂“竹
溪六逸”幾無一真隱，均是醉翁之意不在酒亦不在山，而在於廊廟之間的仕進
中人。

若鈎稽此際的詩仙心態，還有一則石刻文獻堪作旁證：《岱覽》卷第二十二
云：“唐李白題崖：文曰‘獨秀峰’。右真書，勒三嶺崗北，相傳爲李青蓮筆。”
近年於徂徠竹溪以南的峰巒上發現此三字楷書摩崖，無年款姓字，而其旁有金
人黨懷英等題記，定此爲“太白遺刻”。懷英爲李白叔祖李陽冰一派籀篆傳人，
其考鑒似可信從。按“獨秀”語出《宋書·謝莊傳》：袁淑嘆謝莊之才云：“江
東無我，卿當獨秀；我若無卿，亦一時之杰也。”太白於徂徠千峰中，獨係此
“獨秀”二字（或原有此峰名，太白爲其書刻，或峰名即白所取），顯然是其不

甘埋沒庸衆，意欲卓立天表的心理表露。①

　　綜上可見，開元之末的李白徂徠之隱，全屬一次"金高南山買君顧"的求仕行動。然而，"道即不行隱即宜，也須擇地可棲遲"（元鹿森題竹溪庵詩刻），以隱求仕，隱居地點至關重要，若"擇地"失宜，縱老死巖谷亦難爲君上所知。因此，唐代士子求名求仕而隱，其最爲熱門的地點，首推終南山。高道司馬承禎在回答假隱士盧藏用的言語中，形象地將其山稱之爲"乃仕宦之捷徑耳"，道出了個中實質。次之則爲中岳嵩山，開耀間處士田游岩居此山，成功的邀得高宗幸其廬舍，徵爲崇文館學士（《舊唐書》卷一九二《隱逸列傳》）。玄宗時隱士盧鴻亦居嵩山，贏得朝廷三詔相徵，"詔入賜讌，拜諫議大夫，賜以章服"（《大唐新語》卷十）。這兩大隱居地有一個共同特點，即都靠近唐帝國統治的中心（一近長安，一近洛陽），去天尺五，聲名易達天聽。而與兩山相比，徂徠僻處於東土一隅，遠離政治中心。既然如此，李白在"隱以待君"的地點選擇上，爲何竟會獨鍾情於此山？而徂徠之山，又何以會成爲求進士子眼中的又一條"終南捷徑"呢？這些，祇有聯繫徂徠山在唐代獨特的文化背景，方能得到一個合理的答案。

　　按徂徠之名初見於《詩經·魯頌·閟宮》，係泰山東南麓支山，故後世亦將此山統稱爲泰山。故李白隱於徂徠，亦可視同爲隱於泰山。而泰山在李唐一朝，實有着非同尋常的地位——雖處東方，却是帝君翠華屢幸之區；雖位一隅，却是王朝宗山祀典所在。造成泰山這一獨特政治地位的原因，源於當時一種重大禮儀活動——封禪大典。

　　有唐一代，封禪之儀曾兩度舉行。一次是在唐高宗朝，乾封元年（666）高宗與武后封泰山，禪社首山。一次是在唐玄宗朝，開元十三年（705）玄宗封泰山，禪社首山，禮成後"封泰山神爲天齊王，禮秩加三公一等"（《舊唐書》卷八《玄宗紀》）。兩次大典使東嶽泰山一時成爲舉國注目之區。

　　首次對李白與封禪活動的關係予以考察的，爲美國學者艾龍，所作《史傳"雲封"詩謎情含天寶年號——李白爲"許雲封"取名涉及唐玄宗封禪大典和天寶艷聞考》（《李白學刊》第 2 輯，上海三聯書店 1989 年版）中指出：從李白爲李譽外孫所起"許雲封"之名，包含了其對唐玄宗泰山封禪的密切關注。如果查證李白的相關詩文，我們也可獲得其關注封禪的諸多例證。如於高宗封禪，其《明堂賦》中作了這樣的追述："昔在天皇，告成岱宗，改元乾封，經始明堂。"玄宗將行封禪，李白更是異常興奮，

---

①　"獨秀峰"摩崖，歷代金石書多有著録，如清《泰山志》卷十五《金石記》云："李白題'獨秀峰'三字：正書，在徂徠三嶺崮。"原刻湮没已久，1999 年在文物考察中被重新發現。刻石通高 65 釐米，字作楷書，兼有隸意。峰之北崖有金大定十年（1170）石震、黨懷英題記，稱此鑴爲"太白遺刻"。其記云："徂徠居士石震過獨秀峰，覽太白遺刻，題識於後。婿黨懷英偕行。庚寅長至日。"録以備考。

其《大獵賦》中頌云："方將延榮光於後昆，軼玄風於邃古，擁嘉瑞，臻元符，登封於泰山，篆德於社首，豈與乎七十二帝同條而共貫哉？"（按賦稱"方將"，係未然之詞，當作於玄宗封禪之前。郁賢皓先生推定此篇作於開元八年，較爲合契。）《明堂賦》中頌云："封岱宗兮祀后土，掩栗陸而苞陶唐。"在《登泰山》詩六首中，更是深情寫到了開元封禪往事："石平御道開。六龍過萬壑，澗谷隨縈迴。"

爲什麼帝君的泰山封禪能引起李白等士子的强烈關注呢？這是因爲，歷代帝王多藉封禪之行訪遺逸、徵幽微，幾無例外。張説《封禪頌》中所謂："歷郡縣，省謠俗，問百年，舉百祀，興墜典，葺闕政。"蘇頲《束封頌》所謂："撫遺甿，賜之復。"這其中除去行"封禪舉"特試外（唐人墓誌中數見應"封岳舉"而爲官者），有時帝王還親自召見、禮聘一批高人逸士。如高宗封禪，便造廬訪壽張高士張公藝，"賜以縑帛"。職是之故，每次封禪舉行，都被功名之士視爲顧恩邀寵的難得機遇。（如《新唐書》卷一四九《劉晏傳》載："玄宗封泰山，晏始八歲，獻頌行在。帝奇其幼，命宰相張説試之，説曰：'國瑞也。'即授太子正字。"可爲一例）。

徂徠山與皇帝舉行登封、降禪的地點均近在咫尺，於眷邀君顧上，誠可謂是"近水樓臺"，遠比其他名山更具優勢。就在李白入隱徂徠之前不久，此山的一名隱士，便藉封禪大典而成功"登龍"，簡逢帝知。此公姓王名希夷，《大唐新語》卷十《隱逸》記其事云：

"王希夷，徐州人。孤貧好道。父母終，爲人牧羊取傭，供葬畢，隱於嵩山。師事道士，得修養之術。後居兗州徂徠山，刺史盧齊卿就謁，因訪以政事。希夷曰：'孔子云：己所不欲，勿施於人。可以終身行之矣。'玄宗東封，敕州縣禮致，時已年九十六。玄宗令張説訪其道異，説甚重之。以年老不任職事，乃下詔曰：'徐州處士王希夷，絕聖去智，抱一居貞，久謝囂塵，獨往林壑。屬封巒展禮，側席旌賢，賁然來思，應兹嘉召。雖紆綺季之迹，已過伏生之年。宜命秩以尊儒，俾全高於上齒。可中散大夫，守國子博士。特聽還山。'仍令州縣歲時贈束帛羊酒，並賜帛一百匹。"

在《舊唐書》卷一九二《隱逸列傳》希夷本傳中，更記載了"玄宗東封，敕州縣以禮徵召至駕前，宦官扶入宮中，與語甚歡"等君臣相得的細節。

按王希巖隱處，在徂徠山北之玲瓏山。山上有金人孔端肅題記稱："一山峋嶁特異，名曰玲瓏巖，古洞深敞，傳唐王希夷棲此。"又徂徠頂有希夷詩刻二首，分別爲："徂徠山下是吾家，吸露噓風卧紫霞。幾百年來無個事，朝朝坐對老松花。""翠滿竹溪雲滿山，晨鍾暮鼓疊煙鬟。天光一綫開丹巘，獨坐松篁杳靄間。"繫元代至至正二十五年八月補刻（按二詩《全唐詩》並失收）。據此知希夷亦自工於詩章之士，非徒以隱逸稱。

這位王希夷可謂是"金高南山買君顧"的一大成功者。雖然他因年近期頤，未能身踐臺輔，一展宏圖，但聲動九卿，晤對三公，甚至被至尊親召，"扶入宮中"，"訪以道義”，這些都是李白夢寐以求的場景。值得注意的是，李白集中有《贈別王山人歸布山》詩云：“王子析論道，微言破秋毫。還歸布山隱，興入天雲高。爾去安可遲？瑤草恐衰歇。我心亦懷歸，屢夢松上月。傲然遂獨往，長嘯開巖扉。林壑久已蕪，石道生薔薇。願言弄笙鶴，歲晚來相依。”按布山亦泰山支脈，在徂徠之西（今肥城市安莊鎮境），布山之“王山人”如即希夷，則兩人有交。即使李白與之無所交遊，但其聞知希夷“遇合”之事却是毫無疑問的。王希夷通過徂徠山這條“終南捷徑”而榮邀帝眷，給苦心求仕的李白、孔巢父等人以極大的啓發與鼓舞。很可能在這種心態下，李孔等“依樣畫葫蘆”，在希夷棲遲舊地，結成“竹溪之飲”的獨特“組合”，試圖藉“酣歌縱飲”來吸引官府、遙達帝知，期盼一日“天書訪江海，雲臥起咸京”（《秋夜獨坐懷故山》）、“如逢渭水獵，猶可帝王師”（《贈錢徵君少陽》）。若此，竹溪之飲正可視之爲太白的磻溪之釣，徂徠之谷也大似長安的終南之徑。（據艾龍前文考，開天之際玄宗有一次重封泰山之議，後因故未行。如所考可信，則李白於此時結隱縱飲，更有深意。）因此愚以爲，李白擇地徂徠而隱，應基於上述因素而使然。

李白晚年於《爲宋中丞自薦表》中稱：“天寶初，五府交辟，不求聞達，亦由子真谷口，名動京師。”子真谷口，係用漢隱士鄭樸（子真）釣隱谷口之典，以此藉指徂徠隱處。看來，徂徠之隱對太白聲聞五府，遠達天聽，是起到一定作用的。在這一點上，我頗贊同葛景春、劉崇德二先生前文中的看法：“李白應詔入京，當然主要是因爲他詩譽文才名動京師。其次，這與他在山東徂徠與孔巢父、韓準、裴政等‘竹溪六逸’隱居也有關係。”

徂徠山這一處隱者入仕的“終南捷徑”，中唐以後，雖因封禪之典的停止而致地位有所下降，但於此求仕的人士仍不絕於途，甚至還有高僧側身其中。如權德輿《唐故章敬寺百巖大師碑銘並序》（《全唐文》卷五〇一）及《宋高僧傳》卷十《懷暉傳》，並載高僧懷暉貞元間卓錫於徂徠山，四方禪子多來請問，後憲宗詔其入章敬寺。可見徂徠山的影響力依然存在。了解了徂徠山在唐代的這一文化特點，有助於洞悉李白徂徠隱居之真意。

## 二　泰岱通帝座，玉真連翠微——李白泰山之遊與玉真崇道

“四月上泰山，石平御道開”（李白《遊泰山》之一）。天寶元年（742）四月，李白策杖前來，作泰山之遊。據紀遊詩中“山花異人間，五月雪中白”與“清齋三十日，裂素寫道經”之句，知其漫遊之旅前後歷時一月之久。

生於詩人自言“自愛名山”、“五嶽尋仙不辭遠，一生好入名山遊”，因之世人多以爲李白的泰山之遊，自也不過是尋常求仙訪道與山水嘯傲，至多是藉登遊名山來增重

身價，別無更多的深意。不過若知人而論世的話，李白泰山之遊的動機亦非如此單純。

前引李白《爲宋中丞自薦表》中云：“天寶初，……子真谷口，名動京師。上皇聞而悦，召入禁掖。”據此可知至天寶元年，李白以隱求仕已取得明顯成效，不僅引起地方官府的關注，且漸“名動京師”。往下關鍵一步，便是争取得到最高統治者的垂青，下詔徵賢，“召入禁掖”。李白此時的舉動，必會以此爲目的而施行。

而且就在這天寶元年年初，又傳來一道關係着李白前途命運的玄宗制詔：“前資官及白身人有儒學博通，文辭秀英，及軍謀武藝者，所在具以名薦京。”（《舊唐書》卷九《玄宗紀》）這道詔令，進一步爲李白進京入仕鋪平了道路。

就在這“萬事俱備，只欠東風”（玄宗徵召），“買君顧”之舉大功將成之際，李白忽然“清曉騎白鹿，直上天門山”（按天門山爲泰山別名，見敦煌遺書《兔園策府》），且爲時長達一月之久，顯然不是尋常遊覽之舉，而是有深藏的政治目的。

那麽，泰山之旅又能爲李白的“登龍”之途提供什麽幫助呢？正如前所指出：泰山由於唐代帝君的封禪之典，一躍成爲國中第一聖山，並由此成爲某些階層加官進爵的又一捷徑。現存唐人墓誌中，記載墓主因封禪而受勛邀禄的不下十余方（見拙箋《泰山志校證》頁157，黄山書社2006年版）。可見伶人黄幡綽譏諷的“泰山之力”絕非笑談（見《酉陽雜俎》）。因此，有位李白研究者形象地將玄宗封禪稱爲“一場轟轟烈烈的‘造官運動’”（王慧清《以天下爲己任的李白》，載《中國李白研究》2005年集，黄山書社2005年版）。而且由於其山地位的凸現，使泰山道教盛極一時，泰山道士成爲直通帝廷、炙手可熱的一大勢力。

根據現存的泰山石刻，自唐顯慶以迄天寶，唐高宗、武則天、唐中宗、韋后、唐睿宗、唐玄宗遣道士詣泰山不下數十次，或建醮，或投龍，或進香，或造像。活動于泰山的道士則有郭行真、葉法善、馬元貞等著名人物。道教在泰山上下影響甚大，以至在高宗朝封禪典禮中，都夾雜進道士的投龍儀式（參雷聞《唐代道教與國家禮儀——以高宗封禪活動爲中心》，《中華文史論叢》總六十八輯，上海古籍出版社2002年版）。

泰山道教對朝廷的重大影響，於此只舉示一個事例。岱嶽觀唐“鴛鴦碑”上有景雲二年（711）吕皓仙建醮投龍題記，云：“大唐景雲二年歲次辛亥八月癸卯朔十四景辰，蒲州丹崖觀上坐吕皓仙，奉今年閏六月十九日敕，往東嶽及萊州投龍。……宣義郎行瑕丘縣丞裴遇等，奉都督齊國公崔處分，令此起居吕尊師。”記文中出現的“齊國公崔”，乃是中宗、睿宗朝顯赫一時的政治人物。據清王昶《金石萃編》考證云：“都督齊國公崔，不署其名。《新唐書·崔日用傳》：中宗時，日用拜兵部侍郎兼修文館學士，帝崩，韋后專制，畏禍及，更因僧普潤、道士王曄，私謁臨淄王以自託，韋氏平，以功授黄門侍郎，參知機務，封齊國公。坐與薛稷相忿，競罷政事，爲婺州長史，歷揚、汴、兖三州刺史。碑稱齊國公，與傳合，而云都督者，即兖州刺史也。日用前以僧道之力得私謁以自託，此時失政出守，更假道士之力以求内召，窺見吕皓仙屢奉敕使，因遣官起居，以申結納之意。則以崔爲日用，固無可疑者矣。"由此可見，當時道士不僅參預宫闈權力鬥爭，還被落職宰相引爲復位奥援，反映了道教對當時政治影響之巨大。泰山道門與唐廷關係的密切，可藉用太白登華山落雁峰的一句奇贊，那便是"呼吸通帝座"！

研究者早已指出："遊仙訪道實爲李白從政的一種手段。"（裴斐《李白十論·論李白的遊仙詩》）明乎此，便知李白於"登龍"有望之時，專赴天門，敬詣道觀，結交羽士，"清齋三十日"，拜師"泰山君"，修習"金仙道"（據《贈僧崖公》），凡此種種，皆大有隱意存焉。

李白在泰山結道自重的活動，並不是泛泛而爲，而是有一個直接針對的人物——這就是身爲睿宗之女、玄宗胞妹、權傾一時的玉真公主。

謂李白登岱欲藉道士自達於玉真公主，證據何在？證據便在李白自作的《遊泰山》詩中。

《遊泰山》第六首中云："寂聽娛清輝，玉真連翠微。想象鸞鳳舞，飄颻龍虎衣。"詹鍈主編《李白全集校注匯釋集評》卷十七注云："玉真，道觀也。《舊唐書·睿宗紀》：'（景雲元年五月）辛丑，改西城公主爲金仙公主，昌隆公主爲玉真公主，仍置金仙、玉真兩觀。'此處藉指泰山之道觀。"

按：詹鍈先生將"玉真"注爲玉真公主觀，極是！但又謂"此處藉指泰山之道觀"，則未免浮泛。蓋道觀別稱甚多，李白何辭不可徵用，何以獨遣此與公主道號有關之"玉真"二字。

復按"玉真"之詞雖有別解（南梁陶弘景《真靈位業圖》記玉真爲道君之號），但於李白集中，並無二意，凡出現均是指玉真公主而言。不僅《玉真公主別館苦雨贈衛尉張卿》辭意明確，即體類遊仙之《玉真仙人詞》（"玉真之仙人，時住太華峰……"），據考亦係專爲玉真公主所賦。因之，李白在《遊泰山》詩中又特筆"玉真"二字，竊以爲事非尋常。

如以此爲綫索試加探考，便會驚奇發現，這位被稱爲"若論其在文壇上的影響，可謂唐代公主第一人"（丁放、袁行霈《玉真公主考論》，《北京大學學報》2004年第2期）的玉真仙媛，其與泰山道觀之間，竟有着千絲萬縷的聯繫。

首先是玉真公主曾至泰山學道。玉真自小慕道，幼年出家，見於正史；而其嘗詣泰山學道，亦於史册可考。晚唐杜光庭《青城山記》云："玉真公主，蕭宗之姑也。築室丈人觀西。嘗詣天下道門使蕭邈字元裕，受三洞積上法箓，遊謁五嶽，寓止山中。"足證玉真早年辭京學道，曾至泰山（即使"五嶽"爲杜氏概言，然以唐代山嶽地位及地域遠近而論，五嶽之中，玉真親詣東西中三嶽的可能性較大）。

　　復次，玉真交遊之道士中，葉法善、焦真静都與泰山關係較密。葉法善曾於儀鳳三年（678）受命主持泰山醮儀，題名見於岱嶽觀"鴛鴦碑"中。焦真静爲女冠，開元時曾居泰山，王維有《贈東嶽焦煉師》詩。

　　玉真締交泰山之道士中，復有一人可考。據天寶十一載（752）立《王屋山劉若水碑銘》云："尊師諱若水，字齊物，彭城人也。……開元初，又詣東嶽任尊師，受洞元中盟八景之要，便居泰山日觀臺十載，已外物矣。茅山任尊師遊山見而異之，曰：'此道寶也。'遂授以靈飛六甲豁落七元八籙秘文、大洞真要，仍傳養生隱訣，自後即粒服餌，吐故納新。……開元廿四載（736），道門威儀使奉玉真公主教，請詣中嶽興唐觀，校定經籙，道高物外，迹寓寰中，聲聞於天。……玉真公主已舍館陶之封，卜居平陽之洞，以爲常娥餌藥，乘兔輪以長生；嬴女吹簫，登鳳樓而久壽。遂於仙人臺下建立山居，既饒靈迹，復多仙草，有教安置，旌至德也。……（天寶）八載（749）太歲己丑，尊師時年五十有七，……奄然而絶。"（見清趙紹祖《古墨齋金石跋》卷五及陸耀遹《金石續編》卷八）

　　按《劉若水碑》中涉及的數事實堪注意：其一，碑云若水"開元初又詣東嶽任尊師"，考"鴛鴦碑"開元八年（720）投龍題記："歲六月，我皇有意於神仙，敕使正議大夫内給事梁思陁、寺伯俱玄明等，與道士任無名，於東嶽太山投龍合練，寵以紫紵，送以紺錢，皇皇焉，濟濟焉，乘傳而來矣。"劉碑中開元初居東嶽之"任尊師"，與開元八年泰山碑中之"道士任無名"，時、地、身份無一不合，當即一人。無名此時充玄宗投龍敕使，當與皇宮交接非同一般。此或爲若水獲交玉真之遠因。其二，劉碑中出現了泰山具體道觀之名："便居泰山日觀臺十載。"日觀臺之名始見於南梁時之《古今刀劍錄》，傳云秦始皇曾埋劍於此臺下。後爲道觀。劉若水居此長達十載，聲聞大内，應是此觀之住持道人，即不然，亦爲觀之重要成員。

　　今考：李白遊泰山"清齋三十日"之所，正是在此日觀臺中。此有確鑿之據，《遊泰山》其四云："清齋三十日，裂素寫道經。吟誦有所得，衆神衛我形。雲行信長風，颯若羽翼生。攀崖上日觀，伏檻窺東溟。"嚴承飛先生《泰山文史考析》之三《讀李白〈泰山吟〉有感》云：："李白詩有'攀崖上日觀，伏檻窺東溟'句，可見唐代日觀峰已有供人'伏窺東溟'之'檻'。檻，即窗户下或走廊邊之欄杆。惟彼時建築狀況，今亦無考。"（載《泰山研究論叢》第五集，青島海洋大學出版社1992年版）按日觀臺即以"日觀"爲名，當建於岱頂日觀峰上。由知李白所伏之"檻"，亦即日觀臺上之欄檻。再聯繫開篇二語，更可推知，李白泰山之遊，實止宿於此臺觀之中，以日觀道士爲居停主人。

　　根據此《劉若水碑》，泰山日觀臺道士與長安玉真觀（即玉真公主府）具有淵源，其觀道甚至被公主迎至山居，待以師禮。職是言之，日觀一臺，幾可視爲公主在泰山勢力之代表（玉真公主喜出資修建道觀，多有碑石可證：唐蔡瑋《張探玄碑》云："古老相傳曰，仙人臺也，昔周王昇仙太子朝天壇於此臺上，有憩笙鶴之迹。今我唐玉真公主，於臺下構館爲集靈仙之都，玄風嘉聲，信萬古之同德。"李白即稱日觀臺爲"玉真"，疑其觀曾受公主捐資重修）。"翠微"（山）之與"玉真"（觀），確乎是密邇關聯，故太白方有此突兀之詩筆。

而經研究者的考察，李白屢次干謁的對象，非是他人，正是這位玉真公主。① 作於開元十九年（731）前後的《玉真公主別館苦雨贈衛尉張卿二首》（衛尉張卿當爲玉真之夫）詩，以"彈劍謝公子，無魚良可哀"之辭苦求玉真家之援手。後之《玉真仙人詞》，也是借遊仙干謁公主之作。當天寶求賢詔下，李白匆忙趕至泰山，藉求法學道入居與玉真觀有"直綫"聯繫之日觀臺中，或是藉以探聽玉真向玄宗舉薦之消息（此前已有元丹丘請求玉真舉薦李白），或是直接通過觀中道士向玉真再次陳情，察之當日情勢，均是不無可能。（又據唐蔡瑋《玉真公主受道靈壇祥應記》云："皇上隆宥天下之卅載（741）也，物歸混芒，人復大樸，……明年（742）春三月既望，乃詔上清玄都大洞三景法師玉真長公主有事於譙郡御真宮，泊名山列嶽，靡不殿口，將以伸誠敬。"下文又云"夏四月屆於（譙郡）宮焉"，"不逾月，又將朝於王屋之天壇及仙人臺"。如果玉真受詔展謁之"名山列嶽"包括泰山，則其登岱之時亦應在天寶元年（742）四、五月間，與李白登山時間相同。則李白此行是否特爲玉真而來，亦大值得推考。）

再按新舊《唐書》本傳均言李白爲道士吳筠薦舉而入朝，已爲學者考辨不實。但此也透露了一點信息，那便是李白登龍藉有道士之力，否則便不會有吳筠薦舉的傳聞，因此更不能排除泰山道士曾介入此案的可能。

唐魏顥《李翰林集序》中云："白久居峨嵋，與（元）丹丘因持盈法師達。"持盈爲玉真公主之道號，說明李白最終是通過玉真之薦而"恭承鳳凰詔，欻起雲夢中"的。如果聯繫此前李白登泰山而詠懷"玉真"、玉真與泰山日觀臺道人有交、李白登岱居日觀臺這三條綫索，推論李白"泰山之遊"與謀求玉真公主舉薦有關，或許尚不是全無佐證。

探究李白泰山之游的背景，有助於對《遊泰山》六首的理解。明唐汝詢《唐詩解》卷四論李白此詩云："此紀泰山之勝而有遺世之意也。首言明皇登封曾於石屏之傍以開御道，騁六龍於壑谷之間，今其馬迹猶存，而蒼苔已滿，轉目皆空花矣。我但歷覽泉石之奇秀，又登高以望海中神山，長嘯生風，玉女來下，曠然視宇宙爲小，又何難遺

① 關於玉真公主生平及與李白之交往，郁賢皓先生《李白與玉真公主過從新探》（《文學遺産》1994 年第 1 期）、劉友竹先生《李白與元丹丘、玉真公主交遊新考》（《成都大學學報》2002 年第 2 期）、丁放、袁行霈先生《玉真公主考論》（《北京大學學報》2004 年第 2 期）、王汝濤師《玉真公主軼事考》（《唐代小説與唐代政治》，嶽麓書社 2005 年版）、土屋昌明《唐代詩人與道教之關係——李白與玉真公主》（《三秦道教》2004 年第 2 期）等論文均有細緻考索，本文多所藉助，附志謝忱！

塵世哉！”當代學者裴斐也認爲：“《遊泰山》六首……除遇仙、採藥、煉丹以外，全無別的寄託。”（《李白十論·論李白的遊仙詩》）。唐氏此謂詩詠封禪轉目空花，微含譏刺，顯於李白素日持見不合；而將諸詩意旨歸結爲“何難棄世”，亦傾與原作寓意有間。而裴氏謂六詩全無寄託，也似未深探其微旨。按李白六詩雖屢現迷離奇幻之泰山仙境，但最終的歸結之點却是“稽首再拜之，自愧非仙才”。素以“謫仙”自許、“志尚道術，謂神仙可致”的李白，於此竟是“自愧非仙”，不願從之而羽化；長年冀望“遺我金光草，服之四體輕。將隨赤松去，對博坐蓬瀛”（《古風五十九首》之七）、“欲逐黃鶴飛，相呼向蓬闕”（《感興八首》之五）的太白，此番却是“稽首再拜”，謝絶仙子之相邀。究竟是什麼讓李白在此暫時放棄了他苦苦追索多年的神山仙界，不再盼棄世絶塵，而願回歸於人間呢？“玉真連翠微”、“捫天摘匏瓜”（按匏瓜爲星名，因《論語》中有孔子感嘆“吾豈匏瓜也哉”之辭，故李白嘗用之比喻個人功業之理想，如《早秋贈裴十七仲堪》：“荆人泣美玉，魯叟悲匏瓜。功業若夢里，撫琴發長嗟。”）諸句透露出個中消息——自以爲到手的仕宦前景與即將展開的功業鴻圖，頓使“以當世之務自負”的李白興奮不已，幡然易志，一改“求仙”爲“求官”。然當静夜松風，山幻弄奇，又讓他時時處於一種學仙不堅、徒凋朱顏的自悔自懺中。這種“仙、官兩無從，人間久摧藏”（《留別曹南別官之江南》）的困惑彷徨可以説貫串了李白終生，而這後一種情緒，又是李白“方希佐明主，長揖辭成功”（《還山留別金門知己》）、“歸來泰山上，當與爾爲鄰”（《魯郡堯祠送張十四游河北》）時欲功成身遁、還卧山林的思想基礎。所謂“曠然小宇宙，棄世何悠哉”即是此一懷抱的抒發。恰如薛天緯先生所論，“雖曰‘棄世’，却不是消極避世，而是在人生‘宇宙’之外，追求另一個拓展其精神的宇宙空間。”（《道教與李白之精神自由》，《20世紀李白研究論文精選集》頁535）要之，《登泰山》六首所抒寫的正是詩人面對求仙與求官、塵世與天堂、凡人與神仙、實有與虛無的兩難決擇與多重困惑，正是此時李白心緒的復雜性，遂使六首登山之作杳冥惝恍，令千秋而後，索解爲難。①

2001 年 9 月初稿

2007 年 8 月改訂

---

① 關於李白《登泰山》詩的意旨所在，袁愛國先生《“求仙”與“求官”——論李白的遊泰山詩》（《山東社會科學》1991 年第 3 期）與劉桂傳先生《李白〈遊仙詩〉六首賞析》（《泰山詩文鑒賞》，中國文聯出版社 2003 年版）均有精彩的揭析。兩文均指“《遊泰山》在自由飄逸的‘求仙’下掩蓋着强烈的用世之心”，確乎是洞悉入微。本文末節便參考上述二家之見解。

獨秀峰

# 敦煌文書《辛亥年善因願通等柒人將物色折債抄錄》淺釋

## 劉進寶[*]

敦煌文書 P. 3631《辛亥年（951）正月二十九日善因願通等柒人將物色折債抄錄》（《釋錄》第二輯第 227 頁），有學者將其作爲晚唐五代敦煌交換等價物的材料加以研究，爲便於說明，現轉引如下：

1. 辛亥年正月廿九日，先把物團善因、願通等柒人，欠常住斛斗，
2. 見將物色折債抄錄謹具如後：
3. 善因入布柒拾捌尺，準麥粟柒碩捌斗，折黃麻三碩玖斗。
4. 願通入褐布柒拾伍尺，準麥粟捌碩，折黃麻四碩。願威入
5. 榆木兩根，準麥粟陸碩；入昌褐肆拾尺，準麥粟肆碩；木及褐
6. 價折黃麻伍碩。保瑞入昌褐三丈貳尺，準麥粟三碩貳斗，
7. 折黃麻壹碩陸斗。保端替老宿入白方氈壹領，準麥粟
8. 肆碩，折黃麻兩碩。又入人上典物銅鍋子壹口。上件物色等對
9. 衆僧分付，領入庫內。領褐布人王上座，後要破數。
10. 又六月九日，保遂入斜褐壹段，準麥粟
11. 肆碩伍斗，折黃麻兩碩貳斗伍升。又紫
12. 綿綾衫表壹領，準麥粟玖碩，折黃麻肆
13. 碩伍斗。又白羊毛氈壹領，折麥粟兩碩
14. 伍斗。故僧願住入昌褐肆拾尺，折麥粟
15. 肆碩。又願通入布三丈捌尺，折麥粟三
16. 碩捌斗，其布僧政貸還入。善因褐袋壹口，折麥粟肆碩。保端
17. 替故張老宿入布壹丈伍尺，折麥粟壹碩伍斗；又昌褐貳

---

[*] 劉進寶，南京師範大學歷史系教授。

18. 丈肆尺，折麥粟兩碩肆斗。其文書內物於李法律

19. 算時總入破了，更無詞理。

20. 其文書內黃麻及麥粟並入

21. 願通交曆及李法律交曆。

　　在歸義軍時期的敦煌，基本上是物物交換，其中麥粟是交換中的等價物，充當了貨幣的計價功能。

　　本件文書雖然可能反映物品與斛斗之間的比價，但不能作爲商品交換的等價物看待。

　　據張弓先生教示，本件是寺院經濟文書，它屬於"抄"類，其性質爲某寺"入破計會"（年終結算）之附件。第一行的"先"爲上年度之意，"把物團"乃該寺常住物管理者（"把"乃收入之意），一般是一年輪換一次，它相當於寺院中的"直歲"。"直歲"之直，乃當值之意。禪宗寺院中，稱一年之間擔任幹事之職務者爲直歲。《敕修百丈清規》卷四"東序知事"條、《禪苑清規》卷三均有"直歲"，並詳記其職掌範圍，舉凡殿堂寮舍損漏之修茸、雜物之管理、役作人力之編派，乃至田園庄舍、碾磨碓坊、頭匹舟車、失火失盜、巡護防警等之差撥使令及賞罰等均屬之。

　　直歲掌管寺院中的一切雜物，原值一年之務，故稱直歲，如 P.2049《後唐長興二年（931）正月沙州淨土寺直歲願達手下諸色入破曆算會牒》，算會的就是"從庚寅年（930）正月一日已後，至辛卯年（931）正月一日已前"一周年的帳目；P.3352《丙午年（946）三界寺提司法松諸色入破曆算會牒殘卷》，也是"從乙巳年正月一日已後，至丙午年正月一日已前，中間一周年"的帳目；P.2049V《後唐同光三年（925）正月沙州淨土寺直歲保讓手下諸色入破曆算會牒》，也是"從甲申年（924）正月壹日已後，至乙酉年（925）正月壹日已前"一年的帳目。

　　後來，直歲的當值時間不再固定，演變爲一月、半月、一日或三年任其職，歸義軍時期的敦煌寺院中，常常能見到直歲當值三年的記載，如 P.2838（2）《唐光啓二年（886）安國寺上座勝淨等諸色斛斗入破曆算會牒殘卷》，就是"從辰年正月已後，至午年正月已前，中間三年應入磑顆（課）、梁顆、廚田，及前帳回殘斛斗油蘇等"的帳目。

　　善因、願通等七人爲什麼而"欠常住斛斗"，本件文書沒有說明。此"抄"記錄的是"把物團"用各類物品（布、褐布、榆木、昌褐等）折抵所欠斛斗之帳目。這些物品，或七人各自交入，或"替老宿入"，或他人所上"典質物"（銅鍋子壹口），均是"常住物"折成該寺"常住斛斗"。也不是七僧的私財，否則就不會當着全寺僧衆之面交割（"對衆僧分付，領入庫內"）。第15行的"願通入布三丈捌尺"，系該寺僧正歸

還以前向常住之貸借，它顯示了把物團用來折債的物品，確屬“常住物”性質。把物團用常住物品折常住斛斗（先用麥粟估其值，再折黃麻），可能是年終造帳的需要，即該寺“斛斗入破計會”（此類文書皆四柱式）維持帳面平衡的需要。第 18 行“其文書内物”，當指各種折債物品。“於李法律算時總入破了”，當指這些物品在李法律所造的“算會”（“入破曆計會”即總帳）的“總收入”（“總入”）項下被折成斛斗支出了（“破了”）；“其文書内黃麻及麥粟並入願通交曆及李法律交曆”，系指各種物品所折黃麻數、麥粟數，被作爲斛斗收入，記載到上年直歲（願通等）和今年直歲（李法律）互相交接的“常住斛斗帳”——一件交曆中了（在“自年新附入”項下）。由此可見，此件《物色折債抄》只是某寺會計帳的一份附件，《抄》内所載物品、斛斗，始終都是該寺“常住”之物，不是商品，更没有進入流通領域。用“常住物”折成“常住斛斗”入帳，是當寺結帳的需要，不是物物交換，（褐）布一尺＝麥粟一斗＝黃麻半斗，可以反映物品與斛斗間的比價，而“榆木兩根，準麥粟陸碩”、“褐袋壹口，折麥粟肆碩”，顯示的物品折糧食（麥粟）數額帶有很大的隨意性。因此，不能説本件文書中的麥粟是等價物、充當了貨幣計價功能。

借貸在敦煌寺院中是比較常見的，如 S. 1776《後周顯德五年（958）某寺法律尼戒性等交割常住什物點檢曆狀》（第三輯第 22 ~ 26 頁）就有“磑户康義盈李粉堆二人折債各入白方氈兩領”；P. 2917《乙未年（935 或 995）後常住什物交割點檢曆》（第三輯 26 ~ 27 頁）中有“王慶住折債鐺壹（在索僧政）。小索僧正鐺壹，内壹在保真，内壹在惠弁”；P. 2917《乙未年（935 或 995）後常住什物交割點檢曆》（第三輯 26 ~ 29 頁）有“肆斜，王慶住人債三壹口有古路。張江子入債柒升鍋子壹口，底上有烈”；P. 4004＋S. 4706＋P. 3067＋P. 4908《庚子年（940 或 1000）後某寺交割常住什物點檢曆》（第三輯 32 ~ 36 頁）有“慶住折債［入］”；“伍色新花氈壹領，梁户宋員達折債入”；P. 2555《諸親借氈褥名目如數》（第三輯 52 頁）有“金光明寺借花氈兩領、褥一條，白方氈肆領。索家白方氈一領、方褥兩領。康端公紅花氈三領，一領在堂内。□酒官家一瓮，羊一口”。

高利貸和利息收入也是敦煌寺院的重要收入構成。

# 西安碑林藏《隋趙芬殘碑》復原

樊　波<sup>*</sup>

　　隋《趙芬殘碑》，久湮，清初出土，1965 年入藏西安碑林。《雍州金石記》云：
"今在西安府城東二十里中兆村。碑上半已亡，其下半裂而爲三，今僅存前後二塊。土
人砌於堡門内，碑銜已亡，僅存一'碑'字，其下已無書撰人姓名，存字三百餘。"<sup>①</sup>
這段記載清晰地描述了清初《趙芬殘碑》的損毀情況，即碑當時已斷爲四段，上下已
佚，所以王昶《金石萃編》中雖有録文，但僅是殘存的兩石部分。<sup>②</sup>尤其需要注意的是，
由於《趙芬殘碑》在初出土時，未能盡除石面上的土鏽，拓字不全，故《金石萃編》
有關兩石的録文也不完整。筆者曾就國家圖書館所藏《趙芬殘碑》的早期拓本和 1995
年西安碑林椎拓的新拓本進行過比較，發現碑石現存文字較《金石萃編》所録文字已
多出 209 字。<sup>③</sup>趙芬其人，《北史》、《隋書》有傳，一般而言，以碑校史，彼此詳略，
多可互證。然碑石已殘，今存内容不全，以碑校史的作用也就顯得十分有限。

　　筆者就職於西安碑林，有現場觀摩和測量此碑的便利條件，加之羅振玉先生《雪
堂金石文字跋尾》曾云："碑久斷損，書撰人名已不可考。日本殘刻本《文館詞林》全
録其文，知爲薛道衡所撰，頗有資於考證。《北史》本傳父諒，《隋書·芬傳》作父演，
《詞林》則作父脩演，當以《詞林》爲得。又以《詞林》與碑互校，互有是
非。……"<sup>④</sup>知《文館詞林》中收録有《趙芬殘碑》全文。故今以 1995 年拓本（以下
簡稱"碑林本"）爲底本，<sup>⑤</sup>以中華書局出版《日藏弘仁本文館詞林校證》所録《趙芬
殘碑》録文（以下簡稱"詞林本"）、<sup>⑥</sup>《金石萃編》録文（以下簡稱"萃編本"）爲主

＊　樊波，西安碑林博物館副研究員。

① ［清］朱楓、李錫齡《雍州金石記》卷一，頁九，《石刻史料新編》第一輯第二十三冊，（臺灣）
　　新文豐出版公司 1982 年影印本。

② ［清］王昶《金石萃編》卷三八，頁六，北京市中國書店，1985 年。

③ 拙作《隋〈趙芬殘碑〉及其拓本》，《收藏》2005 年第 2 期。

④ 羅振玉《雪堂金石文字跋尾》丙三，頁二〇，《石刻史料新編》第三輯第三十八冊，（臺灣）新
　　文豐出版公司 1982 年影印本。

⑤ 《西安碑林全集》卷三，第 288 頁，廣東經濟出版社、海天出版社，1999 年。

⑥ ［唐］許敬宗編，羅國威整理《日藏弘仁本文館詞林校證》，第 150 頁，中華書局，2001 年。

要參校本，間或校以國家圖書館藏早期拓本，① 以期恢復碑石的原貌。

一

　　由於現存兩石均上下殘斷，行數及行字數原本不詳。今"詞林本"錄文有首句，結合"碑林本"殘存文字的排列順序，可大致推知碑行字數約 52 字。細審"碑林本"現存文字，發現碑文中"十一世祖融"、"高祖逸"、"曾祖琰"、"祖育賓"、"父脩演"等家諱並不空格，而"皇太子"前空一格。"詞林本"序文共計 1057 字，銘文 257 字，以每行 52 字推之，得序文 20 整行餘 17 字，即使將序文中的空格情況考慮進去，結合目前存字的排列位置，也祇有 21 行；銘文 4 整行餘 48 字，即佔 5 行，因此全篇合計 26 行。此外，"碑林本"較他本多一首題，故碑文應爲 27 行才是。以下校勘即依此爲據，並考慮現存字的位置情況，逐行文字對照錄示：

　　第一行：□□□□□□□□□□□□□□□ 碑 （下缺）

　　"碑林本""碑"字殘，"石"清晰可辨，"卑"之一竪劃尚能辨認，餘皆不清。此字以下或殘或存，未殘處無字畫痕跡，估計可能即碑首行。《雍州金石記》云："土人砌於堡門內，碑銜已亡，僅存一'碑'字。"是爲明證。

　　"詞林本"及"萃編本"無此行。

　　第二行：**若夫搏扶搖而上九萬者，必有垂天之羽翼。苞島嶼而納百川者，必有出日之波瀾。斯乃大器所以懷遠圖，宏才所以膺重任。故有出地**

　　"碑林本"缺"若夫搏扶搖而上九萬者必有垂天之羽"、"圖"、"才所以膺重任故有出地"等字，據"詞林本"補。

　　第三行：**出洛之佐，為梅為礪之臣，弼諧帝道，緝熙庶績，亦何代無其人哉。淮安定公繼之矣。公諱芬，字士茂，天水上邽人也。自瑤池御駛，鈞天射**

　　"碑林本"缺"出洛之佐爲梅爲礪之臣弼諧帝道緝熙"、"瑤池御駛鈞天射"等字，據"詞林本"補。"字士茂"，"詞林本"作"字土茂"；"亦何代無其人哉"，"詞林本"作"亦何代無人哉"，皆誤。

---

① 北京圖書館金石組編《北京圖書館藏中國歷代石刻拓片彙編》第九冊，中州古籍出版社，1989年。

第四行：熊，歷王澤而逢神，登常山而得寶，縣積載祀，英靈不絕。十一世祖融，字稚長，所謂荀令君趙蕩寇足為蓋時乎，其□人也。高祖逸，壯思高

　　"碑林本"缺"熊歷王澤而逢神登常山而得寶縣積載"、"蓋時"、"也高祖逸壯思高"等字，據"詞林本"補。"十一世祖"，"詞林本"作"十一葉祖"，羅振玉在《雪堂金石文字跋尾》中已明確指出《文館詞林》作者許敬宗為高宗朝人，故"世"作"葉"乃"此避太宗諱改"。"字稚長"，"詞林本"無，"碑林本"中此三字可見，"詞林本"誤。"其□人也"，"詞林本"作"即其人也"，"碑林本""乎"後接"其"字，明確可見，"詞林本"顯誤。

第五行：才，雲飛飆豎，已掛人搖史筆，不復架屋施牀。曾祖琰，祖賓育，或頻贊藩維，或屢腰銀艾，立言展事，歿而不朽。父脩演，分符賜札，樹德於名

　　"碑林本"缺"才雲飛飆豎已掛人搖史筆不復架屋施"、"屢"、"朽"、"脩"、"分符賜札樹德於名"等字，據"詞林本"補。"或屢腰銀艾"，"詞林本"作"屢腰屑艾"，無"或"字，若如此與"或頻贊藩維"一句無法對仗，且行字數少一字；此外，"銀艾"即"銀青"，"詞林本"作"屑艾"，語意不通，故當以"碑林本"為準。

第六行：邦；朱鷺丹帷，衰終於蒿里。而獸雲起，皐縣出；龍宿感，周勃生。公炳靈特挺，氣稟純粹。殊武仲之木性偏實，異文學之金精太多。孝窮行本，

　　"碑林本"缺"邦朱鷺丹帷衰終於蒿里而獸雲起皐縣"、"實"、"異""學""金精太多孝窮行本"等字，據"詞林本"補。"炳靈"，"詞林本"作"資靈"，顯誤。

第七行：仁為己任。崇讓去伐，絕矜尚之心；豁情順理，無喜慍之色。先聖微言，味之而不倦。雕蟲小道，能之而不為。物望坐高，聲譽藉甚。周太祖肇

　　"碑林本"缺"仁為己任崇讓去伐絕矜尚之心豁情順"、"物"、"坐高聲譽藉甚周太祖肇"等字，據"詞林本"補。

第八行：開相府，盛選僚佐，引為記室。轉外兵，遷內書舍人、尚書兵部郎。職乃應星，人同披霧，豈直張燈流稱，固亦覆被見知。周受禪，除冬官府司

　　"碑林本"缺"開相府盛選僚佐引為記室轉外兵遷內書"、"霧"、"亦覆"、"受禪除冬官府司"等字，據"詞林本"補。"書"字碑林本尚可見下半部分"日"。

第九行：邑大夫，又為陝州總管府長史。天府地軸，二國並興，伊洛崤函，百樓相對。金星火宿，芒角恒動，牙璋羽檄，晝夜交馳。公參贊戎機，運籌幕

　　"碑林本"缺"邑大夫又爲陝州總管府長史天府地軸"、"角"、"檄"、"贊戎機運籌幕"等字，據"詞林本"補。"火宿"，"萃編本"同，"詞林本"作"大宿"，碑林本"火"字清晰可見，"詞林本"恐爲刊刻時誤。

　　第十行：府，三川之地，呼吸而并吞；九國之師，逡巡而不進。加儀同三司，仍長史。徵入朝，歷御伯納言，進位開府儀同三司，稍遷内外府掾、吏部内

　　"碑林本"缺"府三川之地呼吸而并吞九國之師逡巡"、"稍遷内外府掾吏部内"，據"詞林本"補。

　　第十一行：史御正三大夫、天官府司會、春官府司宗，治夏官府司馬，封淮安縣開國子。前後任熊、浙二州刺史。公志識高瞻，幹翮優長，遍歷群司，咸

　　"碑林本"缺"史御正三大夫天官府司會春官府司宗"、"翮優長遍歷群司咸"等字，據"詞林本"補。"治"，"萃編本"同，詞林本作"領"，細審原碑，字不全，僅存下半部分，但"氵"及"口"清晰可辨，當爲"治"字。"浙"字，"詞林本"作"析"字，"碑林本""浙"字清晰可見，"詞林本"誤。

　　第十二行：居要重。文墨堆几，主者環階，照理若鏡明，剖滯如劒割。及擁旄拄節，按部班條，家承禮教，化致清靜。東夏平，授相州天官府司會，進爵爲

　　"碑林本"此行僅存"滯如"、"天"三字，"官"字下部"目"可見，餘字據"詞林本"補。

　　第十三行：侯。大象元年，置六府於洛陽，除少宗伯，攝夏官府事。二年，拜上開府，進爵爲公。大隋飛名帝籙，允葉天序，火木異行，鳥龍殊號。開皇元

　　"碑林本"此行僅存"官"字，餘字據"詞林本"補。根據下文的避諱格式，"大隋"前空一格。

　　第十四行：年，拜大將軍、東京尚書左僕射、封淮安郡開國公。東京罷，授京省尚書右僕射。三年，兼内史令，僕射如故。自金運窮圮，華夏陸沉，聖人之

　　"碑林本"此行全缺，據"詞林本"補。

　　第十五行：軌則罕存，先王之風格咸盡。皇上撥亂反正，康俗振人，標明政典，興復禮教。公内掌綸弗，外司端揆，若四嶽之遵行堯道，猶八元之輔

　　"碑林本"此行僅見"端揆"二字左半部分、"若"字大部分，餘據"詞林

本"補。

第十六行：成舜德。方驗大水憑舟，良臣見任，巨魚縱壑，聖主得賢。開皇五年，除蒲州刺史，加金紫光禄大夫。以公年時耆邁，故優以外任也。苞事四

"碑林本"缺"成舜德方驗大水憑舟良臣見任巨魚縱壑"、"蒲""外任也苞事四"等字，據"詞林本"補。"碑林本""聖"字下半部"王"可見。"開皇五年"，"萃編本"同，"詞林本"則作"某年"，恐爲唐人輯録時確切年代已不可考而爲之。此外，前文年代的書寫方式多採用提及元年時寫有年號，二年以後均直書年代，而不再書年號。如"大象元年，置六府於洛陽，除少宗伯，攝夏官府事。二年，拜上開府，進爵爲公"。前文中有"開皇元年"、亦有"二年"的書寫方式，碑文中亦見"粤十五年"的寫法，但不知爲何此處碑文卻書"開皇五年"，存疑。

第十七行：周，風化大洽。屢辭以疾，解職還京。九年，抗表乞骸，聽，以大將軍淮安公歸第。仍降璽書，兼賜几杖衣服被褥輦輿等。皇太子遣使致書，

"碑林本"缺"周風化大洽屢辭以疾解職還京九年抗表"、"太子遣使致書"等字，據"詞林本"補。"抗表乞骸"，"萃編本"同，"詞林本"則作"抗表乞骸骨"，誤。另，"碑林本""皇"字前有明顯空格，説明碑文對"皇"字避諱。"輦輿"，"萃編本"缺，詞林本作"板輿"，顯誤。碑上"輦"爲異體字，徑改。前文提及年號書寫問題，此處"九年"當指"開皇九年"，"詞林本"無"開皇"二字，若加二字，行字數多出兩字，固從"詞林本"。

第十八行：賚巾帔等七種。春秋七十有七，以開皇十四年二月十二日寢疾薨於京師之太平里第。王人吊祭，謚曰定公，禮也。粤十五年厝於小陵

"碑林本"缺"賚巾帔等七種春秋七十七以開皇十四年"、"五年厝於小陵"等字，據"詞林本"補。"詞林本"無"二月十二日寢疾"等字。"開皇十四年"，"詞林本"作"十四年"，今據前後行殘存文字的排列位置推斷當有"開皇"二字，否則，此行碑文少二字。"太平里第"，"詞林本"作"太平里"，原碑"第"字清晰可見，"詞林本"誤。

小陵原即少陵原。宋程大昌《雍録》"少陵原"條稱："在長安縣南四十里。漢宣帝陵在杜陵縣，許后葬杜陵南園。師古曰：'即今之謂小陵原者也，去杜陵十八里。'它書皆作少陵。"① 碑石原存地中兆村即位於少陵原。另，陝西藍田曾出土一墓誌蓋，

---

① ［宋］程大昌撰，黃永年點校《雍録》卷七，第146頁，中華書局，2002年。

上題"大隋大將軍尚書□僕射淮安定公墓銘"16字，① 當爲《趙芬墓誌蓋》無疑，但稱此墓誌蓋出土於藍田，與碑出土地有一定差距，存疑。

第十九行：原。惟公靈府內融，虛舟玄運，有禮有法，可大可久。從政立朝五十餘載，垂緌拖玉卅餘官，文馬華軒，不

"碑林本"缺"原惟公靈府""官文馬華軒不"等字，據"詞林本"補。"碑林本""府"字下半部"付"可見。此行缺字多，目前尚無法復原。

第二十行：改素士之操；當軸據要，彌懷恬淡之心。方正礭然，風塵不染。清白自守，脂膏莫潤。故能名行兩全，始終俱美。扶陽濟濟，豈得獨稱韋相；東

"碑林本"缺"改素士之操當軸據要彌懷恬淡之心方正礭"、"豈得獨稱韋相東"等字，據"詞林本"補。

第二十一行：都藹藹，自可繼軌疎公。而隨武可作，餘風未泯，公業不亡，析薪有寄。府佐杜寬等，仰惟盛範，畢世不追。雖良史得跡，藏於東觀，尚書故事

"碑林本"缺"都藹藹自可繼軌疎公而隨武可作餘風未泯"、"於東觀尚書故事"等字，據"詞林本"補。"府佐杜寬等"，"萃編本"同，"詞林本"作"佐官姓名等"，可見唐時輯錄時確已不知文章之細節處。"畢世"，"詞林本"作"畢志"，"世"字，碑文可見。"得"，"詞林本"作"德"，碑文"得"字可見，"詞林本"誤。

第二十二行：留在南宮，而風煙已合，莫辨成樓之氣；松柏且摧，誰知夏屋之所。乃勒此高碑，樹之幽隧，同扶風之下馬，若襄陽之墮淚。其詞曰：

"碑林本"缺"留在南宮而風煙已合莫辨成樓之氣松柏且"、"墮淚其詞曰"等字，據"詞林本"補。"摧"字，"詞林本"作"權"，顯誤。

第二十三行：長源遠胄，出嶭分秦。文祠二客，襄祭三神。縣紀歷代，鍾慶累仁。不常厥土，所在稱珍。潘美家風，陸陳祖德。粵惟盛緒，播此淳則。代襲衣纓，

"碑林本"缺"長源遠胄出嶭分秦文祠二客襄祭三神縣紀歷"、"累"、"播此淳則代襲衣纓"等字，據"詞林本"補。

第二十四行：門傳儒墨。用仁成里，以信爲國。惟公降誕，早標風槩。雅量遠情，

① 《隋唐五代墓誌彙編》陝西卷第三冊第13頁，天津古籍出版社，1991年。

動無近對。研尋百氏，下上千載。立行德尤，出言可佩。繁數縟禮，報德酬庸。

　　"碑林本"缺"門傳儒墨用仁成里以信爲國惟公降誕早標風榘雅量遠情"、"繁數縟禮報德酬庸"等字，據"詞林本"補。"千載"，"詞林本"同，"萃編本"作"千古"，碑文"載"字清晰可見，"萃編本"誤。"德尤"，"詞林本"作"寡尤"，顯誤。

　　第二十五行：頻移人爵，屢荷天龍。黃扉置府，赤社分封。堂高陛峻，實著賓從。鼎命歸火，謳歌去木。五運載新，三靈改卜。蕩滌區宇，澄清垺驪。任忉股肱，

　　"碑林本"缺"頻移人爵屢荷天龍黃扉置府赤社分封堂高"、"實著賓從"、"宇澄清垺驪任忉股肱"等字，據"詞林本"補。

　　第二十六行：誠深啓沃。漢委四奇，魏憑五俊。居今望古，綽有遊刃。應物英明，持身淑慎。名教斯在，風猷坐鎮。麥丘祝壽，句芒賜年。三達已具，五福無愆。

　　"碑林本"缺"誠深啓沃漢委四奇魏憑五俊居今望古綽有遊刃應物英明持"、"年三達已具五福無愆"等字，據"詞林本"補。

　　第二十七行：高情知止，大璞能全。蘭陵金散，沛邑車懸。千月易往，一生俄度。白日滕城，黃腸霍墓。石麟詎起，金雞豈呼。銘贊恒存，聲塵永布。

　　"碑林本"缺"高情知止大璞能全蘭陵金散沛邑車懸千月易往一生俄度白日滕"、"雞豈呼銘贊恒存聲塵永布"等字，據"詞林本"補。

## 二

　　《趙芬碑》全文的披露，爲研究趙芬及其家族世系提供了豐富的研究資料。趙芬，《隋書》、《北史》[①] 均言其爲天水西人，而碑載爲天水上邽人，據碑可訂正。碑載趙芬十一世祖趙融、高祖趙逸、曾祖趙琰、祖趙賓育、父趙脩演，五人史籍均載，見《魏書》、《北史》、《隋書》等。趙融，見《魏書·趙逸傳》，稱："十世祖融，漢光祿大夫。"[②] 王昶對此已有詳細考證，稱："碑稱融爲芬之十一世祖，則當爲逸之七世祖，不知史傳何以稱融爲十世祖也。芬爲周隋時人，琰在北魏之世，溫在魏初，史但稱融爲漢光祿大夫，不詳何年即由魏初上推漢末。不過二百餘年，其爲七世似屬可據，則係

---

① 《隋書》卷四六，中華書局 1973 年點校本。《北史》卷三二，中華書局 1974 年點校本。
② 《魏書》卷五二，中華書局 1974 年點校本。

史誤七爲十，當以碑爲正也。"① 趙逸，《魏書》、《北史》均有本傳，並附有趙琰事蹟，稱趙琰爲趙逸兄趙溫之子，②《魏書‧趙琰傳》亦云爲趙溫子，③ 今據碑載知趙琰爲趙逸子，可糾史籍之誤。《魏書‧趙琰傳》亦載："（子應）。應弟煦，字賓育，好音律，以善歌聞於世，位秦州刺史。"④ 知賓育爲趙煦之字。父趙脩演，在早期拓本存字有限的條件下，曾是王昶考證時的一大難點。其稱："《隋書‧趙芬傳》則云父演，周秦州刺史，與《北史》之言父諒者異。蓋《北史》於逸傳不及賓育之子，碑又不及芬之父，不能定其諒與演之孰是矣。"⑤ 今據《文館詞林》可知父脩演，脩演可能是趙演的表字。至於趙芬本人，碑與史籍相比較，內容比較類似，但碑敍歷官經歷，無論從時間還是職位的變更都要詳於史，可補史籍簡略之闕。

今天碑林的殘石，爲兩石，均厚23.5釐米，當爲《雍州金石記》所云殘石。一石殘高83釐米，上殘寬38釐米，下殘寬37釐米；另一石殘高79釐米，上殘寬37.5釐米，下殘寬41釐米。兩石各存13行，行字數不等。前文已推測全文共計27行，行52字，如果此番推論正確的話，那麼現以較爲清晰的第二塊殘石爲例，以一行存整字28字77釐米算，一字佔格2.75釐米，52字共計143釐米左右。以存11整行33.5釐米算，一字寬3.3釐米，27行共計89釐米左右，即《趙芬碑》碑身高143釐米，寬89釐米，27行，行52字。西安碑林第三展室陳列的隋《孟顯達碑》，碑身高130釐米，寬66釐米，26行，行46字，我們推斷的結果與之相比，還是比較符合常理的。此外，有關《趙芬殘碑》的記載多見於清人的著述，推測其在宋以前可能就已埋入地下。經現場認真觀摩，筆者發現現存兩石大小相當，十分規整。第一石右側、第二石左側均已至碑邊，而第一石左側、第二石右側以及兩石上下邊則都有明顯的人工鑿過的痕跡，且十分整齊，似曾被挪作他用過。根據上文的推測資料，我們可以推出上下已佚兩石的大概尺寸。根據《雍州金石記》的記載，已知原碑斷爲四塊，以現存兩石爲原碑中段左右部分可以肯定佚失應該是原碑的上下部分，其形狀當爲橫石，其寬當爲碑寬，即89釐米；第一石之上最少還應有約16字，現存第二石下最少還應有6字，以行一字約2.75釐米爲據，最上石高44釐米，最下石高應爲16.5釐米。這樣我們會發現，最上石的尺寸與第一、第二石的尺寸差不多，均爲規整的長方形石，這就增加了他用的可能性。隋碑被挪作他用，最典型的例子莫過於《孟顯達碑》，此碑1910年出土於長安區南里王村，在唐晚期就已被改造成石槨蓋來使用。從《趙芬碑》自宋以降未見著

---

① 《金石萃編》卷三八，頁六。
② 《魏書》卷五二《趙逸傳》。《北史》卷三四《趙逸傳》。
③ 《魏書》卷八六《趙琰傳》，第1882頁。
④ 《魏書》卷八六《趙琰傳》，第1882頁。
⑤ 《金石萃編》卷三八，頁六。

録這點看，瘞埋或被挪作他用的可能性都比較大。當然，兩石的人工鑿痕也有可能是
《雍州金石記》所稱"土人砌於堡門內"時所爲。

《隋趙芬殘碑》

# 試論漢魏六朝碑刻文字的系統性

何　山[*]

系統通常是指自成體系的組織或同類事物按一定秩序和内部聯繫組合成的整體。漢魏六朝作爲俗字運用達到高峰的時代，人們描繪此時期的用字情況，大多持嚴厲的批評態度，指責“書迹鄙陋，專輒造字”[①]（P514），“點劃偏旁隨意增損，怪誕紕繆觸目皆然，變態不窮”等，認爲其文字異常混亂，似乎漢字的使用成了個人可以隨心所欲塗抹的符號，甚至對漢字的系統性産生懷疑。我們通過對漢魏六朝碑刻文字的全面考查發現，此時期的用字儘管俗别字確實比較多，但並不是文字學家們所謂的“滿目蓁蕪”，雜亂無章，没有規律，缺乏系統。事實上，其構件之間的相互聯繫，漢字形體記號化所呈現的序列性，形體異寫的規律性等方面都體現出較强的系統性。現擬從以下幾個方面來論證。

## 一　漢魏六朝碑刻文字構件之間的相互聯繫

首先應該承認，從隸書到楷書的形成過程中，六朝文字是比較隨意的。以碑刻銘文爲例，書寫者常常根據需要，將構件隨意加以改寫，産生出大量的俗别字。在碑刻文字中突出表現爲三種情況：

其一，以一個構件爲基礎，按照一定的演進序列，逐漸改寫成形義没有聯繫的其他構件。如：

1. 構件“方”（主要表現在構件“方”上）常被改寫爲“礻”、“衤”、“扌”、“扌/才”、“木/木”等。

（1）方→礻

刻寫者將構件“方”中的筆劃“乛”的折筆拉直，並省鈎，即成構件“礻”。如：旗，祺[①]（0644 元信墓誌）；旌，旌（0644 元信墓誌）；於，祚（0650 元端墓誌）。再

---

\* 何山，西南大學文獻研究所博士生。
① 此圖片取自毛遠明《漢魏六朝碑刻校注》掃描拓片，圖片後的編號爲拓片編號，下同。

在構件"礻"的右邊加點即爲構件"衤"。如：旗，𣄿（0733 乞伏寶墓誌）；旋，𣄡（0358 元英墓誌）；遊，𣄠（0525 鞠彥雲墓誌）等。

（2）方→礻

由於相似構件的混同，刻寫者往往在"方→礻"的基礎上再加上點則變爲構件"衤"。如：旌，𣄡（0616 於纂墓誌）；旋，𣄡（0721 楊昱墓誌）等。

（3）方→扌/才

刻寫者有時將構件"方"中筆劃"𠃌"的折筆拉直後，不走省鉤的路子，而將拉直的筆劃與上面的點畫相連，形成筆劃"丨"，即成構件"才"。如：旗，𣄿（0680 爾朱襲墓誌）。或者"𠃌"省折筆後，把點與撇連起來，改寫成一撇，即爲"（於）𣃓（0367 元伻墓誌）"中的構件"扌"，然後進行筆劃調整，也得到構件"才"。如：遊，𣄠（0074 成陽靈台碑）。也有的拉直"𠃌"省鉤後，再與上面的點，連寫成"丨"，就成構件"才"。如：旋，𣄡（0844 元湛妃王令媛墓誌）；於，𣃓（0174 王興之及妻宋和之墓誌）等。

（4）方→扌

構件"才"的撇畫下移並與"丨"交叉，就得到構件"扌"。如：於，𣃓（0251 淨悟浮圖記）；旋，𣄡（0666 元誕墓誌）等。

（5）方→木/朩

考慮到文字形體的内部平衡，構件"才"右邊加點，以避免右邊顯得過於空洞的缺陷，於是形成構件"朩"。如：於，𣃓（0448 元佑墓誌）；省去鉤，即得構件"木"。如：遊，𣄠（0623 元固墓誌）；旋，𣄡（0283 元彬墓誌）等。

由構件"方"改寫而成的構件"礻"、"衤"、"扌"、"扌/才"和"木/朩"，雖在形義上與構件"方"失去了聯繫，但它們形體的變化整體呈現出一種動態的過程，大體上自成演進序列（如後圖所示），這是不同於下面第二種情況的地方。

其二，將一個構件改寫成形義毫不相關的幾個其他構件。如：

2. 禾→礻　稷→𥚢（0694 元天穆墓誌）；科→䄯（0093 魏元丕碑）

　　𠂢→秘→秘（0159 徐義墓誌）

　礻→秣→秣（0483 穆纂墓誌）；　　　　秩→秩（0568 元熙墓誌）

　　→木　穆→𥞜𥞜（0283 元彬墓誌）

3. 礻→　禮→禮（0342 元詳墓誌）

　　→木　祖→袓（0304 元弘嬪侯氏墓誌）

　　→方　祖→祖（0411 王紹墓誌）

　　→衤　祖→祖（0603 染華墓誌）

　　→禾　祀→秄（0506 席盛墓誌）

4. 礻→衤　和初→ （0099 北海太守爲盧氏婦刻石）；褐→褐 （0472 劉滋墓誌）

　　→禾　初→初 （0611 元曄墓誌）

　　→木　衿→枔 （0527 元斌墓誌）；　　　　袖→袖 （0673 元維墓誌）

　　→禾　衿→秾 （0765 王僧墓誌銘）

5. 矢→扌　短→挺 （0677 邢巒妻元純阤墓誌）

　　→元　矯→矯 （0530 元謐墓誌）；矩→秬 （0590 尹祥墓誌）

　　→元　矯→矯 （0594 秦洪墓誌銘）

　　→木　矩→柜 （0074 咸陽靈台碑）

　　→夫　矩→矩 （0764 元玕墓誌）

　　→失　族→袟 （0305 元誘妻馮氏墓誌）

6. 夫→矢　規→規 （0389 元演墓誌）

　　→夭　規→頵 （0777 元鷟妃公孫甄生墓誌）

　　→元　規→視 （0564 王君妻元華光墓誌）

其三，將幾個形義毫不相關的構件，改寫成同一個構件。如：

7. 爿→丬　將→捋 （0713 元彰墓誌）；狀→状 （0655 元湛墓誌）

　　牛→丬　牧→牧 （0320 元鷟墓誌）；物→牣 （0351 穆循墓誌）

　　扌→丬　擒→捡 （0411 王紹墓誌）

　　丩→丬　收→收 （0595 侯剛墓誌）

　　木→丬　樹→樹 （0320 元鷟墓誌）；校→扱 （0280 元偃墓誌）

8. 廠→廣　厚　厚 （0448 元祐墓誌）；　廣→廠　廟厝 （0687 元液墓誌）

　　广→廣　痤　廎 （0491 王遺女墓誌）；廣→广　廢 廢 （0587 伏君妻咎雙仁墓誌）

單從以上幾組構件異寫和混寫的情況來看，給人的印象確實是文字使用比較混亂。但是我們如果換一個角度，將它們歸入相應的構件集合中來考察，又會産生一種新的認識。

首先，從構件改寫前後的數量上看，存在着一對一、一對多、多對一三種關係：上舉的 8 組例子中，除第 1 組是 "一對一" 的關係外，第 2 至第 6 組爲 "一對多" 的例子，第 7 組爲 "多對一" 的例子，而第 8 組則包含了後兩種情況，可圖示爲：

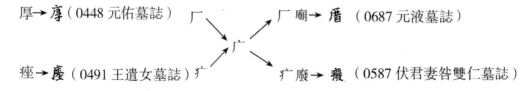

其次，從通行構件與異寫構件之間的對應情況來看，第 1 組構件的異寫狀況呈"鏈條式"（如圖一），第 2～4 組三個構件的異寫狀況呈"循環式"（如圖三），

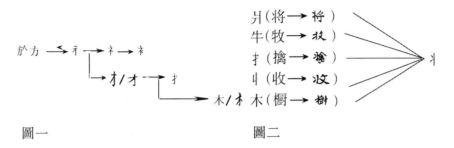

圖一　　　　　　　　　　　圖二

第 5、6 組呈"交叉式"（如圖四），第 7 組呈"輻射式"（如圖二）。

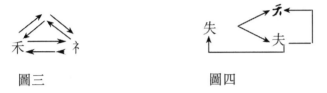

圖三　　　　　　　　圖四

構件是組成漢字最基本的要素。如果把漢魏六朝碑刻文字的構件都抽取出來，歸入一定的構件集合中，碑刻文字也會分屬於不同的集合，形成一個具有內部聯繫的整體，其文字的系統性也就自然得以顯現。

## 二　漢魏六朝碑刻文字形體記號化所呈現的序列性

文字書寫者對漢字形體的主觀改造，會造成字形變異，形義關係脫節，造字理據隨之隱晦，碑刻異體記號字由此而產生。這些記號字的形成，經歷了字形結構從有理據到理據部分或完全喪失的過程，碑刻中所保留的過渡字形清晰地記錄下了這一變化過程。利用這些過渡字形材料，可以對漢字記號化過程中的對應形體進行系統歸納，從而實現對其形體記號化過程的追溯與呈現，把有些今天人們認爲形體來歷不明的漢字搞清楚。下面舉例加以說明。

**（一）構件"山→止"和"止→山"的記號化。**

1. 山→止，先看幾個構件原來是"山"，記號化爲構件"止"的例子：

①仙→仙（0895 杜文雍等十四人造像記）→仙（0655 元湛墓誌）→仙（0580 郭法洛等造像記）→仙（0363 仙和寺尼道僧略造像記）→仙（0329 元爕造像記）

②剛→剐（0689 寇霄墓誌）剐（0335 元嵩墓誌）→剐（0427 張宜墓誌）→剐

（0595 侯剛墓誌）→剛（0474 元賄墓誌）

③崗→崗（0335 元嵩墓誌）→崗（0607 元郎墓誌）→崗（0291 元羽墓誌）崗（0739 王悅及妻郭氏墓誌）→崗（0718 元恭墓誌）

從"仙"、"剛"、"崗"三個字中構件"山"的記號化過程可以看出，其起點都是把第三畫"丨"改爲"丶"，然後把"丶"變爲"一"，成爲構件"止"後，再把其中的筆畫"L"變爲"⊥"，就得到記號構件"止"。

2. 止→山，其記號化的例子如：

①誕→誕（0945 崔頠墓誌）誕（0360 元冏墓誌）→誕（0364 司馬紹墓誌）→誕（0655 元湛墓誌）→誕（0742 韓顯祖等造塔像記）

②延→延（0327 寇猛墓誌）→延（0307 侯太妃自造像記）→延（0254 王神虎造像記）延（0294 任城王妃李氏墓誌）→延（0655 元湛墓誌）

③武→武（0594 秦洪墓誌銘）→武（0335 元嵩墓誌）→武（0476 元孟輝墓誌）→武（0684 丘哲墓誌）→武（0664 唐耀墓誌）→武（0653 元宥墓誌）武（0655 元湛墓誌）武（0325 寇臻墓誌）

④此→此（0479 司馬昞墓誌）→此（0944 賀拔昌墓誌）→此（0286 解伯達造像記）→此（0274 丘穆陵亮妻尉遲氏造像記）此（0385 鄯乾墓誌）→此（0890 道寶碑記）

上面四組字反映出構件"止"的記號化過程爲：先把構件"止"中的筆畫"⊥"變爲"L"，再把短"一"改爲"丶"，逐步向下調整"丶"的位置，與筆畫"L"的右端相連接，最後改"丶"畫爲"丨"畫，即得記號構件"山"。

**（二）"為"字的記號化過程例析**

爲了更好地展現"爲"字的記號化過程，根據漢魏六朝碑刻中"爲"字的現實字形，我們把它的記號化情況分成三部分來分析：

1. 構件"爪"的記號化

"爲"上面從爪，碑刻中的字形"爲（0105 何饋畫像石題字）、爲（0674 笱景墓誌）"等都還保留着，然後逐漸簡寫，在《穆彥墓誌》中被寫作爲（0685），在《元廣墓誌》中被寫作爲（0425），"爪"被記號化爲一橫；在《司馬昞墓誌》中被寫作爲（0479），橫畫有所縮短，在《叔孫協元孟輝墓誌》中被寫作爲（0478），橫畫寫得更短了，且有向點畫書寫的傾向；在《元緒墓誌》中被寫作爲（0339），在《王僧墓誌銘》中被寫作爲（0765），等等，構件"爪"被記號化成了一點。其過程可圖示爲：

爲→爲（0105 何饋畫像石題字）爲（0711 元墓誌）爲（0718 元恭墓誌）→爲（0676 元繼墓誌）爲（0674 笱景墓誌）爲（0680 爾朱襲墓誌）→爲（0685 穆彥墓

誌）**爲**（0425 元廣墓誌）→**爲**（0315 元龍墓誌）**爲**（0327 寇猛墓誌）→**爲**（0302 侯太妃造像記）**爲**（0478 叔孫協元孟輝墓誌）→**爲**（0339 元緒墓誌）→**爲**（0575 元懃墓誌）**爲**（0765 王僧墓誌銘）

2. 構件"彐"的記號化

爲了書寫、鐫刻的方便，刻寫者將構件"彐"中折畫逐漸減省。其記號化的情況如下：

**爲**→**爲**（0949 惠藏靜光造像記）→**爲**（0832 李次明造像記）→**爲**（0871 元元融妃盧貴蘭墓誌）→**爲**（0861 王氏女張恭敬造像記）→**爲**（0807 范思彥墓記）

從這個鏈條我們可以看到，"爲"字中的折畫經歷了由三折到兩折，再到一折的變化過程。

3. 構件"灬"的記號化

同樣爲了書寫、鐫刻的方便，構件"灬"也向着更加簡化的方向發展：

**爲**→**爲**（0074 成陽靈臺碑）**爲**（0737 元爽墓誌）**爲**（0868 吳叔悅造像記）→**爲**（0327 寇猛墓誌）**爲**（0425 元廣墓誌）→**爲**（0938 牛景悅造浮圖記）**爲**（0871 元元融妃盧貴蘭墓誌）**爲**（0861 王氏女張恭敬造像記）→**爲**（0949 惠藏靜光造像記）**爲**（0832 李次明造像記）→**爲**（0807 范思彥墓記）→**为**（0246 梁舒墓表）

這個鏈條反映出構件"灬"經歷了由"灬"到連寫成"⌒"，再到"⎵"，最後省作"丶"的記號化過程。

各構件的變化一方面各自發展，另一方面又共同組裝，內部情況錯綜複雜。其總的過程可圖示爲：

由上可知，"爲"字的記號化主要是構件"爪"、"彐"和"灬"的簡化而造成的，劉延玲在其《魏晉行書構形研究》中，對魏晉行書中"爲"字的變異情況作了歸納，但她所列字料非常有限，而且缺少對構件"爪"的異寫情況的考察，不能具體勾勒出"爲"字形體記號化的全面、真實情況，而我們利用碑刻中的字料，則可以全面揭示其記號化的過程，從而彌補了對"爲"字形體變異研究的不足之處。

構件"山→止"、"止→山"和"爲"字的記號化過程告訴我們，碑刻中所保留的漢字形體記號化的過渡字形，不是偶然地、零碎地存在着，而是呈現出一定的序列性，能系統地找出記號化過程中相應形體的對應規律。雖然上述每個鏈條上的字形產生時間的先後難以確定，但這些字形來源於不同的碑文，並由不同的書家和刻工所刻寫卻是可以肯定的。不同的人寫不同的字，處於不同起點上的相同構件，其記號化的序列（包括演進的途逕和演進的結果）卻驚人的相似，這反映出碑刻異體記號字是漢字大系統中的一個小系統，利用系統中的字形材料，就可以比較清楚地解釋因書體改變、人爲書寫而導致的漢字形體記號化歷程，並抽取其變化的內部規律。

### 三　漢魏六朝碑刻文字形體異寫的規律性

漢魏六朝碑刻異寫字看起來似乎是雜亂無章的、偶然的、個別的，但就整個系統來説，形體上也呈現出一些較爲明顯的特徵，具有一定的規律性。這些混亂用字現象背後所體現出來的規律性，更深刻地反映出了碑刻文字牢固的系統性。主要表現爲以下幾個方面：

#### （一）類推性

漢魏六朝碑刻文字中，形體異寫明顯地體現出了類推的規律。其主要表現形式可以作如下歸納：

1. 相同的構件在不同的構字環境中，書寫形式往往相同，反映出構件的類推。例如：

①曹，在《孫仲隱墓誌》中被寫作曺（0083），此外還有曺（0361 元保洛墓誌）、曺（0367 元侔墓誌）、曺（0440 元濬嬪耿壽姬墓誌）、書（0472 劉滋墓誌）等，都有異寫構件“宙”；遭，在《劉阿素墓誌》中被寫作遭（0470），還有遭（0484 劉華仁墓誌）、遭（0486 張安姬墓誌）、遭（0510 元倪墓誌）等，相同的構件“曲”也被異寫作“宙”，體現出類推性。

②珍，在《元謐墓誌》中被寫作珎（0530），在《元玠妻穆玉容墓誌》中被寫作珎（0457），構件“彡”均改寫爲“尓”。相同構件出現類推，故“疹”在《元思墓誌》中被寫作（0331）疢；“沴”作沵（0335 元嵩墓誌）；殄，作殄（0718 元恭墓誌）。構件“彡”也都被改寫成了“尓”，其類推規律十分明顯。

③朔，在《徐義墓誌》中作朔（0159），構件“屰”變成“手”。厥，在《楊著墓碑》中作厥（0061），在《成陽靈臺碑》中作厥（0074）；逆，在《石勘墓誌》中作逆（0166）。構件“屰”的類推情況比較複雜。圖示如下：（排序可以不分先後）

　　　　　　作“扌”厥（0061 杨著墓碑）類推出 朔（0159 徐義墓誌）

屰　　　　　作“羊”厥（0074 成陽靈臺碑）類推出 逆（0166 石勘墓誌）

作“手”，（0061 楊著墓碑）類推出（0159 徐義墓誌）

作“羊”，（0074 成陽靈台碑）類推出（0166 石尠墓誌）

2. 相似的構件在不同的構字環境中，刻寫形式也可能趨同。例如：

①“拜”字，在碑刻中被改寫作𢪸（0553 李超墓誌）、𢪸（0812 元鷙墓誌）等，左邊的構件“手”均被改寫爲“𠂆”；而“邦”字，本是從邑豐聲的形聲字，由於左邊的構件“丰”與“拜”字左邊的構件“手”非常相似，故“邦”被改寫作邦（0525 鞠彥雲墓誌）、邦（0652 陸紹墓誌）等，在類推的作用下，各字具有相同的構件“𠂆”。

②“拜”字，在碑刻中又被改寫作拜（0067 肥致墓碑）、拜（0119 曹真殘碑）、拜（0140 臨辟雍碑）等，右邊的構件“手”都被刻寫爲“羊”；而“辨”字，右邊的構件“辛”與“拜”字右邊的構件“手”有些相似，故“辨”在《西峽頌》中被寫作辨（0070），“辯”在《元維墓誌》中被寫作辯（0673），構件“辛”也都被刻寫爲“羊”，體現出了一定的類推性。

漢魏六朝碑刻銘文中，人們使用類推律造就了大批的異體字，它是使觀察對象系統化、條理化、形式化的有效思維模式和心理歷程。人們希望通過類推的作用使漢字形體在多樣性中提供篩選，進而趨於統一，借此來解決漢字難寫、難記的問題，應該説這種現象存在着合理的因素。當然同時也可能給漢字體系帶來麻煩，如果人們在使用漢字時都這樣一味地類推下去，漢字符號之間的區別度就會大大降低，勢必造成“千字一面”的混同局面。它啓示我們在使用漢字和規範漢字的過程中，必須掌握好一定的尺度，正確發揮類推律的作用，揚長避短，使它在漢字發展過程中發揮積極的作用，而避免消極影響。

### （二）混同性

除了上述的類推律可能造成文字形體的混同外，漢魏六朝碑刻中，同一構件常常有多種不同的書寫形式，如前文舉的“矢”可以寫作“天、夫、旡”等構件；“夫”可以寫作“天、旡、矢”等構件。不同或相似的構件又可以寫作同一個構件。這樣就會在不同的漢字形體中出現來源根本不同，而外形相同的構件，從而造成碑刻中構件或字形的混同現象。例如：

①艹→丷簡蕳（0411 王紹墓誌）

从→丷從→從従（0331 元思墓誌）；縱縦（0712 元顥墓誌）

仌→丷俗俗（0330 奚智墓誌）

⺮→丷筆筆（0448 元祐墓誌）

廿→丷漢漢（0074 成陽靈台碑）；謹謹（0280 元偃墓誌）

亼→丷兮兮（0533 元昭墓誌），兮（0623 元固墓誌）

　　以上各字，其不同的構件"艹"、"從"、"夂"、"竹"、"廿"、"亼"從不同的渠道被改寫之後，構形趨同，形成相同的構件"丷"。前面所舉的相似構件"廠"、"廣"、"疒"，可以互相改寫，不同的構件"山、止"也可以相互替換，最終都被記號化，並類推出一群字，造成了大量的訛混文字形體。其結果是以字形示義作用的隱退，換取了不同的構件可以用同一個符號來代替，從而催化了構件符號的"記號"化進程，文字符號化被推上一個新的層面，爲更高層次的漢字符號系統的形成創造了條件。

### （三）趨簡性

　　碑刻異寫字的產生，形體簡化者是大多數，繁化者也有，但是所佔比例不大，而且多是偶然字例，複現率很低，大多屬於文字使用者的臨時個人行爲，缺乏系統性。而簡化的復現率卻比較高，屬於一種社會普遍用字行爲。書手爲了追求文字形體的簡便易寫，盡可能地對複雜的漢字形體加以簡化，因此其趨簡性特徵比較突出。他們要麼直接將漢字的固有筆畫減少，要麼將複雜字形中的部分構件加以簡省、粘合，最終達到形體簡潔、易於刻寫的目的。

　　從甲骨文開始，漢字就已經是比較成熟的、成系統的文字了。在以後的發展歷程中，雖然其象物性特徵逐漸減弱，符號性特徵逐漸增強，但漢字始終保持着它的完整系統性。而且其系統網絡在動態演進的過程中，始終朝着經濟實用的方向發展。漢魏六朝文字面貌反映出來的客觀事實，體現出一方面有人爲的不斷改造，另一方面又有文字系統自身的調整和制約，以遏制文字使用的自由主義。因此，儘管人爲因素確實給漢字體系帶來了不少的麻煩，甚至混亂，但整個文字的系統性、規律性卻一直頑強地保持着，並處於主導的地位。而人們改造漢字形體的各種有益嘗試，又不斷地使漢字符號系統在發揮其記錄語言、傳遞信息的功能時更加方便，更加快捷，更加精確。

　　（本文在寫作過程中得到導師毛遠明教授的悉心指導，特致謝忱。）

**參攷文獻：**

[1] 顏之推撰、王利器集解：《顏氏家訓集解》，上海：上海古籍出版社，1980 年。

[2] 馬向欣：《六朝別字記新編》，北京：書目文獻出版社，1995 年。

[3] 劉延玲：《魏晉行書構形研究》，上海：上海教育出版社，2004 年。

[4] 裘錫圭：《文字學概要》，北京：商務印書館，2006 年。

[5] 毛遠明：《漢魏六朝碑刻校注》，北京：綫裝書局，即出。

[6] 毛遠明：《漢魏晉南北朝碑刻文獻文字研究的初步設想》，重慶市語言學會第五屆年會論文，2005 年。

# 司馬金龍墓葬出土碑形墓誌源流淺析

張銘心[*]

## 一 緣起

筆者在整理研究十六国時期碑形墓誌資料時發現，在迄今爲止中國北方地區出土的十六國時期碑形墓誌均具有統一的圓首碑形的形制、銘文書寫格式，以及統一名爲 "墓表" 的用詞等特徵。雖然至今發現的具有這些特徵的墓誌出土地域比較散亂，但是通過對墓誌主籍貫及任官地等背景的分析可知，這些碑形墓誌的主人在籍貫上集中於秦、雍、涼三州，在活動區域上集中於涼州的現象。由此得出了這種圓首碑形墓表作爲一種喪葬用具，具有河西文化之地域性特徵的結論。進而提出了 "河西圓首碑形墓表" 的概念[①]。

然而按照以上的觀點，當我們面對大同地區出土的南北朝時期的北魏 "司馬金龍墓表" 時就遇到了困難。也就是說，司馬金龍作爲晉皇族後裔，既沒有在河西爲官的經歷，也沒有西北地區的文化背景，那麼，司馬金龍墓葬爲什麼也出土了具有 "河西圓首碑形墓表" 特徵的墓誌呢？同時，司馬金龍墓葬出土的墓誌不僅僅有 "司馬金龍墓表"，還有圓首碑形的 "司馬金龍之銘" 以及方形兩面刻字的 "欽文姬辰之銘"。同一墓葬中出土不同形制的墓誌，這在考古發掘中非常罕見。下面，本文試圖根據相關文獻資料及最新研究成果，針對這一現象進行解說，錯誤之處敬請方家指正。

## 二 司馬金龍墓出土墓誌及其先行研究概述

司馬金龍墓葬，是山西省大同市博物館與山西省文物工作委員會於 1965 年聯合在大同市東約六公里的石家寨發掘的北魏平城時代最大的墓葬之一[②]。此墓雖經盜掘，但

---

[*]　張銘心，中央民族大學文博考古研究所副教授。

[①]　參見拙文《十六國碑形墓誌源流考》，《文史》2008 年第二期待刊。

[②]　山西省大同市博物館山西省文物工作委員會《山西大同石家寨北魏司馬金龍墓》，《文物》1972 年第 3 期，第 20～32 頁。

仍出土了四百五十餘個編號的各類文物。其中出土了三件墓誌，分別是"欽文姬辰之銘"、"司馬金龍之銘"、"司馬金龍墓表"。

"欽文姬辰之銘"，石質，略成正方形，長 30 釐米，寬 28 釐米，厚 6 釐米。出土時平置於墓葬後室甬道中央偏東。銘文陰刻於墓誌的正背兩面，隸書，内容爲："唯大代延興四年歲在甲寅」十一月戊辰朔廿七日甲午，河内溫」縣倍鄉孝敬里人使持節侍」中鎮西大將軍啓府儀同三司都」督梁益兗豫諸軍事領護南」蠻校尉揚州刺史羽真琅琊貞王」故司馬楚之嗣子，使持節侍」中鎮西大將軍朔州刺史羽真」（以上爲正面銘文）琅琊王金龍妻，侍中太尉」隴西工直懃賀豆跋女，」乞伏文照王外孫女，欽文」姬辰之銘。（以上爲背面銘文）"共 12 行，129 字。

"司馬金龍之銘"，石質，圓首碑形，有長方形座，高 71 釐米，寬 56 釐米，厚 14.5 釐米，座長 59.8 釐米，寬 16.5 釐米，高 19.8 釐米。出土時靠立於墓葬後室甬道前方墻前。墓誌銘文單面陰刻，書體隸楷相間，屬魏碑體。銘文如下："大代太和八年歲」在甲子十一月庚午」朔十六日乙酉。懷州」河内郡溫縣肥鄉孝」敬里、使持節、侍中、鎮」西大將軍、吏部尚書、」羽真司空、冀州刺史、」琅耶康王、司馬金龍」之銘。"共 9 行，65 字。碑額無題字。

"司馬金龍墓表"，石質，圓首碑形，有長方形座，高 64.2 釐米，寬 45.7 釐米，厚 10.5 釐米，座長 47 釐米，寬 14.4 釐米，高 13 釐米。出土時置於墓門券頂上方。碑額陽文篆書"司空琅琊康王墓表"8 字，墓誌銘文單面陰刻，隸楷相間，屬魏碑體書。銘文如下：

"維大代太和八年、」歲在甲子十一月、」庚午朔十六日乙」酉。代故河内郡溫」縣肥鄉孝敬里、使」持節、

侍中、鎮西大」將軍、吏部尚書、羽」真司空、冀州刺史、」琅耶康王、司馬金」龍之銘。"共 10 行，66 字，碑額碑身銘文共 74 字。

　　自司馬金龍墓出土後，其出土文物受到了考古學界、歷史學界的高度關注①，至今雖經三十餘年，仍不斷發表有相關研究②，然而在諸多的研究中，雖然對墓葬中出土的墓誌有所涉及，但尚無專題研究③。

## 三　司馬金龍墓出土三件墓誌之形制特徵

　　司馬金龍墓所出土的三件墓誌，其一爲方形，二爲碑形。三件墓誌形制不一，各有不同。

　　正如前文所言，在碑形的"司馬金龍墓表"中，我們可以發現有諸多"河西圓首碑形墓表"的要素。具體來説，"河西圓首碑形墓表"的形制、書寫格式④、自名等所有要素都包含在"司馬金龍墓表"之中。通過與河西地域出土和製造的圓首碑形墓表的對比，我們更可以發現司馬金龍墓表上的更爲具體的"河西圓首碑形墓表"的特徵。比如武威出土的梁舒墓表⑤（376）於涼州（即武威）

梁舒墓表　　　　　　梁阿廣墓表

---

① 參見志工《略談北魏的屏風漆畫》，《文物》1972 年第 8 期，第 56 頁；宿白《盛樂、平城一帶的拓跋鮮卑——北魏遺跡——北魏遺跡輯錄之二》，《文物》1977 年第 11 期，第 44 頁；楊泓《北朝文化淵源探討之一——司馬金龍墓出土遺物的再研究》，《北朝研究》1989 年第 1 期，第 13 ~ 21 頁。

② 宋馨《司馬金龍墓葬的重新評估》，《北朝史研究——中國魏晉南北朝史國際學術研討會論文集》，北京商務印書館，2004 年 7 月，561 ~ 581 頁；揚之水《北魏司馬金龍墓出土屏風發微》，《中國典籍與文化》，2005.3，第 34 ~ 45 頁；張麗《北魏司馬金龍墓屏風漆畫研究》，《河南科技大學學報（社會科學版）》，2005.3，第 14 ~ 16 頁；鄒清泉《北魏墓室所見孝子畫像與"東園"探考》，《故宮博物院院刊》，2007.3，第 16 ~ 39 頁。

③ 殷憲《北魏早期平城墓銘析》，《北朝研究》第一輯，1999 年，北京燕山出版社，第 163 ~ 192 頁；宋馨《司馬金龍墓葬的重新評估》，第 564 ~ 565、571 ~ 572 頁。

④ "河西圓首碑形墓表"的書式構成爲"紀年＋官號＋墓主名＋墓域位置"等，參見拙文《十六國碑形墓誌源流考》，《文史》2008 年第 2 期待刊。

⑤ 參見鍾長發、寧篤學《武威金沙公社出土前秦建元十二年墓表》，《文物》，1981 年第 2 期，第 8 頁；宿白《武威行——河西訪古叢考之一（上）》，《文物天地》1992 年第 1 期，第 6 頁。

製作，出土於寧夏固原的梁阿廣墓表①（380），其題額上的陽刻篆書"墓表"二字，與"司馬金龍墓表"題額上的"墓表"二字相比較，雖然在時間上相隔一百餘年，但其篆寫樣式和陽刻的方法基本上相同。或許據此可以推測，"司馬金龍墓表"本體很可能就是涼州的工匠製作的②。

同時我們注意到，"司馬金龍墓表"銘文中最後的"銘"之用詞，在"河西圓首碑形墓表"中未曾出現過，這種"銘"的用詞顯然與碑額中的"墓表"的用詞不相統一。

"司馬金龍之銘"與"司馬金龍墓表"在銘文内容上基本相同，其不同之處主要表現在地名上。即"司馬金龍墓表"爲"代故河内郡温縣肥鄉孝敬里"，而"司馬金龍之銘"爲"懷州河内郡温縣肥鄉孝敬里"。懷州，北魏獻文帝天安二年（467）置，孝文帝太和八年（484）罷，河内郡屬懷州轄境③。司馬金龍的葬年正好是懷州罷置的一年。由此可以推測，"司馬金龍墓表"與"司馬金龍之銘"銘文中地名的差異，或許説明"司馬金龍之銘"在製作之時，懷州尚未罷置，而"司馬金龍墓表"製作之時，懷州已經罷置。

"司馬金龍墓表"與"司馬金龍之銘"最主要的差別還是在題額的有無上。在至今所見到的十六國時期的碑形墓誌上，絕大多數都刻有題額，其中祇有時代較晚的"且渠封戴墓表"（445·右圖）④上沒有題額。由此來看，"司馬金龍之銘"雖然沒有題額，但我們將其與"司馬金龍墓表"看作相同性質的墓誌應該是沒有問題的。

"司馬金龍墓表"與"司馬金龍之銘"的差別還表現在埋納的位置上。"司馬金龍之銘"位於後室甬道中，而"司馬金龍墓表"位於墓門券頂上方填土中。將墓誌置於墓葬上方封土内，雖然在東晉時代的江南地域及北燕時的東北地域的墓葬中

---

① 寧夏博物館編著《固原歷史文物》，北京科學出版社，2004年，第113、114頁。
② 北魏太武帝太延五年（439），高宗拓跋燾滅北涼後，"徙涼州民三萬餘家於京師"，這其中必定有北涼工匠隨行。參見《魏書》卷四，世祖紀，中華書局1974年6月第1版，1984年1月第2次印刷（以下所引《魏書》均爲此版本），第1冊，第89頁。
③ 《魏書》卷一百六十上，地形志上，第7冊，第2480～2481頁；清顧祖禹《讀史方輿紀要》卷四十九；此據顧祖禹撰，何次君、施和金點校，中華書局，2005年3月第一版，2006年8月第二次印刷，第5冊，第2284頁。
④ 新疆文物考古研究所《阿斯塔那古墓群第十次發掘簡報》，《新疆文物》，2000年3～4合刊，第84～128頁。

有所發現，但總體上還是非常少見①。有學者認爲，到了北魏後期，甚至北齊時代，這種填土中放置墓碑或石板的方式只出現於山西北部或甘肅一帶的某些墓葬中②。此外，吐魯番出土的南北朝隋唐時期的墓誌③普遍埋藏於墓道靠近地面的地方④，這種埋納方式或許是吐魯番地區形成的，抑或是受河西的影響，與"司馬金龍墓表"的埋納方式有一定的淵源關係。

"欽文姬辰之銘"在形制上與司馬金龍的兩件碑形墓誌完全不同，我們很難看出其間有什麼淵源關係。而其接近於正方形的形制，兩面刻字的銘文刻製方式，反映得更多的似乎是東晉南朝墓誌⑤的特徵。然而在銘文書寫格式上卻與司馬金龍的兩件墓誌有一些相同或相似之處。比如銘文書寫上都是"紀年"+"籍貫"+"官號"或"身份"+"某某之銘"的格式，特別是墓誌銘文中最後都是"銘"的用詞，這似乎説明其間存在某種關係。

綜觀司馬金龍墓出土墓誌之前的墓誌，"銘"之名稱使用最早的例證，見於西晉元康九年（299）徐義之銘⑥，另外，近年内蒙古烏審旗發掘出土的大夏二年（420?）墓誌⑦中也使用了"銘"的用詞，南朝墓誌中的劉懷民墓誌（464）⑧中出現了"墓誌銘"的用詞。所有這些均表明，"銘"的用詞不是來源於河西，而應該是來源於中原或江左。

如此，在司馬金龍墓中出土的墓誌，不僅有東晉墓誌特徵的墓誌，也有具有"河西圓首碑形墓表"特徵的墓誌，同時在司馬金龍的兩件墓誌上，我們也能看到"河西圓首碑形墓表"與東晉墓誌等多種文化内涵。

---

① 參見南京市博物館《南京象山 8 號、9 號、10 號墓發掘簡報》，《文物》，2000 年第 7 期，第 4～20 頁；陳大爲、李宇峰《遼寧朝陽後燕崔遹墓的發現》，《考古》，1982 年第 3 期，第 27～30 頁；鄭隆《内蒙古包頭市北魏姚齊姬墓》，《考古》，1988 年第 9 期，第 856～857 頁等。

② 參見宋馨《司馬金龍墓葬的重新評估》，第 571 頁。

③ 參見侯燦、吳美琳《吐魯番出土磚誌集注》，巴蜀書社，2003 年出版。

④ 參見歷年吐魯番古墓群考古發掘報告，最近的發掘報告請參考《考古》，2006 年第 12 期發表的吐魯番地區文物局《新疆吐魯番地區交河故城溝西墓地康氏家族墓》，第 12～26 頁；《新疆吐魯番地區木納爾墓地的發掘》，第 27～46 頁；《新疆吐魯番地區巴達木墓地發掘簡報》，第 47～72 頁等。

⑤ 有關東晉南朝墓誌源流問題，筆者近期將發表相關專題研究。東晉南朝墓誌的出土情況，請參考《考古》、《文物》等相關刊物發表的發掘報告。

⑥ 河南省文化局文物工作隊《洛陽晉墓的發掘》，《考古學報》，1957 年第 1 期，169～185 頁。

⑦ 參見三崎良章《大夏紀年墓誌銘中"大夏二年"的意義》，《北朝史研究——中國魏晉南北朝史國際學術研討會論文集》，北京商務印書館，2004 年 7 月，第 546～551 頁。

⑧ 參見趙萬里《漢魏南北朝墓誌集釋》圖版第 19，科學出版社，1956 年，第 13 頁；又見《書道全集》第 6 册，第 5 頁，日本平凡社，1957 年 8 月第 1 版，1982 年 9 月第 21 次印刷。

## 四　司馬金龍墓出土墓誌的地域文化淵源探析

通過以上分析可知，司馬金龍墓出土的三件墓誌，其不同的形制所反映的是不同的地域文化。這其中我們能看到兩晉南朝中原及江南的喪葬文化內涵，同時亦可見到河西地域的喪葬文化內涵。那麼，這種不同的文化內涵是如何集中反映到這同一墓葬所出土的墓誌中的呢？下面就此問題試作探討。

據司馬金龍墓葬出土司馬金龍的墓誌可知，司馬金龍爲懷州河内郡溫縣肥鄉[①]孝敬里人，生年不詳，葬於北魏孝文帝太和八年（484）十一月十六日[②]，官號爲使持節、侍中、鎮西大將軍、吏部尚書、羽真司空、冀州刺史、琅耶康王等。又據"欽文姬辰之銘"，司馬金龍之父爲使持節、侍中、鎮西大將軍、開府儀同三司、都督梁益兗豫諸軍事、領護南蠻校尉、揚州刺史、羽真琅琊貞王、故司馬楚之。

司馬楚之及司馬金龍父子，《魏書》有傳[③]。司馬楚之字秀德，晉宣帝弟太常馗之八世孫，明元帝泰常四年（419），因逃避劉裕誅夷司馬之禍而自南朝奔魏[④]。後尚諸王女河内公主，生司馬金龍。文成帝和平五年（464）薨，時年七十五。司馬金龍字榮則，襲父爵，拜侍中、鎮西大將軍、開府、雲中鎮大將、朔州刺史、徵爲吏部尚書。太和八年（484）薨，贈大將軍，司空公，冀州刺史，謚康王。司馬金龍初納太尉隴西王源賀女爲妻，生延宗、纂（茂宗）、悦（慶宗）三子，後娶北涼王且渠牧犍與世祖（太武帝拓跋燾）之妹武威公主所生之且渠氏，生子徽亮。因且渠氏有寵於文明太后，故以徽亮襲爵。

欽文姬辰，爲源賀之女。源賀，即賀豆跋，爲河西南涼王禿髮傉檀之子[⑤]，明元帝神瑞元年（414），禿髮傉檀爲西秦乞伏熾磐所滅[⑥]而自樂都奔魏。禿髮傉檀本河西鮮卑人，因與拓跋鮮卑同源，故源賀被太武帝拓跋燾改姓源氏。欽文姬辰死亡的同年

---

① "欽文姬辰之銘"爲"倍鄉"，司馬金龍之子司馬悦墓誌中的地名爲"河内溫縣都鄉孝敬里"（《新中國出土墓誌》河南卷壹，文物出版社，圖版，見上冊第212頁，錄文，見下冊第202頁）。考《晉書》卷一，帝紀第一，宣帝（中華書局，1974年11月第1版，第1次印刷，第1冊，第1頁），司馬皇族爲河内溫縣孝敬里人，無倍鄉、肥鄉或倍鄉之際記載。另外，《魏書》，卷一百六十，志第六，地形志中有肥鄉縣，屬齊州東魏郡（第7冊，第2524頁），與此肥鄉無關。

② 關於墓誌的紀年性質，請參考拙文《高昌墓磚書式研究——以"紀年"問題爲中心》，《新疆師範大學學報》（哲學社會科學版），2004年第1期，第54~61頁。

③ 《魏書》卷三十七，列傳第二十五，司馬楚之傳，第3冊，第855~860頁。

④ 降魏時間，參見《魏書》，卷三，太宗本紀，第1冊，第59頁。

⑤ 《魏書》，卷四十一，列傳第二十九，源賀傳，第3冊，第919~939頁。

⑥ 《魏書》，卷三，太宗本紀，第1冊，第54~55頁。

（474），源賀辭太尉職務，並薨於五年後①。

且渠氏的相關資料，散見於《晉書》、《魏書》、《北史》、《十六国春秋》等史籍中。其父且渠牧犍（茂虔），乃末代北涼王。其母武威公主，爲北魏世祖拓跋燾之妹。且渠牧犍尚武威公主爲妻的時間當在且渠牧犍即北涼王位（433）②後不久，也就是説，且渠氏的出生年代不會早於433年。據《魏書》高崇傳，且渠氏在顯祖獻文帝（466～471）初年詔爲高潛之妻，同時被封爲武威公主③。據同書且渠蒙遜傳，且渠氏是在其母，即世祖妹武威公主卒後不久，以國甥親寵得襲母爵爲武威公主的④，由此可知且渠氏的這次婚姻及襲爵武威公主都發生在獻文帝拓跋弘（466～471）初期。高潛不久即卒，但且渠氏與高潛生有一子高崇，因且渠牧犍一族被誅，曾以高崇繼牧犍，改姓且渠⑤。孝文帝延興四年（474）後，受寵於文明太后的且渠氏很可能是在文明太后的主持下，又嫁給了司馬金龍。從司馬金龍墓所出土的文物中，我們找不到任何有關且渠氏的信息，由此判斷且渠氏的死亡時間當在司馬金龍之後。

據此，我們可以排列出司馬金龍家族及姻親的譜系如下：

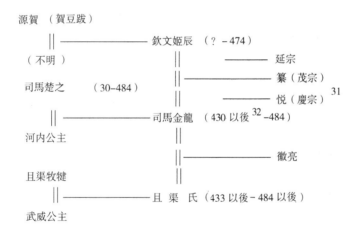

通過以上考察可知，司馬金龍家族本身源自一個具有東晉南朝文化背景的家族，然而自司馬楚之奔魏後，尚諸王女河内公主，生金龍，後金龍娶太尉、隴西王源賀女，生子三人，又娶北涼王且渠牧犍女，生子一人。其家族雖源自南朝漢文化，但也融入了鮮卑文化以及河西漢文化。如此，我們可以對司馬金龍墓所出土的墓誌所包含的複

① 有關源賀的研究，參見前揭宋馨《司馬金龍墓葬的重新評估》第566～567頁及相關注釋。
② 參見《魏書》卷九九，列傳第八十七，且渠蒙遜傳，第6冊，第2203～2210頁。
③ 參見《魏書》卷七十七，列傳第六十五，高崇傳，第3冊，第1707～1719頁。
④ 參見《魏書》卷三十七，列傳第二十五，司馬楚之傳，第3冊，第857頁。
⑤ 參見《魏書》卷七十七，高崇傳。

雜的地域文化特徵作出如下的闡釋，即司馬金龍的第一任妻子欽文姬辰最早死亡，可以推測其喪葬儀式是在司馬金龍的主持下進行的，因此欽文姬辰墓誌所反映出來的東晉墓誌的特徵，自然與司馬金龍的文化背景有關，而司馬金龍的葬禮，可以推測是在後任妻子且渠氏的主持下進行的①，因此司馬金龍的墓誌上所反映出來的自然就是具有河西喪葬文化的"河西圓首碑形墓表"的特徵了。

## 五　司馬金龍墓表與北魏平城時代的碑形墓誌的源流

總體上講，司馬金龍墓出土的碑形墓誌所具有的河西文化與東晉南朝的文化特徵，並非一個孤例。在北魏的整體文化特徵上也具有典型的代表意義。北魏之漢文化，主要是江左漢文化與河西漢文化的綜合產物。正如陳寅恪先生所言，秦涼諸州西北一隅之地、其文化上繼漢、魏、西晉之學風、下開（北）魏、（北）齊、隋、唐之制度、承前啓後、繼絕扶衰、五百年間延綿一脈、然後始知北朝文化係統之中、其由江左發展變遷輸入之外、尚別有漢、魏、西晉之河西遺傳②。對於這一問題，前輩學者已有諸多具體研究。比如北魏的刑律，實綜匯中原士族僅傳之漢學及永嘉亂後河西流寓儒者所保持或發展之漢魏晉文化，並加以江左所承西晉以來之律學③。此外，在諸多文物制度上的這種模式的融合也隨處可見④。但總體上講，北魏平城時期的漢文化，還是以接受河西文化爲主流，這個問題不但在制度方面尤爲突出，在平城時代的墓誌源流問題上也有所表現。

殷憲先生在研究早期平城墓誌時認爲，北魏平城時期的墓誌形制以多樣化爲特點，並無統一的形制。形成這種狀況的原因，主要是北魏的京畿平城作爲一個多民族的聚居地。居民成分非常複雜，即便是漢族士人，也是來自不同的地域和政治集團，墓誌

---

① 在北朝的家庭中，往往存在嫡妾不分的情形。且渠氏雖然是司馬金龍的繼室夫人，但因其爲公主所生，外家爲皇室，又得文明太后的寵愛，而且從其子襲爵的史實看，且渠氏在司馬金龍的家族中應該具有支配地位。參見史睿《南北朝士族婚姻禮法的比較研究》，《唐研究》，第13卷，第117～203頁，2008年。

② 陳寅恪《隋唐制度淵源略論稿》，二、禮儀，中華書局，1963年5月第一版，1977年9月第二次印刷，第41頁。

③ 陳寅恪《隋唐制度淵源略論稿》，四、刑律，第111頁。

④ 參見馬長壽《北魏的移民代都和山東、河西、南朝的文物制度對於北朝的影響》，同氏著《烏桓與鮮卑》，廣西師範大學出版社，2006年6月第1版，第1次印刷，第39～66頁。此外，關於南朝文化傳入北魏的問題，又見王永平《北魏時期南朝流亡人士行跡考述——從一個側面看南北朝之間的文化交流》，殷憲主編，劉馳副主編《北朝史研究——中國魏晉南北朝史國際學術研討會論文集》，北京商務印書館，2004年7月，120～133頁。

的形制勢必反映不同地域的習俗。同時他認爲，碑形墓誌應
該是北魏平城時代墓誌的基本形式①。殷憲先生的以上觀點雖
然是泛泛而談，卻是十分有見地的。然而可惜他對於北魏碑
形墓誌的源流問題沒有作進一步的探討。

　　至今以大同爲中心的山西地區出土的北魏時代的墓誌總
體上已達到十餘件，其中方形、碑形等東晉十六国時期的墓
誌形態都包含在其中，更有此前從未出現過的四邊起框的方
形高框墓誌②。然而總體上講，碑形墓誌到後來佔據了主要地
位。特別是司馬金龍墓誌之後的碑形墓誌，雖然在名稱上已
由"墓表"改稱爲"墓誌銘"（上圖）③、"墓誌"（右圖）④，
甚至銘文已經完全與南朝的墓誌銘文書式相同，但從其形制

上我們仍然能夠看到"河西圓首碑形墓表"的圓首碑形的特
徵。換句話説，"河西圓首碑形墓表"從河西流傳到了平城之
後，開始融入東晉南朝等江南地域的墓誌特徵，並形成了北
魏平城地域的墓誌特徵⑤。

　　其實北魏平城時代的這種喪葬文化現象，不僅僅反映在
了墓誌上，在墓室的建造上也有很多相似的表現。比如北魏
境内平城早期至中期的墓葬形制的地域性極强，大致可分爲
三燕區的石槨土穴墓以及秦夏區（關隴一帶）的高封土長墓
道土洞雙室墓，五涼以及關隴地區的葬俗與墓形卻對平城後
期的墓葬形制有重大的影響⑥。北魏平城時代的這種墓室建造形式的演變與墓誌特徵演
變的吻合，進一步證明了"河西圓首碑形墓表"對平城地區的影響的存在。

---

① 參見殷憲《北魏早期平城墓銘析》，第167頁。
② 參見殷憲《北魏早期平城墓銘析》，第163～192頁；又見殷憲《北魏平城書法綜述》，《東方藝
　　術·書法》，東方藝術雜志社出版，2006年第3期，第6～47頁。
③ 如大同市出土的景明二年（501）封和突墓誌，參見大同市博物館馬玉基《大同市小站村花圪塔
　　臺北魏墓清理簡報》，《文物》1983年第8期，第1～4頁。
④ 如大同市出土的永平元年（508）元淑墓誌，大同市博物館《大同東郊北魏元淑墓》，《文物》，
　　1989年第8期，第57～65頁；王銀田《元淑墓誌考釋——附北魏高琨墓誌小考》，《文物》，
　　1989年第8期，第66～68頁。
⑤ 關於此問題，筆者將有另文論述。
⑥ 參見 Shing Müller, *Die Gräber der Nördlichen Wei ~ Zeit*（386—534）, Unpublished Dissertation,
　　Lüdwig-Maximilians-Universität München, 1998. pp. 92～124；宋馨《司馬金龍墓葬的重新評估》第
　　569頁注釋1。

## 六　結　語

　　本文通過對司馬金龍墓葬出土墓誌的研究，指出了其碑形墓誌源於"河西圓首碑形墓表"的問題，並進一步通過對墓誌銘文的用詞特徵的分析，指出了其雖是河西墓誌的形制，卻有東晉墓誌的銘文特徵。進而通過對司馬金龍家族的分析，指出了出現這些現象的背景和原因，是生於其家族成員不同的地域文化背景所使然。最後進一步指出，北魏平城時期的碑形墓誌主要繼承了"河西圓首碑形墓表"的源流，並融入了東晉南朝墓誌的特徵，形成了具有平城地域自身特徵的墓誌。

　　本文的基本觀點，最初形成於 2003 年 5 月筆者提交給大阪大學的博士學位申請論文《トゥルファン出土高昌墓塼の源流とその成立》中，本文在寫作過程中，進一步參考了最新的研究成果。

# 隋代墓誌石上的四神與十二辰紋飾

周曉薇[*]

四神亦稱"四象"、"四靈",其義一也,即分別指代青龍、白虎、朱雀、玄武。這"四神",文獻記載中多有之,文物圖案中亦多見之,如漢代瓦當上繪刻的四神以及銅鏡背面的四神紋等等。十二辰是古代對周天的一種劃分方法,即由東向西將赤道帶附近天區等分爲十二部分,並用十二地支即子、丑、寅、卯、辰、巳、午、未、申、酉、戌、亥來命名,應與天上的二十八宿有一定的對應關係。大約在漢代,民間又用十二種動物,也就是鼠、牛、虎、兔、龍、蛇、馬、羊、猴、鷄、狗、猪來表示十二辰。四神與十二辰在演變過程中出現的對應關係,反映了古人文化觀念與自然信仰中的一種感性認知和理性象徵。

隋代墓誌承繼了北魏、北齊、北周時期以來墓誌紋飾上出現的四神與十二辰紋飾,不僅表現了四神與十二辰動物形象的神采靈動,起到了美化墓誌的藝術效果,而且也蘊含着古人意識中靈魂不滅的思想。人們巧妙地運用誌蓋的覆斗形制與墓誌表面刻繪神靈動物紋飾的寄託方式,力圖爲死者營造一個臆想中的冥界,希冀得到天地四方神靈的陪伴和護佑。

筆者因承擔國家文物局重點科研課題《隋代墓誌銘彙考》的編撰[①],迄今彙集隋墓誌達651種,從中得以較爲集中見識了墓誌石上的四神與十二辰紋飾,因此特別與北朝及唐代相類紋飾予以比,並撰文探討其變化發展及反映於其中的古代信仰、文化觀念等相關問題。

## 一 隋墓誌紋飾中的四神

### (一) 從"四象"到"四神"的演變

"四神"的雛形本是遠古時代的幾種動物,其最早被稱之爲"四象",則是因爲這四種

* 周曉薇,陝西師範大學歷史文化學院教授。

① 王其祎、周曉薇編撰《隋代墓誌銘彙考》,綫裝書局,2007年10月出版。以下所列舉的隋代墓誌紋飾,均見於本書,故不另注出處。

物象原本代表着天空星宿的方位。形於外者皆曰象，正如《周易》卷七《繫辭上》所云：“在天成象，在地成形，變化見矣。”① 天蒼蒼，野茫茫，上古時候，人們通過觀察星空，將群星依照方位劃分成許多組合，這樣就有了二十八星宿和東西南北四個方位的天象體系，人們又根據四個方位星宿排列的形狀，以其形象於地上的青龍、朱雀、白虎、玄武，遂借用它們的稱謂來命名天空四方的神秘星宿，即東方青龍、西方白虎、南方朱雀、北方玄武。四象的實際意義是星宿的分劃，每象相當於二十八宿中的七宿，這在《淮南子·天文》、《史記·天官書》以及《漢書》、《後漢書》、《魏書》、《隋書》等正史的天文志中都可以得到釋證。

　　追古溯源，有關四象的記載，早在戰國時期已經出現。《禮記》卷三《曲禮上》云：“行，前朱鳥而後玄武，左青龍而右白虎，招搖在上。”② 漢代鄭玄解釋道：“以此四獸爲軍陣，象天也。”《吳子·治兵第三》講到三軍進止時說：“必左青龍，右白虎，前朱雀，後玄武，招搖在上，從事在下。”③ 從兩文均有 “招搖在上” 的句子可以推斷，這里的青龍、白虎、朱雀、玄武所代表的是古代用兵的旗幟。因爲當時人們本已熟悉了四象在天空的方位，於是便用它們作爲旗幟上的標志來表示東西南北。而隨著時代的變遷，四象又有了新的含義，《後漢書》中就有一段頗富詩意地描述：“覽天地之幽奧兮，統萬物之維綱；究陰陽之變化兮，昭五德之精光。躍青龍於滄海兮，豢白虎於金山；鑿巖石而爲室兮，託高陽以養仙。神雀翔於鴻崖兮，玄武潛於嬰冥；伏朱樓而四望兮，採三秀之華英。”④ 這里將青龍、白虎、神雀（即朱雀）、玄武同天地萬物、陰陽五德緊密地聯繫起來，賦予它們神聖的氣魄和神秘的光環。透過跳動着韵律的字符，四象的舉止與神情被擬化得活靈活現。文人有關四象的描繪，逐漸深入人心，於是四象紋飾在墓葬中得到大量運用，如北魏永安五年的《爾朱襲墓誌》，⑤ 誌蓋四殺刻繪着青龍、白虎、朱雀、玄武，而且它們的背上都有一個飛帶飄逸的仙人駕乘，其意義突出了神靈崇拜影響下的方位指示與神靈護祐。如此以來，四象便隨着文化的播進和民俗的信奉，特別是藉助道教的力量而被演化成爲保護天地四方的神靈，於是 “四象” 的名稱逐漸被 “四神”、“四靈” 所替代。

### （二）隋墓誌紋飾中的四神形態

　　隋代墓誌四神紋飾數量較多，畫面鐫刻完整和諧。四神一般繪刻在誌蓋四殺或四

---

① 《十三經注疏》，中華書局，1980 年影印本，第 76 頁。
② 《十三經注疏》，第 1250 頁。
③ 上海書店 1983 年影印《四部叢刊初編》本。
④ 《後漢書》卷二八《馮衍傳》，中華書局校點本，1965 年版，第 999 頁。
⑤ 張鴻修編《北朝石刻藝術》之 “爾朱襲墓誌蓋”，陝西人民美術出版社，1993 年版，第 89 頁。

周，還有一些直接穿插於十二辰紋飾當中。以下謹選取一些隋墓誌四神紋飾就其形態予以析説：

開皇三年《陰雲誌》，誌蓋四殺刻四神紋，上朱雀展翅奔走，其左側有人面鳥身的天女導引，其右側有獸面鳥身獸足的神物跟隨（圖1）。下玄武爲龜蛇合體，蛇繞龜身兩周，龜蛇對視。右青龍左白虎均作奔走狀，青龍白虎背上均有四隻長鰭。最奇特而罕見的是人面鳥身天女形像，天女眉目清秀，梳雙丫角，著右衽衫，系以飄帶，當是從漢魏時期的羽人形像演化而來，頗有意味。如北魏永安二年的《爾朱襲墓誌》，[①] 誌蓋四殺刻四神，而且青龍、白虎、朱雀、玄武之上都有一個飛帶飄逸的仙人駕乘，其意義突出了神靈崇拜影響下的方位指示與神靈護佑。再看北魏爾朱襲石棺刻繪的"駕龍昇天"紋飾，其石棺左側繪有一條飛龍，龍身上乘駕一位仙人，而龍的前面有兩位神仙作前導，龍的身後有一位神仙作護侍，突出表現了神佑昇天的主題。[②]《陰雲誌》刻繪的朱雀紋飾亦圍遶此類主題，只不過將龍變爲朱雀，將神仙導引、神仙護駕改爲天女導引、神獸護駕罷了。又有北魏永安二年《笱景墓誌》[③]，誌蓋上端亦有人面鳥身形像，則這種人面鳥身頗似佛教圖案中的伽陵頻迦（妙音鳥）形像，當又含有佛教文化因素，值得留意。

開皇五年《宋虎誌》，誌蓋四殺刻四神紋，上朱雀面向而立，下玄武蛇繞龜背三匝，龜蛇首尾相視（圖2）。左青龍奮勇向前，右白虎回首跳躍。

開皇九年《宋忻暨妻韋胡磨誌》，誌蓋四殺刻四神紋，位置爲上朱雀，下玄武，右青龍，左白虎。朱雀展翅，並足而立，玄武蛇繞龜身兩匝，龜蛇相視。青龍有兩爪，逶迤爬行。白虎瘦長如龍，做奔騰狀。青龍白虎略有殘缺，似爲誌蓋提環處。

開皇十二年《郁久閭可婆頭誌》，誌蓋四殺刻四神紋（圖3－1、2、3、4），上朱雀展翅，下玄武之蛇纏繞龜身三匝，蛇龜相對而視，左青龍右白虎作奔跑狀。

開皇十五年《段威暨妻劉妙容誌》，誌蓋四殺刻四神紋，上朱雀飛騰，下玄武龜蛇對望（圖4），左青龍右白虎的體態細瘦，二者極爲相似。

大業元年《李景亮誌》，誌蓋四殺刻四神紋，上有兩只相互對望的展翅朱雀（圖5－1），下有兩對蛇龜對視的玄武（圖5－2），左青龍右白虎仍爲細長身軀奔躍向前。

大業三年《楊休誌》，誌蓋四殺刻四神紋，上朱雀昂首挺拔，下玄武肅然站立。右青龍騰空而起，左白虎呼嘯飛奔。

大業六年《李椿妻劉琬華誌》，誌蓋四周刻四神紋，仍然爲上朱雀下玄武，左青龍

---

① 張鴻修編《北朝石刻藝術》之"爾朱襲墓誌蓋"，第89頁。
② 張鴻修編《北朝石刻藝術》之"爾朱襲石棺"，第90頁。
③《西安碑林全集》卷六四第716頁，廣東經濟出版社、海天出版社，1999年版。

右白虎均身形細長，背上有四五只上翹的鋸齒形的鰭。

大業六年《史射勿志》，誌蓋四殺刻四神紋，上朱雀形象已模糊，下玄武之蛇未纏繞龜背，蛇身極長，與龜相對而視。左青龍右白虎均作水波之勢騰躍。

大業六年《范高暨妻蘇氏誌》，蓋題四周刻四神紋，上青龍下白虎，形態極爲相似，左朱雀展翅飛翔，右玄武之蛇身自繞一圈與龜張口相對。

大業十二年《李元暨妻鄧氏誌》，誌蓋四周刻十二辰，而四神紋亦畫在其中，朱雀跨步展翅，玄武之蛇纏繞龜身兩匝，與縮着的龜頭相向而視。青龍、白虎不存，似爲提環位置。

梁永隆二年《梁明達誌》，誌蓋四殺刻四神紋，上朱雀收翅站立，下玄武有兩蛇纏繞龜身之後成一圓環相對而視，龜對着兩蛇首張口大吼。左青龍右白虎均頭大身細，奔騰跳躍。

隋墓誌紋飾中的四神主要繼承了傳統觀念中四神的最早意義，即代表着星象所表示的東南西北四個方向，同時也包含着古人祈求四神護佑之意。繪刻風格方面，諸如四神的形像、刻畫的位置、四神與十二辰動物的對應（即在同一方墓誌上誌蓋四殺或四周刻四神而誌石四側刻十二辰動物飾紋）、四神周圍雲紋花草水波的交相映襯等，均繼承了北朝以來的基本格調，但亦有不少創新處，體現了隋代墓誌的繪刻特徵：

1. 隋墓誌上的四神大多刻繪在誌蓋上，處于顯著位置，並與誌蓋四周的卷草、花卉、流雲、水波等紋飾交融在一起，筆迹氣調，古雅脱俗。從繪畫藝術的審美角度來看，起到了神化精靈，和諧自然的作用。尤其是與北朝墓誌四神紋飾相比，在整體裝飾藝術格調上有很大不同，即北朝四神紋飾的墓誌大多刻繪的雍容繁富，奢侈華貴，張揚了家族顯盛的宏大氣魄。而隋代四神紋飾的墓誌相對自然簡捷，返璞歸真，以淡雅的筆力氣韵表露超俗脱凡的魅力。

2. 受到正方形墓誌的格局的限定，青龍、白虎的形象均被描繪得十分相似。這正繼承了北朝以來墓誌中的青龍、白虎形象，如北魏神龜三年《元暉墓誌》所繪青龍、白虎的體態就十分接近[1]。隋墓誌中刻繪的青龍、白虎，二者的身形大多被描繪得清秀細瘦，有四腿四爪，尾巴細長。個別在背上描繪了四五隻上翹的鋸齒形鰭。青龍、白虎除了一爲龍頭，一爲虎頭外，姿態與動作幾乎一模一樣。當然，在細微的表達方面，常常是青龍身上繪有橢圓形龍紋，而白虎身上繪有條形虎斑。值得提出的是，在青龍、白虎間配飾最多的是雲朵，綫繪者能够根據青龍、白虎的特性，將雲朵繪成不同的式樣，用以跨張和突出二者的個性。龍上方的雲朵輕柔流轉，襯託了龍的神聖飄逸；虎上方的雲朵翻卷飛昇，展示了虎的威吼怒嘯。另外，青龍、白虎均作騰躍奔跑狀，亦

---

① 張鴻修編《北朝石刻藝術》之"元暉墓誌飾紋"，第 87 頁。

與晚唐以來青龍、白虎多站立或行走的勢態有很大區別。

3. 對於朱雀的描繪，大致有如下幾種形態：一爲兩隻朱雀相對，展翅飛翔；二爲朱雀展翅，並足而立；三爲朱雀展翅，跨步行走；四爲朱雀收翅，側身站立。這一類描繪的尤爲稚拙，如《梁明達誌》的朱雀竟像一隻被水打濕的小鴨，毫無朱雀鳳鳥"勁翩翹尾而捷足"的高貴華麗；五爲朱雀收翅，飄遊空間。但也有一個特例，如《李椿妻劉琬華誌》的朱雀爲配合青龍白虎的體態，也被刻畫得細瘦形似龍虎，翅尾長羽飄飛，營造了閒逸安詳的意境。

兩只朱雀對飛，繼承了北魏以來的畫法（其他三神亦分別以成雙形式出現）。尤其是隋《陰雲誌》誌蓋上的朱雀展翅奔走，朱雀左側有人面鳥身的天女導引，朱雀右側有獸面鳥身獸足的神物跟隨。含義與前述北魏爾朱襲石棺刻繪的"駕龍昇天"紋飾接近。

隋墓誌中朱雀展翅站立、行走、飛翔的姿態，大多被初唐至盛唐墓誌的朱雀紋飾所繼承。

4. 在隋墓誌上出現的玄武形象繼承了南北朝以來墓誌、磚畫、壁畫的傳統，玄武大多爲龜蛇合體，蛇纏繞龜身二到三匝，龜蛇對視、蛇龜相向而視等，但也還有一些較新的變化，如梁永隆二年《梁明達誌》的玄武身上纏繞着兩條蛇等，當爲西漢瓦當及漢碑中玄武形象的遺制。西漢漢城遺迹出土的瓦當玄武圖案，多作龜蛇合體、相互纏繞狀，個別有作兩條蛇盤桓在一隻龜兩側的形象。漢碑中的玄武形象亦同樣十分逼真，如《柳敏碑》、《益州太守無名碑》、《六物碑》、單排《六玉碑》、《是邦雄桀碑》、《漢謁者北屯司馬左都侯沈府君神道碑》，其玄武形象均作龜蛇合體，只是不若瓦當中蛇身多從龜甲上纏繞一周，而是蛇身從龜身下逶迤而出，且未見有二蛇一龜合體的現象。[①] 另有東漢"上太山兮見仙人"銅鏡和畫像磚、畫像石上的玄武形象亦與碑版圖案相仿佛，且更富裝飾效果。隨着墓誌的出現，玄武的形象又頻頻刻飾於墓誌蓋的下端，更有石棺、石椁與壁畫也多刻繪玄武圖案，且其指示北方方位的意義始終未變。如北魏永安二年爾朱襲墓誌蓋下端、北齊天保二年崔芬墓室北墻壁畫、隋開皇二年李和石棺後檔、唐貞觀五年李壽石椁後門下端、唐天寶二年史思禮墓誌蓋下端、唐天寶四載蘇思勖墓室北墻壁畫、唐貞元三年郯國大長公主墓誌蓋下端、唐大曆十九年曹惠琳墓誌蓋下端等，[②] 玄武皆作龜蛇交互纏繞狀，而且在造型上更富演變，即蛇的首尾往往相交如環，蛇龜回首對望，且蛇身在龜身上纏繞的圈數漸趨增多，或兩圈、或三圈，甚或有四圈者。龜甲與蛇身也有了富麗的花紋，龜首與蛇首的形象更十分誇張且不盡雷

---

① ［宋］洪适《隸續》卷五，中華書局，1985 年版，第 319、321、324、325、330、357 頁。

② 所舉各例除北齊與唐墓壁畫外，實物皆存西安碑林博物館。

同。至於視圖的方向，通常都作首左尾右的左側視圖，而在漢代瓦當中曾有作正視與俯視者，墓誌中個別也有作正視與右側視者。

隋墓誌中對玄武形像的描繪，使玄武的形象靈活多變而富有情趣，爲唐代墓誌的玄武圖案起到了引導與啓示作用，更重要的是爲玄武原本就是龜蛇的形象做了很充分的印証，彌補了此一時期文獻記載的缺憾。①

5. 關於隋墓誌中四神的位置，可以看出其排列大多爲左青龍、右白虎、上朱雀、下玄武的傳統順序，但亦出現了青龍、白虎換位，或青龍、白虎居上下位，朱雀玄武居左右位。這些有違常規的排列也許是出於繪刻者的無意，也許另有原因，仍需進一步探討。

## 二　隋墓誌紋飾中的十二辰

### （一）文獻記載的十二辰

《左傳》云："日月之會是謂辰。"② 藉此可以推斷"辰"本意是指日、月的交會點。"十二辰"是古代對周天的一種劃分方法，不但將天區等分爲十二部分，並用十二地支即子、丑、寅、卯、辰、巳、午、未、申、酉、戌、亥來命名，從而與天上的二十八宿有着一定的對應關係。

文獻記載中常將十二辰作爲時辰的表示，如《國語》云"是以先王之祀也，以一純、二精、三牲、四時、五色、六律、七事、八種、九祭、十日、十二辰以致之，百姓、千品、萬官、億丑，兆民經入畡數以奉之。"③ 上述提到的十二辰指的就是從子到亥，選擇吉日令辰來致奉神靈。史書也記載，梁天監六年，"武帝以晝夜百刻，分配十二辰。"④ 隨之十二辰也逐漸成爲祭祀的對象，梁天監十七年，"帝以威仰、魄寶俱是天帝，於壇則尊，於下則卑。且南郊所祭天皇，其五帝別有明堂之祀，不煩重設。又郊祀二十八宿而無十二辰，於義闕然。於是南郊始除五帝祀，加十二辰座，與二十八宿各於其方而爲壇。"⑤ 唐張守節《史記正義》也講道："自平明寅至雞鳴丑，凡十二辰，辰盡丑又至明朝寅，使一日一夜，故曰幽明。"⑥ 不過，也有記載認爲十二辰代表着王侯之國。如《晉書》的《地理志》云："天有十二次，日月之所躔；地有十二辰，王

① 參見拙文《釋玄武》，載《中國典籍與文化》2004 年第 4 輯。
② 《春秋左傳正義》卷四四，《十三經注疏》本，中華書局，1980 年影印本，第 2050 頁。
③ 《國語》卷一八《楚語下》，上海書店影印 1934 年商務印書館本，1987 年出版，第 205 頁。
④ 《隋書》卷一九《天文志》，中華書局校点本，1973 年出版，第 527 頁。
⑤ 《隋書》卷六《禮儀志》，第 111 頁。
⑥ 《史記》卷二六《曆書第四》，中華書局校点本，1959 年出版，第 1256 頁。

侯之所國也。"① 《墉城集仙録》亦有 "所主十二辰，配十二國之分野" 的相類説法。②
儘管古人對十二辰有些不大統一的認識，而十二辰與十二種動物聯繫在一起，並以這
十二種動物指代時辰這種主流意識，却早在漢代已經出現了。比如王充在《物勢篇》
寫道：

> 　　寅，木也，其禽虎也。戌，土也，其禽犬也。丑、未，亦土也，丑禽牛，未
> 禽羊也。木勝土，故犬與牛羊為虎所服也。亥，水也，其禽豕也。巳，火也，其
> 禽蛇也。子亦水也，其禽鼠也。午亦火也，其禽馬也。水勝火，故豕食蛇；火為
> 水所害，故馬食鼠屎而腹脹。③

可以看出這段引文祇有十一種動物，缺者爲龍。而王充在《言毒篇》又寫道："辰
爲龍，巳爲蛇，辰巳之位在東南。"④ 如此以來這十二種動物便齊全了。蔡邕《月令問
答》又云："凡十二辰之禽，五時所食者，必家人所畜，丑牛、未羊、戌犬、酉鷄、亥
豕而已。其余龍、虎以下，非食也⑤" 文獻中十二辰與十二種動物的結合，很快影響到
民間（也許是文人將民間早已流傳的上述説法寫進文章裏），因其形像生動而表徵具
體，便被古人隨意地運用到銅鏡、墓室、墓誌圖案紋飾當中了。

### （二）隋墓誌刻繪的十二辰動物

　　在墓誌上刻繪十二種動物表示十二辰大約始于南北朝時期，隋代墓誌繼踵，其含
義如同前代，以示天地間的時辰概念，象徵墓主在陰間地府亦能知曉時辰。既然代表
十二辰的十二種動物被視爲神靈，其中自然亦蘊含着冀求十二辰保佑之意。
　　目前所見隋墓誌上刻繪的十二辰動物共十三方，其中八方是將十二種動物分別繪
在誌石四側的壺門内，布局是墓誌每側三個壺門，排序均爲鼠在誌石下方中間位置，
依次順時針排列爲鼠、牛、虎、兔、龍、蛇、馬、羊、猴、鷄、狗、猪。壺門内的十
二辰動物的刻繪頗爲肖形，極盡寫實。如開皇十五年《段威暨妻劉妙容誌》、大業六年
《韋圓照妻楊靜徽誌》、大業六年《解方保誌》等，所刻十二辰動物活潑可愛，生機盎
然。不僅抓住了動物們的形態，也充分表現了動物們的情態。開皇十二年《郁久閭可

---

① 《晉書》卷一四《禮儀志》，中華書局校点本，1974 年出版，第 409 頁。
② 《太平廣記》卷六二注出《墉城集仙録》"諶母" 條。中華書局，1961 年出版，第 386 頁。
③ ［東漢］王充《論衡》卷三《物勢篇》，上海人民出版社校點本，1974 年出版，第 48 頁。
④ ［東漢］王充《論衡》卷二三《言毒篇》，第 350 頁。
⑤ ［清］嚴可均編《全上古三代秦漢三國六朝文》第一册，《全後漢文》卷八十，中華書局，1958
　　年出版，第 902 頁。

婆頭誌》對十二辰動物的描繪則小巧玲瓏（圖6），細膩真切，可謂栩栩如生。

　　這里需要強調説明的是，壺門中刻繪十二辰動物的藝術手法在於：每一壺門内的動物都擁有一個獨立天地，如開皇七年《王懋暨妻賀拔氏誌》，壺門中龍與蛇的四周分别配畫火焰般的雲朵和翻卷的水浪，襯託出龍、蛇的習性。大業六年《解方保誌》，壺門中的十二辰動物四周皆綴以山石樹木（圖7），則意在表現動物與大自然相互依存的空間生態環境。單個壺門中的十二種動物在表現各自形態的同時，又構成了整體的十二個壺門，並從相互的關聯中得到合諧一致的時辰概念，這正是古人通過壺門與十二辰的裝飾描繪來表示時空徵象的實際意義。

　　另外五方墓誌石上的十二辰動物，其中兩方刻在志石四側、兩方刻在志蓋蓋題四周、一方刻在誌蓋四殺面上。

　　刻在誌石上的十二辰動物各自佔據一個區域，四周配以卷草或雲紋，動物皆作奔跑狀。大業元年《李景亮誌》上刻畫的動物形象靈動自然，大業六年《李椿妻劉琬華誌》上刻畫的動物綫條粗獷率真。

　　誌蓋上的十二辰動物均爲單個出現而不配其他紋飾。大業十一年《張壽誌》蓋題四周刻十二辰動物，四角之左上和右上均爲方形四葉紋飾，四角之左下爲圓形三足鳥圖，右下爲圓形桂樹蟾蜍玉兔搗藥圖案，實屬罕見之作。大業十二年《李元暨妻鄧氏誌》誌蓋四周刻十二辰動物及四神圖案，青龍、白虎、朱雀、玄武（青龍、白虎圖已不存）夾刻在十二辰動物之間。

### （三）十二辰動物與古代動物繪畫

　　中國古代繪畫發展到魏晉南北朝時期，不但人物畫朝着盡善盡美發展，而且動物畫也出現了一批名家，如南朝劉宋朝王微能够"犬馬禽魚，物以狀分，此畫之致也。"劉胤祖"蟬雀特盡微妙，筆迹超越，爽俊不凡。"① 南齊毛惠遠"善畫馬"，其《赭白馬圖》、《騎馬變勢圖》、《葉公好龍圖》並傳於世。② 北齊高孝珩"博涉多藝，嘗於廳事壁上畫蒼鷹，睹者疑其真，鳩雀不敢近"。楊子華"嘗畫馬於壁，夜聽蹄嚙長鳴，如索水草。圖龍於素，舒卷輒雲氣縈集。……天下號爲'畫聖'"。劉殺鬼"畫鬥雀於壁間，帝見之爲生，拂之方覺。"③ 凡此均説明南北朝時期，人們創作的動物畫，諸如犬馬禽魚、蟬雀、蒼鷹、龍等，已展示了畫家高超的畫技，表明這一時期動物畫的成熟，

---

① 以上兩條見［唐］張彦遠《歷代名畫記》卷六，遼寧教育出版社校點本，2001年出版，第61、62頁。
② ［唐］張彦遠《歷代名畫記》卷七，第66頁
③ 以上兩條見［唐］張彦遠《歷代名畫記》卷八，第71、72頁。

當然也就爲隋代墓誌十二辰動物的創作提供了很好的範例。一個時代的著名畫家固然能够代表一個時代畫風，隋代墓誌上的十二辰動物圖案，雖不必出於大家名手，但其筆下一隻隻目光閃爍的鼠、强壯奮勇的牛、御風疾行的虎、純真優雅的兔、氣吞山河的龍、翻卷風雲的蛇、騰空飛躍的馬、温順柔情的羊、機警活潑的猴、引項高歌的鷄、吠天叫月的狗、憨實肥壯的猪，展現了繪畫者豐富的想象力和精湛的繪畫技巧，藉此正可探討隋代以及民間畫匠繪畫動物的實際水平，對古代繪畫史的研究頗具現實意義。

　　隋代墓誌綫繪的十二辰動物，不僅繼承南北朝以來的傳統，也爲初唐到盛唐之間墓誌綫繪十二辰動物開闢了先河，唐代墓誌十二辰動物數量很多，初唐、中唐基本與隋代畫法相似，所繪十二辰動物大多奔跑於山崗樹草之間，如顯慶四年《蘇嫣墓誌》等等。① 盛唐以後則出現了以人身獸首來表現十二辰形象的樣式，如貞元十九年《宜都公主誌》等等②，所繪圖像亦有身穿文吏官員袍服的人物，他們或手抱十二辰動物，或冠頂十二辰動物，用十二辰人物與動物結合的形象逐漸替代了十二辰動物，不但表現出人神結合的藝術再創造，也體現了墓葬紋飾由自然天成到人世表徵的較大轉折。

　　十二辰動物紋飾在墓誌中的出現還表達了當時社會隨葬的風尚、人們祈求十二辰動物護佑的某些觀念，特別是有些墓誌在誌石上綫繪十二辰動物，在誌蓋上綫繪四神圖飾，上下結合，天地對應，成爲一些高官和貴族墓葬等級的象徵，這些問題還有待於進一步深入探討。

---

① 參見張鴻修編《唐代墓誌紋飾選編》之 "蘇嫣墓誌"，陝西人民美術出版社，1992 年版，第 12 頁。

② 參見張鴻修編《唐代墓誌紋飾選編》之 "宜都公主墓誌側"，第 85 頁。

圖一　陰雲誌蓋上側面四神之朱雀與仙女异獸

圖二　宋虎誌蓋四之玄武

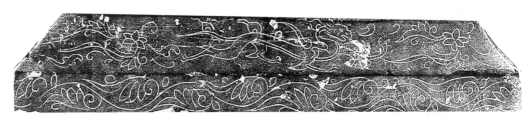

圖三－1　郁久閭可婆頭誌蓋四神之朱雀

圖三－2　郁久閭可婆頭誌蓋四神之白虎

圖三－3　郁久閭可婆頭誌蓋四神之玄武

圖三－4　郁久閭可婆頭誌蓋四神之青龍

圖四　段威誌蓋四神之玄武

圖五－1　李景亮誌蓋四神之雙朱雀

圖五－2　李景亮誌蓋四神之雙玄武

圖六　郁久閭可婆頭誌十二辰動物之蛇馬羊

圖七－1　解方保誌十二辰之猪鼠牛

圖七－2　解方保誌十二辰之虎兔龍

圖七－3　解方保誌十二辰之蛇馬羊

圖七－4　解方保誌十二辰動物之猴鷄狗

# 中古書法由隸變楷問題試探

## ——以簡牘紙文書爲中心

曹旅寧*

1965 年郭沫若先生在《文物》第六期發表了《由王謝墓誌的出土論到蘭亭序的真偽》一文，進一步否定了王羲之《蘭亭序》的可能性，從而引起了一場討論。文物出版社 1973 年結集的《蘭亭論辯》一書將這場爭論上昇到唯物史觀與唯心史觀鬥爭的高度，該書共收入有關王羲之蘭亭序真偽討論的文章十八篇，其中否定的十五篇，肯定的僅三篇，顯示了當時一邊倒的實況。其中的一個關鍵所在，在於中古書法由隸變楷的問題。[①]近年來，地不愛寶，一些重大的考古發現出土了一些重要的實物資料，使得我們有可能在前人的基礎上進一步討論這個問題。需要說明的，這是我近年研讀甘肅玉門花海所出晉律注紙文書的副產品。因爲要從書體考察紙文書的寫作年代，搜集了不少相關的資料。再加上近年來秦漢簡牘實物寓目不少，對其字體流變有了一些粗淺的感性認識。

## 一　從秦隸看字體的演變

1975 年雲夢睡虎地秦簡出土以前，一有人提到秦始皇‘書同文字’，就以爲祇有推行秦篆。如果只從秦代石刻判斷秦代字體的實況，顯然是過于偏頗。舒之梅在《珍貴的雲夢秦簡》一文中指出：“這批竹簡字迹清晰，全爲墨書隸體，打破了過去一有人提到秦始皇‘書同文字’，就以爲祇有推行秦篆的說法，確如秦始皇改革文字的更大功

---

\*　曹旅寧，華南師範大學法學院教授。

①　《蘭亭論辯》收入的只是部分參加討論的論文。先師黃永年先生就曾撰寫《書法源流雜論》，認爲郭說結論雖對，考證尚欠精審。並在《唐人楷書論述》注中指出：“《蘭亭序》墨迹之出梁陳人偽託而非王羲之真迹，我別有考論，並非盲從某個權威。”

績，是在採用了隸書"；① 在初讀雲夢睡虎地竹簡十二年以後，李學勤先生在 1988 年法律出版社出版日本學者堀毅《秦漢法制史論考》的序言中還激動地回憶起當時的感受。不妨引用來打開點思路。"記得我們第一次看到剛出土的雲夢睡虎地竹簡照片時，大家都不相信自己的眼睛，竹簡保存完好，字迹清晰如新，特別是内容的新奇豐富，無不令人驚異。有些學者還打賭，以爲從字體看應該屬于較晚的漢代。我在 1976 年初到達雲夢現場，仔細檢視出土器物和全部竹簡，才放心確定擺在我們面前的是意想不到的秦代簡册，其内涵主要是秦律。"可見長期以來，人們恪守傳統字體變遷説所造成的誤區之大，實際上字體的進化遠快于後人的想象。這是因爲字體發展的動力來源之一在於方便實用。吴白匋《從出土秦簡帛書看秦漢早期的隸書》："隸變的規律，總的説來，是不斷簡化，使書寫的速度加快。書同文的真正進步之處就在於承認隸書爲常用的字體。"② 據以上規律我們不難推斷出：既然人們在判斷秦隸的時代，會犯晚推的錯誤；那麼，在判斷早期楷書的時代，會不會犯同樣的錯誤呢？根據新發現的材料，這種錯誤同樣也是存在的。

湖南郴州蘇仙橋一處建築工地自 2006 年 2 月 10 日出土第一枚簡牘開始，至今已經出土了 600 多枚埋藏 1700 多年的西晉王朝簡牘，超過我國歷年出土西晉簡牘數量的總和。生於西晉王朝歷史短暫，史料記載不多，這批簡牘對研究西晉歷史具有十分重要的作用。據筆者 2007 年 3 月間在湖南省文物考古研究所觀察實物所見，已經到達楷體臻備的階段。其中有西晉惠帝永康元年（300）的紀年簡，字體與後世的楷體完全一致。西晉惠帝永康元年（300）六十七年後即東晉穆帝永和九年（353）即有《蘭亭序》的出現。如果不看年號並抱有成見，初讀蘇仙橋晉簡一定會犯初見秦簡的人同樣的錯誤，一定認爲它屬於較晚的南北朝時代。如此一來，郭沫若堅持認爲的："《三國志》的晉寫本既是隸書體，則其他一切晉寫本都必然是隸書體。新疆出土的晉寫本既是隸書體，則天下的晉代書都必然是隸書體"就不攻自破了。

## 二　東晉碑刻與傳世書迹的差異

由於解放後南京出土的《王興誌》等墓誌，以及劉宋時的《爨龍顔碑》、《劉懷民墓誌》的字體，好似木頭架子釘起來的。人們便推測當時的楷書呈現此種面貌。但也有學者提出質疑，認爲東晉南朝書法碑刻呈現隸書方筆的效果，與當時的刻石技藝有相當的關係。殷墟甲骨、侯馬盟書、早期石刻都是以朱砂直接書寫上石的，加上材質

① 中華書局編輯部《雲夢秦簡研究》，中華書局 1981 年。
② 吴白匋《從出土秦簡帛書看秦漢早期的隸書》，《文物》1978 年第 2 期。

的不同、刻工技藝的高低，都使得早期碑刻呈現出今日篆刻印章的效果，與寫在簡牘、紙質上的文字有較大的差異。又如西晉陸機《平復帖》，清安岐認爲字體在篆籀之間，顯然是不確的。啓功先生則認爲與出土的一部分漢晉簡牘非常相近。湖南蘇仙橋晉簡的出土更爲此提供了實物證據，即出土碑刻不能作爲推斷當時社會一般書迹全貌的唯一參照物。

楷體的出現時間是蘭亭論辯的關鍵話題。其中徐森玉先生認爲："作爲書體的楷書在三國和西晉初已接近於成熟了。"商承祚先生認爲這基本上是符合實際的，並列舉了十例。

（一）東漢熹平（137）玉門關燧次行簡，簡文大小六十餘字，字體平正渾樸，波挑幾乎完全消失，走向楷化。

（二）東漢熹平元年十二月四日朱書解殃瓶，楷書而略兼行。

（三）晉鎧曹簡。

（四）晉帳下將薛明簡。

（五）魏景元四年（262）幕下史索盧簡。

（六）焉耆玄尺牘。

（七）晉郭瓷箋殘片，上海博物館藏。

（八）《吳葛府君額》。

（九）朝鮮黃海北道安岳晉永和十三年（357）東壽壁畫墓，墓壁有七行墨書銘記是楷書。

（十）雲南昭通後海子東晉大元十？年（386～394）霍君壁畫墓，其北壁有八行墨書銘記是楷書。

以上十例，除《吳葛府君額》系後人僞託，不能定爲三國吳時舊物，均有相當的説服力。地不愛寶，隨著出土材料的增加，我們又尋得以下數證。

（十一）吳朱然墓木牘（十四枚木刺）。

（十二）長沙走馬樓吳簡吳孫權嘉禾元年（232）。

（十三）瑞典國立民族學博物館所藏未發表斯文赫定發現3～4世紀樓蘭紙文書尺牘。

（十四）玉門花海晉律注紙文書。

（十五）玉門花海五涼墓衣物疏（昇平十四年）。

（十六）湖南郴州蘇仙橋晉簡。

郭沫若堅持認爲："自東漢以後，字體又在逐漸轉變，變到了唐代，便完全轉變到楷書階段。"饒宗頤一方面據吳朱然墓木牘説"朱然仕吳至左大司馬，卒於魏熹平元年（249）三月，與葛碑年代（吳時衡陽建郡在孫亮太平二年，257）相近，以此例彼，説吳時尚無真書，似非篤論”，但又説“我們不能輕易便斷言三國是楷書形成的年代。”①
其中，《吳葛府君額》爲後人僞託，繆荃孫及黄永年師已有定論。但朱然墓木牘字體與
其接近，説明楷體的定型化遠早於常人推測。孫吳時代能出現今天所謂的楷書即正書
嗎？難道真的没有這種可能嗎？我們推測，東漢後期（曹操一直奉漢正朔）及三國，
如同秦時小篆、隸書一並行用一樣，社會上實際存在兩種字體，一是傳統的隸書，二
是楷書，這一時期出土於西域的四種晉人手鈔本《三國志》即《吳書·虞翻傳》、《吳
書·孫權傳》、《魏書·臧洪傳》、《吳書·步陟傳》殘卷、敦煌所出晉人手鈔本《孫子
兵法》殘卷均是隸書，但同一時期的出土材料中如 2002 年玉門花海畢家灘出土《晉律
注》、湖南郴州蘇仙橋晉簡有相當多楷書的實物。爲我們的認識提供了佐証，打破了所
謂“篆書時代的人不能寫隸書，隸書時代的人不能寫楷書”的陳説。楷書形成的時代
當在三國魏晉是符合實際的，是不會有錯的。

## 三　王羲之書迹問題

　　黄永年師曾指出，字迹的流傳，與書者的政治地位，即通常所説書者官大與否，以
及文化地位有密切的關聯。漢簡數量雖多，但都没有名家或大家的東西。我們從出土唐
代碑志可看出，唐代能書者多不名。但人們説起唐代書法家，除歐、虞、褚、薛外，所
餘不過顔、柳而已。即使是這些大家，傳世的書迹也相當有限，除了個别刻意造僞者如
《竹山連句》外，倒也確能代表書風的時代及流變。以此推論，王羲之時代及其本人的情
況，當也大致如此。《顔氏家訓》雜藝第十九：“江南諺云：‘尺牘書疏，千里面目也。’
王逸少風流才士，蕭散名人，舉世惟知其書，翻以能自蔽也。梁氏秘閣散逸以來，吾見
二王真草多矣，家中嘗得十卷，方知陶隱居、阮交州、蕭祭酒諸書，莫不得羲之之體，
故是書之淵源。蕭晚節所變，乃右軍年少時法也。晉宋以來，多能書者。故其時俗，遞
相染尚，所有部帙，楷正可觀，不無俗字，非爲大損。至梁天監之間，斯風未變；大同
之末，訛替滋生。”② 這是相當説明問題的材料。
　　王羲之書法真迹的傳佈，還與其家族天師道的信仰有關。換言之，行草書的發展與
天師道的傳播密切相關。陳寅恪先生在《天師道與濱海地域之關係》一文“天師道與書
法之關係”節中指出，王羲之爲天師道世家，其書法藝術特别是草書與其宗教信仰密切
相關：“法書要録叁褚遂良撰晉右軍王羲之書目：‘正書都五卷，共四十帖。第二黄庭經

---

①　饒宗頤《泛論三國書法碑刻》，《饒宗頤二十世紀學術文集》卷十三，臺灣新文豐出版公司 2003
　　年，第 24 頁。
②　《顔氏家訓集解》卷七，上海古籍出版社 1980 年，第 507～514 頁

六十行。與山陰道士。'道家學經與畫符必以能書者任之。故學道者必訪求真迹，以供摹寫。適與學書者之訪尋碑帖無異。"① 陳先生又引《真誥》一九敘錄述寫經畫符事爲證：三君（楊君羲、許長史謐、許掾翽）手迹，楊軍書最工，不今不古，能大能細。大較雖祖效郗法，筆力規矩並於二王，而名不顯者，當以地微，兼爲二王所抑故也。掾書乃是學楊，而字體勁利，偏能寫經，畫符與楊相似。鬱勃鋒勢，貽非人功所逮，長史章草乃能，而正書古拙，符又不巧，故不寫經也。"原來道教徒講究畫符，故尤重書法，特別是草書。

郭沫若在《〈駁議〉的商討》一文中說："唐玄宗時傳入日本的《喪亂帖》與《孔侍中帖》，我們也看見過。那是雙鈎填墨本，字體頗爲流媚，相傳是隋以前書。仔細推敲起來，用筆與《保子》、《楊陽》及王謝墓誌等尚有一脈相通之處。特別是《喪亂帖》，還有梁代徐僧權和姚懷珍壓縫書的痕迹，足以證明所據拓摹的原迹之古。其中有一兩則特別好，但原迹是否王羲之親筆或其晚年代筆者所作，無法判定。"可見郭說無法解釋王羲之行書的出現與《王興之》等木架子之間的矛盾，故作模棱之語。②

周一良《魏晉南北朝札記》"王羲之書札"條較多平實之論，其略云："王羲之書札信手寫來，不加雕飾，最足以窺見作者之思想風貌。其中亦頗有助於知人論世，可與本傳相參證。亦可證王羲之傳世書札並非皆不可信據。《法書要錄》一〇收羲之書札，其中多弔喪問疾寒暄瑣事。蓋即沈括所云，'晉宋人墨迹多是弔喪問疾書簡，唐貞觀中購求前世墨迹甚嚴，非弔喪問疾書迹，皆入内府，士大夫家所存，皆當日朝廷所不取者，所以流傳至今'（《夢溪筆談》十七書畫）。蘭亭是否出於羲之，不敢妄論，然從東晉時書法而言，尺牘與碑刻之風格，即使同出一人之手，亦確可有所不同。劉宋時人羊欣《古來能書人名》言鍾繇書有三體：'一曰銘石之書，最妙者也。二曰章程書、傳秘書，教小學者也。三曰行狎書，相聞者也。'又言衛瓘採張芝法，'更爲草藁，草藁是相聞書也。'王僧虔《論書》亦言鍾繇三體，'三曰行狎書，相聞者也。'相聞爲通訊息之意。所謂行狎書與草藁當即一事，即用於函札之書體也。庾元威《論書》中論尺牘書法之弊有云：'濃頭纖尾，斷腰頓足，一八相似，十小難分，屈筆如匀，變前爲草。'屈筆二語未詳，一八相似二語，所描寫之現象，在凝重方整、隸意頗濃之書體中，不可能發生，必是解散隸體，行楷而帶隸書風格者，始可存在。在西晉寫本《三國志》及東晉時後涼寫經中以及王興之墓誌中，不可能發生，而在李柏書、王羲之十二月三日帖等相聞書中，則完全可能也。魏晉以來碑誌及經生鈔寫儒家、佛教經典爲一種風格之書體，隋唐之後經生猶沿襲之。由尺牘、藁草、相聞書發展而有行楷，

① 陳寅恪《天師道與濱海地域之關係》，《金明館叢稿初編》，上海古籍出版社1982年。
② 周一良《魏晉南北朝札記》"王羲之書札"條，中華書局1985年，第89~96頁。

爲另一風格之書體，陳隋時期爲界限，智永爲代表人物。歐陽修《六一題跋》四陳張慧湛條云：'陳隋之間字體臻于精妙，而文章頹壞，至于卑俚。'論者以爲蘭亭序帖之書法爲陳隋或陳隋以後作品，或不無理由也。"肯定了郭説，但也指出了郭説論證上的不周之處。黃永年師也認爲："南北朝後期梁陳時乃出現較爲虛和空靈之新體，繼而影響北齊，又影響北周。今所傳《蘭亭序》，即這種新書體之尤佳妙者，若曰誠出東晉時人王羲之手，總有礙事理。此問題嘗別撰文深論，茲故不贅。"此外，歐陽詢"貞觀十五年卒，年八十五"，虞世南"貞觀十二年卒，年八十一"，實際上都是隋人而晚年入唐的。而且虞世南是江南世家且師承智永，褚遂良亦籍貫越州，受到王羲之開創書風的影響，在地域影響上也是説得通的。① 近年來，研究唐代書法的一些學者，在論證北朝石刻文字對顏真卿書法的影響時，舉出北齊《水牛山文殊般若經碑》和山東泰山經石峪的《金剛經》。就風格來説，顏真卿晚期書法（如《勤禮碑》、《顏氏家廟碑》）和《水牛山文殊般若經碑》確實非常接近，它們皆結體寬綽，用筆藏鋒，線條圓融厚重，氣勢恢宏磅礴。② 有學者還指出：家學淵源對顏真卿書法的影響。我們前引注重王羲之書之的《顏氏家訓》的作者顏之推，系顏真卿的五世祖，其由後梁入周後曾被推薦給鎮守弘農郡的陽平公李遠代寫書信，可見其書法亦是沿襲王羲之一路。後逃入北齊亦任文學侍從之官。一般認爲，顏體脫胎於褚體，所謂褚是正，顏是變，現在看來應有更早的淵源。這爲我們探討《蘭亭序》在南朝的書法淵源提供了一個參照。我們特別是否可從探尋褚遂良的書法源流得到突破。一般説來，褚遂良書被認爲源自隋《龍藏寺碑》、《龍華寺碑》諸碑之虛和空靈進而整齊者。我們注意到《龍藏寺碑》原石在河北正定，書者爲"齊開府長兼行參軍九門張公禮口"。《龍藏寺碑》原石在山東博興，皆北齊故地，追其書法源流，當與虞世南、褚遂良有著共同的淵源。八十年代初公佈的一批北齊如博興造像與唐初楷書非常接近，這説明楷書成熟未必是一定到唐初。尤其值得注意的是唐太宗以王羲之爲宗，收藏羲之書迹既多，又特別欣賞褚遂良的楷書，那麼，王、褚之間存在聯繫那則是肯定的。

　　上述這種字分兩體，經生體與行草體並行的説法也得到玉門畢家灘五涼墓出土隨葬衣物疏的證明。根據已發掘的墓葬來看，在官職較高的貴族墓中未見隨葬衣物疏，在隨葬物很少、形制很小的貧民墓中也未見隨葬衣物疏，故有人認爲這種文書是一般中等階層的家庭行葬禮時所習用之物。這一説法也得到了畢家灘十六國墓葬的證實。

---

① 啓功《啓功口述歷史》，北京師範大學出版社 2004 年，第 211~216 頁；啓功還認爲："每一時代中，字體至少有三大部分：即當時通行的正體字，以前各時代的各種古體字，新興的新體字或説俗體字"，啓功《古代字體論稿》，文物出版社 1999 年，第 35 頁。
② 白謙慎《傅山的世界》，三聯書店 2006 年，第 138~139 頁。

木牘上的隨葬衣物疏也表明在十六國時期，此地民間普遍還使用簡牘而不使用紙張。53 座墓葬所出 9 塊衣物疏中，紀年起訖爲前涼建興十九年（341），最遲不晚於西涼李嵩庚子四年（403），其中除楷體外，更不乏書法瀟灑的行草書，可證王羲之時代出現楷書、行草書都是有可能的。

唐長孺先生《跋吐魯番所出〈千字文〉》一文注意到王羲之書法通過《千字文》在北方及西域傳播的途徑，這亦可爲我們的論證提供參證：“新疆博物館藏吐魯番所出《千字文》及雜有《千字文》之殘卷 5 件，分別録入《吐魯番出土文書》各册。《千字文》殘片之多，可證唐代自貞觀以至天寶或更後時期，《千字文》爲西州學童普遍習誦及習字之範本。《千字文》是梁代的作品。周興嗣次韻王羲之字的《千字文》是最早的本子。蕭子範撰文、蔡邕作注的別一《千字文》是否仍以王羲之字集成或別有人書寫不詳。如果作爲習字範本，唐代流傳摹拓臨寫的應是周興嗣次韻王羲之字的《千字文》。唐人李綽《尚書故實》說：‘《千字文》，梁周興嗣編次，而有王右軍書者，人皆不曉。其始乃梁武教諸王書，令殷鐵石於大王書中，拓一千字不重複者，每字片紙，雜碎無序。武帝召周興嗣，謂曰：卿有才思，爲我韻之。興嗣一夕編綴進上，鬢髮皆白，而賞賜甚厚。右軍孫智永禪師自臨八百本，散與人間，江南諸寺各留一本。’《千字文》創自梁代，南朝末可能已代替了漢代以來作爲識字習字的課本和範本的《急就章》。其書何時傳入北方，我們不能確知。至遲在侯景亂後，江南士人分別北遷鄴都、長安時必已流傳北上。”[①] 如果王羲之書法確系子虛烏有，又如何解釋以王羲之楷體寫就的《千字文》在全國包括僻遠的高昌地區的流佈呢？

**附記：** 往昔嘗閱《胡適之年譜長編》，其第八册收有嚴耕望索蹭羅爾綱《師門五年記》（胡適臺北自印本）的信函：引胡適民國二十年六月廿九日致羅爾綱一函：“‘凡治史學，一切太整齊的系統都是形迹可疑的。因爲人事從來不會如此容易被裝進一個太整齊的系統里去。’後學於此亦有同感。常想治史常非易事，必當精深而能見其大。精爲基本功夫，然並不頂難，能深入而又能見其大，則甚難。若於大問題下斷語能恰到好處，則極難矣。蓋在分際最易犯先生所謂‘太整齊系統化’之毛病也。不但淺薄如後學者，即篤實如寅恪先生，遇大問題亦常犯此錯誤。”治中古書法史前賢，下論斷亦多有此病，故將讀書劄記抄綴成文，以就教同行。

---

① 唐長孺：《跋吐魯番所出〈千字文〉》，《唐長孺社會文化史論叢》，武漢大學出版社 2001 年，第 233～242 頁。

# 古代佛造像的石料來源問題

## 金　申 *

　　筆者在研究單尊石佛造像的過程中，對各地石造像銘文中反映出來的石料來源問題也略有注意，在此將零星材料連綴成小文，或可補前人未曾注意之隙缺。

　　魏遷都洛陽後，繼續開鑿龍門石窟，且單尊佛像及造像碑也一時興盛。單尊石佛雕刻體積重沉，一般應是就地取材，但講究的石料，則取自荆山。

　　據《魏書·釋老志》：

　　　　先是於恒農荆山造珉玉丈六像一。（永平）三年冬迎置洛濱之報德寺，世宗躬親致敬。

　　報德寺創自孝文帝遷洛後不久，據東魏武定三年（545）《報德寺七佛碑像》的銘文：

　　　　大魏龍飛恒代，創基帝業，王有九土。至高祖孝文，定鼎崧洛…廣興塔廟，詔隆三寶，始造報德寺。

　　説的就是報德寺於孝文帝遷洛不久所造的，時間應該在公元五世紀末。下文亦述：

　　　　宣武皇帝剖玉荆山，賈重連城，雕鏤瑩飾摸一佛兩菩薩，石基磚宮樹於寺庭……。

　　可知宣武帝元恪繼續在寺廟内雕鑿了一佛二菩薩像。此後，寺内繼續有營造石造像的活動，《報德寺七佛碑像》即爲武定三年（545年）以洛州刺史田景爲首的數人出

*　金申，中國藝術研究院美術研究所研究員。

資雕鑿的①。

可注意者爲文中之荆山，《全北齊文》卷十有北齊天統三年（567）《宋買等造天宫石像碑》，發願文中亦有荆山：

其像也，乃運玉石於荆山，採浮磬於淮浦……

碑文中且有，"其天宫也，左臨緑水，具有路澗之低徊，……從背望山，伊洛之南地"一語，則報德寺當位於洛陽市區以南②。

據傳原存山西省長子縣的北齊天統五年（569）《合邑二百人等造釋迦佛立像》（現藏於美國納爾遜美術館石灰岩高232.5釐米）發願文有：

唯大齊天統五年歲次己丑三月庚申朔十八日丁未……
合邑二百人等採石荆山同並□率引匠東都俱思净土即
於寺□造釋迦丈六□……③

荆山，據《古今地名大辭典》在今禹縣西北五十里，《通典》云："揚濯有荆山，出玉，齊武帝於此採玉，其下即穎川郡地。"揚濯即陽翟，是穎川郡的治所。

可知是今河南禹縣一帶，山中以出産適宜雕刻的石料而聞名，故而在造像的發願文中多以荆山代稱石料的産地。但實際上古代發願文也喜藉用典故，可能實際上並非所有的石佛像的材料都出自荆山。

在劉碑造像銘（天保八年）中且出現了金山的地名：

故能同率緇素異心，共遵等意，採石金山，遠求名匠……建像一區④。

金山據《古今地名大辭典》應該位於今河南光山一帶。一説爲河南信陽南五十六里之地。《通鑒》後魏永平元年，梁將胡武城攻郢州。於州南金由之上連營。

總之，在河南地區的造像碑發願文中，荆山和金山的具體方位可以細考。

① 金申編《中國歷代紀年佛像圖典》收《報德寺七佛碑像》石灰岩殘高208釐米現在日本私人收藏。亦稱《洛州報德寺造像碑》、《七佛頌》。舊在河南洛陽，曾歸端方。隸書，十九行，行三十字。文物出版社1994年。
② 嚴可鈞《全北齊文全北周文》，商務印書館1999年。
③ 金申編《海外及港臺藏歷代佛像》，山西人民出版社2007年。
④ 嚴可鈞《全北齊文全北周文》，商務印書館1999年。

　　河北地區則以曲陽一帶盛產的漢白玉雕造的佛像最有特色，曲陽城南有山名黄山，
並不高峻，獨兀矗立在河北中部的平原上。《魏書·地形志上》曲陽：“前漢屬常山…
有恒山、嘉山、黑山、堯山、黄山。”此山盛產潔白瑩潤的漢白玉，《曲陽縣志》載：

　　　　城南黄山自古出白石，可為碑志諸物，故環山諸村多石工①。

　　曲陽黄山盛產的漢白玉，造就了周圍百十里數萬鄉民人人皆可以持斧鑿而雕刻，
用漢白玉雕刻的各類物件生動細緻，碩大的石獅一人數日可就，技藝嫻熟，令人嘆為
觀止。工匠們且四處做工，全國各地甚至海外的石造工程，石工群中必有曲陽工匠。
　　早在北魏時曲陽即已雕刻石佛像，歷東魏、北齊時最為盛行。一直到唐依然不衰。
曲陽石佛像發願文中往往稱這里出產漢白玉為“玉像”、“玉石像”。《陶齋藏石記》九
卷有“大魏□□六年……上曲陽劉興……造玉像”的銘文。
　　又《高門村人張氏造二佛並坐像》發願文為：

　　　　大魏武定五年七月二日，高門村張同柱、張銀瓮、張臘等造白玉像一軀，為
　　七世先王，後為一切衆生離苦得樂②。

　　《諸劉村邑人劉氏等敬造白玉像》（北齊河清四年，白色大理石高 95.4 釐米，美國
菲利爾美術館藏）發願文：

　　　　河清四年二月八日曲陽縣□城諸劉村邑人等敬造白玉像一區。

　　《藝風堂金石目》載開元十一年馬長和等造一佛二菩薩像，銘文有：

　　　　大隋國開皇十一年，易州易縣固安陵雲鄉民，……往詣定州洪山，
　　敬造玉石大像一佛二菩薩，有敢運來③。

　　易州易縣，當為今河北易縣一帶，“玉石大像”則肯定指的是曲陽一帶的漢白玉雕
刻的佛像了。“往詣定州洪山，有敢運來”，洪山似應是黄山的諧音，定州一地，似不

---

① 《曲陽縣志》版本待查。
② 金申編《海外及港臺藏歷代佛像》，山西人民出版社 2007 年。
③ 《藝風堂金石目》。

可能有洪山、黃山如此發音接近的兩座山，可知此石佛像是在曲陽雕刻完成後又送往易州易縣某寺院的。

在唐代，幽州地區（今北京市）也出産白玉石，且不遠萬里運輸到長安。

原臨潼驪山唐代華清宮朝元閣老君殿的白石老君像（高 193 云釐米，現藏西安碑林博物館），至今尚存，漢白玉雕刻，老君豐須長髯，表情寧靜睿智，衣紋流暢。宋敏求《長安志》云：“朝元閣南有老君像，玉石爲像，製作精絕。”

唐鄭嵎《津陽門詩注》云“石瓮寺，開元中以創造華清宮餘材修繕，佛殿中有玉石像，皆幽州進來，與朝元閣造像同日而至，精巧無比，扣之如磬。”又“開寶四年，老君見於朝元閣”。

唐姚汝能《安祿山事迹》云：

> 安祿山進玉石天尊一鋪，天尊並侍坐，真人、玉女神、天丁力士、六樂童子及獅子、避邪、香爐、五案三十六事，故呼為一鋪。

據上記可知玉石老君像以及天丁力士、六樂童子及獅子、避邪、香爐、五案三十六事等等一組石雕都是安祿山命人在幽州雕好後進貢而來的[①]。

大村西崖《支那美術史雕塑篇》引《舊唐書》卷九[②]：

> （天寶七載）十二月戊戌，言玄元皇帝見於華清宮之朝元閣，乃改為降聖閣。

即華清宮的朝元閣因玄宗的駕臨，而改名爲降聖閣。《支那美術史雕塑篇》且據《陝西通志》、《長安志》等寫到“命元伽兒以幽州進白玉石造老君像，與福嚴寺佛殿的玉石像同時完成。”

元伽兒的出身據説是西域人，史籍中没有更多的記載。元伽兒所雕刻的朝元閣白石老君像至今尚存，現移至西安碑林博物館。

姜亮夫《莫高窟年表》在天寶三年條下“取太白山白玉石，命匠元伽兒作玄宗像，側立玄宗御容於太清宮。以幽州白玉石，命元伽兒作老君像，置驪山清華宮”。大村西崖與姜亮夫認爲老君像是幽州所進白玉石在長安雕鑿的。

總之關於此老君像有二説，一者云爲安祿山命工匠從幽州雕好後進貢而來的，一者是幽州進白玉石，然後在朝元閣玄宗命元伽兒雕刻的。但不管怎樣，不論是石料還

---

① 朱捷元、單偉《關於唐朝元閣白石老君像的製作年代及作者問題》，《考古與文物》1984.4。

② 大村西崖《支那美術史雕塑篇》。

是制成品，是從幽州所進是沒有爭議的。幽州即北京，京西房山縣至今仍出產白大理石，與曲陽地區的白石極爲近似。

據此可知在唐代長安宮廷的高檔石雕佛、道像及工藝品石料是來自幽州。

1992 年西安北部漢城鄉出土的兩尊觀音立像（高 69.2 釐米），涂金掛彩，至今尚鮮，從風格判斷應是北周末到隋初的作品。可注意的是石像臺座是青灰色的石質，而像身是白大理石，爲兩部分組合而成①。

從像身的石質上看，很可能是曲陽或統稱幽州所產的石料，但漢城鄉出土的菩薩造像風格飽滿，瓔珞、項圈等飾物粗大，是典型的關中風格，與曲陽石佛像的薄衣貼體不注重立體衣折和飾物的雕刻風格截然不同，故而很可能是河北地區的石料運來後在當地雕造的菩薩像。因是從外地輸入的優質價昂的石料，且石材爲便於運輸亦不宜體積過大，故用來雕刻主體部分，臺座則用本地出產的較爲廉價的青石，上述佛像與臺座是不同石料完成的情況，祇有這樣解釋纔合理。

河北地區的漢白玉石料或石雕除輸往長安外，唐代五臺山的石雕也往往來自曲陽一帶。

《古清涼傳》卷下記西域梵僧釋迦蜜多羅禮拜（於乾封二年）五臺山涼州沙門智才陪同前往，下山後，智才向道宣律師述其經過，並云：

> 余便往定州恒陽縣黄山，造玉石舍利函三枚，大者高一尺七寸，擬安中臺塔內，並作蓮花色道，異獸之像，亦盡一方之妙焉。②

恒陽縣，隋開皇七年置，治所在今曲陽縣，唐元和十五年改爲曲陽縣。

《唐高僧傳》卷二十一"唐五臺山法華院神英傳"：

> 釋神英，罔知姓氏，滄州人也。……以開元四年六月中旬到（五臺）山瞻禮。……遂召工匠，有高價者誓不酬之，乃於易州千里取乎玉石用造功德。③

現存五臺山佛光寺大殿內的釋迦佛坐像（高 112 釐米，1950 年文化部雁北文物勘察團發現於佛光寺東山後坡無垢净光塔遺址），亦爲白大理石雕造。佛像體態飽滿，衣褶流暢，極富寫實感。在臺座上刻有：

---

① 西安市文物保護考古所《西安北部出土北朝佛教造像》，《文博》1998.2。
② 慧祥《古清涼傳》，《大正藏》第 52 卷。
③ 道宣《續高僧傳》，《大正藏》第 50 卷。

大唐天寶十一載十一月十五日博陵郡陘邑縣西子歲總村為國敬造臺山佛光寺無垢净光塔玉石釋迦牟尼佛一軀……①

博陵郡唐時治定州，距曲陽不遠。可知是定州附近的村民在當地雕制的佛像完成後運到五臺山的。

2002 年 5 月五臺縣豆村鎮佛光村的古竹村寺遺址出土了數尊殘佛像，内中有二件菩薩殘像，一件弟子殘像和一件殘佛座。與當年雁北文物勘察團在佛光寺東坡無垢净光塔發現的釋迦像及二弟子、菩薩、天王、力士等石像風格接近，均爲漢白玉雕造，時代也同在唐天寶年間。從而可知盛唐時，五臺山的單尊白石佛像的石料多來源於河北的定州一帶，佛像很可能出自曲陽的石工之手②。

此外造像碑中還經常可見藍田這一地名，如北齊武平元年董洪達造像銘：

是以都邑主董洪達其人……遂率邑徒四十人等，乃訪藍田美玉，琨璞京珍，敬寫靈儀……。③

又比丘僧道略等造神碑尊像銘（武平二年）：

遂能共邑義三百餘人等，託志菩提，建崇弘願，石出藍田，求工班爾敬造神碑一所，尊像八堪④。

藍田縣位於今西安東南，境内有藍田山。《漢書》中已有藍田玉的記載，宋應星《天工開物》中認爲“所謂藍田，即葱嶺出玉之別名，而後也誤以爲西安之藍田也。”近年在藍田發現的蛇紋石化大理岩玉料，認爲可能就是古代記載的藍田玉。但藍田玉並不適於雕刻大型佛像，故藍田美玉應是石料的代稱。又北齊時，長安一帶爲北周轄境，故北齊境内雕刻佛像的石料是不可能求自藍田的。

①　文化部文物局《雁北文物勘察團報告》1951. 2。
②　郭銀堂《五臺縣佛光村古竹林寺出土唐代白石佛教造像》，《文物世界》2002. 4。
③　嚴可鈞《全北齊文全北周文》，商務印書館 1999。
④　嚴可鈞《全北齊文全北周文》，商務印書館 1999。

# 西安碑林碑刻文様と文様研究法

山本謙治[*]

## 一　東アジア文様史における西安碑林碑誌文様の重要性

2007年度より西安碑林博物館と日本阪南大學東アジア歴史文化研究所は國際共同研究をおこない、"碑林博物館所蔵碑刻装飾文様集成"の刊行を目指すことになった。本稿ではそれにあたって文様史研究の課題を整理し、その具體的な方法のいくつかを、碑林博物館蔵碑石文様で例示しておきたい。

日本人研究者が西安碑林の研究を行うようになるのは1900年代になってからであるが、その研究は碑林の沿革や現状調査を中心とし、碑石に関しては金石文としての史料価値や書法を論じるものであり、碑石に施された装飾文様に焦點をあてたものはない[①]。ただ一部碑石の優れた装飾文様は當時より研究者の目を引き、1925年頃より日本にも紹介されている[②]。

西安碑林碑石文様を中國文様史に位置づけようと試みた最初の日本人研究者は長広敏雄で、1950年発表の"唐代の唐草文様"[③]において、西安碑林6碑石の碑側文様を取り上げている。彼はこの論文の中で"唐の唐草文研究に貴重な資料をあたえるのは西安碑林の多くの紀年銘ある石碑であるが、現在われわれはそれらの碑の文様拓本資料をわずかしか手にしていない。とにかく研究を促進する方向はこの辺にキイ・ポイントがあると思う。"（98頁）と述べている。その後半世紀以上を経た現在まで、長広が取り上げた以外の西安碑林の紀年作例が積極的に紹介されることも、詳細に造形分析されることもなかったのが日本における西安碑林文様の研究狀況で

---

[*]　山本謙治，日本阪南大學教授。

① 山本謙治"西安碑林博物館と館蔵碑志装飾文様について""阪南論集　人文・自然科學編"第42巻第2號、2007年を参照。

② 関野貞・常盤大定"支那佛教史蹟"全12巻，佛教史蹟研究會，東京，1925～1928年。

③ 長広敏雄"唐代の唐草文様""仏教藝術"8號、東京、1950年。この中で、道因法師碑・隆闡法師碑・法蔵禪師塔銘・大智禪師碑・梁守謙碑・玄秘塔碑の6石を取り上げている。

ある。

　1965 年、日中文化交流會の要請により陝西省博物館は碑林石刻 80 種を選び、全
碑面にわたる精巧な拓本をとって日本での展覧會を開催したが、その中の一部が
"西安碑林"① として刊行されている。これに序文を寄せた郭沫若は "從來の人々は
古代の文物に對しては、多くは文字書法に注目して、その雕飾造型を見のがしてい
た。これは一種の偏向である。思うに文字書法は上層の統治階級の手になったもの
だからして重視せられ、雕飾造型は職人の手に出たものだからとくに輕視されたの
であろう。"（2 頁）と述べているが、この言葉は中國における碑刻文樣研究の狀況
を示すものであろう。

　もっとも美術史研究において碑林碑石の雕飾が輕視されていたわけではなく、
長広が指摘したように裝飾文樣の研究を促進するには、公刊されている拓本や寫真
資料では限界があったというのが実際のところである。中國では1990 年代になって
碑側や墓誌・墓誌蓋側面の拓本を收録した圖録が多く刊行されるようになり、作例
の收集にはずいぶんと役立つようになったが②、版型が小さいため圖版の詳細がわか
らなかったり、文樣の一部しか收録されなかったりと、やはり実際に文樣分析をおこ
なうには不都合なことが多い狀況が続いている。文樣史研究のための資料としては、
①文樣全體の配置構成を分析するため、施文領域全體を示す資料、②個々の單位文
樣を分析するための細部資料、の二つが不可欠である。①は拓本、②は実物の寫真
であることが望ましい。

　裝飾文樣の施された作例は建築・雕刻・絵畫・工藝というほとんどの造形領域
に存在し、その作例數が極めて多いということは裝飾文樣史研究における大きな利
點である。しかし、その一方で、製作年代の明確な〈基准作例〉が乏しいこと、施
文領域全體の配置構成が分析できる拓本と、單位文樣を分析できる細部寫真の兩者
を合わせた文樣資料の蒐集が難しいこと、この2 點が裝飾文樣史研究の大きな妨げと
なっている。

　この點、西安碑林博物館の所蔵する石碑・墓誌・墓誌蓋には多種多樣な裝飾文
樣が施されると同時に、碑文・墓誌銘により製作年代が判明するものが多く、いず

---

① 　西川寧 "西安碑林"、講談社、東京、1966 年。

② 　呉鋼主編 "隋唐五代墓誌滙編　陝西卷" 1～4 冊、天津古籍出版社、1991 年。陝西歷史博物館
　　編 "唐代墓誌紋飾選編"、陝西人民美術出版社、1992 年。陝西歷史博物館編 "北朝石刻藝術"、
　　陝西人民美術出版社、1993 年。張鴻修編著 "隋唐石刻藝術"、三秦出版社、1998 年。これまで
　　刊行されたものでもっとも利用価値の高い拓本圖版は1953 年刊行の西北歷史博物館編 "古代裝
　　飾花紋選集"、陝西人民出版社であろう。。

れも装飾文様史における貴重な〈基准作例〉となる。また碑林所蔵作例では、施文された装飾空間全體を考えるための拓本資料と、個々の文様を分析するための細部寫真資料という、装飾文様研究に不可欠な二種の文様資料の作成が可能である。碑林博物館所蔵の文様史基准作例が、これら二種の資料とともに體系的に公刊されることは、中國文様史研究に有益であるだけではなく、朝鮮・日本の文様作例を歴史的に位置づけるためにも必要不可欠であり、東アジア造形史の研究に寄與するところは極めて大きい。

## 二　文様史研究の課題

文様史研究には、1）motifの分類と系統化、2）造形分析、3）施文技術、4）象徴的意味の解読、という4つの側面がある。

1）motifの問題

藝術用語としてのmotifには、表現活動の〈主題・主調〉という意味と、創作の〈動機・動因〉となる作者の内的衝動という二種の意味がある。文様史においてもmotifという語は〈題材〉と〈動因〉という二つの意味に使い分けなければならない。

1. 題材の分類

〈題材〉とは文様化された対象物である。従来の文様史研究では、まず文様が何を〈題材〉としたものであるかを判別し、次にその〈題材〉を系統別に分類するのが一般的な手順である。

分類には〈単純分類〉と〈系統分類〉がある。〈単純分類〉とは単に文様の題材を弁別することであり、〈系統分類〉とは弁別した題材を、動物・植物などの生物的形象、雲・日月・水波などの自然形象、円形・三角形・C字形などの幾何學的形象など、系統別に分類することである。

装飾文様は建築・雕刻・絵畫・工藝というほとんどの造形領域に存在し、ひとつの造形作品にも多数の文様が施されているため、その作例数は極めて多い。こうした膨大な數の作例を研究対象とする場合、題材による分類と系統化は第一の課題となる。しかしこのような作業はあくまで文様研究の前提作業であって目的ではない。文様は〈形の伝播〉や〈形の連続と変化〉といった造形的な問題を考える時に、もっとも有効な材料となる。それぞれの地域・時代・文化圏における造形力・造形原理の相違を比較検討しようとした時に、あらゆる造形領域、地域、時代に存在する文様は、極めて豊富な資料を提供してくれる。また東西アジアのような広域で造形性を比較するには、異なる主題よりも同一の主題の作品を比較した方が有効である。文様の題材分類の目的は、あくまで同一題材の文様作例を選別して、それらの造形性を比較検討するための前提條件を整えるための作業である。この點を忘れると、文様研究は単に同じ題材の文様を列挙していくだけの文様集成で終わってしまう。

2. 題材の系統化

〈系統化〉とは造形分析に基づくもので、題材を単純に植物系、動物系、幾何學系などに割り振った〈系統分類〉とは異なる。この〈系統化〉には次の三つがあるが、段階的なものではなく、並行して考えられねばならない。またいずれも単純な題材判別ではなく、文様の持つ形を造形的に分析することで明らかにされるものである。

①同じ題材の文様がどのように形を変化させて展開したかを系統化する。例えば、龍を題材とした文様が、その単位文様の配置構成や文様構造をどのように変化させ、どのようなvariation（変種）を生み出したかを明らかにすることである。

②複數の題材間での影響・生成関系を系統化する。例えば、動物系と植物系の題材が融合して、別の題材を生み出す。あるいは同じ植物系の題材で、柘榴と牡丹が融合して、実在しない別の植物系題材となるといった造形展開を明らかにすることである。

③題材の喪失。これは造形的には非常に重要なことであるが、従來の題材研究中心の文様史では問題化されなかった。題材は形を規製淮するが、それが造形の決定的な要因ではない。形の伝播においては、特に模倣が繰り返される間に、表現対象の意味、原初の題材が自覚されなくなり、単に形のみが寫されて連続していくことが多い。中國から日本への龍文様の展開を例にすれば、題材が龍であることを知らずに、単にS字形やC字形の曲綫文様として寫されていった作例は数多く見られる。こうした文様は、単に形だけみれば幾何學文に分類されるが、造形の展開としては龍文様の終末期として位置づけられなければならない。

3. 動因

motifのいまひとつの意味として〈動因〉がある。〈動因〉とはある文様表現を道き出すきっかけとなったものである。〈動因〉は一見して判断できる〈題材〉とは異なる。例えば、波形をした文様がある場合、波が〈題材〉だとすれば、その文様は自然界の〈波〉そのものを直接に文様化したものである。波が〈動因〉だとすれば、その文様は自然界の〈波の形〉が刺激となって創造された曲綫文様だということになる。両者の形が一見して類似していたとしても、両者は造形的にまったく別系統の文様であり、その文様構造も異なってくる。これを両者ともに波文として題材分類して系統づけてしまえば、造形史としては明らかな誤りである。従來の文様史研究は〈題材〉中心であったため、〈動因〉に基づく分類や系統化は今後の新たな課題である。

　2）造形分析の問題

　1．装飾空間の形と分割

　題材研究では、地域や時代を通して個々の文様の連続性を追うことはできても、人間が特定の空間をいかに形づくり、いかに装飾するかという、美術史の根底問題である造形力や造形原理については理解することができない。こうした問題化がなされなかった原因は、從來の研究が文様のみに限定され、その文様が施される場所・つまり装飾空間に対する関心をもたなかったからである。文様史における重要課題の一つは〈装飾空間と文様の関系〉である。個々の文様を考える前提としては、第一に、その文様がどのような形の空間に配置構成されるかという装飾の場を考えねばならない。当然ながら表現されるものは表現の場によってその形が限界づけられる。文様という装飾も、それがいかなる形の空間に施されるかによって、自ずとその形や構成が変化する。

　文様は具體的な作品や具體的な装飾の場から切り離して考えることはできない。文様あるいはその題材だけを切り離して問題とするとき、すでに造形としての文様の意味は失われている。さらに装飾空間から切り離して文様を分析しても、それは単に類型の集成としかならない。文様史は個別文様の類型の歴史ではなく、空間装飾の歴史として意味づけられねばならない。

　このように装飾空間に対して文様がいかに造形化されるかという視點より文様史研究をおこなう場合、その研究方法としては、從來のように文様作例を題材別に収集するのではなく、同形の装飾空間に施された文様作例を収集して比較検討する必要がある。碑林文様の場合、碑側の大半が縦長の長方形である。また墓誌・墓誌蓋では上面と側面が横長の長方形、殺面が臺形というように、装飾空間は限定された同形のものであるため造形比較には適している。

　〈装飾空間の形〉の次にはそれがどのように〈空間分割〉されているかが問題となる。〈空間分割〉は文様を配置構成する前段階の作業で、時代性がよく表れる。空間分割は文様とは無関系な綫で幾何的に區分される場合と、文様を構成する一部によって分割される場合がある。植物文の莖が、一本の波狀曲綫、あるいは二本の相対する波狀曲綫として、装飾空間全體を分割するのがその例である。碑林碑石では、前者は動物系文様に、後者は非動植物系や植物系文様に典型的な作例をみることができる。

2. 文様の造形分析

A　配置構成

文様の配置構成とは、分割された装飾空間に、個々の文様がどのように配置されているかである。文様と絵畫を区別するのは〈繰り返し〉であり、文様の本質はその繰り返しにどのような〈規則性〉があるかである。この點は従來の文様史研究でもよく問題化されており、配置全體の構成は平面構成・帯狀構成、さらに個々の文様の配置法は、並置法・対置法・連続法などに分類されている。

B　文様構造

文様の配置構成については共通の研究が進んでいるが、個々の文様を造形分析する方法については、研究者間で異なる。しかし文様構造を分析するに當たっては、少なくとも以下の三つの概念を規定して構造分析を行なう必要がある。

①文様要素

文様の最小単位。半Ｃ字形・Ｃ字形・Ｓ字形・紡錘形・円形・葉形など、それ以上に分解できない単純な形であり、"形式語（後述）"で呼ぶ。文様要素は単位文様を形作る個々の部品として使用される場合と、単位文様を配置した余剰空間に充填される場合がある。

②単位文様

いくつかの文様要素から構成され、ひとつのまとまった文様単位として、隨所に反復して用いられるもの。文様要素に分解できない場合もあるが、その場合は文様要素よりも複雑な形式をもつ。ある単位文様にさらにいくつかの文様要素が組み合わされて、別の単位文様を形成する場合もある。

③複合文様

単位文様が複数組み合わされてできる文様単位。単位文様は同種のものの組み合せの場合と、異なる単位文様の組み合せの場合がある。組み合わされる単位文様間の余剰空間には文様要素が充填される場合が多い。

3）自余の問題

1. 施文技術と象徴的意味の解読

〈motif〉と〈造形分析〉のほかに、文様研究では〈施文技術〉と〈意味解読〉が重要な課題である。同じ文様でも、その施文技術が異なると形式が変わることがある。一見して文様のmotif、配置構成、構造が異なるように見える文様も、それは技術が相異するからで、本來は同一文様である場合がある。したがって施文技術が文様造形にどのような影響、規製准を與えるかを考えておく必要がある。

また文様は、単純な装飾である場合と、ある記號的ないしは象徴的意味をもつ場合とがある。単純な装飾文様であれば、それは藝術的な造形の領域でのみ考えればよい。しかし文様が特定の地域、時代、文化圏において特別な意味を込められた場合、その象徴的な意味を解読することは簡単ではない。これは造形史としての文様研究ではなく、図像學、文化史の領域で文様を捉えなおさなければならない。

　2. 文様名稱の問題

　　文様研究の基礎事項で、從來問題とされていない重要なことは〈文様名稱〉の問題である。文様の名稱は非常に多く、同じ文様でも研究者によって名稱が異なる場合もある。さらに文様名稱では、文様の歴史的な造形展開を検討することなく、染織や陶磁などの世界で慣用的に用いられてきた名稱を踏襲している場合も多い。

　　文様史はいまだに未成熟な研究領域であるといわれているが、文様名稱の曖昧さはこのことを端的に示している。問題とすべきは、個々の文様名なのではない。どのような視點から文様名がつけられるのかということである。これは単純な問題であるが、混亂が多い。混亂の原因はmotif（題材）をさして使用する〈題材語〉と形式をさしていう〈形式語〉が混同されていることにある。

　　たとえば“唐草”はある題材が波狀に連続して配置されているという形式を表す形式語であって、特定の題材を表す語ではない。かりに葡萄を波狀に連続させた“葡萄唐草”であるならば、葡萄が題材を示す題材語であり、唐草はそれがどのような狀態であるかを示す形式語である。“パルメット”は掌狀の形をあらわす形式語であり、“パルメット唐草”という場合は、パルメットという植物を題材にした唐草ではなく、掌狀の形をした文様を波狀に連続させたものという形式を示す意味で使用しなければならない。また“寶珠形”というとき、これが題材としての寶珠をいうのか、ただ単に形が寶珠に似ているというのか、それを明確にして使い分けなければ混亂して議論がかみあわない。學術的な名稱であるならば、同じ名稱からは、誰もが同じ、一定したイメージをもつ必要性がある。それを前提としてはじめて文様史の共通の議論がなされるようになると思われるが、從來の研究ではこの點の認識が希薄である。

## 三　西安碑林博物館碑側文様の造形分析例

　　現在、碑林博物館で常設展示されている唐代までの碑志のなかで、装飾文様が施されている作品は、碑石30石、墓誌11石、墓誌蓋24石である。そのなかで作柄や保存状況が悪く史料価値の乏しいものを除くと、碑石25石（北宋2石を含む）、墓誌8石、墓誌蓋13が研究対象となる（表1）。現在これらの拓本と寫真資料を作成中であり、詳細な文様分析はそれらの資料の完成をまって行わなければならないが、ここでは上述した文様分析の課題を、碑側文様を対稱としていくつかの具體的作業例で示してみる。

　題材の系統分類としては、動物系3例、非動植物系4例、植物系18例の三種に大別できる。

　1）動物系文様

　碑林碑側文様の作例の場合、動物系とは龍を題材にしたものに限定され、三蔵聖教序碑（672）、三墳記碑（767）、篆書千字序碑（967）の三作品がある。これらに共通する大きな造形的特色は、並行する二本の縦綫で装飾空間を分割する空間分割の方法である。

　〈三蔵聖教序碑〉はこの種の系統における初期の典型作例と考えられる（図1）。上下端に配置された獣面の間を二本の並行する縦綫で分割し、縦綫は中央よりやや上方でX字型（A）に交差する。また下端獣面とX字型の中央を一本の横綫（B）で區切るが、この横綫の區分は上半分には見られず、分割意図が理解し難い。

　文様配置は二本の縦綫に左右対稱に三つの動物文を絡ませた構成となる。下端獣面の上方に龍①、X字型交差部の上に龍②、上端獣面の下方に嘴をもった鳥③と、三つの頭部が確認できるが、これらの配置構成に明了な規則性は見出せない。

　装飾面全體が無數に渦を巻く複雑な曲綫で埋め盡くされているため、単位文様ないし複合文様を抽出するのは難しい。細部寫真より左縦綫に絡みついた二匹の龍①と龍②抜き出して文様構造をみてみると、二匹とも目・口・角の頭部と脚一本は具體性があるが、それ以外は小さな渦巻きをつけたC字形、S字形、火炎形といった具體性のない多數の文様要素を、體部基本曲綫の周囲に加算していくもので、これらの文様要素は形も組み合わせ方も一定ではなく、規則性は見られない。こうした文様要素の形は、漢代以來の雲気文、流雲文に由来するものであろうが、7世紀後半にいたるまでそれが根強く連続していることは注目される。

　この〈三蔵聖教序碑〉が龍系統の原初的な典型作例であるとすれば、〈篆書千字序碑〉は原初的な不規則性を排除し、完璧な規則性をもって図案化をなした典型作例といえる。この空間分割も上下端の獣面の間を二本の並行する縦綫で分割するものであるが、縦綫は均等に區分された四箇所でX字型に交差する（図2）。この縦綫に相対する二本の波状曲綫が組み合わされ、X字型の交差部分（A・D）とふたつのX字型の中間部分に、相対波状曲綫により紡錘形（①・③）の空間がつくられる。A・Dの紡錘形内では、X字型の交差點を円環で囲み、上下左右に四つの文様要素を充填する。①・③の紡錘形内には、波状曲綫の上方から反転して入った曲綫の先に、C

字形を二段に重ねた単位文様が左右対稱に配置される。この単位文様は次に述べる非動植物系の李憼碑のものと同形である。

　　左右の縦綫の外側にはそれぞれ四つの龍が配置される（④・⑦）。いずれもＸ字型交差部分に頭部を配置し、體部は①・③の紡錘形を囲むが、最下端の⑦だけは頭部のみとなる。④・⑥の龍の體部の文様構造は、三蔵聖教序碑のような複雑な自由構造ではなく、いくつかの共通する単純な文様要素を規則的に組み合わせたものである。

　　〈篆書千字序碑〉では、空間分割、配置構成、文様構造、いずれも明確な規則性で反複されていて、ひとつの完成された文様図案となっている。10世紀後半という製作年代を認めるならば、龍を題材とした動物系と、次に述べる抽象的な非動植物系の二つを熟知した上で、両者を組み合わせて図案化したものと考えるべきものであろう。

　2）非動植物系文様

　　題材として動物系とも植物系とも判斷できないが、龍を題材とした動物系文様が抽象化、幾何學化されたものと推測される。この系統のものが次の植物系文様の展開になんらかの影響を與えたものと考えられるが、その證明は今後の課題である。非動植物系というよりは、抽象化文様と呼ぶ方がよいが、確実に動物系文様を抽象化したものと證明できているわけではないので、ここでは非動植物系としておく。碑林碑側文様では皇甫誕碑（627～649）、於孝顕碑（640）、李憼碑（649）、道因法師碑（658）の四例がある。

　　空間分割はいずれも二本の相対波狀曲綫により紡錘形をつくる規則的なものである。前二者には上下に獣面があり、後二者には上端にのみ獣面がある。紡錘形は順に、三箇所、五箇所、三箇所、六箇所ある。空間分割は動物系よりも単純明快で、文様の配置構成も、二本の相対波狀曲綫がつくる内側の紡錘形と外側の半紡錘形の二箇所に、それぞれ同じ文様構造の単位文様ないし複合文様を配置する（図3）。

　　これらの特色は、空間分割や配置構成ではなく単位文様の文様構造にあるが、その基本形が〈李憼碑〉である。図4は四作例より、紡錘形内に左右対稱に配置された単位文様の左側を抽出比較したものである。〈李憼碑〉の単位文様では、波狀曲綫から分岐して上方より入った曲綫①の先に、Ｃ字形②と③を二段に重ねたものがある。この二つのＣ字形は平面的な上下ではなく、前面のＣ字形が背面のＣ字形の上に重なってその一部を隠すという奥行きを表現する點が特色である。さらにＣ字形付け根の背中に小さな渦巻きを付加するが、これは上述の〈三蔵聖教序碑〉などの動物系文様に通じるものであろう。

　　この〈李愍碑〉の単位文様が発展したものが〈道因法師碑〉である。これは二つの単位文様が組み合わさった複合文様である。一見して複雑なようであるが、一つの単位文様は、〈李愍碑〉の二段Ｃ字形単位文様のうち、背面のＣ字形③の上端付け根から三角形状に④が伸びただけであり、これに上端の反転部分①から垂れたもう一つの単位文様⑤が組み合わさって複合文様になったものである。④はＣ字形③の背面にあり、②③④が三段に重なったものとなる。また李愍碑ではＣ字形③の上端が広がってＣ字形が明了ではなかったが、〈道因法師碑〉では②③二段とも同形のＣ字形として形式的に整えられている。⑤の単位文様は〈三蔵聖教序碑〉と同様に雲気文系龍文様に通じるものであろう。

　　3）植物系文様

　　植物系は18例あるが、霊化寺大徳智諴法師碑（639）と道徳寺碑（658）の二例は、上記の抽象的な非動植物系文様から植物系文様へと造形展開する過渡期の作例としてよい。前者には獣面はなく、二本の相対波状曲線によって紡錘形を8箇所、後者は上下端に獣面を配し、紡錘形を4箇所つくる。非動植物系と空間分割や配置構成に変化はないが、文様構造には変化が見られる。

　　〈智諴法師碑〉では、上方から反転してきた曲線①に、先端が反転せずに下方に尖って流れるＣ字形②、その内部にＣ字形の付け根より分岐反転したＣ字形③が配される。Ｃ字形②は背中に動物系と同様の渦巻きをつけるが、動物系や非動植物系よりも大きめである。Ｃ字形③ではこれがさらに大きくなって、Ｃ字形に付加されたものというよりは、主體的なものに変わり、すでにＣ字形というよりは、全體として掌状になっている。Ｃ字形②の先端が閉じずに下方に長く伸びるようになったのは、〈李愍碑〉や〈道因法師碑〉の両端が反転して閉じたＣ字形からの大きな変化である。また③の先端部分に三角形状の④がつけられているのは、〈道因法師碑〉の二段Ｃ字形の背面Ｃ字形の付け根から伸びていた④の変形としてよいであろう。Ｃ字形は雲気文、龍文といった非現実的な神怪性を強く印象させるが、そのＣ字形の変形や喪失に、現実的な植物系文様への造形展開の一端を見ることができよう。

　　〈道徳寺碑〉では珍しく下方から上方へと巻き込んだ曲線①に単位文様が続く。この単位文様ではすでに明了な形でＣ字形は表されないが、基本構造はやはりＣ字形の巻き込みで、①より下向きに反転する②、それより上方に反転する③、②と③の間に挿入された④の3つからなる。Ｃ字形③の先端には⑤が加えられている。この単位文様では、〈智諴法師碑〉のようなＣ字形の痕跡も消えて、太く大きくなった渦巻きが肉厚の葉状になり、植物的な印象はさらに強くなっている。

　　以上のように見てくると、単位文様の構造展開は、李愍碑（649）→道因法師碑

（658）→智誄法師碑（639）→道徳寺碑（658）となるが、その製作年代は639・658年の20年間で前後する。これは7世紀半ばが抽象的な非動植物系から植物系文様への転換期であったと理解すべきものであろう。

　この過渡的な二作例を除いた植物系では、二本の相対波狀曲線による空間分割の作例が五例、一本の單獨波狀曲線による分割が七例ある。相対波狀曲線による空間分割は規則性が強く自由度の少ないもので、それだけ伝統性の強いものといえようが、この種のものは興福寺殘碑（721）や図5の隆闡法師碑（743）をへて、碑林作例では図6の恵堅禪師碑（806）まで続く。8世紀の基本形式であったと考えてよいであろう。

　單獨波狀曲線による空間分割は初期の適例がないが、図7の大智禪師碑（736）では、単位文様は寫生的、絵畫性が強いにもかかわらず、波狀曲線による空間分割と配置構成は規則性が強く殘されている。これに対して梁守謙碑（822）、玄秘塔碑（841）などは、波狀曲線をつくる茎が、単位文様である花や葉の下に隠されて、規則的な空間分割は意識されなくなる。

　以上は、これまでの調査による限られた資料からの考察であり、極めて大雑把なものであるが、今後の共同研究によってより精緻なものへと深化させていきたい。

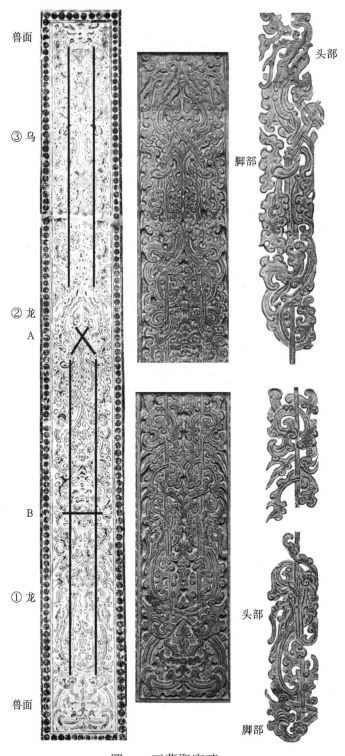

兽面

③ 鸟

② 龙
A

B

① 龙

兽面

头部

脚部

头部

脚部

图一　三藏聖序碑

図二　篆書千字序碑　　　　　図三　道因法師碑

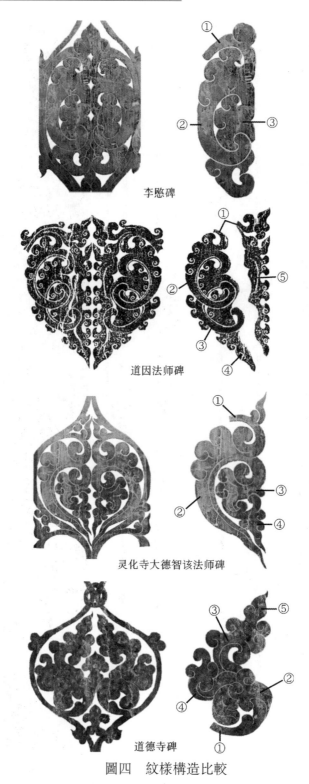

李憼碑

道因法师碑

灵化寺大德智该法师碑

道德寺碑

圖四　紋樣構造比較

圖五　隆闡法師碑　　　　圖六　慧堅禪師碑　圖七　大智禪師碑

## 表一　西安碑林博物馆展示碑石纹样

| 碑石名 | 王朝 | 年号 | 年 | 公元 | 碑侧左右 | 题材系统 | 并行纵线 | 波状曲线单独 | 波状曲线相对 | 兽面 | C字S字 | 龙 | 狮子 | 兽 | 鸟 | 人物菩萨 | 茎 | 花 | 蕾 | 叶 | 保存状态 | 展示 |
|---|---|---|---|---|---|---|---|---|---|---|---|---|---|---|---|---|---|---|---|---|---|---|
| 1 孔子庙堂碑 | 唐 | 武德 | 9 | 626 | 左 | 植物系 | | ○ | | | | | ○ | | | | ○ | ○ | | ○ | 一部残存 | 3室 |
| | | | | | 右 | 植物系 | | ○ | | | | | ○ | | | | ○ | ○ | | ○ | 一部残存 | |
| 2 皇甫诞碑 | 唐 | 贞观 | 年间 | 627-649 | 左 | 非动植物系 | | | ○ | ○ | ○ | | | | | | | | | | 判别可能 | 2室 |
| | | | | | 右 | | | | | | | | | | | | | | | | 纹样无 | |
| 3 灵化寺大德智该法师碑 | 唐 | 贞观 | 13 | 630 | 左 | 过渡的植物系 | | | ○ | | ○ | | | | | | | | | | 判别可能 | 3室 |
| | | | | | 右 | | | | | | | | | | | | | | | | 判别不能 | |
| 4 于孝显碑 | 唐 | 贞观 | 14 | 640 | 左 | 非动植物系 | | | ○ | | | | | | | | | | | | 一部残存 | 3室 |
| | | | | | 右 | 非动植物系 | | | ○ | ○ | ○ | | | | | | | | | | 一部残存 | |
| 5 李恩碑 | 唐 | 贞观 | 23 | 649 | 左 | 非动植物系 | | | ○ | ○ | ○ | | | | | | | | | | 完好 | 3室 |
| | | | | | 右 | 非动植物系 | | | ○ | ○ | ○ | | | | | | | | | | 完好 | |
| 6 道德寺碑 | 唐 | 显庆 | 3 | 658 | 左 | 过渡的植物系 | | | ○ | ○ | ○ | | | | | | | | | | 完好 | 3室 |
| | | | | | 右 | 过渡的植物系 | | | ○ | ○ | ○ | | | | | | | | | | 完好 | |
| 7 同州三藏圣教序碑 | 唐 | 龙朔 | 3 | 663 | 左 | 植物系 | | | ○ | | | | | | | | ○ | ○ | | ○ | 完好 | 2室 |
| | | | | | 右 | 植物系 | | | ○ | | | | | | | | | | | | 完好 | |
| 8 道因法师碑 | 唐 | 龙朔 | 3 | 663 | 左 | 非动植物系 | | | ○ | ○ | ○ | ○ | | | | | | | | | 完好 | 2室 |
| | | | | | 右 | 非动植物系 | | | ○ | | | | | | | | | | | | 完好 | |
| 9 三藏圣教序碑 | 唐 | 咸亨 | 3 | 672 | 左 | 动物系 | ○ | | | | ○ | | | | | | | | | | 完好 | 2室 |
| | | | | | 右 | 动物系 | ○ | | | ○ | ○ | ○ | | | | | | | | | 完好 | |
| 10 比丘尼法琬禅师碑 | 唐 | 景龙 | 3 | 709 | 左 | 植物系 | | ○ | | | | | | | | | ○ | ○ | | ○ | 良好 | 3室 |
| | | | | | 右 | 植物系 | | ○ | | | | | | | | | ○ | ○ | | ○ | 良好 | |
| 11 净域寺大庆法藏禅师塔铭 | 唐 | 开元 | 4 | 716 | 碑面周缘 | 植物系 | | ○ | | | | | | | | | | | | | 完好 | 2室 |
| 12 兴福寺残碑 | 唐 | 开元 | 9 | 721 | 左 | 植物系 | | | ○ | | | | ○ | | ○ | | ○ | ○ | ○ | ○ | 良好 | 2室 |
| | | | | | 右 | 植物系 | | | ○ | | | | ○ | | ○ | | ○ | ○ | ○ | ○ | 良好 | |
| 13 大智禅师碑 | 唐 | 开元 | 24 | 736 | 左 | 植物系 | | | ○ | | | | | | | | ○ | ○ | ○ | ○ | 完好 | 2室 |
| | | | | | 右 | 植物系 | | | ○ | | | | | | | | ○ | ○ | ○ | ○ | 完好 | |
| 14 隆阐法师碑 | 唐 | 天宝 | 2 | 743 | 左 | 植物系 | | ○ | | | | | | | | | | | | | 完好 | 2室 |
| | | | | | 右 | 植物系 | | | ○ | | | | | | | | | | | | 完好 | |
| 15 石台孝经 | 唐 | 天宝 | 4 | 745 | 四周 | 植物系 | | ○ | | | | | | ○ | ○ | | | | | | 完好 | 碑亭 |
| 16 争座位书稿 | 唐 | 广德 | 2 | 764 | 左 | 植物系 | | | | | | | | | | | | | | ○ | 判别可能 | 2室 |
| | | | | | 右 | 植物系 | | | | | | | | | | | | | | ○ | 判别可能 | |
| 17 郭家庙碑 | 唐 | 广德 | 2 | 764 | 左 | 植物系 | | ○ | | | | | ○ | | | | | | | ○ | 判别不能 | 3室 |
| | | | | | 右 | 植物系 | | ○ | | | | | ○ | | | | | | | ○ | 判别困难 | |
| 18 三坟记碑 | 唐 | 大历 | 2 | 767 | 左 | 动物系 | ○ | | | ○ | ○ | ○ | | | | | | | | | 良好 | 2室 |
| | | | | | 右 | 动物系 | ○ | | | ○ | ○ | | | | | | | | | | 判别困难 | |
| 19 慧坚禅师碑 | 唐 | 元和 | 1 | 806 | 左 | 植物系 | | | ○ | | | | ○ | ○ | | | ○ | ○ | ○ | ○ | 完好 | 3室 |
| | | | | | 右 | 植物系 | | | ○ | | | | ○ | ○ | | | | | | | 完好 | |
| 20 李夷简家庙碑 | 唐 | 元和 | 15 | 820 | 左 | | | | | | | | | | | | | | | | 判别不能 | 3室 |
| | | | | | 右 | 植物系 | | | | | | | | | | ○ | | | | | 判别可能 | |
| 21 梁守谦碑 | 唐 | 长庆 | 2 | 822 | 左 | 植物系 | | ○ | | | | | | | | ○ | | | | | 良好 | 2室 |
| | | | | | 右 | 植物系 | | ○ | | | | | | | | ○ | | | | | 良好 | |
| 22 玄秘塔碑 | 唐 | 会昌 | 1 | 841 | 左 | 植物系 | | ○ | | | | | ○ | | | | | | | | 良好 | 2室 |
| | | | | | 右 | 植物系 | | ○ | | | | | ○ | | | | | | | | 良好 | |
| 23 华严寺杜顺和尚行记碑 | 唐 | 大中 | 6 | 852 | 左 | 植物系 | | | | | | | | | | | | | | ○ | 判别可能 | 3室 |
| | | | | | 右 | 植物系 | | | | | | | | | | | | | | ○ | 判别可能 | |
| 24 篆书千字序碑 | 北宋 | 乾德 | 5 | 967 | 左 | 动物系 | ○ | | | ○ | ○ | ○ | | | | | | | | | 完好 | 3室 |
| | | | | | 右 | 动物系 | ○ | | | ○ | ○ | ○ | | | | | | | | | 完好 | |
| | | | | | 周缘 | 植物系 | | | | | | | | | | | | | | | 完好 | |
| 25 折继闵神道碑 | 北宋 | 嘉祐 | 2 | 1057 | 左 | 植物系 | | | | | | | | | | | ○ | ○ | ○ | ○ | 完好 | 3室 |
| | | | | | 右 | 植物系 | | | | | | | | | | | ○ | ○ | ○ | ○ | 完好 | |
| | | | | | 周缘 | 植物系 | | | | | | | | | | | | | | | 完好 | |

# 四方佛與三世佛

## ——唐代大雁塔底層四面門楣綫刻圖像構成

白 文[*]

　　圖像研究，是對研究對象的實物考察，明確産生的年代，結合作品産生的時代背景、風格特徵及産生、發展和變化原因，找出不同時代、信仰和圖像之間的關係；本文是關於唐代佛教綫刻圖像系統，以長安唐代大雁塔底層四面門楣綫刻佛像爲例，就唐代佛教造像與圖像系統問題進行初步探討，試圖釐清一直以來比較模糊的問題：如四方佛和大雁塔之間的聯繫？四面門楣綫刻佛像到底是什麼佛？是四方佛？還是三世佛？通過對四方佛圖像構成的探討，揭示唐代大雁塔四面門楣佛像的法身舍利塔三世的時間、空間的圖像體系。

## 一　大雁塔底層四方佛的身份

　　四方佛，指東、南、西、北四個方向的佛，佛經中對四方佛有許多解釋；如《金光明經·壽量品》云：

　　　　於蓮花上有四如來：東方名阿，南方名寶相，西方名無量，北方名微妙聲[①]。

《大日經·入真言門住心品第一》云：

　　　　東方號寶幢；南方大勤勇，遍覺華開敷；北方不動佛；西方人勝者，是名無量壽[②]。

---

\* 白文，西安美術學院講師、西北大學文化遺産與考古研究中心、文博學院博士後。
① 《大正藏》第 16 册，第 17 頁。
② 《大正藏》第 18 册，第 26 頁。

《金剛頂經》云：

> 不動如來，寶生如來，觀自在如來，不空成就如來①。

以上佛經記載讓我們不難發現，佛經中的四方佛多與密教曼陀羅關係密切②。如金剛界有東方阿閦佛，南方寶生佛，西方阿彌陀佛，北方不空成就佛；胎藏界有東方寶幢佛，南方開敷花王佛，西方無量壽佛，北方天鼓雷音佛等。即把方形（金剛界）或圓形（胎藏界）進行修行的地方設置不同佛與菩薩，也稱"聚集"，表示宇宙和萬物，中央象徵須彌山，周圍聚集四大洲、八小洲、日、月、如意樹、七珍八寶、自然財寶、連同自己的身、口、意和善行功德等，虔誠向三寶奉獻。唐代密教的流行是以唐玄宗時由開元三大士（善無畏、金剛智、不空）的傳播而流行，並成為唐代佛教重要宗派之一③。

仔細比對大雁塔底層四面門楣佛像實際上與曼陀羅的四方佛沒有關係。大雁塔建造於唐高宗時期，而唐代密宗的形成以及信仰的展開，則在唐代開元年間以後。所以，大雁塔底層四面門楣綫刻佛像僅僅是形式上的四方佛，或稱為四面佛，是以大雁塔為主體附著四個方向構成的佛像表現；可見，佛像和佛塔之間有着密切的聯繫，而且是互為功用的關係，二者並重。如《離垢施女經》中，離垢施女十八問，佛答曰：

> 作佛形像坐蓮花上。又以青紅黃白蓮花，搗末如塵，具足擊行，供養如來，若散塔寺，……則得化生尊導前④。

佛塔一般又分為化身舍利塔和法身舍利塔。如《浴佛功德經》云：

> 當供養舍利。然有二種：一者身骨舍利；二者法頌舍利。……或寫法頌安置其中⑤。

化身舍利指釋迦生身結晶（佛骨），如印度的桑奇大塔、扶風法門寺塔等，塔中安

---

① 《大正藏》第18冊，第21頁。
② 梵文 Mandala 的音譯；意譯"壇"、"壇場"、"聚集"等。是印度密教修"密法"為防止"魔衆"侵入，在修行的地方劃一圓圈或搭建土壇，在上面畫上佛、菩薩等。
③ 周一良著、錢文鍾譯《唐代密宗》第7頁，上海遠東出版社，1996年7月。
④ 《大正藏》第12冊，第95頁。
⑤ 《大正藏》第16冊，第800頁。

置佛舍利以象徵釋迦的存在①，表達信衆對真有其人的"歷史性佛陀"的追思。法身舍利象徵釋迦思想和精神的永恒存在，即佛法或佛典。如早期的北魏天安元年（466）的曹天度塔、洛陽永寧寺塔（467）、西安大雁塔（652）和小雁塔（707）等都是典型的法身舍利塔。如玄奘在《大唐西域記》云：

> 印度之法，香末為泥，作小堵波，高五六寸，書寫經文以置其中，謂之法舍利也。……作七拘胝法舍利堵波；每滿一拘胝，建大堵波而總置中，盛修供養②。

法身舍利塔的流行，說明原始佛教對釋迦靈骨的崇拜到對釋迦法身思想的信仰的轉變和發展的必然趨勢。我國最早的法身舍利塔屬河西走廊和新疆發現的一批北涼石塔，這些石塔體積不大，造型基本相同，雕刻精巧、細膩；石塔大致分三部分：塔基呈八邊形，每邊刻有八卦符號和神王，圓柱體塔身爲功德主發願文，塔頂部爲帶相輪的覆鉢丘，有的相輪已無。塔肩的覆蓮下方表面爲八所圓拱龕像，龕內刻七坐佛和一交脚菩薩像，分別代表過去六佛和現在釋迦佛，以及準備下生成佛的未來世界的交脚彌勒菩薩（圖1）。如敦煌出土的□吉德塔上的銘文：

> 第一維衛佛、第二式佛，第三隨葉佛、第四句留秦佛、（缺）、迦葉佛、第七釋迦牟尼佛、彌勒佛

根據銘文，這批北涼石塔象徵釋迦的法身思想從過去、現在、未來，猶如萬物的生長，隨着時間的變化，周而復始，循環不已的三世輪迴佛法永恒不滅的載體。如《魏書·釋老志》解釋早期佛教法身思想時也説：

> 凡其經旨，大抵言生生之類，皆因行業而起。有過去、當今、未來，歷三世，識神常不滅。必有報應。漸積勝業，陶冶粗鄙，經無數形，澡練神明，乃至無生而得佛道③。

北涼石塔上的象徵釋迦法身的過去、現在、未來三世永恒的圖像表現，説明釋迦

---

① 連那提耶舍譯：《大寶吉經》，第 16 卷《菩薩見實會》云：彼佛如涅槃已，廣布舍利起佛塔，彼佛一一諸舍利，於中皆現佛身。《大正藏》第 11 冊，第 375 ~ 367 頁。
② 《大唐西域記》第 9 卷，《大正藏》第 51 冊，第 920 頁。
③ 《魏書》第 4 冊，第 3026 頁。中華書局，1974 年。

法身思想永恒的三世信仰在北涼已相當流行。塔基座上的八面八卦符號，有學者認爲是按照《周易·説卦》中（帝出乎震）一節後天八卦方位圖排列①。以八卦對應過去、現在、未來象徵萬物的産生和發展的時空關係。如第一維衛佛與東方的震卦是一個方位，象徵過去第一佛像一年的正春，初昇的太陽，開始出現於東方。依次循環，至第七現在釋迦佛，與北方的坎卦是一個方位，釋迦坐在北方，面對南方（閻浮提），同時也是太陽沈没之時，説明現在佛已將過去即將面臨末法無佛的黑暗時期。第八的彌勒菩薩位於東北方的艮卦，該卦在冬末春初之季，一日的黎明之時，象徵彌勒菩薩下生作爲未來佛出世。第八彌勒佛即是最後一佛，也是第一佛，是始，也是終，周而復始，循環不已。北涼石塔上的七佛一菩薩加上八卦的配置，反映了佛教傳入漢地之初與中國傳統文化相融合的典型範例；同時是佛教三世思想借用八卦概念表現佛法住世的時間和空間的超越性；也就是説，釋迦法身舍利塔的時空觀念在佛教傳入漢地之初就已經確立。

隨着《法華經》在北魏的流行②，爲法身舍利塔信仰賦予了更加豐富的内容。如《法華經》中有 17 品涉及塔的問題，其中"塔"字提到 78 次，可見對佛塔信仰的重視，爲當時佛寺、石窟寺建造高廣大塔提供了充分的理由；如洛陽的永寧寺塔，前面提到的曹天度塔，包括雲岡、敦煌等石窟寺的中心塔柱等的出現，都與《法華經》提倡的佛塔信仰不無關係。由於《法華經》倡導的佛塔信仰，推動了佛塔、佛像、經典信仰的三者結合；如《法華經》卷四云：

> 在在處處，若説若讀若誦若書，若經卷所住處，皆應起七寶塔，極令高廣嚴飾，不須復安舍利，所以者何？此中已有如來全身，此塔應以一切華香、瓔珞、繒蓋、幢幡、伎樂、歌頌，供養，恭敬，尊重，讚嘆。若有人得見此塔禮拜供養。當知是等皆近阿耨多羅三藐三菩提③。

---

① 王毅《北涼石塔》，《文物參考資料》第 1 輯，文物出版社，1977 年。殷光明《敦煌市博物館藏三件北涼石塔》，《文物》1991 年第 11 期。

② 《法華經》根據天臺判佛陀一代五時説法，與《大涅槃經》同在第五時説出。但也有學者認爲大約在公元一世紀至二世紀問世，與印度《摩訶婆羅多》或《羅摩衍那》同時代成立。《法華經》在佛教的影響，從史料看没有其他經典超過它，可以説是影響最大傳播最廣的一部。迄今發現的梵文佛典寫本中，以《妙法蓮華經》的數量最多。《高僧傳》所列舉的講經、誦經者中，以講、誦此經的人數最多；敦煌寫經里也是此經所佔的比重最大。此外經中對建塔的看法，在現實中起到不可估量的反響。著名書法家顔真卿書寫的《多寶塔》碑文，被後世推爲楷書神品。也可看出《法華經》佛塔信仰對中國人産生的影響。

③ 《法華經》卷 4，《大正藏》第 9 册，第 31 頁。

正是法身舍利塔本身具有的超越時空的性質也是導致北魏佛塔信仰盛行的原因之一。如雲岡石窟第一窟中心塔柱同樣由基座、塔身和塔頂三部分組成的仿木結構重檐方形樓閣形式（圖2）。塔柱和四周壁之間保留一定的空間，形成繞塔觀像禮拜的實踐場所。塔柱上層正面龕內（南面）爲結跏趺坐的釋迦佛；西面（右側）龕中根據主像左側出現一個不對稱小像，可以判斷爲過去燃燈佛授記儒童（釋迦）將來成佛的情節①，這一圖像表現在犍陀羅和阿富汗非常多；東面（左側）龕內主像戴冠、交腳坐的爲未來彌勒佛；背面（北面）龕內爲持定印的坐佛，可以理解爲多寶佛。如《法華經》卷四雲：

> ……見多寶如來，於寶塔中坐獅子座，全身不散，如入禪定②。

可以説，第一窟中心塔柱上層的西、南、東面構成了時間體系的過去、現在、未來三世諸佛。

雲岡石窟第6窟中心塔柱同樣具有繞塔觀像的功能。下層的南面（正面）爲結跏趺坐的釋迦佛；西面（右側）主像爲倚坐佛，雖然沒有像第一窟上層西面過去燃燈佛授記的明顯特徵，但主像後面兩側身光中對稱排列的六身坐佛提示我們③，西面的倚坐主像可以認爲是時間系列的過去諸佛之一，如定光、迦葉等過去諸佛；也可以理解爲位居西方，又是過去終極佛的阿彌陀佛，這一點將在下文討論。東面（左側）則是特徵明顯的帶冠、交腳的未來彌勒佛，構成時間排序的過去（西面）、現在（正面）、未來（東面）三世諸佛排序。如《法華經方便品第二》云：

> 過去諸佛以無量無數方便，種種因緣譬喻言辭，而為眾生演說諸法……。現在十方無量百千萬億佛土中諸佛世尊，多所饒益，安樂眾生，是諸佛亦經無量無數方便，種種因緣譬喻言辭，而為眾生演說諸法……。未來佛當出於世，亦以無量無數方便，種種因緣譬喻言辭，而為眾生演說諸法……④。

這裏需要提醒的是，《法華經》中並沒有過去佛諸佛的形象描述，也沒有明確過去諸佛究竟是哪些佛。但法身塔本身訴求的過去、現在、未來的永恒性是毫無疑問的。

---

① 燃燈佛授記，是一段燃燈佛預言釋迦因前生的智慧將來必定成佛的故事。故事源於支謙譯《佛説太子瑞應本起經》。

② 《大正藏》第33冊，第17頁。

③ 釋迦成佛之前的六佛，指毗婆屍佛、屍棄佛、毗舍浮佛、拘留孫佛、拘那含牟尼佛和迦葉佛。

④ 《大正藏》第33冊，第29頁。

　　三世輪迴不息、法身永恒不滅的超越時空觀念是法身舍利塔信仰表現的主要特徵。在圖像表現上，早期的北涼石塔是以七佛一菩薩配八卦符號表現時空關係；雲岡石窟的中心塔柱以過去、現在、未來三世諸佛和天與地的連接加上動態的禮拜形式構成人與時間、空間上的互動而最終邁向覺悟之路。

　　我們知道，唐代長安大雁塔是作爲釋迦法身思想得以延續而建造的，底層的四面門楣的綫刻佛像的圖像構成，應該也是象徵體現釋迦法身精神猶如世間萬物的産生、發展，周而復始、永恒不滅的三世輪廻的順序排列的。參照雲岡石窟中心塔柱上的三世諸佛排列，唐代大雁塔底層西面爲過去、南面現在佛、東面未來佛的時間體系而排序的；生於西方净土信仰在隋唐的盛行，阿彌陀佛最終取代過去定光、迦葉佛而成爲最終過去佛，形成時間系列的阿彌陀、釋迦、彌勒佛三世佛體系；因此，大雁塔底層西面應該是阿彌陀佛、南面釋迦佛、東面彌勒佛的三世佛系列。至於北面，筆者以爲，應是位居東方琉璃世界，具有光明遍照十方功能的藥師佛和阿彌陀佛、釋迦、彌勒共同構成大雁塔的釋迦法身精神的超越時間、空間的圖像體系表現。

## 二　阿彌陀佛、釋迦佛、彌勒三世佛與藥師佛的關係

　　三世佛體系，源於印度。早在釋迦涅槃之日起，其弟子們就開始策劃如何將釋迦精神永遠流傳於世。進入大乘佛教，主張一切有情皆有佛性，凡有佛性者，皆可成佛。於是，佛經的編撰者就勾勒出無數跨越時空的諸佛系列，形成十方三世諸佛。如《大佛頂首楞嚴經》卷4云：

> 雲何名爲衆生世界？世爲遷流，界爲方位。汝今當知，東、南、西、北、東南、東北、西北、上、下爲界，過去、現在、未來、現在爲世①。

　　隨着《法華經》的盛行，推動了三世佛信仰的流行，如雲岡石窟的造像活動，體現了釋迦法身思想的緣起，即如何産生，現在如何作爲以及期待將來如何轉識成智的表現形式。如吉迦夜編譯的《付法藏因緣傳》云：

> 過去、未來、現在諸佛，悉以勝法用爲師範，我亦應當如三世佛，深妙勝法，用以爲師②。

---

① 《大正藏》第19冊，第122頁。
② 《大正藏》第50冊，第322頁。

　　早期的過去、現在、未來三世佛圖像體系中，表現釋迦法身思想從何而來的過去諸佛的圖像最爲豐富。如前面已討論的北涼石塔上的七佛一菩薩，即由過去六佛和現在釋迦佛加上未來彌勒佛構成的三世佛①；有迦葉佛、釋迦佛以及彌勒佛組成的三世佛；有定光佛、釋迦佛和彌勒佛組成的三世佛；還有多寶佛、釋迦佛和彌勒佛組成的三世佛等；這些三世佛圖像體系中以現在釋迦佛和表現未來的彌勒佛比較穩定，也就是説，其現實的説教和期待將來成佛的觀念已深入人心並得到信衆的認可。而過去諸佛的圖像則變化多端，反映出大衆對期待到達彼岸時間過去太久，現在太短，未來又太遥遠以及依附一種連接天地載體，沒有盡頭的動態禮拜形式的感嘆；另一方面是佛教傳入漢地之初的不自信和爲了迎合現實社會需要所進行的調整、充實過程。

　　到了北朝，西方净土信仰開始流行，阿彌陀佛逐漸加入到了三世佛行列，特別是净土宗祖師曇鸞（476～542）倡導的“易行道”的簡便易行的修行法門，使大衆對西方净土信仰的三世佛信仰體系充滿了無限期待。

　　西方净土，即安樂國土；是一種臨終關懷和期待來世“往生”彼岸世界的具體表現。如《無量壽經》云：

　　　　法藏菩薩、今已成佛、現在西方、去此十萬億刹、其佛世界名曰安樂②。

再如《阿彌陀經》對極樂净土的描述：

　　　　其國衆生，無有衆苦，但受諸樂，故名極樂，又，舍利弗，極樂國土，七重欄楯，七重羅網，七重行樹，皆是四寶，周匝圍遶，……有七寶池，八功德水，充滿其中，池底純以金沙布地，四邊階道，金銀、琉璃、玻璃合成，上有樓閣，亦以金銀、琉璃、玻璃、硨磲、赤珠、瑪瑙而嚴飾之③。

　　既然是極樂之邦，何人以及怎樣作爲才能進入呢？曇鸞（476～542）注解的《無量壽經優婆提舍願生偈》中提出了：

---

① 釋迦以前的六佛，是指毗婆屍佛、屍棄佛、毗舍浮佛、拘留孫佛、拘那含牟尼佛與迦葉佛。若按佛名經的分類，毗波屍佛、屍棄佛與毗舍浮佛都是屬於過去莊嚴劫的佛，而拘留孫佛、拘那含牟尼佛、迦葉佛、釋迦牟尼佛以及彌勒佛，則屬於現在賢劫的佛。
② 《大正藏》第 12 冊，第 270 頁。
③ 《大正藏》第 12 冊，第 10 頁。

以信佛因緣，願生浄土。乘佛願力，變得往生①。

就是說，無論任何人只要具備信、願、行三個條件，都可以來世往生西方極樂浄土。正是這種簡便易行的修行方法，貧富咸宜、下手易而成功高、用力少而得效快的特點，廣爲當時社會各個階層所接受，促進了西方浄土的阿彌陀佛信仰的發展。

阿彌陀佛不僅身爲西方極樂浄土的教主，而且有着過去定光佛以來世自在王之後第五十四位成佛的終極過去佛的雙重身份。如《無量壽經》云：

過去久遠無量不可思議無央數劫錠光如來興出於世，教化度脱無量衆生，皆令得道，乃取滅度。次有如來，名曰光遠，次名月光，次名梅檀香……（中略）……次名龍音，次名處世，如此諸佛，皆悉已過。爾時次有佛。名世自在王如來應供等正覺明行足善逝世間解無上士調御丈夫天人師佛世尊。時有國王。聞佛說法心懷悦豫尋發無上正真道意。棄國捐王行作沙門。號曰法藏。高才勇哲與世超異。詣世自在王如來所。法藏比丘說此頌已。應時普地六種震動。天雨妙華以散其上。自然音樂空中讚言。決定必成無上正覺。於是法藏比丘。具足修滿如是大願。誠諦不虛超出世間深樂寂滅。阿難。法藏比丘於彼佛所。諸天魔梵龍神八部大衆之中。發斯弘誓建此願已。一向專志莊嚴妙土。所修佛國開廓廣大超勝獨妙。建立常然無衰無變。於不可思議兆載永劫的無量、極樂浄土②。

明確了阿彌陀佛爲過去佛之一，也就容易明白由阿彌陀佛、釋迦、彌勒三世佛造像之所以在北朝以後石窟中盛行的原因了。

如北齊天保元年至六年（550～555）的小南海中窟，坐北朝南，平面方形；正壁（北壁）爲一佛二弟子，兩側浮雕形式刻有釋迦覺悟之前行菩薩道情景，可知主像爲釋迦。西壁（右壁）浮雕畫面刻有西方浄土景觀圖像，如佛座、蓮花、樹等，榜題有"上品往生"、"上品下生"等《觀無量壽經變》題材，可以確定爲阿彌陀佛。東壁（左壁）浮雕刻有彌勒菩薩結跏趺坐，兩側有諸羅漢、菩薩衆，下有"彌勒爲天衆說法時"題記。可以認爲東壁主像爲彌勒佛。

又如高僧靈裕於開皇九年（589）創建的大住聖窟，坐北朝南，平面方形，正壁、東壁、西壁各開一龕。正壁結跏趺坐佛，頭光左上側刻隸書榜題"盧舍那佛"；西壁佛結跏趺坐於束腰蓮座上，頭光左上側刻隸書榜題"阿彌陀佛"；東壁佛結跏趺坐於束腰

① 《大正藏》第40册，第826頁。
② 《大正藏》第11册，第266頁。

須彌座上，頭光左上側刻隸書榜題"彌勒佛"。

還有，水野清一、長廣敏雄在《響堂山石窟》一書中也提到①：

> 在齊、隋石窟里，釋迦、阿彌陀佛與彌勒的三壁三佛制，是經常看到的普遍的石窟造像形式。

水野清一、長廣敏雄兩位還在《龍門石刻録》收録了孝昌三年（527）清信女宋景妃：

> 敬造釋迦像一區。藉此微功，願令亡考比，託生西方妙樂國土，值佛聞法，世世見彌勒②。

劉景龍、李玉昆主編的《龍門石窟碑刻題記匯録》收録的開元五年（717）魏牧謙像龕並序中：

> ……為亡姙造阿彌陀佛像釋迦牟尼像彌勒像合為三鋪同在一龕……③。

阿彌陀、釋迦、彌勒三世佛組合的出現，爲三世佛信仰增添了新的內容，使信衆從過去到將來往生彼岸世界時間指日可待，不必在受過去"劫數"的煎熬和對未來的漫長期待，只要面向西方口念佛號，臨終前阿彌陀佛就會脅衆菩薩前來接引往生彼岸世界。

新型時間系列的三世佛體系確立了，空間三世又如何表現呢？吉藏大師（549 – 623）在《觀無量壽經義疏》中對空間的十方佛與時間的三世佛做了明確的界定：

> 無量壽經辨十方佛化，彌勒經明三世佛化。十方佛化即是橫化，三世佛化即是竪化。言彌勒經三世竪化者，過去七佛，現在釋迦，未來彌勒，明三世化，故是竪化也。言無量壽十方橫化者，此方穢土釋迦化，西方淨土無量壽化，明十方

---

① 水野清一、長廣敏雄《響堂山石窟》，東京文化學院京都研究所，1937年。
② 水野清一、長廣敏雄《龍門石窟的研究》附録2《龍門石刻録》，第276頁，同朋社，1970年再版。
③ 龍門石窟研究所主編（下卷），第316頁，中國大百科全書出版社，1997年10月。

佛化，故是横化也。然此兩種具有通别，言通者，横化、竖化，皆是大乘，大乘具明十方佛化及三世佛化，此兩種皆是大乘中所明，故是通也，别而為論，大乘具明二化，小乘不辨十方，但明三世佛，故唯有一佛也①。

就是説，時間體系的過去七佛、現在釋迦佛和未來彌勒佛是竖三世；而空間體系是由娑婆世界釋迦佛②、西方净土無量壽和十方構成横化三世；生於未來彌勒佛只是時間概念，而無空間指定；所以，位居東方琉璃世界，具有光明遍照十方的藥師佛作爲形成空間的横三世佛組成部分應運而出。如隋達摩笈多譯《佛説藥師如來本願經》云：

> 東方過此佛土十恒河沙等佛土之外。有世界名净琉璃。彼土有佛。名藥師琉璃光如來應正遍知明行足善逝世間解無上士調御丈夫天人師佛世尊③。

藥師佛在行菩薩道時曾發願説：

> 願我來世於佛菩提得正覺時。自身光明熾然照曜無量無數無邊世界。三十二丈夫大相及八十小好以為莊嚴。我身既爾。令一切衆生如我無異④。

現存的四部《藥師經》中⑤，都没有提到藥師佛具體形象，但藥師佛手中持藥器，即藥丸或藥鉢和日光、月光作爲脅侍菩薩則是藥師佛的主要特徵。如不空譯《藥師如來唸誦儀軌》雲：

> 如來左手令執藥器，亦名無價珠；右手令作結三界印。一著袈裟，結跏趺坐，令安蓮華臺。臺下十二神將。……如來威光中，令住日光、月光二菩薩⑥。

---

① 《大正藏》第37册，第236頁。
② 娑婆世界有二義：一爲現實世界充滿不堪忍受的苦難，衆生罪孽深重。二爲認爲佛、菩薩在這個世界進行的"堪忍"教化，表明其"無畏"和"慈悲"。
③ 《大正藏》第14册，第15頁。
④ 《大正藏》第14册，第26頁。
⑤ 東晉帛尸梨蜜多羅譯《佛説灌頂拔除過罪生死得度經》一卷。隋達摩笈多譯《佛説藥師如來本願經》一卷（615）。唐玄奘譯《藥師琉璃光如來本願功德經》一卷（650）。唐義净譯《藥師琉璃光七佛本願功德經》二卷（707）。
⑥ 《大正藏》第19册，第29頁。

在一些實際造像表現中，藥師佛也多以單體和一佛二菩薩組合形式出現①；而作爲釋迦佛、阿彌陀佛、藥師佛所構成的空間橫化三世佛組成部分，是在西方净土信仰興起之後，並和時間排序的過去阿彌陀佛、現在釋迦佛和未來彌勒佛形成有機的統一體流行於隋唐，象徵釋迦法身精神三世輪迴、永恒不滅，並遍及十方，這一點，在一些造像遺存中可以知道。

如隋開皇二年（582）吳野人四面三層十二龕像塔柱②，從充滿西方净土信仰圖像構成來看，大部分爲時間序列的過去、現在、未來三世諸佛像龕，如釋迦佛、定光佛、阿彌陀佛、無量壽佛、彌勒佛，以及普賢、觀世音、思惟、文殊、維摩等像龕；在南面中龕釋迦像龕的右側，有小型結跏趺坐佛像龕，旁題有豎刻"藥師琉璃"，藥師琉璃的出現，似乎在提示我們，象徵釋迦法身思想的塔柱僅有時間序列的諸佛是不夠的，表現遍照十方光明的空間橫化三世佛之一的藥師佛是必不可少的，這也是法身舍利塔本身具有的時間、空間屬性所決定的。

新近在西安北郊發現的可能爲高宗時期的一例四面四佛的佛塔構件中，就有這種四面四佛説法圖造像實例③。這方四面佛塔高0.44米，寬0.31米（圖3）；正面（比定）主像結跏趺坐，袒右肩，行説法印，身後有頭光、身光；兩側從殘損痕迹看，似有脅侍菩薩，可以認定爲釋迦佛。左面主像爲倚坐佛，身着雙領通肩大衣，雙手扶膝，身後有頭光、身光，兩側有脅侍，可以認定爲彌勒佛。右面主像結跏趺坐，袒右肩，左手置於腹前，右手已殘，身後有頭光、身光；兩側爲二弟子，可以認定爲阿彌陀佛。北面主像結跏趺坐，身着通肩大衣，雙手持鉢於腹前；可以認定爲藥師佛（圖4）。四面四佛排序的方位和大雁塔四面門楣佛像的排序一致。

1988年7月陝西省考古研究所在北郊發現的唐代灰坑中，出土了一方四面石佛塔構件。該所的岳連建在《西安北郊出土的佛教造像及其反映的歷史問題》一文中對該四面石佛塔構件有詳細介紹，並認爲可能爲北朝晚期④。筆者以爲高宗以後爲妥當。因

---

① 如炳靈寺石窟的289窟内的第六龕（建弘龕）中有一尊小的禪定佛，旁題"藥王佛"。雲岡石窟的藥師圖像第11窟有一例。該窟西壁七佛南起之第四與第五佛像間有若干小龕，各雕佛一身，其中在一小龕下有銘文："佛弟子祈□□，發心造藥師留離（琉璃）光像一軀，願願從心"。收錄於水野清一、長廣敏雄《雲岡石窟》第11洞圖版卷之4圖版65圖的解説，京都大學人文科學研究所1953年。四川石窟中，如資中西崖、大足北山、安岳千佛寨等有10多鋪唐宋時期的藥師圖像。參照胡文和《四川摩崖造像中的藥師變和藥師經變》，《文博》1988年第2期。
② 現存河南鄭州博物院石刻館。
③ 西安北郊公安刑偵大隊最近收繳的一方四面四佛造像碑，無題記；從樣式特徵看明顯爲高宗時期造像。據説目前已經移交西安碑林博物館。
④ 灰坑中出土的文物有：菩薩頭像、四面佛塔構件、地磚、磁片等，時間爲北周至唐代晚期。《考古與文物》，第26頁，2005年第3期。

爲藥師信仰起步較晚，真正與竪化三世佛合流組合四方佛，應以大雁塔四面門楣的佛像爲標尺。

這方四面石佛塔，高 0.19 米，上寬 0.22 米，下寬 0.24 米（圖 5）；正面（南面）尖拱形龕，主像高浮雕，髮髻低平，有白毫。身着袒右大衣，結跏趺坐於方形束腰圓形覆蓮座上，大衣下襬覆裏雙腿并覆垂臺座，行禪定印。主像身後有頭光、身光。可以比定爲釋迦佛。左面尖拱形龕，主像倚坐，身着袒右大衣，左手扶膝，右手施無畏印，脚踏雙蓮，身後有頭光身光，可以比定爲彌勒佛。右面同爲尖拱龕，主像身着雙領右衽大衣，大衣下襬自然垂下覆裏雙腿，結跏趺坐於圓形束腰雙層仰覆蓮臺座上。左手持蓮蓬於腹前，右手施無畏印，身後頭光和身光可以比定爲阿彌陀佛。北面尖拱形龕，主像身著雙領大衣，大衣下襬自然垂下，結跏趺坐於圓形束腰雙層仰覆蓮臺座，主像雙手持鉢於腹前，身後頭光、身光，以此可以比定爲藥師佛。這方四面四佛的佛塔塔構的四面佛排序與大雁塔四面門楣四佛同樣具有可比性（圖 6）。

此外，敦煌石窟盛唐第 117 窟頂四披千佛中央各有一鋪佛説法圖值得關注。如《敦煌莫高窟內容總録》記載窟頂"四披畫千佛，千佛中央説法圖各一鋪"[①]。通過考察，發現四披中央説法圖各有不同：

> 東披説法圖：一佛二菩薩，主像結跏趺坐，左手託鉢，右手作説法狀，二菩薩侍立。
> 南披説法圖：一佛二弟子二菩薩，主像結跏趺坐説法，二弟子二菩薩侍立。
> 西披説法圖：一佛二菩薩，主像結跏趺坐説法，二菩薩侍立。
> 北披説法圖：一佛二菩薩，主像倚坐説法，二菩薩侍立。

東披説法圖中的主像託鉢，和藥師佛位居東方以及手持藥鉢特徵相吻合，當系東方藥師琉璃光佛。南披説法圖爲一佛二弟子二菩薩組合，可比定爲釋迦牟尼佛説法圖。西披説法圖爲一佛二菩薩，當系阿彌陀佛在西方説法。北披説法圖中的主像爲倚坐，可比定爲彌勒佛。以上四披四佛，和上面方形塔構件的四面龕像相比發現，南面的釋迦佛和西面的阿彌陀佛比較穩定，而東面和北面開始出現變化，説明已有向橫化三世佛傾斜的迹象；但無論怎樣變化，東方藥師琉璃光佛作爲橫化三世佛的組成部分則沒有變化。

以上説明，時間系列的竪化三世佛和光明遍照十方的藥師佛之間是互爲體與用的關係。象徵釋迦法身思想是超越六道輪迴，如萬物的産生、發展，周而復始，永恒不

---

① 敦煌文物研究所編《敦煌莫高窟內容總録》，第 37 頁，文物出版社，1982 年。

滅，而且遍及十方每個角落；無論從十方任何一個方位作爲切入點親近、深入佛法，如繞塔禮拜、誦經、供養等，就可以實現有限生命在空間的無限延長。

## 三　大雁塔四方佛：法身舍利塔三世的時間、空間表現

大雁塔坐落於大慈恩寺内，建於唐高宗永徽三年（652），是唐高宗爲安置玄奘（602～664）從印度帶回的經像而建造①。大雁塔現高 64 米，爲青磚仿木結構，底層東、西、南、北四面均有石門，四面門楣上端均鑲嵌着一塊底寬 1.85 米，中高 0.74 米，弧周長度爲 2.5 米的綫刻圖。四面綫刻圖内容均爲佛説法圖，每面説法圖以佛説法爲中心，左右匯集衆弟子、菩薩、眷屬等，但四面構圖又各不相同：

南面（正門）門楣説法圖，主像結跏趺坐佛，袒右肩，作説法印，有圓形頭光和背光，兩側二弟子、各七身菩薩和二護法諸天，可以判定爲娑婆世界釋迦牟尼佛（圖7）。

西面門楣佛説法圖，主像結跏趺坐於殿堂中，也可理解爲樓閣説法，兩側各有五身菩薩佛，殿外兩側各有若干羅漢、菩薩奔赴殿堂聽法的情景，殿堂外兩側各有一顆菩提樹，應爲阿彌陀經樓閣説法的情景（圖8）。《無量壽經》和《阿彌陀經》均有阿彌陀經樓閣説法的記載。如《無量壽經》云：

> 無量壽佛為諸聲聞、菩薩、大衆頒宣法時，都悉集會七寶講堂。廣宣道教，演暢妙法②。

即無量壽佛在講堂内説法。

《阿彌陀經》也提到：

> 極樂國土有七寶池……上有樓閣③。

則阿彌陀佛在樓閣説法，又位居西方，如《無量壽經》云：

---

① 大雁塔原爲仿印度建築的磚表土心五層方塔。長安年間（701～704），由武則天及王公施錢重修，加至十層，後經兵火僅剩七層，五代和明代又加修茸。塔之本名爲慈恩寺塔，後據玄奘《大唐西域記》所記印度傳説而名爲雁塔。之所以稱大雁塔是爲了與薦福寺的小雁塔相區別。大雁塔高 64 米，爲青磚仿木結構，塔内樓梯可盤旋而上，每層四面均有拱門，可憑欄遠眺長安城景。
② 《大正藏》第 11 册，第 273 頁。
③ 《大正藏》第 12 册，第 346 頁。

　　　　法藏菩薩、今已成佛、現在西方、去此十萬億刹、其佛世界名曰安樂①。

　　所以，西面門楣佛説法圖爲阿彌陀佛無疑。

　　東面門楣佛説法圖，主像倚坐，右手施無畏印，左手置於腹前，雙脚踏蓮臺，身後有方形靠背及圓形頭光；兩側二弟子、各有六身菩薩以及二供養菩薩。倚坐佛像是唐代彌勒作爲下生成佛形象的定式已是不争的事實，因此，東面門楣倚坐主像當系彌勒佛（圖9）；加上南面門楣的釋迦佛、西面門楣的阿彌陀佛（終極過去佛）形成時間序列的三世佛。

　　北面門楣佛説法圖，主像結跏趺坐，身著雙領通肩大衣，右手於胸前行説法印，左手置於左膝上，手中是否持物已無法辨認；主像兩側爲菩提樹和菩薩衆，兩側衆菩薩中有兩身倚坐姿菩薩。總體觀察北面門楣佛説法圖，似乎無任何特徵來辨明主像身份，但前面通過對佛塔性質的討論，及和西面、南面、東面之間的關係，可以比定北門楣主像説法圖爲位居東方琉璃世界的藥師佛，圓滿體現了法身舍利塔本身具有的超越時間、空間的無限意義（圖10）。

　　《藥師經》中藥師琉璃光佛實際位居東方，大雁塔上却排在北面，反映出高宗時期的僧團中對待時間系列三世佛排序上的傳統性；此外，把藥師佛排列大雁塔北面似乎和藥師佛肩負的使命有很大關係；如《周易·説卦傳》中正北爲坎卦，爲一年正冬，是一日之中完全黑闇之時，是萬物收藏和歸息階段。《史記·曆書》也記載：

　　　　坎主冬至，當十月，藏之於北方②。

　　周振甫譯註的《周易譯註》中的《坎·象傳》説："習坎，重險也"。是説坎卦是重險，險中有險。所以，北方是明暗相交，迷失、姦邪佔主導地位，而又善與惡並存的方位。因此，把藥師佛安排在北面這種明暗相交、重險之地來接引大衆是有它真實的寓意。如隋達摩笈多譯《藥師經》中藥師佛在因地所發十二大願：

　　　　願我來世得菩提時。身如琉璃内外清净無復瑕垢。光明曠大威德熾然。身善安住焰網莊嚴過於日月。若有衆生生世界之間。或復人中昏闇及夜莫知方所。以我光故隨意所趣作諸事業。願我來世得菩提時。若有衆生。其身下劣諸根不具。

①　《大正藏》第11册，第269頁。
②　《史記》第4册，第1287頁，中華書局，1996年。

醜陋頑愚聾盲跛躄。身攣背傴白癩癲狂。若復有餘種種身病。聞我名已一切皆得諸根具足身分成滿。願我來世得菩提時。若有衆生。種種王法繫縛鞭撻牢獄應死。無量灾難悲憂煎迫身心受苦。此等衆生以我福力。皆得解脱一切苦惱①。

　　藥師琉璃光佛不僅作爲空間的橫化三世佛之一，還肩負拯救那些身處幽冥、牢獄，或是飢渴所惱，爲求食故的衆生，似乎哪里暗無天日、越是惡劣殘酷的環境就會發現藥師佛的身影。這樣的分工並不見於佛經，是藥師信仰由興起到轉型的發展歷程，也是這一外來信仰不斷中國化、世俗化的過程，以至成爲橫化三世佛之一，以及具有拯救幽冥衆生職能，可以說是中國文化的選擇。

　　大雁塔是釋迦法身思想的象徵，也是承載釋迦精神（佛像、佛經）的載體，使人們相信即使釋迦涅槃也會有未來佛在世間出世進行佛法的傳播。因此，佛塔上圖像始終是圍遶佛法如何周而復始、永恒不滅展開；時間上不僅如此，空間上也要求釋迦法身境界具有遍及宇宙空間每個角落的穿透力。早期的佛塔配以八卦，象徵釋迦精神遍及天上、地下、東西南北；石窟寺中利用中心塔柱進行動態的繞塔觀像以達到時間、空間上的和諧；以至到了隋唐最終定格在時間排序的豎化阿彌陀佛、釋迦佛、彌勒佛，和空間橫化的阿彌陀佛、釋迦佛、藥師佛的法身圖像體系集大雁塔於一身（圖11）。雖說佛塔上圖像構成，會受到時代變遷、信仰變化的影響，但對釋迦法身境界、精神的訴求則始終沒有變化。

　　四方佛，僅是大雁塔四面門楣佛像的表現形式，祇有將表現形式賦予的主體聯繫起來，結合不同時代背景、信仰關係，纔是解決圖像問題的關鍵。

---

① 《大正藏》第 14 册，第 3 頁。

圖一　北涼石塔

圖二　雲岡石窟第一窟中心塔柱

圖三　四面四佛塔構件

圖四　北面藥師佛

圖五　四面四佛塔構件

东　　　　南　　　　西　　　　北

石佛塔构件四面佛

0 ⊢────┤ 8CM

圖六　四面四佛塔平面圖

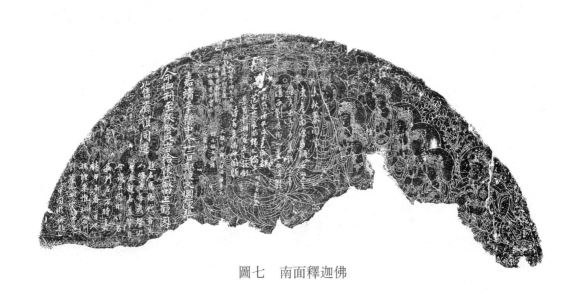

圖七　南面釋迦佛

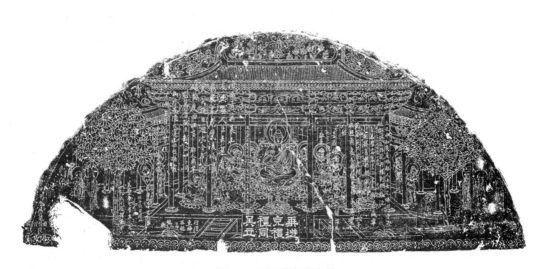

圖八　西面阿彌陀佛

圖九　東面彌勒佛

圖十　北面藥師佛

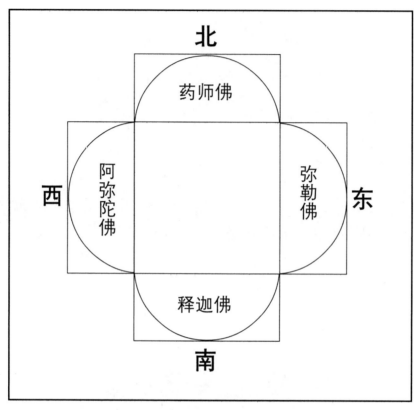

圖一一　大雁塔四面門楣四佛配置

# "雞首""牛首"圖像考辨

## ——以陝北地區出土漢代畫像石爲例

鄭紅莉[*]

雞首、牛首圖像最早見於西漢末期魯南蘇北地區的畫像石墓[①]中，後又常出現於陝北地區東漢畫像石墓中。由於缺乏相關文獻記載，對於雞首和牛首形象的界定歷來眾說紛紜，或認爲陳寶神[②]，或爲仙人王子喬、堪壞或生肖神[③]，或爲墓室守門人[④]，還有學者認爲這種形象就是西王母、東王公[⑤]，或者是西王母、東王公的使者、侍者和替代者[⑥]等等。本文系統梳理了陝北地區出土的含有雞首、牛首形象的畫像石資料，首先根據其在畫面布局中的相對位置進行了題材的分類研究，並在已發現紀年畫像石編年研究的基礎之上重點探討了這種圖像的演變和傳承規律。其次，通過與山東蘇北地區發現同類題材的出現時間先後及畫面特徵的比較研究，分析了陝北地區大量出現這種雞首、牛首題材畫像石的社會背景和原因。

## 雞首、牛首畫像石的分類研究

據不完全統計，陝北畫像石中出現雞首和牛首題材共 24 石（附表），不過，大部分屬於徵集所獲，殘缺不全。依據雞首、牛首畫像與西王母圖像的位置關係，筆者將

---

＊　鄭紅莉，西安碑林博物館館員。

①　鄭岩：《魏晉南北朝壁畫墓研究》第 162 頁，文物出版社，2002 年。

②　李發林：《漢畫考釋和研究》第 192 頁，中國文聯出版社，2000 年。

③　李錦山：《西王母題材畫像石及其相關問題》，《中原文物》，1994 年 4 期。

④　趙吳成：《河西墓室壁畫中"伏羲、女媧"和"牛首人身、雞首人身"圖像淺析》，《考古與文物》2005 年 4 期。

⑤　陝西省考古研究所、榆林市文物管理委員會辦公室：《神木大保當》第 117 頁，科學出版社，2001 年；孫周勇：《陝北漢代畫像石神話題材》，《考古與文物》1999 年 5 期。

⑥　李淞：《論漢代藝術中的西王母圖像》第 134 頁，湖南教育出版社，2000 年。

其身份大致歸爲以下三類：

### 第一類：西王母屬仙

　　這類圖像多與西王母在同一畫面出現，可分爲雞首獨立出現和雞首、牛首同時出現兩種形式。雞首人身畫像獨立出現者共有 3 石，分別是綏德縣四十鋪漢墓①、田魴墓②和軍劉家溝漢墓③。前兩處位於墓門橫額的右半部分，後一處位於後室橫額左邊。這三石上雞首形象與西王母同時出現，畫面布局大致相同：西王母身邊有 1 至 3 個侍從，或站或跪，雞首人身者持物，做跪拜西王母狀，姿勢與周邊侍從不同。從其跪拜西王母姿勢推斷，雞首者身份似乎爲西王母屬下。

　　綏德四十鋪漢墓的畫面布局清晰地展現了作爲西王母屬下的雞首人身者和侍從的區別：墓門橫額正中爲一鋪獸啣環的門，將畫面一分爲二。左幅描繪的是凡間拜謁場面，右幅描繪仙界。左幅畫面中墓主正在依次接受眾人的拜別，準備遁入天際，墓主身後站兩個前來迎接的使者；右幅畫面西王母坐於中間，其右側站兩個手持嘉禾的侍者，左側正是雞首人身者。雞首者手持嘉禾正在跪拜西王母，身後是九尾狐、三足烏、搗藥玉兔（圖一）。該石整體構圖似乎可以理解爲：墓主正在辭別眾人，準備昇入西王母的仙境，而雞首人身者剛剛穿過天門返回西王母身邊，正在報告將要到來的昇仙者。這種墓主將要昇入西王母王國的主題與洛陽卜千秋墓中的男、女墓主各乘舟形蛇、三頭鳳飛向西王母取意大致相近④。而作爲西王母信使的雞首者，顯然屬於次級屬仙。同樣畫面發現於綏德四十鋪田魴墓畫像石上，該石中西王母及其部眾位於後室口橫額左半部分：西王母正面端坐，其左邊侍立二人持物，身體前傾，右邊一人亦持物站立。雞首人身者跪於西王母右側（圖二）。顯然，雞首人身者的跪拜姿勢與侍立於西王母左右兩側的侍者不同。總而言之，這類題材中雞首人身者不與牛首人身者成對出現，但往往與西王母形影相隨，其身份當爲西王母的屬仙。

　　雞首和牛首形象位於同一畫面並與西王母同時出現者有 3 石，分別發現於米脂縣官莊二號墓②⑤、米脂縣黨家溝墓⑥和神木大保當 M16⑦。這類題材中牛首與雞首往往

---

①　綏德漢畫像石展覽館編：《綏德漢代畫像石》第 10～11 頁，陝西人民美術出版社，2001 年。

②　榆林地區文管會、綏德縣博物館：《陝西綏德縣四十鋪畫像石墓調查簡報》，《考古與文物》2002 年 3 期。

③　綏德漢畫像石展覽館編：《綏德漢代畫像石》第 138～139 頁，陝西人民美術出版社，2001 年。

④　洛陽博物館：《洛陽卜千秋墓發掘簡報》，《文物》1977 年 6 期。

⑤　李林、康蘭英、趙力光：《陝北漢代畫像石》第 14 頁，陝西人民出版社，1995 年。

⑥　李林、康蘭英、趙力光：《陝北漢代畫像石》第 25 頁。

⑦　陝西省考古研究所、榆林市文物管理委員會：《神木大保當》彩版 10～11，科學出版社，2001 年。

配對出現，其基本構圖爲：墓門橫額中間端坐東王公、西王母，雞首、牛首分坐於左右豎框頂端。從畫面布局來看，雞首、牛首屈居於西王母、東王公兩側，迎接或引道墓主進入西王母的王國。從其身份來看，似乎亦屬於西王母屬仙。雞首、牛首者作爲西王母屬仙的身份還可以從同處於一個文化區域的晉西北畫像石資料中得以補充。在屬東漢後期離石馬茂莊 M2 中有一組畫面突出顯示了雞首、牛首作爲西王母使者的身份①。馬茂莊 M2 墓室西、東兩壁北端的下層畫像石上各刻有雞首人身、牛首人身形象，不同於陝北地區常見的二者端坐形象，雞首牛首者均手執符節並身著襦袍。"節"本是使者的象徵，據《漢書·高帝紀》顏師古注："節以毛爲之，上下相重，取象竹節，因以爲名。將命者持之以爲信"。雞首、牛首手持符節，其應是口含西王母之命的使者，體現了西王母的部屬身份。

### 第二類：西王母/東王公形象替代者

這類圖像多獨立出現，不與西王母、東王公伴隨。共發現 7 石，分別是榆林縣汉墓（徵集）②、米脂縣官莊一號墓③、二號墓①④、大保當 M17、M18、M20⑤ 和延家岔墓⑥。雞首、牛首者多位於墓門或墓室兩側豎框上。橫額畫面一般或爲車馬出行、或爲瑞禽奔跑、或爲墓主對坐等場面，雞首、牛首坐於左右豎框頂端。坐柱下有 2～4 座山峰，兩側有守護的鳥、狐。《水經注》卷一 "按《十洲記》崑崙山在西海之戌地，北海之亥地，去岸十三萬里。……故曰崑崙山有三角，其一角正北干辰星之輝名曰閬風巔。其一角正西名曰圓臺。其一角正東名曰崑崙宮"。所謂 "崑崙山有三角" 在漢代文獻記載中更常見的構成是一座三個高矮不一山峰的大山⑦。若此，則這類畫面中雞首、牛首坐柱下的 2～4 山峰可能就代表了文獻所指崑崙山上三個山峰。從西漢晚期開始，崑崙山在民眾信仰中已經演變爲西王母的住地。若是，在刻畫崑崙山的畫像石中當有常見的西王母或東王公形象。但是相反，這類畫像石中並未直接出現西王母，西王母所居的崑崙山也由雞首、牛首佔據。雞首、牛首獨居崑崙山，這一現象可能説明它們替代了西王母的位置，成爲主管冥界昇仙的主神。陝北地區工匠在畫像石上將雞首、

① 山西省考古研究所、呂梁地區文物工作室、離石縣文物管理所：《山西離石馬茂莊東漢畫像石墓》，《文物》1992 年 4 期。
② 李林、康蘭英、趙力光：《陝北漢代畫像石》第 5 頁，陝西人民出版社，1995 年。
③ 李林、康蘭英、趙力光：《陝北漢代畫像石》第 9 頁。
④ 李林、康蘭英、趙力光：《陝北漢代畫像石》第 13 頁。
⑤ 陝西省考古研究所、榆林市文物管理委員會辦公室：《神木大保當》第 60～63 頁，67 頁，95 頁。
⑥ 戴應新、李忠恒：《陝西綏德延家岔漢畫像石墓》，《考古》1983 年 3 期。
⑦ 巫鴻著，柳楊、岑河譯：《武梁祠》第 136 頁，三聯書店，2006 年。

牛首置於崑崙山的做法似乎可以説明汉時西河上郡一帶，雞首人身、牛首人身的人獸神祇崇拜和西王母崇拜是同時盛行的。

陝北地區曾經盛行雞首神、牛首神的崇拜，在神木大保當 M18[①]（東漢中期）的橫額畫面中（圖三）表現得更爲直接。大保當 M18 橫額布局爲：雞首、牛首正面端坐，佔據了西王母、東王公在橫額畫像石中的常見位置，中間爲舞蹈的怪獸，兩邊各爲蟾蜍、金烏象徵的日、月。在這幅畫面中，雞首、牛首替代了東王公、西王母在畫像石中常見位置，成爲整幅畫面的主神，此也進一步説明這種人獸合形的神祇崇拜在一定時期甚至超過了對西王母的崇拜而成爲陝北民眾中流傳最廣的信仰。當然，我們也不能排除作爲西王母神話在傳承過程中發生的變異、改動及作爲民間藝術的畫像石本身所具有的隨意性和創造性。

### 第三類：門吏

這類題材中雞首、牛首多位於竪石下格部分，身著長袍，持笏擁彗站立。共發現 2 石，分別是綏德蘇家圪坨墓[②]及四十鋪[③]，此外，在同一畫像石分佈區域內還有山西離石馬茂莊 M2、M3[④]，離石石盤村墓[⑤]。雞首、牛首多對稱分佈於左、右竪石下格，並佔據了通常爲一擁彗或佩劍站立的門吏位置（如王得元[⑥]、黃家塔 M8[⑦] 等）。離石縣馬茂莊 M3 前室左邊框下格石刻一雞首人身使者持戟站立（圖四－1），右邊框下格刻 1 人持笏著襦袍的牛首人身使者（圖四－2）。離石石盤 10 號和 13 號石分屬於前室西壁南側竪框石和前室北壁西側竪框石，雞首、牛首著長袍，右手持矛，站於束腰高坐上。顯然，這幾處雞首、牛首著袍持物站立，其身份可能相當於左右竪框常見的門吏，其功能是作爲墓室守護者，防止別的精靈鬼怪闖入墓室，侵擾處於祥和仙界的墓主。在陝北、晉西北的畫像石衰落後，著袍雞首、牛首像在河西晉墓照墻上出現的很頻繁，……它們不是獨立存在，而是依附於闕門左右同時出現[⑧]。有學者認爲晉墓闕門上

---

① 陝西省考古研究所、榆林市文物管理委員會：《神木大保當》彩版 20 ～ 21。

② 李林、康蘭英、趙力光：《陝北漢代畫像石》第 192 頁。

③ 綏德漢畫像石展覽館編：《綏德漢代畫像石》第 181 頁。

④ 山西省考古研究所、呂梁地區文物工作室、離石縣文物管理所：《山西離石馬茂莊東漢畫像石墓》。

⑤ 王金元：《山西離石石盤漢代畫像石墓》，《文物》2005 年 2 期。

⑥ 陝西省博物館、陝西省文物管理委員會：《陝北東漢畫像石刻選集》第 220 頁，文物出版社，1959 年。，

⑦ 李林：《陝西綏德縣黃家塔漢代畫像石墓群》，《考古學集刊》(13)，文物出版社，2004 年。

⑧ 趙吳成：《河西墓室壁畫中"伏羲、女媧"和"牛首人身、雞首人身"圖像淺析》，《考古與文物》2005 年 4 期。

"牛首人身、雞首人身"是墓中天門兩邊的守門人，相當於門吏。此説甚是。陝北及晉西北地方漢代畫像石中出現的雞首、牛首著袍持笏擁彗形象與河西晉墓照墻上的圖像内容和風格相類，其代表的身份也應是相似的。

## "雞首"、"牛首"圖像的發展與演變

雞首、牛首在畫像石中的位置和形象變化及其與西王母圖像之間的共生關係表明這些圖像的出現可能有著早晚差異。下文以紀年畫像石墓中含有雞首、牛首的圖像作爲該時期具有典型特徵的畫面，參照包含雞首、牛首題材但無紀年畫像石的雕刻技法與藝術風格對其發展演化規律做一簡單的梳理，並總結出其年代及具有時代意義個體特徵。需要説明的是，雖然這種類推帶有局限性，但對於大量含有雞首、牛首題材的畫像石來説，在其本身出土背景不清且缺乏斷代依據狀况下，無疑還是具有一定的借鑒意義。

陝北所見最早有紀年的雞首人身圖像發現於田魴墓[①]。該墓建造於永元四年（92），墓葬後室橫額左邊繪有西王母，戴勝正面而坐，雞首人身者肩生鳥翅作跪拜狀。與之構圖近似的還有綏德四十鋪墓。有學者據畫面中衹有西王母而無東王公和西王母左右侍從不對稱的圖像，將其斷在永平十二年（69）附近或稍後[②]，若此，這種帶有"鳥翅"的雞首形象可能就是陝北地區最早的雞首形象，大致流行於永平至永元年間。

到和帝、章帝即公元 100 年左右時，雞首、牛首開始成對出現於墓門左、右竪石頂端。如延家岔漢墓[③]，雞首、牛首肩生三道弧形翅坐於左右竪框頂端，不過此墓畫像石保存情况不太好，雞首、牛首的形象模糊不清。與此墓畫像内容相類、雕刻風格相似且時代上應相近的還有米脂縣官莊二號墓（圖五）。官莊二號墓出土的畫像石保存完整，畫面清晰。畫面中雞首、牛首分别坐於左右竪框，肩部生有"對稱的三道弧形翅"，雞冠、牛角特徵明顯。這一時期雞首、牛首開始成對出現於畫像石題材中並形成對偶神的格局。概括來説，雞首上的"鳥翅"已演變爲"三道弧形翅"，且弧形翅刻畫均匀、左右對稱，這些應該是這一階段具有時代意義的特徵。

米脂縣官莊一號墓（圖六）含有雞首牛首畫面的畫像石在構圖、雕刻技法與處於同一墓地的四號墓[④]大致相同。依據四號墓中的紀年題記"永初元年（107）"，一號墓

① 榆林地區文管會、綏德縣博物館：《陝西綏德縣四十里鋪畫像石墓調查簡報》，《考古與文物》2002 年 3 期。
② 李淞：《論漢代藝術中的西王母圖像》第 166 頁，湖南教育出版社，2000 年。
③ 綏德漢畫像石展覽館編：《綏德漢代畫像石》第 48～49 頁；戴應新、李仲煊：《陝西綏德縣延家岔東漢畫像石墓》，《考古》1983 年 3 期。
④ 李林、康蘭英、趙力光：《陝北漢代畫像石》第 16～24 頁。

的年代當也在永初年間。與上文所述的官莊二號墓比較，官莊一號墓中雞首、牛首的形象已發生改變。從構圖來說，雖然它們依舊位於墓門左、右豎石頂端且雞喙、牛角特徵明顯，但左右對稱的弧形翅已簡化爲兩道左粗右細弧綫。從公元100年到107年僅7年之隔，官莊墓地雞首、牛首的翅形發生了明顯變化。這種變化出現於同一處家族墓地中，當是雞首牛首形象隨著時間流逝而發生的變化。

　　到東漢晚期時，雞首、牛首的造型又發生變化。雞首肩生鳥翅，牛首綫刻衣服細部，人形特徵更加明顯。如米脂縣黨家溝墓（圖七），該墓墓門左豎框上坐雞首像，正面微側，頭朝內；右坐牛首像，頭朝內跪拜，前面是　株仙草，橫額雙層闕樓下坐肩生翼的東王公、西王母。有學者認爲陝北有翼西王母、東王公像的流行大致框定在110～140年左右及略晚，而山西還要晚一些①。若此，黨家溝墓的流行或許也在這一範圍。在缺乏其他同類有確切紀年的畫像石資料可以比較的情況下，大致可以認定這種肩生鳥翅的雞首、牛首形象流行於公元110～140年。到相當東漢桓、靈帝之際（147～189年）時（參見山西離石馬茂莊M2、M3②），雞首、牛首除頭部的獸形尚且保留外，其餘部分完全世俗化，二者均著襦袍，手持物，與現實中的人物形象相差無幾。東漢晚期，雞首牛首形象中獸性成分減弱，世俗性增加，逐漸演變爲更親近、更容易接受的神格形象。

　　以上分析表明，陝北畫像石中雞首、牛首形象經歷了一個逐漸演變的過程，從東漢早中期之交的鳥翅雞首獨立出現，到中期時雞首、牛首成對出現，翅膀由鳥翅演化爲對稱的三道弧形翅，然後又發展成一道弧形翅。至東漢晚期時，雞首牛首逐漸世俗化，並開始身著長袍。雞首、牛首形象的逐步演化，伴隨著其在畫像石構圖中位置的逐步下移（從門額、豎石上端到豎石下端），它們的神格形象也完成了由西王母侍者、西王母替代者到門吏轉變。

## 雞首、牛首圖像在陝北地區集中出現的原因

　　牛首、雞首圖像早在西漢末年就已經出現魯南蘇北地區，並一直延續到東漢時期。而陝北所見的畫像石從時間上來說主要集中在東漢中後期，東漢初期很少發現。顯然，兩地的雞首像從出現時間的先後上來說，山東地區要早於陝北地區。山東和蘇北地區由於地域差異，雞首、牛首像各具特色。山東微山和蘇北地區發現的雞首形象均不帶

①　李淞：《論漢代藝術中的西王母圖像》第146頁，湖南教育出版社，2000年。

②　山西省考古研究所、呂梁地區文物工作室、離石縣文物管理所：《山西離石馬茂莊東漢畫像石墓》。

翅，山東嘉祥地區發現同類圖像從東漢初期到晚期均帶有鳥翅。將嘉祥地區的雞首像與蘇北和山東地區相比，不難看出嘉祥地區的雞首形象與陝北早期出現雞首在構圖方面最爲相似，均帶有鳥形翅。從兩地雞首題材畫像内容的相似性上很容易使人想到陝北地區的雞首圖像題材可能來源於山東。這與陳根遠先生提出陝北東漢畫像石不是原生，而是可能來源於山東①的觀點一致。

目前所見陝北地區最早的雞首鳥翅圖像屬東漢中期，而且它與山東嘉祥地區流行的雞首圖像相似。如果説陝北地區漢代畫像石墓葬的集中出現的確是受到了山東地區的影響，那麽，我們可以認爲這種雞首畫像傳入陝北地區的時間應該不早於東漢中期。需要強調的是，陝北地區雞首牛首形象的流傳並非對山東模式的簡單重複和模仿，這一點在圖像布局上表現得極爲突出。

在山東和蘇北地區的畫像石畫面中，雞首（或爲鳥首）多不獨立出現，而與鹿首、馬首、牛首等衆多人獸合形神祇集體侍立於西王母的周圍，作爲西王母的侍從，整幅畫面的主仙仍是西王母。西王母作爲漢代人們崇拜、祀奉的一位神通廣大的神仙，從某種意義上講是人們崇奉的諸神中最重要的一位②。各地畫像石中出現的西王母正是這一文化現象的物質表現。在這種以西王母爲中心的題材中，無論是雞首、牛首，還是馬首，都只是作爲西王母的附庸——侍者的身份出現的。因此我們不妨假設，當山東地區的雞首畫像石傳到陝北時，工匠們並不是對山東的雞首題材進行簡單地照搬。自從公元 100 年左右開始，"牛首"作爲配偶神融入其中，並與雞首形成固定組合成爲陝北畫像石的地方特色③。此後，雞首或牛首單獨出現的現象幾乎不見。換句話説，陝北地區雞首、牛首形象在大多數情況下已作爲獨立神格形象出現，與西王母似乎並無直接聯繫。據筆者不完全統計，雞首、牛首作爲配偶神（佔據了西王母、東王公位置）單獨出現者則多達 12 石，佔所有包含雞首牛首形象畫像石總數的 50%。這一現象可能暗示著該地區曾經流行雞首、牛首神崇拜。

如此以來，我們不禁要問爲什麼在陝北地區畫像石上會集中出現大量的雞首、牛首形象，並將其列爲對偶神加以崇拜？筆者不揣淺陋，對其作一簡單分析：

---

① 陳根遠：《再談陝北東漢畫像石來源問題》，西安碑林博物館編：《碑林集刊》（十一），陝西人民美術出版社，2005 年。

② 羅二虎：《漢代畫像石棺》第 170 頁，巴蜀書社，2002 年。

③ 四十鋪田魴墓後室左豎石伏羲下部站一牛頭人身者，牛首處於豎石中部仙人的位置，在畫像石中並未與雞首形成對偶神的形式。説明陝北地區雞首、牛首變爲當地固定的對偶神是有一個演化過程的，開始只是隨意將雞首、牛首放在同一畫像石中，後來才慢慢地演變爲牛首和雞首的對稱圖像。田魴墓畫像石上不對稱出現的雞首、牛首應是陝北地區大量的雞首和牛首成對出現前的過渡階段。

首先，這是社會大環境下神仙崇拜的産物。從西漢後期開始，神仙思想廣泛深入到了民間，其信仰群體進一步擴大，從知識份子、貴族官僚到普通百姓無不崇信①。同時，一場轟轟烈烈、聲勢浩大的群衆性造仙運動波及到社會各個角落②。廣大民衆積極亦投入到造神運動中。雞自從新石器晚期就已是人們飼養的家禽，與人們的生活密切相關，擔負著爲人們報時的重任。文獻中也有"天雞"報時的記載："蓬萊之東，岱輿之山，上有扶桑之樹，樹高萬丈。樹顛常有天雞巢於上，每夜至子時，則天雞鳴"（《神異經·東荒經》），"扶桑山有玉雞"（《玄中記》）。當民間造神運動波及到陝北時，人們模仿傳説中"神雞"的故事，將生活中常見又熟悉且是與人們生活息息相關的雞加以神化，使之位居神仙的行列。黃家塔永元二年 M7 的西耳室左竪框上刻畫了一只正在攀援的雞③（圖八）。這只雞攀援的樹狀物上生著靈芝狀的枝枒，説明此樹應屬仙樹之類，因而這只雞無疑已經具有了神話色彩。黃家塔 M7 比目前所見最早的雞首人身像還早兩年，可能正是畫像石中的雞首人身者的藍本，也可以視爲雞首人身像的過渡形象。

其次，這是社會生活與陰陽五行觀念的産物。鳥類自古以來就被認爲有通神的能力，在殷周青銅器和漢畫像石中常有神鳥棲於神木的圖形④。《山海經·西山經》所載的西王母隨從中就有青鳥⑤。雞首最先出現於山東地區畫像石時是與鳥首不加區分的。東漢初期以後纔基本固定爲雞首。出現這種變化可能是由於鳥、雞的區別並不是很大，都屬於禽類有关。

畫像石中出現的雞首人身神祇并不是随所欲造出的，而作爲雞首對偶神的牛首人身出現於畫像題材中，則可能與其處於邊郡的地理位置相關。陝北地區在漢時屬西河郡和上郡管轄，是遊牧民族與漢民族的分界綫，農耕與遊牧并存的兩種經濟形態并存。在漢府"發軍屯西河"（《漢書·昭帝紀第七》）政策的號召下，漢政府在"……上郡、朔方、西河、河西開田官，斥塞卒六十萬人戍田之"（《漢書·食貨志第四下》），出現了"皆引河及川谷以溉田"（《漢書·溝洫志第九》），農業成爲這一地區重要的經濟形態。畫像石中牛耕圖的出現，進一步説明此處農業經濟重要地位。牛作爲常見又常用的畜力是機械動力出現前農業經濟的重要幫手，與人們的生活密切相關。當西漢末到

---

① 賀西林：《古墓丹青——漢代墓室壁畫的發現與研究》，第 123 頁，陝西人民美術出版社，2001年

② 信立祥：《漢代畫像石綜合研究》第 143 頁，文物出版社，2000 年版。

③ 綏德漢畫像石展覽館編：《綏德漢代畫像石》第 41 頁。

④ 朱狄：《信仰時代的文明》第 147 頁，中國青年出版社，1999 年。

⑤ 《山海經·西山經》云："又西三百五十里，曰玉山，是西王母所居也。西王母其狀如人，……有鳥焉，其狀如翟而赤，名曰勝遇，是食魚，其音如錄，見則其國大水。"

東漢中期興起的群衆造神運動波及到邊郡時，牛被神話自然不足爲奇。黃家塔 M7 西耳室右竪框上正在攀援仙樹的牛可能正是牛首人身圖像的前身（圖九）。隨著造神運動的發展，牛的神性纔逐漸豐滿起來，完成了由普通個體到神仙的飛躍。人們將現實生活中的牛神化後引入到畫像石題材中，爲了更將神牛的習性突出，除了帶有神性的牛角外，還將仙人的主要標志——羽翼加於牛身。"圖仙人之形，體生毛，臂變爲翼，行於雲則增矣，千歲不死。"（《論衡·率性篇》）"好道學仙，中生毛羽，終以飛昇"（《論衡·道虛篇》）。羽翼是昇仙的憑藉物，也是仙與凡的區別。在牛生出羽翼後，仙的性質也就不言而喻了。同時牛生翅，也是畫工們爲與其組合的雞首翅相對稱而造出的，爲求畫像藝術中的對稱美。

雞首、牛首成爲社會下層的信仰崇拜成對出現於陝北畫像石中，一方面是由於雞、牛與人們的生活密切相關；另一方面也與漢人思想中盛行陰陽五行的思想有關。漢人解釋萬物的基礎是陰陽五行，認爲"萬物統一於五行，五行統一於陰陽，陰陽統一於天，陰爲天的刑罰的表現，陽爲天的恩德的表現。……天通過陰陽五行的變化而産生和指導萬物和人類"[1]。萬物甚至人類均是在陰陽五行的指導下活動的。在漢代宇宙觀中，陰和陽是兩個極端的力量，在無數成對範疇中顯現他們自身，如東和西、雄和雌、獸與鳥、天與地、太陽與月亮等，用這些較少抽象性的概念表現於圖繪藝術中[2]。山東及陝北地區以西王母和東王公配對的做法就是陰陽觀念盛行的表現[3]。陝北的雞首、牛首配對出現，也許是受造西王母的匹配神——東王公中受到啓發的。受這種陰陽觀念的影響，在山東的雞首畫像傳到陝北後，造出與之匹配的牛首，使之成为對偶神也就不足爲奇了。雞首、牛首陰陽配對的做法在神木大保當 M18 中表現得更爲直接。M18 墓門橫額端坐的雞首旁繪有象徵陰的月，牛首旁繪象徵陽的日，二者象徵的陰陽二界不言而喻。這種禽、畜對應的安排符合陰陽五行的哲學觀，此或許就是它們盛行的原因。牛首成爲雞首的匹配者後，二者在當地迅速流行起來，甚至一度取代了西王母、東王公在畫像石中的支配地位。

第三，雞首、牛首之所以成爲畫像石中常見的對偶神，可能是由於其在某種程度上扮演了能"與逝者對話，與生者溝通，並給雙方以安慰"[4] 的相當於西王母的角色。加之人獸同體的神祇比之完全人形的神祇帶有更多非人的、難以理解（因而是"不合

---

① 任繼愈：《中國哲學史》第二冊，人民出版社，1979 年

② 巫鴻著，李淞譯：《論西王母圖像及其與印度藝術的關係》，《藝苑》，1997 年第 3 期，

③ 巫鴻著，柳楊、岑河譯：《武梁祠》第 135 頁。

④ 沙瑞 A 魯羅（Sheri A. Lullo）：《漢代女神形象》，【美】林嘉琳、孫岩主編：《性別研究與中國考古學》，科學出版社，2006 年版。

理”）的神秘氣質①，人們相信半人半獸的神具有比完全人形的西王母可能具有更多的超自然力量，這種力量更容易福佑死者昇天、生者平安，所以才會得到人們的頂禮膜拜，其崇拜一度甚至超過了對西王母的崇拜。

　　本文對雞首牛首圖像的分析説明作爲民間藝術的畫像石出現眾多神仙圖像和故事是人們生活經曆形成的一種設想②。它不是抽象的思想載體，而是勞動過程中的具體感受和欲求的物質反映③。同時，也從另一個角度説明畫像石作爲喪葬裝飾品最早流行於社會基層。後來，隨著墓葬習俗的發展才逐步爲下層官吏、富豪所採用④。換句話説，神話的來源是生活中的需求和感受。概括起來，雞首、牛首作爲陝北畫像石中常見的對偶神，其身份大致可以歸納爲三種：西王母屬下、西王母替代者、門吏。雞首、牛首最先作爲西王母從屬，逐漸發展到替代了西王母位置並爲獨立神格，到東漢晚期時其身份又變爲一個普通門吏。在這一演化過程中甚至取代西王母成爲當時陝北地區民間信仰中的主要神祇。它們的發展序列反映了由生活到神仙世界再回到生活的一個迴圈，進一步説明“神是一種社會和文化的動態心理體系的產物”⑤，而民眾的信仰崇拜又是一個逐步變化、不斷完善的過程。在這個過程中，人類會根據信仰的需要，不斷的創立新的神祇。這種新創的神祇實際上是民眾對生活中某種需求渴望的一種寄託。

---

①　謝選駿：《神話與民族精神》第 102 頁，山東文藝出版社，1986 年版。

②　謝選駿：《神話與民族精神》第 106 頁。

③　袁珂：《中國古代神話》第 16 頁，中華書局，1960 年版。

④　蔣英炬：《關於漢畫像石產生背景與藝術功能思考》，《考古》1998 年 11 期。

⑤　朱狄：《信仰時代的文明》第 101 頁，中國青年出版社，1999 年。

附表：

| 類型 | 序號 | 地點與時間 | 時代 | 位置 | 描述 | 備註 |
|---|---|---|---|---|---|---|
| 西王母屬仙 | 1 | 四十鋪 | | 墓門橫額的右半部分 | 西王母戴勝正面坐，左邊爲雞首人身者肩生鳥翅，持嘉禾拜謁西王母，其身後爲九尾狐、搗藥的二玉兔及三足鳥；右爲倆持嘉禾的侍者。 | 綏11 |
| | 2 | 四十鋪田魴墓 | 永元四年(92) | 後室口橫額左邊 | 西王母戴勝正面坐，左側二人持物站立身體前傾，右立一人亦持物，雞首人身者持物跪於西王母右側，後室左豎石的中部站一牛頭人身者。 | 綏19 |
| | 3 | 軍劉家溝 | | 墓門橫額 | 西王母戴勝正面坐。左邊一人持扇踞坐，右邊一人與雞首者均持物跪拜。雞首肩生鳥翅 | 綏138 |
| | 4 | 1971年米脂縣官莊二號墓② | | 墓室左右豎框 | 牛首、雞首各肩生三道弧形翅坐於左、右豎框頂端，且牛首綫刻衣褶。橫額中部屋內坐西王母、東王公，屋外一玉兔正在搗藥。 | 陝14 |
| | 5 | 米脂縣黨家溝1981年徵收 | | 墓門左右豎框 | 左牛首綫刻衣褶而坐面向右；右雞首肩生鳥翅面向左踞跪。橫額中間西王母和東王公肩生翅坐於屋中。屋外爲蟾蜍、九尾狐、玉兔等。 | 陝25 |
| | 6 | 大保當M16 | 東漢中期 | 墓門左右豎框 | 右牛首著紅袍袖手而坐面右，牛頭細部及衣褶、領口皆以陰綫刻出；左雞首展翅，坐於豎框頂端與右邊牛首遙遙相對。 | 神60~63 |
| 西王母／東王公 | 7 | 大保當M17 | 東漢中期 | 墓門左右豎框 | 橫額刻繪祥瑞圖，左牛首獸頭向右，雙角呈弧形，展雙翅作欲飛狀；右雞首振翅，獸頭向左，雞冠四束。 | 神75 |
| | 8 | 大保當M18 | 東漢中期 | 墓門橫額 | 橫額正中刻繪一熊，熊左、右分刻牛首、雞首背生雙翅，均著長袍、張口、袖手、端坐，側面面向熊。 | 神67 |
| | 9 | 大保當M20 | 東漢中期 | 墓門左右豎框 | 橫額中部屋內端坐三人。左門柱座上爲牛頭人身，牛角呈"U"形上竪；右門柱坐上爲雞頭人身，朱砂塗雞冠，雞喙微張。 | 神95 |

| 類型 | 序號 | 地點與時間 | 時代 | 位置 | 描述 | 備註 |
|---|---|---|---|---|---|---|
| 形象替代者 | 10 | 榆林縣 | | 墓門左右竪石 | 牛首、雞首坐於左、右竪框頂端，均肩生大鵬鳥的翅膀，且牛角、鳥喙的特徵極爲明顯。橫額爲出行圖和狩獵圖。 | 陝5 |
| | 11 | 米脂縣官莊一號墓 1971年 | | 墓門左右竪石 | 左雞首、右牛首坐於分坐竪框頂端，翅已簡化爲1道弧形，整個雞喙和牛頭的特徵極為明顯。橫額狩獵圖。 | 陝9 |
| | 12 | 延家岔 | 和帝、章帝時期 | 墓門左右竪石 | 左爲雞首，右爲牛首均坐於竪框頂端，肩生三弧形翅。橫額中部坐二人。 | 《考古》1983年3期 |
| | 13 | 米脂縣官莊二號墓① | | 墓室左右竪框 | 左雞首、右牛首各肩生三道弧形翅分坐於竪框頂端。橫額中屋內坐兩人。 | 陝13 |
| 門吏 | 14 | 離石馬茂莊 M2 1990年 | 東漢晚期，相當桓、靈之際 | 前室北端東、西兩壁 | 均作上下分欄刻畫，上層各刻肩生雙翼的東王公、西王母坐懸圖；下層各刻雞首人身、牛首人身的執符節著襦袍之神人使者。 | 《文物》1992年4期 |
| | 15 | 離石馬茂莊 M3 1990年 | 東漢晚期，相當桓、靈之際 | 前室東壁左、右邊框石 | 橫額怪獸異禽。框石縱向分左右欄刻畫。左側刻飛昇圖。最下面刻1雞首人身使者持戟站立、1持笏著襦袍的牛首人身使者。 | 《文物》1992年4期 |
| | 16 | 離石石盤村 1997年 | 東漢桓、靈時期 | 前室西壁南側、前室北壁西側 | 西壁橫額車馬出行。西壁南側竪框石右側邊框飾卷雲紋，左側牛首神人像。牛首神人面朝左，身著長袍，右手持長矛，立於束腰的高坐之上。北壁西側右側邊框飾卷雲紋。左側是牛首神人像。牛首神人穿長袍，右手持長矛，立於束腰的高坐上。 | 《文物》2005年2期 |
| | 17 | 綏德蘇家圪坨 1957年徵集 | | 墓室壁面左、右竪框 | 墓室壁面石左牛首、右雞首均著世俗服飾，佩劍側立。 | |
| | 18 | 四十鋪 | | 墓室右竪石 | 羽身西王母坐於天柱上，下騰雲翼獸，下站（相當門吏位置）雞首人像。 | 綏181 |

| 類型 | 序號 | 地點與時間 | 時代 | 位置 | 描述 | 備註 |
|---|---|---|---|---|---|---|
| 不明者 | 19 | 四十鋪 | | 墓門左右豎石 | 左雞首、右牛首肩生大鵬翅坐於神樹頂端，其下爲擁彗、執戟門吏。 | 綏 150 |
| | 20 | 右石四十鋪，左石賀家灣 | | 墓門右豎石 | 牛首綫刻羽翼坐於神樹上，其下擁彗門吏，再下各拴一馬。 | 綏 155 |
| | 21 | 張家砭 | | 墓門豎石 | 左牛首、右雞首面朝里坐於神樹頂端，兩邊各有植物一株，神樹下有山。左擁彗門吏，下拴馬；右執笏文官，下玄武 | 綏 168 |
| | 22 | 四十鋪 | | 墓門豎石 | 左牛首、右雞首坐於神樹頂端。左擁彗門吏、下拴馬；右持笏文官，下翼獸。 | 綏 169 |
| | 23 | 出土地不詳 | | | 墓室豎石。左雞首、右牛首坐於神山天柱上。 | 綏 179 |
| | 24 | 五里店 | | 墓門左豎石 | 牛首肩生翅坐於天柱之上，下爲持笏文官，再下爲奔跑的一狐、一馬。 | 綏 178 |

注：綏：綏德漢畫像石展覽館編：《綏德漢代畫像石》，陝西人民美術出版社，2001 年。

陝：李林、康蘭英、趙力光：《陝北漢代畫像石》，陝西人民出版社，1995 年。

神：陝西省考古研究所、榆林市文物管理委員會辦公室：《神木大保當》，科學出版社，2001 年。

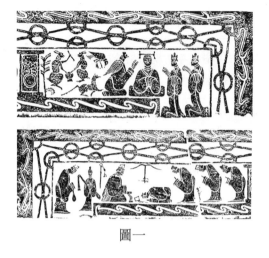

圖一

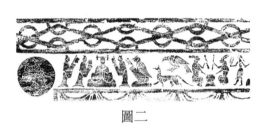

圖二

圖三

圖四－1

圖五

圖四-2

圖六

圖七

圖八

圖九

# 拓展碑刻研究的歷史文化多元空間

## ——紀念西安碑林九百二十周年華誕
## 國際學術研討會綜述

王其禕　　周曉薇

　　金秋十月，總是一個令人喜悅的季節，是一個可以告慰耕耘、感謝收穫的季節。今年，適逢紀念西安碑林九百二十周年華誕，借此機緣，西安碑林博物館特別於 10 月 24 日至 26 日假座西安東方大酒店隆重主辦了一次以“西安碑林與碑刻研究的歷史文化空間”爲主題的國際學術研討會並獲得圓滿成功。此次會議本著“揚厲文明，表徵歷史，深化學術，促進交流，以西安碑林及其文化內涵爲引擎，拓展碑刻研究的多元空間”的宗旨，憑藉西安碑林悠久而厚重的歷史文化感召力，雅集了來自中國大陸和臺灣地區、香港地區，以及美國、英國、日本等國家的 80 餘位海內外專家學者，傾注心智地爲西安碑林事業的進步與學術的繁榮，共襄盛舉。

　　西安碑林不僅是中國古代書法藝術的祖庭，同時更是傳承古國文明的石刻寶庫，是一座獨具特色而令世人心儀的東方歷史文化聖殿。從文化價值上説，她是見証與張揚五千年歷史文明一脈相承與文字書法淵源遞嬗的不朽載體；從社會意義上説，她更是代表祖國先進文化和彰顯中華民族品質的精神樂園。在第一批全國重點文物保護單位的名單中，西安碑林就被列爲石刻類第一號，這無疑是對其文物價值與歷史地位，乃至社會文化意義的充分肯定。也就是説，在全國的同類博物館中，西安碑林以其歷史悠久、收藏宏富而最具資格擔綱領袖群倫的角色，當然她所肩負的使命也就最爲光榮和重大。正是這種使命的要求，西安碑林必須在守望的同時尋求延續，尋求發展，尋求進步。因此，舉辦這次會議，對於西安碑林博物館來説，正是她尋求發展、強化科研的良好契機，同時也是鼓舞文博系統積極提昇學術地位和重視業務建設的有效動力。能夠凝聚衆多學界的精英與學術的中堅共同研討，説明西安碑林及其內涵自有深遠的感召力，説明西安碑林的建設與發展對弘揚祖國先進文化和砥礪民族精神具有無以替代的重要作用，也説明專家學者們對探索和助推歷史文化的進步充滿了令人感佩的激情與自覺。

此次會議共交流研討了 54 篇學術論文，無論從辦會模式、論文品質、研討成效，以及學者的身份與研究領域諸方面，均堪稱一次高規格的學術盛會。會議雖側重在碑刻與中古史學的研討領域，但同時也探究到碑刻與文獻學、石刻與文化藝術史，及金石拓本和碑學稿本等範疇。此次會議的學術品質與效應頗爲明顯，以著名學者馮其庸教授爲首的 38 位學者的演講，由辛德勇、陳尚君、陸揚、張國剛、韓昇、陳弱水等知名教授組成的 12 位執行主席的點評，以及榮新江教授的總結述論，大多以西安碑林及其內涵爲驅引，廣泛而深入地拓展了碑刻與歷史文化研究的多元空間，從而對相關學術研究的進步給予了切實而有力的助推。

會議所研討的內容十分豐富，涉及思想史、政治史、社會史、民族史、制度史、文化史、宗教史、藝術史等諸多學科領域。以下謹就會議演講和會議交流論文集中的內容，略事分類綜述。

1. 可納入唐代史學研究的宏觀論述主要有：陸揚《九世紀唐代宦官官僚化探微——以梁守謙爲中心》，從制度史和政治史的角度，以九世紀前期的重要宦官人物梁守謙爲分析的具體著眼點，指出"梁守謙纔是唐憲宗時代新型宦官精英的真正代表，他的生涯爲九世紀中後期的宦官精英提供了重要的制度上的模式"。並強調唐代墓誌是促進唐史研究的革命性效應之一。點評人認爲宦官官僚化觀念的提出，具有十分重要的史學研究意義，特別是有助於啓發和深化唐代政治史的研究。陳弱水《墓誌中所見的初唐思想》，從思想史的視野總結出"初唐的知識界以具有一種二元的世界觀（即社會（包括政治）與家庭生活和個人生活與精神追求）爲其基本性格。二元式的結構是初唐心靈的顯著特色。初唐時期，在學術思想的範圍，儒家的正統地位固無庸置疑，但此色彩並不十分強烈，多少具有多元的情況。根據墓誌對初唐思想所得到的主要觀察是，流派衆多，二元世界觀是主道的力量，即使在有關人間集體秩序的學術思想範圍，也有多元的情況，儒家的正統地位並不突出。"牟發松《唐代出土墓誌所見志主卒地略論——以私第之外的卒地爲中心》，通過統計分析唐人私第以外的卒地情況，多角度見証了中唐前後社會經濟、聚落面貌及民衆生活、信仰等方面所發生的重大變遷。黃正建《從墓誌看唐代縣級老年官員問題》，指出唐前期由於選官體制單一而導致縣級官員老齡化問題較爲嚴重，而到後期由於藩鎮使職的大量出現則多有減輕。孟憲實《簡論唐朝的佛教寺院管理》，從官方管理機構的變化和僧尼籍的編造與管理兩方面，對唐代佛教寺院管理制度做了有針對性的述論。

2. 涉及中古婦女史的縱深研究有：張國剛《墓誌所見唐代寡居婦女的生活世界》，認爲"與一般論著認爲唐代婦女貞節觀念澹薄不同，唐代墓誌中提供了大量寡居婦女堅守貞節的材料。唐代寡婦守貞是社會輿論所代表的主流價值觀念。亦即從漢代以來儒家倫理觀念逐漸擴展的趨勢在唐代並沒有改變，仍然在這個道路上向前發展，儒家禮法文化仍在進一步的向下滲透，不存在唐代婦女比其前代更開放的假像。"與此相關聯，還有王慶衛《隋代女性貞節問題初探——從開皇九年〈吳女英志〉説起》，恰好證明了隋代守節女性增多，貞節觀念加強並成爲主流意識，正可引爲唐代承繼性問題的前脈。另有萬軍傑《唐代夫婦年齡差異探析》也可納入此範疇。

3. 對於碑版的個案考證稍多，主要有：馮其庸《〈大秦景教宣元至本經〉全經的現世及其他》，以轟動一時的洛陽新出《大秦景教宣元至本經》經幢爲研究物件，通過對敦煌寫本與新出石本的合校，彌合了該經迄今最完整的文字，同時又辯證了"小島文書"本該經實是一件僞經。點評人肯定：經幢所蘊含的歷史價值還值得唐史研究者深入發掘，包括景教與儒教在當時的相互影響和關係，以及宗教內部之結構等，均值得留意考察。侯旭東《〈大代持節豳州刺史山公寺碑〉所見史事考——兼論北魏對待境內胡族的政策》，通過對個案的史事研究，更爲深刻的透見了北魏對待境內胡族實行雙軌制（即編戶化和鎮戍制）的統治策略，並指出胡族編戶化的過程也就是北魏官府與胡族鬥爭的艱難歷史。劉安志《跋江西興國縣所出〈唐鍾紹京受贈誥文碑〉》，通過與多重文獻的分析比証，復原了較爲接近原貌的鍾氏敕授告身，對認知唐代告身與追贈制度提供了珍貴的新資料。趙振華、王竹林《偃師出土西晉何楨墓表、羊瑾神道碑研究》，藉出土石刻文獻具體考證了何楨、羊瑾這兩位正史無傳的西晉重臣之行事，以及當時士族籠蓋政治文化的顯赫勢力。朱玉麒《乾隆平定准噶爾立碑全國考》，闡述了清前期平定准噶爾事件和在全國立碑告成的重大意義，指出在戰爭實際進行的地點，立碑活動滯後於告成太學的全國行爲，而《平定准噶爾勒銘格登山之碑》成爲清代後期伊犁收復的劃界依據，突現了歷史發展不可逆料的豐富性。

4. 對於墓誌銘的個案考證亦是大宗，主要有：羅新《跋北魏辛鳳麟妻胡顯明、辛祥及妻李慶容墓誌》，在對個案資料的分析考察中，更特別從史學研究的高度提示了兩點：一是要注意世家大族流徙異鄉各自分土著籍的情況，會如何影響家族成員對於族源和故鄉的認同意識的問題。二是要注意北魏後期的政治糾葛中，由地域因素造成的某種松散的政治同盟單元，也是應當深入研究的。殷憲《北齊〈劉洪徽妻高阿難墓誌〉考述》，從命名、史事、書法等多個側面進行了精詳考證，頗有見地，是具有代表性的個案研究。點評人復指出其所揭示的渤海高氏，可以藉此留意冒姓的士族聯姻問題。王素《西安碑林藏〈唐郭敬善墓誌〉考釋》，對郭敬善初葬之墓記和改葬之墓誌兩種志石予以釐清並詳爲考證。拜根興《唐〈李訓夫人王氏墓誌〉關聯問題考析》，對王孝傑及其後裔進行了細緻考查，並就大雲寺及新羅和上問題做了深入探討。黃清發《〈王洛客墓誌〉考》，從家世、科考、仕宦、文學著述及與王勃的交往諸方面詳爲考說，對研究和進一步了解著名詩人王之渙家族有著重要意義。另有胡鴻《深埋在地下的政治正確——河陰之變受害諸王公大臣墓誌試析》和常或《跋梁散騎常侍蔡彥深妻袁月璣墓誌》兩文亦屬此範疇。

5. 以文獻學角度所作的檢討與整理成果有：韓昇、張達志《〈唐大詔令集〉再補訂》，主要利用新出唐代墓誌爲素材，撰作體例完善，裨補了前賢之所失，並證見了石刻文獻補史之重要價值。陳尚君《上海圖書館藏清人金石學稿本三種述評》，介紹了即將出版的吳式芬《輿地金石目》、《貞石待訪録》和王仁俊《金石三編》三種清人金石著作的内容特色、學術價值以及整理原則。程章燦《讀〈張遷碑〉志疑》，從字形、用詞、用典、形製准、流傳著録等諸端，對中國書法史卜大名鼎鼎的碑版提出合理懷疑，推測其可能出於重刻，甚至是僞刻。此觀點有益於對河南新出《漢肥至碑》的辨疑，而引起與會代表的廣泛爭鳴。王其褘、李擧剛《新出土北周建德二年庚信撰〈宇文顯墓誌銘〉勘證》與毛遠明《石本校〈庚子山集〉二篇》二文，皆以校勘學方法比勘了出土石本與傳世文集的異同，並對相關問題做了發微探幽地考説。新發現庚信撰《宇文顯墓誌銘》的披露，頗受學界關注。

6. 針對佛教造像的個案研究：趙超《〈東魏武定元年矗顯標邑義六十餘人造四面佛像〉考》，在核定了該造像的真實身份後，進而確認了造像的彌勒信仰主題，探討了民間造像組織狀況，推測了造像的原所在地。胡海帆《記出自北京房山的兩種北魏石刻造像——〈比丘僧欣造像〉與〈劉未等四人造像〉考述》，論證了這兩尊著名的北魏中晚期單體彌勒造像乃出自北京房山的背景，及造像全貌和流傳存佚情況，同時也對當時房山與涿州兩地佛造像的關係與像記中的若干問題有所探討。

7. 在石刻藝術史領域，也有頗多力作：張銘心《北魏洛陽時代碑形墓誌源流考》，納入特定的文化背景下，闡明了北魏洛陽時代碑形墓誌與十六國時期和北魏平城時代的圓首碑形墓表墓誌在形態上有所區別，在源流上也不盡相同。白文《四方佛與三世佛——西安大雁塔底層四面門楣綫刻圖像構成》，揭示了四方佛和法身舍利塔的緊密關係，以及所顯示的三世佛時空表現與其信仰的盛行。金申《古代佛造像的石料產地問題》，歸納出中古時期佛造像的石料多來自河南禹縣荊山、河北曲陽黃山、河北幽州等地。山本謙治《西安碑林碑刻紋樣和紋樣研究法》，就與西安碑林的合作課題揭示了對碑刻紋樣及其研究方法的基本架構。周曉薇《隋代墓誌石上的四神與十二辰紋飾》，結合文獻互證，歸總了隋代四神與十二辰的石刻紋樣特徵與文化意義。鄭紅莉《"雞首""牛首"圖像考辨——以陝北地區出土漢代畫像石爲例》，重點探討了這類圖像的演變和傳承規律，並通過比較研究分析了此類圖像在陝北集中出現的社會背景和原因。此外還有趙振華、王竹林《偃師出土西晉何楨墓表、羊瑾神道碑研究》一文所提示的何楨墓表插置於石柱之上，也是一個頗引人關注的特例類型。

8. 關於碑帖拓本的研討，主要有：施安昌《碑帖刻石與早期拓本的發現及其相互佐證》，舉魏廬江太守范式碑、唐太宗《溫泉銘》及"秀嶽銘"、唐懷仁集王書聖教序、宋刻淳化閣帖四例，討論了刻石或鑒於始存後佚、佚而復出、隱而復顯的情況，則拓本的早善與完整程度皆與刻石保持著相互佐證的重要關係。陳根遠《虞世南〈孔子廟堂碑〉及其拓本》，仔細爬梳了陝本廟堂碑的重刻、斷裂及拓本鑒定問題，並進而釐清了西安碑林所藏該碑早期善拓本的流傳與時代。陶喻之《初拓〈曹全碑〉"因"字未損本蠡酌》，以新近出版的日本陸宗潤收藏之蔣谷孫舊藏本比對於上博藏沈韻初舊藏本，考得上博所藏"因"字未損之"城外本"猶是"現存傳世最善本"。另有伊藤滋《對〈張玄墓誌辨正〉的質疑》，同屬此類。

9. 對書法史的研究，有曹旅寧《中古書法由隸變楷問題試探——以簡牘紙文書爲中心》一文，强調字體的進化遠快於後人的想象，並廣爲舉例及特別是對王羲之書迹問題的再論證，得出了楷書的形成當在三國魏晉時，並與隸書並行了相當長的一段時間的認知。從文字學的角度，還有何山《試論漢魏六朝碑刻文字的系統性》一文，嘗試從構件之間的相互聯繫、漢字形體記號化所呈現的序列性、形體異寫的規律性三方面論證了漢魏六朝文字所體現出的系統性。

10. 對新資料的刊佈，最有代表意義並造成轟動影響的是馬驥《新發現的唐韋應物夫婦及子韋慶復夫婦墓誌考》的披露，四方有關唐代大詩人韋應物家族墓誌的發現，即時被專家譽爲"百年來唐代石刻文獻最重要的收穫之一"，同時也是此次會議最重要的收穫之一，其對韋應物的行事與詩文繫年具有重要認定意義。不僅填補和豐富了韋氏生平的基本綫索與婚姻始末，留證了韋氏自撰自書的墓誌文，還爲探討唐代士族文化傳承提供了珍貴個案。

11. 對臺灣碑誌的研究：耿慧玲《西安碑林收藏與臺灣碑誌之比較》，從碑誌收藏的時空背景及内容之性質、特色等專案，探討了西安碑林與臺灣地區收藏碑誌的異同，並强調了漢文化的延伸——臺灣碑誌所呈現的海洋文化特色的不容忽視及其基本情況與意義。點評人更强調了西安碑林成爲最重要的文化現象，代表著一個經典化的形象，必將引起學者和學界的廣泛關注。屬於探討臺灣碑刻研究範疇的還有劉振維《由臺南朱文公祠二碑記論清代臺灣的教育方嚮》，從闡釋碑文的蘊義到撰碑人的思想實踐，透見清代臺灣以朱學作爲教育之方嚮，亦即"以朱熹學思爲主軸的儒學思想，並具體落實於明德尊孝、涵化鄉里的實踐當中"。點評人復指出能否僅從二例石刻以見證整個臺灣的清代教育思想，還有待强化其正確性和説服力。

12. 其他方面，主要有：榮新江《碑誌與隋唐長安研究》，傾情倡言"長安學"建立的必要性和重要性，更指明長安傳存的碑刻和長安周邊出土的墓誌，尤其是豐富不竭且"毫無疑義的長安文獻"，而爲此不斷展開的發掘與研究，將爲"長安學"的形成和輝煌奠定寬厚基礎。點評人更進一步提示：對開展長安研究的傳世文獻與新史料包

括出土石刻文獻的利用，在需要加強的同時，還要注意取捨，即去粗取精，注意古人
收集資料的取捨意義之所在。平勢隆郎《遊俠 "儒" 化的原因——豪族石碑出現的背
景》，以漢碑特別是豪族碑刻爲見證，從精神世界上探討了漢代以來遊俠 "儒" 化的社
會因素與歷史意義。點評人又強調了從漢以後 "俠" 的儒化現象，對由封建到郡縣的
變化情形當從中有以很好揭示。氣賀澤保規《武則天的感業寺出家問題與德業寺》，大
膽提出之所以 "感業寺" 迄無具體位置之綫索可以推斷，懷疑其 "只不過是一個架空
的影子寺院"，並羅舉出土德業寺僧尼墓誌爲證，得出 "感業寺是在强烈意識著德業寺
的心理狀況下虛構的寺名"。就此立論，點評人特別指出：做歷史研究固然要有豐富的
想象力，但結論要有扎實的論據爲支撐，而有重大關係的史事，更需審慎，不要輕易
否定正史的記載。周郢《李白徂徠之隱與泰山之遊新探——以石刻文獻爲參證》，探究
了李白先隱徂徠、後遊泰山的深層動機，乃是尋求入仕、尋求舉薦之 "終南捷徑"。從
而豐富了對李白詩文內涵的認知。另有劉進寶《敦煌文書〈辛亥年善因願通等柒人將
物色折債抄録〉淺釋》，指出該件文書是寺院經濟文書，其中雖然可能反映物品與斛斗
之間的比價，但不能作爲商品交換的等價物看待。

13. 除前列 12 項中所述及的論文外，專就西安碑林藏石所作的具體研究還有：路
遠《郭忠恕其人其書與〈三體陰符經〉刻石》，第一次詳細梳理了郭忠恕的行事與其藝
術特別是書法藝術的地位。土屋昌明《西安碑林所收藏的有關道教金石文初探》，以
《韓自明墓誌》爲例，可以關聯探討官僚階層子女的道教信仰狀況。任昉《西安碑林藏
明廖斌墓誌考釋》，以小視大，在辨析中指出該墓誌史料的重要價值，乃在見證當時明
王朝對西部邊疆控制力量的弱化和西域交通日趨受阻，通過陝西與中亞的交往在弘治
元年後多改從南洋海路，此與陝西都指揮使廖斌的去世恐非偶然巧合。樊波《西安碑
林藏〈隋趙芬殘碑〉復原》，精確辨識和復原了這一隋代名碑的文字列序與存損狀況，
以及今日殘石的基本情形。景亞鵬《唐代後期宦官世家考略——讀唐吳德廊及妻、女
等墓誌》，以唐後期宦者世家吳氏一門六代九人爲例，折射了當時已然形成的宦官世家
的權力與地位，而其作爲典型事例，又正好可以成爲佐證前述陸揚《九世紀唐代宦官
官僚化探微——以梁守謙爲中心》所提出的 "宦官官僚化" 政治制度理念的素材。

綜而括之，此次研討會既有宏觀而重要的論說，也有具體而精微的考證，更有最
新材料的披露。就會議的學術價值和意義影響而言，可謂收效甚殷而意義甚大。一是
對新學科的倡言，如榮新江教授對 "長安學" 和毛漢光教授對 "碑林學" 的構想與期
望。二是對新史料的公佈和對舊史料的辯證與訂補，尤以韋應物家族墓誌的發現引起
深刻關注。三是對新著作的推介，即《隋代墓誌銘彙考》（六冊本）和《西安碑林博
物館新入藏墓誌彙編》（三冊本）的問世，在爲會議增添華彩的同時，更爲學界構建了
豐富而便捷的良好資料平臺。四是對碑志學研究的新貢獻，表現爲地域廣闊、類型多

樣、探討深入。五是多層面、多渠道的以中古史爲重心的學術關係的建立，既有海峽兩岸的互動，也有美國與日本學者的加盟。六是學術潮流的推陳出新和學術傳統的薪火相承，體現在以新的主題與新的理論和方法，不斷推動學術與文化的進步。

毛漢光教授在大會獻言中講到：金石是文化精品，西安碑林是漢文金石學的大本營，碑刻"在當時即是精要作品，代表時代的核心價值，碑林的重大性價值要以這個角度、觀念來思考"。從這個意義上衡量，此次會議堪稱碩果纍纍、精彩紛呈，其所產生的推力與影響，其所收穫的成效與利益，當不僅對西安碑林是一次學術品質與科研能力的提昇，而且對中古史學，對碑刻與文獻學，以及石刻藝術諸領域的研究與深入，更是一次良好而難得的導引和驅動。

緬懷歷史，薪火相傳，開啓未來，則此次盛會正可謂是同聲相應而同氣相求，亦正可謂是著金石好文章而傳不朽大事業。

# 後 記

　　衆所周知，西安碑林不僅是中國古代書法藝術的聖殿，同時更是傳承祖國歷史文化的石刻文獻寶庫，在第一批全國重點文物保護單位的名單中，西安碑林就被列爲石刻類第一號，這無疑是對其文物價值與歷史地位，乃至社會文化意義的充分肯定。也就是說，在全國的同類博物館中，西安碑林以其歷史悠久、典藏宏富、底蘊精深而最具資格擔綱領袖群倫的角色，當然她所肩負的使命也就最爲光榮和重大。正是這種使命的要求，西安碑林必須在守望的同時尋求延續，尋求發展，尋求進步。因此，舉辦"紀念西安碑林九百二十周年華誕國際學術研討會"，其實就是爲了這樣的目的：現代化博物館的建設必須依託科研學術的支撐，必須有與其藏品體量及其品質相得益彰的研究成果，否則她就不能躋身於"國內一流，國際知名"的博物館行列中來。

　　那麼，對於西安碑林而言，有這樣幾個關鍵詞應該是十分重要的，即：千年歷史、承前啓後、精英文化、核心價值。緣此認知來審視中國古代文化的發展歷程，便看到了宋代所處的承繼前千年（秦、漢、隋、唐）而又開啓後千年（元、明、清、今）的關鍵地位，同時也就看到了肇建於北宋前期的西安碑林在文化傳承史上的坐標與價值。於是，我們不能不銘記著名學者毛漢光先生在"紀念西安碑林九百二十周年華誕國際學術研討會"上的諄諄囑誡："紀念不是緬懷過去，而是開啓未來，不但是二十一世紀，要以未來千年作文化傳承的準備工作。"於是，我們當然要以"紀念西安碑林九百二十周年華誕國際學術研討會"爲此文化傳承的良好契機，在保藏和豐富其文化精品的同時，更要努力發掘並發揮其所蘊含的時代核心價值，從而助推歷史新時期的前進步履。又於是，"紀念西安碑林九百二十周年華誕國際學術研討會"的圓滿舉辦及其論文集的出版，也就當然顯示了她十分重要的鼓動作用和引導意義。

　　"揚厲文明，表徵歷史，深化學術，促進交流"，本著這一宗旨，我們在陝西省文物局的關心和支持下，在全館同仁特別是編輯委員會諸位的協作努力下，精心編輯了這本《紀念西安碑林九百二十周年華誕國際學術研討會論文集》，以此期待早日促成科研成果的良性轉化並促進學術潮流的推陳出新和學術傳統的薪火相承。這次結集出版共收錄會議研討論文 50 篇，有些論文在會後又及時做了修訂並補充了圖版，在此謹向每一位作者表示由衷地感謝！所惜的是，還有幾篇在研討會上的精彩演講論文，如美國斯坦福大學陸揚教授的《九世紀宦官官僚的形成——以梁守謙爲中心》、新疆師範大學朱玉麒教授的《乾隆平定準格爾立碑全國考》、臺灣大學陳弱水教授的《墓誌中所見的初唐思想》、日本專修大學土屋昌明教授的《西安碑林所收藏的有關道教金石文初探》及北京大學常或博士生的《跋梁散騎常侍蔡彥深妻袁月璣墓誌》等，皆因尚未修訂完成而不及納入此次的論文集中，頗覺遺憾。另外，還有熱心關注此次盛會並在嗣後寄來論文的泰山石刻研究院袁明英研究員的《泰山鴛鴦碑佈局之謎》和陝西省考古研究院張蘊研究員的《唐故虢王妃扶餘氏墓誌考》，也未能予以收錄，謹致謝意與歉意。

最後，我們還要特別感謝文物出版社的厚愛，感謝總編輯葛承雍教授的關懷，也感謝責任編輯李睿先生的悉心料理，終於使得出版工作得以如願而順利地完成。

“豐碑如藪，五千載文明因玆不朽；寶刻成林，九百年歷史於斯永恒。”我們相信，西安碑林的文化建設與科學研究必將緣此翻開新的一頁！

《紀念西安碑林九百二十周年華誕國際學術研討會論文集》

編輯委員會

二○○八年五月

1. 西安碑林博物館

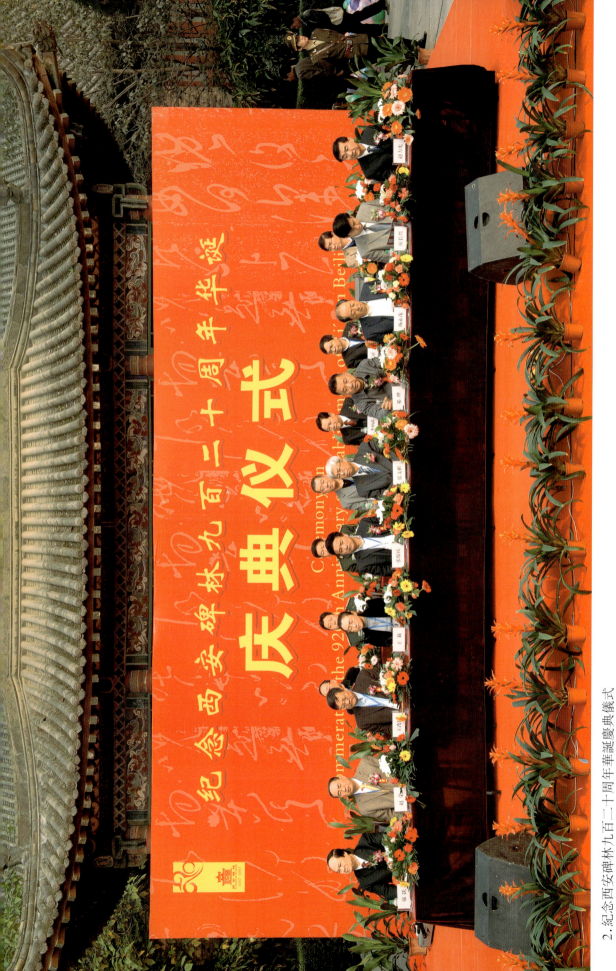

2. 紀念西安碑林九百二十周年華誕慶典儀式

3.紀念西安碑林九百二十周年華誕國際學術研討會開幕式

4.陝西省文物局局長趙榮教授在慶典儀式上致辭

5.陝西省文物局副局長劉雲輝研究員在研討會開幕式上致辭

6.西安碑林博物館黨委書記强躍先生主持研討會開幕式

7.西安碑林博物館館長趙力光研究員致研討會開幕詞

8.中國人民大學國學院馮其庸教授在研討會開幕式上致辭

9.西安碑林博物館黨委書記强躍先生主持慶典
儀式

10.臺灣中正大學毛漢光教授在慶典儀式上致辭

11.西安碑林博物館館長趙力光研究員致研討會閉幕詞

11.北京大學榮新江教授爲研討會做總結評述

12.中國人民大學國學院馮其庸教授演講

13.美國堪薩斯大學陸揚教授演講

14.清華大學張國剛教授演講

15.北京大學榮新江教授演講

16.中國社會科學院歷史所黃正建研究員演講

17.復旦大學韓昇教授演講

18.臺灣大學陳弱水教授演講

19.香港中文大學陳尚君教授演講

20.臺灣朝陽大學耿慧玲教授演講

21.日本東京大學平勢隆郎教授演講

22.故宮博物院王素研究員演講

23.大同大學殷憲教授演講

24.華東師範大學牟發松教授演講

25.日本明治大學氣賀澤保規教授演講

26.南京大學程章燦教授演講

27.故宮博物院施安昌研究員演講

28.西安碑林博物館王其褘研究員演講

29.新疆師範大學朱玉麒教授演講

30.中國社科院考古所趙超研究員演講

31.北京大學羅新副教授演講

32.中國人民大學孟憲實副教授演講

33.中國社科院歷史所侯旭東副研究員演講

34.西安碑林博物館馬驥副研究員（右三）演講并展示
新出《唐韋應物墓誌》拓本

35.西安碑林博物館陳根遠副研究員演講

36.研討會會場一瞥

37.臺灣中正大學毛漢光教授接受新聞媒體采訪

38.西安碑林博物館趙力光館長與北京大學辛德勇教授在會間交流

39.與會代表參觀漢景帝陽陵

40.與會代表參觀唐昭陵

41. 研討會代表合影